U0896789

央财项目资助、上海政法学院上海合作组织法律和国际问题科研创新平台资助、辽宁省教育厅项目“地铁反恐怖活动模拟训练研究”项目阶段性成果。

KONGBU ZHUYI

ZILIAO YANJIU

袁胜育　王淑华◎编

恐怖主义

资料研究

第二辑（2010年1月1日~2017年12月31日）

中国政法大学出版社

2018・北京

图书在版编目（CIP）数据

恐怖主义资料研究. 第2辑/袁胜育，王淑华编. —北京:中国政法大学出版社，2018. 1
ISBN 978-7-5620-7946-0

Ⅰ. ①恐… Ⅱ. ①袁… ②王… Ⅲ. ①恐怖主义—研究 Ⅳ. ①D55

中国版本图书馆CIP数据核字(2017)第327392号

出 版 者　中国政法大学出版社
地　　址　北京市海淀区西土城路 25 号
邮寄地址　北京 100088 信箱 8034 分箱　邮编 100088
网　　址　http://www.cuplpress.com（网络实名：中国政法大学出版社）
电　　话　010-58908586(编辑部)　58908334(邮购部)
编辑邮箱　zhengfadch@126.com
承　　印　固安华明印业有限公司
开　　本　720mm×960mm　1/16
印　　张　27
字　　数　440 千字
版　　次　2018 年 1 月第 1 版
印　　次　2018 年 1 月第 1 次印刷
定　　价　86.00 元

PREFACE 前　言

一

自19世纪末以来，国际社会已经历了四次恐怖主义浪潮：19世纪末到20世纪初的无政府主义浪潮；20世纪20年代到60年代的反殖民主义浪潮；20世纪70~80年代盛行的意识形态浪潮；肇始于20世纪80年代，以“9·11”事件为高潮的宗教极端主义浪潮。前三次恐怖主义浪潮和现在正在经历的第四次恐怖主义浪潮显然具有不同特征：

(1) 宗教动机和宗教目标不同。在前三次浪潮中，恐怖主义一般是世俗动机主导的，往往会为其所从事的恐怖活动寻找一个理性的政治理由。而在冷战结束以后，宗教动机成为现代恐怖主义的主要特征，在事实层面上产生了与当今世界“完全不同的价值体系、合法化机制、道德原则和世界观”。

(2) 追求的目标效果不同。在前三次浪潮中，恐怖主义在从事暴力活动时，一般在目标、程度和烈度上会与其所追求的目标相适应。特别是在冷战时期，恐怖主义经常表现为一种“以行为来宣传”的模式，恐怖主义活动如同为媒体准备的一个剧场一样。但是，冷战结束以后，特别是“9·11”事件爆发以后，恐怖主义发生了巨大变化，其暴力活动及其所造成的伤亡结果，不仅仅是为了造成恐怖气氛从而迫使有关国家和国际社会让步，同时也是为了实现其宗教目标。

(3) 恐怖主义依赖的基础不同。在前三次浪潮中，恐怖主义往往与国家间的冲突有关，恐怖主义活动经常成为有关国家从事非对称战争的一种工具，恐怖组织也经常可以从有关国家获得援助，国家是他们的依赖基础。对于当时的很多国家来说，恐怖分子有两种：一种是“我们”的，另一种是“敌人”的。但是，现代宗教极端主义则不愿意与任何国家、特别是现代世俗国家为伍，他们“并不想在桌子上获得一个位子，而是想彻底摧毁这张桌子和坐在桌子旁的每一个人”。所以，现代宗教极端主义已经站到了全世界的对立面，很难从国家层次获得援助。这种情况下，很多宗教极端组织有时会从一些合法工商业活动和慈善机构获得资助，但是，在大部分情况下他们只能与贩毒、走私和制售盗版商品等跨国有组织犯罪活动相结合。

(4) 存在的形式、职能特征不同。在前三次浪潮中，恐怖主义以建立一个世俗国家或世俗政权为目标，其组织结构也往往表现出与国家类似的等级制特征，经常拥有一个中心指挥体系。但是，现代恐怖主义由于目标不同，所受到的打击和压力也远远超过以往的恐怖主义，再加上全球化所带来的信息流通便利，网络、扁平化遂成为当代宗教恐怖组织的主要结构特征，小型化、当地化、有自主行为能力的恐怖组织分支盛行。在当代恐怖主义的最大危险在于：宗教极端主义会像“蠕虫”病毒一样传播，利用当地的资源建立自服务分支机构。这种分支并不需要等待上级组织的命令和指挥，本身具有资金筹集、行动策划和从事恐怖活动的全部功能。恐怖主义的这种转变，与美国打击国际恐怖主义的努力有关，在庇护场所被摧毁以后，基地、IS 等大型恐怖组织的职能发生了重大变化，从具体策划、组织恐怖活动，转向对各国的恐怖分子和基层组织进行意识形态方面的引导，主要发挥宣传功能和示范效应。

二

《中华人民共和国反恐怖主义法》第 3 条，对“恐怖主义”概念的界定：“本法所称恐怖主义，是指通过暴力、破坏、恐吓等手段，制造社会恐慌、危害公共安全、侵犯人身财产，或者胁迫国家机关、国际组织，以实现其政治、意识形态等目的的主张和行为。”据此，“恐怖主义”包含了四个方面的内容：恐怖主义的表现形式包括主张和行为；恐怖主义的手段表现为暴力、破坏、恐吓等；恐怖主义的直接目的是制造社会恐慌、危害公共安全、侵犯人身财产，或者胁迫国家机关、国际组织；恐怖主义的最终目的是企图实现其政治、意识形态等（方面的诉求）。

恐怖主义实施恐怖活动的手段主要有：

(1) 爆炸袭击。(从实践来看)，对特定场所进行爆炸袭击是恐怖分子最常用的方法，(包括) 不同类型的自杀式炸弹恐怖袭击。恐怖分子之所以热衷于使用炸弹（实施）恐怖（活动），其主要原因在于：第一，爆炸事件更容易获得大众媒体的曝光。恐怖分子制造恐怖事件往往就是要引起人们对恐怖主义所追求的目标的注意，利用炸弹制造恐怖事件由于具有强烈的视觉效果，引起人们关注。第二，随机性的爆炸可以引起人们的极大恐慌。与其他恐怖手段相比，在某些场所（如大型商场、地铁、飞机、公共汽车）随机性地实施炸弹袭击可以引起人们的巨大恐慌，从而达到了恐怖分子的实施恐怖袭击的目标。第三，爆炸物易于获得，引爆装置便于操作。恐怖分子所使用的炸弹大多是自制的，制造简陋但威力巨大的炸弹所需的材料可以在自由市场上随意购得。关于炸弹成分以及混合或组装的具体说明都是现成和合法的，可以在书店、图书馆和网上查到。炸弹引爆易学易行，爆炸可以在可控的距离和时间进行，设置定时器装置可以让恐怖分子在他们选定的时间内引爆炸药，(而且行凶者) 引爆炸药是风险最小的技术。例如，1993 年在美国纽约制造世贸中心爆炸案的装置就是用普通的、街上能买到的材料（如尿素硝酸盐化肥和柴油）制作的，费用还不到 400 美元。这次爆炸事件造成 6 人丧生，1000 余人受伤，造成的经济损失达 5.5 亿美元。

(2) 挟持绑架。挟持人质是恐怖分子最常用的手段之一，恐怖分子通过挟持人质与执法人员（包括警察、反恐怖部队）和政府（在国际恐怖主义的情境中可能会涉及外国政府和国际组织）提出自己的要求。通常来讲，挟持绑架者的动机有以下几种：第一，在作案现场遭遇警察或见义勇为的民众，为了从现场逃跑而挟持人质；第二，为了使恐怖组织或自己名扬天下，通过挟持人质引起公众的注意或同情；第三，为了使政府或者组织改变某项政策或规则；第四，为了营救被关押的同伙；第五，为了复仇或发泄不满；第六，为了获得赎金。[1] 从 20 世纪 60 年代末开始，劫持航空器一度是恐怖分子的

---

〔1〕 杨隽、梅建明：《恐怖主义概论》，法律出版社 2013 年版，第 135 页。

首选，80年代后劫机（案件次数）开始减少。

（3）导弹、激光器恐怖袭击。随着恐怖分子获取金融资源能力的提升，使得他们可以不必依靠自制炸弹发动恐袭，而是通过购买火箭弹、手持导弹发射器、激光器，对飞机、轮船、地面固定设施实施致命袭击。导弹的来源渠道或者是支持恐怖主义行动的国家或组织或明或暗提供的，或者是从几乎遍布各大洲的（武器）黑市购买的。

（4）大规模破坏和大规模杀伤恐怖袭击。城市化的发展以及通信、运输技术水平的提升，固然给人类生活带来很多便利，但在客观上为恐怖分子提供了数量更多、后果更严重的袭击目标选项。例如，对城市生活设施和大型交通工具进行恐怖袭击，对关键地域的通信设施、电网和快速交通工具进行破坏，对互联网发动物理攻击并辅以网络攻击，CBRN（化学、生物、放射性和核）武器恐怖袭击。随着苏东集团解体，导致一些原本在俄罗斯和东欧开发核武器和生物制剂的科学家和技术人员生活困顿，国际恐怖主义势力将其觊觎为"宝贝"，他们会千方百计地通过各种渠道，如官方渠道、俄罗斯黑手党以及那些被拖欠薪资的科学家，获取那些危险的武器及其相关的专业知识，从而流入到那些被认为跟恐怖组织有关联的国家；化学和生物制剂通过恐怖组织犯罪活动在政府实验室获得，或者在公开市场中购买。一旦核武器和生化制剂落入恐怖分子手中，将会形成终极性的恐怖威胁。

（5）"独狼"式恐怖袭击。"9·11"事件后，随着欧美等国反恐战争的持续推进，恐怖主义势力受到极大打击，国际恐怖组织已经渐渐失去在欧美等国发动大规模恐怖袭击的能力；（与此同时）以"独狼"为代表的"化整为零"式恐怖袭击，逐渐在暴恐行动中占据重要地位。所谓的"独狼"式恐怖袭击，并不是恐怖组织派出的职业恐怖分子开展的袭击，而是既无上线、又无下线的一两个"独立人"，在受到恐怖组织蒙骗、激进教育后，通过网上受训或自制装置在本土发动的恐怖袭击。据统计，"9·11"事件后发生在美国本土的重大恐怖袭击事件，几乎全部都是"独狼"实施的。尽管"独狼"式恐怖袭击事件与国际恐怖组织有着千丝万缕的联系，但却并不一定真的由恐怖组织策划实施，这些通过网络等间接途径被极端主义"洗脑"的恐怖行为，有时候对于恐怖组织而言属于"意外收获"。近年来，波士顿马拉松爆炸案、挪威"7·22"爆炸枪击案、法国图卢兹连环枪击案、美国奥罗拉影院枪击案等都属于"独狼"式恐怖袭击。据统计，欧美国家自2013年以来发生的恐怖袭击案件，大多数都是“独狼”所为。2014 年，澳大利亚一名自称是“教长”的恐怖分子，在悉尼中央商业区劫持了 17 名人质，并强迫他们对外展示“伊斯兰国”组织使用的旗帜，最终导致 3 人死亡、4 人重伤；2015 年，3 名恐怖分子携带 AK-47 自动步枪和火箭筒闯入法国巴黎《查理周刊》杂志总部；2016 年，美国佛罗里达州奥兰多市夜总会遭遇一名恐怖分子袭击，英国国家安全部门在近几年也先后挫败了数十起恐怖袭击；2017 年 3 月 22 日下午，伦敦市中心英国议会大厦外发生恐怖袭击事件，造成包括警察在内的多人死伤。

恐怖组织主要通过频繁发布极端思想和涉恐信息等方式，不断刺激潜在受众出现极端化，进而号召这些被“洗脑”的人直接进行“独狼”式恐怖袭击。他们主要通过社交网络发送恐怖动员信息和战术建议，只需制定出明确的战略目标，随时就可自行策划并完成恐怖袭击行动。通过这种支招并发布攻击信息任务的方式，恐怖组织迅速形成了“去中心化”的散点式恐怖行动。“独狼”式恐怖袭击者还有相当一部分是接受过专门的恐怖袭击教育的。他们当中有相当一部分人有过战争历练，不仅思想上冷漠激进，而且具备了较强的军事技能和爆炸物品使用经验，加剧了“独狼”式恐怖袭击的威胁性。近年来，“独狼”式恐怖袭击甚至还出现了不事先与恐怖组织或其他激进分子协商，自主决策直接“单枪匹马”进行恐怖袭击的新趋势。“独狼”式恐怖袭击，成本低廉、袭击方式多样，渐成随意的报复社会行为，相关部门基本上无法对恐怖分子可能袭击的时间、地点和方式采取提前预知。而“独狼”式恐怖袭击的威胁性和心理杀伤力丝毫不亚于传统的恐怖袭击，这种防不胜防的游击恐怖主义，将在未来相当长时间内持续困扰各个国家。

(6) 自杀式恐怖袭击。自杀式袭击目前愈演愈烈，在中东、东南亚、南亚、欧洲、北非和东非等地区的 20 多个国家泛滥，造成重大的人员伤亡和物质损失，对国际政治和当地社会产生严重冲击，成为威胁国际社会安全的一大公害。以色列学者肖尔·谢伊（ShaulShay）对自杀式袭击所做的定义，即“出于政治动机，在理智的情况下主动实施的预谋暴力行为。实施者或是一个人或是几个人。他们在实施行动过程中与选定的目标同归于尽。实施者事先计划的死亡，是行动取得成功的一个先决条件”。比较具有代表性的自杀式袭击事件有：泰米尔猛虎组织利用人体炸弹对印度前总理拉吉夫·甘地和斯里兰卡总统拉纳辛哈·普雷马达萨的暗杀，巴勒斯坦武装派别针对以色列军事目标和平民的人体炸弹袭击，“9·11”恐怖袭击，印尼巴厘岛、英国伦敦、西班牙马德里的连环恐怖爆炸案，2010年3月29日莫斯科地铁的人体炸弹袭击，5月10日发生在伊拉克多个地方的自杀式连环爆炸袭击等。

自杀式袭击并不是一种非理性的暴力宣泄，而是暗藏理性思维的极端行为方式，其理性特点主要体现在所要达到的政治目的上。美国学者罗伯特·帕普（RobertA. Pape）认为，“自杀式袭击意在实现特定的政治目的，或迫使目标国政府改变政策，或争取更多的支持”。为达到此目的，自杀式袭击既被一些组织视为一种重要的游击战术，用来对敌方的军事目标进行“非对称性”攻击，也被恐怖组织当作主要的恐怖袭击手段，用来制造针对非军事目标的恐怖袭击，其实施方式主要是自杀式爆炸，包括人体炸弹和利用汽车、船只、马（驴）车等交通工具装载爆炸物发动袭击；也有的自杀式袭击利用交通工具与袭击目标相撞所产生的巨大能量来摧毁目标物，如劫持客机撞击世贸大楼的“9·11”袭击。

某些极端组织偏爱自杀式袭击，是因为和其他袭击手段相比，自杀式袭击具有这样一些“优势”。第一，自杀式袭击杀伤性强，造成的恐慌巨大。作为一种以生命为武器的极端暴力行为，自杀式袭击容易引起社会关注和民众震惊，其造成的破坏和伤亡经媒体广泛报道后，可以在袭击对象国人民心中引起巨大恐慌。本·拉登曾这样评价“9·11”袭击，“这些年轻人在纽约和华盛顿以实际行动发出的声音使世界所有其他地方进行的演讲黯然失色。这些声音能为阿拉伯人和非阿拉伯人理解……美国从南到北、从东到西到处都惊恐不安。为此，我们感谢真主”。此外，实施自杀式袭击的组织往往在事后宣称负责并威胁还将有更多的袭击，以增强恐怖效应。第二，成本低廉、操作简便。制造爆炸装置的技术并不复杂，一次人体炸弹袭击常用的“沙克希德腰带”成本不到100美元，汽车炸弹袭击所用的工具——汽车也很容易找到，袭击者能较容易地获得制造爆炸物所需的电子元件、炸药、填充物等材料，一些常见物品甚至日常用品也可以当作炸弹使用。例如，在英国格拉斯哥机场爆炸事件中恐怖分子就利用丙烷气罐和汽油充当炸弹，伊拉克的极端分子常使用油罐车、煤气罐、普通家庭常用的消毒剂——氯气发动袭击。此外，自杀式袭击的操作简单，袭击者只需有必死的决心（即可），不需要掌握高难技术。第三，隐蔽性好、成功率高。现代安检技术很难检测出塑胶和液体炸弹，这为人体炸弹袭击创造了便利。近年来，儿童、妇女充当人弹的案例越来越多，因为，这些人通常很少被注意，穆斯林妇女穿的大袍子很适合藏炸弹而不易被发现，一般情况又不可以对妇女搜身，从而增加了袭击的隐蔽性和成功率。自杀式袭击常选择防范薄弱、人员集中的平民目标，如集市、酒店、公共汽车、车站、地铁等，使得袭击很难被阻止。在袭击时，袭击者可以根据实际情况选择时机和地点，以造成最大程度的破坏。为防止引爆装置失灵、袭击者临时放弃或被制服等意外情况发生，策划袭击的组织通常还备有遥控引爆装置，以保证袭击的成功实施。第四，对发动袭击的组织而言，自杀式袭击安全性高。自杀式袭击还有一项其他袭击手段不可比拟的“优势”，那就是实施袭击者在袭击中死亡。如此这般，发动袭击的组织便不需要为袭击者准备逃离路线和藏身之地，不必担心袭击者落到对手手中而泄露组织的有关信息。[1]这正是其他袭击中最复杂也是最容易出差错的环节。

三

2017年，“伊斯兰国”（IS）在伊拉克、叙利亚战场上节节败退，丧失了主要控制地盘，但是，该组织的有生力量并没有完全被消灭，在伊拉克和叙利亚仍然有立锥之地。美国主导的国际反恐联盟在2017年12月初表示，在伊拉克和叙利亚仍然有3000名“伊斯兰国”武装分子残余。中国现代国际关系研究院安全与军控研究所表示：“伊斯兰国”的所谓国家已经被摧毁，但是，它作为一个极端组织依然继续存在；而且，导致“伊斯兰国”肆虐的土壤不仅没有被铲除，反而更加肥沃了。

现阶段，IS恐怖袭击的特点是化整为零、多点开花，新一波极端主义、恐怖主义狂潮正从中东向全球外溢和扩散，在欧美等国持续升级，对全球的示范效应持续逐渐增加，从世界各地来到中东进行“圣战”的人员纷纷回流，对各国的安全和稳定造成严重威胁。比如，突尼斯有7000多人在叙利亚、伊拉克、利比亚等地进行“圣战”，不少人已陆续回国。在阿富汗，从中东过来的IS人员已经建立新基地，发动了一系列恐怖袭击活动。2017年发生在欧美等国的自杀性爆炸和驾车撞人事件，大多也是有“中东经历”或受到IS极端思想毒害的极端分子所为。在非洲和东南亚，由于中东回流人员的加入，“博

〔1〕 张雪鹏、肖宪：“自杀式袭击发展趋势及原因分析”，载《现代国际关系》2010年第5期。

科圣地"、索马里青年党、伊斯兰祈祷团、阿布萨耶夫等恐怖组织再次活跃起来。需要指出的是，一系列可能进一步催生恐怖、极端行动的激化因素也在不断出现。如美国总统特朗普宣布承认耶路撒冷为以色列首都、巴以冲突加剧、沙特—伊朗矛盾激化、也门前总统萨利赫被杀和也门内战升级、日趋恶化的利比亚局势，以及从西亚北非涌向欧洲的难民潮等，均可能导致IS2.0或"基地"3.0的产生。

目前，在防止外来（特别是从中东来）的恐怖、极端分子回流和渗透方面，国际社会面临两大难题。一是如何监控持有合法证件回国的"可疑分子"。在没有确凿证据的情况下，各国相关部门无法对这些人采取拘押等强制措施，长期实施有效监控又十分困难。二是如何防止有极端思想的人员"升级"为暴恐行动实施者。近期发生暴恐袭击的国家都出现了这种情况：当暴恐行动实施者被抓获或击毙后，人们才发现他们的名字早已在"具有极端思想"的人员名单上；而有些人在有关部门的可疑分子名单上全无记录，甚至被认为是"良民"。国际社会一致认为，要解决这两个难题，关键是要进一步加强国际反恐合作，特别是提高情报交换和联合执法的速度和效率；同时运用大数据等高科技手段实施更为精确的反恐行动，其重点是完善、提升反恐体系的防范预警机制、快速反应机制和后果处理机制。为应对恐怖团伙越来越多地采用高科技手段，加紧研制、升级反恐装备、特别是高科技装备也刻不容缓。目前，新一代刑侦、技侦设备、防高爆设备、身份识别安检设备、不断升级的计算机硬件和软件、高效无线和卫星通信器材、新式警用交通工具、高层消防装备、防化特种器材等，都应尽快充实到反恐作战第一线。

尽管国际社会的反恐合作取得长足发展，但仍然存在缺陷，也遇到种种障碍。第一，美国在全球反恐合作中仍想保持霸主地位。在中东，美国一直把反恐当作实现自己地缘政治目标和国家利益的政策工具，导致国际反恐合作受到严重干扰。第二，各国在反恐问题上的不同利益需求，导致国际反恐合作无法实现广度和深度的融合。俄罗斯、美国、沙特在中东反恐中，分别领衔自己的反恐联盟各自为战，已产生诸多矛盾冲突。第三，国际反恐合作方式单一，尚未形成系统性、全局观的反恐合作战略。美国著名学者约瑟夫·奈指出，美国反恐战争"首要的错误在于过分强调单纯军事行动的作用"，而且当前国际社会的反恐合作同样存在这一问题即仍然以军事打击为主要手段，此举往往是应急性的治标行为。第四，国家的部分主权让渡问题也影响着国际反恐合作。参与国际反恐合作的国家需要付出的合作成本之一就是主权让渡即让渡部分主权，如司法管辖权、领空和领土使用权和通行权等。然而，在具体执行过程中，许多国家都担心过多的主权让渡会导致外部势力干涉本国内政，由此引发的矛盾往往成为国际反恐合作难以深入发展的障碍。进入2018年后，国际社会在反恐领域仍面临一系列严峻的新挑战和需要解决的新问题。

四

2001年6月15日，上海合作组织正式成立，六国元首举行了首次会议，此次峰会签署了《打击恐怖主义、分裂主义和极端主义上海公约》。2009年6月15日、16日，成员国元首在上合组织成员国理事会第九次会议上签署了《反恐怖主义公约》。上海合作组织成为我国同俄罗斯和中亚国家开展多边合作的重要平台，建立了维护地区安全稳定的有效机制，成为我国参与国际事务的重要杠杆。上海合作组织成立十余年来，在解决地区安全问题上开展了各种形式的合作，在解决国际和地区热点问题中发挥了重要的作用，在国际上的威望和影响力也随之不断提升。2012年10月，外交部开始酝酿委托上海政法学院建立“中国-上海合作组织国际司法交流合作培训基地”，这是我国重要外交战略部署，是国家外交战略的迫切要求。

为发扬“互信、互利、平等、协商、尊重多样文明、谋求共同发展”的“上海精神”，进一步加强上合组织成员国在司法以及文化、教育、经济等领域的深层次合作，确保地区安全稳定，中国-上海合作组织国际司法交流合作培训基地着力在上合组织成员国之间打造以论坛、培训、交流、研讨、咨询为主的国家级国际司法合作平台。其中，反恐研究与培训是“中国-上海合作组织国际司法交流合作培训基地”的重要内容，通过举办反恐高层论坛、开展反恐警务合作培训等方式，为上合组织成员国反恐合作提供决策咨询。

五

基于前期的研究基础及其成果，依托上海合作组织司法交流培训基地，我们拟将对国际恐怖主义进行系列化研究，包括：《恐怖主义资料研究》《恐怖主义演变》《国际组织反恐公约研究》《国际反恐战略研究》《上合组织成员国反恐立法研究》《反恐与城市轨道交通安全》《去极端化研究》等。

《恐怖主义资料研究》是全球恐怖主义系列研究的基础和起点，以2010年1月1日为时间节点对案例进行时序划分，以洲际空间为区域模块对案例进行归类，特别关注全球重点地区、重点领域的恐怖主义发生的现状和演变趋势。由于案例数量和文字体量较大，《恐怖主义资料研究》先行分为一、二两辑，包含以下几个方面：欧洲国家的恐怖主义犯罪；美洲国家的恐怖主义犯罪；非洲国家的恐怖主义犯罪；澳洲国家的恐怖主义犯罪；亚洲国家的恐怖主义犯罪。

本书收集、归纳、梳理的恐怖主义案例，起始于第二次世界大战结束冷战开始的1946年，截止于2017年12月31日。由于历史的久远和目前国际社会对恐怖主义解读的多元化，有一部分案例没有收进本书中；同时，书中收录的有些案例是否应定性为恐怖主义犯罪案例或许存在争议。但是，作为对恐怖主义进行系列研究的基础资料，书中案例的数量、梳理的方法及归纳的种类对后续的研究奠定了基础。诚盼业界同仁共同探讨，不吝赐教。

作　者

2018年1月30日

CONTENTS 目 录

一、欧洲国家的恐怖主义犯罪

（一）北欧国家的恐怖主义犯罪

1. 芬兰的恐怖犯罪

（1）2014年10月10日，芬兰赫尔辛基法院判处3名芬兰籍恐怖嫌疑人入狱服刑。这3名嫌疑人当月7日在芬兰首都赫尔辛基及周边地区被芬兰国家调查局逮捕，他们被指控在海外参与恐怖活动，其中2人被控为恐怖活动提供训练方面的支持，另外1人涉嫌从事招募活动。此前一天，赫尔辛基法院还缺席审判了另一名恐怖嫌疑人，判处其入狱服刑，这名嫌疑人具有芬兰、美国双重国籍，曾以参加人道主义活动为名前往叙利亚。迄今已有40多人从芬兰前往叙利亚和伊拉克，其中多数人已参加或企图参加武装分子活动。

（2）2016年8月1日芬兰议员提议为防恐怖分子应禁止单个移民入境。2016年8月1日，芬兰“正统芬兰人”党议员维列·塔维奥提议，为防恐怖分子，应禁止单个移民入境。塔维奥称，这样做是因为近期的袭击事件都是由独自一人的极端主义者引发，因此，芬兰应该调整现有的难民接收体系，采取入境限额制度，这一政策将有利于阻止恐怖分子潜入芬兰境内。

2. 瑞典的恐怖犯罪

（1）2010年12月11日瑞典的首都斯德哥尔摩市中心商业区恐怖自杀式袭击案。2010年12月11日下午5时左右，瑞典斯德哥尔摩市中心商业区的一条步行街发生两起自杀式恐怖袭击，导致1死2伤。该国外交大臣表示，两起爆炸均属恐怖袭击，这是该国首次遭遇自杀式爆炸恐怖袭击。两起爆炸的时间相隔几分钟，第一起爆炸是汽车炸弹，有目击者称看到一辆轿车冒出火花，随后发生猛烈爆炸；第二起爆炸距离第一起爆炸的地点不远，另一辆汽车也发生了爆炸。突然而至的爆炸事件发生后，步行街上的行人开始争相逃跑，还有不少顾客从大商场内冲出来。瑞典警方随即赶到案发现场，调查发现两起爆炸的汽车均带有煤气罐。爆炸袭击者是28岁的阿卜杜勒·瓦哈卜，当时他将奥迪车停在路边下车，抓起背包，腰上别着一条炸弹腰带，缝着12枚小型雷管。突然，一声巨响，奥迪车被炸成一团火球，瓦哈卜头也不回，继续朝商业街人流最拥挤的购物中心走去。街角处，刚刚下过一场雪的地面很湿滑，瓦哈卜一个趔趄，手机掉在地上，他弯腰去拣，不料却触动了手机上引爆炸弹腰带的键，爆炸伴随着血肉横飞，瓦哈卜仆倒在地，挣扎着。几分钟后，警车和救护车赶到，瓦哈卜已经停止呼吸，这一天，离他29岁生日仅差一天。这是欧洲自2005年伦敦地铁爆炸案后，第一个遭自杀式恐怖袭击的首都城市。一向被看作是自由祥和的北欧天堂瑞典，却在这次爆炸案中失去了恐怖免疫力。

（2）2010年12月底瑞典与丹麦展开联合行动抓获恐怖袭击嫌疑人。2010年12月28日夜至29日，瑞典与丹麦展开联合行动，抓获了5名企图向丹麦《日德兰邮报》发动袭击的恐怖嫌疑人。5名嫌疑人中4人住在瑞典，其中3人为瑞典公民，另一名嫌疑人在丹麦寻求避难。抓捕行动于28日夜至29日在丹麦和瑞典展开，丹麦警方突袭了位于海莱乌和格雷沃的两所公寓，抓捕嫌疑人的同时发现了一支配有消音器并装有弹药的手枪，瑞典警方则在斯德哥尔摩抓获一名37岁的瑞典公民。

（3）2011年9月11日警方逮捕恐怖犯罪嫌疑人。2011年9月10日夜间至11日清晨，在警方配合下，瑞典安全部门逮捕了4名嫌疑人，这4人企图在瑞典第二大城市哥德堡发动恐怖袭击。如果哥德堡“红石艺术馆”遭受恐怖威胁，可能造成严重的人员和财产损失。哥德堡国际艺术节定于11日在“红石艺术馆”举行开幕式，艺术节主办方表示，尚无迹象表明这起恐怖袭击阴谋与艺术节相关，艺术节当天如期召开。

（4）2015年11月20日瑞典逮捕图谋实施恐怖袭击的嫌疑人。2015年11月20日，瑞典逮捕一名准备实施恐怖袭击的嫌疑人穆塔尔·穆塔纳·马吉德。该嫌疑人在瑞典北部西博滕省的难民收容所附近被捕。现年25岁的马吉德是IS恐怖组织的成员，为伊拉克公民。此前，他曾在叙利亚、伊拉克以及德国参与过IS的恐怖袭击。

（5）2016年12月21日瑞典表示将加大对恐怖主义的监管和惩罚力度。2016年12月21日，瑞典政府举行新闻发布会，表示将加大监管与惩罚力度，对恐怖主义进行坚决打击。瑞典司法和移民事务大臣摩根·约翰松表示，瑞典警察与检察官将当场抓捕肇事者，加强郊区治安，采取有效手段严打恐怖分子。具体措施包括，延长严重袭击与抢劫罪的判刑到 4 年至 5 年有期徒刑，延长恐吓与勒索罪的判刑 1 年到 1 年 6 个月的有期徒刑等，对持枪犯罪者的判刑将从 1 年有期徒刑增至 2 年，允许警察对可疑人员进行秘密监视。近年来，瑞典西部与南部城市如哥德堡与马尔默的持枪袭击越来越多，瑞典政府下决心要减少此类事件的发生，加强对恐怖分子与袭击的打击。

（6）2017 年 4 月 7 日首都斯德哥尔摩恐怖卡车人群袭击案。2017 年 4 月 7 日下午 2 点 53 分，瑞典斯德哥尔摩，在斯德哥尔摩市中心步行街皇后大道上，一辆卡车冲向人群，造成至少 4 人死亡、8 人受伤。当时，正值周末，接下来将是“复活节”假期，斯德哥尔摩最主要商业街的皇后大道上行人很多，正是悠闲的瑞典人准备下班的时间，一辆厢式货运卡车沿本是步行街的皇后大道高速飞驰而过，最终撞入路口的百货连锁店，因而造成多人伤亡。肇事卡车车宽 2.5 米，长约 12 米，重约 15 吨，属一家啤酒厂所有，车身上印有该厂啤酒的品牌名称。卡车是被驾驶者偷走并驾驶的，盗窃者沿着本是步行街的皇后大道疾驰，直至撞进位于路口的 Âhléns 百货连锁店，全程约 350 米至 400 米。嫌犯是乌兹别克斯坦人，39 岁，经常在网上宣传伊斯兰极端组织，曾在网上波士顿马拉松爆炸的血淋淋照片下点赞。嫌犯在卡车卸货过程中趁司机不备，跳进驾驶室将卡车开走，随后高速冲入市中心皇后街人群，最终撞向一处购物中心。瑞典时任首相勒文在当晚的新闻发布会上严厉谴责了这起袭击事件，并把其定性为一起恐怖袭击事件，袭击的目的是散布恐惧和制造混乱。

3. 挪威的恐怖犯罪

（1）2011 年 7 月 22 日奥斯陆恐怖爆炸、枪击案。2011 年 7 月 22 日下午 3 点半，挪威首都奥斯陆的政府办公大楼附近发生炸弹爆炸事件，17 层的政府大楼遭到严重破坏并起火，附近的一家报社大楼也遭到破坏，爆炸造成了至少 7 人死亡、10 人重伤。挪威政府时任首相斯托尔滕贝格的办公室也在这座大楼内，首相本人安全无恙。有关方面随即封锁了市中心的道路，展开搜救工作。在这之后的一个小时，一名身着警服的男子在奥斯陆附近的一个小岛乌托亚向参加工党青年成员夏令营的年轻人开枪射击。警方证实至少有 9 人丧生，但现场目击者称现场有多达 30 具尸体。反恐警察随即乘直升机赶往现场，逮捕了凶手。当时岛上有 700 名工党青年积极分子，年龄在 14 岁到 18

岁。挪威首都奥斯陆市发生爆炸事件及附近于特岛发生的枪击事件共造成87人死亡，这是挪威自二战以来爆发的最严重的暴力伤亡事件。挪威警方将这两起事件定义为国内恐怖袭击事件，并将爆炸枪击案的一名男性嫌犯抓获，嫌犯是32岁的挪威人安德斯·贝林·布雷维克。2011年11月29日，挪威恐怖袭击案的检察官斯韦恩·霍尔登说，由法院指定的精神病学医生判断奥斯陆爆炸案和于特岛枪击事件凶手安德斯·布雷维克患有精神病。2012年8月24日上午，万众瞩目的挪威“7·22”爆炸枪击案在奥斯陆地方法院宣判，判决认定布雷维克“恐怖行为”罪名成立，判处其有期徒刑21年。

（2）2011年9月26日挪威以涉嫌发动恐怖袭击罪名起诉一名中国籍维吾尔族人。2011年9月26日晚间，挪威检察总长阿克赛尔·布什提起针对三人的指控，这三人名字分别叫作米卡埃尔·达乌德、沙湾·萨迪克·赛义德·布亚克和大卫·雅各布森。他们于2010年7月被捕，涉嫌策划对曾刊登被指亵渎先知穆罕默德漫画的丹麦《日兰德邮报》几个办事处发动恐怖袭击。其中，现年40岁的米卡埃尔·达乌德是一名中国籍维吾尔族人，他被指曾在“基地”组织在巴基斯坦的一个训练营接受炸弹培训，并同意对《日兰德邮报》的一个办事处发动爆炸袭击；另外两人被指控在2009年加入了这起策划，并主动帮助寻找制作炸药的化学品。除上述指控外，达乌德及其另一名同伙还被指控策划对丹麦一名卡通漫画作者发动袭击。据达乌德的律师讲，达乌德还声称，他希望对在奥斯陆的中国大使馆实施爆炸袭击。上述三人的恐怖计划都与2009年谋划袭击纽约地铁和英国商场的“基地”策划者有关，嫌疑人当时在巴基斯坦境内外交换电子邮件过程中暴露行踪。如果罪名成立，他们将面临最高12年的徒刑。2012年1月30日，在奥斯陆，法庭判决3名嫌犯入狱服刑，40岁的米卡埃尔·达乌德监禁7年，38岁的沙湾·萨迪克·赛义德·布亚克监禁3年半，33岁的大卫·雅洛布森监禁4个月。

（3）2014年7月24日挪威发布恐怖袭击预警。2014年7月24日，挪威有关部门发布预警，极端组织计划近期在挪威境内发动恐怖袭击。一个与叙利亚境内恐怖组织有关的极端组织计划近期在挪威发动恐怖袭击，但警方目前还未掌握恐怖袭击计划的策划者、袭击的时间、地点和目标等信息，他们将与反恐机构密切合作，甄别有关信息，确定是否需要采取进一步防范措施。挪威全国警察进入戒备状态，加强了在边境口岸、机场和火车站等地的武装执勤。叙利亚危机发生后，挪威有50名宗教激进分子前往叙利亚参加所谓

“圣战”，其中一半人已经返回了挪威，这些人将对挪威构成安全威胁。2014年5月，挪威逮捕了3名与基地组织有牵连的挪威公民。中国驻挪威大使馆当天发布了旅行警示，提醒在挪威的中国公民提高警惕，加强安全防范。中国公民在挪威如果遇到紧急情况，可及时向使馆求助。

4. 丹麦的恐怖犯罪

（1）2010年9月10日丹麦酒店疑遭恐怖袭击案。2010年9月10日13时至14时，丹麦首都哥本哈根市中心约根森酒店发生一起爆炸事件，所幸没有造成人员伤亡，丹麦情报机构说爆炸可能与恐怖活动有关。约根森酒店位于哥本哈根市中心，距离哥本哈根最繁忙的通勤车站不过91米。警方随后在全市展开搜捕行动，在酒店附近一个公园抓获一名嫌疑人。这名嫌疑人40岁左右，看上去“来自欧洲或北非”，说英语，腰间缠有疑似爆炸物。丹麦警方认定，“基地”组织正在招募和训练丹麦籍青年，策划在丹麦发动袭击活动。

（2）2010年12月底联手挫败恐怖袭击案。2010年12月28日夜至29日，丹麦和瑞典安全部门展开联合行动，抓获5名企图向丹麦《日德兰邮报》发动袭击的恐怖嫌疑人。丹麦国家情报机构负责人雅各布·沙夫，在一场新闻发布会上说，一场即将发生的恐怖袭击遭挫败，幸亏实施这项逮捕行动，我们才得以成功制止一次即将发生的恐怖袭击。几名嫌疑人可以被称作宗教极端武装人员，与国际恐怖活动网络有关联。这几名嫌疑人打算进入《日德兰邮报》位于哥本哈根市中心的办公室发动袭击。

（3）2012年5月28日丹麦拘捕两名恐怖袭击嫌疑人。2012年5月28日晚，丹麦拘捕了两名恐怖袭击嫌疑人，并认为丹麦目前面临严重恐怖主义袭击威胁。警方情报机构截获了两人关于恐怖袭击的方法、目标和使用武器的对话，怀疑两人正在策划一起恐怖袭击，于是对两人实行拘捕。被拘捕的两人为兄弟俩，分别为18岁和23岁，均为索马里裔丹麦公民，在丹麦已居住16年。

（4）2015年2月14日哥本哈根市区恐怖袭击案。2015年2月14日下午，在丹麦哥本哈根市区的一个文化中心里，一名枪手从外向里开枪射击，致使一人死亡、三名警察受伤。这起枪击案意在刺杀当时正在文化中心参加讨论活动的瑞典艺术家维尔克斯，他曾因发表针对伊斯兰教先知穆罕默德的漫画而引起轩然大波。68岁的维尔克斯言论如火，作风一直备受外界争议。2007年他因为在作品中讽刺伊斯兰教先知穆罕默德成为基地组织的刺杀目标，一名美国女子就曾经企图杀害他，失败后被判监禁10年。2010年维尔克斯在瑞典南部的寓所，遭到一对兄弟企图纵火，嫌犯同样失败后被判监，之后他一直受到瑞典警方严密保护。造成12人死亡的《查理周刊》袭击事件发生之后，维尔克斯曾经向美联社表示基于保安考虑，越来越少的机构邀请他主持讲座，他认为人们对恐袭的忧虑，只会令情况变得更糟。出现更多审查，担心出版和言论自由会进一步收窄。维尔克斯认为欧洲传媒不应该因为（介于）恐怖威胁，而自我审查，放弃表达的自由。14日晚，哥本哈根市区一座犹太教会堂再次发生枪击案，一名犹太男子头部中弹身亡，另有两名在场警察受伤。丹麦警方经过调查初步认定，这两起枪击案系同一凶手所为，并迅速展开追捕。当晚，在哥本哈根的追捕行动中，警方将其击毙。

（5）2016年9月丹麦建海雕部队以对付恐怖袭击。由于技术的快速发展，如今任何一个人都可以买到属于自己的无人机，然而，这其中也包含了恐怖主义者。为了防止无人机袭击，丹麦警察找到了一种不同寻常的方法，招募白头海雕。白头海雕是美国最大的一种猛禽，为了让其成为无人机的"天敌"，先教会海雕攻击，抓住和送回警察自己使用的无人机。在最后的考试中，模拟了无人机攻击一名身穿外交制服的官员，海雕完成了这次考验。

海雕出色的表现展现了其"特种兵"的能力，丹麦警方新闻处表示，将购买一批海雕并由他们创建一支特种部队，来保卫丹麦的上空。而招募鸟类对抗无人机，此前已有先例。激增乱飞的无人机产生了安全隐患，在无人机给公众造成威胁的地方、机场和敏感地区，荷兰警方尝试招募老鹰来解决这一问题。老鹰将无人机当作猎物、将其捕获，荷兰警方在尝试成功后，购买了4只海鹰幼鸟，计划于2017年建立"老鹰飞行队"。值得一提的是，不仅是鸟类，其他动物也曾被用于军事目的或保障安全。中国空军曾用猴子拆毁机场附近的鸟巢，以确保飞行安全。此外，海豚在海军部的服务也已经有较长的实践经验。

（二）东欧国家的恐怖主义犯罪

1. 白俄罗斯的恐怖犯罪

2011年4月11日白俄罗斯地铁恐怖犯罪袭击案件。2011年4月11日17时56分，正是下班高峰时间，白俄罗斯首都明斯克市"十月"地铁站发生爆炸事件，造成11人死亡、126人受伤，其中22人重伤。爆炸发生时，有两列地铁同时到达，正值明斯克最繁忙的时段，爆炸所在地靠近白俄罗斯总统卢卡申科的官邸和明斯克最大的文化商业中心，“十月”地铁站为两条地铁线路的换乘车站，是明斯克最繁忙地铁站之一，距离总统府和总统官邸不足100米。白俄罗斯内务部长库列绍夫对外如是公布：根据初步调查结果，爆炸物被放置在地铁站台的长凳下面，一辆地铁列车进站停靠时，爆炸物发生爆炸。爆炸威力相当于5公斤至7公斤TNT当量的爆炸威力，地面被炸出一个直径80厘米的大坑。爆炸物内填满金属物质，显然是为了增加杀伤力。由于炸弹引爆时，站台人流量约300人，因此造成的影响堪称巨大。这起恐怖袭击于当月13日告破，两名犯罪分子被捕并招供，但并未有恐怖组织对该起爆炸案宣称负责。该起恐怖袭击对被美誉为“安全天堂”的白俄罗斯可谓是沉重打击，德国媒体形容“爆炸让明斯克瞬间如同死城，震撼深入骨髓”。

2. 俄罗斯的恐怖犯罪

(1) 2010年3月29日莫斯科地铁站恐怖连环爆炸袭击案。2010年3月29日早上7点50分左右，莫斯科市地铁，一列地铁列车在行驶至莫斯科市中心的卢比扬卡地铁站时，第二节车厢突然发生爆炸，至少造成25人死亡，另有10多人受伤；42分钟后，“文化公园”站发生爆炸；几分钟后，“和平大街”站发生爆炸。爆炸装置捆绑在两名女性自杀式袭击者身上，共造成41人死亡、72人受伤，这两名女性自杀式袭击者与北高加索地区有关。一个与车臣分裂分子有关联的网站宣称对该起地铁爆炸案负责。

(2) 2010年5月26日斯塔夫罗波尔市音乐厅恐怖爆炸袭击案。2010年5月26日18时45分许，俄罗斯南部城市斯塔夫罗波尔市体育文化宫音乐厅门前发生爆炸，造成7人死亡、40多人受伤。当晚，该音乐厅原定举行一场音乐会，在演出开始前约15分钟，一辆汽车发生爆炸，爆炸物由无线电遥控，内置杀伤性金属物体。斯塔夫罗波尔市是斯塔夫罗波尔边疆区首府，位于俄罗斯北高加索地区，当地政府认为爆炸事件旨在破坏北高加索地区稳定，警方已按“恐怖袭击”标准展开刑事侦查。

(3) 2010年9月9日北奥塞梯共和国首府符拉季高加索中央市场恐怖自杀式汽车炸弹爆炸袭击案。2010年9月9日中午时分，俄罗斯北奥塞梯共和国首府符拉季高加索中央市场发生自杀式汽车炸弹爆炸事件，导致17人死亡、133人受伤。格鲁吉亚外交部随即发表声明，对此恐怖袭击事件造成的大量人员伤亡表示同情，对遇害者家属表示慰问，愿意向俄方提供任何援助。

当时，爆炸发生在弗拉季高加索市中央市场附近，一辆“伏尔加”牌小轿车在驶到中央市场入口附近时爆炸，爆炸威力相当于40公斤TNT当量。由于中央市场地处繁华区域，而且犯罪分子在爆炸装置中混装了大量钢钉，因此爆炸造成大量人员伤亡，车内发现一名犯罪分子的尸体。为防止发生二次爆炸，当地安全部门对中央市场周边区域的无线电通信进行了屏蔽，调查人员在中央市场入口处附近又发现一个爆炸装置并已成功拆除。9月9日爆炸是俄罗斯北高加索地区近来遭遇的最严重袭击之一。此前，弗拉季高加索中央市场多次成为炸弹袭击目标。1999年，一枚炸弹在弗拉季高加索中央市场爆炸，致死55人；2001年，另一枚炸弹爆炸，致死6人；2004年，一辆小型公共汽车在市场附近爆炸，致使11人丧生。

（4）2010年10月19日车臣格罗兹尼议会大楼恐怖爆炸袭击案。2010年10月19日8时45分，车臣格罗兹尼议会大楼遭武装分子袭击，3名武装分子乘坐小汽车来到车臣首府格罗兹尼议会大楼前，随后弃车闯入议会大楼，其中1名武装分子在大楼入口处引爆了身上的爆炸装置，另两名武装分子强行闯到议会大楼二层，与闻讯赶来的军警发生交火，经过激烈的战斗，两名武装分子最终被消灭，造成多人死伤。车臣内务部表示制造此次爆炸案的可能是车臣新出现的匪首侯赛因·伽卡耶夫，伽卡耶夫的目标是刺杀议会领导人。伽卡耶夫不久前脱离了乌马洛夫的组织，带领一批手下自立山头，此次行动受到海外组织的支持。脱离了乌马洛夫组建的所谓“高加索酋长国”后，40岁的伽卡耶夫自己组建了所谓的“国防委员会”，伽卡耶夫被指控参与多起恐怖袭击案件。车臣总统卡德洛夫表示，该国境内大约有50名至60名恐怖分子。他称，这些匪徒残害妇女儿童，除了剿灭没有其他办法。

（5）2010年10月23日北高加索地区的达吉斯坦共和国恐怖自杀式恐怖袭击案。2010年10月23日19时15分左右，俄罗斯北高加索地区的达吉斯坦共和国发生一起自杀式恐怖袭击事件，导致1名警察身亡、12名军警受伤。当时，在达吉斯坦共和国哈萨维尤尔特市的一家职业技术学校，一名自杀式恐怖袭击者驾驶一辆装有爆炸物的小汽车高速撞向大门，并随后引爆车上的炸弹，正值该校区部署有达吉斯坦共和国内务部边防局和秋明州特警队，爆炸造成直径3到5米，深1.6米的弹坑，爆炸导致一名警察身亡，8人不同程度受伤。该爆炸袭击事件被以“恐怖袭击”“非法制造和运输武器”和“杀害护法机关工作人员”罪名进行刑事侦查。

（6）2011年1月24日多莫杰多沃机场恐怖袭击炸弹爆炸案。2011年1月24日16时32分，俄罗斯首都莫斯科最大机场——多莫杰多沃机场抵达大厅内发生自杀式炸弹爆炸，造成35人死亡、180人受伤，袭击者为20岁的印古什共和国居民穆罕默德·叶夫洛耶夫。多莫杰多沃机场于1964年建成，位于莫斯科市中心西南42公里处，是东欧最繁忙的机场，也是俄罗斯最大的机场。2010年，该机场进出港旅客人数超过2200万。俄罗斯时任总统德米特里·梅德韦杰夫认定此次事件为恐怖袭击，誓言要抓获这起袭击的策划者，使之受到严惩，国际社会也对这起恐怖袭击纷纷表示强烈谴责。引爆爆炸装置的嫌犯可能来自北高加索地区，已在爆炸中身亡，莫斯科警方现在正追查另外3名嫌犯。莫斯科市长谢尔盖·索比亚宁说，市政府将给予每名死者的家人200万卢布（约合44万元人民币）。另外，每名重伤者将得到150万卢布，伤势较轻者将得到100万卢布。

（7）2011年2月14日达吉斯坦共和国古布坚村镇警察局遭恐怖自杀式爆炸袭击案。2011年2月14日19时30分许，俄罗斯达吉斯坦共和国，古布坚村的镇警察局遭到自杀式爆炸袭击，导致1名内卫部队士兵死亡、4名士兵受伤。当时，一名女性走近设于古布坚村的镇警察局，在她越过拦路杆试图进入警察局时，遭到站岗士兵的喝止，这名女性随即引爆身上的炸弹，造成人员伤亡，这名女性也当场丧生。古布坚村是当地一个非法武装头目的老家，该头目2010年8月被俄安全部门击毙。

（8）2012年5月5日挫败了一起针对2014年索契冬奥会的恐怖袭击阴谋。2012年5月5日，俄罗斯国家反恐委员会挫败了一起针对2014年索契冬奥会的恐怖袭击阴谋，逮捕3人，查获了大量武器。2012年5月4日至5日，俄情报人员在阿布哈兹对当地武装分子进行了调查，发现了恐怖分子的10个军火库，并查获3套可用于攻击低空飞行目标的防空导弹系统，反坦克制导导弹、迫击炮弹、火箭筒、地雷、喷火枪、手榴弹、步枪等武器，以及爆炸物和多张地图。共有3名男子被逮捕，都是总部位于俄罗斯北高加索地区的恐怖团伙“高加索酋长国”的成员，这一团伙被美国当局列入恐怖组织黑名单，其中一名被捕男子是“高加索酋长国”在阿布哈兹分支的头目鲁斯坦·吉茨巴。这群恐怖分子计划在2012年至2014年期间将这些武器运往冬奥会举办城市索契，以便在冬奥会举办点实施恐怖活动。阿布哈兹是格鲁吉亚的自治共和国，苏联解体后，这一地区宣布独立，与格鲁吉亚中央政府长期处于对抗状态。2008 年 8 月，俄罗斯与格鲁吉亚爆发军事冲突，俄方随后宣布承认阿布哈兹独立。

（9）2012 年 8 月 28 日达吉斯坦当地伊斯兰教领袖家中遭恐怖自杀式爆炸袭击案。2012 年 8 月 28 日，俄罗斯达吉斯坦发生一起自杀式爆炸袭击，造成包括一名当地伊斯兰教领袖在内的 6 人死亡。达吉斯坦非法武装活跃，也是暴力、恐怖事件多发地。谢赫·赛义德·阿凡季在达吉斯坦共和国穆斯林中影响颇大，一名女性自杀式袭击者进入他的家中引爆了炸弹，造成包括谢赫·赛义德·阿凡季在内的 6 人死亡，袭击者本人也被炸死。达吉斯坦共和国隶属俄罗斯北高加索联邦区，该地区非法武装活跃，也是暴力、恐怖事件多发地。虽然近年来俄罗斯政府加大了对当地非法武装的打击力度，但该地区暴力和恐怖事件仍频频发生。

（10）2013 年 2 月 14 日北高加索地区达吉斯坦共和国汽车炸弹恐怖袭击案。2013 年 2 月 14 日早晨 5 时许，不明身份者在达吉斯坦共和国哈萨维尤尔特市一个交通检查站附近引爆一辆轿车，造成 3 名执勤警察死亡、6 人受伤，另有 1 人失踪，交通检查站附近被炸出一个直径 4 米、深 1.5 米的大坑，交通检查站及站内警车也受到严重损毁。当地侦查机关对这起爆炸进行刑事立案，并将其认定为“恐怖袭击”。达吉斯坦共和国是非法武装活跃地区，也是暴力和恐怖事件多发之地，虽然近年来俄罗斯政府加大了对当地非法武装的打击力度，但该地区暴力和恐怖事件仍频繁发生。

（11）2013 年 5 月 9 日莫斯科西北部圣彼得堡公交车恐怖爆炸袭击案。2013 年 5 月 9 日晚 6 时 15 分，莫斯科西北部的圣彼得堡高速公路附近，一辆公交车发生爆炸，共有两名伤者被送到医院救治。发生爆炸的公交车当时停在终点站，车上没有人，车外 1 名妇女和 1 名儿童被飞来的玻璃碎片击中受伤，事发公交车受损严重，爆炸冲击波还导致路边商店的玻璃受损。发生爆炸的是放置于该车顶部的天然气储气罐，这条公交线路的天然气公交车正处于试运行阶段。当晚莫斯科全城举行多场焰火晚会庆祝胜利日，事发地点就位于当晚庆祝活动的限行路段。

（12）2013 年 10 月 21 日伏尔加格勒公交车恐怖袭击爆炸案。2013 年 10 月 21 日下午 2 点零 5 分，俄罗斯伏尔加格勒市，搭载 40 人的一辆公交车发生爆炸，爆炸是由一名女性携带爆炸装置上车并引爆引起的，共造成车上包括肇事者在内的 8 人死亡、36 人受伤。该起爆炸为自杀式恐怖袭击，炸弹由一名来自达吉斯坦共和国的 30 岁女子纳伊达 · 阿西亚洛娃引燃，凶手当场死亡。

（13）2013 年 10 月 18 日卡巴尔达-巴尔卡尔共和国恐怖爆炸袭击案。2013 年 10 月 18 日凌晨 3 时左右，卡巴尔达-巴尔卡尔共和国一座清真寺附近发生爆炸，2 人在爆炸中身亡。卡巴尔达-巴尔卡尔共和国隶属北高加索联邦管区，位于大高加索山脉北部。此次爆炸很可能是被炸死的两名男子在安装爆炸装置时意外引爆装置所致。俄国家反恐委员会新闻中心工作人员说，恐怖分子策划在伊斯兰教的传统节日古尔邦节期间制造这起针对平民的恐怖袭击，爆炸装置是武装分子计划安装在道路上袭击将要经过的一支送葬队伍的，其威力相当于 10 公斤 TNT 炸药，若引爆可能会造成大量人员死伤。

（14）2013 年 11 月 1 日中部城市库尔干市法院恐怖爆炸袭击案。导致 2 人死亡、2 人受伤。2013 年 11 月 1 日下午，俄罗斯中部城市库尔市调解法院入口处，法警对来访者进行安检时，发现其中一名男子携带了手榴弹，法警要求进一步检查，这名男子随即引爆手榴弹，该男子当场死亡，一名法警也在爆炸中身亡。这起爆炸有可能是恐怖袭击，近来在俄罗斯恐怖爆炸事件时有发生。

（15）2013 年 12 月 29 日伏尔加格勒火车站恐怖袭击爆炸案。2013 年 12 月 29 日 12 时 45 分，俄罗斯南部伏尔加格勒火车站正门一层入口处，金属安检通道门前，一名女子引爆身上的炸弹，爆炸发生火车站二楼，至少造成 18 人死亡、40 人受伤。该爆炸可能是由一男一女共两人实施，在靠近火车站一楼入口设置金属探测器的地方，警员试图靠近一名女性时发生了爆炸，在爆炸地点侦查人员找到挂有榴弹拉环的一名男性的手指，在现场还遗留了一枚未爆炸的 F1 榴弹。当局按照恐怖主义行为、非法贩运武器等罪立案，怀疑是车臣的“黑寡妇”所为。普京当天责成联邦调查委员会进行调查、相关机构采取安保措施，为当地受事件影响者提供一切必要援助，伤重者可通过专机转至莫斯科接受治疗。俄罗斯总理梅德韦杰夫责成交通运输部尽快恢复当地交通枢纽。伏尔加格勒宣布从 2014 年 1 月 1 日到 3 日为哀悼日，每个遇难者家庭将 获得约人民币 20 万元。

女性自杀式袭击者在俄罗斯通常被称为“黑寡妇”，她们先前多次制造袭击。2004 年 8 月，一名“黑寡妇”在莫斯科里加地铁站附近引爆，造成 10 人死亡。她们还涉嫌在 2004 年炸毁两架客机，致死大约 90 人。2010 年 3 月，女性自杀式袭击者对莫斯科两个地铁站发动爆炸袭击，致死至少35人，致伤120多人。2013年10月21日，伏尔加格勒发生自杀式爆炸造成6人死亡，袭击者是来自俄达吉斯坦共和国的一名女子，29日发生在伏尔加格勒火车站的爆炸同样由女恐怖分子实施，这让“黑寡妇”再次浮出水面。“黑寡妇”一词出现在十多年前，她们平常蒙黑色头巾、穿黑色长袍，称其为“黑寡妇”，她们中不少人是车臣战争中遭俄军击毙分离分子的遗孀或姐妹。据美国芝加哥大学教授理查德·佩普统计，2000年6月“黑寡妇”袭击到2013年10月21日伏尔加格勒客车爆炸案，“女人弹”共致死847人。越来越多证据显示战争创伤是“黑寡妇”袭击的次要因素，主要因素是恐怖组织教唆和安排。

（16）2013年12月30日伏尔加格勒无轨电车恐怖袭击爆炸案。2013年12月30日上午8时10分，伏尔加格勒州捷尔任斯基区，15A号电车——一辆无轨电车发生爆炸，炸弹被放置在车厢内，一名男性自杀式恐怖袭击者引爆爆炸装置，造成15人死亡，其中包括一名1岁婴儿，28人受伤。爆炸物相当于4公斤三硝基甲苯（TNT）炸药，其成分与前一天火车站爆炸袭击所用爆炸物相同，可能是在同一个地方制作。俄罗斯总统普京下令国家反恐怖主义委员会加强俄罗斯全境安全保障，对伏尔加格勒州采取特别安保措施。

（17）2014年4月4日俄罗斯逮捕策划恐怖袭击的乌克兰人。2014年4月4日，俄罗斯安全局拘捕了25名乌克兰人，这些人被指在上个月克里米亚举行公投期间策划恐怖攻击。这批乌克兰人是一个极端民族主义运动的成员，准备对俄国境内进行恐怖袭击。这些乌克兰人被控偷拍俄军部队行动的照片，试图与俄国境内的极端分子联系，计划在3月14日到17日期间袭击俄罗斯的罗斯托夫、伏尔加格勒、特维尔、奥廖尔、别尔哥罗德、卡尔梅克和鞑靼斯坦地区。但乌克兰安全局说，俄国媒体关于乌克兰安全局下令进行这类恐怖袭击的报道完全是“胡说八道”。此前不久，乌克兰政府官员指责莫斯科说，有30多名俄罗斯安全部门成员参与策划2014年早些时候基辅的反政府示威抗议行动，向乌克兰的反政府人士空运了以吨计算的武器和炸药。在俄罗斯兼并克里米亚之后，俄罗斯和乌克兰之间的关系变得高度紧张，俄国在乌克兰东部边境集结了数万军队。

（18）2016年8月8日俄罗斯挫败克里米亚恐怖袭击案。2016年8月7日夜间至8日凌晨，俄罗斯安全部门成功制止了一起由乌克兰国防部情侦总局策划的针对克里米亚基础建设和生活保障设施实施的恐怖袭击。2016年8

月 8 日凌晨，乌克兰国防部特工队曾经两次试图派遣恐袭小组潜入克里米亚境内，均被俄罗斯安全局部队制止。乌克兰武装力量以从临近地区发起密集火力和装甲车发射炮弹的方式，试图为恐袭小组的潜入做掩护。双方交火期间，一名俄军人丧生。乌克兰破坏活动的目的是在俄联邦和地区政府选举筹备和举行期间破坏地区社会政治局势稳定。俄罗斯摧毁了乌克兰情报部门在克里米亚的秘密网络，并拘留了帮助筹备恐怖袭击的乌克兰和俄罗斯公民，共逮捕了 6 名乌克兰公民和 1 名来自克里米亚当地的内应。此次被阻止的恐怖袭击的策划者之一叶夫根尼·帕诺夫，生于 1977 年，扎波罗热州居民，乌克兰国防部情报总局雇员，落网并供认罪行。乌克兰国家安全与国防事务委员会秘书长图尔奇诺夫表示，此说与事实不符，乌国防部情侦总局近一年来无任何工作人员在克里米亚遭捕。

（19）2016 年 12 月 19 日俄罗斯驻土耳其大使恐怖袭击案。2016 年 12 月 19 日晚，俄罗斯驻土耳其大使安德烈·卡尔洛夫在土耳其首都安卡拉出席活动时遭枪击身亡，行凶者是一名土耳其警察，被当场击毙。枪击发生在当地时间 19 时 5 分，卡尔洛夫被送往医院后经抢救无效身亡，3 名在袭击事件中受伤的人员目前情况稳定。行凶者梅夫吕特·阿尔滕塔什是一名 22 岁的土耳其警察，已在安卡拉防暴警察部队服役两年半。

（20）2017 年 4 月 3 日圣彼得堡恐怖地铁爆炸案。2017 年 4 月 3 日下午 2 点 40 分，俄罗斯圣彼得堡市地铁发生一起爆炸，造成至少 11 人身亡、45 人受伤，俄罗斯总检察院已将这起地铁爆炸案定性为恐怖袭击事件。当时，地铁列车处于“干草广场站”和“技术学院站”之间，这两站相距不远，圣彼得堡地铁车站发生了两起爆炸，一列地铁停在站台，车厢门被炸得支离破碎，伤亡者躺在站台上。爆炸发生 2 小时后，执法部门在圣彼得堡另一座地铁站内发现一个自制爆炸装置，已将其拆除。国家反恐委员会同时表示，将对俄罗斯所有重要交通设施加强安保措施。

（21）2017 年 12 月 17 日俄罗斯感谢美国提供信息得以破获恐怖袭击图谋。2017 年 12 月 17 日晚间，俄罗斯总统普京与美国总统特朗普进行了电话交谈，普京向特朗普表达了对美国中情局的感谢，感谢其提供关于恐怖袭击的信息，从而挫败了一起预谋未遂的大型恐怖袭击。普京就美中情局提供的信息帮助，向特朗普表示感谢，并请特朗普向中情局局长以及情报部门工作人员转达谢意。普京还向特朗普承诺，“如果俄方特工部门获取有关美国境内发动恐袭的信息，也将立即通过相应渠道提供给美国同行”。

2017 年 12 月 13 日、14 日，在对圣彼得堡进行的特别搜捕行动中，共抓捕 7 名犯罪嫌疑人，起获大批自制爆炸装置，自动步枪，火药，极端组织刊物，并捣毁了制造爆炸物的实验室。这伙恐怖分子是伊斯兰国极端组织拥护者的秘密分支，他们计划在 12 月 16 号实施轰动性恐怖袭击，袭击位于圣彼得堡市中心、著名的喀山大教堂，并在圣彼得堡人流密集区引爆自制炸弹。在抓捕后的问询过程中，一名嫌犯承认计划在喀山大教堂引爆炸弹，并且从 2017 年 11 月嫌疑人就开始考察地形，选择实施爆炸地点。之后，又逮捕 5 名恐袭涉案人员。

12 月 12 号，在莫斯科也挫败了一起针对新年假期和即将开始的俄总统选举的恐怖袭击图谋。俄国家反恐委员会主席、联邦安全局局长博尔特尼科夫日前透露，2017 年俄罗斯阻止了 61 起尚在策划阶段的恐怖主义犯罪活动，其中 18 起是计划在人流密集地和重要设施内制造的大型恐怖袭击。俄还取缔 2000 多个恐怖主义和极端主义网站。随着叙利亚解放最后几处伊斯兰国组织据点，该极端组织领导人和武装分子被迫前往俄罗斯等其他国家继续实施恐怖活动，这些恐怖组织成员从叙利亚进入俄罗斯后将成为真正的危险。俄罗斯反恐局势也变得非常严峻。

（22）2017 年 12 月 27 日俄罗斯圣彼得堡恐怖爆炸袭击案。2017 年 12 月 27 日晚上，俄罗斯圣彼得堡北部一家超市遭到恐怖爆炸袭击，造成 13 人受伤、数十人被疏散。而俄罗斯需要采取强硬措施，继续打击国际恐怖主义势力。当时，圣彼得堡一家超市发生爆炸，爆炸由一个自制的爆炸装置引起，其爆炸威力相当于 200 克 TNT 炸药。俄罗斯总统普京 28 号在为参加叙利亚反恐作战的归国官兵授勋时明确表示，27 号在圣彼得堡一家超市发生的爆炸案是一起恐袭事件，他已经责成联邦安全局尽快抓捕恐怖分子。普京认为，俄罗斯正在遭受来自外部的恐怖主义威胁，俄罗斯需要采取强硬措施，继续打击国际恐怖主义势力。

2017 年 12 月 12 日俄罗斯联邦安全局局长亚历山大·博尔特尼科夫表示，2017 年共阻止 18 起大型恐怖袭击，并制止 56 个隐秘涉恐团伙的活动。博尔特尼科夫在国家反恐委员会会议上表示：“获取的消息分析结果显示，国际恐怖组织的头目仍旧企图在俄罗斯各地区建立恐怖活动策源地。”他补充称：“圣彼得堡和汉特-曼西自治区发生的恐袭、阻止 61 起在策划阶段的恐怖主义犯罪，包括18起曾计划在人流密集地方的一些极其重要设施内制造的恐袭，以及制止了56个隐秘涉恐团伙的活动，这些都可以证明这一趋势。”

（23）2017年12月31日俄罗斯驻叙利亚赫迈米姆空军基地遭恐怖炮击袭击案。2017年12月31日天黑后，恐怖分子一个“移动破坏小组”发射迫击炮弹突袭俄罗斯驻叙利亚赫迈米姆空军基地，导致两名军人遇难。叙利亚安全部队随后对参与袭击的恐怖分子展开搜捕，并加强基地周边的安保措施。应叙利亚政府请求，俄罗斯军队于2015年9月进入叙利亚反恐。2016年12月11日，俄总统普京下令从叙利亚撤出俄军，但在赫迈米姆和塔尔图斯基地的俄罗斯军队将长期驻扎在那里。

3. 乌克兰的恐怖犯罪

（1）2010年12月31日东南部扎波罗热市一座原苏联领导人约瑟夫·斯大林塑像恐怖爆炸案。2010年12月31日晚，乌克兰东南部扎波罗热市一座原苏联领导人约瑟夫·斯大林塑像遭爆炸损毁。这座斯大林塑像于2010年5月建成，位于当地共产党分支机构办公楼附近。爆炸发生在2010年12月31日晚10时40分，所幸没有造成人员伤亡。市共产党分支机构负责人阿列克西·巴布林说：“这不是流氓行为，而是恐怖袭击。”爆炸发生前几分钟，几个人路过斯大林塑像，“其中一人爬过塑像外的围栏，将一个购物袋系在雕像上，袋子里显然装有自制爆炸装置”。警方现阶段正在搜捕爆炸嫌疑人。

（2）2012年4月27日第聂伯罗彼得罗夫斯克连环恐怖爆炸袭击案。2012年4月27日，乌克兰第聂伯罗彼得罗夫斯克中心城区一个多小时内连续发生4起爆炸，造成30人死亡，其中包括11名儿童，乌克兰检察院将连环爆炸定性为恐怖袭击。11时50分左右，第聂伯罗彼得罗夫斯克市中心马克思大街一座有轨电车站发生第一起爆炸，爆炸物藏在车站一个垃圾桶内，5人受伤。大约30分钟后，斯托利亚罗夫大街“罗迪纳”电影院外发生第二起爆炸，致伤7人。12时45分左右，一座火车站附近发生第三起爆炸，两人受伤。一刻钟后，第四起爆炸发生在马克思大街一家歌剧院附近，那里距离第一起爆炸地点不远。爆炸地移动通信信号被切断，居民不敢上街。

（3）2013年6月23日乌克兰要求巴基斯坦政府向南珈峰营地恐怖袭击案遇难者家属支付补偿金。2013年6月23日，巴基斯坦控制的克什米尔南珈峰山脚下的登山帐篷营遭武装分子袭击，造成2名中国人、1名美籍华人、5名乌克兰人和1名俄罗斯人死亡。巴基斯坦境内活跃的伊斯兰恐怖组织“真主旅”表示对袭击外国游客事件负责，24 日已经有 37 名涉嫌参与袭击的武装分子被巴基斯坦逮捕。6 月 24 日，乌克兰要求巴基斯坦政府向南珈峰营地恐怖袭击事件遇难者家属支付补偿金。

（4）2014 年 2 月 19 日基辅地铁暂时停运以防恐怖袭击。2014 年 2 月 18 日，乌克兰基辅市中心爆发大规模骚乱，当天反对派在乌克兰最高拉大会议上要求恢复 2004 年宪法，恢复议会总统制。情绪激动的人群试图靠近乌克兰议会大楼，激进分子闯入基辅市中心的大楼，点燃车胎，向警方和汽车投掷石块。2014 年 2 月 19 日，乌克兰首都基辅市政府表示，基辅地铁不运营的原因是受到恐怖袭击威胁，在市内局势稳定之后会立即恢复地铁运营。根据基辅市政府的命令，2014 年 2 月 19 日位于首都市中心的学校和幼儿园暂停工作，作出这一决定是为了保障儿童和学校员工的安全。乌克兰总统维克托·亚努科维奇表示，反对派领导人呼吁国民带上枪械走上广场，这是公然违法的，违法者应当受到审判，由法庭来决定惩罚措施。

（5）2014 年 6 月 17 日乌克兰中部地区天然气管道恐怖爆炸袭击案。2014 年 6 月 17 日，乌克兰中部波尔塔瓦偏远地区的一个天然气管道发生爆炸，该管道横贯乌克兰、连接俄罗斯与斯洛伐克。当天乌克兰能源部表示，天然气管道的爆炸可能是一次“恐怖主义袭击”。5 月份就在乌克兰西部地区发生了两起运输管道爆炸。

（6）2014 年 6 月 26 日两市市长恐怖袭击案。2014 年 6 月 26 日凌晨时分，乌克兰西部城市利沃夫市长萨多维的住所遭到反坦克火箭弹的攻击，攻击造成了萨多维住所屋顶、窗户以及部分房屋主体损坏，但没有造成人员伤亡。当日上午时分，乌中东部城市克列缅丘格市长巴巴耶夫在自己家门口的车上遭到枪手袭击，巴巴耶夫身中 3 弹，重伤不治。乌克兰安全局称这两起袭击案件为“一系列的恐怖袭击”。对于这两起恐怖袭击事件，舆论普遍认为“与当前乌克兰东部局势有关”“恐怖袭击制造者是为了扰乱乌内政局势的稳定”。

（7）2014 年 8 月 6 日乌克兰议员发表支持车臣恐怖袭击的言论被俄罗斯通缉。2014 年 8 月 6 日，车臣恐怖袭击事件发生后，乌克兰议员别廖扎、列乌斯和莫西丘克发表公开声明，支持恐怖分子的袭击，以及“让俄罗斯动荡的行动”，包括扰乱车臣局势，几人还呼吁基辅人民走向广场，支持“高加索圣战者”。别廖扎和列乌斯来自总理亚采纽克领导的政党“人民阵线”，列乌斯曾任乌克兰安全局副局长，莫西丘克来自“激进党”。3 名乌克兰议员公开煽动针对俄罗斯的恐怖主义活动，触犯俄刑法中“公开呼吁实施恐怖活动或当众为恐怖主义辩解”的条款，俄联邦调查委员会决定对他们提起刑事诉讼并发出国际通缉令，俄车臣共和国领导人卡德罗夫随后命令执法机关抓捕 3 名乌克兰议员。针对俄罗斯方面的法律行动，乌克兰国家安全局局长助理卢勃基夫斯基表示，“由于车臣领导人卡德罗夫对乌克兰议员进行恐怖威胁，乌国家安全局将对其提起刑事诉讼，并对受到威胁的议员采取特别保护措施”。乌克兰内务部则表示，乌克兰也计划对卡德罗夫发出国际通缉令，基辅不会将自己的公民交给俄方，国际刑警组织不会接受俄联邦调查委员会的通缉请求。

（8）2014 年 8 月 7 日顿涅茨克市恐怖炮火袭击案。2014 年 8 月 7 日晚间，乌克兰东部顿涅茨克市遭到炮火袭击，导致 2 人死亡。乌克兰军队本月初在一个小镇中击溃了民间武装分子，现在已经包围了顿涅茨克市。他们的交通运输服务运行良好，正在维修公寓楼的燃气管道。6 日夜间爆发冲突，造成 3 人死亡、5 人受伤。政府军加强了攻势，7 日民间武装主要阵地周围响起炮声。距离该市中心广场大约 7 公里社区的多栋住宅楼因炮击遭到损坏。顿涅茨克市议会要求市民不要上街，在安全地点躲避。

（9）2015 年 1 月 24 日部港口城市马里乌波尔恐怖火箭弹袭击案。2015 年 1 月 24 日，火箭弹击中马里乌波尔一处居民区，造成 10 人丧生。连日来，乌克兰东部局势持续紧张，乌政府军与东部民间武装的冲突殃及平民。13 日，一辆客车从顿涅茨克驶往马里乌波尔途中被火箭弹击中，10 多人遇难。22 日，顿涅茨克市中心一座公交车站遭炮弹袭击，15 人在袭击中丧生。

（10）2015 年 2 月 22 日东部城市哈尔科夫市中心恐怖炸弹袭击案。2015 年 2 月 22 日中午，乌克兰东部城市哈尔科夫市中心，为在乌东部地区冲突中阵亡的军人举行悼念游行，当游行者在体育宫前集合时，队伍最前端发生爆炸，2 人当场死亡，其中 1 人是维持秩序的警察，另有 15 人受伤。爆炸的是一枚自制炸弹，有较大杀伤力，被安置在路边的雪堆中，若不是爆炸时恰好有一辆小轿车驶过，起到了隔挡的作用，伤亡人数可能会更多。

（11）2015 年 7 月 14 日西部警署恐怖爆炸袭击案。2015 年 7 月 14 日，乌克兰西部城市利维夫的两处警署遭到爆炸袭击，两名警察受伤。警署的入口被人设置了炸药，在其中一所警署，还发现了一枚手榴弹的保险夹。乌克兰安全部门已将事件列为恐怖袭击，并展开调查工作。

（12）2016 年 5 月底在乌克兰与波兰边境逮捕一名试图在 2016 年欧锦赛制造恐怖袭击的法国男子。2016 年 5 月底，乌克兰在与波兰边境，逮捕一名试图在 2016 年欧锦赛制造恐怖袭击的法国男子。这名法国男子是在准备从乌克兰入境波兰时被乌克兰边防军抓获的，对其车辆进行检查时，发现了大量武器和爆炸物，该男子所携武器包括 3 支火箭筒、100 公斤炸药、近百个雷管和数把 AK-47 自动步枪。被捕法国男子现年 25 岁，他计划前往法国巴黎在 2016 年欧洲足球锦标赛上制造恐怖袭击。

（13）2017 年 6 月 8 日美国驻乌克兰基辅大使馆遭恐怖爆炸袭击案。2017 年 6 月 8 日，在乌克兰基辅，美国驻乌克兰基辅的大使馆发生爆炸，基辅警察局根据“恐怖袭击”条款对此事进行刑事立案调查。当时，一名不明身份人士向使馆内投掷了一个不明爆炸装置，爆炸尚未造成人员受伤。

4. 摩尔多瓦的恐怖犯罪

2011 年 6 月 7 日首都基希讷乌市中心汽车爆炸恐怖袭击案。2011 年 6 月 7 日，摩尔多瓦首都基希讷乌市中心发生汽车爆炸，摩尔多瓦网球联合会主席受伤严重，医治无效死亡。爆炸发生在网联办公区停车场内，网联主席伊戈尔·图尔钱刚刚停好车辆时，附近一辆汽车突然爆炸，除图尔钱外，还有两人在爆炸中受伤，网联办公区位于摩尔多瓦政府办公楼附近。

（三）中欧国家的恐怖主义犯罪

1. 波兰的恐怖犯罪

（1）2011 年 8 月 18 日警方逮捕了网上留言恐怖袭击嫌疑人。国际刑警组织与波兰警方联系，说他们在一家网站上发现有人用波兰语留言，声称要在华沙实施恐怖袭击，而且还提到了可能实施袭击的具体时间，留言者说他说的并不是玩笑而他感觉自己就像前不久在挪威实施恐怖袭击的布雷维克一样。波兰警方得知这一消息后，立即召集计算机专家，并最终将发言人的地址锁定在位于波兰中部的一个城市普沃茨克。在严密的部署下，2011 年 8 月 18 日，警察逮捕了家住普沃茨克的 17 岁少年，搜查了他的住所并封存了他的计算机封存，为防万一警察搜查了他父亲家。经过一番调查之后，警察并没有在这个少年和他父亲的家里发现可疑的爆炸物品，而这个 17 岁的少年说他只是在网上随便说的并没有想到别人会把他在网上的留言当真。8 月 19 日，当地检察机构就此事进行了聆训，虽然由于没有其他证据，少年最终被无罪释放，但是这件事一定会留给他足够的教训，估计以后再也不敢在网上胡乱发言了。

（2）2012 年 11 月 9 日波兰挫败一起针对国家领导人的恐怖袭击案。2012 年 11 月 9 日，图谋恐怖袭击总统、总理及内阁部长的嫌疑人在克拉科夫市落网，该嫌疑人为极端民族主义者，深谙炸弹制造，多次前往袭击目标议会大楼周边“踩点”，打算把 4 吨炸药放入汽车，然后在 11 月 11 日独立日游行时，把汽车停到议会大楼附近引爆。按嫌疑人计划，引爆时机将是总统布罗尼斯瓦夫·科莫罗夫斯基、总理唐纳德·图斯克及内阁部长、议会议员聚集大楼之际。嫌疑人自行制造炸药和引爆器，还打算招募人员一同行动。嫌疑人现年 45 岁，是克拉科夫农业大学研究员，有出入化学实验室权限。他还涉嫌非法持有枪支弹药与爆炸材料，这些武器据信是在波兰和比利时购得。他准备了多块车牌，包括国外车牌。警方在他寓所内还发现环三亚甲基三硝基胺和三硝基苯甲硝铵等爆炸物，以及靠手机引爆的引爆器。

（3）2015 年 3 月 18 日突尼斯恐怖袭击中波兰人遇害。2015 年 3 月 18 日，突尼斯恐怖袭击的死亡者中有波兰人，另有 11 人受伤，受伤者分别住在两家医院接受治疗。波兰外交部将识别和确认死亡者的身份，通知家属。由心理学家、医生、外交部工作人员组成的特别小组将在几个小时内从华沙飞往突尼斯，帮助在突尼斯遭受袭击的波兰公民。袭击发生时，一个 36 人的波兰旅游团正在巴尔杜博物馆内参观。波兰旅行社已经宣布取消所有到突尼斯方向的旅游团，19 日将派包机接其余的旅游者回波兰。波兰总统科莫罗夫斯基在袭击事件后举行的特别会议上强烈谴责恐怖主义行为，对波兰同胞成为野蛮和卑鄙的恐怖主义袭击对象而感到震惊，西方世界应该团结一致共同打击恐怖主义威胁。

2. 捷克的恐怖犯罪

（1）2012 年 8 月 9 日粉碎了一起恐怖袭击案。2012 年 8 月 9 日晚，捷克警方收到密报有人正计划通过遥控装置引爆炸弹以发起大规模袭击，立即请求首都布拉格的快速反应小组支援。10 日上午，快速反应部队展开行动，将附近的 80 多名居民疏散，随后突袭了嫌疑人的住所，当场将其抓获。警方在他家中发现大量武器，包括枪支、400 多发子弹、炸弹、多种爆炸物品及警服，该男子打算冒充警察发动恐怖袭击。该男子的作案手法与挪威“天堂杀手”布雷维克十分相像，网名就是“布雷维克”，试图进行一场“布雷维克式”的恐怖袭击，曾在一封邮件中称布雷维克是他的“榜样”。

（2）2016 年 12 月 22 日指控加入伊斯兰国的公民案。2016 年 12 月 22 日，捷克检方对一名企图加入极端组织“伊斯兰国”的捷克男子提起公诉，该男子被控涉嫌“筹划恐怖袭击”，若罪名成立，将被判处 20 年有期徒刑乃至终身监禁。这名 21 岁男子 2016 年年初在土耳其被捕，向土警方供述其将加入“伊斯兰国”。土警方将其引渡给捷克警方后，该男子承认，为加入“伊斯兰国”，他已购买前往土叙边境城市的单程机票，并准备从那里租车前往加入“伊斯兰国”武装力量。捷克警方据其供述，指控他“筹划恐怖袭击”。有关部门对该男子进行相关检查鉴定后发现，他在心理和精神方面一切正常，属完全责任人。这是捷克首次起诉企图加入“伊斯兰国”的本国公民。

3. 斯洛伐克的恐怖犯罪

（1）2013 年 12 月 31 日美国政府将 3 名中国维吾尔族囚犯移交给斯洛伐克。2013 年 12 月 31 日，美国已将古巴关塔那摩监狱关押的优素福・阿巴斯、塞杜拉・哈利克、哈吉克巴尔・古珀尔等 3 名中国维吾尔族囚犯移交给斯洛伐克。中国此前提出遣返这 3 名“东突”组织成员的要求，但考虑到这些维吾尔族囚犯可能遭受中国警方的拷问，美国拒绝了遣返要求。美军一共在阿富汗战争期间俘获 22 名中国维吾尔族人，这些人中至少有一些曾在阿富汗恐怖组织训练营受训，但法官经过审理认为，他们“并非恐怖嫌疑犯”，符合获释条件。

（2）2015 年 12 月 4 日商店出售废弃武器给恐怖分子案。2015 年 12 月 4 日，欧洲安全官员称，从斯洛伐克一家名为 AFG 的商店非法购买的废弃枪支被转移至恐怖分子位于西欧的藏身处，其中不少在比利时。斯洛伐克帕蒂赞斯克——20 多年来，斯洛伐克一家名为 AFG 的商店一直在出售废弃的武器和纳粹制服的仿造品，用于私人收藏或作为电影道具。2015 年 1 月，恐怖分子使用从 AFG 购买的武器在巴黎制造了持续三天的多起恐怖袭击，并于 8 月份在法国高铁上制造过一起恐怖袭击未遂案。这显然是欧盟各成员国枪支管制法宽严不一造成的漏洞。

（3）2016 年 4 月 28 日逮捕企图贩卖放射性物质人案。2016 年 4 月 28 日，斯洛伐克与匈牙利警方采取联合行动，抓获 3 名企图贩卖放射性物质的男性。缴获的物质为浓缩铀，能造脏弹用于发动恐怖袭击。这 3 人中，两名匈牙利人，一名乌克兰人。缴获约 481 克装在铅容器中的放射性物质，其中有铀-235，能用于发动恐怖袭击。

4. 匈牙利的恐怖犯罪

（1）2015 年 11 月 25 日警方逮捕 4 名“有极端宗教信仰”恐怖分子案。2015 年 11 月 25 日，在匈牙利首都布达佩斯郊区，警方逮捕了 4 名“有极端宗教信仰”的恐怖分子，并顺藤摸瓜找到他们的藏身地，在其中找到了一个塞满炸药的灭火器、一根雷管、起爆器以及制造炸药的多种装备；此外，在现场还发现了多个金属片，恐怖分子可能要将这些金属片插到爆炸物中，从而在引爆时达到更大的杀伤力。此次逮捕行动是由匈牙利恐怖活动预防中心进行的，他们在周日收到匿名消息，称可能有恐怖分子活动，并表示其车内可能有武器和爆炸物。实施逮捕时，恐怖分子正驱车前往布达佩斯，并已经到达郊区地带。4 名恐怖分子中两人为匈牙利国籍，另两人则为其他国籍。被捕者隶属于一个极端组织，他们有可能是制作爆炸物的“专业人员”，而具体袭击则会交由其他恐怖分子实施。

（2）2016 年 6 月 7 日国会投票通过修正案“恐怖危险状态”入宪。2016 年 6 月 7 日，匈牙利国会投票通过执政两党议员提交的《基本法》（即现行宪法）修正案，将恐怖危险状态写入《基本法》。根据修改后的《基本法》，在有恐怖袭击危险或恐怖袭击发生时，国会在政府的动议下，只要获得三分之二议员支持即可宣布国家进入恐怖危险状态；在恐怖危险状态期间，政府可暂停执行某些法律，并可出台一些特别措施。在提出宣布恐怖危险状态的动议之后，政府即可采取特别措施，但在国会作出宣布恐怖危险状态的决定之前，这些措施的有效期最多为 15 天。国会还通过内务部一揽子反恐措施，包括将目前的“反有组织犯罪协调中心”更名为“反恐信息和犯罪分析中心”。该中心的任务是通过对危害国家安全、执法、公共安全或其他重要安全利益的数据进行分析，尽可能全面了解国家遭受的恐怖威胁或其他威胁、国内安全局势、公共安全状况等，并就此向政府提交评估报告。

（3）2016 年 9 月 24 日首都布达佩斯恐怖爆炸袭击案。2016 年 9 月 24 日晚 10 时 30 分左右，匈牙利首都布达佩斯第六区一家店铺外的一个自制爆炸装置发生爆炸，两名正在那里巡逻的警察在爆炸中受伤。匈牙利国家调查局、反恐信息和刑事分析中心分析了现场录像，警方向公众公布了作案嫌疑人的身高、衣着等细节并悬赏 1000 万福林（1 美元约合 273 福林）征集破案线索。

爆炸当晚，警方已下令在布达佩斯的国际机场、公路边境口岸及国际旅客列车上加强针对爆炸物的排查。

5. 德国的恐怖犯罪

（1）2011 年 11 月 4 日萨克森州茨维考地区恐怖纵火袭击案。21 世纪以来，德国猖獗的恐怖组织莫过于死灰复燃的新纳粹组织。而引起德国民众对其重视，意识到该类组织已活跃数十年的事件是因 2 名组织成员的自杀而破获的连环杀人事件。2011 年 11 月 4 日，一辆停在德国图林根州爱森纳赫市路旁的房车突然起火，大约 3 小时后德国萨克森州茨维考地区一所房屋遭人点燃。警方在起火房车中发现两具男尸，两名死者分别为乌韦·蒙德洛斯（38 岁）和乌韦·伯恩哈尔特（34 岁）。房车起火前，两人刚刚抢劫了一家银行，发现无路可逃后便点燃车辆、开枪自尽，而茨维考起火的房屋正是二人的住所。

抢劫银行未遂便自杀焚车？死亡劫匪住所缘何突然起火？一系列可疑事件引起警方注意。随着调查进一步展开，警方在起火房车中发现一把“失踪”手枪，这支枪原是 2007 年在巴登-符滕堡州海尔布隆市一名遇害女警察的配枪。此外，警方在茨维考的起火住宅内还找到一把捷克制手枪和一些纳粹宣传材料，其中几张 DVD 宣传光碟解开了警方的疑惑。原来，蒙德洛斯和伯恩哈尔特还有一名现年 36 岁的女同伙贝亚特·切佩，在纵火事件发生前，三人同住在这所起火住宅内。他们于 1998 年创建了“纳粹地下组织”，在 2000 年至 2006 年间疯狂残杀外来人口，并将一些作案现场照片制成纳粹宣传片。长达 15 分钟的宣传片以动画人物“粉红豹”为解说向导，不仅包含血腥场面，还颇具炫耀意味。

调查人员在住宅废墟中发现的捷克手枪与当年射杀这 9 人所用手枪刚好为同一支。由此，多年前发生在德国各地的多起“烤肉谋杀案”终于揭开谜底。目前已知的受害者包括 8 名土耳其人和一名希腊人，他们生前均在德国经营烤肉店、网吧、花店等小本生意，还有一名受害者是海尔布隆市的年轻女警。警方怀疑这个新纳粹团伙每次杀人时都选择相同的作案手法，即在白天接近目标，在受害者未反应过来情况下朝后者头部近距离射击，随后迅速离开。调查人员在茨维考起火住宅废墟中发现一份 88 人名单，其中包括多名土耳其裔和穆斯林政治家，此外还找到一份千人名单。上面列出了一些“反右”政客的姓名和一些宗教团体及协会名称。

（2）2015 年 11 月 20 日科隆恐怖袭击案。2015 年 11 月 20 日凌晨 2 点多，德国西部城市科隆一家名叫“无名”酒吧发生枪击事件，5 名枪手开枪打死了一名顾客，还有 5 人受伤。

（3）2016 年 1 月 10 日科隆恐怖袭击案。2016 年 1 月 10 日夜间，科隆主火车站附近发生恐怖袭击事件，两个暴力团伙分别袭击了 6 名巴基斯坦人和一名叙利亚人，造成 3 人受伤。其中，第一次袭击发生在 10 日 18 时 40 分，当时大约 20 名男子在科隆主火车站附近围攻了 6 名巴基斯坦人。约 20 分钟后，又有 5 人在弗伦肯车站袭击了 1 名叙利亚人。两名巴基斯坦人需要入院治疗，叙利亚人则受了轻伤。

（4）2016 年 5 月 10 日慕尼黑恐怖袭击案。2016 年 5 月 10 日早晨 5 点钟，一名 27 岁的德国男子在慕尼黑偏东南约 32 公里的格拉芬小镇的火车站持刀袭击乘客，造成 1 人死亡、3 人受伤。这名持刀男子在袭击前高喊“真主伟大”，这个口号暗示了一种政治动机。这次恐怖袭击是德国境内最明显的一次伊斯兰恐怖袭击，也是自 2015 年 9 月以来的第三起与伊斯兰相关的持刀袭击案件。

（5）2016 年 7 月 24 日安斯巴赫市恐怖袭击案。2016 年 7 月 24 日，晚 10 时过后不久，德国南部安斯巴赫市中心的一家餐馆发生爆炸，爆炸现场在露天演唱会附近，1 名 27 岁叙利亚男子在携带的炸弹爆炸后身亡，另有 12 人受伤，其中 4 人重伤，这是德国一个星期内第 4 起暴力事件。根据安斯巴赫所在地巴伐利亚州内政厅长赫曼报告，案发前不久，一名背着背包的男子曾企图进入安斯巴赫开放音乐节会场遭拒绝，安斯巴赫市发生的爆炸案所在地是美国陆军基地和第 12 战斗航空旅驻扎地。爆炸发生后，音乐节被迫中断，极端组织“伊斯兰国”声称对这起恐怖袭击爆炸案负责。过去一个月德国接连发生 4 起恶性袭击事件，嫌犯全都是外来移民，并在口头上表示效忠极端组织。

（6）2016 年 12 月 19 日柏林货车撞人恐怖袭击案。2016 年 12 月 19 日晚，在德国柏林一辆货车冲入圣诞集市，造成至少 12 人死亡、48 人受伤。德国总理默克尔 20 日上午在总理府召开新闻发布会时说：“根据当前情况，我们必须认为，这是一起恐怖袭击。”她表示，对于德国，这是“艰难的一天”，但德国不会停止举办圣诞集市活动向“邪恶”屈服。警方已抓捕一名嫌疑人并将其押至检察院所在城市接受审讯。但这名嫌疑人否认一切指控，柏林警方已承认抓错了人，真正的凶手持有武器并仍然在逃。肇事货车属于一家波兰货运公司，按原计划于 20 日运送货物到柏林。但 19 日下午，货车被窃取或遭劫持。该车原有司机为波兰籍，袭击发生后警方在现场发现他已因枪击死亡在副驾驶位置上，警方推测他并非同谋而是受害者。与此同时，极端组织“伊斯兰国”声称对这次袭击负责。

（7）2017 年 3 月 15 日德国联邦财政部收发室恐怖邮包爆炸物袭击案。2017 年 3 月 15 日上午，德国联邦财政部收发室发现了一个含有爆炸物的包裹，若有人打开包裹，很可能会受重伤，该爆炸装置被警方排除。当时，德国财政部收发室工作人员在用 X 光扫描时发现，一个寄来的包裹里有疑似爆炸物，该包裹的收件人是财政部长朔伊布勒。德国联邦刑侦局的专家立即赶到，先就地拆除了自制炸药的引线，随后将该包裹送到柏林西南部格鲁纳瓦尔德的一个安全地点并引爆了炸药。该爆炸物是类似爆竹填充物的较低烈性炸药，这样的混合物常常用于生产烟花爆竹，打开包裹的人很可能会受重伤。

6. 奥地利的恐怖犯罪

（1）2014 年 9 月 28 日逮捕涉嫌恐怖袭击的 14 岁中学生。2014 年 9 月 28 日，奥地利宪法保卫机构逮捕了一名涉嫌以“圣战”名义图谋发动袭击的 14 岁中学生，这个名叫默特卡恩的男生是在圣珀尔滕市一所学校上课时被带走的。默特卡恩承认想在维也纳火车西站等目标处制造爆炸事件，为此他从互联网上下载了制造定时炸弹的指南并打算搞到需要的东西。在他还没有走到这一步时，宪法保卫机构采取了抓捕行动。默特卡恩通过互联网和社交媒体了解有关“伊斯兰国”极端组织的信息，甚至想加入该组织。奥地利境内有约 140 名“伊斯兰国”的潜在追随者，其中大部分人有移民背景。

（2）2015 年 1 月 7 日加强安全措施防范恐怖袭击。2015 年 1 月 7 日，法国恐怖袭击事件发生后，奥地利当局采取了许多保护措施，加强安全防范。奥地利广播公司 7 日晚开始提高了所在大楼的安全级别，对进入大楼的人员身份进行严查。《标准报》编辑部大楼前出现了警察设岗。奥地利境内有 70 名极端“圣战者”，这些人一直处于当局的监视之下，但完全没有漏洞的监视是不可能的。鉴于法国恐怖袭击事件以及当前面临的威胁，奥地利准备给予警察更多的活动空间，以加强安全力量，打击犯罪。必须为警察配备“最好的装备和创造最好的条件”。

（3）2017 年 1 月 21 日抓捕恐怖犯罪嫌疑人。2017 年 1 月 20 日晚至 21 日凌晨，奥地利警方和该国“眼镜蛇”特种部队对首都维也纳多个住宅展开搜查和抓捕行动，逮捕一名涉嫌实施恐怖袭击的阿尔巴尼亚裔奥地利籍男子。这名18岁的嫌疑人打算近期发动炸弹袭击，目标可能是维也纳地铁车站，警方还在过去几个小时内对其他多个住宅进行了搜查，查获一些包括手机在内的物品。这名有极端组织背景的犯罪嫌疑人可能制造了炸药，可能准备在维也纳实施袭击行动。

7. 瑞士的恐怖犯罪

（1）2011年1月12日突尼斯驻瑞士首都伯尔尼大使馆恐怖袭击案。2011年1月12日，突尼斯驻瑞士首都伯尔尼大使馆12日遭遇数枚燃烧弹袭击，所幸未致人员伤亡。袭击发生在凌晨过后，燃烧弹没能成功燃烧，未造成严重破坏，袭击者成功逃离现场。尚不清楚这起袭击是否与突尼斯国内骚乱存在关联，近一个月来突尼斯一些城市发生多起骚乱事件。关于骚乱原因，一些突尼斯民众称是由于工作岗位和投资缺乏。但突尼斯政府认为，少数极端势力是骚乱的幕后黑手，意在破坏国家安定。突尼斯总统本·阿里12日解除了现任内政部长拉菲克·贝勒哈吉·卡西姆的职务，并就当前全国紧张局势部署了紧急措施。本·阿里当天上午召见总理穆罕默德·加努希，并任命艾哈迈德·斯利亚接任内政部长。

（2）2015年12月11日破获一起恐怖袭击阴谋案。2015年12月11日，瑞士反恐部门经过多天警戒搜捕，在日内瓦逮捕两名恐怖嫌犯，恐怖分子计划在瑞士制造恐怖袭击。两名恐怖嫌犯是叙利亚人，涉嫌运送爆炸物和毒气，被控涉嫌制造、藏匿和运送爆炸物及毒气而违反瑞士法律，瑞士法律禁止诸如“基地”“伊斯兰国”恐怖组织及类似组织。

（3）2016年12月19日苏黎世恐怖枪击案。2016年12月19日5点30分左右，1名男子闯入苏黎世火车站旁的清真寺，向祷告的人群开火，造成1人死亡、至少3人受伤。这名男子30岁左右，穿着黑色衣服，戴着黑色帽子，已逃离现场。

（四）西欧国家的恐怖主义犯罪

1. 英国的恐怖犯罪

（1）2010年1月25日波顿当秘密军事实验基地恐怖袭击模拟炸活猪。2010年1月25日，英国波顿当秘密军事实验基地恐怖袭击模拟，活猪被炸弹活活炸死以模拟恐怖袭击对平民目标的袭击。在英国威尔特郡的生物和化学研究中心的一系列试验中，18 头活猪被用安全毯包裹，而威力巨大的炸弹就在离他们几英尺的地方爆炸，科学家们在一旁看着这些动物受伤流血而不去救助，只是为了计算这些动物在遭受重伤后还能存活多久。自 2005 年伦敦地铁公交连环爆炸案发生后，英国军方就考虑在密闭的空间内通过爆炸试验来给医护人员提供第一手资料以应对可能发生的恐怖主义袭击。该项目的一名负责人表示，这项研究将不仅能帮助英国潜在的恐怖袭击的受害者，同时也为在阿富汗作战的英军士兵提供了有价值的数据支持。但是，一些英国国会议员和动物保护团体的成员对军方的行为表达了不满，他们谴责了这种用动物来测试炸弹威力的做法，并强调这些动物在试验中都无一例外的丧失了生命。

（2）2010 年 4 月 13 日情报机构北爱尔兰总部外恐怖袭击爆炸案。2010 年 4 月 13 日早上 7 点 24 分，设置在北爱尔兰的英国国家安全部门军情五处总部发生汽车炸弹爆炸，幸未造成人员伤亡，仅仅附近民房有轻微毁损。炸弹放置在遭劫持的计程车上，朝军营后门开去，驾驶随后跳车，一边大喊："有炸弹。"这是"爱尔兰共和军"内的分裂组织成员胁迫一名计程车司机，载运炸药，送到"贝尔法斯特"郊区的军营外引爆。这座军营是英国情报单位军情五处在北爱尔兰的办公室所在地，这起汽车炸弹爆炸正巧碰上北爱和平进程的关键阶段。

（3）2012 年 2 月 1 日警方破获一起恐怖袭击阴谋。2012 年 2 月 1 日，英国警方宣布破获一起恐怖袭击阴谋，4 名被抓捕的激进分子承认计划在伦敦证券交易所安置炸弹。这 4 名英国国籍的伊斯兰激进分子据信与"基地"组织有联系，英国警方得到情报后在伦敦和加迪夫这两个城市将其抓获，在从其中一名恐怖分子住宅中搜出的手写袭击目标清单上，除伦敦证交所外，美国驻英国大使馆和伦敦市长也被列入其中。这些恐怖分子通过网络、手机以及秘密集会相互联系，为了躲避监控录像，他们经常在公园的空地上见面。

（4）2013 年 5 月 22 日伦敦东南部格林尼治区城郊地区伍利奇恐怖袭击杀人案。2013 年 5 月 22 日下午，伦敦东南部格林尼治区城郊地区伍利奇发生一起杀人事件，一名年轻男子当街被两名男子用大砍刀砍杀。两名攻击者将被害男子拖到马路中间，然后挥舞手中的砍刀，上下跑动，并让路人拍照。警察得到报警后前往事发地点，向手持砍刀和一把枪的肇事者开枪，警方从事发现场收缴了大批凶器，其中包括好几把刀和至少一把枪。这两名男子被打伤，其中一名伤势严重，已被直升机送往医院。英国政府将此事视为可能的恐怖袭击。

（5）2013 年 8 月 4 日至 5 日英国关闭驻也门大使馆以防范恐怖袭击。2013 年 8 月 2 号表示，鉴于安全考虑，将会在 4 号和 5 号关闭英国驻也门的大使馆，部分人员已经撤离，作为防范措施。除了美国发出全球旅游警示之外，英国、欧盟和加拿大也采取措施，防范恐怖袭击，英国政府更以保安理由，将在 2013 年 4 号和 5 号两天，关闭驻也门大使馆。

（6）2015 年 12 月 29 日伦敦破获一对夫妻恐怖袭击预谋案。2015 年 12 月 29 日，英国破获一对夫妇——25 岁的雷曼和 24 岁的艾哈迈德 · 汗在伦敦预谋恐怖袭击案，警方在其家中搜到不少化学品。此前，他们在推特上就袭击何处目标征求建议，两人此前策划周密，包括搜索 10 年前伦敦地铁爆炸案视频。他们预谋袭击伦敦的大型购物商场或地铁，雷曼已在其居住的庭院里进行过爆炸试验，还制作视频给妻子看，而妻子则帮助购买化学品。两人为实施袭击配合紧密，购买化学品的目的就是制作雷管，夫妇俩已订购了 10 公斤的硝酸盐尿素。

（7）2016 年 4 月 1 日法院审理一起恐怖袭击阴谋案。2016 年 4 月 1 日，英国法庭认定，一名英国男子密谋实施恐怖袭击罪名成立，可能判处其终身监禁。而庭审的关键证据，正是出自于由警方巧妙“骗取”并修改开机密码的一部 iPhone 手机，嫌疑人使用这部手机和极端组织“伊斯兰国”武装人员联络。25 岁的涉案男子祖尼埃德 · 艾哈迈德 · 汗来自英国首都伦敦西北部的卢顿，2015 年 7 月被警方逮捕。法庭认定，汗曾以运输司机的身份为掩护，窥探英格兰东部的美国空军基地。英国警方乔装成汗所在企业管理人员，来到汗的工作场所，要求检查他的驾驶和工作记录。警方佯装与汗就某一天的具体行踪发生争执，而后要求查看后者的 iPhone5S 手机，以确定工作记录。得手后，警方在 30 秒内修改了汗的手机密码设定，避免手机锁屏。汗曾使用这部手机和极端组织“伊斯兰国”武装人员联络，“手机里还有大量极端人员和恐怖分子关于如何制作炸弹的材料”。其中一名与汗有联系的“伊斯兰国”武装人员自称“阿布 · 哈桑”，疑为前英国黑客祖尼埃德 · 哈桑，他死于 2015 年 8 月美国无人机在叙利亚实施的空袭行动。汗计划在美国或英国空军军事基地附近制造车祸，然后使用匕首攻击美国空军士兵；另外，汗还在研究如何使用“高压锅炸弹”制造袭击。2015 年 12 月 2 日，美国加利福尼亚州圣贝纳迪诺市发生恐怖袭击，造成 14 名民众遇害。美国联邦调查局获取袭击案枪手赛义德·法鲁克已经锁屏的 iPhone5C 手机后，要求苹果公司解锁手机，遭后者拒绝。美国司法部随后请求法官下令苹果公司配合解锁。这场解锁“拉锯战”持续近四个月后于近日结束。美国司法部 2016 年 3 月 28 日说，经由第三方协助，FBI 成功解锁这部涉案手机。

（8）2016 年 4 月 15 日抓获恐怖分子。2016 年 4 月 15 日，英国警方抓获五人，这五人均来自英国的伯明翰，由于涉嫌从事与巴黎和布鲁塞尔袭击有关的恐怖主义活动。其中，三名男子和一名 29 岁的女子 14 日晚间被捕，这三名男子年龄分别为 26 岁、40 岁和 59 岁；被捕的第四名男子年龄为 26 岁，他在 15 日早些时候于伦敦的盖特威克机场被捕，他刚从北非某个国家回到英国。这些被捕的人士被关在西米德兰兹郡，英国警方在伯明翰搜寻几处房屋。由于欧盟国家间的往来自由，极端组织的网络不会因为边境而停止扩张。此次抓捕主要是根据情报调查，由西米德兰兹郡的警方、军情五处和英国情报部门联手行动。

（9）2017 年 1 月 23 日北爱尔兰首府恐怖袭击案。2017 年 1 月 23 日，在英国北爱尔兰首府贝尔法斯特的一座加油站，一名不明身份者开枪射伤了一名警察，警察已经入院治疗。执法人员已拘捕了一名 36 岁的嫌犯，当局将该事件定性为恐怖袭击。

（10）2017 年 3 月 22 日首都伦敦议会大楼前恐怖袭击案。2017 年 3 月 22 日下午 2 时 35 分左右，英国首都伦敦议会门前遭遇了一场严重的恐怖袭击，造成包括袭击者在内的 5 人死亡、40 多人受伤。当时，袭击者驾驶一辆现代汽车冲上威斯敏斯特大桥的人行道，冲撞辗压至少 5 人，包括 3 名警察；随后车辆撞上议会前院的外墙，袭击者持刀攻击议会大厦外警员，并试图闯入议会大厦内。在一名警察受伤后，现场其他便衣警员持枪及时枪击阻止了袭击者。英国伦敦警方认定这是一场“恐怖袭击”，并表示他们大致知道袭击者的身份，正在进一步调查，但目前没有给出更多信息。西方媒体分析认为，其实这场袭击迟早都会来，因为从比利时的布鲁塞尔到法国的巴黎和尼斯，再到德国柏林，整个欧洲近几年都遭到了恐怖袭击，其中这类“汽车碾压行人”式的袭击更是已经多次上演了。

警方认为，52 岁的英国人哈力德·马苏德是此次恐袭案的凶手，不过他们再次发布请求，呼吁大众提供任何可以解释马苏德犯案动机的信息。反恐高级官员尼尔·巴苏表示："我们大家必须接受这样一种可能性：我们可能永远无法了解他为何这么做。在他死后，或许没有人能够知道他为何要发动袭击。"皈依伊斯兰教、有暴力犯罪前科的马苏德只花了 82 秒就造成重大伤害。他开车在威斯敏斯特桥上连续冲撞行人，随后又驾车冲到国会大厦，撞击栏杆。马苏德下车后刺死了正在守门、没有武装的警察基思·帕尔默，之后被其他警察开枪击毙。巴苏指出，即便他是单独行动的，警方仍需要弄清楚他发起袭击的动机，为遇难者家属和此次袭击的受害者及幸存者提供一个答案。

（11）2017 年 5 月 22 日曼彻斯特体育场恐怖自杀式爆炸袭击案。2017 年 5 月 22 日晚间，英国曼彻斯特体育场发生爆炸，美国歌手爱莉安娜·格兰德在该地举行演唱会，爆炸造成 22 人死亡、约 59 人受伤，死者中有儿童。当时，英国曼彻斯特市音乐厅在体育场进行演出，美国歌手爱莉安娜·格兰德举行演唱会，爱莉安娜·格兰德唱完最后一首歌离开了舞台，这个场馆能容纳大约 18000 人。体育场的售票处附近发生了爆炸，爆炸发生在建筑物外的路边，爆炸事件是由一名男子造成，他在现场引爆炸药装置后当场死亡。极端组织 IS 通过其"通讯社"对外声称，对曼彻斯特体育场爆炸案负责。

（12）2017 年 6 月 3 日首都伦敦市伦敦桥和巴罗市场恐怖袭击案。2017 年 6 月 3 日晚上 10 点左右，英国首都伦敦的伦敦桥和巴罗市场发生恐袭事件，造成 7 人死亡、48 人受伤，另有 3 名嫌疑人被警方当场击毙。当时，一辆货车在伦敦市中心的伦敦桥突然加速以大概每小时 80 公里的速度撞击行人，然后驶往附近的巴罗市场，3 名嫌疑人随即下车，闯入多个酒吧和餐馆，遇人就砍。伦敦桥是伦敦的一个公交枢纽，巴罗市场则是夜生活比较丰富的区域，有很多餐厅、酒吧，周六晚上人员更为密集，因此造成众多人员伤亡。英国目前反恐戒备级别处于"严重级"，警方一直处于待命状态。接到报案后，警方迅速赶到现场，在巴罗市场将 3 名嫌疑人击毙，嫌犯身穿看似爆炸装置的背心，但随后被发现爆炸装置是假的。从警方接到第一个报警电话到击毙恐怖分子时间只过去了 8 分钟，但就在这短短的时间里，3 名恐怖分子夺去了 7 位无辜者的生命，大约有 48 名伤者被送往医院。英国首相特蕾莎·梅发表声明说，三名嫌犯均身着伪造的自杀式袭击背心，目的是为了制造恐慌，恐怖分子正在互相模仿，英国不会让恐怖主义有生存空间。据报道，目前英国军情五处列在"恐怖分子监视名单"上的人数，已经达到 3000 人。为了筛查恐袭嫌疑人，英国反恐警察几乎“平均每天逮捕一人”。但即便如此，伦敦警察厅长还是承认：发生恐怖袭击事件，“不是是否会发生的问题，而是何时发生的问题”。

（13）2017 年 6 月 19 日首都伦敦市恐怖货车袭击案。2017 年 6 月 19 日凌晨，英国首都伦敦北部发生货车冲向人群、袭击者继而下车刺杀路人事件，类似事件 2017 年在伦敦已经是第三次发生了，跟前两次不同的是，这次抓到的袭击者是白人，袭击对象则是刚刚走出清真寺的穆斯林居民，袭击者在行凶过程中叫喊“杀死所有穆斯林”的口号。英国首相特雷莎·梅将其定性为“潜在恐怖袭击行为”。遭到恐怖袭击的芬斯伯里公园清真寺是英国规模最大的清真寺之一，十年前芬斯伯里公园曾被认为是“极端分子的温床和聚会地点”，该清真寺的前主管穆斯塔法，2015 年因被控与 11 宗恐怖袭击及与“基地”组织和塔利班有关，被判终身监禁。当时正值穆斯林斋月期间，不少穆斯林都前往清真寺参加宗教活动，这一带是伦敦少数族裔聚居区。英国穆斯林协会发表声明，称这次袭击是迄今为止“仇恨伊斯兰思潮的最暴力体现”。

（14）2017 年 9 月 15 日伦敦地铁遭恐怖爆炸袭击案。2017 年 9 月 15 日早晨，英国首都伦敦西南部的帕森斯·格林地铁站发生爆炸事件，一个简易爆炸装置在地铁车厢内爆炸，导致 29 人受伤。当时，由于爆炸事发时正值早高峰时段，大量地铁乘客因此陷入恐慌，幸运的是该起爆炸事件并未造成人员死亡，但有 22 人受伤被送往医院，绝大部分人是面部灼伤。该起爆炸事件是由一个桶状的简易爆炸装置引起的。英国首相特蕾莎·梅宣布，将英国的恐怖威胁级别从次高等级“严重”提升至最高等级“危急”。军方将进行增援，在一些区域承担部分警察的职责。警方已经将事件定性为恐怖袭击。

2. 爱尔兰的恐怖犯罪

（1）2015 年 11 月 24 日爱尔兰首都都柏林恶意谎报恐怖袭击案。2015 年 11 月 24 日，科林·哈蒙德为帮助好友亚伦·奥尼尔逃避工作，向亚伦就职的英特尔公司拨打虚假电话，谎称自己是伊斯兰国的恐怖分子，已在公司大楼内放置了数枚炸弹，称其将在 12 个小时内爆炸，这一行径严重扰乱了当地的社会秩序。亚伦表示，几天前，他们两人外出饮酒嗑药时，他向好友哭诉自己不想工作，接着出主意让科林向他的公司拨打虚假电话，自己则支付一定的费用给他。令他没想到的是，这通恶意电话触动了当局的神经，不仅导致英特尔公司 4000 多名员工无法工作，而且还使部分机场和高速公路停用。科林被判处200个小时的社区服务，亚伦的处罚则会等到2016年2月重新开庭审理后再决定，两人对这次的恶意事件表达了深切的歉意。

（2）2016年2月6日都柏林丽晶大酒店欧洲轻量级拳击比赛恐怖枪击案。2016年2月6日，周五下午14点30分，爱尔兰都柏林北部的丽晶大酒店，欧洲轻量级的比赛正在进行赛前称重，三位身着警服的男子持枪闯入现场，他们的穿着都酷似爱尔兰警察，身上还背着卡拉什尼科夫式步枪，进入现场之后朝酒店内的人开火，数十人仓皇逃窜，开火之后犯人步行逃走，造成1人死亡、4人受伤。这起惨案是由都柏林一个臭名昭著的黑帮犯罪团伙实施的，他们控制了西班牙太阳海岸的毒品走私业务，而被打死的那名遇难者则是参与缉捕行动的警员。袭击事件发生后，拳击比赛取消。

3. 荷兰的恐怖犯罪

（1）2010年8月30日应美国要求逮捕恐怖袭击嫌犯。2010年8月30日，“应美国的要求”，在阿姆斯特丹机场，荷兰警方逮捕了两名由美国芝加哥奥海尔机场登机的男子，美方称这两人涉嫌“为实施恐怖袭击做准备”。

（2）2010年12月24日挫败恐怖袭击预谋案。2010年12月24日晚，在荷兰鹿特丹，警方逮捕12名索马里人，他们涉嫌图谋在荷兰发动恐怖袭击。荷兰情报与安全总局获得确切证据，得知一些索马里人打算近期在荷兰制造一次恐怖袭击。这12名嫌犯是年龄从19岁至48岁不等的索马里男子，6人居住在鹿特丹，5人没有荷兰永久居留权，另外一人来自丹麦。

（3）2013年8月7日为防范恐怖袭击关闭驻也门使馆。2013年8月7日，荷兰召回了驻也门使馆的最后一批工作人员。也门政府挫败了基地组织占领石油和天然气油库以及东部省份省会城市的阴谋，但继美国截获基地组织恐怖威胁情报，并关闭中东及非洲22座使领馆之后，荷兰等西方国家出于安全考虑也暂时关闭驻也门使馆。荷兰外交部部长发表声明称，荷兰驻也门大使馆是恐怖袭击的潜在目标，为防范恐怖袭击，召回了驻也门使馆的最后一批工作人员。

（4）2014年9月21日一对夫妇预谋恐怖袭击案。2014年9月21日，从叙利亚战场归国的一对荷兰夫妇，被指预谋袭击欧盟位于布鲁塞尔的总部大楼——贝尔莱蒙大厦，这对夫妇目前被关押在比利时。这对夫妇经由土耳其从叙利亚战场回国，这已是四个月以来第二次有人企图对欧盟总部发动恐怖袭击。目前，有约400名比利时人前往叙利亚加入极端组织，他们通常途经土耳其和易穿越的边境进入战区，然而这一数字比估计的英国、法国、德国参加极端组织的人要少得多。按比例和人均数值来算，比利时被认为是欧洲参与叙利亚极端组织比例最高的国家。这对夫妇将被控告加入恐怖组织、非法拥有武器、资助恐怖主义。

（5）2016 年 3 月 27 日逮捕恐怖袭击嫌犯。荷兰检察院在鹿特丹一栋公寓内查获了大约 45 公斤弹药，与法国事先破获的恐怖袭击阴谋有关。2016 年 3 月 27 日，应法国方面要求，荷兰当局在这栋公寓逮捕了法籍嫌犯巴瑞，他涉嫌与另一嫌犯奎凯为极端组织“伊斯兰国”策划在法国境内发动攻击，奎凯较巴瑞早若干天在巴黎附近落网。荷兰检方查获了大约 45 公斤弹药，包括两种可用于俄式突击步枪的子弹，但并未查获炸药或任何武器。

4. 比利时的恐怖犯罪

（1）2011 年 12 月 13 日东部城市列日恐怖手榴弹袭击案。2011 年 12 月 13 日，比利时东部城市列日发生手榴弹恐怖袭击事件，这次袭击共有 3 名袭击者参与，造成至少 4 人死亡、多人受伤，死者中除袭击者之外还有一名 15 岁的男孩、一名 17 岁的女孩和一位 75 岁的老妇人。事发之后，警察迅速赶到现场，1 名袭击者被当场击毙，另外两名袭击者在逃。警方封锁了现场，呼吁当地居民留在家中，并要求巴士驶离市中心，警方还出动直升机在空中盘旋监控。比利时当局证实手榴弹袭击并非恐怖袭击，袭击事件发生在列日市中心的圣朗贝尔广场，袭击者向广场附近的公交车候车亭投掷了三枚手榴弹，并向人群开枪。袭击者是列日当地人 33 岁的诺尔丁 · 阿姆拉尼，曾因性侵、吸毒、非法持枪等罪名入狱。

（2）2015 年 1 月 18 日比利时逮捕恐怖犯罪嫌疑人。比利时联邦检察院发言人韦尔特 18 日晚接受当地电视台采访时说，希腊反恐警察日前逮捕的四名恐怖嫌疑人中的一人“可能”与比利时警方 15 日挫败的恐怖袭击阴谋案“有直接联系”，比利时已提出引渡该名恐怖嫌疑人的要求。比利时司法大臣赫恩斯当天早些时候参加一场电视辩论时透露，比利时警方此前突袭的恐怖嫌疑人组织头目仍然在逃。有当地媒体报道说，此人可能藏匿在希腊。

比利时警方 2015 年 1 月 18 日上午在首都布鲁塞尔地区又进行了两次反恐搜查，但是一无所获。比利时警方 15 日对韦尔维耶、哈尔-维尔福德市以及布鲁塞尔的十余个“敏感”区域进行搜查，抓捕了 15 名从叙利亚回国并企图在近期制造恐怖袭击的比利时恐怖嫌疑人。在韦尔维耶市的抓捕行动中，2 名恐怖嫌疑人被击毙，另有一名恐怖嫌疑人受伤。比利时安全威胁分析和协调机构当晚宣布将全国安全威胁等级提高至3级。比利时政府16日同意采取12项安全措施以防范和打击该国境内的恐怖主义和激进主义，并于17日决定动用300名军人协助警方加强对部分敏感区域的安全警戒。

（3）2015年8月21日巴黎国际列车恐怖枪击案。2015年8月21日16时左右，一辆从荷兰阿姆斯特丹开往法国巴黎的国际高铁列车发生枪击案，造成3人受伤，其中两人伤势严重，受重伤的是1名英国人和1名美国人。当列车行驶在比利时境内时，一名可能从比利时首都布鲁塞尔登车的乘客在车厢内开火，此人持有一支AK-47冲锋枪、一把自动手枪、9发弹夹和一把裁纸刀。比利时官方将此事件视为“恐怖袭击”，警方逮捕一名涉案嫌疑人，嫌犯现年大约26岁。他在列车厕所中换弹夹时，两名身穿便装的美国军人将其制服。嫌犯随后在法国北部的阿拉斯火车站被警方逮捕。

（4）2016年3月18日比利时逮捕巴黎恐怖袭击案主犯。2016年3月18日，现年26岁的阿卜杜勒·萨拉姆，参与策划并执行巴黎恐怖袭击，造成近500人伤亡，袭击发生后逃往比利时，在逃126天后被捕。18日，比利时布鲁塞尔莫伦贝克区，比利时特警在社区发动强攻，逮捕巴黎恐怖袭击案主要疑犯阿卜杜勒·萨拉姆及其2名同伙。

（5）2016年3月22日布鲁塞尔连环爆炸恐袭案。2016年3月22日8时左右，比利时首都布鲁塞尔的机场和地铁接连发生两次爆炸，机场爆炸致14人遇难，另有81人受伤；地铁站爆炸则有至少20人遇难，另有106人受伤。当天8点左右，比利时布鲁塞尔扎芬特姆机场候机大厅内接连发生两起自杀式炸弹袭击爆炸，造成数人死伤，机场已经被关闭，往机场的轨道交通暂停。9点19分，在布鲁塞尔市中心欧盟总部附近马埃勒贝克地铁站发生第三起爆炸，造成数十人死伤，所有开往布鲁塞尔的“欧洲之星”列车都已停运。布鲁塞尔的公共交通，如巴士、铁路运输等都已暂时停运。布鲁塞尔居民声称：“自从巴黎恐袭后，这一切似乎都停不下来了，巴黎恐袭的刽子手就是来自莫伦贝克，如今这种事再度发生。”专家分析说，布鲁塞尔遭受恐怖袭击表明“伊斯兰国”是在展现打击欧洲要害的能力。联邦检察官证实，发生在布鲁塞尔机场的爆炸是自杀式袭击。比利时宣布全国哀悼3天。比利时联邦警察公布了一张机场监控拍摄下的三名机场恐袭嫌疑犯的视频截图。警方称其中两人或已引爆炸弹死亡，目前正在搜捕另一名着浅色褛、戴黑色帽及眼镜的男子。警方搜查布鲁塞尔一所住房时，发现了一个藏有钉子的炸弹、化学物品及伊斯兰国旗帜。

（6）2016 年 10 月 5 日比利时首都布鲁塞尔斯哈尔贝克区恐怖袭击案。2016 年 10 月 5 日上午，比利时首都布鲁塞尔斯哈尔贝克区发生一起恐怖袭击事件，造成两名警察受伤。当天上午，两名警察在布鲁塞尔斯哈尔贝克区一条大街上盘查一名男子时，被该男子用瑞士军刀砍伤。一名警察脖子受伤，另一名警察腹部受伤，但两人都没有生命危险。凶手在逃跑过程中与另一名赶来的巡警发生搏斗，最终腿部中弹被捕。比利时联邦检察院发言人埃里克·范德·西普特当天向媒体证实，发生在斯哈尔贝克区的两名警察遇袭事件是一起恐怖袭击事件。

5. 法国的恐怖犯罪

（1）2012 年 3 月连环恐怖犯罪枪击案件。2012 年 3 月 11 日和 15 日，23 岁的穆罕默德·梅拉在法国南方城市图卢兹和蒙托邦开枪打死了三名军人；3 月 19 日，图卢兹犹太中学三名学生和一名学校老师被梅拉枪杀；3 月 22 日，恐怖分子梅拉本人在其住所被围攻的警察击毙。此次的连环枪击案的凶手名叫穆罕默德·梅拉，阿尔及利亚裔法国人，自称是基地组织成员、“伊斯兰圣战者”，作案目的是为了“替巴勒斯坦儿童报仇”“并报复介入阿富汗战争的法军”。

（2）2015 年 1 月 7 日杂志社遭恐怖犯罪袭击案件。2015 年 1 月 7 日，3 名“基地”组织也门分支——阿拉伯某岛基地组织成员于总部设在巴黎十一区的讽刺漫画周刊《查理周刊》总部制造了一次枪击事件，造成 12 人死亡、8 人受伤，死者中包括《沙尔利周刊》多名记者、漫画家、2 名警察、1 名经济学者，其中四人伤势严重，该事件成为法国近几十年最为致命的一次遭袭。2015 年 1 月 9 日，法国警方开始追捕该周刊杂志社袭击事件的两名嫌疑人，即 2015 年 34 岁的赛义德·库阿希和 32 岁的谢里夫·库阿希两兄弟。追捕过程中，两名嫌疑人躲进巴黎戴高乐国际机场附近达马尔坦昂戈埃勒市的一家印刷厂，并劫持了一名人质，与警方展开对峙。最终，库阿希两兄弟遭到击毙，另外一名女性嫌犯哈亚特·布迈丁仍继续在逃。

（3）2015 年 1 月 9 日巴黎杂货店恐怖劫持案。2015 年 1 月 9 日下午，在法国巴黎东部万塞讷门附近的一家犹太食品杂货店，发生了一起恐怖劫持人质案件，两名人质被枪杀。一名武装黑人男子持 AK47 挟持了 5 名人质，包括妇女儿童，4 名人质被嫌犯打死。枪手还对警方喊话称，“你知道我是谁”。法国当局发布了此次枪击事件两名嫌犯的通缉令，男性黑人 32 岁，名为阿米蒂·库利巴利，有长期的盗窃、涉毒犯罪记录，其女友哈亚特·布迈丁 26 岁。警方认定这对情侣正是 8 日在巴黎南郊开枪杀害法国女警察的嫌犯。男嫌犯阿米蒂·库利巴利被击毙，女性嫌犯下落不明。

（4）2015 年 1 月 26 日里昂恐怖爆炸案。2015 年 1 月 26 日 10 点，在法国东南部的城市里昂郊区，一名男子驾驶卡车闯入里昂一家美资油气工厂并引发爆炸，造成至少两人受伤，其他工人被疏散，工厂周围加强了戒备。其老板的头颅随后在门口被发现。该男子已被逮捕，警方在头颅附近发现了阿拉伯文条幅。法国总理就此事件发言称：“伊斯兰恐怖主义再次袭击法国。”这家美资油气工厂是美国的工业燃气和化学品公司。

（5）2015 年 6 月 26 日伊泽尔省工厂爆炸恐怖袭击案。2015 年 6 月 26 日上午 10 点左右，法国东南部伊泽尔地区的一家工业园区遭到恐怖袭击，造成至少 1 人死亡、2 人受伤。两名嫌疑人开车闯入厂区，冲撞瓦斯罐引发爆炸，其中一人手持伊斯兰旗帜。随后，一具无头尸体被发现；而在工厂围墙栅栏上又发现一个人头，上面有阿拉伯文字。嫌犯为亚辛·萨赫利，萨赫利不仅和死者一起自拍，还通过手机即时通信软件把照片向境外传送。法国警方经过调查，发现发动恐怖袭击的嫌犯亚辛·萨赫利与激进组织有牵连。正在布鲁塞尔参加欧盟峰会的法国总统奥朗德谴责了这一恐怖袭击。

（6）2015 年 11 月 13 日巴黎恐怖爆炸袭击案。2015 年 11 月 13 日晚 9 点左右，法国巴黎市郊区公共场所共计发生 7 处枪击、6 次爆炸和一起人质劫持恐怖事件，造成至少 129 人死亡、352 人受伤，其中 99 人重伤。其中一起发生在法兰西体育场附近，爆炸发生时正进行法国队和德国队的足球比赛。时任总统奥朗德就在现场，总统本人安全撤离后宣布法国全国进入紧急状态。

在法兰西球场，三名袭击者在法兰西球场外点燃了炸弹背心，此时球场内法国与德国队的足球比赛正在进行。艾哈迈德·穆罕默德在雷米特街靠近球场 D 号门处引燃了炸弹，一名路人被炸死。比拉尔·哈迪菲在焦化厂街一家麦当劳外引爆了炸弹，爆炸地点距离大球场约 300 米。身份不明的第二名恐怖分子在雷米特街靠近球场 H 号门处引爆了炸弹。3 名持突击步枪的恐怖分子在巴塔兰克音乐厅举办音乐会期间扫射听众，将幸存者挟持为人质。警方于夜里 12 点 30 分闯入音乐厅内，两名恐怖分子随后引燃自杀式炸弹，其中一名暴徒身份已确认。巴塔兰克音乐厅 89 人丧生，3 名暴徒全部死亡。袭击者使用自动武器且未蒙面。目击者称，袭击者持有 AK 系自动步枪和手榴弹，朝人群盲目射击，用阿拉伯语高喊“为了叙利亚”和圣战口号。袭击者未蒙面，很年轻。

2015 年 11 月 15 日，三名参与巴黎恐袭事件的恐怖主义分子的名字被公布，他们分别是伊斯梅尔·奥马尔·穆斯塔费、艾哈迈德·艾尔莫哈迈德和阿卜杜拉巴克·B。2015 年 11 月 18 日凌晨，法国警方在巴黎北郊塞纳圣丹尼地区发起巴黎恐怖袭击案嫌犯抓捕行动。此次抓捕持续了数小时，警方在此次行动中共逮捕 7 人，有 2 人在抓捕中死亡。2016 年 1 月，法国在比利时警方的配合下成功确认了第八名恐怖分子的身份。

（7）2016 年 6 月 13 日恐怖袭警案。2016 年 6 月 13 日 20 时 30 分左右，在法国巴黎附近，一名自称效忠伊斯兰国的法国男子持刀杀害了一对警察夫妇，他们 3 岁的儿子幸免于难。当时，一名法国警官在其位于伊芙琳省马尼安维尔市的住宅前遭人持刀袭击，身中 9 刀后死亡。行凶者随后在受害人家中与闻讯赶到的反恐特警部队对峙。警方在午夜采取强攻行动并击毙了持刀歹徒，并在遇刺警官的家中发现其同为警察的女伴已遭割喉杀害，两人年仅 3 岁的儿子受到惊吓但所幸无恙。事后，伊斯兰国宣称对该事件负责。

据调查，行凶者为 25 岁的法国公民拉罗西·阿巴拉，曾于 2013 年因卷入组织前往巴基斯坦参与极端主义活动的案件而被判刑监禁 3 年。服刑后生活似乎有所改变。根据其脸书（Facebook）账户的信息显示，他曾在居住的城市经营快餐业务。但是，几个月前，他突然删除脸书上的个人照片，并发布了多条与伊斯兰激进主义有关的留言。他在与警方对峙期间曾经用法语和阿拉伯语高呼口号，并自称为“伊斯兰国”成员。拉罗西·阿巴拉还将在受害人家中拍摄的视频上传至社交网络。

（8）2016 年 7 月 14 日尼斯市恐怖袭击案。2016 年 7 月 14 日晚，在法国南部旅游城市尼斯，31 岁的突尼斯裔法国人司机驾驶一辆白色卡车，车里装载着武器和手榴弹，高速冲向在英国人大道上庆祝法国国庆的人群。在其行驶了约 2 公里后，人们纷纷倒地，受惊的人群尖叫逃散，造成至少 80 人死亡、50 余人受伤。其中有 2 名中国公民受伤：1 人轻伤、1 人重伤。当地警方随后迅速赶到，卡车司机同警察发生交火，司机已被击毙。第二天法国时任总统奥朗德声称，尼斯袭击事件的恐怖性质不可否认，并宣布将全国紧急状态延长 3 个月。

（五）南欧国家的恐怖主义犯罪

1. 罗马尼亚的恐怖犯罪

2012 年 12 月 6 日驱逐恐怖嫌疑人。2012 年 12 月 6 日，罗马尼亚布加勒斯特上诉法院宣布两名巴基斯坦人为“不受欢迎的人”，并遭关押以驱逐出境。罗情报局在与其他机构的合作与配合下获得情报显示，附属基地组织的一个极端组织准备在圣诞节和新年期间在罗马尼亚境内制造恐怖活动。巴基斯坦人拉姆赞・穆罕默德和阿迪勒・穆罕默德因涉嫌严重危害国家安全和反恐安全，被布加勒斯特上诉法院宣布为“不受欢迎的人”，两人随后被关押在滞留中心以驱逐出境。上述两名巴基斯坦人均为罗马尼亚中部的卢奇安・布拉加大学的学生，其中一人拥有制造简易爆炸装置的知识。

2. 保加利亚的恐怖犯罪

（1）2012 年 7 月 18 日东部海滨城市布尔加斯恐怖袭击案。2012 年 7 月 18 日下午 5 时半左右，保加利亚东部海滨城市布尔加斯机场，一辆载有 40 名以色列游客的大巴遭遇恐怖爆炸袭击，造成 8 人死亡，其中 5 人为以色列游客，另 2 人分别为保加利亚大巴司机和疑似自杀式爆炸袭击者。东部海滨城市布尔加斯的恐怖袭击事件的 3 名嫌疑人都是用真实证件进入欧洲的，而他们在保加利亚境内停留期间使用了美国密歇根州的伪造证件，并用这些假证件租用了车辆。其中两人的真实身份已被确认，这两人分别持有澳大利亚护照和加拿大护照，曾于 2006 年在黎巴嫩生活。部分调查申请已发往黎巴嫩、澳大利亚、加拿大以及其他欧洲国家的相关部门，希望在调查恐怖袭击这件事上，保加利亚政府能得到这些国家的全力支持。这 3 名嫌疑人自 2012 年 6 月 28 日至 7 月 18 日在保境内逗留。

（2）2013 年 2 月 5 日要求黎巴嫩逮捕恐怖袭击嫌疑人。2013 年 2 月 5 日，保加利亚内务部确定了 2 名嫌疑人与黎巴嫩真主党有关联后，保加利亚打击有组织犯罪局就向黎巴嫩方面提出了逮捕嫌疑人的请求。这 3 名嫌疑人自 2012 年 6 月 28 日至 7 月 18 日在保境内逗留，其中两人的身份已经确认，他们分别持有澳大利亚和加拿大护照，曾在黎巴嫩生活过，有间接证据证明黎巴嫩真主党参与了 2012 年发生在布尔加斯的恐怖袭击事件。

（3）2013 年 1 月 19 日艾哈迈德恐怖袭击案。2013 年 1 月 19 日，保加利亚最有影响力的政治家之一——58 岁的艾哈迈德·多甘遭遇了一场“恐怖”袭击。在他演讲的时候，一名男子跳上讲台，用枪对着他的额头，开枪射击，不过枪哑火了。这给了多甘足够的回击时间，在这名男子想开第二枪时，保安和与会代表上前拦住他，将他按到了地上。

3. 马其顿的恐怖犯罪

2015 年 5 月 9 日警方阻止了一次恐怖袭击。2015 年 5 月 9 日，马其顿警方在马其顿北部库玛诺沃市与武装组织交火，阻止了一起恐怖袭击。库玛诺沃市的战斗造成 22 人死亡，其中有 8 名警察和 14 名枪手，37 名警察受伤。库玛诺沃是首都斯科普里北边的一个阿尔巴尼亚族人居住区。警方发言人说，枪手大都是马其顿公民，为首的是 5 名来自科索沃的阿族人。伊万诺夫总统说，他们是“极端暴力和训练有素的犯罪分子”。

4. 希腊的恐怖犯罪

（1）2010 年 6 月 24 日公民保护部大楼恐怖邮包炸弹袭击案。2010 年 6 月 24 日，在希腊公民保护部大楼，负责保护部长赫里索希季斯安全的一名警官在打开一个邮包时引发爆炸，当场身亡。爆炸发生时，赫里索希季斯就在隔壁办公室，所幸没有受伤。这样针对公民保护部及其部长的袭击在希腊还是第一次，而现任部长赫里索希季斯正是希腊打击恐怖组织的强硬派代表，数年前因成功分解“11 月 17 日革命组织”而广受称赞。对公民保护部的袭击显然说明了袭击手段的升级，表明他们对袭击目标和目标内部区域都有非常深入的了解，很可能在一些特别位置上有告密者。新一代的恐怖分子还熟悉新技术和电子通信手段，这让希腊警方十分头疼。近两年，希腊恐怖活动开始急剧反弹。2007 年希腊发生恐怖袭击 4 起，2008 年增至 10 起，而 2009 年上半年就已达 16 起。恐怖组织反弹的主要原因是希腊公众普遍对政治生活感到绝望和反感，大部分希腊人感到自己被排除在了政治体系之外，将政府视为敌人。一些人感到，在过去 50 年的经济和社会发展中他们被边缘化了，他们相信不公正的社会分配体系使得财富流入了一小撮腐败分子手中。人们指责政治家和政党行为不负责任，导致了现在拖垮国家的经济和金融危机。这些社会经济情况与对社会不公正的怨恨一起为新生的恐怖组织提供了温床。

（2）2010 年 7 月 19 日著名记者恐怖袭击案。2010 年 7 月 19 日早上 5 时 20 分左右，希腊著名调查记者——37 岁的苏格拉底·吉奥利亚斯在家门口遭枪击身亡。当时，枪手谎称吉奥利亚斯的汽车遭人偷窃，诱骗他出门查看，随后开枪。警方已经锁定名为“革命派别”的希腊左翼极端组织为嫌疑人。2009 年 6 月，“革命派别”刺杀了希腊反恐部门警官内克塔里奥斯·萨瓦斯。杀害吉奥利亚斯的子弹与萨瓦斯一案中的子弹出自同一把枪。吉奥利亚斯数年来都致力于揭露腐败。恐怖袭击在希腊并不是一个新话题，希腊著名恐怖组织“11 月 17 日革命组织”自 1975 年成立以来，已经制造了 100 多起恐怖爆炸事件。至 2002 年 6 月，该组织多名核心成员被捕后，希腊国内又滋生出了包括“革命派别”在内的许多新生恐怖组织。“‘11 月 17 日革命组织’植根于希腊从 20 世纪 60 年代末至 70 年代初的以反对军政府统治为目标的学生运动”，他们有很强的民族主义色彩。从 1975 年刺杀美国中央情报局驻雅典长官开始，他们的所有袭击目标可以分为两类：一类是外国势力，比如美国、英国和土耳其的外交人员，特别是在土耳其与希腊关系恶化的时候；另一类被认为是压榨普通人的希腊人或外国人，这些目标都被认为有碍希腊发展。“11 月 17 日革命组织”从未袭击过商业中心、公共广场、饭店或者游客。在过去超过 25 年的时间里，希腊的非法武装都非常注意避免袭击的附带危害。而现在，新一代恐怖分子已经不在乎这些，他们更加丧心病狂无所顾忌。“革命派别”不像他们的前辈那样有鲜明的意识形态，他们扩大了恐怖袭击的目标范围，与犯罪和地下组织的联系更紧密。

（3）2012 年 6 月 27 日微软公司恐怖袭击案。2012 年 6 月 27 日夜间，微软公司希腊总部遭持枪歹徒纵火袭击，导致大楼损毁，该总部暂停运行，所幸没有造成人员伤亡。枪手驾驶一辆面包车冲进总部大门，随后将车辆点燃，车上装有 3 个可燃气体罐和 5 个汽油罐，至少两名持枪者在其他人纵火时为他们站岗。公司大楼底层严重受损，货车则完全被损毁。微软希腊总部当天暂停运行，火灾损失达 6 万欧元左右。

（4）2015 年 11 月 24 日雅典市中心恐怖爆炸袭击案。2015 年 11 月 24 日凌晨，希腊首都雅典中心的企业联合会大楼附近发生爆炸事件，幸运的是，本次爆炸未造成任何人员伤亡。此次爆炸发生在雅典宪法广场旁的希腊企业联合会大楼附近，附近居民在听到爆炸声后报警，警方很快赶到并在爆炸现场外拉起了警戒线。此次爆炸是由希腊国内的无政府主义武装者或极左分子所为，因为近十年来的爆炸案都由以上两者制造，而他们袭击的目标通常为银行或大企业的办公场所。此次的爆炸威力不小，周边多个建筑物的玻璃窗都被震碎。

（5）2016年11月10日法国驻希腊大使馆遭恐怖炸弹爆炸袭击案。2016年11月10日，在希腊首都雅典，位于雅典市中心的法国驻希腊大使馆遭遇爆炸袭击。两名骑摩托车的嫌疑人向使馆投掷疑似手榴弹的爆炸物，使馆建筑没有受损，但导致一名执勤警卫受轻伤。法国大使馆所在地是雅典安保最严密的地区之一，对面便是希腊议会大楼。袭击发生后不久，警方在雅典市中心一处社区发现了一辆符合涉案车辆特征的摩托车。希腊政府发表声明，谴责袭击是恐怖主义行为，这样的恐怖行径完全不会影响希腊与法国之间的友谊和团结。同一天，同样邻近希腊议会大楼的希腊财政部因“诈弹”威胁，一度组织人员紧急疏散。

5. 意大利的恐怖犯罪

（1）2010年12月27日“邮包炸弹”恐怖袭击爆炸未遂案。2010年12月27日，意大利首都罗马再现“邮包炸弹”，幸运的是当天在希腊驻意大利使馆发现的“邮包炸弹”被开启后没有爆炸，可谓有惊无险。然而，之前12月23日分别发生在瑞士和智利驻意大利使馆的“邮包炸弹”爆炸案件则造成了使馆人员重伤。一个意大利无政府主义者组织于12月24日宣称制造了这两起爆炸事件。这个从事恐怖袭击的组织名为“非正式无政府主义联盟”（FAI）。警方透露，在瑞士和智利使馆的残留爆炸物中均写有“FAI万岁！无政府状态万岁！”的字条。根据美国研究恐怖主义机构的报告和意大利政府的情报文件，“非正式无政府主义联盟”是由许多小型无政府主义者组织构成，该组织称其目标与意大利恐怖组织“红色旅”一致。

（2）2011年12月13日意大利右翼作家射杀非洲小贩的恐怖袭击枪击案。2011年12月13日，意大利著名旅游城市佛罗伦萨发生枪击事件。意大利右翼作家詹卢卡·卡塞里在佛罗伦萨的两个市场开枪打死两名塞内加尔人，打伤数人，最终在警察的包围下开枪自杀。当天早上，詹卢卡·卡塞里开车到达佛罗伦萨市中心以北的皮亚扎·达尔马齐亚市场，走出汽车，表情冷静，拿着手枪，朝3名小贩共开3枪，打死两人、重伤一人。开枪后，凶手驾车离开现场，大约两小时后他在市中心圣洛伦佐市场开枪打伤另外两名小贩。枪手逃入一处地下停车场，进入自己的汽车。警方接近时，他朝喉咙开枪，自杀身亡。

（3）2012年5月19日意大利校园恐怖袭击爆炸案。2012年5月19日，意大利南部城市布林迪西的一所学校门口发生爆炸，造成两名16岁女孩死亡、6名学生受伤，这是意大利校园首次遭遇恐怖爆炸袭击。爆炸发生在当地时间早上7：45一所职业学校门口。该学校以该国某知名反黑手党法官妻子的名字命名，位于该市法庭和税务局附近。这名法官20年前死于黑手党策划的一场爆炸。这起恐怖爆炸袭击在学生中引发恐慌，其强度震碎了学校及附近建筑玻璃，现场到处散布着书包和笔记本。

（4）2014年8月26日为防范恐怖袭击禁止携带奶粉登机。2014年8月24日，意大利国家安全情报机构根据欧盟、美国和以色列情报部门提供的信息，向机场警方、海关和安检下达了严密注视旅客携带奶粉的通知，要求禁止旅客托运或随身携带奶粉登机。禁止携带奶粉登机主要是为了保护乘客和飞机的安全，意大利安全情报机构经综合情报来源分析，获悉近期将有恐怖分子利用奶粉盒填充化学制剂改装成炸弹，使用经特殊改装后的手机进行引爆，欲对意大利飞机实施恐怖袭击。恐怖分子一旦利用行李或随身将奶粉带上飞机，在飞机行驶中，便可通过手机遥控实施爆炸性攻击。鉴于经改装后的奶粉盒炸弹与市场出售的奶粉盒外观相同，内置的粉状化合物和奶粉用肉眼也难辨真伪，并根据意大利有关方面的通知，意大利所有航空口岸近期将禁止旅客携带奶粉登机。

（5）2016年4月29日逮捕恐怖袭击嫌疑人。2016年4月29日，意大利警方抓捕了4名企图在天主教圣年期间，在罗马发动恐怖袭击事件的恐怖分子。其中，一个名叫阿卜德哈伊姆·蒙塔赫瑞克的23岁恐怖分子还是一位小有名气的自由搏击手。他已经获得了意大利公民身份，和他一起被捕的还有他的妻子。2015年，他们夫妇俩带着3个孩子加入了ISIS。

（6）2016年5月10日逮捕两名阿富汗恐怖嫌疑人。2016年5月10日上午，两名阿富汗男子在意大利分别被捕，他们涉嫌在英国和意大利密谋恐怖袭击，意大利警方目前正在寻找参与该密谋的另外三名犯罪嫌疑人。警方发现两名被捕犯罪嫌疑人的手机中不寻常地存有大量罗马和伦敦的照片和视频，他们在伦敦的拍摄对象包括西印度码头的公寓、健身中心和餐厅等，嫌疑人列有一个包括机场、港口、购物中心和酒店在内的长长的潜在目标清单。

（7）2016年12月23日击毙德国圣诞市场恐怖袭击嫌疑犯。2016年12月23日凌晨3时，意大利警方在米兰击毙了德国圣诞市场袭击案嫌疑犯阿尼斯·阿姆里。当时，意大利警方在米兰附近对一名非洲裔男子进行盘查，在要求其出示证件时，该男子从背包中掏出手枪向警察射击，随后被警察击毙。

交火中一名警察肩部受伤，无生命危险。该男子身上没有身份证件，经指纹和面部特征比对，确定此人为嫌犯阿姆里。当月 19 日晚，一辆货车冲入柏林西部城区繁华地带一个圣诞市场的人行道，造成包括货车原司机在内的 12 人死亡、近 50 人受伤，其中 14 人伤势严重。21 日，德国警方在袭击者驾驶的汽车内发现了突尼斯籍男性难民阿姆里的身份证件，因此将其锁定为这起袭击案的嫌疑人，并对其实施追捕。阿姆里可能属于一个在德国的极端组织。该组织 2015 年起开始策划针对德国的袭击。

（8）2017 年 12 月 31 日意大利北部都灵市郊外恐怖爆炸袭击案。2017 年 12 月 31 日晚，意大利北部都灵市郊外发生一起爆炸袭击事件，造成 4 人不同程度受伤，爆炸物周围 30 多间民宅玻璃被震碎，4 辆汽车被炸毁。当时，涉案嫌疑人佯装丢垃圾，将炸弹装在一个纸箱内放在了街边的垃圾桶旁。爆炸时，在剧烈的爆炸声中，强大的冲击波卷起垃圾箱附近的杂物四处横飞，停在垃圾桶附近的 4 辆汽车被炸毁，远在道路对面的民居门窗不同程度受损，4 名路过的行人受伤。这些伤者分别是 2 名意大利人和 2 名来自摩洛哥的移民。爆炸物是一枚自制的纸质炸弹，外包装类似烟花，爆炸威力强大。爆炸物周围的居民表示，爆炸发生时，屋内具有强烈的震感。爆炸发生后，警方封锁了附近街道，并对爆炸物周围的废弃房屋和建筑工地进行了地毯式搜索。在一处建筑工地内警方发现了 12 枚与爆炸物相同能量的纸质炸弹，以及 2 颗自制的掷弹筒和近 1 公斤的烈性炸药。警方初步怀疑，爆炸事件和警方搜查起获的爆炸物很有可能与极端组织有关。

6. 西班牙的恐怖犯罪

2016 年 5 月 14 日在伊拉克皇家马德里球迷恐怖袭击案。2016 年 5 月 14 日，伊拉克萨迈拉地区一个皇马球迷协会遭到 IS 恐怖分子袭击，造成 16 人死亡、20 人受伤。当时，伊拉克萨迈拉地区的一个皇马球迷协会在一家餐馆组织聚会，约有 50 人参加，恐怖分子冲进餐馆，用 AK47 步枪向人群扫射。西班牙外交部谴责此次恐怖袭击事件，称此次恐怖袭击令人发指，平民因为体育赛事进行集会，却被当成了袭击的目标受害。西班牙政府重申，西政府与伊拉克政府以及人民立场保持高度一致，承诺共同抗击恐怖主义活动。

7. 葡萄牙的恐怖犯罪

（1）2016 年 3 月 23 日，因担忧恐怖袭击，比利时足协取消了比利时国家队与葡萄牙队的友谊赛。2017 年 3 月 22 日，比利时首都布鲁塞尔发生了连环爆炸事件，在机场发生了两起、地铁站发生了一起，这起恐怖袭击造成了大量人员伤亡。在恐怖袭击事件发生后，比利时男足就取消了当天的训练。2016 年 3 月 23 日，比利时足协宣布，为了保证安全，取消原定于当地时间下周与葡萄牙举办的友谊赛。虽然比利时方面严阵以待，防止恐怖袭击再度发生，但是比利时足协还是作出了取消同葡萄牙友谊赛的决定："出于安全考虑和以防万一，布鲁塞尔市希望我们能取消 3 月 29 日比利时同葡萄牙的友谊赛，因此，原定下周二在博杜安国王球场进行的比利时与葡萄牙的比赛取消。"这是比利时队因恐怖袭击事件而接连取消的第二场友谊赛，第一场本应于 2015 年 11 月 17 日举行的对阵西班牙国家队的友谊赛，受巴黎恐怖袭击事件影响而取消。袭击发生时正在举行法国队与世界杯冠军德国队友谊赛的法兰西体育场，也是当晚巴黎恐怖袭击的三大主要目标之一。

（2）2017 年 6 月 5 日前中部圣塔伦区坦科斯市军火库遭恐怖袭击盗窃案。根据西班牙《国家报》网站 2017 年 7 月 1 日报道，葡萄牙中部圣塔伦区坦科斯市一座军火库中的手榴弹等军事装备遭到盗窃。真正失窃的弹药远不止最初流传的数枚手榴弹，还包括 1500 枚 9 毫米口径的子弹、120 枚手榴弹、44 枚反坦克手榴弹和 20 枚催泪弹等大批弹药。葡萄牙军队参谋部认为犯罪分子应该对武器库内部情况了如指掌。葡萄牙国防部长阿泽雷多-洛佩斯认为，犯罪分子是"专业人士"，而且显然获得了详细情报。

2017 年 6 月 5 日，葡萄牙政府开始对军事设施围墙的加固项目进行公开招标。然而，犯罪分子却先行一步，朝围墙亟待维修的武器库伸出黑手，他们只需使用钳子剪断铁丝网，就可以驾车出入。参谋部认为，犯罪分子一定获得了内部情报。此外，犯罪分子可能还知道军火库的监控设备从数年前就停用了，而且军火库 25 个岗亭里也没有多少执勤人员。此外，附近的活动传感器也不起任何作用。鉴于犯罪分子手法专业，有人猜测这些被盗武器最终可能落到贩运军火的恐怖组织手中。

二、美洲国家的恐怖主义犯罪

（一）北美国家的恐怖主义犯罪

1. 美国的恐怖犯罪

（1）2010年5月1日纽约市中心时报广场遭恐怖汽车炸弹袭击案。2010年5月1日，巴基斯坦裔美国人费萨尔·沙赫扎德把一辆载有自制爆炸物的运动型多功能车停在纽约市中心时报广场附近路边，没能引爆。沙赫扎德在试图逃离美国时落网，法院判处他终身监禁。塔利班组织认领这次汽车炸弹案，他们策划此次袭击是为了报复“巴基斯坦塔利班运动”头目贝图拉·马哈苏德和两名伊拉克“基地”组织头目之死。

（2）2011年5月20日美国驻巴基斯坦领事馆车辆遭恐怖炸弹袭击案。2011年5月20日，巴基斯坦塔利班组织对美国驻巴基斯坦城市白沙欧领事馆发起炸弹袭击，袭击导致1名巴基斯坦平民死亡、11人受伤，伤者包括2名美国人。

（3）2011年9月10日驻阿富汗美军遭恐怖袭击案。2011年9月10日，阿富汗中部瓦尔达克省的一座美军基地遭到阿富汗塔利班组织袭击，造成4名平民死亡、77名美军士兵和14名平民受伤。该组织警告，阿富汗有能力“打一场长期战争，会把美国人送进历史的垃圾桶”。

（4）2011年9月13日美国驻阿富汗使馆遭恐怖袭击案。2011年9月13日，塔利班组织用火箭榴弹攻击了阿富汗首都喀布尔的美国驻阿使馆，造成10余人伤亡。

（5）2011年10月28日美国驻波黑使馆遭恐怖袭击案。2011年10月28日，袭击者亚沙雷维奇在一处废弃的十字路口徘徊，挥舞手中的枪，时不时地向美国驻波黑首都萨拉热窝大使馆建筑射击，致使一名警察受伤。

（6）2012年8月5日美国威斯康星州遭恐怖袭击枪击案。2012年8月5

日上午 10 点 25 分左右，美国威斯康星州一个寺庙内有数十名锡克教徒正准备午餐前的祈祷仪式，不料凶手突然闯入，并开枪射击，现场陷入一片混乱，造成包括 1 名枪手和一名警察在内的 7 人死亡，另有 3 人受伤。

（7）2012 年 9 月 3 日美国驻巴基斯坦白沙欧领事馆遭恐怖汽车炸弹袭击案。2012 年 9 月 3 日上午早高峰时段，当一辆美国驻白沙欧领事馆的车辆途经一块闹市区时，巴基斯坦塔利班组织成员驾驶的一辆装满炸药的汽车突然冲了上来，径直向领事馆的车辆冲去，顿时现场传出了巨大的爆炸声，人和车辆都被巨大的气流冲飞了起来，汽车陷入一片火海，到处都是汽车的玻璃碎片，现场还出现了一个硕大的地坑，造成 2 人死亡、19 人受伤。袭击者的目的是制造更大的轰动效应和影响力，以逼迫美国远离巴基斯坦。

（8）2012 年 9 月 11 日美国驻利比亚加班西大使馆遭恐怖袭击案。2012 年 9 月 11 日晚，利比亚第二大城市班加西发生了大规模的反美示威活动，数百名抗议者袭击了美驻加班西领事馆，抗议美国当天放映诋毁伊斯兰教先知的电影《穆林斯的无知》。美驻利比亚大使蒂文斯及其他 3 名美国公民在冲突中遇袭身亡。两名疑犯在伊斯坦布尔阿塔蒂尔克国际机场被捕，一个名叫“伊斯兰教法虔信者”的利比亚武装组织是这次事件的主谋。

（9）2013 年 2 月 1 日美国驻土耳其大使馆外遭恐怖爆炸袭击案。2013 年 2 月 1 日，袭击者艾利森·桑勒把炸弹安置在美国驻土耳其安卡拉大使馆签证处的门口发动自杀性爆炸，导致 2 人死亡、数人受伤，周围部分建筑遭到不同程度毁坏。

（10）2013 年 4 月 15 日波士顿马拉松赛场遭恐怖连环爆炸袭击案。2013 年 4 月 15 日下午 3 时，在美国马萨诸塞州波士顿科普里广场发生连环爆炸事件。袭击者察尔纳耶夫和焦哈尔分别于终点线附近和一家体育用品店前引爆两枚炸弹，其中一枚炸弹被放到高压锅里藏于黄色包中，而且锅里还有钉子/钢珠等材料，然后被放在靠着人行道的栅栏旁，栅栏的另一边则站满了为运动员欢呼的人群，而随着烟雾腾起，四周人群立即倒地。此次爆炸中有四人不幸遇难，其中包括一名 8 岁儿童，另有 176 人受伤，察尔纳耶夫被击毙，焦哈尔在 19 日被警方生擒。

（11）2013 年 9 月 16 日美国海军司令部遭恐怖枪击袭击案。2013 年 9 月 16 日上午 8 点 20 分，美国海军华盛顿基地指挥部大楼发生枪击事件，袭击者阿龙·亚历克西斯在司令部总部大楼的四楼向楼下的餐厅扫射，随后警察赶到现场与袭击者展开对峙，对峙过程中袭击者被击毙。此次事件造成 13 人死亡、至少 14 人受伤。袭击者阿龙·亚历克西斯 2007 年到 2011 年间曾经在美国海军预备役服役，后因行为不当被除名。

（12）2014 年 3 月 5 日美国驻韩国大使遇恐怖袭击案。2014 年 3 月 5 日，美国驻韩大使马克·利珀特在首尔市中心的世宗文化会馆世宗大厅，准备出席早餐会议并发表演讲时，遭到韩国民间团体“我们院子”的代表金基宗持刀袭击受伤。利珀特的脸部受重伤并造成大量出血，手腕、胳膊和手指也被刀割伤，脸部缝了 80 针。发起袭击的原因是为了抗议美韩 3 月 2 日开始的代号为“关键决断”和“秃鹫”的例行年度联合军事演习。嫌疑人被捕后称自己单枪匹马发起这次袭击，没有同伙。

（13）2015 年 12 月 2 日加利福尼亚州恐怖袭击案。2015 年 12 月 2 日，在加利福尼亚州南部圣贝纳迪诺，三名犯罪嫌疑人武装手持 AK-47 冲锋枪，闯入位于圣贝纳迪诺市的一栋大型办公楼，对人群扫射，当时那里正在为员工举办节日庆祝活动，造成 14 人遇难、至少 25 人受伤。作案后，嫌疑人上了一辆黑色 SUV 开走了。案发后，2 名嫌疑人已经被击毙，包括一名男性和一名女性，第 3 名嫌疑人被拘捕。嫌疑人赛义德·法鲁克的父亲称，他的儿子是一名穆斯林。参与制造圣贝纳迪诺枪击案的枪手马利克和其丈夫可能是“极端激进”分子，曾受到过境外恐怖组织意识形态的影响，但这对夫妇本身并非恐怖组织成员。2015 年 12 月 6 日 20 时，美国时任总统奥巴马罕见地在白宫椭圆形办公室发表黄金时段全国电视讲话。奥巴马将加利福尼亚州圣贝纳迪诺县大规模枪击案定性为恐怖袭击，还誓言美国将摧毁“伊斯兰国”极端组织，并呼吁国会授权对“伊斯兰国”实施军事打击。

（14）2016 年 6 月 12 日佛罗里达州恐怖枪击案。2016 年 6 月 12 日凌晨 2 时左右，在佛罗里达州奥兰多市一家名为“脉动”的同性恋夜店门前，阿富汗裔美国人 29 岁的奥马尔·马丁携带一支突击步枪、一支手枪和“其他装置”，在店外开枪，与一名正在执勤的警察交火，而后进入夜店劫持人质，造成 50 人死亡、53 人受伤。警方和联邦调查局探员在接到报警电话后赶到现场进行营救，利用控制爆破和装甲车推倒夜店外墙，攻入店内，击毙枪手，救出至少 30 名人。美国联邦调查局已经把这起枪击案定性为“恐怖袭击”，美国时任总统奥巴马 12 日将该枪击案称为“恐怖行为”和“仇恨行为”。

（15）2017 年 10 月 31 日纽约曼哈顿下城卡车撞人恐怖袭击案。2017 年

10月31日下午3点15分左右，美国纽约曼哈顿下城发生卡车撞人袭击事件，导致8人死亡、12人受伤，这是一起恐怖袭击行为。当时，一辆卡车在曼哈顿下城世贸中心附近冲入行人、自行车道并开枪射击，撞倒多人后继续行驶，卡车在翠贝卡大桥下撞上一辆校车后停下；司机下车又开枪向另外两人射击，后被警方拘捕。目击者们称，一开始以为是万圣节的恶作剧。警方初步调查查明，该事件为一人作案，系独狼式恐袭，嫌犯名叫赛福尔罗·赛波维，29岁，2010年从中东来到美国，居住在佛罗里达州坦帕市，在新泽西租下了用以犯案的卡车。

（16）2017年11月5日得克萨斯州威尔森县萨瑟兰普林斯市教堂恐怖枪击案。2017年11月5日11点30分左右，美国得克萨斯州威尔森县萨瑟兰普林斯市一间教堂内突发枪击案，造成27人死亡、25人受伤，这座教堂牧师14岁的女儿遭到凶手杀害，遇难者中还包括孕妇及儿童，凶手被击毙。当时，凶手走进得州萨瑟兰泉的第一浸信会教堂，向正在祈祷的人们开枪。枪手是26岁的凯利，土生土长当地白人，在2009年至2013年期间曾服役于美国空军，虔诚基督教徒，甚至在夏季圣经学校教过书。得州州长阿尔伯特表示，这起教堂枪击案是该州现代史中最严重的大规模枪击事件，而得州是美国枪支管制最宽松的州。“我们的祈祷与这一恶魔行径中所有受伤害的人同在，我们也感谢事件中快速反应的执法部门。”美国总统特朗普5日下令，即日起至11月9日，美国所有公共场合降半旗哀悼得克萨斯州萨瑟兰斯普林斯镇枪击案死难者。

（17）2017年12月11日美国纽约州曼哈顿市区港务局公交站恐怖爆炸袭击案。2017年12月11日早晨7点20分左右，美国纽约州曼哈顿市区的纽新航港局客运总站发生爆炸，这起汽车站爆炸事件是一起密谋的恐怖爆炸袭击案，造成四人受伤。这是纽约州最近两个月里遭受的第二次袭击，27岁的孟加拉裔移民阿耶德·乌拉（Akayed Ullah）制造了该恐怖爆炸袭击案。位于纽约州的曼哈顿市是著名的旅游胜地，这里人口非常密集。当时，正是纽约州地铁早高峰时期，爆炸发生在纽约港务局巴士总站与纽约时报广场地铁站之间一段人流量巨大的地道内。嫌犯利用火柴、灯泡和一节9伏电池引爆了一个装有爆炸性物质的管子，乌拉把这个自制炸弹藏在自己衣服内。但爆炸的威力不够，没能制造出更具杀伤力的弹片，乌拉的身体和手被烧伤，他身边3人受轻伤，包括一名警察。跟上次袭击不同，这次袭击没有导致人员死亡，嫌犯乌拉是唯一一个因此次袭击受重伤的人。这起未遂恐袭数小时后，纽约地铁就恢复了正常的运转。

嫌犯是根据网络教程自己制作的炸弹，他发动恐袭的目的“什么都有”，包括报复美国在叙利亚等地区针对“伊斯兰国”（ISIS）的空袭。乌拉不属于某个极端或恐怖组织，看起来他受到“伊斯兰国”或其他极端组织的影响。他说他是在网上受召于ISIS而变得极端化的，并在过去5年多次前往海外，包括孟加拉。乌拉来自孟加拉国吉大港，在孟加拉国没有犯罪记录，2011年持投靠亲属签证来到美国，从那之后作为美国合法永久性居民生活在布鲁克林一个大型孟加拉移民居住区。他是个出租车司机，不过其驾照在2015年过期后就没再更新，他经常出现在附近一家清真寺祷告，警方也没找到过往犯罪记录——属于典型的孟加拉裔移民在布鲁克林的生活。恐袭发生数小时后，特朗普发表声明称现有过于宽松的移民政策是导致恐袭发生的原因。“这个有缺陷的体系对美国安保和经济带来的严重危害很早就已经显而易见了，”他说，“我决定要改善我们的移民政策，把我们的国家和人民放在第一位”。因为这个于7年前从乌兹别克斯坦移民到美国的恐怖分子是通过美国一种名为“多元移民签证”的移民项目来到美国的。这种通过“摇奖”的方式向其他国家的申请者颁发总共5万多个美国绿卡的移民项目，是美国民主党的资深议员查尔斯·舒默于1990年创建的，并于1995年正式开始实施。其目的是鼓励那些“占美国移民人口比例很少的族裔”也来美国定居，从而令美国的移民人口变得更加“多元化”。

（18）2017年12月22日美国宾夕法尼亚哈里斯堡恐怖枪击袭击案。2017年12月22日下午，美国宾夕法尼亚州哈里斯堡发生枪击事件，一名州警受伤，枪手被击毙。当时，来自于彭斯伯勒东区的一名51岁枪手墨夫特在哈里斯堡市区的三个不同地方三次朝警方开枪袭击，枪击事件发生时美国国会大厦也发生了几起枪击事件。经过联邦和州、地的执法机构调查发现，嫌犯墨夫特持亲属移民签证进入美国。他最近曾经去过中东地区。国土安全部新闻发言人霍顿称此事件为恐怖袭击，墨夫特是一名归化的美国公民，他以“家庭移民签证”来到美国。

2. 加拿大的恐怖犯罪

（1）2013年4月23日加拿大列车恐怖袭击阴谋案。2013年4月23日，加拿大警方召开新闻发布会，宣布破获一起“大规模恐怖袭击阴谋案”。居住在蒙特利尔的30岁男子施赫布·埃塞盖伊尔和居住在多伦多的35岁男子拉伊德·贾瑟尔不是加拿大公民，他们受命于“基地”组织，准备袭击从加拿大城市多伦多驶往美国纽约的客运列车。

（2）2014年10月20日魁北克恐怖杀人案。2014年10月20日，25岁的库特罗，在魁北克圣让德吕兹开车蓄意冲撞2名军人，造成1死1伤。在实施恐怖杀人之后，逃避警方追逐时翻车，当他从车底爬出时，手上仍挥舞一把刀，被警方当场击毙。2014年6月，库特罗留在脸书留言，自称是激进分子，打算到海外参与伊斯兰圣战，因而受到警方注意；7月，企图搭机到土耳其，在机场被警方拦下，因无罪证而获释。加拿大与英国及其他欧洲国家一样，对极端主义不怎么警惕、防备也不严密，因而极端主义意识形态下的个人、金钱不断流入。从20世纪80年代以来，极端分子在加拿大陆续成立了打着慈善旗号却另有图谋的组织，这些所谓的慈善机构暗中可能与恐怖组织如“基地”或“伊斯兰国”（IS）挂钩，向天真热情的年轻人散布极端主义，鼓励他们为伊斯兰奉献牺牲。不少年轻人受其鼓动，前往海外参加恐怖组织，甚至成为自杀炸弹客。

过去几年，已有4个类似机构因涉嫌资助恐怖主义，被加拿大当局撤销资格。加拿大皇家骑警掌握了63件涉及恐怖主义的个案，涉案分子90人，其中有人意图出国参加伊斯兰圣战，有人已经返国，20日犯下撞车杀人案的库特罗就是其一。另据加拿大政府一份报告，到2014年上半年，共有超过130名加拿大人士疑似在海外参加与恐怖主义相关的活动。例如，2013年1月，阿尔及利亚一座天然瓦斯厂遭到攻击，两名主嫌犯就是来自首都渥太华的加拿大人。加拿大当局21日发布声明，将国内恐怖警戒等级从低升级到中，原因是IS和“基地”等伊斯兰激进组织与国内的互联网联系明显增加。种种迹象显示，极端主义或恐怖主义在加拿大日渐猖獗。

（3）2014年10月22日加拿大首都遭恐怖枪击案。2014年10月22日，位于加拿大首都渥太华市中心的加拿大议会大楼内和其附近的战争纪念碑前发生枪击事件。当天上午10时左右，在战争纪念碑执勤的士兵遭到迈克尔·阿卜杜勒·泽哈夫·毕博的枪击，一名受伤、一名身亡。随后枪手冲进议会大楼内，顿时，大楼内枪声四起，保安人员举枪追去，随后加拿大警队特种部队进入议会大楼，击毙了这名枪手，并封锁了议会大楼及其附近地区。这是加拿大有史以来发生的最严重的恐怖袭击事件。凶手毕博曾皈依于伊斯兰教，并且有服用毒品史。

（4）2016年7月29日不列颠哥伦比亚省议会“恐怖袭击未遂”案被判无效。2016年7月29日，在加拿大不列颠哥伦比亚省温哥华，加拿大不列颠哥伦比亚省最高法院法官29日裁定，3年前不列颠哥伦比亚省议会“恐怖袭击未遂”案是加拿大警方“一手炮制”的；当庭无罪释放约翰·纳托尔与妻子阿曼达·科罗迪，这两名嫌疑人是警方“钓鱼执法”的受害者，他们两人一同离开法院。当初，根据加拿大情报部门提供的线索，警方于2013年2月制定诱捕计划。这对夫妻“上套”，皈依伊斯兰教，并在伪装成极端人员的警察的“协助”下发动“恐怖袭击”。2013年7月1日，两人在位于不列颠哥伦比亚省首府维多利亚市的省议会外台阶上放置自制“高压锅炸弹”。当然，“炸弹”没有爆炸，因为这是警方“钓鱼执法”行动。

（5）2017年1月29日魁北克市郊外清真寺恐怖枪击案。2017年1月29日晚上20时的礼拜时间，加拿大魁北克省一间清真寺发生枪击案。持有AK-47突击步枪的3名枪手闯入内开枪，造成6人死亡、8人受伤。魁北克市是加拿大法语区魁北克省省会，当地民众富裕，犯罪率极低。发生枪击事件时清真寺内有大约40人，加拿大政府将本次事件定性为恐怖袭击。事发前，当地穆斯林民众刚结束晚祷告。现场共有60到100多人，已经逮捕了两名犯罪嫌疑人。

3. 墨西哥的恐怖犯罪

（1）2010年10月18日北部科阿韦拉州托雷翁市生日聚会恐怖袭击案。2010年10月18日凌晨，一不明武装团伙突然闯入墨西哥北部科阿韦拉州托雷翁市的一个生日聚会现场，对正在参加聚会的人群开枪，造成18人死亡、17人受伤。当天枪手乘坐8辆汽车抵达聚会现场，二话不说，拿起自动步枪就朝聚会人群扫射，事后逃逸。警方在现场找到了200多枚子弹壳，其中大部分属于AK-47自动步枪。此次事件疑似墨西哥贩毒集团所为。科阿韦拉州与美国得克萨斯州接壤，是墨西哥大型贩毒集团间争夺对美毒品运输走廊的重要战场，暴力冲突事件仍频。截至2010年7月15日，仅托雷翁市就一共发生214起凶杀案，超过2009年全年160起的纪录。案发两天前，墨西哥北部城市华雷斯和新拉雷多也接连发生多起暴力袭击事件，造成至少19人丧生，其中还包括4名警察。墨西哥贩毒集团还首次使用汽车炸弹袭击。最新统计数据显示，自卡尔德龙政府发动缉毒战争以来，该国共有24 826人死于毒品暴力。种种迹象显示，贩毒集团展开的暴力行动正在不断升级，毒贩开始通过周密谋划并使用高杀伤力武器乃至汽车炸弹发动对警方和平民的暴力袭击。值得注意的是，最近发生的这一系列袭击事件基本符合了法律上确认的“恐怖袭击”定义，诸如使用汽车炸弹，发动针对平民的袭击事件以制造恐慌，进而迫使政府作出让步等。

（2）2011 年 8 月 25 日北部蒙特雷市赌场恐怖袭击案。2011 年 8 月 25 日下午 4 时，墨西哥北部蒙特雷市一家赌场发生恐怖袭击事件，造成 52 人死亡、10 人受伤。当时 6 名蒙面枪手闯进赌场，纵火焚烧，同时又向人群开枪扫射。因赌场紧急出口已锁住，人们大多涌向赌场二层，而该层随后在大火中崩坍。墨西哥总统卡尔德隆对此表示强烈谴责，称这是一场异常恐怖和野蛮的行为。

（3）2014 年 8 月 15 日北部城市蒙特雷的电视公司恐怖爆炸袭击案。2014 年 8 月 15 日，在墨西哥北部城市蒙特雷，墨西哥电视公司的下属企业遭受炸弹袭击，爆炸冲击波震碎附近建筑窗玻璃，只有财产受损，所幸没有人员伤亡。袭击者把爆炸物掷向一辆汽车底部，炸毁墨西哥电视公司的两辆汽车。墨西哥电视公司是墨西哥最大的电视公司，这次炸弹爆炸是这家公司 3 个月来遭受的第三次袭击。2014 年以来，已有 9 名新闻工作者死亡，涉及贩毒团伙的暴力行为是新闻工作者伤亡的主要原因。

（4）2015 年 4 月 6 日哈利斯科州警察恐怖袭击案。2015 年 4 月 6 日，在墨西哥西部的哈利斯科州，某贩毒团伙伏击了一行警察车队。该车队当时正沿着蜿蜒的山路行驶，结果意外遭遇袭击，15 名警察在枪战中被杀害，另外 5 名受重伤。歹徒用燃烧的卡车封闭公路，随后使用机枪和榴弹发射器对警察队伍发起猛烈攻击。该犯罪团伙隶属于“新生代哈利斯科州卡特尔”组织，这是目前墨西哥发展速度最快的贩毒犯罪集团。在墨西哥，警察和贩毒集团之间的大规模枪战并不罕见，此前八年中，已经有 10 万人因此丧生。安全专家称：“枪战太常见了，不正常的应该是政府武装力量越来越弱，甚至比犯罪集团还糟糕。”2010 年，曾有 12 名联邦警察在米却肯州被杀，而此次发生的袭击是自 2010 年以来伤亡人数最多的一次。这也再一次引起了对哈利斯科州安全问题的争议，近几个月以来，对安全部队和公职人员的恐怖袭击策划逐渐上升，其中大部分事件都由“新生代哈利斯科州卡特尔”主导。2013 年后，有 70 名公职人员在该州被杀害。哈利斯科州的一名安全专员称歹徒策划袭击是为了报复警察机关，“因为最近我们曾对犯罪组织开展了严格的拘留逮捕行动”。

（5）2016年5月2日军机恐怖袭击案。2016年5月2日，在墨西哥西部哈里斯科州，持枪歹徒向军方直升机开枪射击，直升机紧急降落，造成7人死亡、10余名军警人员受伤，遇难者包括3名军人、1名警察、1名平民和两名持枪歹徒。这架运输直升机遭枪手攻击时，机上载有参与一项反毒品联合行动的18名军人、联邦警察和机组人员。墨西哥军方直升机遭攻击时，哈里斯科各地暴力事件频发，墨西哥第二大城市瓜达拉哈拉许多公交车和卡车遭纵火焚烧，奥特兰镇也发生了暴力冲突。

此前两个月期间，墨西哥治安部队在哈里斯科持续遭到犯罪集团攻击，至少20名联邦和州警在不同的事件中丧生。最近几年，恐怖袭击可谓异常繁多，让很多国家都人心惶惶。墨西哥军机遭到恐怖袭击，多名歹徒拿着机枪对其扫射，导致了紧急降落，不仅导致了7人死亡，而且也造成十几人受伤。这样的事件造成的影响极其恶劣，不仅让墨西哥军方损失惨重，而且也让人们对于墨西哥的局势极为担忧。

（6）2016年9月13日西班牙足协主席兼欧足联副主席安赫尔·比拉尔的侄女遭恐怖绑架袭击案。2016年9月13日，在墨西哥首都墨西哥城的圣塔菲商业区，西班牙足协主席兼欧足联副主席安赫尔·比拉尔的侄女玛利亚·比拉尔遭绑架撕票。39岁的比拉尔是IBM墨西哥公司的一位职员，她已经在墨西哥居住了三年之久。匪徒逼迫玛利亚·比拉尔在自动取款机取出了她的所有存款，随后打电话告知了玛利亚的家人。尽管玛利亚的家人支付了一部分赎金，但还是没有阻挡住悲剧的发生，9月15日周四在距离墨西哥城65公里的托卢卡发现了玛利亚的尸体。

（二）中美洲国家的恐怖主义犯罪

1. 危地马拉的恐怖犯罪

（1）2010年7月26日危地马拉有组织犯罪袭击趋于“恐怖化”。2010年7月26日，总部设在比利时首都布鲁塞尔的国际危机组织，最近将危地马拉列为“世界上最危险的国家之一”，其发布的报告甚至认为，危地马拉22个省份中已有7个省份几乎完全处于犯罪势力的掌控之中。近几年来，有组织犯罪团伙发动的暴力袭击明显趋于“恐怖化”，造成大量无辜平民伤亡。最近两周，危地马拉接连发生多起针对公共汽车的炸弹袭击，造成至少20人死亡、数十人受伤。

联合国毒品与犯罪问题办公室负责人指出，贫困、腐败和司法能力落后等致使危地马拉成为有组织犯罪滋生的温床，犯罪率的居高不下又反过来“吓走”了投资者和游客，加剧了该国的贫困和暴力犯罪，形成恶性循环。为扭转局势，总统科洛姆2008年上任后誓言严惩腐败，大力整顿国家政治体制，此案前已解除了2000多名警务人员的职务。23日，危地马拉首都危地马拉城爆发群众游行，游行队伍高呼“绝不再忍受”和“我们要安全、正义”的口号，强烈要求政府立即制止针对无辜民众的暴力袭击、抢劫和绑架等罪行。

(2) 2011年1月3日首都危地马拉城恐怖爆炸袭击案。2013年1月3日，在危地马拉首都危地马拉城，一辆公共汽车遭到恐怖爆炸袭击，爆炸致死至少7人，另有18人受伤。2011年1月4日，危地马拉警方逮捕一名19岁女子，该女子涉嫌在一辆公共汽车上放置炸弹、制造爆炸。一些幸存者指认，这名女子当天携一个袋子上车并把袋子留在车上，她下车后不久爆炸发生，嫌疑人身上文身显示她属于一个“大型犯罪团伙”，这是“一起针对无辜民众的恐怖袭击”。一些勒索公共汽车司机的犯罪团伙应是幕后黑手，它们去年勒索所得150万美元。

2. 萨尔瓦多的恐怖犯罪

(1) 2010年6月20日首都北部梅希卡诺市公共汽车系列恐怖袭击案。2010年6月20日星期日晚上，萨尔瓦多首都北部梅希卡诺市，发生恐怖袭击，犯罪分子放火烧一辆公共汽车，14人被烧死、2人受伤。6月21日，警察逮捕了卷入此案的8名犯罪分子。在另一起案件中，犯罪分子上了一辆公共汽车后向乘客开枪，2名女孩和1名成年人被打死。警察局长阿森西奥说，这是一种恐怖活动，警方不会让犯罪分子逍遥法外，袭击造成无辜者的死亡。法医收到14具被烧死的尸体，将对其进行DNA的检验以确定身份。这是犯罪分子第一次放火烧毁公共汽车，引起舆论的强烈反应，强烈要求严厉打击恐怖暴力犯罪。警方目前还了解犯罪的原因，这可能是对公共汽车企业主的一次警告，因为他们拒绝犯罪团伙的勒索。公共汽车企业主协会主席拉米雷斯说，犯罪团伙继续作案，必须使街道更加安全，而不只是公共官员谈论反对犯罪的计划。政府应当检查安全行动的框架，对居民的需要作出回答。在萨尔瓦多犯罪活动平均每天造成 13 人死亡，政府从 2009 年底对犯罪浪潮开展攻势，派出 4000 名士兵上街，支持警察维护公共安全。

（2）2012 年 3 月 17 日粉碎恐怖反坦克火箭劫狱袭击案。2012 年 3 月 17 日，萨尔瓦多粉碎一起重犯监狱的劫狱事件。情报部门发现二十四支反坦克火箭运入萨尔瓦多，目标直指监狱大墙。该监狱是一座重犯监狱，位于萨尔瓦多东部 56 公里处，关押着 400 名罪犯。

（3）2016 年 5 月 5 日萨尔瓦多执政党竟被当成恐怖组织。加拿大的一名叉车操作员，正面临被逐出加拿大的窘境。原因是，他曾是萨尔瓦多“法拉本多·马蒂民族解放阵线”成员，而移民官员认为该组织几十年前涉嫌参与恐怖活动。事实上，“法拉本多·马蒂民族解放阵线”如今已是萨尔瓦多共和国的执政党。据加拿大《温哥华太阳报》5 月 27 日报道，加拿大不列颠哥伦比亚省兰里市的中年男子乔斯·菲格罗阿，正在为留在加拿大而战。1997 年，菲格罗阿以难民申请者的身份，从中美洲的萨尔瓦多共和国来到加拿大，之后，他和妻子育有 3 个孩子，分别是 12 岁、6 岁和 3 岁。由于加拿大在入籍方面执行“属地”原则，这 3 个孩子都拥有加拿大国籍。但在 2000 年，他的难民申请遭拒。他被告知，他返回萨尔瓦多已没危险。不过，出于人道主义考虑，他仍被允许留在加拿大。到了 2009 年，加拿大边境服务局宣布，鉴于他承认曾是“法拉本多·马蒂民族解放阵线”（以下简称“阵线”）成员，他不被加拿大所接受。2016 年 5 月 5 日，他被告知，出于安全考虑，他不能继续待在加拿大。

3. 洪都拉斯的恐怖犯罪

（1）2010 年 10 月 30 日圣佩德罗苏拉市体育场恐怖袭击案。2010 年 10 月 30 日，洪都拉斯第二大城市圣佩德罗苏拉的费利佩塞拉亚区一座体育场内的一个足球场上，发生恶性枪击事件，一群持枪人向人群扫射，至少造成 14 人死亡。当时这里即将举行一场足球友谊比赛，大约在 15 时 30 分，约 5 至 8 名蒙面歹徒占据了球场高处并开始向球员和观众开枪。初步判断，这些歹徒的目标可能并非球员，而是观看比赛的某个观众。这批武装分子装备有大量的武器，分别乘坐两辆汽车来到球场，下车后就向其中一支正在做准备活动的球队开枪射击，并在警察到来前逃离。这起案件极可能与当地的黑帮势力有关，案发这几日洪都拉斯政府大力打击国内的贩毒集团，由于生存空间压缩引发了不同贩毒集团之间的矛盾，并争相除去竞争对手。圣佩德罗苏拉位于首都特古西加尔巴以北约 160 公里，是洪都拉斯的纺织业中心。同时，这个地区还是南美洲毒品运往美国之前的重要提纯基地，也是孕育贩毒集团和街头黑帮械斗活动的温床，所以该地区暴力横行。尤其在最近几年，与黑帮及贩毒集团有关案件发生率呈不断上升的趋势。洪都拉斯是拉丁美洲治安最混乱的国家之一，洪都拉斯人权机构 2010 年 10 月公布的一份报告显示，该国平均 88 分钟就有一人在暴力事件中丧生。

洪都拉斯足坛两个月前就发生多起枪杀案。9 月 19 日在洪都拉斯球场发生了一起枪击案，三名正准备走进球场观看莫塔瓜俱乐部比赛的球迷不幸遇难。惨剧发生在莫塔瓜俱乐部对阵皇家西班牙人的比赛前，约 100 名莫塔瓜球迷正准备走进特古西加尔巴球场。突然球场旁边的马路一侧窜出一辆汽车，车中数名男子朝着球迷所在区域开火，三名球迷当场死亡。警方也推测，袭击有可能是当地黑帮分子所为，因为当地两大黑社会团体已经渗入奥林匹亚俱乐部的球迷团体。9 月 7 日，4 名不明身份的枪手手持 AK-47 突击步枪闯入圣佩德罗苏拉的一家制鞋厂，当场打死了 18 名手无寸铁的工人。据说这起事件与当地一个叫“马拉斯”的街头黑帮有关。8 月 2 日，在洪都拉斯甲级联赛上，由于输球后的奥林匹亚球迷心有不甘，与冠军皇家西班牙队球迷爆发激烈冲突并引发枪战，最后造成 1 人死亡，3 人受伤。此外，5 月 5 日，同样是在特古西加尔巴球场发生了一起球迷骚乱，6 名年轻的莫塔瓜球迷被捆绑至郊外后被枪杀。

(2) 2010 年 11 月 1 日军事基地恐怖分子劫走小型飞机案。2010 年 11 月 1 日，5 名武装分子闯入洪都拉斯的一个军事基地，劫走了一架小型飞机。当时，这些身份未明的武装人员与把守军事基地的士兵进行打斗，将士兵制服，其后来到飞机库，驾驶一架小型飞机逃走。武装分子的作案手法很专业，这架飞机是当局在一次缉毒行动中缴获的。

（三）加勒比海国家的恐怖主义犯罪

1. 古巴的恐怖犯罪

(1) 2010 年 7 月 6 日委内瑞拉把恐怖犯罪嫌疑人引渡至古巴。2010 年 7 月 6 日，委内瑞拉时任总统查韦斯宣布，委内瑞拉上周逮捕了一名在古巴遭通缉的恐怖嫌疑人，并计划将其引渡至古巴。古巴政府此前认定这名恐怖嫌疑人与古巴国内的一系列爆炸袭击案件有关，这名恐怖嫌疑人拥有萨尔瓦多国籍，名叫弗朗西斯哥·查韦斯·阿瓦尔卡。古巴政府认定查韦斯·阿瓦尔卡涉嫌参与了1997年4月2日发生的宾馆舞厅爆炸事件，以及当月在另外一家15层楼高的宾馆发生的爆炸未遂事件。与此同时，古巴官员还怀疑他与1997年针对古巴政府官员的爆炸袭击有关。委内瑞拉警察此前逮捕了查韦斯·阿瓦尔卡，并对他进行了审问。委内瑞拉司法部长称，经过审问，这名恐怖嫌疑犯已经承认，他在2010年9月26日委内瑞拉全国代表大会（国会）选举来临之际，计划在委内瑞拉制造恐怖袭击。2010年9月27日，在古巴国家电视台，弗朗西斯科·查韦斯·阿尔瓦卡供述了作案过程，称受美国中央情报局指使，并称每次爆炸案后他将获得2000美元的报酬。

（2）2010年11月25日古巴邮政公司暂停部分向美国邮递包裹的业务。2010年11月25日，古巴邮政公司发表公告宣布，应美国邮政管理局请求，从即日起至12月8日，古巴将暂停部分向美国邮递包裹的业务。美国是通过万国邮政联盟向古巴发出这个请求的，原因是最近国际恐怖分子可能通过邮寄包裹向美国发动袭击。被暂停邮递的是那些重量超过450克的包裹，所有低于这个重量的包裹，以及平信和挂号信的邮递业务将不受影响。古巴和美国1961年断交，美国从1963年起中断了与古巴的邮政直通业务。2009年9月，两国开始就恢复邮政直通举行会谈，此举曾被视为双边关系改善的迹象。目前，两国间的邮政业务只能通过墨西哥、加拿大等第三国进行。

（3）2014年5月7日逮捕恐怖袭击嫌疑4名美国人。2014年5月7日，古巴逮捕4名美国男子，指控他们谋划恐怖袭击。被捕者承认他们策划袭击军事设施，企图实施恐怖行径，其中三人自2013年年中以来数次到访古巴，目的是为其袭击阴谋“踩点”。古巴方面已就这起案件联络美方官员，美方应调查这些事实，避免盘踞美国的恐怖组织或恐怖分子把两国人民置于危险境地。

（4）2017年1月14日古巴与美国签署反恐等协议。2017年1月14日，特朗普就职典礼举行前夕，美国与古巴签署了一份协议，旨在加强双方共同打击恐怖主义、毒品贩运以及非法洗钱等一系列跨国犯罪行为的力度。奥巴马的副国家安全顾问本·罗兹出席了本次签署仪式，而他在此前两年时间里一直致力于推进美古两国关系常态化的谈判。罗兹正在古巴负责“举行正式会议，文化交流等事务，并将见证美国与古巴执法谅解备忘录的签署”。即将在20日入住白宫的特朗普却曾扬言，如果古巴没能在经济和政治方面上做出进一步妥协，那么他将不惜打破目前美古之间尚显脆弱的缓和关系。此外，特朗普也表示，其有可能在上任后重新审查对古政策。

（四）北部南美洲国家的恐怖主义犯罪

1. 哥伦比亚的恐怖犯罪

（1）2010年3月、9月哥伦比亚遭炸弹恐怖袭击案。2010年3月24日，哥伦比亚西南部的重要港口城市布埃纳文图拉遭到“哥伦比亚革命武装力量”成员制造的汽车炸弹袭击，导致6人死亡、50多人受伤。2010年9月8日，“哥伦比亚革命武装力量”成员于哥伦比亚南部城市帕斯托制造一起炸弹袭击事件，一个情报部门办公室外发生炸弹爆炸，造成12人受伤。

（2）2010年8月12日首都波哥大北部电台附近恐怖汽车炸弹袭击案。2010年8月12日早晨5时30分，哥伦比亚首都波哥大北部，一家电台附近发生一起疑似汽车炸弹袭击事件，造成至少4人受伤，周围建筑物遭到不同程度损坏。此前数天刚宣誓就职的哥伦比亚总统桑托斯在事发后赶往现场，对记者说这是一起恐怖袭击事件。他表示将继续推行前任总统的安全行动，打击恐怖主义犯罪分子。

（3）2010年11月30日南部乌伊拉省公交车遭恐怖炸弹爆炸袭击案。2010年11月30日，哥伦比亚南部乌伊拉省一辆公交车发生炸弹爆炸，造成3名士兵和1名平民丧生，另外还有16人受伤。当局指责称哥伦比亚反政府武装——哥伦比亚革命武装力量制造了这起爆炸案，这辆被装置爆炸物的公交车在行至一个警察局外时发生了爆炸，哥伦比亚革命武装力量是拉美地区最大的反叛武装。

（4）2011年2月14日海军陆战队遭恐怖袭击案。2011年2月14日上午，哥伦比亚海军陆战队在与厄瓜多尔接壤的西南部普图马约尔省遭到反政府恐怖分子的炸弹袭击，导致2名士兵身亡，另有5名士兵失踪。

（5）2011年6月8日中国人质绑架恐怖袭击案。2011年6月8日，在哥伦比亚南部卡格达省，中国中化集团下属哥伦比亚公司4个中国员工被“哥伦比亚革命武装力量”成员绑架。事发时4个中国公民和1个当地司机驾车行驶在卡格达省圣维森特-德尔卡古安市的一条公路上，武装分子后来释放了司机。据中化集团新闻发言人9日的证实，4人是在外出购买柴油时遭到绑架，但他们并非中化集团员工，而是承包商的雇员，其中3人属于中石油长城钻探工程公司，1 人为山东科瑞集团员工。哥伦比亚政府长达 10 年的攻势迫使该国的恐怖组织退入荒凉的丛林地带，因而在哥伦比亚经营的石油公司及其工人的活动场所能够更安全地展开活动。但在 2011 年，恐怖组织加大了对石油设施的攻击，炸毁管道和绑架工人，严重影响了哥伦比亚石油出口。

（6）2012 年 5 月 10 日警察驻地遭恐怖袭击案。2012 年 5 月 10 日，“哥伦比亚革命武装力量”的武装分子袭击了哥伦比亚东北部的一处警察驻地，造成至少 7 名警察死亡、12 人受伤。袭击发生的地点位于哥伦比亚与委内瑞拉交界地带的山区北桑坦德州，死伤者均为在该地区执行铲除古柯种植任务的警察。

（7）2012 年 5 月、8 月、10 月哥伦比亚遭恐怖袭击案。2012 年 5 月，“哥伦比亚革命武装力量”制造了一系列连环袭击事件；15 日，哥伦比亚一位前内政部长在首都波哥大遭到爆炸袭击，其 2 名保镖身亡、39 人受伤；20 日，“哥伦比亚革命武装力量”武装分子在哥西南部纳里尼奥省袭击一辆公交车，造成 4 人死亡、至少 7 人受伤。2012 年 8 月 26 日，反政府武装“哥伦比亚革命武装力量”在哥伦比亚南部梅塔省制造一起汽车炸弹爆炸事件，造成 6 人死亡，其中有两名儿童。2012 年 10 月 20 日，哥伦比亚政府军在哥伦比亚南部与厄瓜多尔交界的普图马约省附近遭到当地反政府武装分子“哥伦比亚革命武装力量”的炸弹袭击，造成 5 人死亡、3 人受伤，这是哥伦比亚政府军近几个月遭受的最严重袭击。

（8）2012 年 6 月 20 日南部纳里尼奥省公交车遭恐怖袭击案。2012 年 6 月 20 日上午，在哥伦比亚西南部纳里尼奥省，哥伦比亚反政府组织“哥伦比亚革命武装力量”人员袭击一辆公交车，造成 4 人死亡、至少 7 人受伤，4 名死者中包括一名怀孕 4 个月的孕妇。当时，“哥伦比亚革命武装力量”人员试图拦截一辆载有 18 名旅客的公交车，司机拒绝停车，“哥伦比亚革命武装力量”人员随后向公交车开火，袭击造成当地交通中断长达 6 小时。“哥伦比亚革命武装力量”是哥伦比亚规模最大的反政府游击队组织，20 世纪 60 年代开始与政府对抗，据估计现有成员约 8000 人。

（9）2012 年 8 月 26 日南部梅塔省比斯塔埃尔莫萨市出租车遭恐怖炸弹爆炸袭击案。2012 年 8 月 26 日中午时分，哥伦比亚南部梅塔省比斯塔埃尔莫萨市发生一起汽车炸弹爆炸事件，造成 6 人死亡，其中有两名儿童。当时，一名乘客在梅塔省比斯塔埃尔莫萨市附近乘坐出租车，打开出租车后备厢取包裹时汽车发生爆炸，爆炸物很可能是“哥伦比亚革命武装力量”游击队所安放的。

（10）2012年10月29日哥伦比亚西南部农村地区警察遭恐怖袭击案。2012年10月29日下午，在哥伦比亚西南部农村地区，6名警察在遭反政府武装分子伏击身亡，另有1人受伤。当时，这些警察驾驶4辆摩托车，在考卡省农村地区遭到枪击。哥伦比亚革命武装力量（FARC）的一个先锋部队在该地区活动。如果此次袭击真的是FARC所为，这将使自哥伦比亚政府与FARC于10月18日在挪威展开正式和谈以来，安全人员的死亡人数上升到15人。

（11）2013年1月31日两起恐怖袭击案。2013年1月31日，哥伦比亚反政府武装“哥伦比亚革命武装力量”在哥境内制造两起袭击，造成4名政府军士兵死亡、6人受伤。当时，在纳里尼奥省波利卡尔帕市郊区附近，政府军执行常规巡逻任务时突然遭到武装分子的袭击。当大凌晨，在布埃纳文图拉市政府附近，“哥伦比亚革命武装力量”引爆炸弹，造成4名行人受伤。

（12）2013年2月针对警察的恐怖袭击案。2013年2月1日，“哥伦比亚革命武装力量”组织成员于麦考制造了一起针对警察的袭击，造成3人死亡。2月12日，该组织在米拉弗洛雷斯袭击了一家警察局，造成2人死亡、27人受伤。2月25日，该组织在圣米格尔再次袭击了当地警局，造成2人死亡、13人受伤。

（13）2013年7月29日最大输油管道恐怖爆炸袭击案。2013年7月29日，哥伦比亚的最大输油管道受到爆炸袭击，造成严重的石油泄漏，爆炸袭击来自该国左派游击武装分子。这条长达780公里的输油管道，属于美国西方石油公司，本次遇到袭击的区段位于萨拉韦纳镇附近。石油泄漏影响了当地的水源和植被。发动本次袭击的反对派武装分子表示，炸坏输油管是为了阻止外国公司开采本国石油资源。萨拉韦纳镇等与委内瑞拉接壤的地区，一直有左翼武装分子活跃。

（14）2014年1月16日西南部考卡山谷省恐怖摩托车炸弹袭击案。2014年1月16日，哥伦比亚反政府武装在哥伦比亚西南部考卡山谷省制造了一起摩托车炸弹袭击案件，造成至少1人死亡、25人受伤。这次袭击恰好发生在“哥伦比亚革命武装力量”宣布结束单方面停火一天之后。

（15）2015年7月2日首都遭恐怖爆炸袭击案。2015年7月2日，哥伦比亚首都波哥大发生两起炸弹袭击事件，导致至少10人受伤，哥伦比亚国防部长表示此次爆炸系“恐怖活动”。第一次炸弹袭击发生在波哥大金融区一家基金会办公地，第二场爆炸发生在该基金会位于另一区域的分支机构中。

（16）2017 年 2 月 19 日首都波哥大市斗牛场附近恐怖爆炸袭击案。2017 年 2 月 19 日，哥伦比亚首都波哥大市一处斗牛场附近发生爆炸，造成至少 31 人受伤，伤者中大部分是警察。当时，爆炸物被放置在路边的下水道里，爆炸同时造成附近建筑物部分损毁，警方拘捕了 10 余名案件嫌疑人。斗牛在哥伦比亚是一项具有争议的活动，支持者认为斗牛是哥伦比亚的一项民族传统，但反对者则认为这项活动有虐待动物之嫌。2012 年，时任波哥大市长颁布了斗牛禁令，但哥伦比亚宪法法院不久前宣判斗牛属于“民族传统”，解除了这项禁令。

（17）2017 年 4 月 16 日西南部考卡山谷省圣佩德罗市夜总会恐怖手榴弹爆炸袭击案。2017 年 4 月 16 日凌晨，哥伦比亚西南部考卡山谷省圣佩德罗市，一家夜总会发生手榴弹爆炸事件，造成 37 人受伤。考卡山谷省省长托罗说，目前对爆炸原因有两种推测，一种是有陌生人向夜总会客人投掷手榴弹，另一种是有夜总会客人意外引爆手榴弹。

（18）2017 年 6 月 17 日首都波哥大市购物中心遭恐怖爆炸袭击案。2017 年 6 月 17 日，哥伦比亚首都波哥大市，一个繁忙的购物中心发生强烈爆炸，已经导致至少 3 名女性死亡、9 人受伤，波哥大市长佩纳洛萨将此次事件称为“懦弱的恐怖主义爆炸事件”。当时，爆炸发生在位于波哥大北部的安迪诺购物中心二层的女性洗手间，这家商场位于波哥大旅游区中心，是一家高档购物中心，进入停车场的所有车辆都由嗅探犬检查，安保人员遍布整座商场。其中一名受害者被确认为 23 岁的法国女子，正在哥伦比亚进行为期 6 个月的志愿工作。

（19）2017 年 7 月 2 日工会领导人罗曼 · 阿科斯塔遭恐怖枪杀袭击案。2017 年 7 月 2 日，哥伦比亚工会领导人罗曼 · 阿科斯塔在看儿子踢足球时被枪杀。当时，在该省的瓜卡里城，罗曼 · 阿科斯塔被两个骑着摩托的人开枪射杀。罗曼 · 阿科斯塔是全国农业工人联合会的主席，这个工会代表着卡考山谷省的砍甘蔗工人，考卡山谷省濒临太平洋，其人口主要是非洲裔哥伦比亚人，这个地区是遭受武装冲突最多的地区之一。从和平协议得到批准，到哥伦比亚革命武装力量解除武装，这段时间里至少有 37 位民间的社会领导人遭到暗杀。经常有人指责说，哥伦比亚军队与极右翼的暗杀团相互勾结。

2. 委内瑞拉的恐怖犯罪

（1）2011 年 1 月 8 日苏利亚州西部一栋政府大楼恐怖纵火袭击案。2011 年 1 月 8 日凌晨，委内瑞拉的苏利亚州西部一栋政府大楼发生的起火事件是有人纵火所致，这起事件是恐怖主义行为。调查人员在着火地点发现了被汽油淋过的痕迹，委内瑞拉司法部长塔雷卡·埃尔·艾萨米表示此次火灾显然是一次蓄意纵火袭击，一名大楼内的工作人员毫发无伤地从火场逃生。这栋政府大楼是委内瑞拉国家土地管理局办公室所在地。2010 年 12 月，委内瑞拉官方出动军队没收大批私有土地时，此地还曾发生抗议冲突，示威者甚至设置路障堵塞马路。查韦斯怀疑被没收土地的庄园主们以及他本人的反对者们是此次纵火案的幕后策划者。他坚称，自己领导的政府绝对不会被这些恐怖分子击败。

（2）2013 年 5 月 28 日加拉加斯美国驻委内瑞拉大使馆官员恐怖袭击案。2013 年 5 月 28 日，在委内瑞拉加拉加斯一家夜总会，两名美国驻委内瑞拉大使馆官员遭枪击受伤，其中包括使馆的一名武官。这两名美国官员一人被击中腿部和腹部，另一人则腹部中弹。据一名警方官员证实遭袭击的人中包括美国大使馆的武官罗萨斯。罗萨斯是在夜总会外与人发生争执期间遭到枪击，罗萨斯右腿中枪并被送往当地一家医院。美国国务院发言人奥斯蒂克证实，“今早美国驻加拉加斯大使馆的两名成员在一起事件中受伤”。美国国务院另一位发言人文特雷尔则证实，事件发生在“那种社交地点或使馆领域以外的地方”“我不确定是否是餐厅、夜总会或者到底是什么地点，但这就是我们与使馆工作人员进行联系的原因”。文特雷尔说道。

（3）2013 年 8 月 13 日挫败一起针对总统马杜罗的恐怖暗杀阴谋。2013 年 8 月 13 日，委内瑞拉挫败一起针对总统马杜罗的暗杀阴谋，并逮捕了两名杀手。这两名杀手都是哥伦比亚人，他们来自一个杀手组织，“这个组织有 10 个人，是来谋杀总统（马杜罗）的”。这个杀手组织受雇于哥伦比亚右翼的前总统阿尔瓦罗·乌里韦，主要目标是刺杀左翼领导人。这两名杀手为一名代号为“大卫”的资深杀手提供支持。“大卫”亲自执行暗杀行动，他接受来自在哥伦比亚服刑、代号为“安蔻·摩士高”的阿尔坎特拉·冈萨雷斯的命令，后者据称受雇于乌里韦。对此，乌里韦予以坚决否认，他认为这个指控是“诽谤”。2013 年 6 月，罗德里格斯曾指责哥伦比亚和美国试图暗杀马杜罗。此前，委内瑞拉也曾多次指责美国等国图谋对其前总统查韦斯进行暗杀。

2002 年 5 月，乌里韦曾以独立人士身份参加哥伦比亚大选并当选总统，此后他在 2006 年成功连任，一直执政到 2010 年。

（4）2013 年 12 月 14 日接到“法国恐怖袭击提醒”停飞巴黎航班。2013 年 12 月 14 日，委内瑞拉政府接到法国方面恐怖袭击提醒，暂时停飞了一架计划定于 14 日晚间从加拉加斯飞往巴黎的航班，并对飞机进行了全面检查。委内瑞拉内政和司法部长托雷斯说，60 多名技术工程师和炸弹专家花费了数小时彻底检查了飞机，将重新安排航班起飞。“由于此次恐怖袭击的威胁警告直接来自法国政府，我们并不想揣测恐怖分子的作案动机。”

3. 苏里南的恐怖犯罪

2013 年 11 月 9 日，总统德西·鲍特塞的一个儿子被美国以恐怖罪名起诉。2013 年 11 月 9 日，苏里南总统德西·鲍特塞的一个儿子，因允许黎巴嫩真主党在苏里南设立基地并袭击美国，受到美国的恐怖罪名起诉。他因涉嫌贩毒于 8 月在巴拿马被逮捕，随后被引渡至美国受审，这是鲍特塞的儿子迪诺·鲍特塞在美国受到的新罪名起诉。苏里南位于南美洲北部，迪诺在这个国家主管反恐部门。美联社援引美国检方起诉材料报道，美国当局采用“钓鱼”方式，以毒品管制局特工和其他保密人员为“诱饵”，假扮真主党人员，多次与迪诺会面。2013 年 7 月，在希腊一次面谈中，迪诺同意接受 200 万美元，允许真主党在苏里南设立基地，同时提供地对空导弹和其他武器，用以袭击美国。美国把真主党列为恐怖组织，美国检方以支持外国恐怖组织的罪名起诉迪诺。迪诺的律师说，迪诺“不是恐怖组织的支持者，也从未有意图”向任何恐怖组织提供援助。

（五）中西部南美洲国家的恐怖主义犯罪

1. 厄瓜多尔的恐怖犯罪

2016 年 12 月 14 日亚马孙地区的中资铜矿遭恐怖袭击案。2016 年 12 月 14 日，厄瓜多尔亚马孙地区埃克斯普洛科布勒斯的一家中资背景的铜矿，遭遇约 60 人的袭击，至少一名警察被杀，另有多人受伤。厄瓜多尔已宣布国家紧急状态并派遣军队进入该地区。当地首席检察官加洛·奇里沃加称，已派出三名检察官参与调查。位于厄瓜多尔亚马孙地区的土著舒阿尔族人反对开采埃克斯普洛科布勒斯铜矿，反对当地政府为了给采矿让路而将当地人从祖先土地上赶走的做法。在 2016 年 11 月的一次冲突中，14 名警察和 1 名铜矿警卫受伤。厄瓜多尔政府表示，“非法武装团伙”15 日在铜矿进行了抗议示威活动。总统科雷亚在社交媒体推特上还呼吁厄瓜多尔人“团结一致，反对野蛮”，并发誓“行使宪法和法律允许我们的所有权利”。他将袭击者形容为“伪装成祖先的暴力人士”。但两个厄瓜多尔土著组织也发表声明，谴责政府应对冲突事件承担责任，并指责政府没有听取社区意见以对话解决冲突。声明还认为政府“践踏土著厄瓜多尔人的宪法权利”。来自中国的投资大大帮助了厄瓜多尔，然而中国企业在海外投资越多，他们就越有可能遇到像厄瓜多尔这样的问题。比如，南美洲的土著群体在反对他们认为的破坏其传统生活方式的发展方面富有经验。以前，西方公司是主要的目标，但现在中国公司必须考虑土著居民的权利。如若不然，那么今后仍可能发生更多的暴力抗议活动。

2. 秘鲁的恐怖犯罪

（1）2011 年的 12 月 12 日阿亚库克恐怖袭击案。2011 年 12 月 12 日，反政府武装组织“光辉道路游击队”袭击了政府军，打死 1 名士兵、打伤 12 人。当地时间 12 日下午，一个护送野战医院的军方护卫队在东南部的阿亚库克地区遭到袭击。“光辉道路游击队”的残余分子在袭击中杀死了一辆军车的司机。

（2）2012 年 4 月 9 日卡米塞亚恐怖袭击案。2012 年 4 月 9 日凌晨，30 多名“光辉道路”反政府武装人员在秘鲁库斯科省艾查拉特地区绑架了卡米塞亚天然气项目承包公司的 36 名工人作为人质。

（3）2012 年 8 月 15 日萨蒂波区恐怖袭击案。2012 年 8 月 15 日，“光辉道路”与军方在秘鲁的萨蒂波区发生一起军事冲突，造成 5 人死亡、5 人受伤。

（4）2014 年 10 月 13 日政府军遭恐怖袭击案。2014 年 10 月 13 日，位于秘鲁的圣弗朗西斯科区发生一起“光辉道路”成员与政府的交火事件，造成 1 人死亡、5 人受伤。

（六）东部南美洲国家的恐怖主义犯罪

1. 巴西的恐怖犯罪

（1）2016 年 7 月 21 日警方逮捕阴谋恐怖袭击奥运会的嫌犯。2016 年 7 月 21 日，巴西警方宣布，逮捕了 10 名阴谋袭击奥运会的恐怖分子。巴西司法部长在记者会上称，这些人均为巴西本国人，宣称效忠于“伊斯兰国”但并非其成员，只通过网络和IS联系，他们曾讨论购买武器。里约奥运会即将开幕，已有极端组织呼吁追随者在奥运期间发动袭击，巴西警方保持高度警惕。

（2）2016年8月3日巴西出了猜奥运哪天会遇到恐怖袭击的彩票。2016年8月3日，这两天巴西的社交网络上流传着这样一张图。这是一张彩票的照片，这张彩票的名字叫“恐怖袭击”，赌的是里约奥运会期间，哪一天会遭受恐怖袭击。这张彩票图通过一些驻巴西的英语记者以及其他一些既懂英语又懂葡萄牙语的人传播了开来。很多人觉得它的存在就让人不舒服，对生命特别不尊重，有人猜8月20日男足决赛那天有56个人会遭袭击丧生。上周，巴西联邦警方逮捕了10名策划在奥运期间实施恐怖袭击的男子。官方说，他们所谓的恐怖阴谋还是“彻彻底底的外行”，所以就是唯恐天下不乱。现在巴西人对奥运流行这样一个说法，“我们不会说自己没准备好办奥运，我们会说，它刚好发生在了我们的地方，请原谅它的混乱”。

（七）南部南美洲国家的恐怖主义犯罪

1. 智利的恐怖犯罪

（1）2010年3月23日首都圣地亚哥系列恐怖爆炸袭击案。2010年3月23日晚8时20分，智利首都圣地亚哥东部的智利国家航空公司门前发生一起爆炸事件，所幸无人伤亡。这是在不到24小时内圣地亚哥发生的第二起爆炸案。调查人员在智利国家航空公司门前的垃圾桶里发现了一个装有盐酸和硬币的饮料瓶，估计为爆炸品的残留物。爆炸案件特别检察官哈维埃尔·阿尔门达里斯在现场勘查完毕后说，此次爆炸没有对周围建筑造成破坏，案发现场也没有人员伤亡。3月22日午夜时分，圣地亚哥拉弗罗里达区一家银行门前曾发生炸弹爆炸，银行玻璃门在爆炸中被震得粉碎，但没有人员伤亡。

（2）2010年12月20日首都圣地亚哥系列恐怖炸弹袭击案。2010年12月20日0点15分，智利首都圣地亚哥，接连发生两起小型炸弹爆炸事件，一起爆炸发生在一家银行外，另外一起爆炸发生在一间警察局内，均未造成人员伤亡。第一起爆炸发生在圣地亚哥商业区一家西班牙银行外，有建筑玻璃被震碎；数分钟之后，第二枚炸弹在一间警局办公室内爆炸，但未致人员受伤。在过去5年中，智利发生了一百多次小型炸弹爆炸事件，这些炸弹多被放于金融机构、外交机构和商业机构附近。

（3）2014 年 9 月 8 日首都圣地亚哥地铁站恐怖炸弹袭击案。2014 年 9 月 8 日下午，智利首都圣地亚哥一座地铁站的地下商业中心一家快餐店内，发生一起炸弹爆炸事件，造成 14 人受伤，其中 3 人伤势严重。智利内政部随后确认，该爆炸为一起恐怖袭击，炸弹在“军校”站的快餐店门口爆炸，有目击者证明两名犯罪嫌疑人驾一辆雪佛兰汽车离开。警方透露，炸弹安装在灭火器内，被放置在快餐店对面的垃圾桶内。智利当局称，他们认为在圣地亚哥地铁的爆炸案具有旨在伤害平民的恐怖行为的所有特征。总统米歇尔·巴切莱特已经取消了周一的所有活动，并在周二召开了该国安全委员会紧急会议。几天后将为智利 9·11 政变死难者纪念日，每年此际智利“无政府极端分子”都借机制造骚乱。

（4）2014 年 9 月 10 日旅游城市维尼亚德尔马一家购物中心恐怖炸弹爆炸袭击案。2014 年 9 月 10 日，在旅游城市维尼亚德尔马的一家购物中心里，两枚简易炸弹被引爆，给整个智利带来了很大恐慌。其中一枚炸弹被安放在一间厕所内，所幸爆炸未造成任何伤亡；而另一枚炸弹被放置于购物中心内，一家超市门口的垃圾桶里，当清洁工清理垃圾桶时，发生爆炸，导致一名妇女被炸伤。警方怀疑爆炸是同一个人所为，因为这几起事件中的炸弹都是将铝和盐酸放入塑料瓶中制作而成的。警方表示，到目前为止，还没有个人或组织宣称对爆炸事件负责。但警方同时也表示已经掌握了一些线索，并已寻求国际力量协助调查。

（5）2015 年 1 月 14 日首都圣地亚哥市地铁站恐怖爆炸袭击案。2015 年 1 月 14 日晚，智利首都圣地亚哥市一处地铁站内发生两次爆炸，疑是窃贼所为，他们欲使用爆炸物盗取地铁内的提款机窃取现金，这起爆炸事件未造成人员伤亡。地铁负责人罗德里格称：“地铁内的提款机已被炸毁，因此爆炸事件很可能是窃贼盗取现金计划的一部分。当晚发生了两次爆炸，地铁内的应急措施全部启动。”第一次爆炸发生在夜间 11 点左右，当时地铁站马上就要关闭，车站内仅有十几人。爆炸发生后，产生了大量浓烟，所幸无人受伤。爆炸案作案人员为 3 人，他们试图使用爆炸物炸毁自动取款机未果，在浓烟中逃离，其中一人手上持有武器。当局称这起爆炸事件为无政府主义团体所为。

2. 阿根廷的恐怖犯罪

（1）2012 年 9 月 25 日阿根廷与伊朗合作调查恐怖袭击案。2012 年 9 月

25 日，阿根廷总统克里斯蒂娜·费尔南德斯·德基什内尔说，伊朗同意与阿根廷讨论并合作调查 1994 年阿根廷首都布宜诺斯艾利斯犹太人文化中心爆炸案。当天在美国纽约联合国总部开幕的联合国大会一般性辩论中，克里斯蒂娜说，经过阿根廷多年外交努力，伊朗同意双方会商，“希望合作并协同调查”这一袭击事件。1994 年 7 月 18 日，一辆货车装载爆炸物，在布宜诺斯艾利斯市犹太人文化中心外爆炸，导致 85 人死亡、200 多人受伤。阿根廷政府认定，袭击由伊朗幕后操纵，黎巴嫩真主党实施。伊朗否认与袭击有任何关联。这一恐怖事件发生前两年，一个据信与伊朗和黎巴嫩真主党关联的组织“认领”以色列驻阿根廷大使馆爆炸案，那起袭击致死 29 人，伊朗同样否认有牵涉。

（2）2012 年 5 月 22 日挫败针对哥伦比亚前总统阿尔瓦罗·乌里韦的恐怖暗杀行动。2012 年 5 月 22 日，阿根廷警方在首都布宜诺斯艾利斯的一座剧院中发现了一枚炸弹，挫败了针对哥伦比亚前总统阿尔瓦罗·乌里韦的暗杀行动。当时，这枚炸弹是在布宜诺斯艾利斯市中心的雷克斯大剧院发现的，剧院保安在进行例行安全检查时在一个灯光装置下发现了一个可疑的包裹，于是立刻报警。阿根廷联邦警察的炸弹专家赶到现场检查后发现，这是一枚用手机引爆的自制炸弹。警方立刻疏散了剧院内的所有人员，并封锁了剧院周围的街道，对炸弹进行排除。

阿根廷联邦法官诺尔韦托·奥亚比德负责对这起袭击阴谋展开调查。奥亚比德说，这是一起“非常严重”的袭击阴谋，炸弹是针对哥伦比亚前总统阿尔瓦罗·乌里韦的。根据安排，乌里韦将于当地时间 23 日下午在雷克斯大剧院发表演讲，而炸弹设定的引爆时间就是 23 日下午 4 时。这枚炸弹虽然装置简单，但是杀伤力惊人，如果在 23 日发生爆炸，将造成严重的人员伤亡。乌里韦在 2002 至 2010 年期间担任哥伦比亚总统。他任职期间，哥伦比亚政府加大了打击反政府武装“哥伦比亚革命武装力量”的力度。本月 4 日，哥伦比亚首都波哥大发生的一起爆炸袭击造成 2 人死亡、39 人受伤，袭击者的目标就是在乌里韦政府中担任内政部长的费尔南多·隆多尼奥。

（3）2013 年 5 月 13 日首都布宜诺斯艾利斯外围恐怖袭击火车相撞案。2013 年 5 月 13 日，阿根廷首都布宜诺斯艾利斯外围以西约 30 公里处发生火车相撞车祸，造成至少 3 人死亡、100 多人受伤。这列双层火车在 13 日上午通勤时间，撞击另一列停在两站间的空火车。消防人员和警察正在事故现场救人，直升机则把伤者运送医急救。工会领导在现场对记者说，这列两层火车在发生意外不久前曾停止营运 6 个月，才刚装上新的刹车。

3. 巴拉圭的恐怖犯罪

2011 年 1 月 16 日奥尔克塔镇警察局恐怖袭击案。2011 年 1 月 16 日，巴拉圭首都亚松森以北大约 550 公里奥尔克塔镇警察局遭炸弹袭击，4 名警察受伤，反政府武装“巴拉圭人民军”宣称发动了这次袭击。巴拉圭内政部长拉斐尔·菲利索拉说，爆炸发生在首都亚松森以北大约 550 公里奥尔克塔镇，靠近巴拉圭与巴西边界，当时 4 名警察接到报警电话后准备出警。威力巨大的爆炸致使警察局附近多处民宅受损。“这明显是一起罪恶的恐怖袭击”，菲利索拉说，他坚称不会退缩，将继续打击反政府武装。巴拉圭人民军“认领”这起袭击，目的是为遭政府军击毙的领导人“复仇”。这个反政府武装组织有大约 100 名成员，接受过哥伦比亚反政府武装“哥伦比亚革命武装力量”训练。巴拉圭总统费尔南多·卢戈 2010 年增派军队和警察围剿巴拉圭人民军，同年 9 月击毙两名头目。

三、非洲国家的恐怖主义犯罪

（一）北部非洲国家的恐怖主义犯罪

1. 埃及的恐怖犯罪

（1）2011 年 1 月 1 日亚历山大市一座科普特基督教堂前恐怖汽车爆炸袭击案。2011 年 1 月 1 日凌晨，埃及北部港口城市亚历山大市的一座科普特基督教堂前发生汽车爆炸事件，爆炸导致至少 21 人死亡、大约 100 人受伤。爆炸发生时，人们刚刚结束庆祝 2011 年新年的宗教仪式准备离开，这是当时埃及发生的针对基督徒的最致命袭击事件之一。1 日下午，埃及总统穆巴拉克向全国发表讲话，表示将严厉追查爆炸的幕后策划者和相关人员，打击恐怖主义。埃及总理纳齐夫和宗教界人士也对爆炸表示强烈谴责。一些国家和国际组织也纷纷对此次爆炸表示谴责，对遇难者家属表示慰问。

（2）2011 年 9 月 27 日西奈半岛天然气管道恐怖爆炸袭击案。2011 年 9 月 27 日凌晨，埃及西奈半岛的一条天然气管道遭遇爆炸袭击，致 1 人受伤。发生爆炸的管道位于西奈半岛阿里什镇迈丹地区，由埃及国有天然气公司下属天然气输送公司运营。当时，至少有 3 名不明身份男子跳下一辆小型卡车，朝输气管道开枪，引发爆炸。爆炸声巨大，火焰“足有 15 米高”，火焰从发生爆炸的天然气管道中冲出，这是自埃及前总统穆巴拉克下台以来第六起针对阿里什天然气管道的袭击。军方拆弹专家抵达现场后拆除一些爆炸装置。

埃及主要通过阿里什向以色列和约旦出口天然气，自埃及 2011 年初动荡以来，位于阿里什的输气管道多次遇袭，致使这条管道屡次关停。最近一次袭击发生在 7 月 12 日，一伙蒙面武装人员当天抵达阿里什镇附近，要求管道值班保安离开，随后引爆爆炸物。约旦每天从埃及进口 680 万立方米天然气，以满足全国 80%发电和供电需求。以色列四成天然气供应量需要从埃及进口，主要用于发电。天然气出口在埃及国内不受欢迎，不少民众批评政府以低于国际市场的价格出口天然气。

（3）2013 年 5 月 16 日北西奈省首府阿里什市“绿谷”地区 7 名士兵和警察遭恐怖绑架袭击案。2013 年 5 月 16 日清晨，在距埃及北西奈省首府阿里什市 20 公里处的“绿谷”地区，一伙不明身份的武装人员绑架了 7 名士兵和警察，此举意在向政府施压，释放他们遭羁押的亲人。当时，遭遇绑架的人员乘坐小型公共汽车在前往开罗的途中，在西奈半岛东部被劫持，3 名警察来自中央安全部队，4 名士兵则来自武装部队，两组人员分坐在不同的公共汽车上。当地贝都因族的部落领导人正为官方和绑匪进行协调谈判，绑匪欲要求埃及释放某些囚犯。西奈半岛的绑匪多为贝都因人，他们通常要求以人质交换部族中的囚犯。近来，贝都因人曾绑架来自匈牙利、以色列以及挪威的旅客，并要求以人质交换被关押的亲戚。

事件发生后，埃及总统穆尔西召集国防部、内政部等部门官员，商讨解救措施。穆尔西拒绝同绑匪对话，并于 20 日开始向西奈半岛增派武装力量。2013 年 5 月 22 日，7 名在埃及西奈半岛被绑架的士兵和警察被释放。在埃及军队与当地部族长老及民众的协同努力下，武装人员最终释放了 7 名遭绑架士兵和警察。自 2011 年初埃及发生政治动荡以来，西奈半岛地区的安全状况逐渐恶化。通往约旦和以色列的天然气管道多次遭袭，外国游客遭绑架以及警察局遭袭事件时有发生。

（4）2013 年 7 月 21 日西奈半岛边境地区针对警察局、安全和军队检查站的多起恐怖袭击案。2013 年 7 月 21 日晚，在埃及西奈半岛边境地区，武装分子发动了多次袭击，造成 6 名埃及人死亡，另外 11 人受伤。当时，武装分子在西奈半岛北部主要城市拉法和阿里什发动了十多起针对警察局、安全部门和军队检查站的袭击，有 2 名平民、2 名部队军官以及 2 名警察身亡。就一天之内发动的袭击次数和遇害者人数来看，这是 2013 年 7 月以来发生在西奈半岛的最严重暴力事件。

（5）2013 年 8 月 19 日西奈半岛两辆搭载埃及士兵的小型公共汽车遭恐怖袭击案。2013 年 8 月 19 日，在埃及西奈半岛，疑似武装分子伏击了两辆搭载埃及士兵的小型公共汽车，造成 25 人死亡和 2 人受伤。当时，疑似武装分子强迫两辆公车停车，并命令士兵在被他们杀死前躺在地上，那两辆公车搭载的是士兵，这些士兵们当时穿着便衣，这次袭击事件发生在边境城市拉法的附近。在过去一周，至少有 500 人死于穆尔西支持者和军方支持的临时政府的发生冲突中，双方都谴责对方开始暴力行为。

（6）2013 年 9 月 5 日首都开罗纳赛尔城埃及内政部长穆罕默德·易卜拉欣车队遭恐怖汽车炸弹袭击案。2013 年 9 月 5 日上午 10 点 30 分左右，在埃及首都开罗纳赛尔城，埃及内政部长穆罕默德·易卜拉欣的车队遭到汽车炸弹袭击，至少 10 人受伤，但内政部长穆罕默德·易卜拉欣幸免于难。当时，内政部长易卜拉欣的车队在纳斯尔城地区其住所附近遭到汽车炸弹爆炸袭击，易卜拉欣本人幸免于难。爆炸发生几个小时后，易卜拉欣出现在国家电视台上，谴责这次"怯懦的暗杀行为"，称他的车队遭到炸弹爆炸袭击，导致"多名卫兵"受伤。他对记者说，在 8 月 14 日当局对被罢黜总统穆尔西的支持者发动清场行动后，他就警告称将发生类似暴力事件。事件发生后，埃及内阁强调，这种犯罪行为不会阻止政府用武力与决心打击恐怖主义。内阁称，埃及政府将用铁拳打击那些威胁国家安全的分子，直到整个国家恢复稳定。

（7）2013 年 10 月 9 日西奈半岛多起恐怖暴力袭击案。2013 年 10 月 9 日，埃及西奈半岛当天发生多起暴力袭击事件。一辆载有士兵的卡车在西奈半岛中部遭炸弹袭击，造成 4 人受伤。另有不明身份武装分子袭击了位于阿里什市广播大楼外的一处检查站，武装分子与军警发生交火。

（8）2013 年 10 月 10 日北西奈省阿里什市检查站遭恐怖自杀式汽车炸弹袭击案。2013 年 10 月 10 日上午，埃及北西奈省阿里什市，南部一检查站遭到自杀式汽车炸弹袭击，造成 4 人死亡、5 人受伤。当时，一名不明身份的袭击者驾驶装有炸药的汽车进入阿里什市南部一检查站，在士兵和警察对其汽车进行例行检查时引爆炸弹，造成 3 名士兵和 1 名警察死亡、5 人受伤，袭击者也在爆炸中身亡。

（9）2013 年 12 月 24 日曼苏拉市警察局总部恐怖汽车炸弹爆炸袭击案。2013 年 12 月 25 日凌晨，埃及首都开罗以北的曼苏拉市警察局总部发生汽车炸弹爆炸，导致至少 14 人死亡、130 人受伤，身亡者多是警察。爆炸导致警察局大楼损毁严重、部分坍塌，爆炸还造成附近一座银行大楼倒塌、数十辆汽车受损。自前总统穆尔西 7 月初被解职后，埃及国内暴力冲突不断升级，尤其是西奈半岛的安全形势恶化，极端武装分子对检查站和警察局等目标的袭击造成大量人员伤亡。位于埃及西奈半岛的一个"圣战"组织宣称对埃及曼苏拉市警察局遭自杀式汽车炸弹爆炸袭击负责。24 日晚些时候，埃及穆兄会通过其在伦敦的新闻处发表声明称："穆兄会严词谴责针对曼苏拉警方总部的袭击事件。”

（10）2014年1月24日开罗3起恐怖爆炸袭击案。2014年1月24日，埃及首都开罗及周边地区接连发生针对安全部门的3起爆炸袭击，造成至少5人死亡、80多人受伤，埃及临时总统曼苏尔谴责袭击，誓言将继续打击恐怖主义。第一起爆炸袭击的目标是开罗安全部门总部，内有开罗警察总部和其他安全部门设施。当天清晨时分，一名自杀袭击者开车撞向安全部门总部大院，随后发生爆炸，爆炸把地面炸出一个大坑，安全总部大楼多层受到严重破坏，位于安全部门总部附近的伊斯兰艺术博物馆也受到波及，袭击致使至少4人死亡、超过70人受伤。数小时后，距离开罗解放广场数公里处的一个地铁站附近，几辆警车遭蒙面武装分子投掷炸弹袭击，造成1人死亡、15人受伤，死伤者均为警察，这是第二起爆炸袭击。之后约1小时，开罗附近通往著名吉萨金字塔道路上的一处警察局又发生了第三起爆炸事件，所幸未造成人员伤亡。一个自称“安萨尔·拜特·迈格迪斯”的极端组织在微型博客网站上声明，“认领”针对安全部门总部的袭击。自从属于穆兄会成员的前总统穆尔西2013年7月下台以来，该组织声称对多起针对安全部门的袭击负责。

（11）2014年1月26日北西奈省谢赫祖韦德市恐怖爆炸袭击案。2014年1月26日清晨，在埃及北西奈省谢赫祖韦德市，一些伊斯兰“圣战”组织（杰哈德）武装分子安装炸弹时炸弹发生爆炸，至少4名武装分子被炸死。当时，这4名伊斯兰极端分子正在谢赫祖韦德国际公路上安装炸弹，他们的目标是城市入口处的一个安全检查站。炸弹在安装过程中发生爆炸，4名武装分子当场被炸死。爆炸发生前，有武装分子在北西奈省阿里什市用火箭弹袭击了一辆埃及军方装甲车，造成一名军官受伤。早在25日，一架军用直升机遭到火箭弹袭击在西奈半岛北部坠毁，机上5人全部遇难。1月25日是埃及推翻穆巴拉克政权三周年“纪念日”。支持军方和过渡政府的埃及民众当天聚集在开罗解放广场等地举行庆祝集会，而前总统穆尔西的支持者发起示威活动并同军警发生冲突。当天埃及全国发生多起爆炸、袭击事件。

（12）2014年1月28日埃及首都开罗邻省吉萨省十月六日城教堂遭恐怖袭击案。2014年1月28日，埃及首都开罗邻省吉萨省的十月六日城，一座教堂遭到一伙不明身份的武装分子的袭击，导致一名警官死亡、一人重伤。当时，两名武装分子驾车向在该教堂前巡逻的警察开枪扫射后逃逸，当地居民成功抓获其中一人。行凶者与当天上午暗杀埃及内政部高官的武装分子隶属于同一组织。埃及内政部一名高级官员 28 日上午在吉萨省住地附近遭不明身份持枪者暗杀身亡。自 2013 年 7 月 3 日前总统穆尔西被军方解职后，埃及国内暴力冲突不断升级，西奈半岛安全形势恶化，极端武装分子对检查站和警察局的袭击造成大量人员伤亡。2013 年 9 月，埃及内政部长穆罕默德·易卜拉欣的车队曾在开罗纳赛尔城遭到汽车炸弹袭击。自 2013 年 12 月埃及新宪法草案公投以来，针对军方和警方的恐怖袭击行为日渐增多。

（13）2014 年 2 月 16 日西奈半岛塔巴口岸旅游客车遭恐怖炸弹袭击案。2014 年 2 月 16 日，在埃及西奈半岛的塔巴口岸附近，一辆旅游客车遭到炸弹袭击，造成 3 名韩国游客和 1 名埃及司机死亡，另有十余人受伤，恐怖组织“耶路撒冷支持者”宣称制造了该起袭击。当时，这辆旅游客车在塔巴口岸附近的一个酒店附近爆炸，爆炸地点位于埃及与以色列交界地带，这辆客车原计划经过塔巴口岸进入以色列，但客车在埃及一侧发生了爆炸，事发时这辆客车上共有 32 名韩国游客。这些韩国游客周日早些时候参观了西奈山附近的圣凯瑟琳修道院，离开那里后，在前往以色列附近的塔巴途中遇袭。当地警方称这辆客车触碰事先埋入地下的爆炸装置时爆炸，但也有消息称爆炸装置被安放在客车内。塔巴口岸是西奈半岛上的重要港口，每年这里都将接待众多以色列以及外国游客。在埃及军方 2013 年解除穆尔西总统职务后，西奈半岛安全形势恶化，极端武装分子对检查站和警察局多次发动袭击，造成大量人员伤亡。更令人担忧的是，这起针对旅游客车的爆炸袭击也表明，极端武装分子的目标已经从埃及军警逐渐转向游客和民用设施，这会让本已千疮百孔的当地经济雪上加霜。对此，埃及旅游部部长希沙姆·扎祖对路透社表示：“我希望这只是一起孤立事件。”

（14）2014 年 4 月 2 日开罗大学附近 3 起恐怖爆炸袭击案。2014 年 4 月 2 日中午，埃及开罗大学附近发生 3 起爆炸，导致一名高级别警官死亡，5 名警察受伤。当时，这 3 起爆炸发生在开罗大学的工程学院附近，目标是一处安全检查站，爆炸是由自制炸弹引发的。当天上午，在开罗大学工程学院的主门前，连续发生了两起针对安全检查站内执勤警察的爆炸，袭击地点紧邻吉萨省安全局。约两小时后，在同一地区再次发生第三次规模相对较小的爆炸。连日来，支持前总统穆尔西及穆兄会的学生在开罗大学、爱兹哈尔大学等高校区与维持秩序的警察多次发生激烈冲突，导致数人死伤。

（15）2014 年 4 月 15 日首都开罗市中心交通岗遭恐怖爆炸袭击案。2014 年 4 月 15 日清晨，埃及首都开罗市中心，一个交通岗发生爆炸，造成两名警察受伤。当时，一名身份不明的男子用自制炸弹袭击了位于吉萨贾拉大桥的一处交通岗后逃逸，伤者已被送往医院接受救治。

（16）2014 年 4 月 18 日开罗市中心交通岗遭恐怖炸弹袭击案。2014 年 4 月 18 日晚，埃及首都开罗市中心，一个交通岗遭炸弹袭击，一名警察身亡，另有一人受伤。当时，位于开罗吉萨穆罕迪辛地区黎巴嫩广场附近的一个交通岗遭炸弹袭击，袭击者驾驶摩托车过桥并向桥边的交通岗投掷炸弹，2014 年初刚成立的名为“埃及战士”的组织已宣称制造了这起炸弹袭击。

（17）2014 年 4 月 20 日开罗附近安全部队的巡逻车队遭恐怖袭击案。2014 年 4 月 20 日清晨，开罗附近发生一起武装分子袭击军警事件，造成两名军警死亡。当时，袭击发生在开罗至苏伊士省的公路上，一伙不明身份的武装分子从附近沙漠向在这一带巡逻的安全部队车队随机扫射后逃逸。随着埃及总统选举日期临近，针对军警的袭击频繁发生。

（18）2014 年 4 月 23 日吉萨省十月六日城恐怖爆炸袭击案。2014 年 4 月 23 日，埃及吉萨省十月六日城发生一起爆炸袭击，导致一名高级别警官死亡。爆炸装置被安装在这名警官的私家车底部，当他发动汽车时，爆炸发生致其身亡。自 2013 年 7 月埃及军方解除穆尔西总统职务以来，埃及国内安全形势恶化，针对军警的暴力袭击不断，近期更是有从西奈半岛蔓延至首都开罗等核心城市的趋势。埃及官方发布的最新报告显示，2013 年 7 月以来的暴力袭击已导致近 500 人死亡，其中大多数是军人和警察。与“基地”组织有关的“耶路撒冷支持者”组织宣布制造了其中大多数袭击。

（19）2014 年 5 月 2 日首都开罗东北部赫利奥波利斯区法院外恐怖爆炸袭击案。2014 年 5 月 2 日，埃及发生三起爆炸袭击事件，共造成 2 人死亡、多人受伤。2 日清晨，埃及西奈半岛南部城市图尔发生两起爆炸袭击事件，共导致 1 名士兵死亡、数人受伤。当天上午，首都开罗东北部赫利奥波利斯区一法院外发生一起爆炸袭击，1 名交警被炸身亡，另有 4 名警察受伤，爆炸由自制炸弹引起。自 2013 年 7 月埃及军方解除穆尔西总统职务以来，埃及国内安全局势恶化，暴力袭击事件时有发生，2013 年 7 月以来的暴力袭击已导致近 500 人死亡，其中大多数是军人和警察。

（20）2014 年 6 月 25 日首都开罗三起恐怖炸弹爆炸袭击案。2014 年 6 月

25 日，埃及首都开罗三起恐怖炸弹爆炸袭击事件。埃及首都开罗多座地铁站发生连环爆炸，造成至少 5 人受伤，大批乘客陷入恐慌，这是阿卜杜勒·法塔赫·塞西赢得总统选举以来，开罗发生的第一起袭击事件。当时正值早高峰人流拥挤时段，3 个地铁站在数分钟内连续发生 4 起爆炸。数小时后，第 5 颗炸弹在另一地铁站引爆，事发地铁站一处位于市中心、一处位于北部，另两处则位于郊区。继埃及首都开罗的两个地铁站当天发生两起自制炸弹爆炸后，赫利奥波利斯法院外再次发生爆炸。自 2013 年 7 月埃及军方解除穆尔西总统职务以来，埃及频繁发生针对军警和公共设施的袭击，且近期更有从西奈半岛蔓延至首都开罗等核心城市的趋势。

（21）2014 年 7 月 9 日西奈半岛针对军车恐怖爆炸袭击案。2014 年 7 月 9 日，埃及西奈半岛发生一起袭击军车事件，至少一人在爆炸袭击中丧生，另有 4 人受伤。袭击发生在拉法市和阿里什市之间高速公路段，一辆运送新兵的军车遭路边炸弹爆炸袭击。2013 年 7 月以来，与“基地”组织有关的极端势力以西奈半岛为基地，频繁发动针对军警的袭击。据官方统计，袭击已造成逾 500 人死亡，其中多为军人和警察。

（22）2014 年 7 月 19 日边境恐怖袭击案。2014 年 7 月 19 日，埃及与利比亚边境西部的沙漠发生袭击事件，造成 22 名军人死亡，包括 3 名办公人员。埃及总统阿卜杜勒·法塔赫·塞西将这次袭击称为恐怖袭击，他表示这些人将会被绳之以法，还宣布进行为期 3 天的哀悼。

（23）2014 年 10 月 14 日首都开罗市中心地铁站入口处恐怖爆炸袭击案。2014 年 10 月 14 日，埃及首都开罗市中心发生一起爆炸袭击，造成 12 人受伤。爆炸装置被安置在了一个地铁站的入口处，该地铁口旁边就是当地法院大楼，这明显是针对附近警察岗哨的一次爆炸袭击。自 2013 年穆罕默德·穆尔西政府被推翻以来，武装分子发动了多次爆炸和枪击事件，杀害多名警察。前总统穆尔西可能因为向卡塔尔泄露了国家安全机密而面临死刑判决。该官员表示，根据埃及检方的陈述，穆尔西的泄密行为已经触犯了埃及刑法中一些可被判处死刑的条款，如果罪名成立，他可能会被判处死刑。

（24）2014 年 10 月 24 日北西奈省谢赫祖韦德市军事检查站遭自杀式汽车炸弹袭击案。2014 年 10 月 24 日下午，埃及北西奈省谢赫祖韦德市，一个军事检查站遭到自杀式汽车炸弹袭击，造成至少 30 名士兵死亡、至少 28 人受伤，埃及政府随即宣布该省部分地区进入为期 3 个月的紧急状态，并实施宵禁。与“基地”组织有关的极端组织“耶路撒冷支持者”制造了这一袭击事件。爆炸发生后，埃及总统塞西召集总理马赫莱卜及安全部门高级官员召开了紧急会议，并宣布25至27日为全国哀悼日。

（25）2014年11月1日首都开罗恐怖自制炸弹爆炸袭击案。2014年11月1日凌晨4时30分左右，埃及首都开罗发生一起自制炸弹爆炸事件，造成3名平民受伤。当时，炸弹被藏在一座桥下的垃圾桶里，3名清洁工人被炸伤，所幸伤势不重。

（26）2014年11月5日、6日首都开罗火车、总统府遭恐怖炸弹爆炸袭击案。2014年11月5日晚，埃及首都开罗以北，一列火车在遭到炸弹袭击，造成包括2名警察与1名平民在内的3人死亡。2014年11月6日清晨，埃及首都开罗，在距离埃及总统府仅100米的地点发生炸弹爆炸，造成1名女性路人受伤。

（27）2014年11月12日、13日针对海军、使馆和地铁的恐怖爆炸袭击案。2014年11月12、13日，埃及接连两天发生袭击事件。2014年11月12晚，埃及海军一艘巡逻艇遭不明船只袭击，5名海军人员受伤、8人失踪。袭击发生在地中海沿岸达米埃塔海港以北约64公里处，4艘不明船只从不同方向朝海军巡逻艇开火，军方随后派出空军和海军前往增援并与袭击者交火；冲突中，巡逻艇起火，5名海军人员受伤。

2014年11月13日早晨6时许，埃及和阿拉伯联合酋长国驻利比亚使馆当天相继遭汽车炸弹袭击，造成至少2人受伤。当时，在埃及使馆外停靠的一辆汽车发生爆炸，造成使馆建筑和周围的房屋受损，使馆的两名安全人员在爆炸中受伤。仅仅几分钟后，阿联酋使馆又遭汽车炸弹袭击，使馆建筑受到一定程度损坏。由于利比亚安全局势持续恶化，埃及和阿联酋在2014年早些时候相继关闭了驻利比亚使馆，目前使馆内并没有驻利外交人员。从7月13日起，分别支持利比亚世俗势力和宗教势力的民兵武装在首都的黎波里、东部城市班加西等地展开激战。目前的黎波里已被支持宗教势力的民兵武装“利比亚黎明”控制。

2014年11月13日，埃及首都开罗地铁的一节车厢发生炸弹爆炸，造成至少16人受伤。当时，埃及首都开罗地铁内，一枚自制炸弹事先被放置在车厢的行李架上，爆炸的威力并不大，但引起车厢内乘客恐慌，造成至少16人受伤，大多数伤者都是在逃跑过程中因跌倒或踩踏受伤。自2013年7月埃及军方解除穆尔西总统职务以来，埃及国内安全状况恶化。极端分子以西奈半岛为主要基地，频繁发动针对军警和平民的袭击，并有向首都开罗等核心城市扩散的趋势。一年多来的袭击已造成超过500人死亡，与“基地”组织有关的极端组织“耶路撒冷支持者”宣称制造了其中的大多数袭击事件。

（28）2015年1月29日ISIS恐怖连环袭击埃及西奈军营案。2015年1月29日，埃及西奈半岛3个城镇的十多个军警目标同时遭遇恐怖组织的连环攻击，造成至少32人死亡、60人受伤，死伤者多为军人。袭击事件发生后，极端组织“伊斯兰国”ISIS埃及分支宣称为袭击负责。ISIS在埃及的这个分支机构是受到“基地”组织启发的“耶路撒冷支持者”，该组织于2014年11月宣誓效忠ISIS首领巴格达迪，随后还更名为“耶路撒西奈国”，要求埃及人反抗塞西的统治。

伤亡最严重的是在北西奈首府阿里什，事发当时，一枚汽车炸弹在一个军事基地外被引爆，多枚迫击炮同时向该基地发射，一些建筑物随即倒塌，许多士兵被埋在瓦砾下。据目击者描述，阿里什当晚的爆炸火光甚至点亮了天空，交火声持续数个小时直至深夜。除了军事基地，ISIS成员还向埃及的一间酒店、一间警察俱乐部和十多个检查站发射了多枚迫击炮。阿里什附近的城镇谢赫·祖瓦伊德、边界与加沙接壤的城镇拉法赫的一个军方检查哨也被火箭袭击，造成一名警员身亡。

（29）2015年3月2日埃及最高法院附近恐怖炸弹爆炸袭击案。2015年3月2日，埃及最高法院附近发生炸弹爆炸，造成1人死亡、4人受伤。这次爆炸发生在人口密集地区，除1人死亡外，还造成4人受伤，其中包括1名警察。

（30）2015年4月2日西奈半岛多起恐怖袭击案。2015年4月2日，埃及西奈半岛发生多起恐怖袭击事件，造成30多人死亡，埃及军队击毙了发动袭击的15名恐怖分子。发动此次恐怖袭击的可能是“伊斯兰国”极端组织在埃及的一个分支，他们使用自动武器及火箭筒攻击了埃及西奈半岛北部的5处军事检查站。

（31）2015年4月12日西奈半岛针对军警的恐怖爆炸袭击案。2015年4月12日，埃及西奈半岛先后发生多起针对军警的爆炸袭击，造成至少数十人伤亡。当天清晨，一辆装甲车在北西奈省遭遇路边炸弹袭击，造成至少5名军人死亡、4人受伤。同一日，埃及西奈半岛北部一个警察局遭自杀式炸弹袭击，造成至少8死亡，另有45人受伤。

（32）2015年4月20日西奈半岛针对政府士兵的恐怖爆炸袭击案。2015年4月20日，埃及西奈半岛发生针对政府士兵的爆炸袭击，造成3名士兵死亡，伊斯兰激进分子制造了这起袭击事件。自2013年7月埃及军方解除穆尔西的总统职务后，极端分子以西奈半岛为主要基地，频繁发动针对军警的袭击，已造成超过600人死亡。

（33）2015年6月10日卡尔纳克神庙自杀式恐怖爆炸案。2015年6月10日上午，位于距离尼罗河东岸卢克索镇北方4千米处的一个埃及著名旅游景点卡尔纳克神庙，发生了一起自杀式爆炸，造成3名自杀式袭击者死亡，另有1名警察受伤。10日上午，3名袭击者驾驶着一辆汽车驶向神庙附近并试图闯入，在遭到警察拦阻后立即引爆了汽车，当场造成车内2人死亡，第三人开始逃跑，于是警方朝他开枪，结果他身上捆绑的炸弹引燃带被点燃，发生爆炸。另外一名嫌犯曾持枪，爆炸发生后开始朝警方射击，但最终被警方击毙。事故还造成附近摊主受伤，几个摊位受损，伤者中没有外国游客。媒体认为，这是1997年卢克索事件的翻版。本次恐怖袭击也是继1997年11月后，首次在卢克索镇发生的针对旅游景点的袭击事件。

（34）2015年6月29日首都开罗埃及总检察长希沙姆·巴拉卡特遭恐怖爆炸袭击案。2015年6月29日上午，埃及首都开罗发生恐怖袭击事件，导致埃及总检察长希沙姆·巴拉卡特身亡和多名平民受伤。当时，巴拉卡特的车队经过开罗东北部的赫利奥波利斯区时，一辆装满炸药的汽车被遥控引爆，现场附近的数个车辆都被炸弹的冲击波抛向空中，巴拉卡特的肩部、胸部和肝部等多处受伤。虽然经过手术，巴拉卡特仍在数小时后伤重不治身亡。巴拉卡特的六名保镖和两名司机及一名路人也在爆炸中受伤。巴拉卡特是近两年来第一位遇袭身亡的埃及政府高官，在任总检察长期间，巴拉卡特领导起诉穆斯林兄弟会成员，包括对前总统穆尔西判死刑。此前，巴拉卡特曾多次受到死亡威胁。已宣誓效忠“伊斯兰国”（ISIS）的埃及激进武装组织“耶路撒冷支持者”声称对此次袭击事件负责。此前，该组织曾鼓动对埃及司法军警系统发动袭击，以报复当局处死该组织成员。此前一天，该组织刚发布杀死三名法官的录像。

（35）2015年7月1日西奈半岛的北西奈省多起恐怖袭击案。2015年7月1日，在埃及西奈半岛的北西奈省，极端组织武装人员发动多点袭击，打死打伤数十名埃及军警，为2013年7月埃及军方解除时任总统穆罕默德·穆尔西以来西奈半岛发生的最严重武装袭击之一。当天上午，袭击开始，交火持续至下午，极端组织“伊斯兰国”旗下的“耶路撒冷支持者”组织在网络上发表声明宣称发动这次袭击，袭击了超过15处埃及军队和警察目标，包括检查站和警察局；发动了3次自杀式爆炸袭击。埃及军方则说，5座检查站遇袭，袭击者有大约70人并且动用了迫击炮和火箭筒等重武器。埃及军方发言人称，22名武装人员身亡，3辆搭载高射机枪的汽车被摧毁。在谢赫祖韦德镇，袭击者包围当地警察局，并且在这个镇通往外界的道路上布设爆炸装置以阻止援军进入，武装人员还俘虏了一些士兵，夺取了一批武器，包括装甲车辆。埃及军方出动武装直升机和F-16战机支援地面士兵。

（36）2015年7月11日首都开罗社区意大利领事馆恐怖爆炸袭击案。2015年7月11日，位于埃及首都开罗社区的意大利领事馆遭到炸弹袭击，造成至少1人死亡、9人受伤。“伊斯兰国”承认参与了这次袭击，并说预先在停在馆外的汽车上安装了重达450公斤的炸药。

（37）2015年8月20日首都开罗北部国家安全部门大楼和法院附近恐怖汽车炸弹爆炸袭击案。2015年8月20日凌晨，埃及首都开罗北部，发生在爆炸事件，已造成23人受伤。爆炸发生在距开罗市中心约11公里的一安全部门建筑前，爆炸由遥控炸弹引发，遭袭的安全部门大楼严重受损，并波及周围建筑，受伤人员中有6人是安全人员。近一段时间埃及首都开罗频繁遭爆炸袭击。6月29日，埃及总检察长希沙姆·巴拉卡特在上班途中遭爆炸袭击身亡。7月11日，意大利驻埃及领事馆外发生爆炸，导致1人死亡、7人受伤。这起汽车爆炸事件发生在埃及首都开罗市郊的国家安全部门大楼和法院附近。

（38）2015年10月24日北西奈省阿里什市军警装甲车遭恐怖炸弹袭击案。2015年10月24日，埃及北西奈省阿里什市发生炸弹袭击事件，导致1名警官和1名士兵死亡，另有9名士兵受伤。当时，一辆运载军警的装甲车在阿里什市环路行驶时遭遇路边炸弹袭击，造成车内人员死伤。就在前一天，阿里什市刚发生一起炸弹袭击，导致1名警察死亡、3名士兵受伤。

（39）2015年11月24日西奈半岛酒店恐怖袭击案。2015年11月24日，埃及西奈半岛北部城市阿里什一座酒店遭到袭击，造成3名警察死亡、12人受伤。24日早间，枪手发起袭击并与警方交火，此时有袭击者试图驾车在酒店引爆炸弹，但炸弹在汽车进入酒店前就爆炸，酒店因爆炸受损。在爆炸发生前一天，第二轮埃及议会选举刚刚在当地结束，发生爆炸的酒店里有观察选举的法官入住。阿里什市是埃及北西奈省首府，距10月31日因恐怖袭击失事的俄A321客机空难地点100公里。

（40）2016年1月29日北西奈省警察巡逻装甲车遭炸弹爆炸袭击案。2016年1月29日，埃及北西奈省发生一起爆炸，造成2名警察死亡、5人受伤。当时，一辆载有多名警察的装甲车在北西奈省阿里什市执行巡逻任务时遭遇路边炸弹袭击，致使车内警察伤亡。这是本周阿里什市发生的第二起针对军警的袭击事件，27日1名少校和3名士兵在该市遭遇爆炸身亡。自2013年7月埃及军方解除穆尔西总统职务后，极端分子以西奈半岛为主要基地，频繁发动针对军警的袭击，至2016年1月已造成数百人死亡。曾与“基地”组织有关、现已宣誓效忠“伊斯兰国”的极端组织“耶路撒冷支持者”宣布制造了大多数袭击事件。

（41）2016年12月11日开罗教堂恐怖爆炸袭击案。2016年12月11日上午，埃及开罗阿巴西耶区的一所教堂遭到炸弹袭击，教堂内部受损严重一片狼藉、地上血迹斑斑，造成25人丧生、49人受伤。当时，一名袭击者将炸弹扔进教堂，极端组织“伊斯兰国”宣称负责，一名叫阿布·阿卜杜拉·马斯里的自杀式炸弹袭击者制造了这起事件。埃及内政部指称，埃及穆斯林兄弟会（穆兄会）头目与教堂爆炸袭击案相关联，涉嫌向袭击者提供培训和资金支持。

（42）2017年1月9日北西奈省阿里什市检查站遭恐怖炸弹袭击案。2017年1月9日，埃及北西奈省阿里什市，一个检查站遭炸弹袭击，造成至少9名军警死亡、10人受伤。事发时，一名自杀式袭击者驾驶一辆偷盗的垃圾车冲向警局大楼外的安全检查站，并引爆车上爆炸物，袭击造成部分楼层受损塌陷。2016年12月31日，阿里什市曾发生一起路边炸弹袭击事件，造成2名军警身亡。2013年7月埃及军方解除穆尔西总统职务后，极端分子以西奈半岛为主要基地，频繁发动针对军警的袭击，迄今已造成数百人死亡。前身为“耶路撒冷支持者”、于2014年起宣誓效忠极端组织“伊斯兰国”的北西奈省极端组织“西奈省”宣称制造了大多数袭击事件。

（43）2017年3月23日西奈半岛军队遭恐怖爆炸袭击案。2017年3月23日，埃及西奈半岛发生爆炸袭击，造成10名军人死亡。当时，埃及军队正在北西奈省追捕武装分子，两枚炸弹在军车经过的路上爆炸，造成10名军人死亡。埃及军队在交火中击毙15名武装分子并摧毁两个武装分子的仓库，缴获了大量弹药和爆炸装置。2013年7月埃及军方解除穆尔西总统职务后，极端分子以西奈半岛为主要基地，频繁发动针对军警目标的袭击，已造成数百人死亡。

（44）2017年4月9日北部城市坦塔和亚历山大教堂遭二起恐怖爆炸袭击案。2017年4月9日，埃及北部城市坦塔和亚历山大分别发生针对教堂的爆炸袭击，造成至少43人死亡、100余人受伤，多国对袭击事件表示谴责。坦塔位于开罗以北约94公里，是埃及第五大城市，针对当地一座教堂的爆炸是由教堂座椅下的爆炸物引起，事发当天正值基督教传统节日棕枝主日，约1000人参加教堂内举行的弥撒，造成27人死亡、78人受伤。3个小时后，埃及北部海港城市亚历山大一所教堂遭自杀式爆炸袭击，身上绑有炸药的袭击者在教堂门外引爆了炸药，爆炸发生时科普特教派主教塔瓦德洛斯二世正在教堂内主持活动但没有在爆炸中受伤，袭击事件已造成16名平民死亡、41人受伤。极端组织“伊斯兰国”通过阿马克通讯社宣称对当天两起教堂爆炸袭击事件负责。2016年12月，位于开罗市阿巴西耶区的一座科普特教堂遭炸弹袭击，造成29人死亡。“伊斯兰国”宣称对那次袭击事件负责。

（45）2017年5月26日南部明亚省巴士恐怖袭击案。2017年5月26日，埃及南部明亚省发生恐怖袭击，一批蒙面枪手袭击满载教徒的巴士，打死26人、打伤25人，死伤者当中有不少孩童。事发时，这群教徒正要前往教堂祷告，他们分乘两辆巴士和一辆小货车，途中遭到蒙面武装分子拦截并开枪袭击。凶徒约有10人，他们分乘三辆车子来到袭击现场。明亚省当地有为数不少的基督教徒社群，那些武装分子用的是自动枪械，明亚省及相邻的贝尼苏韦夫省设置了10多个临时检查站，以拦截逃窜的袭击者，这次袭击的目的是要破坏国家稳定。埃及人口9200万，科普特基督教徒占15%至20%。从2016年底开始，极端组织“伊斯兰国”（ISIS）曾多次发起袭击。

（46）2017年7月7日北西奈省执法部队成功挫败一次恐怖组织针对拉法南部中心站点的恐怖袭击。2017年7月7日，埃及北西奈省执法部队成功挫败一次恐怖组织针对拉法南部中心站点的袭击，共击毙40名恐怖分子，摧毁6部车辆。其中，一个站点的部队遭遇汽车炸弹袭击，导致武装部队1名士兵牺牲，另有26名士兵受伤。

（47）2017 年 7 月 14 日埃及两起恐怖袭击案。2017 年 7 月 14 日，埃及连续发生两起袭击事件，已经造成至少 7 人死亡、4 人受伤。7 月 14 日凌晨，一辆警车在吉萨南部的贝德拉新中心的阿布什尔村遭到袭击，罪犯使用“自动步枪”向警车射击，现场收集到 60 多枚空弹壳。3 名蒙面男子骑摩托车，被一辆负责古迹地区安全的执行完任务返回途中的警车盯住，在阿布什尔村入口，警车刚刚超过摩托车之后，罪犯旋即向警车开火，造成 5 名警察身亡，随后犯罪分子抢劫了随行人员的武器，从车尾点燃了车辆，然后逃之夭夭。同一天，一名 28 岁的男子持刀冲上埃及赫尔格达一家酒店的公共海滩，并袭击了外国游客，造成 2 名德国游客死亡、4 名来自亚美尼亚、捷克和俄罗斯的游客受伤。袭击者可能从相邻的公共沙滩游到袭击地点，6 名死伤游客均为女性，袭击者被逮捕。

（48）2017 年 11 月 24 日北西奈省清真寺遭恐怖袭击案。2017 年 11 月 24 日，埃及北西奈省一座清真寺发生恐怖袭击，造成 305 人死亡、128 人受伤，死者中包括 27 名儿童。这是自 2013 年以来极端势力发动恐袭造成埃及死伤最惨重的一次恐怖袭击，埃及总统塞西在袭击发生后表示埃及将对恐怖分子发动“无情打击”。这座清真寺位于北西奈省首府阿里什市以西约 40 公里处，袭击发生时大量民众正在清真寺内做礼拜。恐怖分子持枪分乘 5 辆越野车抵达埃及西奈半岛北部埃尔-阿里什市以西的一座清真寺后，先在清真寺外引爆了爆炸装置，然后向从清真寺逃出的民众和随后赶来的救护车开枪射击。当地舆论和分析人士普遍认为，此次恐袭的手法明显带有极端组织“伊斯兰国”的印记。恐怖分子大约有 25~30 名，头戴黑色面罩，一边开枪还一边挥舞极端组织“伊斯兰国”标志性黑旗。

埃及官方已宣布，自即日起为遇难者举行为期三天的哀悼。埃及军方 24 日深夜发表声明说，埃及空军已对制造北西奈省清真寺恐袭的恐怖分子发动空中打击，摧毁数台车辆并消灭车上人员。埃及总统塞西在袭击发生后召开全国反恐委员会紧急会议商讨对策，在随后的电视讲话中说：“我们将立即对制造此次袭击的恐怖分子发动无情打击。埃及军方和警方将为遇难者复仇，并在短期内重建埃及的安全与稳定。”塞西向遇难者家属表示慰问，并祝愿伤者早日康复。

埃及近期反恐形势严峻。在地理位置上，反恐战场由西奈半岛向西部沙漠地区和开罗、亚历山大等大城市蔓延；在恐袭对象上，早前的袭击以针对军警为主。2016 年底以来，恐怖分子接连对科普特教堂发动数起袭击，而 24 日的恐袭则将袭击对象范围进一步扩大。

埃及新闻总署署长迪亚·拉什万在袭击后发表声明说，本次袭击是埃及现代史以来首次针对清真寺的袭击。拉什万也在声明中暗示，极端组织“伊斯兰国”在西奈半岛的分支制造了此次袭击。

埃及纳赛尔高等军事学院教授穆罕默德·卡什库什表示，此次袭击的手法明显带有“伊斯兰国”的印记，其袭击目标的改变显示该组织策略的重大转变。卡什库什指出，此次恐袭背后有两大原因：其一，“伊斯兰国”在叙利亚、伊拉克和利比亚的失势以及埃及军方近期加强反恐力度给该组织西奈分支巨大压力。其二，埃及近期积极修复与巴勒斯坦各派别的关系，巴勒斯坦和解政府已于 11 月 1 日接管了加沙地带与埃及接壤的拉法口岸。随着口岸监管力度的加强，该组织此前利用口岸进行资金与人员补给的道路正被逐渐堵死。“上述两个因素压缩了‘伊斯兰国’西奈分支的回旋空间。其发动丧心病狂的袭击，显示出穷途末路的迹象。”

（49）2017 年 12 月 29 日埃及首都恐怖袭击案。2017 年 12 月 29 日，埃及首都发生恐怖袭击，造成 10 人死亡、多人受伤，极端组织“伊斯兰国”声称制造了这起恐怖袭击。当时，埃及首都开罗南部赫勒万区的马尔·米纳教堂遭不明身份武装分子袭击，制造此次恐怖活动的两名嫌疑人一人被当场打死，另一人骑摩托车逃离现场。埃及拆弹小组在教堂附近拆除了两枚炸弹。埃及内政部当天发表声明说，遭袭的教堂是开罗南部赫勒万区的马尔·米纳教堂，不明身份武装人员袭击后还与安全人员交火。一名袭击者当场被击毙，另一名袭击者骑摩托车逃离，不久后被安全人员抓获。两名警察在交火中丧生。总统塞西向开罗马尔·米纳教堂恐怖袭击的遇难者表示哀悼，并对在打击恐怖袭击过程中发挥重要作用的安全人员表示感谢。塞西命令所有国家机构为遇难者家属和受伤者提供一切可能的支持。2017 年以来，埃及安全形势严峻。2017 年 4 月 9 日，埃及坦塔市和亚历山大市各发生一起针对科普特教堂的恐怖袭击，共造成 45 人死亡、100 余人受伤。两起袭击均为极端组织“伊斯兰国”所为。袭击事件发生后，埃及宣布进入紧急状态并持续至今。

2. 利比亚的恐怖犯罪

（1）2013 年 1 月班加西系列恐怖袭击案。2013 年 1 月，利比亚班加西连续发生了恐怖袭击案件。1 月 2 日，利比亚班加西刑事调查局局长阿卜杜勒赛拉姆卖·赫达维在班加西市内遭绑架。内政部的高级安全警察纳赛尔·马格里卜在利比亚第二大城市班加西自家的农场内被枪杀，家人在1月4日晚发现了他的尸体，马格里卜在卡扎菲政权时期也在安全调查部门任职，这可能是他被暗杀的原因。该类恐怖袭击事件2012年在利比亚时有发生，一些激进分子不断对卡扎菲时期的一些官员进行清算，报复卡扎菲时期的军警政要对一些伊斯兰极端分子的镇压。由于利比亚民间目前还散落着大量枪支弹药等武器装备，使得这些人实施复仇行为十分便利。

（2）2013年7月27日东部城市班加西恐怖越狱案。2013年7月27日，利比亚东部城市班加西发生一起大规模越狱事件，约1200名囚犯成功出逃，这所监狱内关押的都是刑事犯以及与利比亚前卡扎菲政权有关的政治犯。由于监狱周边的住户认为自己的家园旁边是监狱，已对他们的生活安全造成威胁，并为此举行了抗议示威活动。27日清晨，百余名抗议示威者开始冲击库飞亚监狱，在狱警和警察的联合镇压下，局势一度得到控制。但是，监狱内的囚犯在当日晚些时候开始在牢内纵火，火势迅速蔓延，局势从此失控，狱中犯人成功集体出逃。利比亚临时政府总理扎伊丹随后发表电视讲话称，这些越狱的犯人将在利比亚全境遭到通缉，政府已经下令关闭与埃及之间的赛鲁姆口岸，防止越狱囚犯出逃。

（3）2013年9月11日利比亚外交部驻东部城市班加西代表处恐怖袭击案。2013年9月11日，利比亚外交部驻东部城市班加西代表处办公大楼旁边的一辆停汽车爆炸，该辆汽车放置了爆炸装置，这栋建筑物受到严重破坏，没有人员伤亡。事件发生在美国驻利比亚大使遇害一周年纪念日当天，2012年9月11日，美国驻利比亚班加西领事馆遭到袭击，美国大使克里斯托弗·史蒂文斯和另外三名领馆工作人员遇害。

（4）2014年11月13日埃及驻利比亚大使馆遭恐怖袭击案。2014年11月13日，一辆汽车炸弹在埃及驻利比亚大使馆门前爆炸，造成路旁建筑轻微损伤，部分商店也遭到破坏。在此前一天，由利比亚世俗势力控制的东部城市图卜鲁格和贝达分别发生自杀式汽车炸弹袭击，造成至少3人死亡、23人受伤。7月13日以来，利比亚两派民兵武装在的黎波里、东部城市班加西等地持续爆发冲突。得到世俗势力支持的利比亚新一届议会国民代表大会被迫迁往东部小城图卜鲁格，由国民代表大会组建的利临时政府则在贝达召开内阁会议。在支持宗教势力的“利比亚黎明”武装夺取的黎波里控制权后，任期本已结束的利国民议会复会，并组建了“救国政府”。利比亚由此出现两个议会、两个政府并立的局面。虽然包括联合国在内的国际社会一直在进行斡旋，但危机至今仍无法化解。

（5）2014 年 12 月 22 日班加西恐怖袭击案。2014 年 12 月 22 日，利比亚退役将领哈里发·贝卡西姆·哈夫塔尔率领的部队与当地的民兵武装发生冲突，造成 16 人死亡、几十人受伤。此次冲突发生在班加西的萨布里区和里希区，在哈夫塔尔部队和班加西反政府武装间展开，在持续数小时的冲突中，双方均动用了重型武器和中型武器交火。此外，哈夫塔尔武装于 12 月 21 日对距苏尔特 30 公里某地区的发电站发动了空袭，12 月 22 日出动飞机袭击了班加西西部城市苏尔特的港口；“部落武装”于 12 月 22 日对某市的鸵鸟养殖场实施了空袭。秘书长利比亚事务副特别代表、联合国利比亚驻地协调员扎塔里 12 日发表声明，对发生在班加西的袭击发电站事件予以强烈谴责。他表示，袭击民用设施违反国际法，有可能等同于战争罪行。

（6）2015 年 1 月 27 日首都的黎波里豪华酒店科林西亚恐怖袭击案。2015 年 1 月 27 日，利比亚首都的黎波里的豪华酒店科林西亚遭到恐怖袭击，造成至少 9 人死亡，包括 5 名外国人、3 名安保人员和 1 名遭恐怖分子劫持的人质。科林西亚饭店是的黎波里为数不多尚在运营的五星级高级饭店之一，住客以外国人居多。极端组织“伊斯兰国”在利比亚的分支已宣称对此次袭击事件负责。当天上午 10 时许，一辆装有炸药的汽车在该饭店的停车场爆炸，3 名安保人员被炸身亡；随后，数名恐怖分子在同伙掩护下冲入饭店，5 名外国人被打死。闻讯赶来的利比亚安全部队将该饭店包围，逐层疏散人员，并与恐怖分子交火。恐怖分子最后启动了随身携带的爆炸装置，1 名遭恐怖分子劫持的人质遇害。

（7）2015 年 4 月 12 日驻利比亚的韩国大使馆恐怖袭击案。2015 年 4 月 12 日，韩国驻利比亚大使馆遭武装分子袭击，造成在使馆哨所值勤的利比亚内政部所属 2 名警员死亡，另有 1 名警员受伤。事发后，该大使馆暂时撤离至邻近国家突尼斯；利比亚当局抓获了两名嫌疑人，将按照法律程序处置二人。2015 年 5 月 25 日，韩政府向利比亚询问对 4 月恐怖袭击的调查情况。利比亚内政部下属的调查当局回复称，近日抓获了两名嫌疑人。该官员表示，利比亚方面表示，嫌疑人因与在该使馆哨所值勤的当地警员有个人恩怨，因此对使馆发起了恐怖袭击，这起事件与“伊斯兰国”（ISIS）有关或因政治原因的可能性较小。不过恐袭发生两个小时后，自称“ISIS的黎波里分支”的团体曾通过社交媒体用阿拉伯文宣称“ISIS除掉了韩国大使馆的两名警员”。韩方一直在向利比亚询问和了解两名嫌疑人的身份及犯罪动机等情况。

3. 苏丹的恐怖犯罪

（1）2014年4月17日南苏丹联合国难民营地遭恐怖袭击案。2014年4月17日，南苏丹一伙暴徒袭击一处联合国难民营地，致12人死亡、70多人受伤，维和部队被迫开枪，2名维和士兵受伤。当天，由武装平民组成的这伙暴徒，伪装成递交请愿书的和平示威者，强行闯入琼莱州波尔市一个约5000名努埃尔族人避难的营地，向无家可归的人们开枪。驻扎在附近地区的乌干达军人现在负责保护这个营地。

（2）2016年7月10日中国南苏丹维和部队遭炮弹袭击恐怖案。2016年7月10日早上7点30分，南苏丹政府武装与反政府武装再次发生武装冲突，从联合国城区东侧向西侧持续交火，双方进行反复争夺，期间32发炮弹落入联合国营区，并有大量子弹落入联合国营区，其中2发炮弹落入中国维和步兵营营区，在中国维和步兵营担负的哨位旁边有大量子弹打入，并有散落的弹片落入。交火期间，部分武装分子试图进入联合国营区，为了保护联合国人员、设施以及难民营安全，中国维和步兵营依托有利地形以及步战车对联合国大楼、难民营、联合国城区营门等重点部位进行封控，确保武装分子不能进入联合国城区。18时，经过激烈交火的双方重新开始部署，进行交火，双方大量坦克、士兵从正在难民营土坎一线执行任务的中国维和步兵营防区通过，在一线指挥的教导员鲁成军迅速对兵力和防护进行部署。由于交火过于密集，18时32分，一发炮弹正好击中中国维和步兵营位于难民营4号哨位的步战车，并在内部爆炸，导致正在执行任务的7名士兵受伤。根据交战规则，营长王玉安迅速下达命令对靠近我方的武装人员进行警告还击，及时将武装分子驱离。中国维和步兵营教导员鲁成军迅速组织人员对受伤人员进行抢救，对遇袭车辆进行灭火，防止二次爆炸，并对现场防护进行调整。与此同时，中国维和步兵营紧急派遣医疗救护车前往事发地域，联系联合国医院，对伤员进行紧急医疗后送，抵达联合国营区的柬埔寨二级医院后，中国维和步兵营又积极协调专家、医生，对伤员进行紧急救治，一名伤员因伤势过重不幸牺牲，其余6名伤员正在紧急救治当中。这是中国首次派出整建制步兵营参加联合国维和行动。

（3）2016 年 2 月 17 日南苏丹联合国避难所遭恐怖袭击案。2016 年 2 月 17 日晚间，联合国在南苏丹东北部重镇马拉卡勒为当地民众开设的避难所，遭武装人员袭击，造成至少 7 人丧生、32 人受伤。17 日晚间，武装人员持冲锋枪和机关枪闯入联合国设在马拉卡勒的一座营地实施袭击，袭击持续至 18 日早晨，大约 4.7 万名当地民众居住在这座营地内的避难所。马拉卡勒位于南苏丹首都朱巴东北部尼罗河上游约 600 公里处，当地石油蕴藏量丰富，一度是政府军和反对派争夺和战斗最激烈的地区。位于此地的联合国避难所为周边约 20 万流离失所的平民提供了最基本的人道主义救援。此前，马拉卡勒曾多次遭到不明武装分子袭击。

（4）2016 年 4 月 16 日南苏丹部落武装恐怖袭击埃塞俄比亚。2016 年 4 月 16 日，埃塞俄比亚的南苏丹边境地区甘贝拉遭到一伙武装分子的袭击，造成 208 名平民死亡、75 人受伤，另有 108 人及 2000 头牲口被劫持，当地房屋被毁坏，牲口被杀害，这是一起非人道、穷凶极恶的袭击事件。甘贝拉地区有 4 个难民营，数千名南苏丹难民在此生活。埃塞俄比亚政府新闻办公室负责人格塔丘·里达说，这群袭击者为南苏丹穆尔勒部落成员。安全部队在追击中击毙了其中 60 人。埃塞俄比亚居住着数千名南苏丹难民。这些难民是在 2013 年该国国内发生冲突后逃离南苏丹来到埃塞俄比亚的。

4. 突尼斯的恐怖犯罪

（1）2013 年 7 月系列恐怖袭击案。2013 年 7 月 25 日，反对派议员布拉米遇刺身亡以来，突尼斯各地爆发了大规模游行示威。7 月 27 日凌晨，突尼斯首都北郊的一辆警车发生爆炸，虽然没有人受伤，但这是突尼斯政治变革后首例针对警察的袭击行动。连日来，突尼斯反对派、工会组织等纷纷谴责现政府无力推进民主过渡进程，要求解散现政府，成立新的技术官僚政府。2013 年 7 月 29 日，在临近阿尔及利亚边境的沙阿姆比山区，8 名突尼斯特种部队士兵遭到一伙恐怖分子伏击后身亡，另有数名士兵受伤。2012 年年底以来，突尼斯安全部队一直对沙阿姆比地区进行大规模的清剿行动，已经抓获数十名恐怖分子。在此前的行动中，数名突尼斯军人因触发恐怖分子埋下的地雷而身亡。

（2）2015 年 3 月 18 巴尔杜博物馆恐怖袭击案。2015 年 3 月 18 日，位于突尼斯议会大厦旁的巴尔杜博物馆遭遇袭击，造成包括 20 名外国游客在内的 23 人丧生、超过 40 人受伤，死者包括一名警官。事发后突尼斯政府确认了两名枪手的身份，抓获与袭击有关联的 9 名嫌疑人。被击毙的两名枪手曾在利比亚接受军事训练，这两人 2014 年 12 月从突尼斯非法离境，赴利比亚接受武器使用方面的训练，之后回国。先前进入情报部门视线的枪手之一亚辛·拉比迪赴利比亚前一度被捕。

（3）2015 年 6 月 26 日苏塞海滩恐怖袭击案。2015 年 6 月 26 日，突尼斯著名旅游城市苏塞皇家迈尔哈巴酒店附近的海滩遭到袭击，两名恐怖分子向海滩上的人群开枪，造成 40 人死亡、36 人受伤，其中死亡的 30 人是英国游客。这两名袭击者乘快艇前往事发海滩，其中一人驾驶、另一人身穿警服作掩护，把枪藏在太阳伞中，下船后向游客开火。突尼斯政府逮捕了 12 名苏塞海滩恐怖袭击的涉案嫌疑人，并且正在追踪与枪手同时受训的 2 名武装分子。凶手 2015 年曾在利比亚境内的一个极端组织受训。

（4）2015 年 11 月 24 日突尼斯市恐怖袭击案。2015 年 11 月 24 日下午，突尼斯首都突尼斯市中心发生汽车爆炸，导致 12 人死亡、16 人受伤。当时，一辆运送总统卫队士兵的车辆在市中心一条主干道遭遇袭击，突尼斯总统府发言人把这起爆炸定性为“恐怖袭击”，总统埃塞卜西取消出访瑞士的行程。

5. 阿尔及利亚的恐怖犯罪

（1）2013 年 1 月 16 日艾因阿迈纳斯市天然气田恐怖袭击案。2013 年 1 月 16 日，一极端组织的武装分子袭击了阿尔及利亚东部伊利济省艾因阿迈纳斯市的一个合资天然气田设施，并劫持了包括外国人在内的大批人质。这伙武装分子是“伊斯兰马格里布基地组织”的成员，该组织称劫持行动旨在报复法国对马里北部极端组织的空袭，并警告法国停止军事行动。1 月 17 日，阿尔及利亚军队动用直升机及其他重型武器对武装分子发起进攻，实施解救人质的行动。共有 31 名人质在阿军方采取的人质解救行动中遇难，其中包括 19 名外国人质。军方在与武装人员交火中，共打死 20 人、活捉 3 人，4 名人质获救，分别为两名英国人、一名挪威人和一名喀麦隆人。

（2）2016 年 3 月 21 日安全部队展开反恐行动。2016 年 3 月 21 日，在南部瓦德省，阿尔及利亚安全部队实施反恐行动，击毙 6 名恐怖分子，还缴获一批武器弹药和交通、通信工具。最近，阿东部和南部边境地区面临较大的恐怖袭击威胁。3 月 11 日，阿尔及利亚军方在瓦德省打死 3 名恐怖分子，在缴获的武器中发现美制地对空导弹，这是阿最近十几年反恐斗争中第一次发现类似武器。阿尔及利亚军方从 3 月初开始提高边界安保级别，3 月 7 日一批极端分子在突尼斯与利比亚边境地区发动袭击并造成大量人员伤亡后，阿尔及利亚在该国东部与利比亚交界地区增设兵力，严防极端分子入境从事暴恐活动。

6. 摩洛哥的恐怖犯罪

2011 年 4 月 28 日马拉喀什恐怖炸弹袭击案。2011 年 4 月 28 号中午，非洲北部国家摩洛哥的旅游城市圣地马拉喀什发生炸弹爆炸，至少有 15 人死亡、25 人受伤，死者包括多名外国人，伤者不少是重伤。爆炸现场是老城区中心的德吉马广场，具体地点是一家两层高的咖啡店，爆炸发生在午饭时间，爆炸威力强大，咖啡店二楼受损最严重，露台天花板被整个炸飞，地下布满瓦砾、血迹和客人遗留的物品。有目击者形容好像火山爆发一样，在混乱当中，有人慌忙逃生，也有人拿着灭火筒赶到帮忙。遇袭的老城区，是世界文化遗产，广场聚集了各色表演和摊贩，是游客必到的景点。国王穆罕默德下令立刻彻查，有保安专家指出，袭击手法类似伊斯兰激进分子的作风，就是通过损害旅游业，来打击管治威信，事件也一度拖累摩洛哥股市下挫。这是摩洛哥八年来最严重的炸弹袭击事件，被定性为恐怖袭击犯罪。

（二）东部非洲国家的恐怖主义犯罪

1. 埃塞俄比亚的恐怖犯罪

（1）2013 年 10 月 13 日首都亚的斯亚贝巴恐怖袭击未遂案。2013 年 10 月 13 日，两名索马里恐怖分子计划在埃塞俄比亚首都亚的斯亚贝巴举行足球赛期间实施恐怖袭击，然而在其未到达袭击地点之前已被炸死。13 日，埃塞俄比亚首都开始举行 2014 年足球世界杯选拔赛，在尼日利亚队与埃塞俄比亚队比赛当天，两名索马里恐怖分子计划伪装成球迷，在球场实施恐怖袭击。然而，恐怖分子所携炸弹在其行至距球场 5000 米时发生爆炸，两名恐怖分子均被炸死。恐怖分子被炸死的原因为市区内大量警力的分布，使得其中一名恐怖分子因紧张而不慎引爆炸弹。警方在爆炸现场发现手榴弹及武器等物件，并逮捕 3 名参与恐怖袭击准备的犯罪嫌疑人。这两名索马里恐怖分子属于伊斯兰激进组织“青年党”，他们计划一旦进入体育场就立马引爆身上的炸弹。埃塞俄比亚是非洲联盟国之一，已经连续六年向索马里派出军队打压伊斯兰激进组织“青年党”。埃塞俄比亚政府此前曾表示：“收到可靠消息，索马里‘青年党’可能在世界杯预选赛期间搞破坏，请安全部队高度戒备。”

（2）2016 年 4 月 18 日甘贝拉地区恐怖袭击案。2016 年 4 月 18 日，埃塞俄比亚西部甘贝拉地区遭到邻国南苏丹部族武装人员越境袭击，造成至少 208 名平民死亡、75 人受伤，另有 108 人及 2000 头牲口被劫持。发起此次恐怖袭击的是邻国南苏丹穆勒尔部落的武装分子，埃塞俄比亚安全部队击毙了 60 名武装人员，正在对剩下的人员进行围捕。

2. 索马里的恐怖犯罪

（1）2010 年海盗恐怖袭击案。2010 年 1 月 1 日，新年伊始，一艘悬挂着英国国旗的货轮在距索马里约 1000 公里的海域遭海盗劫持。1 月 2 日，一艘悬挂着新加坡国旗的化学品船在亚丁湾海域被海盗劫持，船上有 5 名中国船员。1 月 27 日，一艘柬埔寨货船被索马里海盗劫持，船上人员分别来自巴基斯坦、印度、斯里兰卡、索马里和叙利亚等国。3 月 23 日晚些时候，索马里海盗劫持了一艘悬挂百慕大区旗的货轮。

（2）2011 年 10 月 4 日摩加迪沙市政府办公楼附近自杀式汽车炸弹恐怖袭击案。2011 年 10 月 4 日，索马里首都摩加迪沙一座过渡政府办公楼附近发生一起自杀式汽车炸弹袭击事件，造成至少 65 人丧生、50 多人受伤。爆炸发生时，过渡政府一些内阁成员在办公楼内开会，死者包括一些学生和政府军士兵。爆炸发生不久后，“青年党”武装发言人谢赫 · 阿里 · 穆罕默德 · 雷奇说，这一武装制造袭击。一名“青年党”成员实施这起自杀袭击，目标是“（办公楼）建筑内的过渡政府官员、非盟维和部队人员以及其他告密者”。“青年党”又称“伊斯兰青年运动”，是索马里最大的反政府武装，与“基地”组织有牵连。

（3）2012 年 10 月海盗恐怖袭击案。2012 年 10 月 5 日，一艘航行在印度洋上的独桅帆船遭到海盗袭击，这是台风季过后的首起索马里海盗袭击事件，但这之后，海盗袭击事件竟逐年递减，这群以海盗为业的人员似乎有了金盆洗手之意。10 月 8 日，一艘载有 14 名船员的中国台湾渔船在印度洋海域遭索马里海盗劫持。11 月 12 日，巴拿马籍货轮在印度洋北部的阿拉伯海被海盗劫持，船上 29 名船员全部是中国人。

（4）2013 年 10 月 13 日足球赛恐怖袭击案。2013 年 10 月 13 日，埃塞俄比亚首都开始举行 2014 年足球世界杯选拔赛，在尼日利亚队与埃塞俄比亚队比赛当天，两名索马里恐怖分子计划伪装成球迷，在球场实施恐怖袭击。然而，恐怖分子所携炸弹在其行至距球场 5000 米时发生爆炸，两名恐怖分子均被炸死。恐怖分子被炸死的原因为市区内大量警力的分布，使得其中一名恐怖分子因紧张而不慎引爆炸弹。警方在爆炸现场发现手榴弹及武器等物件，并逮捕3名参与恐怖袭击准备的犯罪嫌疑人。

（5）2014年1月1日摩加迪沙恐怖汽车炸弹爆炸袭击案。2014年1月1日，索马里首都摩加迪沙一酒店附近发生两起汽车炸弹袭击，导致至少10人死亡。爆炸发生后，还有两名不明身份者试图冲进酒店实施自杀式爆炸袭击，被安全人员开枪击毙。效忠“基地”组织的索马里宗教激进组织“伊斯兰青年运动”随后宣布制造了当天的爆炸袭击。

（6）2014年2月系列恐怖袭击案。2014年2月7日，首都摩加迪沙再次发生汽车爆炸事件，造成至少10人死亡、12人受伤。这是自1月21日索马里总统府遭遇汽车炸弹和武装人员袭击以来，该国发生的又一起重大恐怖袭击事件。爆炸地点为索马里情报与安全机构总部附近的一家餐馆，该餐馆常有政府官员光顾。汽车炸弹由遥控引爆，目标即是这家餐馆。10名死者中大多数是政府军人。事发后不久，索马里宗教激进组织“伊斯兰青年运动”即宣称制造了本次袭击，并称有11名政府安全官员在袭击中身亡。“伊斯兰青年运动”还威胁将在近期发动更多武装袭击。

2月21日，索马里首都摩加迪沙总统府遭遇汽车炸弹和武装人员袭击，至少14人死亡，其中包括2名政府官员和7名袭击者，但总统马哈茂德没有受伤。索马里总统府是总统、总理和议会议长官邸。“伊斯兰青年运动”立即宣称制造了这次袭击，至少有9名枪手参与了袭击。在袭击发生前不久，索马里政府曾宣称，他们正在赢得反伊斯兰极端主义的战争。在21日针对总统府的第一起袭击发生之后，索马里总统马哈茂德将“伊斯兰青年运动”称之为一个“即将覆灭的边缘性组织”，并发誓将其彻底消灭。但随后不到一周，“伊斯兰青年运动”实施了针对政府人员的第二次袭击。分析人士指出，最近相继发生的两起袭击事件意味着，索马里仍然面临严峻的安全威胁；“伊斯兰青年运动”挑衅意味十足，意在让索马里政府尴尬。

“伊斯兰青年运动”是索马里最大的反政府武装，曾公开宣布效忠“基地”组织。这一组织先前一度控制包括首都摩加迪沙在内的中部和南部区域。在非盟驻索马里特派团协助下，索马里政府已将“伊斯兰青年运动”赶出包括首都摩加迪沙在内的重要城市，但该组织仍然控制着索马里南部农村地区和小城镇。“伊斯兰青年运动”因为内部激烈斗争正在快速分化，近期发生的这两次组织严密的袭击事件明确表明，尽管面临来自索马里政府军队和非盟驻索马里特派团两万多名士兵的长期围剿，“伊斯兰青年运动”仍然具备较强战斗能力。

（7）2014 年 11 月 11 日政府高官遭恐怖袭击案。2014 年 11 月 11 日，在索马里首都摩加迪沙，一名政府高官遭枪杀，该国极端组织“青年党”宣称制造了这起袭击事件。遇袭身亡的是索马里负责移民事务的高级官员马哈茂德·阿卜迪·阿道·哈巴雷，他乘坐的汽车在路上遭到武装分子袭击，包括哈巴雷及其保镖在内的 3 人被枪杀。同一天，索马里议会的一名议员也在摩加迪沙遭袭，其司机和保镖均遇害，这名议员幸免于难。索马里“青年党”是一个与“基地”组织有关的宗教极端组织。该组织曾于 2013 年 9 月在肯尼亚首都内罗毕制造了韦斯特盖特购物中心袭击事件，造成 67 人死亡。

（8）2015 年 7 月 26 日首都摩加迪沙半岛皇宫酒店恐怖袭击案。2015 年 7 月 26 日下午 4 时左右，索马里首都摩加迪沙半岛皇宫酒店遭遇自杀式汽车炸弹袭击，导致包括一名中国使馆工作人员在内的至少 15 人不幸遇难、40 余人受伤。事发时，一名自杀式袭击者驾驶装有炸药的卡车，在半岛皇宫酒店门口引爆，造成酒店部分建筑倒塌。极端组织“青年党”宣称制造了此次袭击事件。中国外交部发言人就索马里恐怖袭击导致中方人员伤亡发表谈话，中国驻索使馆位于半岛皇宫酒店内，使馆 1 名负责安全警卫的工作人员在袭击中因伤势严重医治无效不幸去世，另有 3 名使馆工作人员受轻伤。中方对上述恐怖袭击深感震惊并予以强烈谴责，对中方人员遇难深感悲痛并深表哀悼，对其家属和受伤人员表示诚挚慰问。中方在此也向所有遇难人员表示哀悼。中方已在摩加迪沙和北京分别向索方提出交涉。

（9）2016 年 1 月 21 日首都摩加迪沙北部丽都海滩酒店恐怖袭击案。2016 年 1 月 21 日晚，索马里首都摩加迪沙北部丽都海滩一家酒店遭到恐怖袭击，造成至少 20 人死亡，死者中包括妇女和儿童，另有多人受伤。恐怖袭击发生时，有婚礼正在丽都海滩举行，现场有乐队演出。与“基地”组织有关联的索马里“青年党”宣布制造了这一袭击事件。索马里安全人员击毙了 4 名恐怖袭击人员，并且抓获了一名头目，此人是 2015 年摩加迪沙中央酒店恐怖袭击事件的主谋。2015 年 2 月，索马里“青年党”袭击了摩加迪沙中央酒店，造成 28 人死亡、54 人受伤。索马里“青年党”是一支活跃在索马里的极端组织，试图建立一个包括肯尼亚、埃塞俄比亚等国部分领土的“东非伊斯兰酋长国”。近期，这一组织频繁制造恐怖袭击事件。

（10）2016 年 2 月 15 日前国防部长遭恐怖袭击案。2016 年 2 月 15 日，在索马里首都摩加迪沙，一位前国防部长被炸身亡。曾在 8 年前担任过索马里国防部长的穆希丁·穆罕默德·哈吉·易卜拉欣当天乘车经过一个交叉路口时，汽车突然发生爆炸，他当场被炸身亡。警方怀疑他的汽车被人安装了爆炸装置。

（11）2016 年 2 月 25 日首都遭迫击炮恐怖袭击案。2016 年 2 月 25 日，索马里首都摩加迪沙遭受迫击炮袭击，迫击炮弹落在了摩加迪沙总统府附近一处流浪者安置区，造成至少 5 人死亡、7 人受伤，死者包括一位母亲和她的两个孩子，伤者被送往医院接受治疗。索马里“青年党”已经宣布制造了此次袭击事件，索马里“青年党”是一支与“基地”组织有关的极端组织，近年来在索马里及邻国多次发动恐怖袭击。为彻底铲除这一极端组织，索马里安全部队和非洲联盟军队展开了一系列军事行动。

（12）2016 年 2 月 26 日首都摩加迪沙系列恐怖袭击案。2016 年 2 月 26 日晚，索马里首都摩加迪沙一酒店和一运动场当晚发生自杀式炸弹袭击，已造成至少 12 人死亡、16 人受伤。第一起爆炸发生在名为“和平花园”的运动场，造成 7 人死亡；第二起爆炸发生在 SYL 酒店，造成至少 5 人死亡。目前索马里安全部队已进入该酒店。爆炸发生时，SYL 酒店内有很多人，伤亡人数有可能进一步上升。“和平花园”运动场的爆炸发生后，人们慌忙朝大门跑去，担心会发生第二次袭击。SYL 酒店当天傍晚传来巨大爆炸声，随后枪声大作。此次遇袭的 SYL 酒店位于索马里总统府附近，平时客人多为索马里政府官员和外国人。索马里极端组织“青年党”宣称制造了这两起袭击事件，索马里“青年党”是一个与“基地”组织有关联的极端组织，近年来在索马里及其邻国多次制造袭击事件。

（13）2016 年 6 月 1 日首都摩加迪沙市宾馆恐怖袭击案。2016 年 6 月 1 日 18 时许，索马里首都摩加迪沙市中心的大使酒店遭遇汽车炸弹袭击，随后袭击者进入酒店并与赶来的安全部队交火，导致 13 人死亡、60 多人受伤。由于事发在市内主干道，并且靠近总统府，多名议员居住在酒店内，导致严重人员伤亡，两名议员遇袭身亡，3 名袭击者被击毙。极端组织索马里“青年党”宣称对袭击事件负责。

（14）2016 年 6 月 25 日首都摩加迪沙的那萨哈博洛德酒店恐怖袭击案。

2016 年 6 月 25 日下午 4 点半，在距离索马里首都摩加迪沙国际机场 1.6 公里处，一家名为那萨哈博洛德酒店发生一起自杀式汽车爆炸恐怖袭击，造成至少 15 人死亡、20 多人受伤。极端组织索马里“青年党”宣称对此次袭击负责。

（15）2016 年 8 月 21 日东北部邦特兰地区邦特兰地方政府办公场所恐怖袭击案。2016 年 8 月 21 日，索马里东北部邦特兰地区发生恐怖袭击案事件，袭击主要针对邦特兰的公务人员，自杀式袭击者在邦特兰地方政府办公地引爆了爆炸装置，造成至少 15 人死亡、多人受伤。索马里“青年党”已经宣称制造了此次袭击。

（16）2016 年 10 月 25 日连环恐怖袭击案。2016 年 10 月 25 日，与“基地”组织有关联的极端恐怖组织索马里“青年党”，在 24 小时之内发动了三起恐怖袭击，袭击地点都位于索马里和肯尼亚，共造成至少 16 人死亡。第一起袭击发生在 10 月 24 日晚，在摩加迪沙，索马里“青年党”的武装分子暗杀了索马里高级情报官员阿卜迪阿齐兹·阿拉耶上校。第二起袭击发生在 10 月 25 日凌晨，在肯尼亚东北部靠近索马里边境的曼德拉镇，一所旅馆遭武装分子袭击，袭击者使用了手榴弹并引爆了爆炸装置，随后逃离现场，造成至少 12 人死亡、4 人受重伤。第三起袭击发生在 10 月 25 日白天，在索马里首都摩加迪沙以北的一座小镇，“青年党”的武装分子袭击了非盟驻索马里特派团的军营，先是一名自杀式袭击者在这处由吉布提籍士兵把守的军营入口处引爆了汽车上的爆炸装置，随后 10 名武装分子闯入军营、与非盟部队交火，附近军营的部队赶来增援，交火中 10 名武装分子被全部击毙、两名非盟士兵和一名平民丧生。

（17）2017 年 10 月 14 日索马里首都摩加迪沙大规模恐怖汽车炸弹爆炸袭击案。2017 年 10 月 14 日，在索马里首都摩加迪沙一个繁忙的交叉路口，发生大规模汽车炸弹爆炸事件，造成 276 人死亡、约 300 人受伤，是该国历史上最严重的恐怖袭击。当时，在摩加迪沙一个繁忙的街道，一辆载有爆炸物的汽车在摩加迪沙市区萨法里酒店附近爆炸，造成附近地区建筑物倒塌，数十辆车被毁。发生爆炸的地点位于重要的政府部门建筑附近，其中包括外交部，一方面是因为袭击者用的炸弹中含有军事级别的爆炸物；另一方面，袭击者原本想袭击酒店附近的索马里外交部大楼，因为在安全检查点被截停，才冲破栏杆、在酒店外制造爆炸，恰巧酒店附近还有一辆油罐车，油罐车被点燃后造成了巨大破坏力。索马里总统穆罕默德·阿卜杜拉希·穆罕默德已宣布全国哀悼3天，并指责与“基地”组织有关的“索马里青年党”为罪魁祸首。土耳其总统埃尔多安的发言人称，将派飞机运输医疗补给援助索马里，土耳其也将接纳一些伤者进行治疗。联合国秘书长古特雷斯15日通过发言人发表声明，对这起袭击事件表示强烈谴责。他向死难者家属表示哀悼，并希望伤者迅速康复。美国则“以最强烈措词”谴责这一事件，表示攻击“毫无意义、懦弱”，并强调将会支持索马里打击恐怖主义。

（18）2017年12月14日索马里首都摩加迪沙市警察学院遭恐怖自杀式爆炸袭击案。2017年12月14日，索马里首都摩加迪沙市的警察学院遭到恐怖自杀式爆炸袭击，嫌犯身穿警察制服混入该学院，炸死至少17名警员，另有至少20人受伤。当时，袭击者身着警服潜入警校，身上绑着爆炸装置，在警员列队行进时引爆了炸弹，索马里青年党宣称对袭击负责。索马里近期频繁发生炸弹袭击事件，伤亡惨重。10月15日，摩加迪沙一繁忙街道遭遇爆炸袭击，造成附近地区建筑物倒塌，数十辆汽车被毁。爆炸导致276人死亡，另有约300人受伤。这是该国历史上最致命的一次单一袭击事件。索马里总统宣布全国进行为期三天的哀悼。

（19）2017年12月31日索马里首都摩加迪沙国防部附近恐怖炸弹袭击案。2017年12月31日上午，索马里首都摩加迪沙的索国防部附近发生一起路边炸弹袭击事件，造成至少2人死亡。当时，爆炸物事先被安置在国防部附近路边，当非盟部队的车队从该路段驶过时，炸弹突然被引爆，造成包括1名索马里士兵在内的至少2人死亡。索马里“青年党”宣布制造这起爆炸事件，索马里“青年党”是与“基地”组织有关联的极端组织，近年来在索马里及其邻国多次发动恐怖袭击。

3. 肯尼亚的恐怖犯罪

（1）2013年9月21日首都内罗毕韦斯特盖特购物中心恐怖袭击案。2013年9月21日上午10时30分左右，一伙不明身份武装人员袭击了肯尼亚首都内罗毕韦斯特盖特购物中心，开枪射击、投掷手榴弹，并与警方交火。2013年9月24日晚，肯尼亚总统肯雅塔宣布内罗毕购物中心袭击事件结束，该事件造成至少137人死亡、超过200人受伤，死者中至少包括3名英国人、2名法国人、2名印度人、1名韩国人、2名加拿大人（包括1名外交官员）、1名中国人等多名外国人以及肯尼亚总统肯雅塔的“一名至亲”，61名平民、6名肯尼亚军警人员，5 名恐怖分子被击毙，11 名嫌疑人被逮捕。25 日，肯尼亚全国降半旗，进行为期 3 天的全国哀悼，内务部将这次袭击确定为恐怖袭击。“韦斯特盖特购物中心”是当地著名的大型高档商场，位于繁华商业区，联合国环境署总部、多国驻肯使馆均与该商场相邻，内罗毕中产阶层和外籍人士尤其喜欢光顾。该地成为希望制造最大影响的武装人员发动袭击的首选。

索马里“伊斯兰青年运动”宣称对此次袭击事件负责，公布了 9 个参与袭击的恐怖分子名单，其中有美国人、芬兰人、加拿大人、还有一个英国人，都只有 20 多岁。由于反对肯尼亚派遣军队到索马里作战，索马里“伊斯兰青年运动”曾多次威胁要攻击这个购物中心，称袭击是对肯尼亚军队进入索马里做出的“回应”。索马里“青年党”从 2012 年的 2 月份，正式表态现在效忠“基地”组织，要成为基地组织的一分子。但没有一种直接可能是指挥-命令的隶属关系，有点像特许加盟店，这些组织自已说效忠了，它的意识形态上趋同了，“基地”组织也就说这是这个大的网络里面的一部分，它可能现在有一些经验分享、一些手法上的模仿性，甚至人员上的互通有无。这起恐怖袭击事件已引起国际社会的高度关注。

（2）2014 年 6 月 15 日小镇佩凯托尼恐怖袭击案。2014 年 6 月 15 日晚，约 50 名疑似索马里恐怖组织“青年党”成员袭击了肯尼亚小镇佩凯托尼警察局、政府机构和平民，造成至少 50 人死亡。中方强烈谴责肯尼亚恐怖袭击事件，坚决反对一切形式的恐怖主义，对遇难者表示深切哀悼，向遇难者家属和伤者表示诚挚慰问，中方将继续坚定支持肯方维护国家安全和地区稳定。

（3）2014 年 6 月 15 日、16 日海滨小镇姆佩克托尼连续恐怖袭击案。2014 年 6 月 15 日 20 时，肯尼亚海滨小镇姆佩克托尼发生了一起严重的恐怖袭击事件，造成至少 49 人遇难。当时，大约 50 名装备精良的索马里“青年党”武装分子驱车三辆赶到位于沿海岛屿拉穆地区的姆贝克托尼镇，先是袭击警察局，继而开始随机射杀正在酒吧或宾馆里观看世界杯比赛的平民，想以此警告游客和外国人远离肯尼亚。对于这次袭击事件，国际社会表示了强烈谴责，并发出旅行警告。6 月 16 日，姆佩卡托尼镇再次发生袭击事件，至少 15 人丧生，其中包括一名警察，索马里“青年党”同样宣布对这起袭击负责。这两起事件是 2013 年内罗毕韦斯特盖特购物中心遭袭以来肯尼亚遭遇的最严重袭击事件，或将对肯尼亚旅游业造成不利影响。

（4）2014 年 7 月 5 日、6 日两村庄系列恐怖袭击案。2014 年 7 月 5 日、6

日晚间，肯尼亚拉穆县的印地文村与塔纳河县的县岗村遭到了一名武装分子的袭击，造成至少29人丧生。当晚11点，12名男子在印地文一处贸易中心开火，并烧毁了政府大楼和一处教堂，被袭击者绑架的男子头部中枪或是惨遭割喉。袭击者声称此次袭击是为报复穆斯林占用土地，9名内政部人员在袭击中丧生，多数受害者为基库尤人。同日岗巴亦遭袭击，数十名武装分子闯入警察局，试图劫走6月中旬被拘留的索马里“青年党”嫌疑人，囚犯或已逃脱，有20人在袭击中死亡。“青年党”宣称对袭击负责，该组织兴起于索马里，近年来随着肯尼亚对索马里虎视眈眈，其势力范围已扩大，并以当地的斯瓦西里语在网站和电台广播制造“复杂的宣传机器”。肯尼亚为打击该组织，派遣非洲联盟部队进驻索马里。肯尼亚副总统威廉·鲁托声称此次袭击系政治对手所为：“我们想告诫我们的朋友，不要以刑事犯罪分子要挟我国。”

（5）2014年11月22日曼德拉地区恐怖袭击公共汽车案。2014年11月22日清晨，一伙武装分子在肯尼亚北部曼德拉地区劫持了一辆从曼德拉开往首都内罗毕的公共汽车，歹徒要求乘客下车，将乘客分为索马里籍和非索马里籍两列，然后对非索马里籍乘客进行射杀，造成至少28人死亡、多人受伤。此次袭击为索马里宗教极端组织“青年党”所为。中国外交部发言人强烈谴责了发生在肯尼亚的恐怖袭击事件，“中方坚决反对一切形式的恐怖主义，对此次恶性恐怖袭击事件感到震惊并予以强烈谴责，我们对遇难者表示哀悼，向他们的家属表示深切的慰问”。

（6）2015年4月2日加里萨镇莫伊大学恐怖袭击案。2015年4月2日早间5点半，5名蒙面的伊斯兰武装分子冲入了肯尼亚东北部加里萨镇的莫伊大学校园，射杀并挟持基督徒学生，与肯尼亚军方对峙，导致148人死亡、79人受伤，这是肯尼亚近20年来遭遇的最严重的一次暴力恐怖袭击。当时，太阳还没有升起来，大部分学生仍在睡觉，只有少数人起床前去参加基督教的早间祷告，这伙持枪分子从学校正门强行闯入校园，射杀了保安，然后一边射击一边穿过校园，一度闯入宿舍。这些伊斯兰武装分子把基督教徒和伊斯兰教徒分开，放走了伊斯兰教徒，并劫持了部分基督徒学生与肯尼亚军方对峙。这种情况持续到了晚间9点半左右，在与肯尼亚军方的对峙中，4名伊斯兰武装分子全部死亡。这些武装分子身着“战斗装备”，其中包括要么是“防弹衣”、要么是“自杀式炸弹背心”。这4名武装分子身上绑着“爆炸物”，当被射杀时，他们的身体像“炸弹”一样爆炸了，1人被抓获。“青年党”通过他们控制的电台发布声明称，对莫伊大学的袭击开始了“对异教徒的战役”。

（7）2016 年 9 月 11 日 3 名女子恐怖袭击警察局案。2016 年 9 月 11 日，肯尼亚东部沿海城市蒙巴萨的一个警察局，遭到 3 名女子的袭击，后被警方全部击毙。当天，3 名女子中的一名向警局投掷汽油弹并点火，另一名女子将警局的 2 名警员刺伤。这 3 名女子随后被警察全部击毙，她们身上还穿有防弹衣，这是一起恐怖袭击事件。

4. 坦桑尼亚的恐怖犯罪

（1）2013 年 5 月 5 日北部城市阿鲁沙教堂恐怖爆炸袭击案。2013 年 5 月 5 日，坦桑尼亚北部城市阿鲁沙一座教堂发生爆炸，造成至少 3 人死亡、50 余人受伤。爆炸发生在阿鲁沙市郊的一座罗马天主教教堂的仪式上，爆炸是由炸弹引发的，炸弹是从一辆行驶的摩托车上扔的，当时出席活动的重要人物包括梵蒂冈驻坦桑尼亚大使以及阿鲁沙大主教，但他们均未受伤。坦桑尼亚总统基奎特在此后的讲话中将本次事件定性为恐怖袭击。在爆炸发生后不久坦桑尼亚警方即逮捕了 6 名犯罪嫌疑人，其中 2 人为坦桑尼亚人，另外 4 人为沙特阿拉伯国籍。这是该国第一次发生针对教堂的恐怖袭击事件。爆炸发生地阿鲁沙是坦桑尼亚著名的旅游城市，本次袭击可能与坦桑尼亚境内基督教徒与穆斯林之间不断升级的紧张关系有关。就在上月，200 名基督徒在坦桑尼亚南部试图烧毁一座清真寺，被警方用催泪瓦斯驱散。2013 年 2 月，一名天主教神父在以穆斯林为主的桑给巴尔岛被枪杀。

（2）2014 年 2 月 13 日逮捕恐怖袭击嫌疑人。2014 年 2 月 13 日，坦桑尼亚警方在美国总统布什到访前两天逮捕了 9 名涉嫌进行恐怖袭击的嫌疑人，这 9 人中有 5 名本土非洲人、3 人为中东裔、1 人为亚裔。坦桑尼亚总警司和坦桑尼亚反刑事犯罪总监透露，坦桑尼亚警方此次逮捕这些恐怖袭击嫌疑人，主要是借助了他们的电话和网络活动获得信息和证据的。布什于 2 月 15 日至 21 日先后访问贝宁、坦桑尼亚、卢旺达、加纳和利比里亚等非洲 5 国，坦桑尼亚是布什此次非洲 5 国之行的第 2 站，这是布什就任美国总统 7 年多来第二次访问非洲。

（3）2014 年 4 月 13 日酒吧恐怖袭击爆炸案。2014 年 4 月 13 日晚上 7 点半左右，坦桑尼亚北部旅游城市阿鲁沙的一家酒吧遭炸弹袭击，导致 17 人受伤，其中 1 人伤势严重。爆炸发生时，许多人正在这家酒吧观看英超联赛。

爆炸由一枚自制炸弹引发，爆炸现场有两枚由化肥制成的炸弹，其中一枚并未爆炸。

（4）2014 年 5 月 29 日起诉 16 名恐怖分子嫌疑人。2014 年 5 月 29 日，坦桑尼亚起诉 16 名恐怖分子嫌疑人，诉其涉嫌策划了近年来发生在坦桑尼亚北部城市阿鲁沙的数起爆炸案并造成多人死伤。这 16 名嫌疑人当天在阿鲁沙的一个法庭受审，罪名包括试图谋杀以及诱使年轻人加入恐怖组织索马里“青年党”。坦桑尼亚政府检察官哈利利 · 穆达在宣读起诉书时说，这些嫌疑人试图利用爆炸袭击杀害无辜，违反了坦桑尼亚法律。他们还被指控于 2010 年至 2014 年 2 月期间在坦桑尼亚各地招募人员加入恐怖组织索马里“青年党”。

（5）2014 年 6 月 13 日旅游胜地桑给巴尔岛清真寺恐怖袭击爆炸案。2014 年 6 月 13 日 20 时 15 分左右，坦桑尼亚旅游胜地桑给巴尔岛一处清真寺附近遭炸弹袭击，造成 1 人死亡、数人受伤。爆炸地点为桑给巴尔石头城，石头城是代表东非文化的著名景点，2000 年被联合国教科文组织列入世界遗产名录。伤亡者包括当晚在清真寺的祈祷者，桑给巴尔岛近日正举行一场宗教活动，参加者来自东非地区多国。爆炸发生同时，正值桑给巴尔国际电影节开幕，吸引了不少外国游客。另外，巴西世界杯期间，当地酒吧和餐馆里到处是聚集观看比赛的人群。

5. 乌干达的恐怖犯罪

（1）2010 年 7 月 11 日首都坎帕拉系列恐怖爆炸袭击案。2010 年 7 月 11 日深夜，乌干达首都坎帕拉发生两起爆炸事件，造成至少 70 人死亡，其中包括 10 余名外国人，另有 71 人受伤。一起爆炸事件发生在首都东部的一家埃塞俄比亚餐馆，另一起爆炸事件发生在首都南部的一家足球俱乐部。足球俱乐部爆炸时，俱乐部聚集了正在观看在南非举行的世界杯足球赛西班牙队与荷兰队的冠亚军对决赛的数百名球迷。爆炸过后俱乐部现场惨不忍睹，地面上是流淌的鲜血，破损的桌椅和丢落的衣服和鞋子。12 日乌干达总统穆塞韦尼强烈谴责连环爆炸案，他说：“无论是谁制造了袭击，无论这些人来自哪里，政府都要将其绳之以法。”索马里主要反政府武装组织“伊斯兰青年运动”12 日宣布，11 日夜间的连环爆炸事件是该组织所为。该组织日前曾发出警告，要对乌干达在索马里部署维和部队实施报复行动。此次爆炸事件的发生离即将在坎帕拉召开的第 15 届非洲联盟首脑会议仅一周，乌政府发言人 12 日强调，爆炸事件不会影响会议如期举行。

（2）2011 年 7 月 11 日首都坎帕拉系列恐怖袭击案。2011 年 7 月 11 日，乌干达首都坎帕拉遭到连环恐怖袭击，造成 78 人死亡和 89 人受伤。与“基地”组织有关的索马里反政府武装“伊斯兰青年运动”宣称连环恐怖袭击事件是其所为，并称这是对乌干达在索马里驻军的报复行动。2011 年 7 月 7 日，在乌干达恐怖袭击一周年之际，乌干达警方发布恐怖袭击警告。索马里武装组织“伊斯兰青年运动”正策划在 7 月 7 日至 12 日期间发动一起针对乌干达的恐怖袭击。乌干达警方已收到情报，得知恐怖分子正在策划这起针对乌干达的袭击活动。乌干达警方和其他安全机构已经加强监控，以挫败任何可能发生的恐怖袭击，声明呼吁民众不要恐慌，保持警惕，配合政府采取有关防范措施。

（3）2011 年 9 月 16 日坎帕拉高等法院对恐怖犯罪人判刑。2011 年 9 月 16 日，乌干达坎帕拉高等法院作出判决，分别判处 2010 年 7 月制造坎帕拉连环爆炸案的两名乌干达籍嫌疑人 25 年监禁和 5 年监禁。法官阿方斯·奥维尼·多洛宣判，31 岁的男子伊德里斯·恩苏布加制造恐怖袭击罪名成立，判处他 25 年监禁。多洛说，恩苏布加“做所有事情（恐怖袭击）时，头脑清醒”，他的获刑反映了“社会厌恶这一可恨行径，不管嫌疑人是否表达懊悔之意”。另一名被告 24 岁的穆哈姆德·穆吉沙因共谋恐怖袭击获刑 5 年监禁，出狱后受警方监控。

（4）2014 年 9 月 13 日军警提高首都坎帕拉的安全警戒严防恐怖袭击案。2014 年 9 月 13 日，乌干达在首都坎帕拉市中心破获疑似恐怖阴谋后，警方提高了饭店和公共场所警备。“我们逐步增派人手在市内、重要市镇及其他易发生事情的地区巡逻。”美国驻乌干达大使馆此前发布声明说，乌干达查获了一个极端组织索马里“青年党”旗下“小型恐怖组织”，据信他们正在策划最近发动攻击。声明要求美国人在当局展开肃清行动时，寻找避难场所。美国大使馆不确定袭击的特定目标，但表示当局已在恩特贝国际机场等重要场所增加安保力量。乌干达警方在破获一桩阴谋后，起获许多爆炸物并逮捕人数不明的外国人。

6. 卢旺达的恐怖犯罪

（1）2014 年 1 月 6 日北方省穆桑泽地区威尼费里达市市长住所遭恐怖爆炸袭击案。2014 年 1 月 6 日，卢旺达北方省穆桑泽地区一市长住所遭到手榴弹袭击，造成 1 人死亡、2 人受伤。一名不明身份的人将手榴弹投向威尼费里达市市长家中，造成 1 名一岁半的女婴当场死亡，另有 2 人受伤。当时，市长的司机刚走进大门，就有人投掷手榴弹。2013 年以来，卢旺达已发生一系列袭击事件，伤亡数人。2013 年 7 月 26 日，一个出租车停靠点发生爆炸，造成至少 1 人死亡、8 人受伤。2013 年 9 月，在基加利市附近的一个市场发生一起手榴弹袭击事件，致 1 人死亡、14 人受伤。2013 年 12 月初，在穆桑泽地区一名警察遭到不明身份人员枪击死亡。

（2）2014 年 3 月 7 日以涉嫌支持恐怖活动为由驱逐 6 名南非外交人员。2014 年 3 月 7 日，南非要求 3 名卢旺达驻南外交人员限期离境后，卢旺达方面作出回应，卢旺达外交与合作部长穆希基瓦博 7 日在其推特上宣布，卢方驱逐了 6 名南非外交人员。有媒体报道称，南非方面是因为卢方人员在南从事间谍活动而将其驱逐的，穆希基瓦博则在推特中表示，南非包庇对卢旺达恐怖袭击负有责任的异端分子，因此卢方作出相关决定。之前在卢旺达首都基加利曾发生手榴弹袭击事件，同袭击相关的一些异端分子现生活在南非，曾担任卢旺达军队总参谋长的尼亚穆瓦萨是其中之一。尼亚穆瓦萨 2010 年 2 月避难来到南非，同年 6 月遇袭后险些丧命，此后一直受到南非安全部门的保护。2013 年 12 月 31 日，同样在南非避难的卢前情报部门负责人卡雷盖亚在约翰内斯堡市中心一家高档宾馆内被杀，卢旺达当局否认参与此事。

7. 布隆迪的恐怖犯罪

（1）2015 年 11 月 7 日首都布琼布拉市酒吧恐怖袭击枪击案。2015 年 11 月 7 日晚 8 时左右，布隆迪首都布琼布拉市南部的一家酒吧，遭到 3 名武装分子袭击，导致 8 人死亡、1 人重伤。武装分子身着警察制服冲进酒吧，要求收银员和所有现场人员上交财物，随后向现场人员射击，酒吧里只有两人幸免于难。遇袭酒吧位于一个警察营地附近，但当警察赶到时，武装分子已经逃走。布隆迪自 2015 年 4 月起陷入动荡，持续的动乱已导致超过 100 人死亡。布隆迪总统恩库伦齐扎 8 月就职后宣布将致力于恢复国内和平。11 月 2 日，恩库伦齐扎警告武装分子 5 天内自愿上交武器，逾期未交者将被视为恐怖分子。因担心近期发生更为激烈的武装冲突，从 11 月 7 日开始，布琼布拉市附近的数百名居民已陆续离开家园。

（2）2015 年 12 月 11 日首都布琼布拉多处军营遭恐怖枪击袭击案。2015 年 12 月 11 日凌晨，布隆迪首都布琼布拉的多处军营，其中包括位于布琼布拉姆萨卡的高级军事学院以及位于尼亚加拉的军营，遭到 150 多名袭击者的袭击，有87人死亡，其中包括79名袭击者、4名士兵和4名警察，9名士兵和12名警察受伤、45人被逮捕、97支枪和各种弹药被缴获。12日在布琼布拉发现了40具平民的尸体，这些平民死于从11日凌晨开始至晚间结束的激烈枪战。2015年4月，布隆迪执政党推举总统恩库伦齐扎为下届大选总统候选人，反对党对此不满，其支持者在首都布琼布拉组织大规模抗议并同军警爆发冲突，布隆迪陷入持续混乱，已有超过300人在布隆迪冲突中死亡，约20万人流亡到别国避难。

（3）2016年2月15日首都布琼布拉系列恐怖手榴弹爆炸袭击案。2016年2月15日上午8时20分至9时55分之间，布隆迪首都布琼布拉包括加油站、小学等5个地方发生了手榴弹爆炸，造成1人死亡、30多人受伤。尚无任何组织声称制造了袭击事件。布隆迪公安部长本约尼在新闻发布会上说："目前安全力量已经戒备，将继续打击恐怖分子。这是对恐怖分子的最后警告。我们在打击恐怖主义上有经验，因为我们一直以来都在帮助其他国家反恐。"

（三）中部非洲国家的恐怖主义犯罪

1. 乍得的恐怖犯罪

（1）2015年6月15日首都恩贾梅纳发生两起恐怖爆炸袭击案。2015年6月15日上午，乍得首都恩贾梅纳发生两起自杀式炸弹袭击事件，4名自杀式的袭击者身亡，爆炸造成至少25人死亡、100多人受伤，这是当地首次遭遇此类恐怖袭击。袭击分别发生在中央警署和国家警校附近，距离中央警署不远就是乍得总统府和法国驻乍得使馆。爆炸发生后，遇袭地点附近道路被军队封锁，乍得政府立即召开紧急会议，商讨应对措施。恐怖袭击是由"博科圣地"所为，"博科圣地"成立于2004年，该组织武装人员频繁出没于尼日利亚与喀麦隆北部接壤地区，实施暴力恐怖袭击。2015年2月，尼日尔与尼日利亚、乍得、喀麦隆、贝宁宣布组建一支8700人的多国部队，对"博科圣地"实施军事打击。

（2）2015年10月10日乍得湖区巴加索拉镇的市场、难民营等地系列恐怖袭击案。2015年10月10日下午，乍得靠近尼日利亚边境的乍得湖区巴加索拉镇的市场、难民营等地接连发生5起爆炸，造成41人死亡，其中包括5名自杀式袭击者，分别为一名男性、两名女性和两名儿童。一段时间以来，迫于多国部队围剿压力，“博科圣地”在乍得、尼日利亚、喀麦隆、尼日尔等地多次发动恐怖袭击，而自杀式袭击者通常为被蛊惑的妇女、儿童。乍得政府呼吁民众提高警惕。

（3）2015 年 11 月 1 日乍得湖区军队指挥所恐怖自杀式爆炸袭击案。2015 年 11 月 1 日早晨，乍得与尼日利亚边境的乍得湖区两个军方指挥所，遭到极端组织“博科圣地”3 名武装分子自杀式爆炸袭击，造成包括袭击者在内的 19 人死亡、15 人受伤。1 日早晨，乍得部队位于波阿玛村的指挥所遭 3 名武装分子，造成 1 名士兵死亡、10 名士兵受伤，3 名袭击者在爆炸中丧生。与此同时，卡伊卡-甘迪赫亚村的军方指挥所也遭武装分子袭击，造成 2 名士兵死亡、4 名士兵受伤。13 名武装分子在交火中死亡、1 人受伤。死伤最严重的袭击发生在 10 月 10 日，系列恐袭造成 41 人死亡。

（4）2015 年 11 月 28 日乍得湖中岛屿古勒古阿村恐怖自杀式连环袭击案。2015 年 11 月 28 日，乍得湖中一座岛屿上的古勒古阿村发生 3 起连环式自杀爆炸事件，造成至少 30 人死亡、80 人受伤。3 名自杀袭击者在岛上一个集市上的不同位置引爆身上炸弹，该地区因为遭到激进组织“博科圣地”连番攻击，在 11 月开始进入紧急状态。“博科圣地”2015 年早些时候发布声明宣布效忠恐怖组织“伊斯兰国”。数月以来，“博科圣地”就在乍得湖上的村庄制造恐怖袭击事件。“博科圣地”成立于 2004 年，该组织武装人员频繁出没于尼日利亚与喀麦隆北部接壤地区，实施暴力恐怖袭击。2015 年 2 月，尼日利亚、喀麦隆、尼日尔、乍得、贝宁等国宣布组建一支 8700 人的多国部队，对“博科圣地”实施军事打击。乍得军队也发动了系列针对“博科圣地”的军事行动，这些行动尽管取得了一些成效，但恐怖组织依然不断在乍得湖地区发动袭击。制造袭击的恐怖分子往往是成年或未成年女性，瞄准目标是人员聚集的集市。

2. 中非的恐怖犯罪

（1）2015 年 11 月 10 日哨卡恐怖袭击案。2015 年 11 月 10 日，联合国中非共和国多层面综合稳定团（中非稳定团）一名维和人员在一哨卡附近遭袭身亡。当天，武装组织“反巴拉卡”与前“塞雷卡”成员在中非共和国首都班吉以北 400 公里的巴坦加福一处流离失所者营地发生冲突，随后前“塞雷卡”成员又与中非稳定团在附近一处哨卡发生冲突。

（2）2014 年 5 月 28 日首都班吉的法蒂玛圣母教堂恐怖袭击案。2014 年 5

月 28 日，中非共和国首都班吉的法蒂玛圣母教堂遭到袭击，穆斯林反叛武装“反砍刀”组织分子向教堂开枪和投掷手榴弹，导致 3 人死亡，其中包括神职人员，另有多人被绑架。当时，3 名穆斯林青年正在前往一场旨在推动社区和解的足球赛的途中。

3. 喀麦隆的恐怖犯罪

（1）2014 年 5 月 16 日中国企业遭恐怖袭击案。2014 年 5 月 16 日夜间，中国水利水电第十六工程局喀麦隆公司在喀极北地区的营地，遭到“博科圣地”组织武装人员袭击，造成 1 人受伤、10 人失去联系。中国驻喀麦隆使馆已启动应急机制，并要求喀麦隆方面采取措施，寻找失踪人员，保证在喀北部地区中方人员安全。当时，遭到袭击的中国企业在喀麦隆极北省与尼日利亚交界处负责实施喀一号国道修复项目。这个项目由世界银行和喀麦隆政府共同出资。近年来，喀麦隆极北地区武装袭击和绑架人质事件频发，2013 年 2 月 19 日，7 名法国游客在达班加遭尼日利亚极端宗教组织“博科圣地”绑架，两个月后获释。2013 年 11 月，“博科圣地”又在极北省绑架了一名法国神职人员。2014 年以来，该地区多次发生武装分子与喀麦隆军警交火事件。2014 年 4 月，200 名女学生在附近被绑架，一个警察哨所被袭击。

（2）2014 年 7 月 27 日喀麦隆副总理夫人遭恐怖绑架袭击案。2014 年 7 月 27 日，喀麦隆副总理阿马杜·阿里的夫人被尼日利亚极端组织“博科圣地”绑架，导致至少 3 人丧生。当天大约有 200 名“博科圣地”成员袭击了阿里位于喀北部科洛法塔镇的居所，并掳走他的妻子，该镇镇长、当地宗教领袖布卡尔的家也遭遇袭击，布卡尔及其 5 名家人亦被绑走。“我能确认，副总理阿里在科洛法塔镇的家遭遇了‘博科圣地’武装分子的猛烈袭击。”喀麦隆政府发言人伊萨·奇罗马·巴卡里说：“很不幸，他们掳走了他（阿里）的妻子。他们还袭击了宗教领袖的家，也绑架了他。”同时，他补充称，至少有 3 人在袭击中丧生。喀麦隆军队已经击退了“野蛮和无限制暴力的”武装分子，夺回了科洛法塔镇的控制权。

“博科圣地”于 2002 年在尼日利亚东北部的迈杜古里创建，以反对西方文化和教育为宗旨，并试图在尼日利亚北部建立一个国家。最近一段时间，该组织频繁在边境地带对尼日利亚邻国喀麦隆进行袭击。尽管喀麦隆已经在北部地区部署军力，参与打击极端武装分子的国际联合行动，但仍无法杜绝“博科圣地”的暴力行为。此次袭击已经是“博科圣地”自 25 日以来在喀麦隆发起的第三次袭击。在前两次袭击中至少有4名喀士兵丧生。2014年3月以来，喀麦隆政府在北部城市马鲁阿逮捕了22名“博科圣地”武装嫌疑人。25日，这22人被判入狱，刑期10年至20年不等。

（3）2015年1月18日极北省恐怖袭击案。2015年1月18日，一伙不明身份的武装人员袭击了喀麦隆极北省，在打死3名村民之后，将50名儿童劫持为人质，还有80座房子被毁，150头牛被抢走。袭击可能是尼日利亚极端组织“博科圣地”武装人员所为，这次袭击被视为对喀麦隆政府和乍得政府的公然挑衅。乍得政府15日派第一批部队前往喀麦隆，协助抗击“博科圣地”。最近几个月，尼日利亚北部大部分地区都被“博科圣地”占据了，大量尼日利亚当地居民逃往乍得避难，因此喀麦隆与乍得相邻的极北省就成为“博科圣地”频繁袭击的目标。

（4）2015年7月22、25日极北大区首府马鲁阿恐怖自杀式爆炸袭击案。2015年7月25日晚7时40分左右，喀麦隆极北大区首府马鲁阿再次发生一起自杀式爆炸袭击事件，一名自杀式袭击者在当地一家酒吧引爆携带的炸药，造成至少12人死亡、多人受伤。2015年7月22日，喀麦隆极北大区首府马鲁阿发生两起自杀式爆炸袭击事件，造成至少20人死亡、30多人受伤，两名袭击者被怀疑是极端组织“博科圣地”成员。“博科圣地”成立于2004年，该组织武装人员频繁出没于尼日利亚与喀麦隆北部接壤地区，实施暴力恐怖袭击。据统计，自2009年以来，已有至少1.5万人被“博科圣地”杀害。2015年1月中旬以来，乍得军队进入喀麦隆与喀军共同打击“博科圣地”，该极端组织在喀麦隆境内的袭击一度得到有效控制。

（5）2015年9月4日极北大区城镇科拉瓦恐怖爆炸袭击案。2015年9月3日，喀麦隆极北大区靠近尼日利亚的边境城镇科拉瓦，发生两起自杀式爆炸袭击，造成20多人死亡、145人受伤。3日11时30分，一名女子在当地的农贸市场引爆了身上的炸弹，第一起爆炸发生；当人们四散而逃时，第二个炸弹又被引爆。这起事件与极端组织“博科圣地”做法相同，2015年7月，“博科圣地”在喀麦隆北部地区发动了5起自杀式爆炸袭击，造成50多人死亡，而自杀式袭击者多为女性，甚至包括未成年少女。

（6）2015年9月20日极北大区系列恐怖自杀式爆炸袭击案。2015年9月20日上午，喀麦隆极北大区发生两起自杀式爆炸袭击，造成包括袭击者在内的5人死亡。爆炸由两名疑似“博科圣地”成员所为，地点位于喀麦隆与尼日利亚边境的小镇莫拉，距离极北大区首府马鲁阿约80公里。两名袭击者在一个安全检查站引爆随身携带的炸弹。当天是星期天，正是人流高峰日，恐怖分子把目标锁定在莫拉区的大集贸市场，实施暴恐袭击，用意就在于造成更多的伤亡、更大的恐慌。

(7) 2015年10月11日北部地区坎加莱利村庄恐怖袭击案。2015年10月11日，星期天清晨，在喀麦隆北部地区坎加莱利村庄，"博科圣地"恐怖组织分子制造了两起自杀式炸弹袭击，共造成包括两名自杀袭击者在内的11人死亡、29人受伤，其中有多人受伤严重，所有受伤人员均已送往医院抢救治疗。自杀袭击者是两名女孩，看上去明显不足20岁，她们却是"博科圣地"恐怖组织分子。清晨6点20分，人们听到第一次爆炸声，一名女自杀袭击者被当场炸死，据说是因操作失误而发生爆炸，同时也炸伤了周围的一些人。几分钟后，另一名女自杀袭击者在距离上述爆炸地点40米远的地方引爆炸弹，不仅自己身亡，还造成来此附近街边咖啡馆吃早饭的9人死亡。有29名伤者被送往附近医院治疗，其中有一些重伤者被转往马鲁瓦地区医院抢救。

喀麦隆总统保罗·比亚得知上述惨剧，听取了有关人员汇报后，立即指示要调动特殊手段来抢救伤者，并加强安全保护。喀极北大区区长马上召集主持了相关会议，采取紧急应对措施。在喀极北地区，星期天是基督徒做礼拜的日子，也是目前易受到暴恐袭击的最危险的时间。在多个地方发生自杀式炸弹袭击时间都是星期天，使得该地商贩不得不放弃去集贸市场卖货，基督徒也被迫暂时不去教堂做礼拜，都是因为恐惧，害怕遭受自杀式炸弹袭击。值得注意的是，自杀式炸弹袭击已经成为"博科圣地"恐怖组织在喀麦隆边境地区实施暴恐行为的最新方式，因为他们屡遭喀麦隆军队和其他国家的反恐打击，力量受到削弱，不得不改变暴恐方式，专门制造"人体炸弹"，甚至不惜牺牲年轻孩子的生命。这些恐怖分子一方面鼓吹反对西方文化，另一方面却使用西方技术来实施暴恐行为。

(8) 2015年11月9日极北大区福托科尔镇恐怖袭击案。2015年11月9日13时左右，喀麦隆极北大区与尼日利亚交界处的福托科尔镇，发生自杀式爆炸袭击，两名疑似尼日利亚极端组织"博科圣地"成员的女孩在福托科尔镇清真寺附近引爆身上炸弹，造成两名袭击者和3名平民共5人死亡。2015年7月12日，疑似"博科圣地"成员曾在福托科尔镇实施自杀式爆炸袭击，造成十多人死亡。

（9）2015 年 11 月 28 日北部小镇达班加两起恐怖自杀式炸弹袭击案。2015 年 11 月 28 日下午 6 点左右，喀麦隆北部小镇达班加，发生两起自杀式炸弹袭击，两名女性自杀式袭击者引爆了炸弹造，加上袭击者共成至少 7 人死亡、12 受伤。爆炸发生地点是一处商店和一个家庭，自杀式袭击者以尼日利亚难民身份进入喀麦隆，喀麦隆已经驱逐了数千名难民。

（10）2015 年 12 月 11 日极北大区科洛法塔镇恐怖袭击案。2015 年 12 月 11 日早 6 时左右，喀麦隆与尼日利亚交界的科洛法塔镇，发生一起自杀式爆炸袭击事件，一名十多岁的女孩闯入一所住宅后引爆身上的爆炸物，包括袭击者在内的 6 人当场被炸死，多人受伤，5 名伤势严重者在送到医院后死亡。虽然还没有任何组织声称策划了这起袭击，但他们怀疑尼日利亚极端组织“博科圣地”是幕后元凶。自 2015 年 7 月以来，极北大区发生多起自杀式爆炸袭击事件，实施者基本上都是未成年少女。

（11）2016 年 1 月 13 日极北大区库雅皮村清真寺恐怖袭击案。2016 年 1 月 13 日凌晨，喀麦隆极北大区库雅皮村的清真寺，发生一起自杀式爆炸恐怖袭击事件，造成包括袭击者在内的 13 人死亡。13 日上午 5 时许，袭击者混入祷告的民众中，在清真寺内引爆了炸弹。前一天晚上，已有两人在当地遇袭身亡。这些事件疑为极端组织“博科圣地”所为。靠近尼日利亚的极北大区已经成为极端组织“博科圣地”经常性的袭击目标。“博科圣地”将此地视为跨境基地，获取武器、车辆和货物。为此，喀麦隆加强了对边境地区的军事防卫。去年 11 月底，喀麦隆军队发动扫荡行动，削弱了“博科圣地”在边境地区挑起正面冲突的军事能力，但后者选择频繁发动自杀式爆炸袭击威胁地区安全。

（12）2016 年 2 月 10 日北部恩戈特切维恐怖自杀式袭击案。2016 年 2 月 10 日，喀麦隆北部恩戈特切维发生一起自杀式袭击，造成至少 6 人死亡、30 人受伤。当天在一个葬礼上，两名疑似来自极端组织“博科圣地”的自杀式袭击者在人群中引爆炸药，造成人员伤亡。此前，喀麦隆极北大区一座村庄 1 月 25 日遭遇多起自杀式爆炸袭击，造成 35 人死亡、60 人受伤。“博科圣地”成立于 2004 年，其武装人员频繁出没于尼日利亚与喀麦隆北部接壤地区，实施暴力恐怖袭击。

（13）2016 年 6 月 30 日北部地区小镇恐怖自杀式炸弹袭击案。2016 年 6 月 30 日夜间，喀麦隆北部地区与尼日利亚边境附近的一个小镇，遭到自杀式炸弹袭击，一名“博科圣地”的自杀式炸弹袭击者引爆炸弹，导致至少10人丧生。

4. 赤道几内亚的恐怖犯罪

2013年4月23日赤道几内亚海岸恐怖袭击案。2013年4月23日，在赤道几内亚海岸，海盗对挂有利比里亚旗帜的“汉莎马尔堡”号集装箱船发动袭击，劫持了4名船员，其中包括1名俄罗斯人和2名乌克兰人。袭击发生在距离赤道几内亚海岸约130海里处，尚无有关劫匪要求和被劫海员情况的消息。

5. 刚果共和国（布）的恐怖犯罪

2016年4月3日首都布拉柴维尔恐怖袭击案。2016年4月3日深夜，刚果共和国首都布拉柴维尔南部地区，6所警察局、市政府及2处海关监控站遭到攻击，一些战略物资和武器被袭击者抢走，自动武器的射击声与重型武器的炮弹声几乎无间断地持续到4月4日上午，造成17人死亡，分别是3名警察、2名市民及12名袭击者。这次恐怖袭击主要针对布拉柴维尔南部地区，在袭击发生后当地政府及有关部门“迅速行动”，以帮助重建秩序。

6. 刚果民主共和国（金）的恐怖犯罪

（1）2011年9月7日加丹加省卢本巴希市监狱遭恐怖劫狱袭击案。2011年9月7日，刚果民主共和国（金），武装人员袭击了位于加丹加省卢本巴希市郊的监狱，以营救当地一个民兵组织头目，至少960名囚犯逃跑。遇袭监狱位于加丹加省卢本巴希市郊，当天是监狱探访日，武装人员利用这一机会，乘坐小型货车溜进监狱，向警察和军方守卫开火，打死2人。武装人员首先释放民兵组织领导人热代翁·穆坦加，然后让其他囚犯逃狱，共967人逃跑，其中150人被抓回。穆坦加是加丹加省反政府民兵组织领导人，被认定在刚果（金）东部冲突中犯下战争罪和反人类罪，2009年获判死刑。

（2）2013年12月30日首都金沙萨及重要城市卢本巴希系列恐怖袭击案。2013年12月30日，刚果（金）首都金沙萨及重要城市卢本巴希发生3起袭击事件，造成超过70人死亡。30日上午，袭击者绑架了数名刚果（金）公共电视台的记者作为人质，随后位于金沙萨的恩吉利国际机场及该国总参谋部也响起了枪声。在卢本巴希同样发生了枪击事件，而位于该国东部城市金杜的机场也遭到了袭击。刚果（金）军方与警方已实施了解救行动，而这3起主要针对金沙萨及刚果（金）第二大城市卢本巴希袭击的袭击，共造成超过70名袭击者死亡。

（3）2014年11月3日刚果一男子被疑为恐怖分子遭人群杀死分食。据英国《每日邮报》10月31日报道，为报复恐怖组织ADF-NALU袭击刚果（金）、夺走100多条人命，日前一群刚果人因疑心一名青年男子系该组织成员，竟当众将其用石头打死，并火烧其尸体，最后分食。这名遇难的男子身份不明。因携带砍刀，且不会说当地方言斯瓦西里语，该男子在刚果（金）东北部贝尼镇乘坐公交车时引起当地人怀疑，被认为是当地伊斯兰极端组织ADF-NALU的成员。随后，一群人将这名男子用石头砸死，然后火烧其尸体，并且将其尸体吃掉。此前贝尼镇曾遭到ADF-NALU的多次袭击，而该组织使用的凶器是斧头与砍刀。ADF-NALU是一个反乌干达政府组织联盟，自20世纪中叶起开始借其设在邻国刚果（金）的基地开展活动，上月造成刚果（金）贝尼镇至少107人遇害。

（4）2014年11月6日北基伍省贝尼地区恐怖屠杀袭击案。11月6日晚，刚过北基伍省的贝尼地区发生了一起恐怖袭击屠杀事件，有36人被杀，另有两人受伤、两人被绑架。近些年来，刚果（金）东部一直处于与战乱状态，多支来自邻国乌干达和卢旺达的叛乱武装在当地屠杀民众、制造事端。在近两个月里，北基伍省的贝尼地区已有200多人被以类似的方式杀害，其中包括妇女儿童。

从1995年开始，流亡到刚果（金）与乌干达边境地区的穆斯林叛乱武装“解放乌干达民主同盟军和国民军”屡屡对当地村民发起恐怖行动。从2014年开始，刚果（金）军队与联合国维和部队对该地区的叛乱武装展开了清剿行动，实力最强的“23旅”被消灭，其他一些武装也被大大削弱。但是，自从8月份负责指挥军事行动的政府军将军因心脏病去世后，叛乱武装有些死灰复燃。

（5）2016年5月东部边缘地区系列恐怖袭击案。2016年5月3日晚上，北基伍省遭到恐怖袭击，导致20多名村民遇害。2016年5月6日，发生在邻近该省近北部的伊图利省的又一次袭击，导致约9人~15人丧生，其中包括当地一间教会的敬拜组长和一位女执事。他们属于一个名叫“磐石上的教会”的宣教机构，该机构于2014年10月发生在卡多的袭击中失去了一对牧师夫妇。教会自那时开始也放弃了其在姆布蒂人——俾格米人中间的宣教事工。一位匿名消息人士评论说，证据很明显，这就是一次有明确针对性的恐怖袭击，其目的在于把刚果（金）东部广阔地区内的基督徒赶尽杀绝。

(6) 2016 年 8 月 13 日贝尼市村庄恐怖袭击案。2016 年 8 月 13 日晚，刚果（金）东部城市贝尼市的一个村庄遭到乌干达反政府武装袭击，造成至少 45 人死亡。刚果（金）总统卡比拉谴责这次袭击是一起恐怖行动，他说："这样的恐怖屠杀行为与发生在马里、法国、索马里和世界其他角落的恐怖行动无异。"卡比拉认为，世界各国应对发生在刚果（金）境内的恐怖主义活动予以关注。2015 年以来，位于刚果（金）东部的北基伍省就有数千名普通民众遭到乌干达反政府武装杀害。刚果（金）军方展开多次行动，打击活跃在该国东部的反政府武装。刚果（金）东部同乌干达接壤，长期以来局势动荡，盘踞于此二十多年的乌干达反政府武装经常发动袭击。

(7) 2017 年 12 月 7 日刚果（金）北基伍省对联合国维和部队遭恐怖袭击案。2017 年 12 月 7 日晚上，刚果（金）北基伍省的联合国维和部队遭到盘踞在该国东部地区的乌干达反政府武装的袭击，造成 14 余名维和军人死亡，另有超过 40 人受伤。当天联合国负责维和行动的副秘书长拉克鲁瓦在社交媒体上对遇难者家属表示慰问。近年来，刚果（金）东部地区安全局势不稳定，长期有反政府武装活动。据联合国统计，2016 年以来已有数千名平民在东部地区冲突中丧生。

(四) 西部非洲国家的恐怖主义犯罪

1. 毛里塔尼亚的恐怖犯罪

(1) 2010 年 8 月 25 日挫败恐怖袭击军营案。2010 年 8 月 25 日凌晨，一名"人弹"试图驾驶一辆载有爆炸性物质的卡车冲入毛里塔尼亚内马镇一军营时被击毙。这名"人弹"拒绝停车后被军方击毙，他驾驶的卡车则在军营外爆炸，内马镇数栋建筑物也遭到不同程度的损毁。

(2) 2011 年 2 月 2 日挫败恐怖袭击阴谋案。2011 年 2 月 2 日凌晨 3 时左右，在首都努瓦克肖特以南 10 公里处，毛里塔尼亚安全部队向一辆满载爆炸物的越野车开火，汽车爆炸致死 3 名袭击者，致伤 9 名安全人员。"基地"组织北非分支随后承认策划袭击，称原定目标为毛里塔尼亚总统穆罕默德·乌尔德·阿卜杜勒·阿齐兹，汽车装载爆炸物超过 1 吨。2010 年 8 月，一名自杀式袭击者驾驶一辆满载爆炸物的汽车试图冲入毛里塔尼亚一座兵营时遭安全人员射击，汽车爆炸致伤两名安全人员，"伊斯兰马格里布基地组织"随后

“认领”袭击事件。安全人员先前收到情报，恐怖分子可能由马里入境毛里塔尼亚，2 月 1 日在努瓦克肖特以南拦截 3 辆可疑汽车，其中两辆逃脱，安全人员逮捕两名嫌疑人并着手追踪逃脱车辆。2 日爆炸的汽车为在逃汽车中的一辆，另一辆眼下去向不明，据信为“后援补给车”，安全人员正全力寻找。

（3）2011 年 7 月 5 日军事基地恐怖袭击案。2011 年 7 月 5 日，“基地”组织武装在其高级指挥官率领下袭击了毛里塔尼亚靠近马里边界地区的一个军事基地，时间持续了约一个小时，造成多人受伤，恐怖分子有 20 多人被打死。对于恐怖分子的袭击，军方早有准备，政府军对恐怖分子进行了有力还击，并派战斗机参加了战斗，20 多名恐怖分子被打死，10 人被逮捕，至少有 3 辆恐怖分子的车被彻底摧毁，政府军有 4 名战士受伤。恐怖分子向马里方向逃跑，毛里塔尼亚部队进行了追击。恐怖分子之所以向毛里塔尼亚军事基地发动袭击，是因为毛里塔尼亚政府军 6 月 24 日越过边界进入马里境内 70 公里对“伊斯兰马格里布基地”组织设在马里西部丛林中的一个营地发动了进攻，打死了 15 名恐怖分子。这是该恐怖组织对毛里塔尼亚的报复行动。

（4）2012 年 10 月 13 日毛里塔尼亚总统阿齐兹车队恐怖袭击案。2012 年 10 月 13 日晚上，毛里塔尼亚总统阿齐兹的车队遭到不明身份武装分子袭击，总统受伤，但无生命危险。阿齐兹总统紧急撤离至一家军事医院接受治疗。

（5）2012 年 3 月 16 日逮捕恐怖分子。2012 年 3 月 18 日，毛里塔尼亚逮捕了利比亚前情报部门负责人阿卜杜拉·塞努西，法国政府对他提出引渡要求，这名卡扎菲政权时代的高官被控对 1989 年造成数十名法国人身亡的一起航班爆炸事件负责。塞努西在法国和毛里塔尼亚政府的协作下被捕，有关情况已向利比亚当局作出通报。塞努西因 1989 年针对 UTA772 航班的恐怖袭击事件被缺席判处终身监禁并遭到国际通缉，这次事件共造成 170 人死亡，其中包括 54 名法国人。16 日晚，塞努西持伪造的马里护照从摩洛哥卡萨布兰卡抵达毛里塔尼亚首都努瓦肖克特，在机场入境时被捕，目前利比亚也已经提出引渡请求。时年 62 岁的塞努西是利比亚前领导人卡扎菲的妹夫，曾长期担任利比亚情报部门最高负责人。他在 2011 年卡扎菲政权倒台之前逃离了利比亚。国际刑事法院于 2011 年以反人类罪对塞努西发出逮捕令。此外，塞努西还被指控对 1988 年造成 270 人死亡的泛美航空班机洛克比空难负责。

（6）2013 年 5 月 31 日从美国引渡恐怖袭击嫌犯。2013 年 5 月 31 日晚，毛里塔尼亚把美军关押在其位于阿富汗巴格拉姆军事基地的毛里塔尼亚籍恐怖分子嫌疑人尤内斯·阿尔，引渡至毛里塔尼亚首都努瓦肖克特。当时，这名恐怖分子嫌疑人被美军军用飞机运至努瓦肖克特，随即被移交给毛里塔尼亚安全部门。2005年6月，阿尔·毛里塔尼涉嫌参与的毛里塔尼亚北部袭击事件导致17名毛里塔尼亚政府军士兵死亡，并因此被毛里塔尼亚司法部门发布国际通缉令追捕。在逃亡期间，阿尔·毛里塔尼到过马里北部，并加入当地伊斯兰武装组织。2008年，他回到毛里塔尼亚，在努瓦肖克特市中心与警方发生枪战，并再次逃脱，前往阿富汗。2011年，在巴基斯坦西南部城市奎达，阿尔·毛里塔尼在美英一场联合军事行动中被捕，并被运往阿富汗巴格拉姆美军军事基地关押。

2. 马里的恐怖犯罪

（1）2011年1月5日法国驻马里大使馆恐怖爆炸袭击案。2011年1月5日18时左右，在法国驻马里首都巴尔科市的大使馆门前，一人点燃一个小型煤气罐引发爆炸，致使两名路人受轻伤。袭击者持有一把手枪，向大使馆内射击，随即被警方逮捕。被捕男子为突尼斯人，属于“基地”北非分支。

（2）2013年2月7日北部城镇加奥恐怖爆炸袭击案。2013年2月7日，马里北部城镇加奥，一名武装人员实施自杀式爆炸袭击，炸伤一名马里政府军士兵。当时，马里北部图阿雷格部族的一名武装人员驾驶一辆摩托车，在靠近马里政府军士兵时，引爆身上爆炸物，将一名政府军士兵炸伤，袭击者本人被当场炸死。这是自2013年1月11日法国军事介入马里局势以来，马里反政府武装在该国境内实施的首例自杀式爆炸袭击。

（3）2013年2月9日北部加奥市恐怖自杀式爆炸袭击案。2013年2月9日，马里北部最大城市加奥的一个马里政府军安全检查站，一名自杀式袭击者引爆了随身携带的炸弹，袭击者当场死亡，爆炸袭击地点距离法军军营大约10公里。一些马里村民在加奥以北抓获两名年轻的自杀式袭击者，两人身缠炸弹腰带，在从布雷姆到马里北部重镇基达尔的公路上被抓获。目前，法军和非洲国家军队加强了对加奥的安全戒备。

（4）2013年3月30日北部城市廷巴克图恐怖自杀式恐怖爆炸袭击案。2013年3月30日，马里北部城市廷巴克图市的一座军营，发生一起自杀式爆炸袭击事件，造成1名士兵受伤。一名“圣战组织”自杀式袭击者，在军营西入口试图进入军营未果，随即引爆了随身佩戴的自杀背心，自杀式袭击者当场身亡。当天稍早前，一辆马里军车在北部加奥地区触雷发生爆炸，造成两名政府军士兵丧生，军车被炸毁。

（5）2013 年 4 月 12 日北部基达尔市恐怖自杀式爆炸袭击案。2013 年 4 月 12 日上午，马里北部基达尔市发生一起自杀式爆炸袭击事件，马里反政府武装人员在一处市场内实施袭击，造成 2 名乍得士兵死亡、4 人受伤。2013 年年初以来，马里局势因北部反政府武装发动攻势而持续紧张。应马里政府要求，法国和一些非洲国家相继派兵支援马里政府军打击北部反政府武装，法国和乍得的部队那时正在基达尔市执行任务。

（6）2013 年 12 月 14 日北部基达尔地区恐怖爆炸袭击案。2013 年 12 月 14 日，马里北部基达尔地区首府基达尔遭到汽车炸弹爆炸袭击，造成至少 2 名联合国马里多层面综合稳定特派团士兵丧生、数名维和士兵与马里政府军士兵受伤，爆炸结束后发生了短暂交火。爆炸发生地，马里团结银行是基达尔市内唯一一家在运营的银行，银行及建筑附近房屋部分受损，袭击很有可能是精心策划的，针对的是守卫银行的士兵。

（7）2014 年 6 月 11 日北部城市阿盖洛克恐怖自杀式汽车炸弹袭击案。2014 年 6 月 11 日下午，马里北部城市阿盖洛克发生自杀式汽车炸弹袭击，造成 4 名联合国维和士兵死亡，另有 10 人受伤。当时，爆炸发生在马里稳定团位于阿盖洛克的营地入口处，汽车炸弹袭击造成 4 名联合国维和士兵死亡，另有 10 人受伤；伤者中 6 人为马里稳定团人员，4 人为马里士兵。

（8）2014 年 7 月 16 日法国士兵遭恐怖袭击案。2014 年 7 月 16 日，在马里北部，发生自杀式爆炸，该袭击的目标为法国部队，一名法国士兵遇难、7 名法国士兵受伤，其中 3 人伤情严重。2013 年在马里发生的宗教极端叛乱被镇压，目前马里当局和外国部队正在努力恢复秩序。袭击发生在法国国防部长让·伊夫·勒德里昂预计访问马里日期的数天前，同时宣传重组法国 1700 人的部队进入地区反恐行动的计划。法国介入西非国家阻止了“基地”组织武装分子的进一步发展。2012 年，“基地”组织曾企图利用当地图阿雷格族反政府叛乱和随后的军事政变，控制马里北部 2/3 的地区。本次袭击是自 2013 年 1 月法国介入马里以来的第 9 例死亡事件。

（9）2015 年 3 月 7 日首都巴马科市恐怖袭击案。2015 年 3 月 7 日，马里首都巴马科市发生袭击事件，被定性为恐怖袭击，导致 5 人死亡、8 人受伤，死者中包括警察、法国和比利时公民。当局已派出数十名警察搜索当地，试图找到有关袭击者的蛛丝马迹。

（10）2015 年 4 月 15 日北部加奥地区恐怖爆炸袭击案。2015 年 4 月 15 日，马里北部加奥地区，发生一起自杀式爆炸袭击事件，至少 3 名平民死亡，另有包括 9 名联合国维和人员在内的 16 人受伤。当天，袭击者驾驶一辆装有炸弹的车辆试图闯入马里稳定团位于加奥地区的一个营区，并发动自杀式袭击。

（11）2015 年 11 月 20 日首都巴马科酒店恐怖袭击案。2015 年 11 月 20 日，7 名手持 AK47 步枪的恐怖分子冲入西非国家马里首都巴马科的一家国际连锁酒店进行扫射，并将酒店内的 170 人扣为人质，能够背诵《古兰经》的人质很快获释。事件发生后，马里警方展开第一轮强攻，首批解救 80 名人质，造成 27 人死亡，其中包括 3 名中国公民，他们是赴马里交通部洽谈合作项目的。这次恐怖袭击针对法国的意味明显，而中国公民只是碰巧住在那家酒店，被殃及而已。马里是非洲西部一个非常落后的国度，经济贫困，生活质量低下，54%的人口是文盲，只有 2/3 的人口有干净的水源，平均期望寿命只有 45 岁。历史上，这里曾经出现过盛极一时的“马里帝国”。19 世纪末，马里沦为法国的殖民地，被称为“法属苏丹”，1960 年获得独立，也因此，至今仍有 6000 多名法国人在马里生活。

（12）2015 年 12 月 15 日北部军事基地恐怖袭击案。2015 年 12 月 15 日晚，马里北部的一处军事基地遭到基地组织北非分支的恐怖袭击，几名士兵被打死，一些武器被夺走。基地组织北非分支称，此次袭击的主要目的是为了对在该国境内的法国军队进行报复。自 2012 年起，马里境内遭到多次极端分子的袭击，直到 2013 年法国军队到来，帮助马里打击当地恐怖分子后，形势才有所缓和。

（13）2016 年 3 月 21 日首都巴马科市恐怖袭击案。2016 年 3 月 21 日 18 时 40 分左右，马里首都巴马科市发生恐怖袭击事件，欧盟驻马里军事培训团所在的一家酒店遭到恐怖分子袭击，一名恐怖分子被击毙，另有两名嫌犯被逮捕。马里军方随后封锁事发区域，马里特种部队正在对酒店周边所有建筑进行清查，以排除安全隐患。欧盟驻马里军事培训团没有人员伤亡。

（14）2016 年 5 月 27 日北部加奥地区军车遭恐怖爆炸袭击案。2016 年 5 月 27 日下午，在马里北部加奥大区和梅纳卡大区交界地带，两辆军车遭到爆炸袭击，造成 5 名军人死亡、4 名军人受伤。爆炸是由临时爆炸装置引起，死伤者都是军车上的军人，马里政府将尽一切努力将袭击者绳之以法。

（15）2016 年 6 月 1 日驻马里中国维和部队遭恐怖袭击案。2016 年 1 月 1 日凌晨，驻非洲马里的中国维和人员遭遇恐怖袭击，1 人牺牲、5 人受伤。“基地”组织北非分支“伊斯兰马格里布基地组织”宣称对此负责。联合国维和部队主要部署在战乱冲突地区，恪守中立原则，不支持冲突的任何一方，旨在为和平创造条件。他们甚至不能配备重武器，只有用于自卫的轻武器。公然袭击这样一支队伍，并且直击部队营区，挑衅意味昭然若揭。对于如此猖獗的行径，中国外交部、国防部第一时间予以强烈回应、严重警告。

（16）2017 年 1 月 18 日北部重镇加奥恐怖自杀式汽车爆炸袭击案。2017 年 1 月 18 日早 8 点 40 分左右，马里北部重镇加奥，针对维和协调部队，恐怖分子驾驶一辆汽车闯进军营实施自杀爆炸袭击，造成至少 50 人死亡、60 多人受伤。事发时，军人正在集结，准备执行联合巡逻任务，因此死伤惨重。恐怖组织“纳赛尔主义独立运动”18 日通过毛里塔尼亚的一家网站发布声明，宣称制造了马里北部军营的恐怖袭击。

3. 布基纳法索的恐怖犯罪

（1）2016 年 1 月 15 日首都瓦加杜古市酒店恐怖袭击案。2016 年 1 月 15 日晚，布吉纳法索首都瓦加杜古市的辉煌酒店，两个汽车炸弹在酒店外围爆炸，其后数名枪手闯入酒店内部，酒店对面一间餐厅亦被袭击，餐厅内有数名平民被杀，恐袭已造成至少 20 人死亡、15 人受伤，多人遭劫持。布基纳法索安全部队随后赶到，动用坦克和装甲车将酒店包围，并与恐怖分子发生交火。安全部队已营救出十余名人质，并在全市敏感地段展开巡逻，不排除与法国和美国合作解救人质。当时，3 至 4 名说阿拉伯语的恐怖分子身着黑衣，乘两辆汽车到达袭击地点。恐怖分子进入酒店后，在酒店楼上向对面餐馆扫射，死者大多为餐馆和酒店大厅里的人。一家名为“圣战”的网站声称，“伊斯兰马格里布基地组织”制造了这起袭击事件。辉煌酒店位于首都瓦加杜古市商业区，恐怖袭击发生后瓦加杜古从当地时间 23 时至次日早上 6 时实行宵禁。

（2）2017 年 8 月 13 日布基纳法索首都瓦加杜古市餐厅遭恐怖袭击案。2017 年 8 月 13 日夜间，布基纳法索首都瓦加杜古市中心一家餐厅发生恐怖袭击事件，造成 18 人死亡、20 多人受伤，2 名袭击者在与警方交火中被打死。当时，2 名袭击者骑摩托车来到餐厅，随即向人群开枪扫射。安全部队随后乘装甲车赶到，与袭击者发生交火，击毙了 2 名恐怖分子。布基纳法索位于西非，曾是法国殖民地，法国在布基纳法索邻国马里驻有部队。自 2015 年以来，布基纳法索恐怖袭击事件频发。由布基纳法索、乍得、马里、毛里塔尼亚和尼日尔组成的萨赫勒五国集团已于 2017 年 2 月决定成立规模为 5000 人的联合反恐部队，打击萨赫勒地区日益猖獗的恐怖活动。

4. 几内亚的恐怖犯罪

（1）2016 年 3 月 15 日逮捕毛里塔尼亚恐怖嫌疑人。2016 年 3 月 15 日，几内亚政府逮捕了一名来自毛里塔尼亚的恐怖分子。16 日中午，另外一名恐怖分子打电话给几内亚新闻网编辑部发出威胁，威胁要在此后数日内在几内亚发动恐怖袭击的消息。为此，几内亚军警宪采取了一系列的安保措施加强警戒以严防恐怖袭击。除了警察、宪兵之外，几内亚政府还调动部分军队进入首都，对主要街区、重点建筑物加强了保卫。

（2）2016 年 4 月 3 日采取措施严密防范恐怖袭击。2016 年 3 月中旬，几内亚警方抓捕了多名来自毛里塔尼亚的疑似恐怖分子以及本国的一些疑似恐怖分子或者是圣战支持者，获得了一些情报，缴获了一批武器弹药，恐怖分子有可能暗中正在策划在几内亚发动恐袭。为了防范潜在的恐袭威胁，几内亚警方、宪兵、军方一起出动，采取了一系列比较严密的防控措施，在首都主要十字路口、重要建筑物周围都布置了比较多的警力，对过往车辆和行人进行安全检查。

5. 几内亚比绍的恐怖犯罪

2016 年 8 月 21 日首都比绍机场恐怖袭击案。2016 年 8 月 21 日凌晨，武装分子对几内亚比绍首都比绍机场附近布拉空军基地发动袭击，攻击该空军基地的弹药房，并朝站岗的士兵开枪，造成至少 7 人死亡。

6. 科特迪瓦的恐怖犯罪

2016 年 3 月 13 日海岸度假城市大巴萨恐怖袭击案。2016 年 3 月 13 日下午，科特迪瓦旅游胜地大巴萨的三家酒店遭极端组织攻击，造成 16 人死亡。“基地”组织北非分支“伊斯兰马格里布”组织随后宣称对这起袭击事件负责，安理会成员随后就此发表媒体声明，对袭击导致包括 1 名法国游客和 1 名联合国驻科特迪瓦行动团文职工作人员在内的至少 16 人死亡、多人受伤的惨剧予以措辞最强烈的谴责，向遇难者家人、科特迪瓦政府、法国政府以及公民成为此类袭击目标的所有其他政府表示最深切的慰问和哀悼，并祝愿伤者尽快康复。

7. 多哥的恐怖犯罪

2010 年 1 月 9 日非洲杯多哥队遭恐怖袭击案。2010 年 1 月 9 日，多哥队乘坐的大巴在行驶途中遭机枪袭击，司机当场死亡，车上 9 人受伤。多哥国家队随后宣布，将考虑退出本次非洲杯的比赛。恐怖袭击发生时，多哥队的两辆大巴车正在穿越刚果和安哥拉之间的边境。袭击者把装载设备的大巴当成了运送球员的大巴，用机关枪对其猛烈扫射，紧接着又对球员乘坐的大巴进行了扫射，大巴司机当场身亡。虽然车上的警察进行了还击，但根本不是对方强大火力的对手，反政府组织声称对袭击负责。

8. 尼日尔的恐怖犯罪

（1）2013 年 5 月 23 日连环自杀式恐怖爆炸袭击案。2013 年 5 月 23 日清晨，尼日尔西北部发生了多起自杀式爆炸袭击事件，造成包括军人、平民在内的数十人死伤。23 日早晨 5 点半左右，尼日尔北部主要城市阿加德兹的一座军营遭遇自杀式汽车炸弹袭击，造成至少 19 人死亡。就在这起爆炸时间发生约半小时后，在尼日尔北部的阿尔利特地区，法国核能巨头阿海珐集团旗下的一个铀矿同样遭到袭击，2 名自杀式爆炸袭击者死亡、14 名平民受伤。恐怖袭击事件发生后，尼日尔政府宣布了为期三天的全国哀悼日。马里极端组织“西非圣战统一运动”发言人阿布·瓦利德·萨赫拉维 23 日说，该组织制造了这两起袭击，目的在于报复法国和尼日尔参与打击马里北部伊斯兰极端分子的军事行动。法国总统奥朗德当天表示，将与尼日尔携手，共同打击恐怖分子，消灭制造恐怖袭击的极端组织。

（2）2014 年 10 月 30 日蒂拉贝里大区系列恐怖袭击案。2014 年 10 月 30 日，尼日尔蒂拉贝里大区靠近马里边境处多地，同时遭到恐怖分子的袭击，共造成 5 名警察、2 名宪兵、2 名国民警卫队士兵死亡，2 名宪兵、1 名警察和 1 名国民警卫队士兵受伤，1 名警察，1 名宪兵和 1 名国民警卫队士兵失踪。当时，恐怖分子袭击了曼加伊泽村难民营的安全哨所，瓦拉姆监狱和巴尼邦古的巡逻队。其中，持重武器的恐怖分子乘车袭击了距首都尼亚美不足 100 公里处的瓦拉姆监狱，解救了他们的一个同伴，并放出了其他囚犯。袭击曼加伊泽村难民营者来自马里，乘坐 8 辆摩托，每辆 2 人，袭击后返回马里。

（3）2015 年 12 月 22 日东部迪法省恐怖袭击案。2015 年 12 月 22 日夜间至 23 日凌晨，尼日尔东部迪法省遭到极端组织“博科圣地”武装分子多次袭击，造成至少包括 2 名尼日尔士兵在内的 5 人死亡、10 余人受伤。为防止

“博科圣地”武装分子袭击，尼日尔与乍得联军也在该地区对“博科圣地”武装分子进行了多轮清剿行动。“博科圣地”成立于2004年，该组织武装人员频繁出没于尼日利亚与喀麦隆北部接壤地区，实施暴力恐怖袭击。2015年2月，尼日利亚、喀麦隆、尼日尔、乍得、贝宁等国宣布组建一支8700人的多国部队，对“博科圣地”实施军事打击。

（4）2016年6月3至4日东南部迪法省博索市军事检查站遭恐怖袭击案。2016年6月3日夜间至4日凌晨，尼日尔南部靠近尼日利亚边境的迪法省博索镇遭遇极端组织“博科圣地”武装人员的大规模袭击，导致32名士兵身亡，其中包括30名尼日尔士兵和2名尼日利亚士兵。3日18时50分许，数百名“博科圣地”的武装人员袭击了博索镇的军事检查站，导致32名尼日尔和尼日利亚士兵身亡，67名士兵受伤，极端分子方面也有数人伤亡，这也是自2015年2月尼日尔开始同“博科圣地”作战以来伤亡最为严重的事件。尼日尔政府军于4日凌晨发动反攻，夺回博索镇所有据点，尼政府军随后对武装袭击者进行追击和空中搜索。发动此次袭击的武装分子来自尼日利亚一侧。6年来，“博科圣地”已在尼日利亚东北部和邻国造成至少2万人死亡，260多万人流离失所。

（5）2016年6月16日恩贾贾姆村恐怖袭击案。2016年6月16日傍晚，尼日尔东南部迪法省恩贾贾姆村，遭极端组织“博科圣地”武装分子袭击，造成至少7名尼军士兵死亡、12名士兵受伤。“博科圣地”武装分子驾驶此前掠夺的尼日尔政府军车辆，袭击了迪法省的恩贾贾姆村，尼日尔军队随即展开反击。袭击发生前，许多流离失所的民众在该村庄的一个难民营内避难。“博科圣地”成立于2004年，盘踞在尼日利亚东北部，在尼日利亚频频发动暴力袭击，同时也不断袭击尼日尔、喀麦隆与尼日利亚接壤的边境地区。据统计，自2009年以来，已有至少1.5万人被“博科圣地”杀害。2015年2月，尼日利亚、喀麦隆、尼日尔、乍得和贝宁宣布组建一支8700人的多国部队，对“博科圣地”实施军事打击。

（6）2016年9月14日政府军在东南部迪法省博索市图穆尔镇附近恐怖袭击案。2016年9月14日，尼日尔政府军在东南部迪法省博索市图穆尔镇附近巡逻时遭到“博科圣地”武装分子伏击，造成至少5名政府军士兵死亡，另有6人受伤。交火中，尼日尔国防和安全部队击毙30名“博科圣地”武装分子，俘虏2人，并缴获大量武器和补给。

（7）2016 年 10 月 6 日西北部马里难民营遭恐怖袭击案。2016 年 10 月 6 日，尼日尔西北部一马里难民营遭武装分子袭击，造成至少 22 名尼日尔军人死亡。尼日尔军方此后出动空中和地面力量追击袭击者，袭击者可能是盘踞在马里北部的恐怖分子。

（8）2016 年 10 月 17 日首都尼亚美附近库图卡雷监狱遭恐怖袭击案。2016 年 10 月 17 日凌晨，尼日尔首都尼亚美附近库图卡雷监狱，遭到武装分子的袭击，恐怖分子随即被政府安全部队击退，至少有一名武装分子被打死。遭到武装分子袭击的这所监狱位于尼亚美西北 50 公里处，关押着许多恐怖分子和重罪犯，此次袭击是为了“营救”关押在监狱里的马里圣战分子和“博科圣地”武装分子。过去数周，恐怖分子以及叛乱分子等在尼日尔和马里边境地区制造了多起恐怖袭击。10 月 6 日，一批武装分子袭击了尼日尔西北部一马里难民营，造成至少 22 名守卫难民营的尼日尔军人死亡。

（9）2017 年 10 月 4 日尼日尔美军士兵遭恐怖袭击案。2017 年 10 月 4 日清晨，在尼日尔美军士兵遭遇恐怖袭击，导致 4 名“绿色贝雷帽”部队成员丧生。当时，由 11 名美国陆军特种兵（绿色贝雷帽）和 30 名尼日尔士兵和翻译组成的联合巡逻队在执行完一项例行性的巡逻任务后，准备离开尼日尔边境的一座村庄，突然遭到了一伙效忠于伊斯兰国的武装恐怖分子的袭击。由于此次任务的主要内容为巡视尼日尔边境的一些散落的村庄，以及与当地村民和领导人会面，属于低风险任务，所以他们根本没有预料到自己会与恐怖分子狭路相逢，结果毫无准备的美国特种部队尽管英勇奋战，但还是付出了巨大的牺牲。

战斗发生前，11 名美国绿色贝雷帽特种兵与 30 名尼日尔士兵和翻译分乘八辆汽车从距离尼日尔首都尼亚美 100 公里的瓦拉姆军营出发，前往附近村庄与地区领导人见面。其中，美军特种兵乘坐两辆皮卡车和一辆黑色 SUV 越野车，而尼日尔士兵则乘坐五辆卡车。由于这只是一次低风险的例行性巡逻，所以巡逻车队并没有带上重武器，巡逻队的随行装备中火力最强的还是安装在汽车上的 7. 62 毫米口径中型机枪，但却没有为机枪手配备防护装甲。而美国特种兵所携带的则是配备有瞄准镜的 M4 卡宾枪，个别人还装配有单发榴弹发射器，但这样的火力配置完全无法抵御一支火力较强的武装部队的攻击，这也为后来惨烈的战斗埋下了隐患。这伙恐怖分子大约有 50 人，装备有突击步枪和便携式反坦克武器。在伏击中，八辆汽车组成的车队中有两辆汽车在恐怖分子的重炮下被摧毁，尼日尔政府军被在遭遇袭击后就吓得四处逃散，美军特种兵的车辆与尼日尔军方的车辆被迫分道扬镳。其中驾驶白色车辆的陆军参谋军士杰里米约翰逊和其他三名美军特种兵从伏击中冲了出来，而载有另三名美军特种兵的黑色 SUV 却不知何故被抛在了后面。

这三名没有能够逃脱出来的美国兵分别是陆军参谋军士约翰逊、莱特、布莱克。他们三人错误地驾驶着汽车驶向了恐怖分子用来向增援部队标记自己位置的红色烟幕弹。随后他们三人与恐怖分子展开了激战，约翰逊与布莱克和莱特在战斗中先后被击倒……在这场伏击战打响后大约两个小时，来自法国军方的幻影战斗机才赶来展开空中支援，随后载有美国驻马里特种部队的法国直升机也赶到，带着美国伤员和巡逻队中的其他成员返回安全区域。当天晚上，前来支援的美军特种兵才带回了倒在黑色 SUV 附近三名美军特种兵的尸体。这些伏击美军的极端分子包括“伊斯兰马格里布基地组织”和“伊斯兰国”成员，这是自 1993 年在索马里的遭遇“黑鹰坠落”惨败以来，美国军队在非洲的作战中遭受的最大损失。

9. 尼日利亚的恐怖犯罪

（1）2010 年 1 月 31 日东南部巴耶萨州输油管道遭恐怖爆炸袭击案。2010 年 1 月 31 日，在尼日利亚东南部的巴耶萨州，壳牌尼日利亚石油发展有限公司的一条主要输油管道被炸毁。在爆炸发生当天，尼日利亚最大的武装组织“尼日尔河三角洲解放运动”宣布解除 2009 年 10 月底开始实施的单方面停火，表示要恢复对该地区石油设施的袭击。2009 年 12 月 19 日，在尼日利亚东南部河流州，“尼日尔河三角洲解放运动”炸毁了一条属于英荷壳牌石油公司和美国雪佛龙公司的输油管道。

（2）2010 年 9 月 7 日北部一个监狱遭恐怖劫狱袭击案。2010 年 9 月 7 日，尼日利亚西北部包奇州发生劫狱事件，导致 732 名囚犯出逃、数名狱警受伤。这座监狱位于包奇，关押了 900 多名囚犯，只有 37 名囚犯没有逃走。监狱里一共羁押着 150 名“博科圣地”（Boko Haram）组织嫌疑分子，其中 149 名都逃脱了。武装分子人多并持有强大火力武器，一开始就朝监狱大门射击，袭击者攻入监狱后，打开每个牢门，把囚犯放走，还放火烧毁了监狱的一部分和停在监狱外面的汽车。该组织为解救同伙策划实施了 7 日晚上的劫狱事件，该组织被认为是尼日利亚的塔利班，大部分成员来自邻国尼日尔。该组织的这个称号的意思是“西方教育是罪恶”，该组织一直寻求在尼日利亚强行实施严格的伊斯兰教教规。他们 2009 年发动了一场暴乱，最终被警察和军队镇压。其领袖穆罕默德·尤瑟福在 2009 年 7 月 30 日被打死，该组织总部也已变成废墟。

（3）2010 年 10 月 1 日首都阿布贾独立 50 周年纪念恐怖袭击案。2010 年 10 月 1 日，尼日利亚首都阿布贾举行独立 50 周年纪念活动时，遭遇两起汽车炸弹袭击，造成 12 人死亡。当时，阿布贾雄鹰广场举行独立日活动之时，两枚汽车炸弹在相隔不远处相继爆炸。袭击制造者以“为尼日尔河三角洲寻求公正”为名，制造恐怖活动和犯罪活动，当局“彻底不可容忍”。爆炸地点距独立日活动所在地雄鹰广场不足 1 公里，但活动丝毫没有受到爆炸的影响，照常进行。

（4）2011 年 9 月 25 日北部州捣毁恐怖训练点。2011 年 9 月 25 日，尼日利亚北部包奇州警方捣毁了境内的一个恐怖分子训练营，逮捕了 10 名受训人员，并缴获大量武器。该训练营距离暴力事件频发的高原州首府乔斯仅 30 公里，警方在训练营里缴获了 5 套军服、100 多发子弹、4 杆泵动枪和 4 把大刀。这些人不仅仅是犯罪分子，而是恐怖分子。有人供述他们将前往北部卡杜纳州实施暴力行动，以报复 2011 年大选后骚乱中死去的族人。

（5）2012 年 4 月 26 日《今日报》办公大楼遭恐怖爆炸袭击案。2012 年 4 月 26 日上午，一名自杀式汽车炸弹袭击者驾车闯入位于尼日利亚首都阿布贾的《今日报》办公大楼，随后引爆了炸弹，造成至少 3 人死亡、5 人受伤。当时，一个携带炸弹的人驾车闯入了报社大门，并且试图开进院子，紧接着就发生了爆炸。一般来说，尼日利亚的恐怖活动都是针对政府部门，而这次选择了一个独立于政治势力之外的报社作为攻击目标。4 月 26 日，尼日利亚北部卡杜纳州也发生了爆炸事件，造成至少 4 人死亡。爆炸发生的地点在卡杜纳主干道旁的一座楼房内，里边有包括《今日报》在内的多家媒体。

（6）2012 年 2 月 15 日科吉州监狱遭恐怖劫狱袭击案。2012 年 2 月 15 日 19 时左右，尼日利亚中部的科吉州，发生武装劫狱事件，1 名狱警被打死、119 名在押犯人逃脱。当时，一伙不明身份的武装分子袭击了科吉州的一所监狱，用炸药炸开监狱铁门，并与守卫展开交火，打死 21 名狱警，120 名被关押的犯人中有 119 人乘乱逃脱，只有 1 人选择继续留在监狱。

（7）2012 年 6 月 24 日北部约贝州首府达马图鲁某监狱遭恐怖劫狱袭击案。2012 年 6 月 24 日上午，尼日利亚北部约贝州首府达马图鲁某监狱遭到武装分子袭击，造成至少40名囚犯脱逃、1名狱警受枪伤。当时，一群疑似尼日利亚伊斯兰极端组织“博科圣地”成员的武装分子袭击了位于尼北部约贝州首府达马图鲁的一所监狱，打死1人并放走至少40名囚犯，这些被放走的囚犯都是在等候审讯的“博科圣地”成员。当警察赶到现场试图拦截的时候，双方发生交火，1名狱警受枪伤，一些武装分子被打死。这所监狱2012年5月份曾遭到武装分子袭击，14名囚犯潜逃。

（8）2012年11月4日北部约贝州首府达马图鲁警察局遭恐怖袭击案。2012年11月4日早晨，尼日利亚北部约贝州首府达马图鲁附近一警察局遭不明身份武装分子袭击，造成两名警察死亡。警察局及附近一些公共设施被严重毁坏。当时，一群不明身份的武装分子向该警察局投掷数枚炸弹，随后向该区域开火。警察局被完全摧毁，附近一些公共设施也因起火受到不同程度损坏。尼日利亚北部自2011年以来一直处于动荡之中，北部地区发生多起针对当地警察局和监狱的爆炸和袭击事件。

（9）2013年11月13日美国将尼日利亚伊斯兰激进组织“博科圣地”和“安萨鲁”列为恐怖组织。2013年11月13日，美国将尼日利亚伊斯兰激进组织“博科圣地”和“安萨鲁”列为恐怖组织，宣布对其进行军事援助即为犯罪。美国政府要求美国机构停止与这两个组织进行金融交易，以谴责“博科圣地”与“安萨鲁”组织在尼日利亚东北部及中部对教堂与清真寺发起恐怖袭击并造成数千人死亡，以及在阿布贾策划的联合国大楼爆炸案等恐怖行为，表现了美国对尼日利亚打击恐怖主义、维护地区安全稳定的强有力支持。尼日利亚国防部发言人称，美国现在似乎明白了尼日利亚面临的挑战，我们很欢迎在反恐方面的国际合作。

（10）2013年11月15日恐怖袭击犯罪人被判刑。2013年11月15日，涉嫌制造尼日利亚《今日报》卡诺办公室爆炸案的穆斯塔法·乌玛尔被尼联邦高等法院判处终身监禁。乌玛尔在法庭上供认，他策划并实施了对卡诺《今日报》所在写字楼的爆炸行动，原因是该报“亵渎先知穆罕默德”。尼联邦高等法院主审法官阿迪莫拉表示，调查结果表明乌玛尔为尼伊斯兰极端武装组织博科哈拉姆成员。法院判处其终身监禁，并处以约1万美元罚款。此案是尼联邦高等法院首次依据2011年修订的《预防恐怖主义法》，对涉嫌从事恐怖活动的犯罪嫌疑人作出判决。2012年4月26日，尼主流媒体《今日报》位于首都阿布贾的办公楼和卡诺州办公室同时遭自杀式汽车炸弹袭击，造成40

余人死亡，数十人受伤。

（11）2014 年 2 月 24 日某高中学生宿舍遭恐怖袭击案。2014 年 2 月 24 日晚，尼日利亚东北部约贝州一所高中学生宿舍遭到武装分子袭击，致 43 人死亡，学校被夷为平地。武装分子向位于浦那 · 雅迪城的联邦政府学校的学生宿舍投掷了炸药，并用机枪对屋内进行扫射，许多学生在睡梦中被枪杀，袭击者针对的都是男孩，对女孩手下留情。有些孩子的尸体已经被烧为了灰烬，他们的年龄一般都在 11 到 18 岁之间，这是“激进的伊斯兰分子”发起的袭击。2013 年 9 月也曾发生过类似的袭击事件，造成 20 人死亡，而这次袭击规模更为庞大。

（12）2014 年 4 月 5 日博尔诺州城镇甘博鲁恩加拉恐怖袭击案。2014 年 4 月 14 日晚，尼日利亚东北部博尔诺州一所女子学校遭武装分子袭击，300 余名学生被劫持，有 276 名女学生下落不明。5 月 5 日，“博科圣地”宣布此事件是该组织所为，并威胁要将女学生“在市场上卖掉”；又有 8 名女学生被劫持，疑似“博科圣地”所为。联合国安理会强烈谴责尼日利亚近期发生的恐怖袭击和劫持女学生事件，要求立即释放被劫持的女学生。安理会重申，任何形式的恐怖主义都是对国际和平与安全构成的最严重威胁之一，恐怖主义不论发生在何时何地、由谁实施、出于何种动机，都是犯罪行为且无法开脱罪责，但也不应将恐怖主义与任何宗教、国家、文化或民族挂钩。

（13）2014 年 5 月 5 日东北部边境小镇恐怖袭击案。2014 年 5 月 5 日，伊斯兰回民极端武装恐怖分子袭击了尼日利亚与喀麦隆接壤的边境小镇，焚烧商店和房屋，使其夷为平地，造成多达 300 人丧生。此次袭击持续了大约 12 个小时，伊斯兰回民极端武装恐怖分子焚烧房屋，枪杀试图逃离火海的居民，绑架了 276 名少女并威胁要卖其为奴隶。伊斯兰回民极端武装恐怖分子“博科圣地”侵袭尼日利亚北部地区已持续五年之久，造成巨大人员伤亡。到 2014 年 5 月，已有超过 1500 人丧命于该组织发动的袭击。

（14）2014 年 6 月 2 日欧盟委员会把博科圣地列入恐怖组织名单。2014 年 6 月 2 日，欧盟宣布，尼日利亚的“博科圣地”组织策划和实施了一系列恐怖事件，决定将该组织列入恐怖组织名单，对该组织和个人进行制裁。此前两个星期，联合国已认定“博科圣地”为恐怖组织。欧盟委员会宣布，基于尼日利亚的伊斯兰极端组织“博科圣地”制造了一系列恐怖暴力事件，决定将该组织列入恐怖组织名单，对该组织以及个人实施具体金融制裁和武器禁售。欧盟委员会还指出，活跃在叙利亚的“纳斯拉阵线”是“基地”组织的分支机构，也被列入了恐怖组织名单。欧盟委员会特别强调，任何个人和机构如果对“博科圣地”和“纳斯拉阵线”提供财政和物质上的支持，特别是提供武器和为上述恐怖组织招募人员，也将像对待“基地”组织那样对其进行打击和制裁。

（15）2014 年 7 月 27 日北部城市卡诺天主教堂恐怖爆炸袭击案。2014 年 7 月 27 日，尼日利亚北部城市卡诺的一座天主教堂发生爆炸，导致 5 人丧生，8 人受伤。该警官表示，武装分子在人们做完礼拜从教堂出来的路上投掷了炸弹。而在另一起袭击事件中，一名女性自杀式炸弹袭击者试图攻击街道上的警察，最终导致自己丧生、两名警察受伤。政府机关、教堂、学校和村庄是“博科圣地”武装分子最频繁的袭击目标，基督徒也是其主要袭击对象。基督徒在总人口为 1.68 亿的尼日利亚中超过 40%。2014 年 4 月 14 日，一伙武装人员袭击了尼日利亚东北部博尔诺州的一所女子中学，绑架了 200 多名女学生。此后，有部分女学生设法逃走，但是仍有 200 人左右下落不明。“博科圣地”承认该事件是其所为，并称这些女孩不应该上学，还威胁将她们出售为奴。这些女学生来自奇布克社区，有消息称她们中的大多数为基督徒。绑架事件发生后，“博科圣地”发布了一段视频，要求用女学生交换被政府俘虏的该组织成员，但遭到尼政府拒绝。距离这些女学生被劫持过去的 100 多天里，不少国家和国际组织也参与解救行动，但这些女学生仍下落不明。就在掳走女学生的同一天，“博科圣地”还在尼首都阿布贾近郊的一个交通枢纽实施了一起炸弹袭击，造成 88 人丧生，2014 年 5 月该组织再次袭击同一地区，造成至少 19 人丧生。此前，尼日利亚国家紧急事务管理署发布报告表示，7 月中旬“博科圣地”武装分子对尼东北部小镇达伯阿进行了为期数天的袭击，共造成 66 名平民丧生，致使超过 1.5 万人逃离该镇。

（16）2014 年 4 月 3 日恐怖袭击案。2014 年 4 月 16 日，伊斯兰激进分子在三日内四度袭击尼日利亚，已造成 20 人死亡。4 月 15 日，尼日利亚果扎地区穆斯林酋长被杀，而他在一周前曾向尼日利亚政府发出求救信号。4 月 16 日早晨，伊斯兰武装分子袭击了果扎地区的瓦拉村庄，18 人惨遭杀害。这一系列袭击事件对尼日利亚政府在暴乱中所起的作用以及军方压制长达 5 年伊斯兰暴动的能力提出了质疑。就在这一系列袭击之前，14 日在尼日利亚首都阿布贾发生汽车站爆炸事件，至少 175 人在爆炸中丧生。此外，15 日在果扎地区一所学校，百余名女生遭到绑架。接踵而至的袭击让尼日利亚民众生活在水深火热之中。至此，2014 年一系列伊斯兰暴动已导致尼日利亚 1500 多人死亡。

（17）2014 年 10 月 31 日北部贡贝州首府公交车站遭 3 次恐怖爆炸袭击案。2014 年 10 月 31 日，尼日利亚北部贡贝州，一个公交车站发生 3 次爆炸，至少 8 人死亡、34 人受伤。当时，正值早高峰时段，爆炸发生在贡贝州首府。

（18）2014 年 11 月 2 日中部科吉州洛科贾市一座监狱遭恐怖劫狱袭击案。2014 年 11 月 2 日晚上，尼日利亚伊斯兰极端主义组织“博科圣地”的成员，涉嫌袭击了该国中部科吉州洛科贾市的监狱，释放了那里的囚犯，释放囚犯已经成为“博科圣地”吸纳新人的重要手段。当时，枪手利用炸药闯入了洛科贾市的一座监狱，杀死一人，并释放了 144 名囚犯。尼日利亚监狱爆满的现状也助长了“博科圣地”的气焰。例如，拉各斯州一家监狱的收容率达到 250%。据相关数据显示，到 2012 年年末，约有 5.4 万人入监、3.8 万人等待审判。

（19）2014 年 11 月 3 日东北部约贝州什叶派穆斯林庆祝阿舒拉节游行遭恐怖自杀式爆炸袭击案。2014 年 11 月 3 日，尼日利亚东北部约贝州的波蒂斯库姆，举行的什叶派穆斯林庆祝阿舒拉节的游行上，一名自杀式爆炸袭击者引爆炸弹，致使至少 29 人死亡。约贝州是逊尼派穆斯林“博科圣地”组织反叛运动的核心之地。当时，约贝州波蒂斯库姆的什叶派举行游行，袭击者加入了什叶派队伍，随后在通过一个市场时引爆了爆炸装置。

（20）2014 年 11 月 10 日学校遭恐怖爆炸袭击案。2014 年 11 月 10 日，尼日利亚东北部一所学校学生们正在进行上课前的早会集合，恐怖分子将爆炸装置从院墙外扔到校内引爆，导致至少 78 人死亡、45 人受伤。爆炸发生在约贝州波蒂斯库姆的政府综合高级科学中学，爆炸当时学生们正在等待校长讲话。联合国安理会强烈谴责尼日利亚一所学校发生的爆炸袭击事件，强调所有这些行为的实施者不论是在所在国还是在世界范围内都应被追究责任。

（21）2014 年 12 月 11 日中部高原州首府乔斯市特尔米纳斯地区恐怖爆炸袭击案。2014 年 12 月 11 日傍晚，尼日利亚中部高原州首府乔斯市特尔米纳斯地区发生爆炸袭击，造成至少 31 人死亡、多人受伤。当时，由于正值圣诞节来临之际，特尔米纳斯地区当天聚集了很多采购商品的市民，而且发生爆炸的地方也是一处交通枢纽，聚集了很多下班等待回家的人。高原州是尼日利亚不同宗教信仰与不同部落民众混居地区。2014 年 5 月 20 日，乔斯市中心繁华地段的特尔米纳斯市场附近接连发生两起汽车炸弹爆炸袭击，导致至少 118 人丧生、45 人受伤。

（22）2015 年 1 月 9 日北部城镇巴加恐怖袭击案。2015 年 1 月 9 日，尼日利亚极端组织“博科圣地”在 5 天的时间里，“屠杀”北部城镇巴加的 2000 余人。巴加尸横遍野，武装分子在大肆杀害当地居民后，几乎烧毁了镇上的所有房屋，巴加所在的博尔诺州是尼政府与“博科圣地”的“主战场”。“博科圣地”对尼北部发起猛烈攻击，已有至少 16 座城镇被毁。“博科圣地”建立于 2002 年，于 2009 年开始进行暴力活动，该组织是伊斯兰原教旨主义组织，该组织的正式名称是“人民致力传播先知的教导及圣战”。“博科圣地”主张在尼日利亚推行宗教法律，反对西方教育和文化，又被称为“尼日利亚的塔利班”。如今，该组织已经攻占了尼日利亚东北部三个州及一处重要军事基地。

（23）2017 年 11 月 21 日尼日利亚北部穆比小城清真寺遭恐怖自杀式炸弹袭击案。2017 年 11 月 21 日早晨，尼日利亚东北部小城穆比的一间清真寺发生自杀式炸弹袭击，造成至少 50 人死亡，另有多人受伤。当时，一名自杀式爆炸袭击者混入清真寺信众人群，在进入清真寺后引爆炸弹。在被问及是何人制造了袭击时，警方发言人说：“我们都知道这个趋势，我们并不特别怀疑任何人，但我们知道谁是这种袭击的幕后黑手。”据信，这起袭击系极端组织“博科圣地”所为。

（五）南部非洲国家的恐怖主义犯罪

1. 赞比亚的恐怖犯罪

（1）2012 年 8 月 4 日中资煤矿公司科蓝煤矿恐怖袭击案。2012 年 8 月 4 日，赞比亚中资煤矿公司科蓝煤矿遭当地人袭击，约三四百人坐着大卡车跑到矿井，“见到中国人就打，见东西就抢”，造成中国员工 1 死 4 伤，遇难工人 51 岁江西人，2 名疑犯被逮捕。4 日下午，当地工人在没有明显征兆的情况下冲击了科蓝矿井，导致中国工人 1 死 4 伤，伤员伤势不算特别严重，死亡的中国员工是普通工人，不是矿井经理。4 日 16 时左右，使馆接到报警电话，在与科蓝煤矿负责人核实情况后，使馆领导马上与赞比亚相关部门负责人分别通电话进行交涉，要求他们立刻采取行动，要求他们务必尽一切可能，抓捕凶手，确保煤矿安全。2009 年 8 月一中资酒店建设工地中方管理员遭歹徒抢劫并被害身亡，其母亲受重伤，现场发现有手机和现金丢失。2012 年 4 月中国某建筑企业在卢萨卡卡布伦加地区的施工工地晚上遭遇当地人抢劫，造成中方一看守人员死亡和大量财物损失。

（2）2014 年 2 月 12 日首都卢萨卡郊区中国企业恐怖袭击案。2014 年 2 月 12 日凌晨，赞比亚首都郊区一家河南采石企业的 7 名员工遭 4 名歹徒袭击，造成一名中方员工身亡。该企业是一家名为“点线科技公司”的河南采石家族企业，位于赞比亚首都卢萨卡郊区。事发 12 日凌晨，7 名员工遭到 4 名歹徒袭击，歹徒携带手枪、AK47、斧头、砍刀等作案工具，闯入该公司后，打爆一个汽油桶，一名华人遭受严重爆炸伤，一度出现贫血、休克、内出血、神志模糊不清等症状，其余 6 名华人不同程度受伤，大多头部肩背部多处被砍伤，流血较多。被袭公司员工在搏斗中用棍棒、斧头打死了两名歹徒，另两名歹徒逃走。中国驻赞比亚大使馆凌晨 3 点接到报案立刻采取措施，由于事发凌晨，当地医院医疗人员严重不足，在征得当地院方同意后，中国驻赞比亚大使馆军医组、医疗队专家为皮外伤患者清理瘀血、消毒、包扎、缝合伤口等以缓解伤者痛苦，并对重伤者进行抢救。在赞比亚中资企业超过 500 家，赞比亚是南部非洲第一个与中国建交的国家。中国是赞比亚主要投资国之一。

2. 安哥拉的恐怖犯罪

2010 年 1 月 9 日体育运动员大巴遭恐怖袭击案。2010 年 1 月 9 日凌晨，奔赴安哥拉参加非洲国家杯的多哥国家队一行在大巴行驶途中遭遇机枪袭击，造成 2 人死亡、7 人受伤。8 日多哥足球队乘大巴前往非洲杯赛事东道国安哥拉，在越过刚果（金）边界进入安哥拉卡宾达地区时，遭到卡宾达解放阵线武装分子的乱枪扫射，球队助理教练阿巴罗和代表团新闻官奥克洛伤重不治，身受重伤的守门员奥比拉雷进入南非约翰内斯堡的一家医院接受治疗。安哥拉警方随即着手展开调查，安哥拉外交部表示这是一次恐怖袭击，安哥拉警方逮捕了两名涉嫌参与袭击的卡宾达解放阵线武装分子，刚果（金）政府已决定将卡宾达解放阵线列为恐怖组织。卡宾达解放阵线有多个分支机构，“卡宾达解放阵线-军事阵地”就是其中之一，该分支机构已承认袭击是他们干的，但该组织秘书长明加斯表示：“目标并非多哥队队员，而是负责护送的安哥拉护卫队。”他在接受法国第 24 频道电视台采访时说：“子弹击中多哥队员纯属意外，我们同多哥人完全没有关系，我们向非洲大家庭以及多个政府表示哀悼。我们是为了整个卡宾达地区的解放而战的。”

3. 津巴布韦的恐怖犯罪

2010 年 6 月 27 日津巴布韦警方逮捕 2 名疑似恐怖分子。2010 年 6 月 27 日，津巴布韦警方逮捕了 2 名疑似恐怖分子的巴基斯坦人，他们企图持假的肯尼亚护照进入南非境内，这给南非世界杯的安保工作蒙上了一层阴影。警方还怀疑其中一名嫌疑人涉嫌 2008 年孟买的恐怖袭击事件，该起事件导致近 200 人丧生，目前国际刑警组织已经介入此事展开调查。不过，南非警方发言人奈杜称，这起事件恰恰证明了南非世界杯的安保工作密不透风。他说：“仅仅是他们在津巴布韦被拦下这一点，就说明了我们的安保工作做得十分出色。”该届世界杯开幕前，人们普遍担忧与基地组织有密切联系的索马里青年党会对南非世界杯发动恐怖袭击。西方外交官员和安全问题专家纷纷指出，已有许多来自外国的恐怖分子涌向有“非洲之角”之称的索马里，密谋对南非世界杯进行恐怖袭击。

4. 南非的恐怖犯罪

（1）2012 年 12 月 16 日挫败恐怖袭击阴谋。2012 年 12 月 16 日，南非警方成功挫败了企图破坏执政党非国大第 53 届全国代表大会的恐怖袭击阴谋，抓获 4 名恐怖袭击嫌疑人，他们试图炸毁非国大举行会议的一座帐篷。为期 5 天的非国大第 53 届全国代表大会 16 日上午在布隆方丹开幕，警方加强了会场的安全戒备。

（2）2013 年 10 月 1 日追查肯尼亚恐怖袭击嫌犯。发生在肯尼亚首都内罗毕·韦斯特盖特购物中心的恐怖袭击事件，造成了超过 70 人死亡、39 人失踪，不仅震惊世界，更给所有非洲国家带来了巨大的震动。在旅游业日渐成为越来越多非洲国家支柱产业的今天，肯尼亚购物中心的恐怖袭击为每一个打算放宽签证条件的非洲国家敲响了警钟，在肯尼亚恐怖袭击结束后不久，肯尼亚政府就公布了这次恐怖袭击的主谋之一，绰号为“白寡妇”的英国人萨曼莎·卢斯韦特进入肯尼亚时所持的南非护照的照片，护照上所使用的名字是“娜塔莉·法耶·韦布”。时年 29 岁的卢斯韦特出生在英国，17 岁时开始信仰伊斯兰教。2002 年，她与杰曼·林赛结婚，林赛在 2005 年 7 月 7 日参与了伦敦自杀式炸弹袭击，卢斯韦特从此获得了“白寡妇”的绰号。

对于卢斯韦特持南非护照进入肯尼亚一事，南非内政部称，卢斯韦特是通过欺诈手段获得这本护照的，护照已经在 2011 年被吊销。南非内政部长娜莱迪·潘多尔说，根据内政部的记录，卢斯韦特是在2008年时持这本护照进入南非的。据了解，卢斯韦特在南非生活期间，主要居住在约翰内斯堡北部的一处住宅中，她平时深居简出，通常只是一个人进出，只有很少几次被看到同保姆在一起。南非内政部的资料显示，卢斯韦特最后一次使用这本护照是在2011年2月；其后不久，内政部就吊销了这本护照，并将她列入了监视名单之列。南非犹太人安全组织提醒南非警方说，他们从以色列情报机构“摩萨德”处获得了“极为可靠的”消息：“白寡妇”曾在2013年1月和2月间在南非行政首都——比勒陀利亚的阿卡迪亚区盯梢那里的外国使馆。阿卡迪亚区不仅是南非总统府所在地，还是包括英国使馆在内的多家外国使馆的驻地所在，南非前总统曼德拉在2013年6月到8月间所接受治疗的医院也位于这个区。但南非警方却没有采取行动来追查“白寡妇”的行踪。实际上，早在2010年，在两家外国情报机构的要求下，南非情报机构就将卢斯韦特列为监控对象。当时，这两家外国情报机构怀疑她与被通缉的索马里青年党的炸弹专家哈比卜·加尼有关联。据信，2013年9月中旬，加尼在索马里的一个偏僻的小村庄被自己所制造的炸弹炸死。

（3）2013年11月12日黄金钻石交易所遭恐怖爆炸袭击案。2013年11月12日下午，南非的约翰内斯堡东门购物中心附近的一家黄金钻石交易所内发生炸弹爆炸事件，该起爆炸事件造成2人身亡、5人受伤。目击者曼迪·维纳称其中一名身亡者是因涉嫌税收诈骗而被捷克警方通缉的逃犯，他与这家黄金钻石交易所的老板克莱齐日关系密切，而克莱齐日也因为涉嫌税收诈骗被捷克警方通缉，南非当局正在考虑将他引渡回捷克接受审判。在过去的两年半时间中，一些与克莱齐日关系紧密的人都曾遭到袭击，至少有两人被杀害，其中一人曾与克莱齐日一起进行武力抢劫，另一人是毒贩。而克莱齐日本人近来也屡屡遭袭。6月，他在停车场遭遇过炸弹袭击，但幸运逃脱。

（4）2014年2月27日约翰内斯堡市中心恐怖枪击案。2014年2月27日，一名上海籍商人在约翰内斯堡市中心遭极端分子抢劫并枪击，颈部中枪后不治身亡。枪击事件发生在当地下午3点多，当时正是南非商家关门之际。这位54岁的朱姓男子关闭位于市中心的店铺后准备与妻子驾车离开，就在他打开车门之际遭到四五名黑人歹徒的袭击。歹徒抢走了二人的财物后逃离，在混乱中朱某颈部中枪，最终因流血过多抢救无效身亡。

（5）2016年7月9日兄弟姐妹因恐怖袭击被捕案。2016年7月9日，因图谋对美国驻南非大使馆等机构发起恐怖袭击，南非一对双胞胎兄弟与其弟弟和妹妹相继遭警方逮捕，美方表示感谢。这对双胞胎姓图尔瑟斯，名字分别为布兰顿·李和托尼·李，时年23岁，他们涉嫌进行恐怖活动。这对兄弟曾多次试图前往叙利亚寻找“伊斯兰国”，希望得到他们的支持。其中一人曾有着比较体面的工作，是著名的“发现”保险公司的雇员。南非警方还搜查了这对兄弟位于约翰内斯堡纽克莱尔、西兰德佛罗里达和阿扎德维尔地区的住处，其弟弟易卜拉欣、妹妹法蒂玛·帕特尔也因非法持有爆炸物和弹药等被捕。易卜拉欣、法蒂玛·帕特尔由律师为其各缴纳了5000兰特的保释金后，经约翰内斯堡一地方法院批准，已取保候审。对于这对双胞胎兄弟参与恐怖活动，南非民众表示了震惊。有人表示，此事不能掉以轻心，恐怖分子开始在亲友中发展同党，是现在正实实在在地发生在自家后院里的事情。

（6）2016年7月10日逮捕4名恐怖嫌犯。2016年7月10日，南非警方经过长时间跟踪与调查，逮捕了4名计划在南非发动恐怖袭击的嫌犯。这4人涉嫌企图在约翰内斯堡制造恐怖袭击，其年龄在20岁至25岁之间。2015年，这4名嫌犯曾试图前往叙利亚加入极端组织“伊斯兰国”，从那时起警方就开始对他们跟踪调查。这4名嫌犯被捕是南非执法部门在打击恐怖主义斗争中取得的一个重大进展。南非将保持高度戒备，挫败任何在南非土地上发动恐怖袭击的图谋。南非警方民众保持警惕，随时向警方报告可疑人员和可疑行为。

5. 马达加斯加的恐怖犯罪

2016年6月27日首都塔那那利佛体育馆恐怖爆炸袭击案。2016年6月27日下午，马达加斯加首都塔那那利佛的一个体育馆内发生爆炸，造成2人死亡、超过80多人受伤，爆炸发生当天正好是马达加斯加的国庆日。目前当地政府已经将此次袭击定义为恐怖袭击。当时，有大量民众聚集在体育馆参加当天的国庆庆祝活动，袭击者将手榴弹偷偷带入体育馆，随后引起了爆炸，遇难者为两名年龄在16岁到18岁之间的少年。马达加斯加总统拉乔纳里马曼皮亚尼纳称爆炸是由该国的政治异见者所策划。

6. 毛里求斯的恐怖袭击

2016年5月30日法国驻毛里求斯大使馆遭恐怖袭击案。2016年5月30日凌晨2点左右，法国驻毛里求斯首都路易港大使馆及圣乔治斯酒店遭遇了弹袭击，使馆大楼正面出现与恐怖组织“伊斯兰国”（IS）相关的涂鸦，所幸袭击未造成人员伤亡。

四、澳洲国家的恐怖主义犯罪

1. 澳大利亚的恐怖犯罪

（1）2014 年 9 月 5 日因恐怖犯罪判决一男青年 10 年监禁。2014 年 9 月 5 日，澳大利亚一所法院判处一名男青年 10 年监禁，该青年 2013 年企图在澳大利亚一个纪念日期间对警方发动恐怖袭击。被告塞夫代特·贝西姆现年 19 岁，2013 年在警方突袭行动中被逮捕，维多利亚州最高法院以预谋恐怖行为罪判处他 10 年监禁，这项罪名最高刑罚为终身监禁。贝西姆住在墨尔本，原计划 2013 年 4 月 25 日“澳新军团日”纪念活动中用汽车冲撞警察并用刀割下受害人的头。他在预定作案日期前一周在警方大规模反恐行动中被抓获，警方同一天还逮捕了另外 4 名嫌疑人。贝西姆是努曼·海德尔的朋友，后者 2014 年在墨尔本用刀袭警，被反恐警察击毙。贝西姆遭极端思想洗脑，曾打算前往中东加入极端组织“伊斯兰国”，但是没有获得护照，未能成功。海德尔被击毙后，他决定在墨尔本发动恐袭。策划期间，贝西姆与一名身处英国的少年通信。后者伪装成成年人，与贝西姆讨论袭击方式，包括在一只袋鼠身上涂上“伊斯兰国”的标志，在袋鼠的育儿袋中安装炸药，然后在公共场合发动恐袭。

（2）2014 年 9 月 18 日挫败一起恐怖袭击阴谋。2014 年 9 月 11 日，澳大利亚作为首个响应美国号召的国家，加入打击极端组织“伊斯兰国”的反恐联盟。2014 年 9 月 18 日凌晨，澳大利亚警方出动近千名警力，在两座城市展开反恐搜捕行动，抓获了十多名嫌疑人，还挫败了一起仍在计划中的暴恐袭击。此前，澳情报机构估计，有 60 至 70 名澳公民正追随“伊斯兰国”，且有一部分已经回到澳大利亚国内。18 日，大约 800 名警察黎明前在悉尼和布里斯班展开大规模搜捕行动，涵盖悉尼西部和西北部十多个郊区，逮捕了 15 名嫌疑人，其中一人受到准备发动恐怖袭击的罪名指控。“伊斯兰国”内存在的海外军团，特别是“西方兵团”，让欧美国家不得不时时提防着国内发生恐怖袭击的可能性。法国情报机构估计，有 700 至 800 名法国公民正参与“伊斯兰国”；而美国方面也大约有 100 人左右。英国政府则估计，至少有 500 名英国公民正在为“伊斯兰国”作战，而且还有至少 200 人已经返回英国国内，有 100 名中国公民也成了“伊斯兰国”的成员。

（3）2014 年 9 月 19 日截获恐怖袭击信息。2014 年 9 月 19 日，澳大利亚警方和反恐部门拦截到的最新情报显示，与极端组织“伊斯兰国”有关的恐怖分子正计划袭击位于首都堪培拉的议会大厦和在该大厦内办公的领导人。他们是在拦截到的恐怖嫌疑分子的对话记录中发现这一图谋的，除了议会大厦，包括阿博特在内的澳大利亚高级领导人和澳大利亚安全情报组织也是袭击目标，袭击者准备携带自动武器前往议会大厦发动一次类似 2008 年“孟买袭击案”的袭击行动。

（4）2014 年 12 月 15 日澳大利亚悉尼市恐怖劫持人质袭击案。2014 年 12 月 15 日，一起劫持人质事件发生在澳大利亚悉尼市 CBD 区域，劫持人质者是一名伊朗难民，并且有犯罪前科。事件具体发生地位于澳大利亚悉尼市中心马丁广场一家咖啡馆，在同劫持者僵持了十多个小时后，澳大利亚警方发起突袭以解救人质，并宣布这起劫持事件结束。警方与劫持者的交火造成了包括劫持者在内的 3 人死亡、多人受伤。

劫持者曼·莫尼斯时年 49 岁，出生于伊朗，1996 年以难民的身份流亡至澳大利亚。莫尼斯自称是和平主义分子，曾向在阿富汗战死的澳大利亚士兵家属发送恐吓信，信中对战死的士兵进行了诅咒，莫尼斯为此被判社区劳动。2014 年，莫尼斯涉嫌谋杀前妻，将其杀死后又焚烧了尸体。2014 年，莫尼斯被指控对一名女子进行性侵。劫持者还联络当地电台称，要求澳大利亚当局提供“伊斯兰国”旗帜到咖啡馆，要求与澳大利亚总理阿博特进行直接对话，还要求直播对话；劫持者同时声称在咖啡馆内安设了 2 枚炸弹，还在悉尼市内其他地方安设了另外 2 个爆炸装置。

这起恐怖主义事件除了给澳大利亚社会带来了巨大的冲击之外，也再次暴露出澳大利亚穆斯林与当地社会其他群体由来已久的裂痕。早在第一次海湾战争期间，澳大利亚就曾发生过多位白人读者写信给报社，要求阿拉伯裔澳大利亚人要么证明自己的忠诚，要么回到原属国的荒诞事件。不仅如此，裹戴头巾的阿拉伯女性也时常遭受白人青年的骚扰。

（5）2016 年 9 月 10 日街头恐怖伤人袭击案。2016 年 9 月 10 日下午，澳大利亚悉尼一名“受到了所谓‘伊斯兰国’鼓动”的男子持刀袭击路人，以“实施恐怖攻击及试图谋杀”的罪名被起诉。当时，在悉尼西南地区，一名59岁的男子在路上遭到凶手持刀袭击，导致身体多处严重受伤。警方随后赶赴现场，并在附近逮捕了这名试图袭警的22岁嫌疑人，从其身上搜到一把长刀。这名嫌疑人并不隶属于任何恐怖组织，但他的行为“受到了所谓‘伊斯兰国’的鼓动”。9月6日，极端组织“伊斯兰国”通过自制刊物发表声明，号召极端分子对澳大利亚展开“独狼”式袭击。其中，悉尼歌剧院、邦迪海滩、墨尔本板球场等澳大利亚著名地标建筑和场所被“伊斯兰国”列入袭击目标。一名男子9月8日因企图破坏悉尼歌剧院而被警方逮捕，此人声称遵从“伊斯兰国”指示要对澳大利亚实施恐怖袭击。

（6）2016年10月12日逮捕2名16岁恐怖袭击帮助嫌犯。2016年10月12日，澳大利亚警方于悉尼西郊逮捕这两名男孩，他们身上携带了两把刀具，其中一名男孩是一名恐怖罪犯之子。澳大利亚已经遭受几起“独狼恐怖分子”袭击事件，悉尼一家咖啡馆还曾遭到围攻，当时导致两名人质死亡，持枪者也被击毙。为此，澳大利亚自2014年以来就高度警惕当地激进分子发动袭击，加大力度逮捕并起诉本国激进青年，约100多人已经离开澳大利亚前往叙利亚与IS并肩作战。因此，澳大利亚已将通讯拦截并将搜索的目标年龄降至14岁，加强对潜在威胁的监管。

（7）2016年12月23日挫败一起恐怖袭击预谋。2016年12月23日，澳大利亚警方挫败一起以墨尔本市中心为目标的圣诞节恐怖袭击图谋，拘捕包括一名女性在内的7人，这些嫌疑人受到极端组织“伊斯兰国”及其宣传的影响。落网嫌疑人图谋在圣诞节袭击墨尔本市中心几处繁忙地点，包括联邦广场、圣保罗大教堂和弗林德斯火车站。嫌疑人密谋展开多种形式的袭击，时间很可能是在圣诞节，嫌疑人计划引爆爆炸物，并使用枪支和刀具等武器发动袭击。400名全副武装的警察参与了这次行动，遭逮捕的这7名嫌疑人年龄均在20多岁。20岁的女性嫌疑人和一名26岁的男性嫌疑人已被释放，其余5人眼下仍然在押。这5人中，4人在澳大利亚出生、有黎巴嫩背景，另外一人是在埃及出生的澳大利亚公民。这些嫌疑人是自我激进化分子，受到了伊斯兰国及其宣传的影响。

（8）2017年7月15日挫败一起恐怖炸弹爆炸飞机袭击预谋。2017年7月21日晚，黎巴嫩内政部长努哈德·马什努克在召开的新闻发布会上指出，袭击者原计划在7月15日炸毁一架阿提哈德航空公司的班机，以报复澳大利亚和阿联酋参加美国领导的打击“伊斯兰国”（IS）军事行动。2017年7月15日，4名黎巴嫩裔澳大利亚人将两枚炸弹藏在一个大型芭比娃娃和一个绞肉机中，准备在一架从悉尼飞往阿联酋阿布扎比的航班上发动袭击，而袭击没能成功仅仅是因为行李超重。当时，从悉尼起飞的阿提哈德航班，在进行安检时，装有炸弹的包裹超重了7公斤，因此不能被作为手提行李带入机舱，袭击目标的航班上共有约400名乘客，包括120名黎巴嫩公民。黎巴嫩内政部长，阿米尔·海亚特被迫放弃了这个计划，在袋子被认为超重之后，他不得不在没有行李的情况下前往黎巴嫩。黎巴嫩已对策划和试图发动袭击的4人进行了一年的监控，并与澳大利亚当局展开合作。

澳大利亚警方于2017年7月底在悉尼逮捕了其中的两人——49岁的哈立德·哈亚特与32岁的默罕默德·哈亚特，两人都被指控预谋发动恐怖袭击。2017年7月，澳大利亚官员发现了一个“高级”的飞机炸弹阴谋后，在悉尼郊区进行了突袭。阿米尔·海耶亚特计划在一架有400名乘客20后飞往阿布扎比航班上引爆一枚简易爆炸装置，计划是在装有该爆炸装置的行李被认为超重后才被遏制的。2017年7月，四名男子在悉尼反恐行动中被捕。两人被释放，但49岁的黎巴嫩裔澳大利亚人哈立德·卡亚特和32岁的马哈茂德·海特，他们被指控“准备或策划恐怖袭击”。澳大利亚联邦警察局（AFP）副局长迈克尔·费伦将该计划描述为“在澳大利亚领土上尝试过的最复杂的阴谋之一”。IED的部件是通过国际货物运输从IS成员国送到澳大利亚的。塔里克号称第四兄弟，是所谓拉卡（位于叙利亚东北部的古老城市）伊斯兰国（Islamic State in Raqqa）的高级成员。在最初的炸弹阴谋失败后，他们开始策划一次“临时化学分散装置”的袭击。

五、亚洲国家的恐怖主义犯罪

（一）东部亚洲国家的恐怖主义犯罪

1. 中国的恐怖犯罪

（1）2011年7月18日和田恐怖暴力袭击案。2011年7月18日12时许，18名暴徒按照预先计划冲入纳尔巴格派出所，手持斧头、砍刀、匕首、汽油燃烧瓶和爆炸装置等，疯狂进行打、砸、烧、杀，杀害1名联防队员和2名办事群众，杀伤2名无辜群众，劫持6名人质，在派出所楼顶悬挂极端宗教旗帜，纵火焚烧派出所。公安、武警迅速赶赴现场，当场击毙数名正在行凶和负隅顽抗的暴徒，成功解救6名人质。截至当日13时30分，事态已得到有效控制。事件中，1名武警、1名联防队员牺牲，2名人质被害，1名联防队员受重伤。后续处置工作正在进行中。国家反恐办已派出工作组赶赴新疆指导处置工作。

（2）2011年12月28日新疆恐怖团伙恐怖劫持人质袭击案。2011年12月28日23时许，在新疆皮山县南部山区，一暴力恐怖团伙劫持2名人质。公安机关根据群众举报，立即出警解救人质。在处置过程中，暴徒拒捕行凶，杀害一名公安干警，致一名干警受伤。公安干警当场击毙暴徒7人、击伤4人、抓捕4人，2名人质获救。

（3）2012年2月28日喀什叶城县恐怖袭击案。2012年2月28日上午，阿布都克热木·马木提在其家中召集恐怖组织成员，确定实施暴力恐怖行动，进行编组、分工，分发刀、斧等犯罪工具，演示实施恐怖袭击的方法。当日下午18时许，带领恐怖组织成员到达叶城县幸福路步行街，持刀、斧疯狂砍杀无辜群众，当场致13人死亡、16人受伤（其中2人经抢救无效死亡）。被告人阿布都克热木·马木提被当场抓获，7名暴力恐怖分子被击毙、另1名被击伤后抢救无效死亡。在事件处置过程中，1名联防队员牺牲、4名公安民警受伤。

（4）2012年6月29日乌鲁木齐恐怖劫机未遂案。2016年6月29日12时25分，一架天津航空EMB190/B3171号飞机，在由新疆和田飞往乌鲁木齐途中，遭遇歹徒劫持，随即不法分子被机组与机上乘客共同制服，飞机随即返航和田机场并安全着陆，6名歹徒被公安机关抓获。当时，12时31分，飞机刚刚起飞平稳，五名男子脱掉上衣，露出纹身走到了机长仓的门口敲门："开门，我们要劫机"。空乘劝他们别闹了，穿好衣服回到座位上。一名歹徒拿出一个貌似遥控器的东西大喊："我要开手机了，咱们一起完蛋！"机长以扰乱空中安全返航。一名同伙因无法解开安全带，没有能参与本次劫机。歹徒被制服后飞机随即返航和田机场并安全着陆，在制服歹徒过程中有机组人员和乘客受轻伤，机上共有乘客92人、机组成员9人。

（5）2013年4月23日新疆喀什巴楚县色力布亚镇恐怖暴力袭击案。2013年4月23日13时30分，新疆喀什巴楚县色力布亚镇发生暴力恐怖事件，造成民警、社区工作人员15人死亡，其中维吾尔族10人、汉族3人、蒙古族2人，2名维吾尔族人受伤。处置过程中击毙暴徒6人、抓获8人。初步查明这是一个预谋进行暴力恐怖活动的团伙，这是新疆继两会期间暴力事件之后的又一起恐怖案件。

（6）2013年6月26日新疆鄯善县恐怖暴力袭击案。2013年6月26日凌晨5时50分许，新疆吐鲁番地区鄯善县鲁克沁镇发生暴力恐怖袭击案件，多名暴徒先后袭击鲁克沁镇派出所、特巡警中队、镇政府和民工工地，放火焚烧警车。该案件已造成24人遇害（其中维吾尔族16人），包括公安民警2人；另有21名民警和群众受伤。公安民警当场击毙暴徒11人、击伤并抓获4人。2013年9月12日，新疆吐鲁番地区中级人民法院对鄯善县"6·26"暴力恐怖案件中艾合买提尼亚孜·斯迪克等4名被告人一审公开开庭审理并当庭宣判，3名被告人被依法判处死刑、1名被告人被判处有期徒刑25年。

（7）2013年10月28日北京天安门广场恐怖汽车撞人袭击案。2013年10月28日中午12时5分左右，一辆越野车撞向天安门金水桥护栏后起火，造成车上3人及2名路人死亡、40人受伤。当时，一辆吉普车由北京市南池子南口闯入长安街便道，由东向西行驶撞向天安门金水桥护栏后起火，行驶过程中造成多名游客及执勤民警受伤。据初步统计，事故致5人死亡、38人受伤，其中肇事车内3人死亡、另有2名游客死亡（1名菲律宾籍女游客、1名广东省男游客），38 名受伤人员中包括 3 名菲律宾籍游客（2 女 1 男）及 1 名日本籍男游客。在新疆等地公安机关大力配合下，北京警方先后将 5 名嫌疑人抓获。10 月 31 日，时任中央政法委书记孟建柱在乌兹别克斯坦向上合组织地区反恐机构执委会通报该事件，指出当前国际恐怖活动处于活跃上升期，包括中国在内的许多国家都受到恐怖主义威胁。北京的这起暴力恐怖袭击是有组织、有预谋的，给广大民众的生命财产造成了重大损失。

（8）2014 年 1 月 24 日新和县恐怖爆炸袭击案。2014 年 1 月 24 日 18 时 40 分许，新疆维吾尔自治区阿克苏地区新和县县城发生的系列爆炸，当天一美容美发店和一菜市场发生爆炸，致 1 人死亡、2 人受伤。公安机关迅速出警处置，抓获 3 名嫌疑人员。在围堵一可疑车辆时，该车发生自爆，车上 2 人死亡。

（9）2014 年 2 月 14 日乌什县恐怖袭击案。2014 年 2 月 14 日，新疆阿克苏地区乌什县发生的一起袭击公安巡逻车辆的暴力事件。2 月 14 日 16 时许，恐怖分子驾驶车辆，携带爆燃装置，手持砍刀，袭击公安巡逻车辆，致 2 名群众和 2 名民警受伤、5 辆执勤车损毁。公安民警在处置过程中，击毙 8 人、抓获 1 人，3 名犯罪嫌疑人在实施犯罪时发生自爆死亡。

（10）2014 年 3 月 1 日云南昆明火车站恐怖暴力袭击案。2014 年 3 月 1 日 21 时 20 分左右，在云南省昆明市昆明火车站发生的一起以阿不都热依木・库尔班为首的新疆分裂势力一手策划组织的严重暴力恐怖事件。2014 年 3 月 1 日晚，阿卜杜热伊木・库尔班、艾合买提・阿比提、帕提古丽・托合提、阿尔米亚・吐尔逊、盲沙尔・沙塔尔等 5 人遂携带作案工具，租车从沙甸到达昆明火车站。21 时 12 分许，5 人持刀，从火车站临时候车区开始，经站前广场、第二售票区、售票大厅、小件寄存处等地，打出暴恐旗帜，肆意砍杀无辜群众，致 31 人死亡、141 人受伤，其中 40 人系重伤。因抗拒抓捕，帕提古丽・托合提被民警开枪击伤并抓获，其余 4 人被当场击毙。经公安部组织云南、新疆、铁路等公安机关和其他政法力量 40 余小时的连续奋战，已于 3 月 3 日下午成功告破。已查明，该案是以阿不都热依木・库尔班为首的暴力恐怖团伙所为。除被公安机关现场击毙 4 名、击伤抓获 1 名以外，其余依斯坎达尔・艾海提、吐尔洪・托合尼亚孜、玉山・买买提等三人因涉嫌偷越国境 2 月 27 日在云南省红河州沙甸被捕。

2014 年 9 月 12 日 9 时，昆明中级人民法院在第一法庭依法公开审理“3・

01 暴恐案”涉案 4 名被告人依斯坎达尔·艾海提、吐尔洪·托合尼亚孜、玉山·买买提犯组织、领导恐怖组织罪、故意杀人罪，被告人帕提古丽·托合提犯参加恐怖组织罪、故意杀人罪一案。昆明中院一审宣判，分别以组织、领导恐怖组织罪、故意杀人罪，数罪并罚判处被告人伊斯坎达尔·艾海提、吐尔洪·托合尼亚孜、玉山·买买提死刑，剥夺政治权利终身；以参加恐怖组织罪、故意杀人罪，数罪并罚判处被告人帕提古丽·托合提无期徒刑，剥夺政治权利终身。昆明中院通告中称，被告人帕提古丽·托合提犯罪情节特别恶劣，罪行极其严重，鉴于其在羁押时已怀孕，属于依法不适用死刑的情形，不应适用死刑。2014 年 10 月 31 日上午 9 点，昆明火车站严重暴恐案在云南高级人民法院二审开庭。二审判决维持一审判决，4 名被告 3 人被判死刑、1 人被判无期徒刑。

（11）2014 年 4 月 30 日乌鲁木齐火车南站恐怖暴力袭击案。2014 年 4 月 30 日 19 时 10 分左右，新疆维吾尔自治区乌鲁木齐市火车南站出站口接人处，发生一起持刀砍杀平民、同时引爆爆炸装置的自杀式恐怖袭击事件。中国官方称这一事件为“乌鲁木齐火车南站‘4·30’暴力恐怖袭击案件”，共造成 3 人死亡、79 人受伤，其中 4 人重伤。3 名死者中有 1 名平民，2 名袭击者系引爆身上炸弹身亡。此次爆炸案为“东突厥斯坦伊斯兰运动”恐怖组织所为。

（12）2014 年 5 月 22 日乌鲁木齐市恐怖暴力袭击案。2014 年 5 月 22 日 7 点 50 分许，新疆维吾尔自治区乌鲁木齐市沙依巴克区人民公园西侧的公园北街早市发生严重暴力恐怖案件，事件造成 43 人死亡，其中无辜群众 39 人、袭击者 4 人、94 人受伤，死伤者大多数是买早餐的老年人。

（13）2014 年“5·28”招远恐怖围殴女子致死袭击案。在 2014 年 5 月 28 日发生在中国山东省招远市的一起伤人命案。一名女子在一家麦当劳快餐店用餐时，被要求提供手机号码，拒绝后遭到 6 人团伙围殴致死。当地警方接到报警后当场将 6 人逮捕，称之为“5·28”故意杀人案。

（14）2014 年 6 月 15 日和田市恐怖暴力袭击案。2014 年 6 月 15 日，新疆维吾尔自治区和田市发生一起暴恐事件。6 月 15 日 17 点 45 分许，3 名持刀歹徒冲入和田市迎宾路一家棋牌室，对正在下棋的群众进行砍杀。武装巡逻力量 1 分 20 秒迅速赶到现场，与群众合力与暴徒展开殊死搏斗，附近商户听到警报后，立即拿起大头棒、灭火器对暴徒进行围追堵截。最终将 3 名歹徒制服、2 名歹徒重伤不治死亡、1 名受伤被抓获，4 名群众在与歹徒搏斗中受伤。

（15）2014年6月20日墨玉县芒来乡恐怖袭击案。2014年6月20日，新疆维吾尔自治区和田地区墨玉县芒来乡发生恐怖袭击，当天早上4点在该乡一处哨所，身份不明的袭击者先刺伤在哨所外站岗的2名民兵，然后放火焚烧哨所房屋，里面正睡觉的3名民兵被烧死，2名被刺伤的民兵也在送医途中死亡。检查站设在卡亚什村，前往早祷的穆斯林信徒发现两名受伤民兵及3具尸体在一个房间内，随即报警。歹徒用刀捅伤两人后反锁大门，然后从烟囱倒入汽油放火，令其他3人没法逃生。

（16）2014年6月21日叶城县公安局遭恐怖袭击案。2014年6月21日，新疆喀什地区叶城县公安局遭到暴力袭击。6月21日7点左右，一伙暴力分子驾驶车辆冲撞叶城县公安局办公大楼，并引爆爆炸装置。13名暴徒被民警击毙，3名民警受轻伤，无群众伤亡，至少有20多人遭到叶城县国保大队的逮捕。

（17）2014年7月28日莎车县恐怖暴力袭击案。2014年7月28日，新疆维吾尔自治区喀什地区莎车县发生一起暴恐案件，28日凌晨5时左右，由于喀什商品交易会正在进行，当地安检比较严格，公安提前发现有暴徒携带了易爆物，暴徒随即与警方发生冲突，其间有暴徒逃脱，并在当天上午煽动更多人袭击镇政府、派出所以及下乡工作组的驻地，并拦截大巴，劫持人质，事件造成数十名维汉族群众伤亡，31辆车被打砸，其中6辆车被烧。事态升级后，当地政府紧急抽调公安干警和民兵，对暴徒可能出没的地区进行搜查，对当地通信设施实施管制，截至29日晚，调查和抓捕还在进行中。有消息透露，这伙暴徒多达数百人，在莎车县五地点制造恐袭后，向莎车县荒地镇方向逃窜，喀什支队90名官兵分两路前往现场处置，途中遭到30名暴恐分子持刀斧袭击并驾车冲撞。30日，《南华早报》报道，28日的袭击中有22名袭击者被击毙，41人被捕。这是一起境内与境外恐怖组织相互勾连，有组织、有预谋、计划周密、性质恶劣的严重暴力恐怖袭击案件。

（18）2014年9月21日轮台县恐怖爆炸案。2014年9月21日，新疆轮台县发生系列爆炸案。袭击者组织者为买买提·吐尔逊，自2008年以来，受宗教激进思想影响，在承包工程中聚集发展成员，形成组织。该组织于2014年9月21日17时许，先后在轮台县阳霞镇一少数民族人士居多的农贸市场、阳霞镇派出所、铁热克巴扎乡派出所、轮台县城一商铺门口等处制造爆炸，造成2名警察、2名协警、6名平民死亡，54名平民受伤（维吾尔族32名、汉族22名，其中3名重伤）。袭击者自爆身亡及被警察击毙40名（买买提·吐尔逊被击毙），另有2名袭击者被抓获。

（19）2014年10月12日巴楚县恐怖暴力袭击案。2014年10月12日，新疆南部喀什地区的巴楚县城发生暴力袭击事件，导致22人死亡。10月12日上午约10时半，4名来自阿克萨克马热勒镇的25至30岁的男子分乘两部电单车抵达农贸市场，其中2人袭击街上巡逻的警察，另2人袭击正要进入市场开铺的汉族商户。武装分子携带砍刀和爆炸物进行袭击，导致18名警察和商贩死亡，4名武装分子被警察击毙，另有几十人受伤。该市场大部分商户都是汉族人，袭击者确保行动时没有维吾尔顾客在市场。袭击发生后，巴楚县安保措施升级，肇事地点邻近地区图木舒克市进入红戒备状态，派出所举行紧急会议，准备任何可能性的袭击。此前的10月10日，和田皮山县发生袭击，造成3名警察及3名官员死亡。

（20）2015年12月6日内蒙古检查站遭恐怖袭击案。2015年12月6日凌晨3点半，内蒙古自治区额济纳旗马莲井综合执法检查站，遭到100多名蒙面人的袭击。这些蒙面人闯进马莲井综合执法站后，切断检查站电源，破坏站内监控设施，直接向工作人员喷洒辣椒水，将工作人员用布袋套头、棍棒殴打恐吓，还说“不听话往死里打”，致使检查站完全损毁、11辆执法车被毁。

2. 日本的恐怖犯罪

2011年11月2日陆上自卫队基地连环恐怖爆炸袭击案。2011年11月2日晚，日本陆上自卫队驻扎于琦玉县琦玉市的基地发生连环爆炸，由“过激派”成员所为。日本琦玉县大宫警署透露，在爆炸现场的草地上发现两枚管状圆筒，随后在据日本自卫队基地以西约500米处发现类似火箭弹的发射装置。

3. 韩国的恐怖犯罪

2017年6月13日首尔市延世大学教授研究室遭恐怖爆炸袭击案。2017年6月13日上午8时40分许，韩国首尔市西大门区延世大学第一工学馆内机械工程专业教授金某的研究室发生爆炸事故，金教授颈、胸、手部在事故中轻微烧伤，已送校医院进行治疗。当时，金教授发现研究室门上挂着装有快递包裹的购物袋后，遂带入室内拆开，不料突然发生爆炸，迸出很多小螺丝钉，怀疑这是一起恐怖袭击。

（二）东南部亚洲国家的恐怖主义犯罪

1. 菲律宾的恐怖犯罪

（1）2010年8月5日三宝颜市国际机场遭恐怖炸弹爆炸袭击案。2010年8月5日晚18时15分左右，菲律宾三宝颜市国际机场发生炸弹爆炸事件，袭击者是名叫雷纳尔多·阿蒂拉多的一名木匠，造成包括袭击者在内的2人死亡、24人受伤，其中苏禄省省长阿布杜萨库尔·陈在爆炸袭击案中受伤。事发时，阿布杜萨库尔·陈正与其他人一起走出机场，他腹部受轻微擦伤，这次爆炸袭击的目标是苏禄省省长阿布杜萨库尔·陈，因为事先他曾接到过恐吓信。袭击者在背包或行李中藏有炸弹，爆炸发生时袭击者正在等人或者等什么事情，对炸弹即将爆炸毫无准备。三宝颜市同苏禄省均位于菲南部棉兰老地区，反政府组织阿布沙耶夫武装在当地活动频繁。阿布沙耶夫武装成立于20世纪90年代初，是活跃在菲南部的一支极端武装力量，曾参与制造一系列恐怖袭击和绑架活动。近年来，在菲律宾政府军围剿下，这一组织势力大大削弱，目前成员不足400人。

（2）2010年10月21日南部北哥打巴托省客车遭恐怖自制炸弹爆炸袭击案。2010年10月21日上午10时40分左右，在菲南部北哥打巴托省，一枚自制炸弹在一辆客车内爆炸，导致7人死亡、6人受伤。当时，这辆客车正在北哥打巴托省境内一条国道上行驶，突然一枚事先安放在车内的自制炸弹发生爆炸。出事客车隶属的客运公司长期以来不断收到该地区非法武装组织的勒索信。

（3）2011年1月25日首都马尼拉闹市区公交车遭恐怖爆炸袭击案。2011年1月25日下午1时50分左右，菲律宾首都金融区马卡蒂市发生公交车爆炸事件，由土制炸弹引爆，造成4人死亡、17人受伤，迹象显示可能是一场恐怖攻击。当时，一辆公交车在马卡蒂市一座公交站附近停靠时突然发生强力爆炸，车窗全毁，车体右侧被炸出一个大洞。公交车的司机在爆炸事件中毫发无伤，他说有两名男子在爆炸前神色可疑地迅速下车。

（4）2011年4月10日挫败一起恐怖炸弹爆炸袭击预谋案。2011年4月10日上午，菲律宾政府军拆弹部队在南部地区一所学校附近成功解除一枚自制炸弹的引爆装置，这是菲律宾军方在12小时内挫败的第二起爆炸袭击阴谋。当天上午，炸弹发现地点位于菲律宾南部巴西兰省拉米坦镇一所学校附近，一队巡逻士兵在这所学校门前发现一个金属饼干桶，随即起疑、封锁附近地区，召唤拆弹部队。拆弹部队确认这枚炸弹系自制硝酸铵炸弹，可借助手机信号触发引爆装置。9日早些时候，一枚炸弹在拉米坦镇一栋出租房附近爆炸，致使楼体损伤，但没有造成人员伤亡。

（5）2011年9月14日南部棉兰老穆斯林自治区首府所在地哥打巴托市恐怖炸弹爆炸袭击案。2011年9月14日凌晨5时10分左右，菲律宾南部棉兰老穆斯林自治区首府所在地哥打巴托市发生炸弹爆炸事件，未造成人员伤亡，爆炸地点距棉兰老穆斯林自治区主席办公室大楼仅数十米。13日，哥打巴托市曾发生连环爆炸事件，同样未造成人员伤亡，在当地出席活动的菲内政部长林炳智因临时变更行车路线逃过一劫。当时，一枚炸弹在距离棉兰老穆斯林自治区主席办公室大楼50至60米处爆炸，这枚炸弹也是由81毫米口径迫击炮弹改制而成，被放置在一辆“吉普尼”（当地一种公共交通工具）车下，由手机遥控引爆。当地军方在14日爆炸地点附近还发现了一枚未引爆的炸弹，已成功拆除，这枚“简易爆炸装置”之所以未引爆，是因为连接出了问题。棉兰老穆斯林自治区（简称ARMM）是菲南部一个穆斯林自治大区，包括以穆斯林人口为主的巴西兰省、南拉瑙省、马京达瑙省、苏禄和塔威-塔威等省市，目前共有约300多人报名竞逐自治区正、副主席及24个自治区议会议员职务。菲内政部长林炳智与多位自治区官员提名人士原计划在哥打巴托市举办公共论坛。这些爆炸策划者的动机就是为了阻止这场论坛召开，这种“简易爆炸装置”可能是由东南亚恐怖组织“伊斯兰祈祷团”炸弹制造专家巴西特·乌斯曼制造，在中棉兰老岛不同地区已发现2枚以上由乌斯曼团伙制造的类似炸弹，有报告称当地三座教堂有可能成为袭击目标。

（6）2011年11月27日棉兰老岛三宝颜市酒店遭恐怖爆炸袭击案。2011年11月27日晚上，菲律宾棉兰老岛三宝颜市一家酒店遭遇爆炸袭击，造成至少3人丧生、30人受伤。爆炸发生地为三宝颜市中心一家两层楼经济型酒店，店内当时入住不少参加婚礼的宾客。三宝颜市位于菲律宾首都马尼拉以南大约870公里，爆炸事件频发，美国在那里设有反恐指挥部。菲律宾政府指认与“基地”组织关联的“阿布沙耶夫”是三宝颜市多起爆炸袭击的主使。“阿布沙耶夫”成立于20世纪90年代初，主要活跃在菲律宾南部巴西兰岛，时常制造绑架、爆炸事件。菲律宾政府认定这一组织2004年在马尼拉发动恐怖袭击，炸毁一辆渡轮，致100多人丧生。

（7）2012年2月19日南部北哥打巴托省基达帕万市监狱遭恐怖劫狱袭击案。2012年2月19日晚，菲律宾南部北哥打巴托省基达帕万市监狱，遭到十多名身着黑衣的武装人员袭击，造成3人死亡、15人受伤，死者包括一名送伤员去医院的红十字会司机和两名逛街的学生，但当地警方成功击退了这次劫狱行动。当时，至少12名武装人员袭击基达帕万市监狱，试图营救犯人达图坎·萨马德。他们头戴滑雪面罩、身着黑色衣裤，并携带手榴弹等重型武器，进攻过程中“他们先发射一枚火箭推进榴弹，再用来复枪向（监狱）大门射击”。在押犯人萨马德为反政府武装摩洛伊斯兰解放阵线成员，2011年被捕，受控罪名包括谋杀、绑架和抢劫。武装人员为摩洛伊斯兰解放阵线成员，这次劫狱之所以失败是因为事先收到消息，并且增加了警力。按警方的说法，在监狱警卫猛烈还击下，武装人员开始撤退。

此次劫狱事件引发菲律宾国内对监狱安全措施的担忧，因屡屡发生越狱和劫狱事件，菲律宾监狱被喻为全世界“最漏洞百出”的监狱。在2009年，伊斯兰极端分子袭击了位于北哥打巴托省的另一所监狱，所幸军方及时赶到瓦解了那次劫狱。近年来，菲律宾监狱最严重的暴动事件，当属2005年发生在首都马尼拉的大规模越狱事件，警方击毙22名越狱者。

（8）2012年5月5日南部伊利甘市旅游区恐怖爆炸袭击案。2012年5月5日晚间，菲律宾南部伊利甘市的旅游区遭遇爆炸袭击，导致2人死亡、19人受伤。当时，一名男子在伊利甘市埃尔森特罗旅游区投掷一枚爆炸装置，爆炸发生后乘车逃跑，袭击目标“显然”是这个以餐馆、酒吧和夜总会著称的旅游区。菲律宾枪支弹药管理松懈，涉及枪支、手榴弹等武器袭击的暴力事件时有发生。棉兰老地区暴力频发，活跃着阿布沙耶夫等反政府武装组织。

（9）2012年11月8日南部民答那峨岛苏丹库达拉省季里诺镇地方长官的官邸附近恐怖爆炸袭击案。2012年11月8日晚上7时30分左右，菲律宾南部民答那峨岛苏丹库达拉省季里诺镇一名地方长官的官邸附近发生爆炸，附近居民惊慌逃出家门，但没有造成人员伤亡。当时，季里诺镇镇长萨拉曼卡的官邸附近的空地发生爆炸，爆炸是某人发射的一枚榴弹造成的，榴弹打中了空地上的一颗树木后爆炸。

（10）2014年9月1日挫败马尼拉国际机场遭恐怖汽车炸弹袭击案。2014年9月1日凌晨1点45分，在菲律宾马尼拉国际机场，一起严重的汽车炸弹袭击被菲律宾国家调查局及时制止，3名嫌犯在组装炸弹的时候被抓获，袭击目标其实不只是机场，还包括市区内的多个目标。当时，在马尼拉尼诺伊阿基诺国际机场3号航站楼的停车场内，菲律宾国家调查局人员截获了一辆装满爆炸物的汽车，并逮捕了车上3名正在组装炸弹的嫌犯。据嫌犯交代，他们打算将爆炸物安放在马尼拉尼诺伊阿基诺国际机场3号航站楼停车场的卫生间里。这个团伙的袭击目标不仅限于机场，他们还打算袭击马尼拉市内的多个目标，“还计划对亚洲购物中心实施爆炸袭击，他们同时计划袭击中国大使馆，以及DMCI公司大楼”。这3个嫌犯来自一个2013年8月成立的激进组织，主要成员来自军队和警察。

（11）2016年2月21日南部苏丹库达拉省游乐场遭恐怖投掷手榴弹爆炸袭击案。2016年2月21日晚间8时15分左右，菲律宾南部苏丹库达拉省一座游乐场遭人投掷手榴弹袭击，造成至少14人受伤。当时，一名骑摩托车的男子向苏丹库达拉省艾斯普兰萨镇镇政府附近一座游乐场投掷两枚手榴弹，其中一枚手榴弹发生爆炸，爆炸发生时当地民众正在游乐场内举行庆祝活动。苏丹库达拉省位于菲律宾南部的棉兰老岛上，当地安全状况长期欠佳。2016年2月19日，苏丹库达拉省警方刚刚宣布在该省基里诺总统镇的一座公共市场内发现一件藏有土制爆炸装置的行李，后由拆弹专家拆除，幸未造成人员伤亡。

（12）2016年8月12日帕拉那克市监狱遭恐怖爆炸袭击案。2016年8月12日晚上，菲律宾帕拉那克市大马尼拉地区偏郊，一座监狱发生爆炸袭击，造成至少10名囚犯死亡、典狱长受伤。当时，这10名囚犯求见典狱长，反映申诉移监事宜，但双方话不投机，有囚犯投掷手榴弹，酿成爆炸事件。

（13）2016年9月2日达沃市恐怖爆炸袭击案。2016年9月2日晚上10点左右，菲律宾达沃市一所大学附近的罗哈斯夜市发生爆炸，造成至少15人死亡、71人受伤。阿布沙耶夫武装宣称制造了这起爆炸袭击。

（14）2016年11月29日总统杜特尔特的总统府卫队车队遭恐怖炸弹袭击案。2016年11月29日上午10时45分左右，在菲律宾总统杜特尔特前往南部陷入动乱省份视察之际，作为先导部队的总统府卫队车队遭到炸弹袭击，导致9人受伤，其中包括7名保镖和2名士兵。当时，载有总统府卫队成员以及“马拉坎南宫广播暨电视机构”（采访小组的车队），车队准备前往市区的陆军军营，途经马拉韦市一条小路时，路旁突然发生爆炸，结果带头的军车被爆炸碎片击中。杜特尔特预定于明天到马拉韦市视察，总统府卫队当天先行抵达，安排维安事宜。目前，尚无证据显示什么组织犯案，但军队围剿中的马巫德集团嫌疑重大。此前一天，位于马尼拉的美国驻菲大使馆附近遭人放置炸弹，如今又有总统府卫队车队遇袭，有人认为恐怖分子挑战政府公权力的意味浓厚。恐怖分子可能只是见到军车就攻击，未必是针对总统府卫队。因为军方在南兰佬省布提镇围剿数百名占据旧镇公所大楼的马巫德集团恐怖分子，恐怖分子可能以为车队正在运送士兵到布提镇前线支持。

（15）2016 年 12 月 24 日南部北哥打巴托省教堂恐怖爆炸袭击案。2016 年 12 月 24 日 21 时 45 分许，菲律宾南部棉兰老岛北哥打巴托省一座教堂遭遇爆炸袭击，造成至少 16 名参加弥撒的民众受伤，其中包括 2 名儿童和 1 名警员。当时，北哥打巴托省米德萨亚普镇的一座教堂正在举行圣诞弥撒，突然有人向聚集在门前的教众人群投掷一枚手榴弹，攻击目标是天主教徒。爆炸是由一枚土制炸弹引起，将停在教堂旁边的一辆警车和附近的一辆货车炸毁。估计袭击者的最初目标是教堂，但由于警方封锁了通往教堂的街区，使其无法靠近，于是袭击了教堂旁的警车。穆斯林在棉兰老岛是人数众多的少数民族，近几十年来，该岛因伊斯兰叛军的攻击而陷入动荡，但不久前，棉兰老岛的主要伊斯兰叛军游击队与菲律宾政府签署了停火协定。爆炸发生地米德萨亚普镇的居民，有近一半是天主教徒，穆斯林居民占比 40%，不过当地并不经常发生宗教冲突。

（16）2016 年 12 月 28 日中部城市莱昂特市镇广场业余拳击比赛遭恐怖爆炸袭击案。2016 年 12 月 28 日晚上 9 点多，菲律宾中部城市莱昂特市，一个镇广场的一场业余拳击比赛中，发生了恐怖爆炸袭击，造成 10 人死亡、34 人受伤。拳击比赛是当地一年一度的一个宗教节日的庆祝活动的一部分，在这场业余拳击比赛中，恐怖分子用手机遥控引爆了一个自制炸弹。这是继菲律宾南部圣诞节前的棉兰老岛天主教堂爆炸后的第二次爆炸案，当时造成 16 人受伤。

（17）2017 年 1 月 3 日最大监狱遭恐怖劫狱袭击案。2017 年 1 月 3 日凌晨，菲律宾最大监狱遭到数百名疑似“伊斯兰武装分子”的袭击，一名狱警被杀，至少有 130 名囚犯趁乱越狱，菲律宾警方已经派出警察在附近搜捕，暂时已有 2 人被抓回，这是该国近期发生的最大规模的越狱事件。监狱位于菲律宾哥打巴托省北部的基达帕万市。当时，数十名身着黑色衣服，持强大火力武器的枪手突袭监狱，将一名守卫杀死，还有一名囚犯在枪击中受伤，监狱内的囚犯随后趁乱逃走。监狱附近的村庄负责人随后在村庄附近安排了守卫，担心逃犯可能进入村庄。该监狱共有超过 1500 名囚犯，袭击者可能是菲律宾最大反政府武装“摩洛伊斯兰解放阵线”（MILF），该组织多年来一直希望取得更大自主权，自 20 世纪 70 年代末以来，长期与中央政府发生武装冲突。

（18）2017 年 1 月 26 日政府军追剿“阿布沙耶夫”极端组织。2017 年 1 月 26 日，菲律宾政府军开始在菲南部南拉瑙省布提格镇对“阿布沙耶夫”武装分子实施空袭，至少击毙 15 名武装分子、另有 7 名武装分子被打伤，被击毙的武装分子包括 1 名印度尼西亚籍恐怖主义嫌犯和另外两名菲律宾本地恐怖分子，“阿布沙耶夫”高级头目哈皮隆也在政府军空袭行动中身负重伤。“阿布沙耶夫”极端组织成立于 20 世纪 90 年代初，长期盘踞在苏禄省和巴西兰省等地，因屡屡制造绑架勒赎及杀害人质事件而臭名昭著。50 岁的哈皮隆因曾参与绑架美国人而被美国当局悬赏 500 万美元通缉，他之前宣誓效忠极端组织“伊斯兰国”（ISIS），被“伊斯兰国”确认为该组织在东南亚的头目。

（19）2017 年 4 月 28 日首都马尼拉奎松大道社区附近恐怖炸弹爆炸袭击案。2017 年 4 月 28 日 22 时 50 分左右，菲律宾首都马尼拉奎松大道一社区附近发生炸弹爆炸，造成至少 11 人受伤。爆炸物是一枚土制炸弹。警方认为此次爆炸事件是因帮派械斗而起，并非针对正在马尼拉举行的东盟峰会。第 30 届东盟峰会目前正在马尼拉举行。菲律宾投入 4 万警力维持治安。由于当时东盟峰会正在马尼拉举行，这起爆炸案引发广泛关注。极端组织“伊斯兰国”（IS）也曾一度宣称对这起爆炸案负责，但菲律宾国家警察坚称这起爆炸并非恐怖袭击而是由黑帮火拼引起，“伊斯兰国”只是借机炒作。

（20）2017 年 5 月 6 日首都马尼拉市连续两次恐怖爆炸袭击案。2017 年 5 月 6 日晚间 5 时 55 分左右，菲律宾首都马尼拉市连续发生两次爆炸，造成 2 人遇难、6 人受伤。当时，马尼拉市诺萨加雷街与艾利松多街交口处发生一次爆炸，第二次爆炸则发生在晚 8 时 32 分左右，两次爆炸地点都在奎亚波一座清真寺附近。第一次爆炸造成 2 人遇难、4 人受伤，第二次爆炸造成 2 人受伤，伤者包括一名拆弹警官。

（21）2017 年 5 月 23 日南部城市马拉维遭恐怖分子恐怖攻占袭击案。2017 年 5 月 23 日，菲律宾南部城市马拉维，遭到恐怖分子攻占，他们企图在此为极端组织“伊斯兰国”（IS）设省。尽管军方为驱逐他们发动猛烈攻势，目前仍有超过100人在这座城市里，儿童和人质被迫与亲IS的枪手并肩作战。有些极端分子是10多岁的青少年，他们可能在儿童时期就受到恐怖分子招募，并且接受枪支训练，不能排除被迫参战的孩童和平民可能有死伤，此事令人不安。政府部队将竭尽全力，避免造成参战儿童死伤。枪手攻占马拉维市不久后，便挟持至少10多名人质，其中包括1名天主教神父，估计受困在这座城市的约300名平民可能也遭到俘虏。菲律宾政府10日公布的数据显示，超过500人在这场战事中丧命，包括89名军警、39名平民和379名好战分子，近40万平民已逃离家园。

（22）2017年6月2日首都马尼拉度假村遭恐怖袭击案。2017年6月2日凌晨，菲律宾首都马尼拉一处度假村发生袭击事件，导致至少36人死亡、50多人受伤。当时，1名枪手闯入马尼拉云顶世界开枪，并放火焚烧赌桌，引发恐慌，这名单独犯案的枪手可能是想偷窃赌场内的筹码。极端组织“伊斯兰国”（IS）已宣布对此次袭击事件负责，该处度假村临近菲律宾马尼拉首都机场，度假村里面设有赌场和酒店。

2. 缅甸的恐怖犯罪

（1）2011年12月29日药品仓库遭恐怖爆炸袭击案。2011年12月29日凌晨2点左右，缅甸仰光市东部一座药品仓库发生爆炸，造成至少15人死亡、65人受伤。药品仓库位于仰光市中心以东约5公里处，爆炸随后在当地引发火灾。缅甸近年来不时发生炸弹袭击事件，但均不十分严重。当局将袭击事件归咎于当地的少数民族武装分子。

（2）2012年6月8日西部若开邦佛教徒和回教徒之间恐怖冲突袭击案。2012年6月8日凌晨，缅甸西部若开邦佛教徒和回教徒之间宗教冲突恶化，涉案人数达1000多人，两天之内已有500多所房子被烧毁，至少7人死亡、17个人受伤。6月3日，恐怖袭击在若开邦的当古开始，大约300名佛教徒围攻一辆巴士，认定车上有上月奸杀一名年轻女佛教徒的三个回教徒青年，结果造成10名回教徒乘客死亡、12人受伤。6月7日，罗兴亚族数百名回教徒在孟都攻击一个佛教徒社区，导致4名佛教徒死亡，包括1名医生和1名老汉。当时，若开邦多个佛教徒村子被约千名回教徒攻击，数以百计的民房被纵火烧毁，迫使村民纷纷逃离家园。缅甸政府晚上调动大批军警到若开邦戒备，还在两个市镇实施宵禁，禁止5人以上的集会，军警被迫向放火烧房子的暴民开枪。

（3）2016 年 10 月 9 日若开邦孟都等地边境警察局遭恐怖袭击案。2016 年 10 月 9 日，缅甸若开邦孟都等地边境警察局遭到恐怖袭击。若开邦与孟加拉国边界附近的孟都镇、拉代当镇 3 所边防警察局遭恐怖分子袭击，至少 9 名警察、8 名袭击者在交战中死亡，2 名袭击者被擒。袭击事件是由名为“阿卡穆尔圣战者”的组织实施的，该组织与在孟都活动的恐怖组织“罗兴亚团结组织”有关联。10 月 9 日的袭击发生后，政府军、警方一直在若开邦北部地区实施清剿行动，其间与袭击者多次交战，也曾遭遇伏击。根据缅甸官方媒体数据，截至 16 日，共有 32 名安全部队人员在行动中丧生，共击毙 100 多名袭击者。在 17 日的清剿行动中，边防安全部队共抓获了 59 名嫌疑人，有来自外国的极端分子在孟都附近村庄中系统性招募成员，还恐吓和威胁当地村民。4 名被军警擒获的袭击嫌疑人曾被强制参加恐怖分子训练营。

（4）2016 年 11 月 12 日、13 日西北部若开邦的多个城镇恐怖袭击案。2016 年 11 月 12 日至 13 日，缅甸若开邦临近孟加拉国边境的多个城镇、村庄连续遭到暴力恐怖袭击，500 余名恐怖分子袭击了当地的边防站、警察局以及驻守的军警部队，并纵火烧毁了 60 余座民房。军警部队最后击退恐怖分子，击毙暴徒 32 人，同时也有 2 名警察牺牲。这些恐怖袭击事件由一个名为“阿卡穆尔圣战者”的组织制造，该组织与在孟都活动的恐怖组织“罗兴亚团结组织”有关联，还得到了外国恐怖组织的资助并经过系统策划。

3. 泰国的恐怖犯罪

（1）2012 年 12 月 11 日教师遭恐怖袭击案。2012 年 12 月 11 日，泰国北大年府，有 5 名武装分子在午餐时间打死了班巴古学校学校校长和 1 名老师；上周，陶公府一起恐怖袭击中，1 名女性教师被杀、1 名男性教师受重伤。根据总部设在也拉府的第 12 教区办公室的统计数据，从 2004 年 1 月 7 日至 2012 年 12 月 11 日，泰国南部共有 124 名教师和 34 名教工职员在恐怖袭击中死亡。联合国敦促泰南不稳定地区停止一切针对儿童的暴力活动，在 12 月 11 日陶公府一家茶馆里发生的袭击事件中，一名仅有 11 个月大的女婴遭射击身亡、另外还有 5 人在袭击中死亡。从 2004 年 1 月以来，泰南暴力事件中共有 50 名儿童死亡、340 人受伤。“袭击儿童是一个悲剧性、无意义、无法接受的行为”。为了遏制分离主义运动，泰国政府一直对该地区保持高压，泰国政府在也拉、陶公和北大年三府实施紧急状态法，泰国政府在泰南三府派驻的军队大约有3万名。

（2）2013年2月13日南部陶公府海军基地遭恐怖袭击案。2013年2月13日凌晨1点左右，近百名携带枪支和炸药的武装分子对泰国南部陶公府一处海军基地进行袭击，当时基地中共有约60名海军，在军方迅速给予还击之后，武装分子随即逃走，逃走途中还在道路上撒上铁钉和树枝以阻碍追兵。局势平静之后，军方对事发地点进行清查，发现了至少17具袭击者的尸体，其中1名死者为南部恐怖袭击团体中一名非常重要的领导人，他直接策划了2013年1月底陶公府的教师遇害案。另外，军方还在现场找到大批散落的枪支弹药。

（3）2015年8月17日首都曼谷市中心恐怖爆炸袭击案。2015年8月17日傍晚19时，泰国曼谷市中心商业区，水门叻巴颂十字路口，著名的泰国水门四面佛前发生强烈爆炸，由于正是交通拥堵时期，造成19人死亡、123人受伤，死者中包含3名中国人，另有约15名中国人在爆炸中受伤。这是一起恐怖爆炸袭击，爆炸发生后一辆满载燃气的车因爆炸开始燃烧，周围民众帮助伤者远离爆炸地点。警方立即前往事发地点展开救援行动，拆弹部队也紧急进入爆炸现场，封锁四面佛附近多个路口，同时消防队也进入现场展开灭火行动。爆炸点炸弹有2~3颗，被事先藏在四面佛周边，已爆炸一颗，另一颗未爆炸被拆除。发生爆炸的是人为放置的炸弹，有3公斤TNT炸药，杀伤半径大约40米。

（4）2016年7月5日穆斯林聚居区边检站遭恐怖爆炸袭击案。2016年7月5日下午，泰国南部宋卡府和北大年府的交界地带穆斯林聚居区边检站，一辆扣押在边检站的无牌皮卡车突然发生爆炸，致使站内1名警察身亡、3名警察受伤，爆炸燃起的大火将边检站严重烧毁。警方怀疑袭击分子将一枚土制炸弹藏在车中，待边检警察走近时引爆了炸弹。这是三天内泰国南部再遭炸弹袭击。7月3日晚，在数百名穆斯林结束封斋之际，北大年府中央清真寺外突遭炸弹袭击，造成1名正在指挥交通的警察身亡、两名警察和1名平民受伤。作为泰国穆斯林的聚居区，泰国南部连遭炸弹袭击凸显开斋节前后伊斯兰世界面临的威胁。

（5）2016年8月11日旅游城市华欣恐怖爆炸袭击案。2016年8月11日深夜，泰国著名旅游城市华欣发生两起炸弹爆炸事件，造成至少一名泰国人死亡、23人受伤，伤者中包括外国游客。这两起爆炸发生在华欣市的外国游客较多的地区，第一枚炸弹 8 月 11 日 22 时 15 分在当地一家酒吧前爆炸，未造成人员伤亡；一小时后，第二枚炸弹在距第一次爆炸现场约 100 米的地方爆炸，造成人员伤亡。华欣是泰国著名旅游城市，位于首都曼谷以南 200 多公里处。

（6）2016 年 11 月 30 日挫败恐怖袭击预谋案。2016 年 11 月 30 日，泰国警方逮捕三名恐怖嫌犯，他们涉嫌策划在首都曼谷及周边省府的旅游景点发动炸弹袭击。落网的三名嫌犯来自长期处于穆斯林分离主义动乱的泰国南部，准备在曼谷及周边地区发动袭击，计划攻击旅游景，企图通过炸弹袭击“制造动乱”。泰国政府不愿将矛头指向泰南的穆斯林分离主义分子，因为这等于间接表示当地暴力冲突有向泰南以外蔓延之势，而这可能让游客却步，冲击当地旅游业。

4. 马来西亚的恐怖犯罪

（1）2016 年 3 月 24 日挫败恐怖炸弹袭击图谋。2016 年 3 月 24 日，马来西亚警方在首都吉隆坡和其他 6 个州开展的一次联合突击行动中抓捕 15 名疑似极端组织“伊斯兰国”成员的涉恐嫌疑人，挫败了一起炸弹袭击图谋。这 15 人均为马来西亚国籍，11 男、4 女，年龄在 22 至 49 岁之间，其中包括 1 名警察、1 名飞机维修员、1 名宗教人员和 1 名学生。这些嫌疑人听命于身在叙利亚的一个马来西亚籍“伊斯兰国”头目，正准备在马来西亚发动一起恐怖袭击。这一团伙曾经安排两名外国恐怖分子溜出马来西亚，潜入某个东南亚国家。这些嫌疑人还涉嫌筹集资金，资助菲律宾南部的一个极端组织。他们还涉嫌在马来西亚招募新人，非法获取炸药。4 名女性嫌疑人被抓捕时正计划前往叙利亚加入“伊斯兰国”。根据马来西亚内政部发布的数据，目前共有 137 名投奔极端组织“伊斯兰国”的马来西亚人正在叙利亚和伊拉克作战，警方已逮捕超过 100 名支持这一极端组织的嫌疑人。马来西亚警方 2016 年 1 月抓获一名企图制造自杀式袭击的马来西亚籍男子，后者供认自己听命于极端组织“伊斯兰国”，被捕时距离他发动袭击仅剩“数小时”。

（2）2016 年 5 月 17 日抓获恐怖组织。2016 年 5 月 17 日，马来西亚警方破获一个企图暗杀总理和警察总长的恐怖集团。14 名密谋暗杀总理与全国警察总长的“伊斯兰国”分子，在过去 4 天内，分别在吉隆坡、雪兰莪、霹雳、玻璃市与柔佛等州落网。尽管警方此次挫败了恐怖分子的阴谋，但警方将持续展开情报搜集与调查工作，确保恐怖分子的任何阴谋都不会得逞。被逮捕的恐怖分子，均与目前人在叙利亚的马来西亚籍“伊斯兰国”恐怖分子莫哈末万迪有直接关系，而其中一名落网者是莫哈末万迪的家人，莫哈末万迪早在2015年就密谋谋杀马来西亚总理等政要。13名“伊斯兰国”分子2015年策划绑架总理纳吉布、副总理阿末扎希与国防部长希山慕丁，但这些恐怖分子的阴谋最终败露，13名恐怖分子遭警方逮捕。由于马来西亚政府对国内任何涉及“伊斯兰国”的恐怖主义活动采取极其严厉的打击，因此也一直受到“伊斯兰国”的恐怖袭击威胁。马来西亚将继续打击恐怖主义，对恐怖分子绝不手软，2013年至今马来西亚共逮捕了177名涉及恐怖活动的犯罪嫌疑人。

（3）2016年6月28日雪兰莪州酒吧恐怖爆炸袭击案。2016年6月28日，极端组织“伊斯兰国”（IS）分子用手榴弹袭击了位于马来西亚雪兰莪州的一间酒吧，造成8人受伤。这是马来西亚遭受的首起恐怖袭击既遂事件，由极端组织“伊斯兰国”成员所实施。

（4）2016年7月23日逮捕14名极端组织嫌疑人。2016年7月23日，马来西亚警方在行动中逮捕了14名参与极端组织“伊斯兰国”活动的嫌疑人，并查获一个准备用于袭击的简易爆炸装置。这14名嫌疑人全部为本地人，其中12人属于同一个团伙，被捕地点分别在首都吉隆坡周边、北部槟榔屿、沙巴州等地。这些嫌疑人听从一名身在叙利亚的马来西亚籍“伊斯兰国”成员的指令，准备在马来西亚发动袭击。嫌疑人中，一名嫌疑人参与招募“伊斯兰国”成员并安排他们前往叙利亚，还有一名嫌疑人试图前往菲律宾南部加入当地的武装组织。此外，警方在行动中查获一枚一公斤的简易爆炸装置。

（5）2016年8月27日挫败恐怖袭预谋案。2016年8月27日，马来西亚警方逮捕了3名涉嫌参与极端组织“伊斯兰国”活动的嫌疑人，并查获手榴弹、手枪和20多发子弹，这些嫌疑人企图在马来西亚独立日即8月31日前夕发动袭击。这3人是在警方8月27日至29日的反恐行动中被捕的，此前他们一直接收“伊斯兰国”组织成员穆罕默德·杰迪的指令，准备发动袭击，目标包括吉隆坡的娱乐场所及警察局等。3名嫌疑人介于20岁到27岁之间，计划在成功实施袭击后逃往叙利亚，加入“伊斯兰国”组织。自2013年以来，马来西亚已经有230名涉嫌恐怖活动的嫌疑人被逮捕。

（6）2016年10月28日组建反恐特别行动队。2016年10月27日，马来西亚成立了一支由马来西亚武装部队、皇家警察及海事执法机构所组成的国家特别行动部队，以应对恐怖袭击。这支部队共有17名军官及170名成员，他们已进行了长达6个月的训练。马来西亚日后若面对任何恐怖袭击或相关问题，都会毫不犹豫地派出这支部队，国家特别行动部队的唯一责任就是确保人民和国家安全。

5. 文莱的恐怖犯罪

2014年2月21日逮捕一名印度尼西亚人恐怖嫌疑犯。2014年2月21日，文莱政府拘捕一名印度尼西亚人恐怖嫌疑犯。这名嫌犯名为丹尼尔，别名阿瓦鲁丁，是东南亚极端组织“伊斯兰祈祷团”的成员。阿瓦鲁丁涉嫌密谋帮助武装分子进入文莱，并将文莱当作“避风港”，为武装分子在海外筹措资金。“伊斯兰祈祷团”是“基地”组织的盟友，该组织被指对在东南亚地区发生的一系列袭击事件负责，其中最严重的一起是2002年印尼巴厘岛发生的爆炸事件，该起爆炸造成200余人死亡。

6. 新加坡的恐怖犯罪

(1) 2016年5月3日逮捕8名孟加拉国恐怖嫌犯。2016年5月3日，新加坡依据《内部安全法》拘捕了计划在孟加拉国实施恐怖袭击的8名男子，这些孟加拉国人是20至30岁的年轻人，在新加坡从事建筑业等工作。这8名被拘留的孟加拉国人属于名为“孟加拉伊斯兰国”的秘密组织，他们的头目拉赫曼·米赞2016年1月开始招募成员，并在3月正式成立该组织。这些孟加拉国人原打算加入极端组织“伊斯兰国”，但考虑到进入叙利亚很困难，转而计划返回孟加拉国实施恐怖袭击、推翻现政府和建立“伊斯兰国”的分支等。尽管“孟加拉伊斯兰国”没有选定新加坡为袭击目标，但拉赫曼·米赞曾扬言，只要得到“伊斯兰国”的指令，他可随处发动攻击，这对新加坡构成了安全威胁。

(2) 2016年8月8日破获恐怖袭击预谋。2016年8月8日，新加坡警方逮捕了6名恐怖袭击嫌犯，挫败了一起针对2016年9月份新加坡站F1大奖赛的恐怖袭击预谋，该预谋欲从靠近新加坡的巴淡岛发射一枚导弹，袭击目标为F1滨海湾赛道。不管是对前来比赛的车队、各国观众，还是对赛事承办方的工作人员来说，安保问题永远都是首要的。因此，在发现了这起恐怖袭击计划后，赛事组织者在赛道周边都加强了安保工作。这些恐怖嫌犯中，一名24岁的年轻人属于部署在印度尼西亚北部巴淡岛的恐怖组织，该恐怖组织从部署在叙利亚的知名印度尼西亚伊斯兰主义者布赫鲁恩·纳依姆处得到指令，布赫鲁恩·纳依姆被认为是雅加达一月一系列恐怖袭击的直接组织者。该嫌疑恐怖分子是于星期四在巴淡岛其家附近的一家网吧中被抓获的。

7. 印度尼西亚的恐怖犯罪

（1）2013 年 8 月 4 日雅加达西部芒伽杜瓦的艾卡亚纳佛教中心恐怖爆炸袭击案。2013 年 8 月 4 日，印尼雅加达西部芒伽杜瓦的艾卡亚纳佛教中心遭到自制炸弹袭击，有一人在爆炸袭击当中受轻伤。袭击发生后，印尼警方迅速行动封锁现场，并展开初步调查，同时提高了对包括寺庙、清真寺和教堂等在内的宗教场所的安全戒备，以防再次发生恐怖袭击事件。在爆炸现场发现的一张纸条上写有“我们回应了罗兴亚兄弟的呼唤”的字样，使舆论将关注点集中到曾经策划袭击缅甸驻印尼大使馆的当地的蔓邦团伙。印尼警方曾于 2013 年 5 月成功挫败了由他们计划的炸弹袭击缅甸驻印尼使馆的阴谋，这也是蔓邦团伙首次以有组织的恐怖组织形式出现在印尼。此次针对佛教场所的恐怖袭击，是继 2011 年先后发生井里汶清真寺自杀式爆炸袭击和梭罗一座基督教新教教堂恐怖袭击案以来，印尼发生的第三起针对宗教场所的恐怖袭击事件，引起了印尼社会对于宗教场所安全的担忧。

（2）2016 年 1 月 14 日首都雅加达恐怖袭击案。2016 年 1 月 14 日上午，印尼首都雅加达市中心发生恐怖袭击案，发生至少 6 起爆炸，其中包括至少一起自杀式爆炸袭击，人数不详的袭击者与警方交火并投掷手榴弹，共造成 8 人死亡、17 人受伤。袭击者均已被击毙或逮捕，2 名袭击者启动自杀式爆炸装置后身亡，其余 3 名袭击者被警方击毙，遇难的 2 名平民中有一人是西方国家公民。当时，萨琳娜大街步行道上相继发生 3 起爆炸。时隔不久，距萨琳娜购物中心不远处谭布林大街上的一个交警岗亭也遭到爆炸袭击，有 3 人倒在血泊中。其中一起爆炸发生在雅加达市中心萨琳娜购物中心，事发地距离联合国驻雅加达办事处仅一街之隔，附近有不少高级写字楼和五星级宾馆，也是大部分外国使领馆的所在地。至少 5 名袭击者，其中 3 人走进购物中心的星巴克咖啡厅后，“一个接一个”引爆身穿的炸弹背心，另外两名持枪的袭击者对附近的一个警察岗亭发动袭击，打死至少 1 名警察。袭击者有 10 至 14 人，袭击可能与宗教极端组织有关，这是 2009 年以来印尼遭遇到的最严重的恐怖袭击事件。

（3）2016 年 7 月 5 日爪哇梭罗警察局遭恐怖爆炸袭击案。2016 年 7 月 5 日上午，印度尼西亚中爪哇梭罗遭到自杀炸弹攻击，炸弹客在警察局前引爆身上炸弹当场死亡，还造成 1 名警察受伤。当时，1 名骑乘摩托车的男子上午

7 时 35 分左右接近梭罗市的警察局，企图进入，但遭到警员拦查阻挡。这名男子随即掉头离去，警员追赶上去，男子引爆身上炸弹当场死亡，并造成警察轻伤。

（4）2016 年 11 月 26 日挫败恐怖袭击爆炸预谋。2016 年 11 月 26 日和 27 日，印度尼西亚警方反恐部门分别在印尼亚齐省和万丹省抓获威巴瓦的两名同伙巴林·阿加姆和赛义夫·巴赫里，他们上周逮捕了恐怖嫌疑人、炸弹专家里奥·普里阿特纳·威巴瓦。这三人自称效忠极端组织“伊斯兰国”，原打算在本月或下月对缅甸驻印尼使馆发动爆炸袭击，以报复缅甸政府在罗兴亚人问题上的应对举措，他们的潜在袭击目标还包括印尼议会建筑、警察局总部和电视台。这三人的具体分工是阿加姆负责提供现金并采购爆炸物原料，由巴赫里协助威巴瓦制造炸弹。威巴瓦是一名农业大学辍学生，作为团伙核心成员之一，他直接听命于在叙利亚参与“伊斯兰国”作战的印尼人巴赫伦·纳伊姆。威巴瓦在位于西爪哇省的寓所内存放有大量爆炸物原料，其威力将是 2002 年巴厘岛袭击案所用炸弹的 3 倍，一旦付诸实施，后果不堪设想。纳伊姆先前被印尼警方认定与近期印尼国内一系列恐怖袭击事件有关，包括 2016 年 7 月发生在中爪哇省梭罗市一座警察局的自杀式炸弹袭击事件，他还被警方认定为 2016 年 1 月 14 日雅加达市中心恐怖袭击的主谋之一，该袭击造成 4 名平民丧生、4 名袭击者毙命。

（5）2016 年 12 月 25 日挫败恐怖袭击预谋。2016 年 12 月 25 日，在印度尼西亚的西爪哇省，警方挫败了一起恐怖袭击图谋。有 4 名武装分子涉嫌谋划发动一起自杀式袭击，其中 2 人被捕，根据被捕嫌疑人提供的线索，警方找到了他们的窝点并发现了另外 2 名嫌疑人，并与他们发生冲突，最终 2 名嫌疑人被打死，确认该团伙隶属于极端组织。

（6）2017 年 5 月 24 日首都雅加达两起恐怖炸弹爆炸袭击案。2017 年 5 月 24 日晚上，印度尼西亚首都雅加达发生两起炸弹爆炸，造成至少 5 人死亡、10 人受伤，爆炸系一个名为“神权游击队”的组织实施，该组织宣誓效忠“伊斯兰国”。当时，印尼首都雅加达东区一公交车站发生两起爆炸袭击，两起爆炸均为自杀式袭击，爆炸造成 2 名袭击者和 3 名警察死亡，另有 5 名警察和 5 名平民受伤。第一起爆炸发生在当地时间 24 日晚 9 时，炸弹威力比较大；数分钟后，距首次爆炸地点不远处发生了第二起破坏力较小的爆炸。袭击事件由艾哈迈德·苏克里和伊万·努尔·萨拉姆实施，艾哈迈德·苏克里曾于2014年到监狱看望了阿曼·阿卜杜勒拉赫曼，伊万·努尔·萨拉姆是一名“神权游击队”成员。“神权游击队”成立于2015年，总部设在印尼，由20多个支持“伊斯兰国”的印尼极端主义团队组成。该组织领导人阿曼·阿卜杜勒拉赫曼是一名穆斯林神职人员，曾于2016年1月策划了雅加达中部地区的一次袭击事件。约有500名印尼人前往叙利亚加入了“伊斯兰国”，若这些人员返回印尼，将给印尼带来致命威胁。近来印尼国内发生的一系列袭击事件，多与印尼国内宣誓效忠“伊斯兰国”组织相关，这些袭击多以军警机构为目标。

（三）南部亚洲国家的恐怖主义犯罪

1. 孟加拉国的恐怖犯罪

（1）2012年10月17日孟加拉国男子涉嫌恐怖袭击被逮捕。2012年10月17日，一名现年21岁的孟加拉国籍男子卡奇·穆罕默德·纳菲斯，在曼哈顿因涉嫌恐怖袭击位于美国纽约市的美联储大楼而被美国警方逮捕。这名男子当天在一个联邦法庭出庭，法官下令他不得保释。纳菲斯2012年1月进入美国时就带着特别任务，要在美国本土展开恐怖袭击行动，嫌疑人受“基地”组织启发，在进入美国后，还曾试图招募同谋。纳菲斯计划在一个自杀使命中引爆一辆装满450公斤重的炸弹的厢式货车，由于他一直处于严密监控下，因此并未对公共安全造成任何威胁。17日一早，纳菲斯就前往一个仓库用袋子里的材料装好了450公斤重的炸弹，随后把车停在了纽约的美联储大楼附近，企图引爆他以为已经准备好的车上的炸弹。最终纳菲斯被控试图使用大规模杀伤性武器，并为“基地”组织提供原料支持。然而，当天在出席联邦法庭出庭时，纳菲斯本人拒不认罪。

（2）2016年7月1日首都达卡古山使馆区附近餐馆遭恐怖袭击案。2016年7月1日晚9时许，孟加拉国首都达卡古山使馆区附近的一家餐馆发生恐怖袭击，约有8至9名恐怖分子持枪进入餐厅，劫持了30多名正在用餐的客人，其中包括20多名外国人。极端组织伊斯兰国（IS）在事件发生后不久就表示对此次袭击事件负责，声称已击毙20余名人质。孟加拉国警方接到报警后迅速行动，与恐怖分子发生交火，救出12名人质。营救过程中，包括人质和警察在内至少有5人死亡、50多人受伤。2017年1月14日，在孟加拉国达卡，恐怖袭击案嫌疑人贾汉吉尔·阿拉姆被逮捕。

（3）2017 年 3 月 17 日达卡警察检查站二次造成恐怖自杀式爆炸袭击案。2017 年 3 月 17 日下午，达卡国际机场附近一处警方营地遭自杀式爆炸袭击，两名警员受伤，袭击者当场死亡。当时，一名可疑人员翻墙进入警方在达卡国际机场附近的营地，在遇拦截时引爆身上炸弹。袭击者当场死亡，两名警方人员受伤，警方还在死者身边发现一枚未被引爆的炸弹。袭击发生后，孟加拉国政府提高了境内所有机场和监狱的安全警戒级别。2017 年 3 月 24 日晚上 8 时左右，孟加拉国首都达卡一处警察检查站遭到自杀式爆炸袭击，袭击者当场死亡，尚无其他人员伤亡。当时，袭击者在达卡国际机场附近的一处警方检查站前引爆爆炸装置，这是一周来发生在达卡国际机场附近的第二起针对警方的自杀式爆炸袭击。

2. 印度的恐怖犯罪

（1）2010 年 2 月 1 日西部城市普纳饭馆遭恐怖爆炸袭击案。2010 年 2 月 1 日，印度西部城市普纳的一家饭馆遭到炸弹袭击，造成至少 8 人死亡。警方认为是“虔诚军”和“印度圣战者”组织所为。4 月 17 日，“印度圣战者”组织在南部城市班加罗尔的一座板球场外制造爆炸，造成 1 人死亡、15 人受伤。9 月 19 日，在英联邦运动会召开前夕，首都新德里的贾玛清真寺外，一个乘坐摩托车的枪手向人群疯狂开枪，造成 2 名我国台湾地区游客受伤。11 月 7 日，位于北部的印度教圣城瓦拉纳西恒河边的一座寺庙外发生爆炸，造成一名 2 岁女童被炸死、多人受伤。

（2）2011 年 7 月 13 孟买连环恐怖炸弹袭击案。2011 年 7 月 13 日，对印度人来说，就像“9·11”于美国人一样，触动心灵。2011 年 7 月 13 日晚 7 时左右，印度孟买三大商业区相继遭到炸弹袭击，造成 20 多人死亡、130 多人受伤，这是继 2008 年这座城市遭遇炸弹袭击后所遭受的又一次重大恐怖袭击。这三起恐怖袭击与“印度圣战者”有着密切关系，孟买绝对不是一座安全城市，1993 年以来仅该地区遭受的恐怖袭击便已有 10 次之多。孟买屡遭袭击，有其自身的因素：作为印度的经济中心，这里人口超过 1400 万，在这样的地方发动恐怖袭击，显然能起到事半功倍的效果。

当时，恐怖分子把袭击时间选择在人们下班的高峰时间段。第一起爆炸发生在 7 月 13 日下午 6 时 45 分左右，地点是印度金融中心孟买南部的一个人流拥挤的扎维里市场；1 分钟后，第二起爆炸发生于旁边的歌剧院附近；11 分钟后，孟买中部火车站附近达达尔地区的一个公交站发生了第三起爆炸。

扎维里大市场被引爆的炸弹被藏在一把打开的雨伞下，歌剧院商业区的炸弹则被安装在下水道内，另外一枚被安放在路边电线杆上电表下方。这些爆炸威力都十分惊人，掀翻了路过的小轿车。3次爆炸过后，现场满目疮痍、一片狼藉，尤其在歌剧院附近的商业区，因为聚集了不少钻石和珠宝商铺，突如其来的爆炸使不少细小的碎钻四处飞散，带来了更大的杀伤力。仅对于附近商铺，爆炸便造成了高达2.5亿卢比（约合3600万元人民币）的损失。

（3）2011年9月7日新德里高等法院遭恐怖爆炸袭击案。2011年9月7日10时15分，一起炸弹袭击发生在印度首都新德里高等法院的门口。当时，大约200人身处高等法院5号出入口外，等待进入法院办事，人群中也有不少律师。炸弹藏在一个手提箱内，放置在法院出入口安检处附近。新德里高等法院位于新德里的市中心，距离印度国会大楼和总理办公地不远。而周三是法院的公众接待日，院内外人员较多，爆炸造成至少11人丧生、62人受伤。这是高等法院当年第二次遇袭。早在2011年5月25日，法院外停车场就遭遇了汽车炸弹袭击，引发民众恐慌，所幸当时没有人员伤亡。事后，巴基斯坦恐怖组织“伊斯兰圣战运动”组织声称对这起爆炸事件负责。

（4）2013年8月3日印度驻阿富汗领事馆遭恐怖袭击案。2013年8月3日上午，位于阿富汗东部城市贾拉拉巴德的印度领事馆遭到袭击，造成至少9名平民死亡、22人受伤，其中包括许多儿童，大多数的死者是附近清真寺的老百姓。当时，三名自杀炸弹手在阿富汗东部贾拉拉巴德市印度领事馆附近引爆了一辆装满炸药的汽车，造成重大伤亡，领馆的所有印度官员都平安无事。

（5）2014年5月1至2日东北部恐怖暴力袭击案。2013年5月1日至2日晚上，印度东北部爆发严重暴力袭击事件，32名穆斯林被杀，数处民宅被烧毁，数百人被迫离开家园。这是这两年来东北部发生的最严重的袭击事件。遇害者为孟加拉迁至阿萨姆邦的非法移民，而发起袭击者疑为阿萨姆邦的波多武装激进分子。当时，武装分子分别袭击了阿萨姆邦的科克拉贾尔地区与西巴克沙地区的村庄，对当地穆斯林民宅进行扫射，并向村民直接开枪，造成共29名村民遇害，包括至少8名妇女与8名儿童。袭击的人员是分裂团体“波多民族民主阵线”的成员，“波多民族民主阵线”成立于1986年，一直在印度阿萨姆邦从事分裂活动，不时发动袭击。

（6）2014年12月23日东北部阿萨姆邦两村庄恐怖袭击案。2014年12

月 23 日，印度东北部阿萨姆邦的两个村庄遭到武装分子血洗，造成 54 人死亡。12 月 23 日，印度分离主义武装“波多民族民主阵线”在 1 小时内对该邦 4 个地方进行暴力袭击，这是该地区当月发生的最严重的暴力袭击事件。这起事件被视为对印度安全部队在 11 月份袭击该组织藏身之处的报复行动。武装分子在袭击该邦西部的科格拉恰尔镇的村庄与索尼提浦尔地区的村庄时，甚至对村民无差别开火，武装分子徒步手持步枪并身着军装。

（7）2015 年 7 月 27 日旁遮普邦迪纳讷格尔镇恐怖袭击案。2015 年 7 月 27 日清晨 5 点 30 分左右，印度旁遮普邦古尔达斯布尔县，4 名身穿陆军制服的枪手攻击一辆公交车，造成乘客死亡。枪手随后劫持一辆汽车，开到迪纳讷格尔镇对当地警察局开枪，造成 6 名平民和 3 名警察死亡、多人受伤。上述事发地点附近连接伯坦果德和阿姆利则地区的铁轨上也被安装了 5 枚炸弹，所幸列车通行前已被发现。

（8）2016 年 8 月 5 日阿萨姆邦科格拉恰尔地区市场恐怖袭击案。2016 年 8 月 5 日 11 时，印度阿萨姆邦科格拉恰尔地区的一个市场遭恐怖组织袭击，导致至少 14 人死亡、20 人受伤。当时，3 名袭击者在阿萨姆邦科克拉贾县一市场发动袭击，袭击者先投掷了一枚手榴弹，然后开始向人群扫射，人群顿时慌乱，纷纷找地方躲避。袭击发生后，安全部队迅速抵达现场并击毙 1 名袭击者，在现场缴获一把 AK-47 步枪和大量手榴弹，另外 2 人仍然在逃。这 3 名袭击者来自印度阿萨姆邦的分离主义恐怖组织“波多民族民主阵线”。

（9）2016 年 11 月 14 日教堂恐怖袭击案。2016 年 11 月 14 日，印度发生一起恐怖袭击事件。在袭击中，4 名儿童受到了伤害，1 名小女孩伤势严重，离开了人世。随后，警方立即对袭击者进行了追捕，发动此次袭击的组织是极端组织伊斯兰国的支持者。此次恐怖袭击发生在一座教堂内，正在教堂中玩耍的孩子们被汽油弹所伤，其中 1 名两岁女孩全身大面积烧伤，不治而亡。袭击者在作案后逃离的途中，被当地百姓捉住，另外 5 名被捕人士也有同伙之嫌。恐怖袭击战乱不断，极端组织“伊斯兰国”到处发动恐怖袭击，让百姓生活在水深火热之中，伤亡痛苦不断，民不聊生。据报道，同年 8 月，在印度的一处教堂内，一名恐怖分子刺杀了牧师并试图引起爆炸。同年 1 月，印度首都发生袭击，造成百姓伤亡。

（10）2017 年 3 月 7 日教堂恐怖袭击案。2017 年 3 月 7 日上午 10 时左右，印度一列火车遭人放置炸弹引爆，导致 10 名乘客受伤。警方怀疑这是由一个宣誓效忠“伊斯兰国”的小组发动的袭击，该小组多名成员已经被捕。当时，爆炸发生在由印度中央邦首府博帕尔开往乌贾因的火车上，导致10人受伤，其中3人伤势严重。在火车爆炸事故发生后，印度中央邦和北方邦警方发起了联合行动，逮捕了该小组的8名成员。

3. 巴基斯坦的恐怖犯罪

（1）2010年2月5日南部城市卡拉奇公共汽车遭恐怖爆炸袭击案。2010年2月5日，巴基斯坦南部城市卡拉奇，一辆公共汽车遭炸弹袭击，公共汽车完全被毁，附近一些建筑物玻璃也被震碎，造成至少12人死亡、50多人受伤。当时，一名自杀式袭击者驾驶载有炸药的摩托车冲向这辆公共汽车，车上共有50多名什叶派穆斯林，他们正前往真纳大街参加宗教活动。1月28日，正在举行阿舒拉节纪念活动的什叶派穆斯林游行队伍在卡拉奇也遭到过炸弹袭击，造成30多人死亡。

（2）2010年5月28日拉合尔恐怖袭击案。2010年5月28日下午，巴基斯坦东部城市拉合尔发生了两起恐怖袭击事件，68人在这两起恐怖袭击中身亡，另有70多人受伤。28日下午1时45分左右，两伙全副武装并身穿炸弹背心的武装分子在同一时间分别对拉合尔市的两处祈祷地发动恐怖袭击，两处祈祷地分别位于拉合尔富人区的莫德尔镇和老城区的沙胡堡区。由于当时在两处祈祷的民众都在500人以上，因此成了一个屠杀的绝佳地点。

当时武装分子打死保安人员后冲进两处祈祷地对正在祈祷的人群开枪，向人群投掷手榴弹，并扣押了人质。恐怖袭击事件发生后，巴基斯坦警方迅速赶往现场同武装分子展开了激烈的枪战。经过近两小时的激战，警察首先攻下了莫德尔镇的祈祷地。2名武装分子受伤被擒，2名武装分子在用尽武器弹药后引爆炸弹背心当场死亡，另有2名武装分子乘摩托车逃离现场。随后，警察冲进祈祷地点解救了大批被扣人群。事发不久，巴基斯坦塔利班旁遮普省分部和“基地”组织旁遮普省分部分别宣称对武装恐怖袭击负责。

（3）2010年8月2日最大城市卡拉奇恐怖袭击案。2010年8月2日，巴基斯坦最大城市卡拉奇发生恐怖暴乱，不法分子在市内进行打砸抢烧，导致35人到40人死亡、90人受伤。当时，巴基斯坦统一民族党政客拉沙·海德尔和他的保镖在一座清真寺内遭两名不明身份的枪手袭击，海德尔和他的保镖当场身亡，他遇刺后卡拉奇发生了大规模的暴乱活动。卡拉奇市内一片恐怖景象，身份未明的武装分子把袭击目标对准了平民，残忍地枪杀他们，十余处店铺遭抢劫和纵火，20 多辆汽车遭焚烧。大批民众走上街头，抗议这起针对政治人物的袭击事件。当地警方表示，不明身份的武装分子趁骚乱向人群开枪，政党和种族冲突加剧了骚乱，一些黑社会组织成员可能参与其中。

（4）2010 年 9 月 1 日东部城市拉合尔系列恐怖爆炸袭击案。2010 年 9 月 1 日晚，巴基斯坦东部城市拉合尔接连发生 3 起炸弹袭击事件，都针对当地什叶派穆斯林举行的一个宗教纪念游行活动。爆炸在人群中引发恐慌并导致踩踏事故，导致至少 25 人死亡、180 人受伤。巴基斯坦塔利班组织宣称拉合尔连环袭击是该组织所为。当时，大约 3.5 万名拉合尔什叶派民众正在参加一场宗教纪念游行，35 分钟内相继发生 3 起袭击，爆炸在人群中引发恐慌并导致踩踏事故，造成伤亡人数众多。第一次爆炸由一枚定时炸弹引发，爆炸地点位于一处著名宗教建筑附近的街上；第二次爆炸是人肉炸弹，第一起爆炸发生几分钟后，一名看上去 18 岁左右的男子趁乱挤进人群，引爆了身上的炸药；第三次爆炸也是人肉炸弹，第二次爆炸发生后不久，另一名自杀式袭击者在游行队伍尾端附近一处路口引爆身上的炸弹，自杀式袭击者的年龄在 14 岁到 20 岁之间。

袭击事件引发了参与游行民众的愤怒，一些人将怒火发泄在袭击者的尸体上，其他人则高呼口号，谴责警方和当地政府在安保工作上的疏忽。民众纵火焚烧了包括一处警察局在内的两处警方设施、两辆警车和 3 辆摩托车。警方发射催泪弹并鸣枪示警，驱散民众。当天的连环爆炸是巴基斯坦遭受洪灾以来首起严重袭击事件。巴基斯坦总理优素福·拉扎·吉拉尼发表声明，谴责袭击是“恐怖主义的懦夫行径”，誓言捉拿幕后凶手，“那些玩弄无辜民众生命的人不会逃脱法律的制裁”。为了向这次袭击事件中的死难者致哀，当地政府宣布从 2 日开始连续 3 天为哀悼日。美国政府 2010 年 9 月 1 日正式将巴基斯坦塔利班运动列入境外恐怖组织名单。美国司法部同日决定起诉巴塔利班运动头目哈基穆拉·马哈苏德，原因是他涉嫌参与谋杀 7 名美国公民。巴塔利班运动威胁美国国家安全，美方依据国内法律把它列为“境外恐怖组织”。巴塔利班运动成立于 2007 年 12 月，主要在巴基斯坦西北部活动，多次针对巴军警和平民发动暴力袭击。这一组织还试图招募美国公民，在美国本土发动恐怖袭击。2010 年 5 月 1 日，巴裔美国人费萨尔·沙赫扎德将一辆载有爆炸物的汽车停在纽约时代广场，企图制造爆炸。随后他在一架即将飞往阿联酋迪拜的客机上被捕。沙赫扎德供认，他先前接受过巴塔利班运动提供的炸弹制造训练，并得到了1.2万美元行动资金。

（5）2010年9月6日开伯尔-普赫图赫瓦省勒吉-马尔瓦特市警察局遭恐怖汽车炸弹袭击案。2010年9月6日上午，巴基斯坦开伯尔-普赫图赫瓦省（旧称西北边境省）勒吉-马尔瓦特市的一所警察局遭到汽车炸弹袭击。一辆装满炸药的汽车撞入勒吉-马尔瓦特市一警局的墙面，造成至少8人死亡、13人受伤。当时，有40至50名警员在警局内。9月以来，巴基斯坦各地发生多起恐怖袭击事件，尤以东部城市拉合尔和西南部城市奎达最为严重。两起事件都发生在巴基斯坦主要城市，造成重大人员伤亡，且都针对什叶派穆斯林民众。2010年9月3日发生在奎达的袭击造成70多人死亡，逊尼派极端武装组织"羌城军"宣布对这起事件负责。"羌城军"已经与塔利班建立密切联系，属于塔利班在旁遮普省的分支成员。

（6）2011年1月17日西北部公共汽车遭恐怖爆炸袭击案。2011年1月17日，巴基斯坦西北部，一辆小型公共汽车发生爆炸，造成19人死亡。当时，一辆载客公共汽车在行驶至科哈特地区与汗古地区之间一处检查站时突然爆炸，车上17人死亡，爆炸还导致邻近的另一辆车中的2人死亡、2人重伤。这是一起"恐怖袭击"，爆炸是由一枚定时炸弹引起的，而且爆炸装置被安放在车辆的油缸中增加了爆炸威力。

（7）2011年7月30日西南部俾路支省首府奎达恐怖枪击袭击案。2011年7月30日上午8时左右，巴基斯坦西南部俾路支省首府奎达发生了一起枪击事件，造成包括一名妇女在内的13人死亡、多人受伤。极端组织"羌城军"宣称制造了这起袭击事件。当时，一辆客运皮卡在奎达市区一个汽车站附近突然遭到两名骑摩托车的枪手袭击。车上乘客多为什叶派穆斯林，枪手袭击后逃离现场。极端组织"羌城军"被认为是巴基斯坦塔利班武装的重要分支，主要针对什叶派穆斯林发动袭击。近日，俾路支省的教派冲突再次升级，针对什叶派穆斯林的暴力袭击事件连续发生。29日，一名枪手在奎达市区一个车站开枪打死7人，打伤10多人。当晚，在奎达附近的默斯东地区还发生一起因教派冲突引发的爆炸袭击，造成2人死亡，30多人受伤。30日的袭击事件发生后，数百名什叶派穆斯林在奎达街头进行抗议，要求政府和警方加强安保措施。

（8）2011年8月19日清真寺遭恐怖爆炸袭击案。2011年8月19日，巴基斯坦一座靠近阿富汗的清真寺遭遇恐怖袭击。值得注意的是自杀式袭击者居然是一个年仅 15 岁的少年。事发地点位于巴基斯坦开伯尔部落地区贾姆鲁德镇，事发前的 14 时左右大约有 500 人聚集在这间伊斯兰教逊尼派清真寺内祷告，突然一个少年自杀式袭击者冲进清真寺内引爆了炸药。爆炸导致清真寺建筑完全倒塌，很多人被掩埋在废墟下。这是巴基斯坦进入斋月以来发生的最严重的恐怖袭击事件，造成至少 53 人死亡、127 人受伤。开伯尔地区一直是伊斯兰教极端恐怖分子的活动据点，也是驻阿富汗美军和北约盟军的非武器性供给物资运输的重要通道的一部分，针对驻阿美军的袭击在这一地域多次发生。

（9）2011 年 9 月 7 日西南部城市奎达政府大楼遭恐怖爆炸袭击案。2011 年 9 月 7 日，巴基斯坦西南部城市奎达政府大楼前发生两起爆炸事件，造成至少 4 人死亡、10 多人受伤。

（10）2011 年 9 月 20 日穆斯林公交车遭恐怖枪击案。2011 年 9 月 20 日 17 时 30 分左右，在巴基斯坦，一辆搭载约 60 名什叶派穆斯林的公共汽车，从俾路支省首府奎达开往伊朗进行朝圣途中，遭到 4 名枪手袭击。4 名不明身份的枪手拦下这辆汽车，命令所有乘客下车，然后肆意开火，造成至少 29 人死亡、约 30 人受伤。枪手属于“羌城军”成员，同年 12 月 6 日，该组织成员在喀布尔制造爆炸事件，炸死 59 名平民。此前，美国和巴基斯坦政府都已将该组织定性为“暴力恐怖组织”。

（11）2012 年 2 月 27 日西北部城市瑙谢拉恐怖爆炸袭击案。2012 年 2 月 27 日，巴基斯坦西北部城市瑙谢拉，一辆载有自制炸弹的摩托车突然发生爆炸，导致至少 5 人死亡、14 人受伤。而在此之前，开伯尔-普赫图赫瓦省首席部长等官员刚刚在附近参加完一次政治会议。

（12）2012 年 2 月 28 日北部科希斯坦区公交汽车遭恐怖袭击案。2012 年 2 月 28 日，巴基斯坦北部的科希斯坦区，武装分子袭击了一辆载满旅客的公共汽车，造成至少 18 人死亡。这辆公车来自军事重地拉瓦尔品第市，计划驶往北部城市吉尔吉特，武装分子在该地区异常活跃。武装分子藏匿在路两旁，袭击了这辆公车。

（13）2012 年 4 月 3 日北部城市齐拉斯公交车遭恐怖枪击案。2012 年 4 月 3 日，巴基斯坦北部城市齐拉斯一辆公交车遭到不明身份的枪手袭击，造成至少 10 人死亡。枪手首先拦截公交车并命令车上乘客全部下车，随后向他们开枪。3 日上午，大批逊尼派穆斯林在吉尔吉特地区举行示威，抗议警方拘捕一名逊尼派宗教组织高级领导人。当警方试图驱散示威者时，双方爆发了冲突。随着冲突升级，当地政府下令军队介入，并宣布在吉尔吉特实行宵禁。在吉尔吉特宣布宵禁数小时后，吉尔吉特邻近的城市齐拉斯也爆发了抗议活动。随着齐拉斯局势逐渐失控，当地政府也宣布在该市实施宵禁。

（14）2012 年 4 月 15 日西北部城镇本努郊外监狱遭恐怖劫狱袭击案。2012 年 4 月 15 日凌晨 1 点，巴基斯坦超过 150 名武装分子袭击了位于开伯尔-普什图省本努特区的一座大型监狱，致使 384 名囚犯脱逃，3 名狱警在交火中受伤。当时，超过 150 名武装分子乘坐轿车和轻型卡车向监狱大门投掷手榴弹，然后向狱警开火，炸开监狱大门后武装分子破坏牢房门锁帮助囚犯越狱。巴基斯坦警方随后与武装分子激烈交火，武装分子在交火中使用了机枪和手榴弹，双方交火持续了约两个小时。大部分越狱者为武装分子，其中包括 34 名被判有罪的罪犯。巴基斯坦塔利班分支组织“巴基斯坦塔利班运动”宣称对此次越狱事件负责，其目的是救出他们的一些特殊成员。

（15）2012 年 6 月 28 日西南部地区恐怖汽车炸弹爆炸袭击案。2012 年 6 月 28 日，一辆载着什叶派穆斯林从伊朗回国的大巴车在巴基斯坦基达市郊区遭到爆炸袭击，造成 13 人死亡、23 人受伤。爆炸发生后警方逮捕了 24 名嫌疑人，被取缔的逊尼派极端组织“羌城军”宣称对此次爆炸袭击负责，称这是该组织策划发动的一次“自杀式爆炸袭击”。仅 2012 年一年，巴基斯坦全国就有 400 名什叶派穆斯林遇袭身亡，他们多数死于逊尼派极端分子之手。2012 年以来，奎达当地教派争斗暴力升级，针对什叶派人士的恐怖袭击事件有明显增多趋势，且手段趋向恐怖化。仅前 2 个月，逊尼派极端分子就在俾路支省制造多起针对什叶派人士的恐怖爆炸案，造成 300 余人死伤。

（16）2012 年 7 月 6 日西南部俾路支省杜尔伯德地区公共汽车遭恐怖枪击袭击案。2012 年 7 月 6 日晚，巴基斯坦西南部俾路支省杜尔伯德地区附近，一辆公共汽车遭不明身份枪手袭击，造成至少 18 人死亡、2 人受伤。当时，这些遇害者正搭乘公共汽车准备进入伊朗寻找就业机会，汽车行驶到接近伊朗的杜尔伯德地区附近时遭到袭击，枪手们在发动袭击后驾摩托车逃逸。巴基斯坦总统扎尔达里和总理阿什拉夫均对此次袭击予以谴责。

（17）2012 年 8 月 5 日西南部城市奎达恐怖爆炸袭击案。2012 年 8 月 5 日中午，巴基斯坦西南部城市奎达，一辆满载爆炸物的汽车发生爆炸，造成至少 4 人死亡、10 人受伤。这辆满载爆炸物的汽车停在奎达市法扎巴德地区一个居民区内，当天中午时分由遥控装置引爆，附近一房屋被炸成废墟，另 2 座房屋也严重受损。

（18）2012 年 8 月 16 日北部吉尔蒂斯-伯尔蒂斯坦地区公交车遭恐怖枪击案。2012 年 8 月 16 日上午 11 时左右，三辆客车在巴基斯坦北部吉尔吉特-伯尔蒂斯坦地区遭到一伙不明身份的枪手袭击，造成至少 15 人死亡、多人受伤。当时，约 10 至 15 名不明身份的枪手身着军装，要求三辆车上的所有乘客出示身份证件，随后将部分乘客拖出车外，向这些被拉下客车的乘客进行扫射，然后逃离现场。这是过去 6 个月来武装分子在该地区对客车发动的第二起袭击事件。2012 年 2 月，一辆客车在吉尔吉特地区遭遇袭击，造成至少 18 人死亡。

（19）2012 年 12 月 27 日贝娜齐尔·布托遭恐怖暗杀袭击案。2012 年 12 月 27 日，在巴基斯坦的军事重镇拉瓦尔品第的 场集会上，巴基斯坦前总理贝娜齐尔·布托遭遇恐怖袭击，最终不治身亡。27 日下午，巴基斯坦人民党在拉瓦尔品第市利亚卡特·巴格公园举行集会，人民党主席贝娜齐尔·布托到场发表讲话。演讲开始前，布托特意检查了自己的妆容，并拿出随身携带的口红涂了起来。她没有想到，这竟是自己最后一次化妆。一切准备就绪，布托向上千人发表演讲：“我冒生命危险来到这里，因为我感到这个国家处于危险中。”“我呼吁你们投票支持我们，以挽救国家。在人民党执政后，没有人敢分裂国家或者从事恐怖和极端主义行为。”片刻后，演讲结束，这位巴基斯坦政坛的“铁蝴蝶”走下台阶，钻进一辆越野车。进入车后，布托本人将头伸出防弹汽车的天窗向支持者挥手致意，然而就在此时，一声枪响，这位夫人缓缓倒下。当时 2 名枪手手持 AK-47 冲锋枪分别从不同方向突然接近贝娜齐尔·布托乘坐的汽车并向她开枪，随后这 2 名恐怖分子引爆了身上的炸弹，使周围的安保人员短时间内无法靠近贝娜齐尔·布托乘坐的汽车。一名参加抢救布托的医生告诉媒体，一颗子弹损伤了贝娜齐尔·布托的脊髓，射进了她的脑袋，这是她死亡的主因；另外，还有一颗子弹从她的后肩射入，从前胸射出。案发后，“基地”组织承认对这起暗杀事件负责。

（20）2013 年 1 月 10 日西南部城市奎达连环恐怖爆炸袭击案。2013 年 1 月 10 日晚上 9 点左右，巴基斯坦西南部城市奎达及西北边省明戈拉镇发生连环爆炸袭击事件，造成至少 116 人死亡、230 余人受伤。仅奎达一家台球厅的两次爆炸就造成 82 人死亡、120 人受伤。一个名叫“羌城军”的逊尼派激进武装宣布对奎达市台球厅的爆炸事件负责。

奎达市的爆炸发生在什叶派民众聚居区的一座 3 层小楼楼下的斯诺克台球厅，爆炸发生时厅里挤满了人，导致 82 人死亡、120 人受伤。死者包含听到第一次爆炸消息后赶来的警察、记者和救援人员，小楼附近的商店、民房和办公楼亦遭到不同程度的毁坏。一个名叫“羌城军”的巴基斯坦逊尼派武装随后宣布对此次爆炸事件负责。他们先派出了一名人弹进入台球厅，5 分钟之后又引爆了一辆汽车炸弹，这是第二次爆炸。当警方、救援人员以及媒体赶往爆炸现场时，停在斯诺克俱乐部外面停车场的一辆装满炸药的汽车发生爆炸，造成了巨大的人员伤亡。这两起爆炸均为自杀式炸弹袭击，“羌城军”是一个与巴基斯坦塔利班保持密切联系的巴基斯坦逊尼派激进武装组织，此前曾对奎达的什叶派居民发起数十次暴力袭击。奎达是巴基斯坦最大的什叶派聚居区，而奎达的什叶派又主要是一个多世纪以前从邻国阿富汗迁移而来的哈扎拉派信徒。就在当天下午，奎达巴沙汗地区的一个检查站遭遇汽车炸弹袭击，造成至少 12 人死亡、约 50 人受伤。发生爆炸的区域是一个什叶派穆斯林哈扎拉人聚居的社区，炸弹被藏进了一个包里，然后被放到一辆准军事部队的运兵车旁边。一个当地的居民发现了炸弹包，但是车上的士兵没能及时作出反应，炸弹是遥控引爆的。一个名叫“联合俾路支军”的分离主义组织通过电话告诉当地媒体，他们对此事负责。什叶派属于巴基斯坦少数教派，在巴基斯坦近 2 亿人口中只占不到 20%。西南部俾路支省的哈扎拉人聚居区是巴基斯坦什叶派最集中的地区，他们被逊尼派视为异族，经常受到逊尼派极端组织的袭击。10 日晚上发生的连环爆炸是近年来最为严重的一次袭击事件。

同一天，巴基斯坦西北边省明戈拉镇的一座逊尼派清真寺发生爆炸，至少造成 22 人死亡、70 余人受伤。爆炸发生时，该清真寺里坐着大批逊尼派民众聆听宗教领导人讲话。警方怀疑此事系巴基斯坦塔利班所为，巴基斯坦塔利班曾对西北边省的多个地区发动袭击。此次发生爆炸袭击的明戈拉镇是斯瓦特河谷最大的城镇。

（21）2013 年 2 月 16 日奎达市菜场恐怖爆炸袭击案。2013 年 2 月 16 日晚 6 时，巴基斯坦俾路支省首府奎达市近郊的哈扎拉镇一处菜市场发生爆炸袭击，造成至少 81 人死亡、200 余人受伤。恐怖分子事先将 800 公斤重的炸药塞进一辆油罐车内，并将车停放在菜市场附近的一幢楼前，随后通过遥控器将其引爆。隶属逊尼派激进的德奥班德教派的巴基斯坦恐怖组织“羌城军”声称对恐怖袭击案负责。“羌城军”是一个与巴基斯坦塔利班保持密切联系的逊尼派激进武装组织，终极目标是在巴基斯坦建立一个极端的宗教国家。此前，“羌城军”曾对奎达的什叶派民众发动过数十次暴力袭击。

(22) 2013 年 6 月 15 日南部城市奎达女子大学遭恐怖爆炸袭击案。2013 年 6 月 15 日，巴基斯坦西南部城市奎达接连发生两起爆炸袭击事件，共造成 24 人死亡，27 人受伤。下午 3 时左右，奎达市巴哈杜尔汗女子大学内一辆满载大学生的校车遭炸弹袭击。一名女性引爆了身上的炸弹，导致至少 14 名女大学生死亡，另有 20 名学生和工作人员受伤。爆炸发生后，奎达地区副专员阿卜杜勒·曼苏尔汗随即前往一所医院，看望受伤人员。该医院又发生了一起爆炸事件，曼苏尔汗刚好在重症监护室外，造成阿卜杜勒·曼苏尔汗和一位平民丧生。在医院发生爆炸后，事先藏匿在医院中的数名武装分子同安全人员交火，造成至少 3 名安全人员死亡。此次恐怖爆炸袭击校车，系巴基斯坦政府取缔的逊尼派极端组织“羌城军”所为。

(23) 2013 年 6 月 21 日白沙瓦清真寺遭恐怖自杀式爆炸袭击案。2013 年 6 月 21 日下午 1 时许，巴基斯坦西北部城市白沙瓦一座清真寺遭遇自杀式爆炸袭击，造成至少 15 人遇难、25 人受伤，遇难者中包括 3 名儿童。当时，一名男子冲向清真寺，向门口警卫开枪，不久后清真寺内就传出巨大的爆炸声。爆炸发生时大约有 200 人在清真寺内，当时星期五例行的祈祷还没有开始。此次袭击事件发生在位于白沙瓦郊区一个以什叶派为主的地区，巴基斯坦是一个逊尼派占多数的国家，该国逊尼派激进武装一直视什叶派民众为异族，经常对他们发动武装袭击。

(24) 2013 年 6 月 23 日中国游客遭恐怖袭击案。2013 年 6 月 23 日，巴基斯坦西北部的吉尔吉特地区发生了一起枪击事件，9 名外国游客在袭击中不幸遇难，这些外国游客包括 2 名中国人、5 名乌克兰人和 1 名俄罗斯人。23 日 0 时 30 分左右，一伙武装分子袭击了巴基斯坦西北部吉尔吉特地区巴尔蒂斯坦省的一家旅店，开枪打死了在酒店下榻的 9 名外国游客，一名当地导游也在袭击中遇难。事发后，逊尼派武装组织“真主旅”和巴基斯坦塔利班均宣称对此次事件负责。

(25) 2013 年 7 月 29 日监狱遭恐怖袭击案。2013 年 7 月 29 日晚上，巴基斯坦西北部开伯尔-普什图省城市德拉伊斯梅尔汗，巴基斯坦塔利班武装人员携带迫击炮等武器袭击了一处监狱，致死6名警员，包括至少40名前塔利班成员在内的243名囚犯越狱。劫狱时间微妙：巴基斯坦议会上院参议院、下院国民议会及四省议会议员定于30日晚些时候投票选举新总统。德拉伊斯梅尔汗当天午夜响起巨大的爆炸声，武装人员随后在监狱外墙制造了多起小型爆炸，导致墙体坍塌。很多武装人员穿着警服进入监狱，高呼“塔利班万岁”等口号，与安全部队交火长达3小时，除6名遇难警员外，不少监狱管理人员在交火中受伤。德拉伊斯梅尔汗监狱关押大约5000名囚犯，其中300人牵涉攻击巴基斯坦武装部队和安全人员。

（26）2013年8月8日西南部俾路支省首府奎达警察葬礼遭恐怖爆炸袭击案。2013年8月8日，巴基斯坦西南部俾路支省首府奎达在一个警察的葬礼上发生了爆炸，造成至少38人死亡，60余人受伤，死者和伤者中包括多名警官，俾路支省负责警察行动的官员法亚兹·苏姆巴尔也在袭击中遇难。当时，苏姆巴尔已经发现了袭击者的可疑之处，并要求警官迅速上前对他进行盘查，就在询问时，袭击者发动了自杀式爆炸。这是一起自杀式恐怖袭击事件，发生在一座清真寺附近。自杀式炸弹袭击者穿了一件有球轴承和弹片在里面的夹克，此次袭击有可能是俾路支省的极端军事组织所为，很多迹象都把肇事者指向了恐怖组织塔利班。

（27）2013年10月30日奎达市恐怖爆炸袭击案。2013年10月30日下午，巴基斯坦西南部俾路支省首府奎达发生爆炸，至少造成4人死亡、14人受伤。爆炸发生在一个汽修市场内，爆炸物含6到7公斤炸药，设有定时装置，被藏匿在一辆摩托车内。为扩大杀伤力，凶手还放入大量钢珠轴承。巴基斯坦总统侯赛因、总理谢里夫当天对袭击事件表示强烈谴责，并下令为伤者提供最好的治疗。

（28）2013年12月19日西南部城市奎达市场恐怖爆炸袭击案。2013年12月19日下午6时10分左右，巴基斯坦西南部城市奎达一家市场遭炸弹爆炸袭击，造成至少1人死亡、超过20人受伤，其中包括至少8名儿童。安全和救援人员在爆炸发生后迅速抵达现场，将受伤人员送往附近医院救治。炸弹装有定时装置，含有超过2公斤炸药，被安放在一家冰激凌店附近。

（29）2014年6月8日真纳国际机场遭恐怖袭击案。2014年6月8日深夜，卡拉奇真纳国际机场遭到塔利班武装人员袭击，造成包括袭击者在内的23人死亡。8日23时20分左右，塔利班10名武装分子强行闯入位于卡拉奇的真纳国际机场，放火焚烧了 2 架飞机，并向机场当时停落的另外 4 架飞机开火。随后，巴基斯坦军警赶赴现场，并与恐怖分子交火，8 名武装分子被击毙，2 名武装分子引爆了身上的炸药。在死亡人员中，包括 7 名机场安全部队人员、1 名警察、1 名民航局雇员和 1 名巴基斯坦航空公司的机长，另有至少 18 名安全人员受伤。

（30）2014 年 12 月 16 日西北部城市白沙瓦的学校遭恐怖袭击案。2014 年 12 月 16 日上午 10 时 30 分左右，巴基斯坦西北部城市白沙瓦的一所军人子弟学校遭到巴基斯坦塔利班武装分子的袭击，造成至少 141 人死亡，其中包括 132 名学生和 9 名教职工，另有 120 余人受伤。当时，至少有 6 名装扮成军人的塔利班武装人员身穿自杀式炸弹背心闯入白沙瓦陆军公立学校，一个教室接着一个教室的搜寻，向学生射击，并与安保人员发生了激烈交火。一名学校女老师被武装分子活活烧死，这名遇害者是巴基斯坦军方一名士兵的妻子，而其学生则被强迫观看这一过程。遇袭学校是一所由巴基斯坦军方管理的陆军公共学校，位于开伯尔-普什图省邻近阿富汗边境的白沙瓦，主要在全国范围内招收军人子女，兼收地方学生，年龄为 10 至 18 岁。警方击毙了 9 名袭击者，巴基斯坦总统侯赛因、总理谢里夫都对袭击表示谴责。2015 年 2 月 12 日，巴基斯坦当局宣布，12 名涉嫌参与制造“白沙瓦学校袭击”的塔利班武装分子被抓获。塔利班血洗白沙瓦学校是在阿富汗境内策划和指挥的，巴基斯坦当局指责阿富汗没有尽力对付躲藏在其境内的巴基斯坦塔利班领袖。巴基斯坦军方一直都要求阿富汗协助捉拿巴基斯坦塔利班首脑毛拉·法兹卢拉。他刚在 2013 年 11 月初接替遭美国无人机击毙的马哈苏德领导塔利班。巴基斯坦陆军总长亲自带了“无可置疑的证据”前往阿富汗首都喀布尔，向阿富汗政府证明这起恐怖袭击是在阿富汗境内“遥控”的：截听到打给学校里自杀炸弹手的电话，给他们下指示，用的是阿富汗手机电话记忆卡。

（31）2015 年 1 月 30 日巴基斯坦清真寺遭恐怖袭击案。2015 年 1 月 30 日下午 1 时 40 分左右，在巴基斯坦南部的信德省希卡布尔地区，一座什叶派清真寺遭自杀式炸弹袭击。当时，一名伪装成乞丐模样的男孩将一个装有炸药的袋子放在一处什叶派清真寺内的楼梯附近，这些炸药至少有 5 公斤重，由遥控装置引爆，爆炸造成清真寺房顶坍塌，多人被埋。由于事发时约有 600 人在清真寺做祷告，造成了至少 54 人的死亡，另有 50 多人受伤。一个名为“真主旅”的逊尼派激进组织宣称制造了此次袭击，该组织曾于 2014 年宣布支持极端组织ISIS。“真主旅”主要在伊朗、巴基斯坦、阿富汗交界地带活动，近年来已经实施了多起爆炸和绑架事件。

（32）2015年5月13日南部城市卡拉奇公共汽车遭恐怖枪击袭击案。2015年5月13日上午9时30分，巴基斯坦南部城市卡拉奇，一辆公共汽车遭不明身份的枪手袭击，造成至少43人死亡、13人受伤。当时，6名枪手驾驶3辆摩托车强行将公共汽车拦停，并进入车内向司机和乘客开枪，随后逃离现场。事发时车上有60多名乘客，均属于当地什叶派穆斯林团体。巴基斯坦总理谢里夫当天对袭击事件表示谴责，当地政府宣布向每位死者的家属提供5000美元抚恤金、向每位伤者提供2000美元以示慰问。

（33）2015年8月16日北部城市阿塔克的旁遮普省内政部会议室遭恐怖自杀式爆炸袭击案。2015年8月16日上午，巴基斯坦北部城市阿塔克的旁遮普省内政部会议室遭到自杀式爆炸袭击，造成包括旁遮普省内政部长舒贾·坎扎达在内的至少10人死亡、20人受伤。当时，舒贾·坎扎达正在会议室主持会议，现场有30至40人，一名自杀式袭击者闯入会议室并引爆身上炸药。爆炸造成屋顶坍塌，非法武装组织“羌城军”声称制造了此次袭击。“羌城军”成立于20世纪90年代，是巴基斯坦境内的逊尼派极端组织，曾残害大量什叶派穆斯林。

（34）2015年12月13日帕拉齐纳市市场遭恐怖爆炸袭击案。2015年12月13日，巴基斯坦帕拉齐纳市，一个繁忙的服装市场发生炸弹爆炸，造成至少23人死亡、55人受伤。帕拉齐纳市是位于巴基斯坦与阿富汗边界上的半自治库拉姆部落地区的行政中心。炸弹藏在一个被留在市场的包里。被宣布为非法的逊尼派穆斯林极端组织“羌城军”表示对这起发生在以什叶派穆斯林为主地区的爆炸负责，该组织因为针对巴基斯坦少数族裔社区发动致命袭击而臭名昭著，此次爆炸是为了惩罚什叶派支持伊朗及叙利亚总统阿萨德。这个地区因为伊斯兰国武装分子以及逊尼派、什叶派穆斯林教派冲突而暴力频发。

（35）2016年1月18日西南部城市奎达恐怖爆炸袭击案。2016年1月18日中午，巴基斯坦西南部城市奎达发生一起针对安全人员的爆炸，造成至少5名安全人员死亡、2人受伤。当时正值中午时分，一辆预备役安全人员乘坐的汽车在例行巡逻时遭路边炸弹袭击。当月13日，奎达就已发生一起针对安全人员的炸弹袭击，造成至少15人死亡、25人受伤。

（36）2016 年 1 月 20 日白沙瓦大学遭恐怖枪击袭击案。2016 年 1 月 20 日上午，巴基斯坦白沙瓦大学遭到数名武装分子袭击，造成 20 人死亡、50 人受伤，4 名枪手被击毙。当时，4 名枪手借浓雾闯入学校，向教室和宿舍的师生开枪扫射。

（37）2016 年 8 月 8 日俾路支省首府奎达市医院遭恐怖袭击案。2016 年 8 月 8 日早上，巴基斯坦俾路支省首府奎达市，一家医院遭到自杀爆炸袭击，造成至少 70 人死亡、112 人受伤。极端组织“伊斯兰国”和巴基斯坦塔利班武装均宣称制造了这起袭击。袭击发生在 8 号早上，当时俾路支省的律师会主席卡西在上班途中被两名身份不明的枪手开枪射击不治身亡。随后，将近 100 名当地律师前往医院进行悼念，一名自杀式袭击者在急诊室外引爆了炸弹，造成了严重的伤亡。

（38）2016 年 9 月 16 日西北部默哈蒙得部落区清真寺遭恐怖爆炸袭击案。2016 年 9 月 16 日中午，巴基斯坦西北部默哈蒙得部落区的一处清真寺发生自杀式炸弹袭击，造成至少 13 人死亡、25 人受伤。当天为穆斯林主麻日，民众聚集到清真寺进行礼拜，袭击者混入人群引爆了炸弹。

（39）2016 年 10 月 24 日西南部俾路支省首府奎达的一所警察培训学院遭恐怖袭击案。2016 年 10 月 24 日晚，巴基斯坦西南部俾路支省首府奎达的一所警察培训学院遭到恐怖袭击，五六名不明身份的武装分子挟持了 200 至 250 名受训警察，造成至少 61 人死亡、116 人受伤。当时，在校学员有大约 700 人，枪手蒙面并穿着迷彩服，一边走向宿舍大楼一边乱枪扫射。部分学员慌忙跳窗逃生时不慎跌伤，校园内枪声激烈、爆炸声震耳欲聋，暴徒们将学员作为人质扣押在学校的主楼并在此躲藏。巴基斯坦部队赶至后展开营救行动，与枪手爆发枪战，其中一名枪手头部中枪身亡，另外两人在即将被捕时引爆身上的自杀式背心炸弹，整个行动历时 4 小时左右。“伊斯兰国”极端组织分支“呼罗珊”发动了该次袭击，巴境内极端组织“羌城军”也遭到了巴军方的怀疑。一名武装分子在枪战中被击毙。

（40）2016 年 11 月 12 日俾路支省神庙遭恐怖爆炸袭击案。2016 年 11 月 12 日晚上，巴基斯坦俾路支省一座神庙内发生爆炸，爆炸是由一名自杀式袭击者制造的，造成 52 人死亡、102 人受伤。当时，约有 500 名宗教信徒正在进行宗教活动。由于爆炸发生在夜间，且神庙位于山顶，给救援造成很大困难。

（41）2016 年 11 月 26 日西北部莫赫曼德特区恐怖爆炸袭击案。2016 年 11 月 26 日早晨，巴基斯坦西北部的莫赫曼德特区发生一起自杀式袭击事件，造成 2 名边防士兵和 4 名袭击者死亡，另有 14 名士兵受伤。当天早晨，4 名武装分子袭击了位于莫赫曼德特区的一所边防军营地及附近的一座清真寺，该清真寺内聚集了很多边防军士兵。袭击者在开火后试图冲进清真寺，但被边防军阻挡并包围在清真寺外院，随后两名袭击者引爆了身上的自杀式炸弹背心，另两人被击毙。巴基斯坦塔利班的一个分支已宣称制造了此次袭击。

（42）2016 年 12 月 24 日巴基斯坦西南部俾路支省首府奎达警察培训学院遭恐怖袭击案。2016 年 12 月 24 日晚，巴基斯坦西南部俾路支省首府奎达的一所警察培训学院遭到恐怖袭击，五六名不明身份的武装分子挟持了 200 至 250 名受训警察，造成至少 59 人丧命、116 人受伤，伊斯兰国极端组织分支“呼罗珊”宣称称发动了该次袭击，巴境内极端组织“羌城军”也遭到了巴军方的怀疑。当时，五六名武装分子从后门潜入了学院中，他们直接冲向了学员宿舍，劫持了 200 至 250 名受训警察。其中，两名武装分子引爆了自杀式炸弹背心、一名武装分子在枪战中被击毙，有至少两名穿有自杀式炸弹背心的武装分子将人质控制在学院招待所的餐厅内。俾路支省是巴基斯坦面积最大的省份，与阿富汗和伊朗接壤，分离主义叛乱分子、宗教极端主义和基地组织有关的武装分子在这里较为活跃，在过去的 15 年里，有超过 1400 起针对当地什叶派穆斯林等团体的暴力事件发生。

（43）2017 年 1 月 21 日西北部市场遭恐怖爆炸袭击案。2017 年 1 月 21 日上午，巴基斯坦西北部一个蔬菜市场发生炸弹爆炸，造成至少 25 人死亡、60 多人受伤，还造成两辆汽车和数间商铺被毁。爆炸发生时，市场正好人潮拥挤，爆炸地点在西北部库兰族地区首府。塔利班宣称负责，爆炸装置事先被放置在一个苹果箱内，由遥控装置引爆。

（44）2017 年 2 月 13 日东部旁遮普省首府拉合尔恐怖爆炸袭击案。2017 年 2 月 13 日下午 6 时 10 分左右，巴基斯坦东部旁遮普省首府拉合尔发生自杀式炸弹袭击，造成至少 15 人死亡、60 多人受伤，死者中包括 6 名警察。当时，400 人聚集在位于拉合尔的旁遮普省议会大厦附近举行抗议，自杀式袭击者在抗议人群附近引爆炸弹，袭击者属于巴基斯坦塔利班一分支成员，巴基斯坦塔利班一分支机构对该起袭击事件负责。巴基斯坦总理谢里夫对拉合尔发生的爆炸表示强烈谴责，并重申此类袭击不会动摇巴基斯坦的反恐决心。

目前，执法部门已在事发地附近逮捕了3名嫌疑人。

（45）2017年2月15日、16日多起恐怖袭击案。近几天来，巴基斯坦全国各地接连发生了7起袭击事件，导致超过100人死亡，其中16日夜晚发生在南部信德省塞赫万地区的袭击就造成至少88人死亡。近年来，巴基斯坦暴力事件数量已呈下降趋势，安全局势有所好转。但近期外部势力正在资助恐怖组织在巴基斯坦发动袭击，这其中就包括了与“伊斯兰国”有染的部分武装组织。藏匿在巴阿边境地带阿富汗一侧的恐怖分子经常组织实施针对巴基斯坦的恐怖袭击活动。

2017年2月15日下午，巴基斯坦西北部部落地区接连发生两起爆炸袭击，导致至少4人死亡，十几人受伤。2017年2月16日早些时候，俾路支省阿瓦兰地区的一辆安保车辆遭路边炸弹袭击，导致3名士兵死亡。2017年2月16日夜，巴基斯坦南部信德省塞赫万地区一处宗教场所遭自杀式爆炸袭击，导致72人死亡、200多人受伤，极端组织“伊斯兰国”宣称制造了此次袭击。袭击发生后，巴方关闭了巴阿两国边境。巴基斯坦国家安全部门认为，藏匿在巴阿边境地带阿富汗一侧的恐怖分子经常组织实施针对巴基斯坦的恐怖袭击活动。巴基斯坦陆军参谋长巴杰瓦2017年2月16日曾发表声明说，巴基斯坦国内近期发生的系列恐怖袭击事件，是受藏匿在阿富汗境内的敌对势力指使发动的。巴基斯坦和阿富汗拥有2600多公里的边境线，其中大部分地区管理松懈，此前巴政府和军方一直寻求与阿富汗政府合作，共同加强两国边境管控。2017年2月17日，巴基斯坦军方在陆军总部召见了阿富汗驻巴基斯坦使馆官员，递交了巴基斯坦重点捉拿的目前隐藏在阿富汗境内的76名恐怖分子名单，要求阿富汗政府立即对这些恐怖分子采取行动并将他们交给巴基斯坦。

（46）2017年4月14日军方挫败一起恐怖袭击图谋。2017年4月14日，巴基斯坦军方挫败了一起恐怖袭击图谋，活捉了一名女性自杀式爆炸者。这名19岁的巴基斯坦女子交代，她和另外两人打算在复活节前后，在被看作是巴基斯坦“文化首都”的第二大城市拉合尔发动自杀式袭击，袭击目标是当地的教堂。巴基斯坦接连遭遇恐怖袭击，巴基斯坦军方随即展开强力反恐行动。

（47）2017年5月12日巴基斯坦参议院副主席阿卜杜勒·加富尔·海德里车队遭遇恐怖炸弹袭击案。2017年5月12日下午，巴基斯坦参议院副主席阿卜杜勒·加富尔·海德里车队在俾路支省默斯东地区遭遇炸弹袭击，造成25人死亡，35人受伤，其中10人伤势较重。当时，爆炸发生时海德里因没有乘坐自己的汽车而躲过一劫，但在爆炸中受轻伤，其助理和司机均在爆炸中死亡。此次袭击事件可能是一起自杀式炸弹袭击，但仍需进一步调查，极端组织“伊斯兰国”已宣称制造了此事件。巴基斯坦总统侯赛因和总理谢里夫分别对袭击事件进行了谴责，谢里夫要求医院方面全力救治伤员。

（48）2017年5月24日西南部俾路支省首府奎达真纳镇地区2名中国人遭恐怖绑架袭击案。2017年5月24日中午，巴基斯坦西南部俾路支省首府奎达真纳镇地区，2名中国人被持枪武装分子绑架，被绑架的中国夫妇在当地真纳镇一所私立语言学校担任教师。当天中午，被绑夫妇离开任教学校，和另外一名中国女子准备外出吃午餐，被3名身份不明、伪装成警察的歹徒持枪恐吓。当地路人试图阻止绑匪行凶的时候绑匪自称是警察，中国老师的私人保安进行了反抗，但被武装分子开枪打伤。混乱中，2名中国公民被歹徒用枪指着被迫上车，在场的另外一名中国女子侥幸逃脱。绑架者还向路人开火，一名路人受伤。武装分子带走了2名中国人。巴基斯坦俾路支省居住着为数众多的中国公民，其中大部分是参与中巴经济走廊的建设人员，自2014年以来巴基斯坦学习汉语的学生人数骤增。绑架事件发生后，俾路支省首席部长扎赫里下令该省警察总长迅速展开调查，尽快解救两名被绑人员。

（49）2017年6月23日西南部城市奎达恐怖自杀式爆炸袭击案。2017年6月23日早上8时45分，巴基斯坦西南部城市奎达发生自杀式爆炸袭击事件，导致11人死亡、18人受伤。爆炸发生在巴基斯坦俾路支省首府奎达市行政中心的警察局长办公室附近。当时，一辆破旧的丰田卡罗拉驶向警察局长办公室，就在警员将其拦截的一瞬间，袭击者引爆了自杀式爆炸装置，5名以上警察在此次爆炸袭击中遇难。

（50）2017年12月1日巴基斯坦西北部城市白沙瓦农业培训学校遭恐怖袭击案。2017年12月1日上午，巴基斯坦西北部城市白沙瓦农业培训学校遭到恐怖分子袭击，包括袭击者在内，至少12人死亡、30余人受伤，巴基斯坦塔利班组织宣称发动了这起袭击。当时，3名袭击者进入学校大门，向保安和学生开火，并且攻击宿舍楼，警方和安全部队赶到现场与袭击者激烈交火。6名学生、1名学校保安和2名平民在袭击中死亡，数十人受伤，3名袭击者也被击毙。由于12月1日是巴基斯坦的公共假期，大部分学生在案发前已经离校，这所学校平时约400人住校，袭击发生时约120名学生及学校员工家属正在宿舍楼内。开伯尔-普什图省警察总长萨拉赫丁·马哈苏德说，所有恐怖分子都身着炸弹背心，但他们在引爆前被击毙。恐怖分子攻入这所学校的宿舍前，安全部队用装甲车紧急撤离了大批学生。

（51）2017年12月17日巴基斯坦西南部俾路支省首府奎达教堂遭恐怖自杀式爆炸袭击案。2017年12月17日，巴基斯坦西南部俾路支省首府奎达一座教堂遭恐怖自杀式爆炸袭击，造成至少8人死亡、44人受伤。当时，4名恐怖分子向奎达的一座教堂发动袭击，其中一人在引爆爆炸物前被教堂周围的安全部队击毙，另外一人则引爆了身上的爆炸物，还有两名参与袭击的恐怖分子在交火后逃离现场。袭击发生时，教堂内约有500人正在进行宗教活动，由于警方已在教堂周围部署了大量安保力量，所以恐怖分子未能按计划实施袭击。

4. 斯里兰卡的恐怖犯罪

2015年8月6日北部赤崂火车站列车遭恐怖爆炸袭击案。2015年8月6日晚间，斯里兰卡西北部赤崂火车站，一起列车发生在爆炸，造成1名铁路部门员工受伤。发生爆炸的列车5日下午从首都科伦坡出发，6日深夜抵达赤崂站。车上乘客离开后，铁路员工进入车厢检查时发现一可疑包裹，在打开查看过程中包裹发生爆炸。该包裹内装有塑料管、火药和铁屑。

5. 马尔代夫的恐怖犯罪

2015年9月28日总统快艇遭恐怖爆炸袭击案。2015年9月28日，马尔代夫总统亚明结束在麦加的朝圣活动从沙特乘专机回到马累，在从马累乘快艇回家时遭炸弹袭击，出行时其乘坐的快艇发生爆炸，所幸总统本人并未受伤。阿迪布被认为策划了暗杀总统亚明的行动，他在马尔代夫国际机场被捕。阿布迪刚从新加坡回国，此前参加了中国举行的一个投资论坛，被捕后被海岸警卫队送到附近海岛的监狱。对阿迪布下属住宅的突击搜查中，发现了炸弹制作设备，与阿迪布同日被捕的还有他的一名安全团队成员以及马尔代夫武装部队一名炸弹专家，现年33岁的阿迪布3个月前被亚明任命为副总统。

（四）中部亚洲国家的恐怖主义犯罪

1. 哈萨克斯坦的恐怖犯罪

（1）2011年5月安全部门遭恐怖自杀式爆炸袭击案。2011年5月17日，阿克托别市国家安全局大楼附近遭遇自杀式爆炸袭击，袭击者本人死亡，3名保安受伤。2011年5月24日凌晨3点30分左右，哈萨克斯坦首都阿斯塔纳安全部门总部外发生一起自杀式爆炸袭击，造成人员伤亡，但具体人数不明，爆炸现场一片狼藉。当时，一辆载有1人或2人的汽车在阿斯塔纳安全部门总部门前的路上发生爆炸，车上有乘客的身体在爆炸中被炸碎。

（2）2011年8月29日阿特劳州挫败恐怖袭击案。2011年8月29日，哈萨克斯坦阿特劳州警方成功阻止了一起恐怖袭击。阿特劳警方在该市抓捕一名策划恐怖袭击的嫌犯时遭到武装抵抗，这名28岁男子一边朝警方开枪，一边试图抛掷手雷，被及时赶到现场的特警果断开枪击毙。随后，警方在搜查嫌犯住所时发现了2枚自制炸弹、1支单筒猎枪、43发子弹和宣传宗教极端思想的书籍。随后，警方扣押了涉嫌策划恐怖袭击的18名男子，其中6人被正式批捕。根据哈萨克斯坦《刑法》第233条的规定，检方以“恐怖活动罪”对嫌疑人提起公诉，检方有足够证据证明这个团伙的犯罪预谋。

（3）2011年10月31日西部阿特劳市恐怖爆炸袭击案。2011年10月31日，哈萨克斯坦西部阿特劳市发生两起爆炸事件，由名为“哈里发战士”的伊斯兰极端组织所为。“哈里发战士”组织向其成员发布了在哈萨克斯坦境内制造恐怖事件的指令，参与制造爆炸事件的4名犯罪分子全部为“哈里发战士”组织成员。该组织是由哈萨克斯坦公民于2011年夏天建立的，其目的是在哈萨克斯坦境内发动“圣战”。

（4）2011年11月1日西部恐怖爆炸袭击案。2011年11月1日，“哈里发战士”恐怖组织承担了在哈萨克斯坦西部制造爆炸事件的责任。第一次爆炸发生于一条街上的垃圾桶里。过几分钟后，在一块荒地上，一名男子引爆了炸弹，自己当场死亡。“哈里发战士”声明，这两起爆炸事件是一种警告，所以没有伤亡者。这种爆炸是针对哈萨克斯坦政府通过的所谓“反穆斯林法”做出的警告，要政府取消此项法案。一个月前，哈萨克斯坦通过了一项《禁止在国家机构设置祈祷室的法令》，法令还同样要求所有传教士每年在哈萨克斯坦政权机构进行注册。

（5）2011年11月12日塔拉兹恐怖袭击案。2011年11月12日，哈萨克斯坦南部城市塔拉兹发生一起恐怖袭击事件，一名恐怖分子先后抢劫了两辆汽车和武器商店，总共打死7人，其中包括5名警察。当时，“圣战分子”萨利耶夫先杀死了负责监视他的2名安全部门人员，并于上午11时左右劫持了一辆“马兹达”牌轿车。11 时 35 分，萨利耶夫抢劫了塔拉兹市的一家武器商店，杀死了 1 名保安和 1 名顾客，抢走了两支“羚羊”半自动步枪和一些子弹。随后，萨利耶夫又劫持了一辆汽车，杀死了 2 名追捕他的警察，并夺取了他们的武器。然后，萨利耶夫返回自己的住处取出藏匿的火箭筒，并用该武器向区国家安全委员会办公楼射击。在此过程中，萨利耶夫还打伤了 2 名骑警。13 时左右，萨利耶夫在被警方击伤后，被设卡的交警抓获。在逮捕萨利耶夫的过程中，萨利耶夫引爆了身上的炸药，除萨利耶夫本人外，1 名警察也当场被炸身亡。

(6) 2011 年 11 月 12 日南部主要城市塔拉兹恐怖爆炸和枪击袭击案。2011 年 11 月 12 日上午 9 时 30 分，一家狩猎用品专卖店遭到抢劫，一名看门人被杀。几分钟后，附近一座政府建筑外发生枪击和爆炸，一名警员中弹身亡，另有一人被一颗手榴弹炸死。这座建筑是国家安全委员会办公楼，位于塔拉兹市中心。与一些中亚邻国相比，哈萨克斯坦自 1991 年独立以来国内安全形势平稳，不过进入 2011 年以来国内城市发生多起爆炸袭击。一个宗教极端主义武装组织上周承认在靠近里海的西部石油城市阿特劳制造了两起爆炸，这个组织先前威胁要在当地实施袭击。

(7) 2012 年 3 月 19 日哈萨克斯坦公民伊利亚·皮扬津被指控策划恐怖袭击和参加恐怖组织。2012 年 3 月 19 日，哈萨克斯坦外交部发言人阿尔泰·阿比布拉耶夫宣布了对皮扬津的两项新指控。策划刺杀普京的嫌疑人之一、哈萨克斯坦公民伊利亚·皮扬津被指控策划恐怖袭击和参加恐怖组织。乌克兰和俄罗斯特工部门 2012 年 2 月初在敖德萨逮捕一些受到国际通缉的犯罪分子，从他们的证词中获悉，他们打算在总统大选后立即策划在莫斯科刺杀普京。这起阴谋的背后推手是多库·乌马罗夫，他是最后一个未被抓获的北高加索的匪帮头目。因这起案件被捕的有阿斯兰别克和阿达姆·奥斯马耶夫以及哈萨克斯坦公民伊利亚·皮扬津，俄罗斯车臣人鲁斯兰·马达耶夫身亡。

哈萨克斯坦公民皮扬津目前被拘押在敖德萨看守所，他涉嫌犯有乌克兰刑法规定的两项罪行（蓄意损坏财产和制造炸弹）。皮扬津还被增加了两项更加严重的罪名：参加恐怖组织和策划恐怖袭击。时年 28 岁的哈萨克斯坦公民皮扬津和时年 26 岁的俄罗斯车臣人鲁斯兰·马达耶夫从阿拉伯联合酋长国飞抵敖德萨，他们得到乌马罗夫的明确指示。皮扬津和马达耶夫在敖德萨学习地雷爆炸技术，经过培训之后应该在俄罗斯的燃料能源系统搞过几次破坏活动，随后通过爆炸袭击了普京的车队。

（8）2012 年 3 月 24 日挫败恐怖袭击阴谋。2012 年 3 月 24 日，哈萨克斯坦破获了一起企图在阿拉木图实施恐怖袭击的阴谋，这起恐怖袭击的直接策划者是时年 37 岁的哈萨克斯坦公民帕夫洛夫。帕夫洛夫长期藏匿在国外，曾担任哈萨克斯坦第一大商业银行图兰-阿列姆银行前董事长阿布利亚佐夫的私人卫队队长，被哈萨克斯坦检方指控犯有多项重罪，遭哈萨克斯坦方面全球通缉。帕夫洛夫曾协助阿布利亚佐夫非法窃取了图兰-阿列姆银行大量资产并运往国外，随后帕夫洛夫潜逃到英国，至今没有返回哈萨克斯坦。哈萨克斯坦总检察院已于 2010 年 4 月对帕夫洛夫提起公诉，并签发了通缉令。帕夫洛夫从 2011 年起开始策划恐怖袭击，2012 年 3 月初曾明确下令，指使自己在哈境内的亲信于 3 月 24 日在阿拉木图市政府大楼附近和城市西郊的家庭公园等地实施爆炸。为此，帕夫洛夫提供了 2.5 万美元的活动经费。目前部分涉案人员已被拘捕。

（9）2015 年 8 月 13 日两名哈萨克斯坦涉嫌波士顿爆炸案的学生被庭审。2015 年 8 月 13 日，美国波士顿法院就 2 名哈萨克斯坦学生迪亚兹·卡德尔巴耶夫和阿扎马特·塔扎亚科夫案件进行首场开庭审理。他们被指控销毁证据，导致对 2015 年 4 月波士顿马拉松赛时发生的恐怖爆炸案的调查变得更加复杂。此前陪审团作出裁决：卡德尔巴耶夫和塔扎亚科夫因阻挠法律公正应被法办。根据调查提供的材料，时年 19 岁的迪亚兹·卡德尔巴耶夫和阿扎马特·塔扎亚科夫在波士顿发生恐怖爆炸案三天后，销毁了属于组织实施爆炸的焦哈尔·察尔纳耶夫嫌犯的装有爆炸物的背包及其笔记本电脑。据预测，他们做出此事是因为得出了察尔纳耶夫与波士顿爆炸案有关的结论。

（10）2015 年 11 月 20 日挫败一起恐怖袭击阴谋。2015 年 11 月 20 日，哈萨克斯坦首都阿斯塔纳市长阿德勒别克·贾克瑟别科夫表示，哈萨克斯坦国家安全委员会日前挫败了一起企图在阿斯塔纳制造恐怖袭击的阴谋。反恐已经成为当前最重要的任务：就在 2015 年 7 月，哈萨克斯坦国家安全委员会刚刚摧毁了一个预谋在阿斯塔纳制造恐怖袭击的团伙。在法国巴黎 13 日恐怖袭击事件发生后，哈萨克斯坦明显加强了安保措施。阿斯塔纳市反恐委员会已在 19 日召开了工作会议，针对各项工作布置了相应任务。哈萨克斯坦阿拉木图国际机场宣布大幅提高安检级别，不但新增多个扫描设备，还增加了经特殊训练的搜索犬，在搜索犬的帮助下将完全确保爆炸物和武器装备无法进入机场。中亚国家有发生恐怖袭击的可能性，中亚地区安全威胁上升的一个重要指标是该地区民众加入“伊斯兰国”和其他极端组织的人数：根据最新评估，已经超过3000人。2015年11月18日，哈萨克斯坦一居民因宣传“伊斯兰国”被判处6年有期徒刑。

（11）2016年6月5日西部中心城市阿克托别二起恐怖袭击案。2016年6月5日下午2点45分，哈萨克斯坦西部中心城市阿克托别发生一起恐怖袭击，造成6名军人和平民身亡，12名恐怖分子被击毙，恐怖分子或许是受到了“伊斯兰国”（IS）的影响。当日14时45分，阿克托别市一个武器商店遭到袭击，一些武器被抢走；15时45分，又有一个武器商店和一处军营遭到袭击。在此过程中，1名武器店员和2名军方人员遇害，另有9名军方人员和1名顾客受伤。哈萨克斯坦军方随即展开反恐行动，击毙3名袭击者，并抓获1人。5日晚间至6日，军方继续展开搜捕行动，已有12名恐怖分子被击毙，6人受伤被捕，还有6到7人在逃。袭击者是“非传统的激进宗教追随者”，这一名称通常是指极端伊斯兰教武装人员。这起袭击的组织者可能是当地的激进地下组织，其成员受到“伊斯兰国”网络视频的影响。哈萨克斯坦近年来时有恐怖袭击发生，2011年该国的第一起自杀式爆炸袭击就发生在阿克托别市，这里距离俄罗斯边境只有约100公里。但这个国家的安全状况总体稳定，大多数情况下，哈萨克斯坦拘捕的恐怖分子都是伊拉克和叙利亚的越境者。

（12）2016年7月18日最大城市阿拉木图警察局遭恐怖袭击案。2016年7月18日，哈萨克斯坦最大城市阿拉木图一个警察局遭袭，造成至少5人死亡、7人受伤，死者包括警察。当天上午11时左右，两名武装人员闯入市内一所警察局，夺取武器后逃窜。警方与两名武装人员在警局内外枪战，3名警察在枪战中身亡。其中一名武装人员枪击了一名守卫警局的警察，抢走了他的自动步枪，之后枪击了两名追击他的警察。这名枪手在逃离警局时射杀了一名当地居民，然后劫持了他的汽车，他在逃跑途中射伤两名交警。这名袭击者逃出1.6公里后被擒获，另外他涉嫌于近日谋杀了一名妇女。袭击者只有一人，年龄为26岁。这是一起“恐怖袭击”，极端武装人员与这次袭击有关。同一天，哈萨克斯坦国家安全委员会的一栋建筑也遭到袭击，袭击者被击退。哈萨克斯坦检察机关共起诉了205名曾在国外帮助恐怖组织的哈萨克斯坦人。哈萨克斯坦内人口超过半数信仰伊斯兰教，该国政府一直坚持世俗化政策，其国内形势相对平和。不过，在宗教极端势力抬头的背景下，近期也开始发生恐怖袭击案。6 月 5 日，哈萨克斯坦西部城市阿克托别曾发生恐怖袭击，哈萨克斯坦军方共击毙恐怖分子 18 名，逮捕涉恐人员 11 名，6 名军人和平民丧生。此外，哈中部城市卡拉干达 6 月底捣毁了一个萨拉菲主义团伙，逮捕了 6 名极端分子。

（13）2016 年 8 月 18 日国家安全委员在阿拉木图州逮捕了 4 名恐怖袭击嫌犯。2016 年 8 月 18 日，哈萨克斯坦进行专项行动，国家安全委员会在阿拉木图州逮捕了 4 名正在策划在哈萨克斯坦境内实施系列恐怖袭击的激进组织成员，哈萨克斯坦安全部门工作人员在其住所发现了大量自制炸弹所用材料以及极端宗教主义宣传资料。这 4 名激进组织成员为哈萨克斯坦和吉尔吉斯斯坦公民，原计划先对哈萨卡斯坦国家安全部门、警察局和部队发动武装袭击，之后再在人群聚集的地方制造恐袭。

（14）2016 年制止 12 起恐怖袭击案。2017 年 1 月 31 日，哈萨克斯坦国家安全委员会反恐中心指挥部副主席什维金在阿斯塔纳说，国内安全形势不容乐观，2015 年哈萨克斯坦安全机构共制止 12 起恐怖袭击。“独狼”式恐怖袭击近年来在哈萨克斯坦明显增多，2015 年有 12 起恐怖袭击在早期策划阶段被哈萨克斯坦安全机构破获，共 182 名哈萨克斯坦人涉嫌恐怖犯罪被起诉，3 名哈萨克斯坦人因资助国际恐怖组织被判刑，另有 5 名外国极端分子被哈萨克斯坦安全机构逮捕并被移交给其他国家。2016 年 6 月 5 日，一伙武装分子袭击了位于哈萨克斯坦西部城市阿克托别的两家武器商店并抢走大量枪支弹药，部分武装分子随后驾驶劫持来的公交车闯入当地军营并向军人扫射，恐怖袭击共造成 3 名军人和 5 名平民身亡。哈萨克斯坦国家安全委员会随即在阿克托别市成立反恐指挥部，负责追捕潜逃的武装分子。在恐怖袭击期间以及随后的反恐行动中，共有 9 名袭击者被逮捕，18 名袭击者被击毙。

2. 吉尔吉斯斯坦的恐怖犯罪

（1）2014 年 2 月 17 日国家安全委员会破获策划恐怖袭击预谋案。2014 年 2 月 17 日，吉尔吉斯斯坦国家安全委员会破获了在境内策划恐怖袭击的武装分子团伙，部分武装分子在叙利亚国际恐怖基地受到培训。国家安全委员会在奥什州采取的反恐怖行动中，查明并制止了秘密恐怖团伙的活动。该团伙曾策划恐怖袭击，逮捕了 6 名吉尔吉斯斯坦共和国奥什州居民，部分被逮捕者受到叙利亚国际恐怖组织基地的相关培训，并作为匪帮成员参加过武装冲突，其余人属于犯罪团伙成员。恐怖分子计划在吉尔吉斯斯坦首都比什凯克和该国南部首府奥什采取恐怖袭击。

（2）2015 年 10 月 12 日 4 名吉尔吉斯斯坦伊斯兰激进分子恐怖越狱案。2015 年 10 月 11 日晚间，4 名吉尔吉斯斯坦伊斯兰激进分子杀害 3 名监狱看守后成功越狱，和他们同时越狱逃跑的另外 5 人被抓获。4 名逃犯均因与极端主义团体有联系并从事恐怖主义活动被判终身监禁，其中 3 人被政府指控多次参与恐怖爆炸事件以及准备制造政变等。

（3）2016 年 8 月 30 日中国驻吉尔吉斯斯坦使馆遭恐怖汽车炸弹袭击案。2016 年 8 月 30 日上午，中国驻吉尔吉斯斯坦使馆遭自杀式汽车炸弹袭击，一辆汽车冲进中国驻吉尔吉斯斯坦大使馆并在馆区内发生爆炸，袭击者当场身亡，造成 3 名吉尔吉斯籍工作人员受伤，使馆东门受损。当时，自杀式袭击者驾驶一辆三菱得利卡，冲撞中国驻比什凯克大使馆大门，然后在靠近大使官邸的建筑物旁爆炸。爆炸车辆上至少载有 100 千克 TNT 炸药，由于爆炸威力较大，周边区域震感明显。这名实施恐怖袭击的袭击者是在叙利亚的“东突”国际恐怖组织成员，维吾尔族，拥有塔吉克斯坦护照，名叫佐伊尔·哈利洛夫，生于 1983 年。他于 8 月 20 日自土耳其伊斯坦布尔飞来，袭击时所驾车辆为一辆三菱“得利卡”越野车。被通缉的一名同谋是吉尔吉斯斯坦人，叫奥什·伊佐基洛·萨提巴耶夫，系乌孜别克族，生于 1991 年。此人在叙利亚经过了破坏性恐怖袭击培训，他于 6 月 16 日持塔吉克斯坦护照以假身份进入吉尔吉斯斯坦，在案件中是购买车辆、安装炸弹协助袭击的角色，在袭击发动前数小时搭乘航班逃往土耳其。

吉尔吉斯斯坦政府谴责叙利亚境内的“圣战分子”策划了针对中国驻该国大使馆的袭击行动并透露对中国驻吉尔吉斯斯坦大使馆实施恐怖袭击者为恐怖组织“东突厥斯坦伊斯兰运动”（“东伊运”）成员，已经逮捕了 5 名嫌犯，另有 4 人现在土耳其，已经被通缉。主谋是叙利亚境内的恐怖主义团伙，附属于恐怖组织“努斯拉阵线”。自杀式袭击者为持有塔吉克斯坦护照的人，是“东伊运”在叙利亚的成员。吉尔吉斯斯坦国家安全委员会同时宣布通缉一名以假名购买了实施此次自杀式爆炸袭击的汽车并协助制造爆炸装置的人。吉尔吉斯斯坦已确定并正在追捕爆炸事件的同谋，披露并通缉了 4 名目前藏匿于土耳其伊斯坦布尔的恐袭协同组织者，并要求土耳其交出在伊斯坦布尔的爆炸嫌犯同谋。

（4）2016 年 9 月 6 日国家安全委员会要求土耳其交出恐怖嫌犯。2016 年

9月6日，吉尔吉斯斯坦国家安全委员会，要求土耳其交出在伊斯坦布尔的中国驻比什凯克使馆附近恐怖袭击事件同谋。

（5）2016年10月21日14名军警涉嫌卖武器给恐怖组织案。2016年10月21日，吉尔吉斯斯坦内务部副部长阿博德卡罗夫召开新闻发布会称，14名吉尔吉斯斯坦边防军警因涉嫌非法贩售武器被捕。他们曾向中国驻吉大使馆爆炸案、吉尔吉斯斯坦最高检察院检察官遇害案的犯罪团伙出售了武器，除边防局现役军官和退役军官外，还有内务部第10局的一名处长。这一事件缘起于吉尔吉斯斯坦警方9月底的一场行动。当天警方逮捕了边防事务委员会主席的司机，他在向犯罪组织出售3支AK系列自动步枪时被抓获。此人在受审时供出，其上线中有一名吉尔吉斯斯坦总参谋部边防局的现役尉官，随后牵出更多人。事件发生后，吉尔吉斯斯坦总参谋部立即对军火库进行清点，发现少了26支自动步枪，14把手枪和1.3万发子弹。目前，总参谋部正在对各部队武器和弹药数量进行全面清查，同时进一步加强对武器的管理工作。6月29日，吉尔吉斯斯坦最高检察院检察官库尔马纳利耶夫的汽车因被安放了爆炸装置，在比什凯克市郊发生爆炸，检察官受重伤被送往医院，最终失去了一只手、损害了一只眼睛。

2000年5月底，一个来自中国新疆的中国警官代表团在比什凯克遭“东突”分离分子袭击，代表团的一名成员被打死，另有两人受伤。这两起旧案都与新疆境内外的三股势力有密切关系。全球眼中亚情报处的专家研判，本案的最大嫌疑人依然是新疆三股势力。全球眼的情报专家根据现场爆炸残骸及作案手法独家分析，维吾尔分离主义武装——突厥斯坦伊斯兰党（TIP）在叙利亚的分支嫌疑最大。近年来，TIP在叙利亚的分支机构与“努斯拉阵线”（即“基地”组织的叙利亚分支，2016年7月该组织刚刚改名为“征服阵线”）合作紧密。

TIP在吉斯尔舒古尔战役、阿勒颇攻坚战等战役中已经熟练使用自爆卡车战术袭击了叙利亚政府军或库尔德民兵武装阵地。所谓自爆卡车战术主要是指自杀式袭击者驾驶车辆，满载爆炸物全速冲入对方阵地，随后引爆炸弹。由于车速极快，防御非常困难。紧邻新疆的吉尔吉斯斯坦恰好是TIP的重要活动地点之一。由于该国经济落后，反恐部门很难有精力打击窝藏在该国的新疆三股势力，吉尔吉斯斯坦是上海合作组织最早的成员国之一。

3. 塔吉克斯坦的恐怖袭击案

（1）2010 年 9 月 3 日北部胡詹市恐怖袭击案。2010 年 9 月 3 日早晨，塔吉克斯坦北部胡詹市遭到袭击，造成 20 人受伤，其中包括该国内务部工作人员。当时，自杀式汽车炸弹袭击了该地区反对有组织犯罪管理局大楼，爆炸引起了大火，建筑物部分坍塌，邻近的建筑物包括一家商贸中心也损害严重。

（2）2010 年 9 月 5 日杜尚别南部地区恐怖爆炸袭击案。2010 年 9 月 5 日夜里，塔吉克斯坦首都杜尚别南部地区一家娱乐中心发生爆炸，导致 7 人受伤。这是一起恐怖爆炸活动，俱乐部爆炸的自制炸弹就是证明。

（3）2010 年 9 月 19 日军方车队在阿富汗边境遭恐怖袭击案。2010 年 9 月 19 日 12 时 30 分，塔吉克斯坦军方一支车队在靠近阿富汗的边境地区遭伏击，至少 23 名军人死亡。外国极端武装组织成员受国内反政府势力指使，实施了这次袭击。当时，塔吉克斯坦国防部的一个车队在首都杜尚别以东 185 公里的地区遭到了武装恐怖分子的袭击，造成包括国防部和国防军军官在内的 23 名官兵死亡。此次袭击可能与反政府武装有关，他们企图通过袭击事件挑起内战。

（4）2015 年 9 月 4 日系列恐怖袭击案。2015 年 9 月 4 日凌晨 4 时 30 分，一伙恐怖分子袭击了瓦赫达特市的内务部办公室、首都杜尚别的一个警察局以及杜尚别机场，导致 17 人死亡。这次袭击是有组织有预谋的恐怖活动，武装分子袭击了塔吉克斯坦国防部中央机关和首都杜尚别以东 20 公里的小城瓦赫达特市内务部，其中国防部中央机关存有大量军事装备。武装分子后被击退，在对峙过程中，4 名内务部特警部队成员和 4 名瓦赫达特市内务部警察牺牲，9 名武装分子被击毙，警方查获了一批武器弹药。武装分子在袭击前与塔吉克斯坦伊斯兰复兴党成员、国防部副部长纳扎洛佐达·阿布杜哈利姆·米尔佐有过密切的联系，米尔佐已因涉嫌参与恐怖袭击事件被当局解除职务。国防部副部长纳扎洛佐达策划发动恐怖袭击，造成 17 人死亡。当天采取的联合行动中，33 名纳扎洛佐达团伙成员被抓获，13 人被击毙，缴获 500 多件武器，纳扎洛佐达的哥哥在行动中投降。

（5）2016 年 3 月 27 日塔吉克斯坦公民因涉嫌恐怖犯罪被俄罗斯逮捕。2016 年 3 月 27 日，俄罗斯圣彼得堡检察机关发布消息称，俄罗斯圣彼得堡法院拘捕了一名企图加入“伊斯兰国”恐怖组织的塔吉克斯坦公民。塔吉克斯坦公民达夫罗乔恩·达夫拉多夫在俄罗斯境内因企图通过社交网络与恐怖组织“伊斯兰国”接头以加入该组织而被俄罗斯检察机关逮捕。该男子在塔吉克斯坦也曾被指控参加恐怖主义活动，并常常在其社交网络主页上散播带有极端主义色彩的照片。

（6）2016 年 5 月 6 日挫败一起恐怖犯罪预谋。2016 年 5 月 6 日，护法机关与安全部门在一次联合反恐行动中抓获了“伊斯兰国”成员杜斯顿·缅克里库洛夫，缅克里库洛夫来自莫斯科，策划和参与“胜利日”在杜尚别的恐怖行动。在接下来的进一步行动中，缅克里库洛夫的其他 3 名同伙在塔吉克斯坦南部被逮捕。在抓捕行动中，塔国护法机关发现了指南针、DVD 光盘、音视频设备、宣传极端主义的书籍、两部卫星电话和两把装满子弹的手枪以及军用服装。这些恐怖分子的领导人位于叙利亚，受其直接指示，恐怖分子准备在 5 月 9 日“胜利日”当天举行庆祝活动的场所制造一系列名为“红色婚礼”的恐怖主义事件。

2016 年 5 月 2 日，俄罗斯与塔吉克斯坦护法机关在莫斯科举行联合行动时抓获了数名跨境犯罪团伙。这些恐怖分子交代了他们 5 月 9 日的行动计划。俄塔联合行动中被捕的恐怖分子国籍、民族情况复杂，其中一个名为阿依别克·萨伊托夫的 32 岁乌孜别克族男子出生于吉尔吉斯斯坦，却拥有塔吉克斯坦国籍，其他成员也多属类似情况。中亚地区“加入‘伊斯兰国’和其他极端组织的人数”是安全威胁上升的重要指标，这一数字还在不断上升。

（7）2016 年 6 月 17 日第二大城市苦盏恐怖分子恐怖越狱案。2016 年 6 月 17 日 20 时 45 分左右，塔吉克斯坦第二大城市苦盏发生一起恐怖分子越狱事件，三名在押服刑的恐怖分子从监狱逃脱，逃跑过程中一人被击毙，一人受伤被捕，另有一人仍然在逃。当时，在位于苦盏市的第三监狱内，三名因从事恐怖活动而在监狱服刑的犯人，抢夺下看守的武器，并向守卫开枪射击。三人在打死一名 52 岁的上校和一名犯人后，从监狱逃脱。塔吉克斯坦有关部门随即在苦盏展开追捕行动，行动中与三名逃犯交火，其中一人被打死，一人受伤后被俘获，另有一人在逃。塔吉克斯坦内务部、国家安全委员会和司法部正全力追捕在逃者，塔吉克斯坦内务部已在全国范围内提高警戒级别，并向民众悬赏，鼓励民众向警方提供一切相关线索。在事发地苦盏市，所有出城道路上，每间隔一公里即设置岗哨和路障，武装人员反复逐一查验过往车辆和行人。

（8）2016 年 8 月 11 日塔吉克斯坦籍恐怖分子在乌克兰被逮捕。2016 年 8

月 11 日，乌克兰边防军在基辅逮捕了一名遭国际通缉的塔吉克斯坦籍恐怖分子。当时，一名 24 岁男子乘坐来自土耳其的航班在基辅鲍里斯波利机场入境时被乌边防军逮捕。恐怖分子系塔吉克斯坦公民，被捕时正遭国际刑警通缉。乌克兰边防军已将该恐怖分子移交国际刑警，“关于他的涉恐罪责，将在被引渡回塔吉克斯坦后予以追究”。该男子 8 月 5 日从伊斯坦布尔飞至乌克兰利沃夫市入境时因证件问题被怀疑是恐怖组织“伊斯兰国”成员，乌方遂将其“遣返回土耳其”，并进行了进一步调查。乌克兰边防军今年 6 月末还曾在哈尔科夫市机场逮捕了两名疑为恐怖组织“伊斯兰国”成员的塔吉克斯坦籍男子，他们同样乘坐的是从伊斯坦布尔而来的航班，后被投至乌克兰监狱关押。塔吉克斯坦位于中亚东南部，宗教氛围较浓，社会经济欠发达，又加之南与阿富汗接壤，具有滋生恐怖主义的土壤。据悉，目前有逾一千塔吉克斯坦人在中东和阿富汗参与恐怖主义活动。乌克兰自危机爆发后存在一定安全隐患，已成为恐怖分子借道前往欧洲的路径之一。

（五）西部亚洲国家的恐怖主义犯罪

1. 阿富汗的恐怖犯罪

（1）2010 年 1 月 7 日多起恐怖袭击案。2010 年 1 月 7 日 16 时 30 分，阿富汗东部帕克蒂亚省首府格尔德兹市发生一起自杀式袭击事件，造成 9 人死亡、28 人受伤。死亡的 9 人中，包括支持政府的民间武装首领帕尔利及其一名兄弟，其余 8 人均受雇于政府，协助阿富汗军队和外国部队执行安全任务。受伤的 28 人多数为平民。同一天，阿富汗南部乌鲁兹甘省首府塔林科特市发生一起路边炸弹袭击事件，造成 3 名警察死亡，另有 3 名警察受伤。同日，阿富汗首都喀布尔市区，一枚火箭弹击中一处地点，致使 3 名平民受伤；东部霍斯特省首府霍斯特市发生爆炸袭击，致使包括代理省长萨巴里在内的 7 人受伤。

（2）2010 年 1 月 18 日首都喀布尔市中心多处政府办公地点遭恐怖爆炸袭击案。2010 年 1 月 18 日，阿富汗首都喀布尔市中心的多处政府办公地点遭到塔利班武装分子的恐怖袭击，导致 15 人死亡、40 人受伤。这次袭击目标包括阿富汗总统府、财政部、司法部、中央银行大楼等政府部门和两家大型购物中心，一伙恐怖分子在总统府门口引爆炸弹后又冲进邻近的“大阿富汗购物中心”。随后，这座购物中心已经被包围，安全部队正和里边的武装分子发生激烈交火，特种部队士兵已经成功闯入。30 名恐怖分子参与了行动，其中至少有 10 名穿着炸弹背心，其中有 3 人已经被打死。这是喀布尔近一年来遭受的最大规模、也是最明目张胆的一次恐怖袭击。

（3）2010 年 1 月 26 日驻阿富汗美军基地遭恐怖自杀式汽车炸弹袭击案。2010 年 1 月 26 日 17 时，阿富汗首都喀布尔，驻阿富汗一美军基地当天遭一枚自杀式汽车炸弹袭击，造成至少 6 名平民受伤，这起事件为塔利班分子所为。当时，一名自杀式袭击者驾驶着一辆满载炸药的小巴士，行驶到喀布尔的美军基地门口时引爆了汽车炸弹。一组武装分子随后通过手机短信宣布对这起事件负责，并称他们的袭击目标是国际安全援助部队。

（4）2010 年 1 月 27 日南部查布尔省恐怖炸弹爆炸袭击案。2010 年 1 月 27 日上午，阿富汗南部查布尔省发生一起路边炸弹爆炸袭击事件，5 名警察被炸死。当时，这起路边炸弹爆炸袭击发生在查布尔省沙蒙扎伊地区，5 名边防警察被炸死，塔利班对此事件负责。塔利班近期在阿富汗频繁发动路边炸弹和自杀式爆炸袭击：26 日塔利班在喀布尔美军菲尼克斯军营附近发动自杀式汽车炸弹爆炸袭击，造成 8 名美军士兵和 6 名平民受伤，袭击者本人在爆炸中丧生。

（5）2010 年 1 月 29 日首都喀布尔挫败一起恐怖袭击图谋。2010 年 1 月 29 日晚，阿富汗警方在首都喀布尔缴获一批非法武器，挫败一起恐怖袭击图谋。当时，阿富汗警方对喀布尔第六城区一处地点展开搜查，查获 34 支 AK-47 自动步枪、一批弹药和炸弹遥控引爆装置，但未抓获任何嫌疑人。一段时间内阿富汗全国范围内恐怖活动呈现升级趋势，当月 18 日，位于喀布尔的总统府附近多个地点发生自杀式爆炸袭击和枪战，致使包括 10 名恐怖分子在内的 15 人丧生，70 多人受伤。袭击事件发生后，喀布尔军警进一步加强了安全戒备。

（6）2010 年 2 月 26 日首都喀布尔恐怖袭击案。2010 年 2 月 26 日上午，阿富汗首都喀布尔，一家小型旅馆遭遇恐怖袭击。5 名恐怖分子先使用汽车炸弹，再使用人体炸弹，最后发动枪战，造成包括全部 5 名恐怖分子、2 名警察和 15 名平民在内共 22 人死亡，死亡平民多为印度国籍。塔利班宣布对这起袭击事件负责。

（7）2010 年 3 月 20 日南部坎大哈省二起恐怖爆炸袭击案。2010 年 3 月 20 日上午，阿富汗南部坎大哈城东通往机场的道路上发生一起针对外国军队车队的自杀式爆炸袭击事件，造成至少4名阿富汗平民死亡，另有1人受伤，塔利班武装组织已宣称对该起袭击事件负责。2010年3月20日下午，阿富汗南部坎大哈省发生爆炸袭击事件，造成1人死亡、16人受伤，死者为平民，16名伤者中包括9名警察和7名平民。当时，恐怖分子驾驶一辆载满炸药的汽车在坎大哈省首府坎大哈市警察局附近制造了这起爆炸，这是坎大哈市当天发生的第二起爆炸袭击事件。

（8）2010年3月20日东北部巴达赫尚省挫败恐怖遥控地雷袭击案。2010年3月20日，阿富汗警方在东北部地区发现一枚埋在花盆中的地雷，恐怖分子意欲以此在21日阿富汗历新年来临时制造爆炸袭击。当时，阿富汗东北部巴达赫尚省警方在该省首府法扎巴德发现了这枚遥控地雷，并拆除了这枚地雷的引信。埋雷者意图制造爆炸袭击，破坏将于次日举行的阿富汗历新年集会。每年3月21日是阿富汗历新年，但塔利班武装组织禁止举行阿富汗历新年庆祝活动。2009年3月21日，阿富汗东部霍斯特省一处庆祝阿富汗历新年的集会上发生自杀式爆炸袭击，造成至少4人死亡、4人受伤。近期阿富汗全国袭击事件频发，且袭击方式不断翻新，曾有自杀式袭击者驾马车或伪装医院救护车制造爆炸袭击事件。

（9）2010年3月31日南部赫尔曼德省首府拉什卡尔加附近的马勒吉尔地区恐怖炸弹袭击案。2010年3月31日上午，阿富汗南部赫尔曼德省首府拉什卡尔加附近的马勒吉尔地区发生一起炸弹爆炸袭击事件，造成至少17人死亡、15人受伤。当时，恐怖分子在一处集市引爆安放在自行车上的炸弹，造成平民伤亡，这可能是一起自杀式袭击事件，目标是在集市上领取政府所发放种子的农民。

（10）2010年4月8日首都喀布尔挫败一起恐怖自杀式爆炸袭击预谋。2010年4月8日上午，阿富汗首都喀布尔，警方抓获5名恐怖嫌疑人，挫败了他们发动自杀式爆炸袭击的企图。当时，警察在喀布尔第八城区与市中心之间拦截1辆越野车并实施检查时，发现车上5人携带有两件自杀式爆炸袭击用的马甲与一些爆炸物品。

（11）2010年4月25日南部扎布尔省恐怖自杀式爆炸袭击案。2010年4月25日清晨，阿富汗南部发生自杀式爆炸袭击，造成3人死亡、7人受伤，死者包括1名安保士兵与2名平民，伤者均为平民。当时，身穿装满炸药马甲的恐怖分子，步行来到一群在集市站岗值守的安保士兵附近，然后引爆了身上携带的炸弹。

（12）2010 年 5 月 21 日贝克汉姆遭恐怖袭击预谋案。2010 年 5 月 21 日，赶到阿富汗前线慰问驻守在那里的英国士兵的贝克汉姆险些遭到塔利班恐怖分子的袭击。贝克汉姆是以体育大使身份去的，5 月 21 晚他由英国牛津郡空军基地出发，地点是阿富汗的赫尔曼德省，这里是塔利班的大本营。面对能够干掉诸如贝克汉姆这样的英国贵宾的机会，塔利班自然不会放过。他们早就在坎大哈机场做好了埋伏，因为知道贝克汉姆一行肯定会去那里。就在贝克汉姆访问的前一天，塔利班曾对坎大哈机场进行了一次突然袭击，一名英国士兵遇难。所幸驻扎在机场的英国士兵提前发现了袭击的苗头，决定贝克汉姆的飞机不在坎大哈降落，而是直飞赫尔曼德省的巴斯顿军营。尽管贝克汉姆成功躲开了恐怖袭击，但英国士兵还是与塔利班武装分子在坎大哈机场交上了火，一名士兵在这次交火中遇难。对此贝克汉姆感到非常难过："昨天刚有一名军人遇害，我感到十分悲痛。这些士兵是我见过最勇敢的人，我为能来到这里而感到光荣。"

（13）2010 年 6 月 17 日加兹尼省安达地区警察局遭恐怖自杀式炸弹袭击案。2010 年 6 月 17 日，阿富汗南部加兹尼省的安达地区，一个警察局附近发生自杀式炸弹袭击事件，造成 4 名警员受伤，塔利班宣称对这一袭击事件负责。当时，塔利班派出的自杀式炸弹袭击者用一辆偷来的警车执行袭击，这辆警车直接冲向站在附近的警员，车内袭击者朝警员开火并引爆爆炸装置，警局大楼也因爆炸遭到破坏。16 日，同样在加兹尼省，一个为私营安保公司工作的保安所乘车辆遭路边炸弹袭击，车内 3 名保安死亡。当天，在阿富汗的库纳尔，9 名从巴基斯坦逃到阿富汗的武装分子遭阿富汗警方逮捕，他们目前遭到拘押，等候审判。塔利班最近频频针对外国军人和武装人员发动袭击：上周北约驻阿富汗部队遭遇 2010 年以来损失最为惨重的一周，共有 30 多名士兵死亡。

（14）2010 年 6 月 26 日喀布尔市恐怖爆炸袭击案。2010 年 6 月 26 日，阿富汗喀布尔市中心发生恐怖自杀式爆炸袭击，造成 16 人丧生，其中包括 4 名印度人。遭遇自杀爆炸袭击的这家酒店是印度大使馆雇员与其他外国人租用的，阿富汗总统卡尔扎伊强烈谴责这起恐怖爆炸袭击，表示这起爆炸事件不会对阿富汗与印度的关系造成伤害。

（15）2010 年 7 月 2 日北部昆都士省恐怖袭击案。2010 年 7 月 2 日上午，阿富汗北部昆都士省发生恐怖袭击，共造成10人死亡。当时，6名自杀式袭击者对位于昆都士省首府昆都士市的一处美国军队招待所发动袭击，袭击者全部被击毙，爆炸与枪战还造成2名外国人和2名阿富汗警察身亡。塔利班声明这起袭击事件是其所为，昆都士省目前是塔利班在阿富汗北部最为活跃的地区。

（16）2010年7月13日南部赫尔曼德省恐怖爆炸袭击案。2010年7月13日下午，阿富汗南部赫尔曼德省，一辆小型公共汽车遭路边炸弹袭击，车上9名平民丧生、4人受伤。袭击事件发生在该省马尔贾地区，死者中包括妇女和儿童。马尔贾曾是塔利班在赫尔曼德省的重要据点，2010年2月北约和阿富汗联军发动大规模军事行动，从塔利班手中夺回这一地区，但马尔贾及周边地区的安全形势至今仍不容乐观。

（17）2010年7月16日北约国际安全援助部队遭恐怖爆炸袭击案。2010年7月16日，在阿富汗南部，北约国际安全援助部队2名士兵遭炸弹袭击死亡。当时，这2名北约士兵遭到了路边炸弹袭击。这2人的死亡使得北约驻阿富汗军队当年截至7月16日死亡人数上升到373人。这与2009年全年521人丧生的数量相比，呈现上升趋势。

（18）2010年8月25日驻阿富汗西班牙警察教官遭恐怖袭击案。2010年8月25日，在阿富汗东北部巴迪斯省，2名西班牙警察与1名翻译被射杀。当时，2名西班牙警察正在培训阿富汗警察，被一名阿富汗受训警察开枪射杀而身亡。西班牙内政部长卢巴卡巴说："我不敢说是不是塔利班干的，但这是一次预谋的袭击，这是恐怖袭击。"他说，西班牙政府正在试图找出"是什么人下达了开枪指令。"

（19）2010年10月28日喀布尔市联合国人员遭恐怖袭击案。2010年10月28日6点30分，阿富汗喀布尔市内一处联合国人员公寓楼28日遭武装分子袭击，造成6名联合国官员死亡、9人受伤。当时，一伙武装人员对位于喀布尔市中心的一座有联合国工作人员入住的公寓楼发动袭击，先是强烈的爆炸声，随后传来密集的枪声，黑烟从几座大楼间升起。随后警方封锁了多条街道和市内主要购物区。两个小时之后，阿富汗警方对联合国人员公寓楼内的武装分子的围攻行动几近结束，3名武装分子全部被打死。塔利班武装随即宣称对此次袭击事件负责，并称这是武力阻止阿富汗第二轮总统大选的"第一步"。同一天不久，喀布尔市一座外资酒店也遭到火箭弹袭击，迫使100多名客人躲进地下掩体。此次最新的爆炸事件再次凸显了阿富汗大选来临前的安全问题。

（20）2010 年 11 月 13 日多起恐怖袭击案。2010 年 11 月 13 日，阿富汗东部楠格哈尔省首府贾拉拉巴德机场遭到塔利班武装袭击，8 名袭击者丧生。当时，塔利班派遣 14 名身穿自杀式炸弹背心的袭击者使用火箭弹和轻武器袭击了贾拉拉巴德机场的检查哨卡。这一机场为军、民两用机场，北约部队和阿富汗政府军随后发起反击，打死 8 名袭击者。2010 年 11 月 13 日上午，阿富汗北部昆都士省一个集市发生一起摩托车炸弹袭击事件，造成 4 名地方警察和 4 名平民死亡，另有 18 人受伤。当时，恐怖分子在该地区一个人流密集的集市内将爆炸装置放置在一辆摩托车上，通过遥控方式引爆了炸弹，伤者均为平民。阿富汗政府 9 月开始组建地方警察，旨在利用人员来自当地、熟悉情况的优势来帮助改善安全形势。这是阿富汗 13 日发生的第二起袭击事件，塔利班当天早些时候袭击了阿东部楠格哈尔省一个机场，8 名袭击者在冲突中丧生，北约部队和阿富汗政府军在冲突中没有伤亡。

（21）2010 年 11 月 21 日北约驻阿富汗国际安全援助部队遭恐怖爆炸袭击案。2010 年 11 月 21 日，阿富汗南部坎大哈省，北约驻阿富汗国际安全援助部队遭到简易爆炸装置爆炸袭击事件，导致 3 名平民死亡、4 人受伤。爆炸发生在坎大哈省沙阿瓦利果德地区，坎大哈省是塔利班在阿富汗势力最为强大的地区，简易爆炸装置袭击是塔利班较常采用的恐怖袭击方式。

（22）2011 年 1 月 18 日首都喀布尔恐怖爆炸袭击案。2011 年 1 月 18 日，在阿富汗首都喀布尔，一伙塔利班武装分子对包括总统府在内的政府部门及商业建筑发动爆炸袭击，造成包括 10 名武装分子在内的 15 人死亡、63 人受伤，塔利班武装组织宣称对事件负责。1 月 26 日，阿富汗情报部门逮捕了 5 名参与本月 18 日阿富汗首都喀布尔恐怖袭击事件的嫌疑犯，其中一名嫌犯名叫卡迈勒丁，又名阿卜杜拉。该嫌犯在喀布尔恐怖袭击事件发生 24 小时后即被捕，其他 4 名被捕嫌犯中包括一名叫马利克的指挥官，这 4 名嫌犯已承认在喀布尔市内和周边地区参与制造了 9 起袭击事件。

（23）2011 年 2 月 12 日南部坎大哈省警察总部遭恐怖袭击案。2011 年 2 月 12 日，阿富汗坎大哈省警察总部遭到塔利班武装人员袭击，随后塔利班武装人员与阿富汗军警和北大西洋公约组织驻阿富汗国际安全援助部队交火，致使至少 15 名警察死亡、22 名警察和 23 名平民受伤。南部坎大哈省警察总监穆罕默德·穆贾希德，先后两次遭路边炸弹和自杀炸弹袭击，都幸免于难。

（24）2011 年 2 月 18 日二省警察遭恐怖爆炸袭击案。2011 年 2 月 18 日，阿富汗东部霍斯特市一座警察总部遭汽车炸弹袭击，9 人死亡。阿富汗霍斯特省毗邻巴基斯坦，是塔利班武装分子活跃地带。当时，警察起初注意到一名可疑分子，随后朝其开枪，促使袭击者引爆了爆炸装置。爆炸威力巨大，整个城市都感到震动。同一天早晨 7 时 30 分左右，阿富汗楠格哈尔省，一队警察在贾拉拉巴德市内例行巡逻时，车辆遭遇路边炸弹袭击，引发剧烈爆炸，3 名警察殉职，另有 6 名警察受伤。连接阿富汗首都喀布尔和巴基斯坦首都伊斯兰堡的公路途经贾拉拉巴德。贾拉拉巴德是阿富汗东部重要城市，近年来安全局势有所恶化。

（25）2011 年 2 月 19 日东部楠格哈尔省首府贾拉拉巴德市银行遭恐怖袭击案。2011 年 2 月 19 日，阿富汗东部楠格哈尔省首府贾拉拉巴德市一家银行遭遇袭击，至少 18 人死亡、70 人受伤，死伤者包括多名警察，塔利班组织随后宣称发动了这起袭击。当时，7 名武装人员身穿边境警察制服、携枪支和手榴弹袭击贾拉拉巴德市喀布尔银行，先冲天开枪让大家聚到一个角落，随后开枪射击人群。其中 3 人在银行内引爆装有爆炸物的背心，正巧不少警察在银行内领薪水，警察与袭击者枪战持续数小时。

（26）2011 年 2 月 21 日北部昆都士省政府办公楼遭恐怖自杀式爆炸袭击案。2011 年 2 月 21 日中午，阿富汗北部昆都士省一座政府办公楼遭遇自杀式爆炸袭击，至少 31 人死亡、39 人受伤，塔利班组织随后宣称发动了这次袭击。袭击发生于昆都士省伊玛目萨希卜地区，不少民众在办公楼外排队领取身份证件和其他材料，一名自杀式袭击者在等候区引爆爆炸物，死亡者基本上是平民，3 名警察在爆炸中死亡。总统卡尔扎伊说，“这起袭击清楚表明敌人非常邪恶，意图屠杀平民。”美国驻阿富汗大使馆谴责，这起事件表明“恐怖分子怯懦，完全漠视人命”。近一周，不少平民遇袭死伤。一部分死伤来自反政府武装人员袭击，另一部分据说与外国驻军行动相关。北大西洋公约组织驻阿富汗国际安全援助部队 20 日夜间空袭反政府武装人员时，误炸一座平民房屋，致使 6 人死亡。北约部队袭击目标为 3 名正在安放路边炸弹的非法武装人员，但致使一对夫妇和他们的 4 个孩子死亡。联合国一份报告显示，2010 年前 10 个月共有 6215 名平民死伤，其中 2412 名死亡。死亡人数同比上升 20%。3/4 死伤由非法武装造成，外国部队和阿富汗部队军事行动造成的死亡人数占总数的 12%。

（27）2011 年 3 月 14 日阿富汗北部昆都士省国民军新兵训练中心遭恐怖自杀式炸弹袭击案。2011 年 3 月 14 日下午，阿富汗北部昆都士省国民军新兵训练中心附近发生了一起自杀式炸弹袭击，造成 35 人死亡、33 人受伤。包括准备加入国民军的阿富汗青年、阿富汗国民军士兵以及平民，还有 4 名儿童也在爆炸中不幸遇难。当时，阿富汗北部昆都士省的一个国民军新兵训练中心，一些志愿者在训练中心外面排队准备应征入伍，一名自杀式袭击者穿着自杀式背心假扮成想参军的志愿者混进了队伍，随后引爆了身上的炸弹，塔利班已经宣布对爆炸事件负责。2010 年 12 月中旬，这个新兵训练中心就发生过爆炸袭击，造成 8 名士兵和警察死亡，随后塔利班宣称对袭击事件负责。2011 年 2 月 21 日，昆都士省发生针对政府建筑的自杀式爆炸袭击，导致正在排队办身份证的 30 人死亡。而就在 3 月 10 号，昆都士省发生一起自杀式袭击，造成昆都士省警察总监死亡，塔利班宣布是他们干的。对于 14 号的爆炸事件，阿富汗总统卡尔扎伊表示强烈谴责，发誓要严惩幕后凶手，并对幸存者及遇难者家属表示同情和哀悼。

（28）2011 年 4 月 19 日警方挫败一起恐怖自杀袭击案。2011 年 4 月 19 日，阿富汗警方逮捕了 9 名声称要对首都喀布尔“战略目标”发动袭击的自杀式爆炸袭击者。这 9 名恐怖分子，年龄介于 16 到 55 岁之间，他们在策划对至少一所喀布尔伊斯兰学校或宗教学校发动联合攻击行动时被捕。其中一些恐怖分子为巴基斯坦人，在抓捕行动中搜出的武器——重型机关枪、火箭弹发射筒、手榴弹与自杀背心等——是越境运到阿富汗的。

（29）2011 年 4 月 24 日坎大哈萨尔波萨监狱恐怖越狱袭击案。2011 年 4 月 24 日凌晨，阿富汗坎大哈萨尔波萨监狱发生越狱事件。监狱囚犯是从地道脱逃的，地道从一间牢房通往监狱外一座房屋，塔利班方面大约 5 个月前开始挖地道，而安全部队两个半月前搜查了那座房屋。当时，大批政治犯通过一条长 360 米的巨大隧道连夜逃走，其中很多是塔利班成员，阿富汗塔利班宣称对此次事件负责。约 475 名囚犯通过地道从萨尔波萨监狱逃跑，541 名塔利班武装人员通过地道越狱。地道 24 日晚打通，多名事先知情者随即带领其他囚犯越狱，没有引起监狱看守注意，一名越狱组织者说一些囚徒事先拿到了牢房钥匙。他们前一晚 11 时开始逃离监狱，截至 25 日凌晨，541 名在押人员越狱，大约 100 人是塔利班指挥官。

这是萨尔波萨监狱第三次发生在押人员逃跑事件。2003 年 10 月 11 日，约 40 名囚犯通过地道逃脱。2008 年，塔利班袭击这座监狱，炸开大门和围墙，放走大约 1000 人，包括塔利班成员。那次事件后，阿富汗方面改造设施，加强守卫人员训练。阿方和北大西洋公约组织驻阿部队先前多次表示，监狱安全保卫措施得到极大强化。监狱由带铁丝网的混凝土墙环绕，四角建有岗楼，必须通过数道关卡才能到达入口。

（30）2011 年 5 月 22 日东南部霍斯特省政府交警总部大楼遭恐怖自杀式炸弹袭击案。2011 年 5 月 22 日凌晨 5 时左右，阿富汗东南部霍斯特省一栋政府交警总部的大楼遭到身穿自杀式炸弹背心的武装分子袭击，武装分子与安全部队交火，至少有 3 人死亡、2 人受伤。当时，在阿富汗东南部的霍斯特省，3 到 4 名身穿自杀式炸弹背心的武装人员持枪闯入了交警总部建筑内，与安全部队发生交火，3 名交警在交火中死亡、1 名交警和 1 名平民受伤。交火持续了 2 个多小时，阿富汗警方与军队士兵试图避免发动全面进攻，以防武装分子引爆身上的炸弹，安全部队则包围了建筑的外围。就在一天前，即 5 月 21 日，阿富汗塔利班 1 名自杀式袭击者攻击了阿富汗喀布尔一处军方医院，导致至少 6 名医学院学生死亡。阿富汗总统卡尔扎伊和北约对这起袭击事件表示谴责，联合国认为这起袭击是对“国际人道法”的“侵犯”。

（31）2011 年 6 月 10 日昆都士省一座清真寺遭恐怖自杀式炸弹袭击案。2011 年 6 月 10 日，阿富汗昆都士省一座清真寺外发生自杀式炸弹袭击，造成 4 名警察死亡、6 名警察受伤。当时，自杀式袭击者是一名身穿传统长袍的男子，当他步入清真寺后遭到安保人员的问询，双方发生扭打。之后袭击者引爆了身上的炸弹，袭击者的目标是昆都士省警长。

（32）2011 年 6 月 28 日首都喀布尔洲际酒店遭恐怖自杀式爆炸袭击案。2011 年 6 月 28 日晚，阿富汗首都喀布尔洲际酒店遭受自杀式炸弹袭击，造成 13 人死亡，另有 2 名警察和 6 名平民受伤。当时，共有 6 名自杀式袭击者对酒店发动了袭击，警方与袭击者进行了 4 个多小时的对峙，有 2 名袭击者被酒店保安击毙，其余 4 人死于自杀式爆炸和军队的空中打击。阿富汗塔利班宣称对该起袭击事件负责。

（33）2011 年 7 月 13 日东部楠格哈尔省恐怖路边炸弹爆炸袭击案。2011 年 7 月 13 日上午 10 时左右，阿富汗东部楠格哈尔省发生一起路边炸弹爆炸事件，造成一名边防警察死亡、6 名警察受伤。当时，7 名边防警察驾驶警车在楠格哈尔省拉尔布尔地区巡逻执勤，不幸触发一枚武装人员埋置的路边炸弹。楠格哈尔省是阿富汗塔利班势力相对活跃的区域。同一天，阿富汗南部坎大哈省也发生一起路边炸弹爆炸事件。当时，赫尔曼德省省长古拉卜·曼加勒的车队正前往坎大哈途中，准备参加阿总统卡尔扎伊的弟弟、坎大哈省议会议长艾哈迈德·瓦利·卡尔扎伊的葬礼。赫尔曼德省省长侥幸躲过袭击，两名保安在爆炸中受伤。尽管阿富汗塔利班政权已倒台多年，但塔利班武装人员仍在阿富汗境内采取埋置路边炸弹、简易爆炸装置以及发动自杀袭击等手段，袭扰包括警察和国民军在内的阿富汗国家安全部队和北约驻阿国际安全援助部队，并给他们造成不小伤亡。

（34）2011 年 8 月 14 日帕尔旺省政府办公大楼遭恐怖自杀式爆炸袭击案。2011 年 8 月 14 日，阿富汗帕尔旺省政府办公大楼遭到 6 名恐怖分子自杀式爆炸袭击，22 名死者中包括 16 名平民雇员、6 名警察，爆炸还造成至少 37 人受伤。帕尔旺省省长萨兰吉在这次爆炸袭击中安然无恙，他当时拿起一把突击步枪，打死至少 1 名恐怖分子。当时，爆炸袭击是在大门外开始的，一名恐怖分子开车将一面墙炸开，其他 5 名恐怖分子随后携带突击步枪与火箭推动榴弹发射器进入大院。省长萨兰吉、警方总长、情报主管、一名当地军方指挥官与至少 2 名北约顾问参加的一次安全会议被迫中断，2 名恐怖分子在省政府大楼内引爆随身携带的炸弹，另外 3 人在进入大楼前即被击毙。塔利班宣称对这次袭击事件负责。

（35）2011 年 8 月 19 日首都喀布尔英国文化协会遭连环恐怖爆炸袭击案。2011 年 8 月 19 日，阿富汗首都喀布尔，发生针对英国文化协会的连环爆炸袭击，死亡的 8 人主要是警察，另有 10 人受伤。塔利班组织宣称负责，称他们袭击英国的利益机构，是为纪念阿富汗 19 日的公共假日——独立日。袭击目标是英国文化中心与联合国人员驻地，“现在英国人又在侵略我国，他们将再次承认我们的独立”。

（36）2011 年 9 月 13 日首都喀布尔连环恐怖袭击案。2011 年 9 月 13 日，阿富汗首都喀布尔遭到塔利班武装分子的连环袭击，美国大使馆和北约驻阿富汗总部均遭到袭击，死亡的 7 人包括 3 名阿富汗警察和 4 名阿富汗平民，受伤的 17 人包括 9 名警察和 8 名平民，6 名武装分子被击毙，北约和美国大使馆没有工作人员伤亡。当时，枪手从 300 米开外的在建大厦向美国大使馆射击，五名武装分子用机枪、火箭炮和迫击炮向大使馆发动进攻。阿富汗和联合国部队随即包围了武装分子，双方交火持续到 13 日深夜，总共大约 20 小时。与此同时，两名自杀式袭击者袭击了喀布尔西部一个警察局。另一起自杀式袭击发生在首都机场。这是武装分子首次在四个不同的地方同时发动袭击，塔利班发言人称大规模自杀式袭击的目标是本地和外国的情报部门。这次枪击事件恰逢美国和其他外国军队开始从阿富汗撤军，阿富汗总统卡尔扎伊声明恐怖袭击并不能阻止国际部队将安保责任交还给阿富汗。这是“9·11”恐怖袭击 10 周年纪念后，塔利班发动的首次大规模恐怖袭击。本月 10 日，阿富汗瓦尔达克省的美军基地外的一辆载满炸药的卡车遭自杀式“人弹”袭击，导致 77 名美军士兵受伤。

（37）2011 年 10 月 29 日首都喀布尔美国官兵遭恐怖自杀袭击案。2011 年 10 月 29 日，阿富汗首都喀布尔，一名来自塔利班的自杀式汽车炸弹杀手，袭击了北约驻阿富汗国际安全援助部队的一个车队，炸死 13 名北约军人和至少 4 名阿富汗人，另外 8 人受伤，13 名死者都是美军官兵。美国在阿富汗战争上的花费已达 3232 亿美元，造成约 1800 名美军死亡。当时，北约驻阿富汗国际安全援助部队的一支车队正在喀布尔西部国家博物馆附近一条宽阔繁忙的马路上行进，这名袭击者驾驶着一辆装载 700 公斤爆炸物的 4X4 越野车，直冲着一辆有美军标志的装甲运兵车撞击并且引爆了炸弹。10 月 29 日这一天，阿富汗还发生了针对与政府有关的目标进行的另外两起袭击事件。在阿富汗南部最大的城市坎大哈附近，北约部队正在对一支阿富汗当地的安全部队进行军事训练。突然，一名身穿阿富汗军服的枪手，在训练过程中，打死了三名澳大利亚士兵和一名阿富汗翻译，枪手随后被击毙。另一起自杀式袭击发生在阿富汗东北部库纳尔省城市阿萨达巴德，一个女子在国家情报机构附近引爆罩袍里面的炸弹。她试图进入国家情报机构，但是被门卫击中，但她仍设法引爆了自己，2 名军官和 2 名平民受伤，这位女性自杀式炸弹袭击者的年龄在 25 岁左右。近日来，针对美国人的恐怖袭击事件屡有发生。10 月 15 日，一家设在阿富汗东部、由美国经营的“省级重建小组”基地遭到自杀式爆炸袭击，造成 2 名司机死亡、2 名卫兵受伤、4 名恐怖分子丧生。塔利班组织宣称负责。这个美国经营的“省级重建小组”基地位于阿富汗局势相对平静的潘杰希尔省。

以前，汽车自杀炸弹爆炸事件在阿富汗首都喀布尔是很少发生的，这次恐怖袭击事件是自从北约部队 2001 年开始在阿富汗执行军事使命以来，在首都喀布尔遭受的袭击中后果最为严重的一次。上一次喀布尔发生汽车炸弹爆炸是在2010年5月，地点位于29日发生袭击的同一条公路。在那次袭击中，有18人被炸死，其中包括5名美国军人和1名加拿大军人。这次袭击事件也是8月份以来，美军直升机在阿富汗瓦尔达克省遭到袭击造成包括22名海军海豹突击队成员在内的38人死亡，是美军在阿富汗单日的最大死亡人数。2010年9月中旬，一伙自杀式袭击者潜入了安保严密的使馆区，他们从一座空置的高层建筑上，对包括美国大使馆和北约指挥总部在内的多个建筑进行扫射，直到20个小时之后，安全力量才制止了这一袭击行动。8月份，恐怖分子对英国文化协会发动了袭击以及几星期后对美国使馆和北约驻阿富汗总部发动了袭击。而6月底发生在豪华的洲际酒店的袭击事件中，恐怖分子负隅顽抗，双方长时间激战之后，局势才得以平息。

（38）2011年11月14日挫败针对议会的恐怖袭击阴谋。2011年11月14日，阿富汗安全部队挫败了一起针对议会的恐怖袭击阴谋，逮捕了18名恐怖分子。被逮捕的恐怖分子中，有4人是巴基斯坦国籍，警方在喀布尔将其逮捕。这些被捕者都对他们密谋进行恐怖袭击的罪行供认不讳，这些恐怖分子均与塔利班武装有关联，并在巴基斯坦接受了恐怖组织训练。

（39）2011年12月2日首都喀布尔北约军事基地遭恐怖自杀式汽车炸弹袭击案。2011年12月2日，阿富汗首都喀布尔南部一座北约军事基地门口发生了一起自杀式汽车炸弹袭击，造成5人受伤。袭击发生在洛加尔省穆罕默德阿加区，袭击者试图驾驶载有炸弹的车辆进入北约联军军事基地内，但在入口处被拦截，随后他引爆了炸弹，塔利班已宣称对此次事件负责。

（40）2011年12月6日多地恐怖自杀式炸弹袭击案。2011年12月6日，阿富汗发生多起袭击事件，两座清真寺遭遇炸弹袭击，目前已共造成至少34人死亡，数十人受伤。2011年12月6日中午，阿富汗首都喀布尔，一座聚集着什叶派教徒的清真寺遭到自杀式炸弹袭击，造成至少55人死亡、134人受伤。当时，一名自杀式炸弹袭击者在首都喀布尔市中心靠河岸处的这座清真寺的入口引爆了炸弹。几乎在同一时刻，在阿富汗北部重镇马扎里沙里夫，一座清真寺遭到自行车炸弹袭击，导致包括1名士兵在内的4人死亡，另有17人受伤。当时，袭击者引爆了捆绑在一辆自行车上的炸弹，现场数百人正聚集在一起庆祝宗教节日“阿舒拉节”，该起袭击属于自杀式袭击。爆炸发生时正值什叶派教徒庆祝重要宗教纪念日“阿舒拉节”，该节日旨在哀悼伊斯兰教先知穆罕默德的外孙侯赛因遇难，在塔利班政权时期一些什叶派人士被禁止在公共场合过“阿舒拉节”。当天，阿富汗南部城市坎大哈也发生了袭击事件。

（41）2011 年 12 月 7 日两起恐怖爆炸袭击案。2011 年 12 月 7 日，阿富汗发生的两次爆炸好像是预谋好的，都是在什叶派穆斯林在庆祝什叶派节日“阿舒拉节时”遭受自杀炸弹袭击。其中，阿富汗首都喀布尔发生的爆炸造成了 58 人身亡，160 多人受伤；而在北方城市马札里沙里夫的爆炸造成至少 4 人死亡。由于阿富汗发生自杀式炸弹袭击，总统卡尔扎伊取消了计划中的英国之行提前回国。卡尔扎伊刚刚在德国波恩出席了有关阿富汗未来的国际会议。他原本计划前往英国，周三同英国首相卡梅伦会谈，将签署协议表示在北约军队 2014 年撤离阿富汗后会继续支持阿富汗。卡尔扎伊表示：“这是首次在一个阿富汗重要的宗教节日发生这样的恐怖袭击行为。”非常讽刺的是，这两起爆炸案正好验证了卡尔扎伊在伯恩发表的言论，即阿富汗现在安全状况仍然不稳定。阿富汗在北约 2014 年撤离后至少需要 10 年的援助。用这种非常暴力的方式来破坏西方国家军队支持的政府是非常不寻常的，然而最近发生的爆炸案也涉及阿富汗逊尼派穆斯林针对什叶派穆斯林的情况。

（42）2012 年 1 月 10 日东南部政府大楼遭恐怖袭击案。2012 年 1 月 10 日，阿富汗东南部一座政府大楼遭到一群暴动者的袭击，两名警察与两名自杀式炸弹袭击者已在事件中死亡。袭击发生在阿富汗帕克蒂卡省省会沙兰市，距离阿富汗首都喀布尔大约 160 公里。而帕克蒂卡省与巴基斯坦接壤，是塔利班越境进入阿富汗东南部的主要路线之一。

（43）2012 年 2 月 9 日挫败一起以总统府和美国大使馆为目标的恐怖袭击阴谋。2012 年 2 月 9 日，阿富汗挫败一起以总统府和美国大使馆为目标的恐怖袭击阴谋，逮捕 3 名嫌疑人，3 人在袭击目标附近租房时被逮捕。3 名落网嫌疑人为阿富汗人，曾在巴基斯坦西北部接受非法武装组织“哈卡尼网络”两名指挥官的训练。两名嫌疑人分别在位于喀布尔省和帕克蒂亚省的大学攻读工程学和农学，另一人是卢格尔省一所大学的讲师。他们打算向美国驻阿富汗首都喀布尔使馆、总统府和亚利安那酒店发动自杀式炸弹爆炸和其他恐怖袭击。亚利安那酒店距阿富汗总统府和美国大使馆只有两街之隔，坐落在喀布尔市中心“绿区”内，为美国中央情报局驻喀布尔分支的办公地。

（44）2012 年 4 月 10 日两地恐怖自杀式炸弹袭击案。2012 年 4 月 10 日，阿富汗西部赫拉特省一政府机构大楼遭自杀式炸弹袭击，造成9警察死亡、21人受伤。当时，大楼内有不少官员正在开会，袭击者试图进入大楼时，被在场驻守的警察阻止，他便引爆身上的炸弹。赫拉特省是阿富汗西部较为平静的一个省份，较少遭受袭击。同日，阿富汗南部赫尔曼德省一处警察局遭自杀式炸弹袭击，造成8名警察死亡。当时，3名自杀式袭击者冲向警局，其中两人将身上炸弹引爆，1人被警卫开枪打死。

（45）2012年4月15日美英等多国驻阿富汗使馆遭恐怖袭击案。2012年4月15日下午，阿富汗首都喀布尔的使馆区，美国、英国、德国、俄罗斯、日本的驻阿使馆及北约驻阿富汗国际安全援助部队总部均遭到阿富汗塔利班组织的爆炸袭击，至少有6名武装分子在冲突中丧生。当时，阿富汗塔利班组织抢占了使馆区附近的一处宾馆，以此为据点向附近的美、英、德等使馆发动袭击，至少有数十名阿富汗塔利班组织武装人员身穿自杀式炸弹背心、使用手雷和火箭弹等武器参与了袭击。事件发生后，当地政府迅速调集安全部队赶往事发地点，双方的冲突一直持续到15日晚间，美、英两国先后关闭了各自的驻阿富汗使馆。阿富汗塔利班组织宣布对15日的多起爆炸负责，15日的袭击是对阿富汗政府及其西方军事盟友的回应。阿富汗塔利班每年春季都会在阿富汗全境策划并实施多起恐怖袭击，袭击目标多为北约领导的驻阿国际安全援助部队、阿富汗安全部队和政府高官。当天，塔利班还试图冲击阿富汗议会大楼，并与附近的安全部队发生激烈交火。一名塔利班发言人说，他们袭击了各国使馆所在的外交区域、北约在该国的总部以及议会大楼等地，还对洛加尔和帕克蒂亚省份也进行了攻击，贾拉拉巴德也发生了自杀炸弹攻击事件，喀布尔的七个地方受到了袭击。16日黎明时分，阿富汗首都喀布尔市中心与阿富汗国会大厦附近再次传出猛烈的爆炸与枪击声。16日天刚亮的时候，阿富汗领导的部队向武装分子15日所占据并借此发动攻势的建筑发射了多枚火箭推动榴弹。

（46）2012年5月17日西法拉省政府大楼遭恐怖自杀式袭击案。2012年5月17日，阿富汗西法拉省政府大楼遭到自杀式袭击，警方和袭击者交火，造成7人死亡、12人受伤。死者包括6名警察和1名平民，伤者包括3名警察和9名平民，4名自杀式袭击者全部死亡。当时，4名身绑炸弹的自杀式袭击者冲进阿富汗西部法拉省省长办公楼，2名袭击者引爆身上的炸弹，另外2名袭击者被警方击毙，塔利班武装随后宣称对袭击负责。

（47）2012 年 6 月 7 日阿富汗北部萨尔普勒市监狱遭恐怖劫狱袭击案。2012 年 6 月 7 日晚间，阿富汗北部萨尔普勒市某监狱遭塔利班武装分子袭击，31 名囚犯试图越狱，但多数被阿富汗安全部队逮捕。当时，塔利班武装分子向监狱发动袭击，将监狱外墙炸出大洞，随后与阿安全部队发生交火，交火持续了约 10 分钟，31 名试图越狱的囚犯中有 3 人死亡，另外 28 人受伤。受伤的 28 人中有 16 人已被安全部队逮捕。阿富汗塔利班声称就这起袭击负责，并称有 170 名囚犯成功越狱，并在协助下逃往安全地点。

（48）2012 年 7 月 8 日阿富汗南部省份多起恐怖袭击案。2012 年 7 月 8 日，阿富汗南部发生多起恐怖袭击事件，造成 41 人死亡、9 人受伤。8 日凌晨 3 时左右，南部赫尔曼德省穆萨堡区的一个检查站，遭到一伙塔利班武装分子的袭击，警方与之交火，交火持续 4 小时，共有 22 名武装分子被击毙、5 名警察死亡，另有 6 名警察受伤。在阿富汗安全部队援军抵达后，数名武装分子逃离了现场。同日上午 8 时左右，南部坎大哈省阿尔戈斯坦地区，一辆拖拉机和一辆小货车分别遭到路边炸弹袭击，导致 14 名平民死亡、3 人受伤。阿富汗重建问题国际会议 8 日在东京举行，约 80 个国家和国际组织的代表参加会议，讨论 2014 年外国军队撤离阿富汗后国际社会对阿援助计划。随着距离北约驻阿联军 2014 年底从阿撤出主要战斗部队的时间越来越近，阿富汗的安全局势越来越受到国际社会关注。阿富汗塔利班自 5 月 3 日起发动新一轮春季攻势，多次袭击北约驻阿国际安全援助部队、阿富汗安全部队和阿富汗政府高级官员，并造成大量平民伤亡。

（49）2012 年 9 月 14 日美军空军基地巴斯申营地英国王子遭恐怖袭击案。2012 年 9 月 14 日晚上约 10 时，阿富汗南部赫尔曼德省，15 名装备精良的塔利班武装人员突入戒备森严的美军空军基地巴斯申营地，打死 2 名美国海军陆战队士兵，摧毁价值 2 亿美元的战机。当时，15 名身穿自杀式背心的武装分子将自己伪装成美军士兵，手持自动步枪和火箭推进式榴弹发射器，突破该基地的围栏。武装分子分成三个小组，开始攻击停在跑道上的固定翼和旋转翼飞机，以及飞机库和堡垒兵营内的其它设施。武装分子的一个小组奔向 AV-8B 鹞式攻击机的跑道，并开始攻击在那里的飞机和人员，8 架鹞式攻击机遭到损伤。英军快速反应部队，连同来自海军陆战队第 15 作战后勤团第二作战后勤营和海军陆战队第三（前线）飞行联队的队员，开始出击敌人并向敌人阵地推进。14 名武装分子被打死，一人受伤并被联军部队抓获，还有 20

名塔利班在营地外被直升机打死。

其实，塔利班武装人员的袭击目标是英国王子，英国哈里王子险遭塔利班组织恐怖袭击。随后，塔利班发言人宣布对这次恐怖袭击负责，而且他们还宣称这次袭击的目标就是哈里王子，他们试图刺杀当时还是英王室第三顺位继承人的哈里。尽管塔利班针对哈里王子采取了刺杀行动，但他们并没能达到最终的目的。因为之前英国军方已经迅速将哈里王子转移，他并没有面临直接的武装威胁。

（50）2012 年 10 月 26 日阿富汗北部法里亚布省首府迈马纳清真寺宰牲节遭恐怖自杀式炸弹袭击案。2012 年 10 月 26 日，阿富汗迈马纳一座清真寺发生自杀式炸弹袭击，造成 32 人死亡、34 人受伤，死者中包括 17 名平民和 15 名警察，其中包括当地警方高官。当时，阿富汗北部法里亚布省首府迈马纳，正值一座清真寺在宰牲节祈祷期间，一名自杀式袭击者身穿警察制服，在寺内拥挤的人群中引爆了炸弹。

（51）2012 年 12 月 6 日首都喀布尔国家安全局局长遭恐怖袭击案。2012 年 12 月 6 日，阿富汗首都喀布尔，国家安全局局长在一次恐怖爆炸袭击中受伤严重，塔利班已经宣称对袭击事件负责。当天，一名假扮成和平信使的自杀式袭击者躲过了安全检查，在阿富汗国家安全局局长阿萨杜拉 · 哈立德的一栋寓所门口引爆了炸弹。这栋寓所不像国家安全局那样防卫森严，哈立德当时正在这里秘密会见客人，他的胃部和身体下部在爆炸中受伤严重。哈立德随后被立即送往医院抢救，这是他这些年来第 5 次遭到暗杀。哈立德来自普什图族，2012 年 9 月被任命为国家安全局局长，他曾担任过东部加兹尼省和南部坎大哈省省长，还担任过部落和边界事务部部长。自 2006 年以来，他已经躲过了 5 次针对他的恐怖袭击。

（52）2012 年 12 月 17 日首都喀布尔美国建筑公司大楼遭恐怖汽车炸弹袭击案。2012 年 12 月 17 日，阿富汗首都喀布尔一家美国建筑公司的大楼遭遇汽车炸弹袭击，造成至少 1 人死亡、15 人受伤，伤者中包括美国人。当时，一辆载有炸药的小型卡车在公司附近爆炸，遭袭的建筑公司与阿富汗军方有合同关系，公司为阿富汗军队和警察建造设施，警方认为可能是塔利班武装分子制造了袭击。

（53）2013 年 1 月 21 日首都喀布尔西部警察大楼遭恐怖袭击案。2013 年 1 月 21 日早上，阿富汗首都喀布尔，位于喀布尔市西部的交通警察大楼遭到一伙塔利班分子的一系列爆炸袭击，并发生交火，造成至少 3 人死亡、16 人受伤。3 名自杀袭击者被警方击毙，塔利班武装组织已宣称对此事负责。该袭击是一起自杀式汽车炸弹爆炸事件，并伴随着数次爆炸和交火的枪声。当时，一组全副武装的塔利班分子在交通警察总部一栋四层大楼的门口发动自杀式袭击，随后攻占大楼，并从楼顶向周围两栋大楼发射火箭弹，同赶来的警察发生激烈交火。阿富汗塔利班自 2012 年 5 月起发动新一轮攻势，频繁袭击北约领导的驻阿国际安全援助部队、阿富汗安全部队和阿富汗政府高官，并造成大量平民伤亡，这是一周内喀布尔遭受的第二次爆炸袭击。16 日，位于喀布尔市中心的国家安全局办公区遭塔利班分子自杀式爆炸袭击，造成至少 6 人死亡、30 人受伤。自 2012 年入冬以来，阿富汗塔利班发动袭击的次数大幅减少，但针对阿政府官员和北约驻阿国际安全部队的袭击事件仍时有发生。

（54）2013 年 1 月 26 日多起针对警察的恐怖爆炸袭击案。2013 年 1 月 26 日，阿富汗连续发生 3 起针对警察的爆炸袭击事件，共导致 24 人死亡、37 人受伤，死伤者多数是警察。2013 年 1 月 26 日早些时候，阿富汗南部城市加兹尼也遭遇了自杀式炸弹袭击，造成 3 人死亡、13 人受伤。2013 年 1 月 26 日下午 5 点多，阿富汗北部城市昆都士遭遇自杀式炸弹袭击，包括反恐部门长官在内的 10 名警察不幸遇难，还造成了 4 位平民和另外 5 名警察受伤。当时，一名男子驾驶摩托车在昆都士的交通要道引爆了炸弹，附近站着数名警察。2013 年 1 月 26 日 23 时 30 分左右，坎大哈省首府坎大哈市，一支警察分队执行完拆弹任务，押送 3 名嫌疑人返回警局的路上遭到路边炸弹袭击，造成 10 人死亡，其中包括 8 名警察和 2 名嫌疑人，另有 6 名警察受伤。2013 年以来，阿富汗境内针对警察部门的袭击事件时有发生。在首都喀布尔，国家安全局和交警大楼分别于 16 日和 21 日遭到塔利班武装自杀式袭击，共造成至少 9 人死亡、46 人受伤。

（55）2013 年 3 月 26 日阿富汗东部城市贾拉拉巴德警方基地遭恐怖袭击案。2013 年 3 月 26 日，阿富汗东部城市贾拉拉巴德的一处警方基地遭到 7 名自杀式炸弹袭击者的攻击，造成 5 名警察死亡。当时，一名人弹引爆了汽车炸弹，另外两名人弹在进入基地后自爆，剩下 4 人被警方击毙。随后，塔利班声称对此事件负责，该次袭击的目标是在该基地培训阿富汗警察的以色列教官和外国人。

（56）2013 年 4 月 1 日挫败一起针对阿富汗西部赫拉特省在建大坝的恐怖

袭击阴谋。2013 年 4 月 1 日，阿富汗挫败一起针对西部赫拉特省在建大坝的恐怖袭击，并缴获约 1300 公斤炸药。在军方配合下，国家安全局人员逮捕一名恐怖分子，并从袭击者处缴获约 1300 公斤炸药，及时挫败其针对赫拉特省一处在建大坝的恐怖袭击。这名袭击者为阿富汗塔利班分子，袭击是由藏身境外的塔利班武装高层策划和指使的。2013 年年初，包括国家安全局在内的阿富汗政府部门驻地接连遭到武装分子袭击，安全部门随后加强了对恐怖袭击的防控，3 月 13 日挫败一起阿富汗武装组织“哈卡尼网络”针对首都喀布尔的恐怖袭击，缴获约 8 吨爆炸物。

（57）2013 年 4 月 30 日南部海曼德省英军军车遭恐怖爆炸袭击案。2013 年 4 月 30 日，阿富汗南部海曼德省发生路边炸弹攻击事件，一辆英军军车成为攻击目标，造成英国士兵 3 人死亡、6 人受伤，另外还有 9 名阿富汗人死亡。这是一年多来，以英军为目标的攻击中，死亡人数最多的单一事件。当时，这辆军车正在海曼德省的纳林沙拉吉区进行例行巡逻任务。在这次爆炸攻击的前两天，伊斯兰塔利班运动展开了他们的春季攻击，并且扬言要以外国军事基地和外交使馆区为攻击目标。英国时任首相卡梅伦接受英国独立电视频道专访时表示，英国为阿富汗的工作付出了相当高昂的代价。不过，卡梅伦也表示，这是很重要的工作，因为这可以避免阿富汗再度沦为恐怖分子的避风港，而这些恐怖分子可能在英国本土对英国人民构成威胁。

（58）2013 年 5 月 20 日阿富汗北部巴格兰省议会大楼遭自杀式恐怖爆炸袭击案。2013 年 5 月 20 日早上，阿富汗北部巴格兰省议会大楼遭自杀式爆炸袭击，造成包括省议会主席及其保镖在内 11 人遇难、另有 5 人受伤。当时，一个自杀式炸弹袭击者走进巴格兰省议会大楼并引爆炸弹，其目标是该省议会主席。

（59）2013 年 5 月 24 日首都喀布尔市连环恐怖爆炸袭击案。2013 年 5 月 24 日 16 时 10 分，阿富汗塔利班在阿富汗首都喀布尔市中心发动连环爆炸袭击。当时，喀布尔市中心遭到恐怖分子连环爆炸袭击，袭击目标是阿富汗公共安全警察部队，但遭袭的区域国际机构密集，附近的联合国机构驻地也受到炸弹袭击影响，恐怖分子随后与当地警察展开枪战，至少有一名警察被确认在交火中死亡。塔利班宣称此次连环爆炸袭击事件是其所为。塔利班于上月宣布发动新一轮“春季攻势”，此次袭击是今年在喀布尔最严重的一起袭击事件。

（60）2013 年 5 月 29 日东部楠格哈尔省红十字协会办事处遭恐怖袭击案。2013 年 5 月 29 日下午 5 时 30 分左右，在阿富汗楠格哈尔省贾拉拉巴德市，红十字协会办事处遭到 4 名不明身份的武装分子的袭击，这是一次针对红十字国际委员会“卑鄙而冷血”的袭击，该组织一名阿富汗籍保安人员在袭击中身亡，另有 3 名工作人员受伤。当时，一伙恐怖分子先在红十字会办公地点门前引爆汽车炸弹，随后与赶到现场的警察交火。针对红十字会办公地点的袭击在该国尚属首次，红十字国际委员会当天在日内瓦总部降半旗哀悼遇难者。红十字国际委员会发表声明，强烈谴责武装分子袭击其设在阿富汗东部楠格哈尔省的一个办事处。红十字国际委员会在阿富汗开展人道主义救援行动已有 30 年历史，近来阿富汗恐怖袭击和暴力冲突加剧，红十字国际委员会与其他国际人道主义机构纷纷调高危险警戒级别，此次针对贾拉拉巴德办事处的袭击并非偶发事件，而是经过的精心策划组织。红十字国际委员会决定暂停在阿富汗进行的全部救援工作。

（61）2013 年 5 月 29 日阿富汗中部潘杰希尔省政府大楼遭恐怖自杀式爆炸袭击案。2013 年 5 月 29 日凌晨 3 时左右，阿富汗中部潘杰希尔省政府大楼遭到武装袭击，造成至少 7 人死亡。当时，6 名武装分子向潘杰希尔省政府大楼发动袭击，一名袭击者在政府大楼门外先引爆身上炸弹，其同伙随即占领大楼并与赶来的警察发生枪战。双方枪战持续约一小时，其余 5 名袭击者均被击毙，另有 1 名警察中弹身亡，阿富汗塔利班宣称制造了这起袭击事件。自 2012 年开始，塔利班针对首都和大城市更多地采用自杀式袭击和据点枪战结合的方式，给阿富汗安全带来了巨大压力。

（62）2013 年 6 月 11 日阿富汗首都喀布尔市自杀式恐怖汽车炸弹袭击案。2013 年 6 月 11 日，阿富汗首都喀布尔市中心发生自杀式汽车炸弹袭击，造成 17 人死亡、39 人受伤。该起事件发生在美国驻阿大使馆及阿富汗最高法院附近，是自 2011 年 12 月 6 日阿富汗发生造成 80 人死亡的自杀式袭击事件以来，最致命的一起袭击事件。爆炸发生时，恰逢阿富汗最高法院的员工完成一天的工作后正在离开法院大楼，他们大部分人当时都在公交车或私家车里，炸弹袭击者驾驶一辆 SUV 并且专门针对公交车上的法院工作人员，所有的受害者都是平民或法院工作人员。阿富汗最高法院位于喀布尔市中心一条繁华的主要道路上，靠近美国大使馆，北约的总部也在附近。阿富汗塔利班宣称制造了这起袭击事件，称他们是被迫对遵外国强权之命的“残酷的法官”发动攻击，并称有义务对阿富汗“傀儡政权”采取行动。阿富汗总统卡尔扎伊当天谴责爆炸事件，指这一恐怖主义行径再次显示塔利班是伊斯兰之敌。这是喀布尔两天内遭遇的第二次袭击。10 日早晨，一伙塔利班武装分子对喀布尔首都机场发动袭击，造成 7 人死亡、两人受伤。塔利班已表示，他们将会把目标对准阿富汗政府工作人员，作为他们发动的针对为卡尔扎伊“傀儡政权”服务的人员的“春季战役”的一部分。

（63）2013 年 6 月 17、18 日系列恐怖袭击案。近些天来恐怖袭击事件的增加，发生在阿富汗的恐怖袭击事件变得更加大胆。塔利班组织也更加将矛头指向民众，包括孩子。2013 年 6 月 17 日，坎大哈省南部两个十几岁的男孩因涉嫌从事间谍活动被塔利班组织斩首。2013 年 6 月 17 日，叛乱分子用火箭推进式榴弹和机枪袭击了喀布尔国际机场。2013 年 6 月 18 日，一名持有自杀式炸弹的恐怖袭击者在首都喀布尔的最高法院大楼外引爆炸弹，造成 17 人死亡、大约 40 人受伤，所有的受害者都是平民，其中还包括妇女和儿童。

联合国声称，与 2012 年同期相比，阿富汗的平民死亡人数增加了近 25%。自 2013 年年初以来，超过 3000 人在阿富汗被杀或受伤，主要是由反叛分子造成。更加引人注目的是，在 2013 年死伤的民众中有 21%是小孩，这与 2012 年相比增长了 30%，与 2011 年相比增长了 34%。同一天，武装分子伏击了一个经由阿富汗东部省份加兹尼的一辆北约货物车，造成至少两名警察和两名司机死亡。恐怖分子袭击北约和阿富汗政府目标变得越来越大胆。

（64）2013 年 6 月 18 日阿富汗首都喀布尔防务移交仪式遭恐怖爆炸袭击案。2013 年 6 月 18 日，阿富汗首都喀布尔举行防务移交仪式，北约领导的驻阿富汗国际安全援助部队将最后 95 个地区的安全防务移交给阿富汗国家安全部队，与此同时，喀布尔城西发生针对阿富汗政府官员的爆炸，造成至少 3 人死亡、30 受伤。当时，防务移交仪式由吟唱古兰经开场，随后演奏阿富汗国歌，阿富汗总统卡尔扎伊发表讲话，宣布阿富汗国家安全部队从北约领导的国际安全援助部队手中接管防务责任，从即日起主导所有国家安全行动。就在防务移交仪式开始前，喀布尔城西响起爆炸声，当时包括北约秘书长拉斯穆森在内的数百名政要正向喀布尔郊区防务移交仪式现场集结。爆炸现场临近阿富汗独立人权委员会，距防务移交仪式现场仅数公里，爆炸袭击的目标是阿富汗第二副总统、哈扎拉族的头领莫哈奇克的车队，爆炸造成车辆损毁，但哈奇克躲过一劫，并未受伤。防务移交的 95 个地区包括阿富汗南部和东部“最动荡”地区，随着北约移交防务并在18个月内全部撤离，长达12年的阿富汗战争得以收场。根据北约制定的防务移交战略，在完成防务移交后，在阿富汗的职责正式转为“支持”，约10万人的留守部队将帮助训练35.2万阿富汗国家安全部队士兵。美国国防部将斥资5.72亿美元，从俄罗斯购买30架米-17型号军用直升机，用以支援阿富汗国家安全部队。阿富汗政府官员和安全部门近来成为恐怖分子袭击的主要目标，据统计，仅2013年5月，已有至少271名阿富汗安全人员遇袭身亡。阿富汗国家安全部队能否在防务移交后胜任其职责？真正的考验刚刚开始。

（65）2013年6月25日首都喀布尔总统府遭恐怖自杀式爆炸袭击案。袭击发生后，阿富汗国民军加强了总统府附近的安全检查。2013年6月25日早晨6时30分左右，阿富汗首都喀布尔总统府附近，阿富汗塔利班武装冒充北约部队发动自杀式爆炸袭击，与阿富汗安全部队交火持续1个多小时，袭击者被全歼。当时，阿富汗塔利班武装人员乘坐两辆4轮驱动汽车，利用假的北约部队标识，企图混过一处检查站闯入总统府。被识破后采取自杀式袭击。总统府位于喀布尔市中心一处戒备森严的区域，附近还设有美国大使馆和驻阿富汗的北约部队总部。

（66）2013年7月23日北约部队遭恐怖“骑驴人弹”爆炸袭击案。2013年7月23日，阿富汗首都喀布尔东部的瓦尔达克省，一名“骑驴人弹”对北约部队发动了自杀性袭击。当时，一名携带炸弹的塔利班“人弹”骑驴闯入了阿富汗和北约军用车队，炸弹爆炸造成3名北约士兵和1名阿富汗翻译身亡，4名阿富汗士兵受伤。事件发生后，塔利班随即宣布对此次恐怖袭击事件负责。袭击发生在首都喀布尔东部的瓦尔达克省，这里几乎已成为塔利班势力的控制区。在国际安全部队计划在2014年撤离阿富汗之际，阿富汗国塔利班武装进一步加剧了对北约国家武装的袭扰。

（67）2013年8月3日阿富汗东部楠格哈尔省省会贾拉拉巴德市的印度领事馆遭自杀式恐怖爆炸袭击案。2013年8月3日上午10时许，阿富汗东部楠格哈尔省省会贾拉拉巴德市的印度领事馆附近发生自杀式爆炸袭击，导致至少8人死亡、22人受伤，印度领事馆无人员伤亡。当时，一名自杀式袭击者驾驶一辆载有炸药的汽车在距离印度领事馆200米处引爆，爆炸现场周围房屋受损，但爆炸未对印度领事馆大楼造成破坏，领事馆无工作人员伤亡。随着斋月临近结束，阿富汗的恐怖袭击活动可能会持续增多。

（68）2013年8月8日东部楠格哈尔省的墓地遭恐怖爆炸袭击案。2013年8月8日上午8时左右，阿富汗东部楠格哈尔省的一处墓地遭遇爆炸袭击，当时人们正在墓地为家族逝去的亲人举行祭奠仪式，爆炸至少造成7名妇女和7名儿童死亡，另有3名妇女和1名儿童受伤。另外，2013年8月8日，阿富汗首都喀布尔，中国公民遭到恐怖袭击案，造成3名中国人死亡、2名中国人失踪。今年阿富汗的开斋节从8日开始，持续3天。开斋节是穆斯林的传统节日，近年来阿富汗开斋节期间常有恐怖袭击发生。

（69）2013年9月2日美军基地遭恐怖自杀式炸弹袭击案。2013年9月2日清晨，位于阿富汗东部、靠近巴基斯坦边境的美军基地遭到了自杀式炸弹的袭击。塔利班声称对这起袭击事件负责。当时，塔利班武装袭击了位于阿富汗东部省份楠格哈尔的一处美军基地，造成30多辆军车被毁，3名武装分子被击毙，美军方面没有人员伤亡。遇袭基地位于阿富汗与巴基斯坦交界处，是美军一处后勤基地。

（70）2013年9月13日美国位于阿富汗西部赫拉特省的领事馆遭恐怖袭击案。2013年9月13日早晨6时左右，美国位于阿富汗西部赫拉特省的领事馆遭塔利班武装人员袭击，至少2名阿富汗人和7名袭击者丧生。同一天，“基地”组织头目艾曼·扎瓦希里呼吁袭击美国和拖垮美国经济。这次袭击距美国“9·11”恐怖袭击12周年仅两天。当时，一辆卡车载着袭击者冲向领事馆前门，袭击者开始向阿富汗安全部队和领馆雇用的保安射击，随后整辆卡车爆炸，严重炸毁前门。美方人员和雇用的保安阻止了任何袭击者试图进入领馆。袭击发生大约1小时后，局势受到控制，美军特种部队赶往现场，没有袭击者闯入领馆内。驻阿富汗首都喀布尔的美国大使馆一名发言人把这种包括自杀式爆炸和枪战的袭击称作“综合”袭击。阿富汗塔利班“认领”袭击，声称持“重型和轻型武器”的武装人员袭击美国领馆，造成“阿富汗和美方部队数人伤亡”，“我们这次袭击的目标是向美国人表明，他们无论在这个国家的哪个地方，都不安全。”赫拉特市靠近阿富汗与伊朗边境，这里被视作阿富汗较为安全的城市之一。据统计，2013年9月阿富汗境内暴力冲突造成至少770人丧生。

（71）2013年10月9日阿富汗南部赫尔曼德省英军基地遭恐怖自杀式炸弹袭击案。2013年10月9日上午7时左右，阿富汗南部赫尔曼德省一处英军基地遭自杀式炸弹袭击，造成2名阿富汗警察和2名平民死亡、4名平民受伤。当时，阿富汗士兵和英国士兵正在基地外执勤。

（72）2013 年 10 月 27 日加兹尼省婚礼客车遭恐怖爆炸袭击案。2013 年 10 月 27 日，阿富汗加兹尼省一辆婚礼客车发生爆炸，造成 18 人死亡，其中包括 14 名女性，3 名男性和 1 名儿童，另有 5 人受伤。当时，阿富汗加兹尼省一辆婚礼客车遭遇恐怖袭击，发生爆炸。

（73）2013 年 12 月 2 日阿富汗东部瓦尔达克省恐怖自杀式卡车炸弹袭击案。2013 年 12 月 2 日清早，阿富汗东部瓦尔达克省，发生自杀式卡车炸弹袭击，导致 4 名警察死亡、17 名警察受伤。当时，自杀式卡车炸弹位于尼尔柯区的警方总部大楼旁边，这个卡车炸弹非常巨大，完全摧毁了警方总部。尼尔柯区是喀布尔附近的一个塔利班据点，塔利班声称对此次事件负责。在外国军队逐渐撤出时，阿富汗的武装分子增加了袭击的频率，自杀式袭击和路边炸弹是他们青睐的武器，它们经常导致普通市民伤亡。

（74）2013 年 12 月 25 日美国驻阿富汗大使馆遭恐怖火箭弹袭击案。2013 年 12 月 25 日早上大约 6 时 40 分，在阿富汗首都喀布尔，美国驻阿富汗大使馆遭两枚火箭弹袭击，使馆无人伤亡，塔利班武装事后宣称制造了此次袭击。位于阿富汗首都喀布尔的美国大使馆戒备森严，遇袭事件发生后，使馆拉响警笛，扬声器发出“蹲下掩护”的警报。当时，美国大使馆院内遭遇大约两轮间接火力袭击，间接火力袭击一般指迫击炮袭击或火箭弹袭击，塔利班武装人员朝美国大使馆发射了 4 枚火箭弹。袭击发生当天正值西方节日圣诞节，受袭击影响，美国使馆工作人员不得不疏散，在避难中度过这一传统节日。塔利班武装除宣称制造美国使馆袭击，还自称在其他地方发动袭击。当天，前国王和王室成员在马兰詹山的陵墓附近遭火箭弹袭击，一枚火箭弹落在距离总统府大约一英里的马兰詹山附近，没有伤亡报告。当天，警方调查马兰詹山爆炸时发生另外一起爆炸，4 名警察受轻伤。

（75）2014 年 1 月 17 日首都喀布尔市瓦齐尔阿克巴汗区的塔韦尔纳酒店遭恐怖爆炸袭击案。2014 年 1 月 17 日晚间大约 19 时 30 分，阿富汗首都喀布尔市瓦齐尔阿克巴汗区的塔韦尔纳酒店发生爆炸袭击，造成 21 人死亡，其中 13 人为外国人，包括国际货币基金组织驻阿富汗代表瓦贝尔 · 阿卜达拉。塔韦尔纳酒店以黎巴嫩风味而著称，颇受在阿富汗的外国人欢迎，外交官、援助机构雇员和记者经常光顾。袭击发生在阿富汗首都喀布尔市瓦齐尔阿克巴汗区的塔韦尔纳酒店的黎巴嫩餐厅，当时正值晚餐高峰时期。袭击者有 3 名，其中一人在餐厅门外引爆身上的炸药，另外两人随即闯进餐厅射击。安全部队封锁现场，与袭击者交火大约20分钟，最终击毙他们。塔利班承认发动这次袭击，针对这家餐厅和外国人。

（76）2014年1月19日外国公民遭恐怖袭击案。2014年1月19日，一名美国士兵在阿富汗南部的军事基地被塔利班武装分子袭击身亡。阿富汗总统大选预计于2月2日开始，美国政府敦促阿富汗总统哈米德·卡尔扎伊签署一项安全协议。协议规定“在美国与西方军队正式完成任务后，将允许少量军队继续驻留直至2014年年底”。最近塔利班发动的两起武装袭击引发了阿富汗政府对即将到来的大选的担忧，尤其是阿富汗的偏远地区，这些投票站的安全更加难以保障。

（77）2014年1月23日阿富汗东部拉格曼省板球运动员遭恐怖袭击案。2014年1月23日，阿富汗东部拉格曼省阿林加尔区，一名骑摩托的枪手向一群正在比赛中的板球球员开火，五名板球运动员不幸遇难。当时，阿林加尔区正在进行一场地区板球比赛，枪手骑摩托向球员开枪后逃离现场。拉格曼省方面认为这是塔利班组织所为，在塔利班统治阿富汗时期，严格限制体育活动和公开的庆祝行为，阿富汗总统卡尔扎伊随后发表声明谴责了袭击暴行。据统计，截至2014年2月中旬，共有190名阿富汗平民死于通过简易爆炸装置发动的袭击，同比增长14%。

（78）2014年2月25日阿富汗南部省份乌鲁兹甘省省会城市蒂林科特酒店遭恐怖自杀式爆炸袭击案。2014年2月25日晚，阿富汗南部省份乌鲁兹甘省省会城市蒂林科特的一座酒店发生自杀式爆炸袭击，造成至少9人死亡、37人受伤。当时，恐怖分子在酒店内引爆了爆炸装置，造成重大伤亡，伤亡者全部为普通平民，酒店建筑也严重受损。

（79）2014年3月8日阿富汗东部区域领导人的汽车遭恐怖袭击案。2014年3月8日，阿富汗东部区域领导人的汽车发生爆炸，致使纳兹安地区领导人努尔·阿迦·卡姆兰遇害，另有六名无辜受伤者，当时他正在去往贾拉拉巴德工作途中。事先，袭击者将一枚炸弹安装在一名阿富汗东部区域领导人的汽车座椅上，致其遇害身亡。塔利班声称对此次暗杀事件负责，这是一起针对高级官员的激进运动，意在削弱以西方为靠山的政府。阿富汗军队近期展开多次行动打击楠格哈尔省武装分子，该地区袭击事件频发。

（80）2014年3月18日法里亚布省自杀式恐怖爆炸袭击案。2014年3月

18 日，阿富汗法里亚布省发生一起自杀式爆炸袭击，造成 17 名平民死亡、48 人受伤，死者中包括两名儿童，而伤者中有一名是孕妇。当时，在阿富汗北部法里亚布省会城市迈马纳的一个集市上，一名自杀式袭击者引爆炸药，导致数十人死伤。安理会重申，任何恐怖主义行动都不能逆转阿富汗人主导的，在阿富汗实现和平、民主和稳定的道路，这一道路得到阿富汗人民、政府及国际社会的支持。

（81）2014 年 3 月 19 日、20 日系列恐怖袭击案。2014 年 3 月 19 日，阿富汗南部加兹尼省首府发生一起袭击，造成 2 人死亡、10 人受伤。2014 年 3 月 20 日早晨，阿富汗东部贾拉拉巴德市一处警方检查站遭到塔利班袭击，造成 18 人死亡、15 人受伤。2014 年 3 月 20 日晚，塔利班袭击了喀布尔的一家五星级高级酒店，造成包括 4 名外国人在内的 9 人身亡。这些袭击事件发生在阿富汗民众即将迎来波斯历新年节日“诺鲁孜节”之际。“诺鲁孜节”是阿富汗人庆祝不同社区间和平与团结的传统节日，而蓄意针对平民的袭击不但违背了上述价值观，也公然违反了国际法。联合国安理会强烈谴责塔利班的恐怖袭击，同时重申由阿富汗人主导的阿富汗和平、民主与稳定进程得到该国人民和政府以及国际社会的支持，任何恐怖主义行径都无法逆转这一道路。

（82）2014 年 3 月 20 日阿富汗东部城市贾拉拉巴德市警察局遭恐怖爆炸袭击案。2014 年 3 月 20 日，阿富汗东部城市贾拉拉巴德市中心的一个警察局遭到 7 名塔利班自杀式武装人员的袭击，造成 10 名警察、1 名平民以及全部武装分子丧生。当时，塔利班武装人员携带了枪支并使用汽车炸弹进行袭击，一个装满炸弹的小型卡车首先将警察局大门引爆，这间警察局位于当地政府官员的住宅附近。此前，塔利班曾誓言要策划一系列袭击活动，来破坏 4 月 5 日的总统大选。一名塔利班发言人表示，对这起袭击事件负责。当时距阿富汗总统大选只有不到三周。此前，塔利班威胁将用袭击扰乱大选，阿富汗暴力事件有增无减，进一步加深了外界对于大选期间安全局势的担忧。

（83）2014 年 4 月 2 日首都喀布尔内政部附楼遭恐怖自杀式爆炸袭击案。2014 年 4 月 2 日，距阿富汗总统选举首轮投票还有 3 天，一名自杀式袭击者在该国首都喀布尔内政部附楼引爆炸弹，导致至少 6 名警员身亡。当时，自杀式袭击者身穿军装，在靠近内政部入口的一座附楼内引爆炸弹，阿富汗塔利班组织宣布对此次袭击事件负责。袭击发生的 3 天后即为阿富汗总统选举。

2014 年年底以前，北约军队将撤离阿富汗，因此这次大选对阿富汗的稳定具有决定意义。最近数周，声称将“千方百计”扰乱选举的塔利班组织已发动了一系列袭击。2014 年 3 月 29 日，负责确保选举正常进行的独立选举委员会所在地曾遭到塔利班长达数小时的攻击；某非政府组织居住地及一间负责组织选举的办公室也成为塔利班组织的袭击对象，分别造成 2 人及 5 人死亡。

（84）2014 年 4 月 24 日基督徒日托中心遭恐怖爆炸袭击案。2014 年 4 月 24 日，阿富汗首都喀布尔，5 名塔利班袭击者将袭击目标锁定为正在庆祝成立一周年的喀布尔地下教会。当他们在两个相邻的大门处炸毁了一辆轿车后，误进了隔壁一个装备森严的院子。这是“和平之根”的院子。“和平之根”是一个美国承包商，主要运营由美国国际发展机构融资的农业项目。当时，一个大型自杀式炸弹炸毁了基督徒日间托儿中心的大门，然后一个较小的炸弹炸毁了“和平之根”房屋的大门，该房屋作为其员工的宿舍所用。5 位塔利班成员变得混乱，穿过了“和平之根”的大门，而不是日间托儿中心，日间托儿中心没有看守，并且居民通常使大门开着。一场激烈的、4 个小时的枪战接着在塔利班和“和平之根”雇佣的保安之间发生了。“和平之根”的承包商戒备森严并且装备完备，用装甲陆地巡洋舰堵在他们的前门预防，保安通常在装甲陆地巡洋舰后面控制场面并向袭击者射击，因而足够拖延了袭击者的时间，使保安和 5 位外国居民撤退到屋里和楼上。“有一个非常难于掌控的圆形楼梯。一个人用力往上爬，保安就向袭击者射击，”两个美国居民藏在卧室衣橱里，一个非常高大的男人躲在衣橱里，将一些衣服堆在他的头上，这时塔利班正在他的屋里扫射，扔掷庞大的手榴弹，甚至打开了衣橱，但是并没有发现他。这 5 名塔利班袭击者有 4 人被杀，其中一人自杀。死者中也包括两个阿富汗平民，其中一个是年轻女孩，“和平之根”的两个保安受伤。当枪战正在进行的时候，警察在隔壁日托中心解救了 24 人，人群中至少有 5 个西方国家的儿童，在喀布尔这是一个不寻常的现象。当袭击正在进行中的时候，塔利班的代言人穆贾希德通过电话声称，其目标是“一个将穆斯林变为基督徒的教堂”。所谓的喀布尔地下教堂正在庆祝其成立一周年，叛乱者将袭击安排在庆祝的时间。基督徒的活动是违法的。穆斯林转变成基督徒被认为是犯罪。救援组织很多次被控告为传教士，2010 年有两个组织被阿富汗政府驱逐。日间托儿中心不是一家教会，但在特定的一天，他们会提供宗教服务。在喀布尔的美国人和欧洲人经常白天将孩子送到那里。“和平之根”住所的居民包括2个美国人，1个澳大利亚人，1个马来西亚人和1个是团体安全顾问的南非人。这个团体在阿富汗运营农业和清雷项目，也在以色列、克罗地亚和越南有项目。

（85）2014年6月6日首都喀布尔总统候选人遭系列恐怖爆炸袭击案。2014年6月6日，阿富汗首都喀布尔连续发生两起疑似针对总统候选人阿卜杜拉的爆炸袭击，造成至少4人死亡，阿卜杜拉本人并未在袭击中受伤。当时，他和前财长阿什拉夫·加尼正在为将于2014年6月14日举行的阿富汗总统选举第二轮投票进行竞选活动。联合国安理会声明，以最强烈的言辞谴责当天阿富汗首都喀布尔发生的、疑似针对总统候选人的爆炸袭击。安理会支持阿富汗民主进程，期待阿富汗举行总统选举第二轮投票并有序过渡到新政权。安理会再次谴责针对平民的恐怖袭击，以及任何企图通过袭击选举工作人员、候选人或设施来扰乱大选的行动。安理会强调，必须将此类恐怖主义行径的实施者、组织者、资助者和支持者绳之以法。安理会重申，任何恐怖行为都无法逆转阿富汗人民主导的和平、民主和稳定进程。

（86）2014年6月14日总统选举遭恐怖袭击案。2014年6月14日下午6时止，塔利班武装分子针对阿富汗总统选举发动了多宗袭击以扰乱选举，造成40余名平民死亡、29名安保人员丧生、70多人受伤，还有11名参与了投票的平民被塔利班砍断手指。阿富汗总统选举第二轮投票正在进行之中，与之相伴随的是频频发生的恐怖袭击事件。可以预计的是，随着大部分外国军队撤出阿富汗，新总统将要面对国内愈演愈烈的塔利班暴乱和不断恶化的经济危机。

（87）2014年7月11日、12日、13日系列恐怖袭击案。2014年7月从11日到13日，阿富汗发生在各地的恐怖袭击已造成至少11名阿富汗安全部队成员丧生，另有3名北约部队士兵遭遇自杀式汽车炸弹袭击受伤。2014年7月11日，西部赫拉特省一地方警察局，有3名警察在当地一个检查站被武装分子打死。2014年7月12日夜间，阿富汗东部楠格哈尔省，发生了一起针对北约部队的自杀式汽车炸弹袭击，造成3名北约士兵受伤，袭击者被击毙，塔利班宣布对这次袭击负责。2014年7月13日凌晨，东部拉格曼省一个检查站再遭武装分子袭击，造成1名警察身亡。2014年7月13日，东部拉格曼省，武装分子袭击了当地警察和军方检查站，并打死了6名警察和1名士兵，阿富汗安全部队击毙了15名武装分子。

（88）2014 年 7 月 15 日帕克提卡省集市遭恐怖自杀式汽车炸弹爆炸袭击案。2014 年 7 月 15 日上午 10 时 30 分，阿富汗帕克提卡省乌尔贡地区一集市发生自杀式汽车炸弹爆炸，造成至少 89 人死亡、近 100 人受伤。当时，正值斋月中人们购物最繁忙的时刻，爆炸发生在乌尔甘行政区的市场宗教学校附近，该市场主要是平民，对战争中各方而言没有任何战略价值。汽车在所载爆炸物爆炸后仍在继续移动，显示汽车准备驶往另外一个目标。市场不是恐怖分子明显的袭击目标，那里没有政府机关或军警部队基地，也没有北约驻军。塔利班组织 15 日谴责“敌人”在帕克蒂亚省制造的此次袭击，称这是蓄意诋毁塔利班的举动，但塔利班没有指明“敌人”是谁。帕克提卡省位于阿富汗东南部，与巴基斯坦接壤，武装分子活动较为频繁。塔利班先前声称，将发动针对外国机构和本国政府的攻势，所有外国部队、帮助外国人的阿富汗人均为打击目标，阿政府高级官员、安全人员、法官等也是袭击对象。

（89）2014 年 8 月 12 日多地系列恐怖袭击案。2014 年 8 月 12 日，阿富汗多地连续发生恐怖袭击，已造成包括至少 1 名北约士兵和 3 名阿富汗警察在内的 4 人身亡，另有 1 人受伤。12 日，3 名警察在巡逻途中遭遇路边炸弹袭击后殉职，还有 1 名警察被炸伤。12 日，1 名北约士兵在阿富汗东部省份遭杀害，此次士兵遇袭身亡使北约驻阿部队 2014 年死亡人数上升至 51 人，其中包括 38 名美军士兵。塔利班频繁制造针对阿富汗安全部队的袭击，因而很可能是此次袭击事件的幕后主谋。

（90）2014 年 10 月 13 日系列恐怖袭击案。2014 年 10 月 13 日，阿富汗一个警察车队在前往北部萨尔普勒省加强警力的途中遭到塔利班武装分子伏击，造成至少 22 名警察身亡、8 人受伤。当时，警察同塔利班武装分子爆发了持续数小时的激烈战斗，当场击毙 23 名武装分子，警方也有较大人员伤亡，并有 7 名警察被俘。此前，一名自杀式袭击者身着阿富汗警察制服袭击了南部赫尔曼德省的警察总部，造成 1 名警察身亡、4 人受伤。接连发生的恐怖袭击凸显了阿富汗国内当前脆弱的安全局势，而当地安全部队在北约将要减少军事力量的情况下持续面临来自塔利班的威胁。

（91）2014 年 11 月 1 日阿富汗东部卢格尔省检查站遭恐怖袭击案。2014 年 11 月 1 日，阿富汗东部卢格尔省一个安全检查站，发生一起自杀式汽车炸弹袭击事件，造成 11 名阿安全部队人员丧生、至少 20 名平民受伤。当时，自杀式袭击者在该省一个检查站引爆了其驾驶的车辆，当场炸死 4 名阿安全部队士兵和 7 名当地警察，炸伤数十人。驻阿富汗北约部队将于 2014 年年底之前撤离阿富汗，随着最终撤离日期的临近，阿富汗暴力事件频繁发生。2013 年阿富汗境内有超过 4000 名警察和安全部队士兵殉职。

（92）2014 年 11 月 23 日阿富汗东部帕克提卡省自杀式恐怖爆炸袭击案。2014 年 11 月 23 日下午，阿富汗东部帕克提卡省发生自杀式爆炸袭击，造成至少 45 人死亡、60 人受伤。当时，自杀式袭击者混入一场排球比赛现场，在人群中引爆炸弹。

（93）2014 年 11 月 25 日英国驻阿富汗首都喀布尔大使馆车辆遭恐怖爆炸袭击案。2014 年 11 月 25 日，阿富汗首都喀布尔，一辆英国驻阿富汗的使馆车辆遭到爆炸袭击，导致两名阿富汗平民死亡、部分人员受伤。当时，英国大使馆的一辆车辆在贾拉拉巴德路遭到袭击，这条道路有大量外国使馆和军事建筑，这起爆炸是由自杀式摩托车炸弹引起的，爆炸导致一些人受伤。2014 年 10 月 26 日，美英联军撤离阿富汗，标志着长达 13 年的阿富汗战争正式结束。但此后由塔利班组织等极端组织发动的爆炸不断。

（94）2014 年 12 月 1 日阿富汗北部葬礼遭恐怖自杀式炸弹袭击案。2014 年 12 月 1 日，阿富汗北部巴格兰省发生一起自杀式炸弹袭击，造成包括两名警察在内的 9 人遇难、至少 18 人受伤。当时，一名自杀式袭击者徒步进入葬礼现场，当场引爆身上所带炸药，造成大量人员伤亡，袭击者的目标很可能是参加葬礼的当地警官以及该省议会议员等。

（95）2014 年 12 月 11 日首都喀布尔系列恐怖爆炸袭击案。2014 年 12 月 11 日，阿富汗首都喀布尔发生两起爆炸袭击，共造成包括袭击者在内至少 9 人死亡、31 人受伤。第一起袭击，发生在 11 日上午 7 时 15 分，在喀布尔郊外，一名自杀式袭击者对一辆阿富汗军用运兵车发动袭击，袭击者被炸身亡，另有至少 6 名阿富汗士兵身亡、11 人受伤。阿富汗塔利班武装宣称制造了这起袭击事件。第二起袭击，发生在当日下午，喀布尔当地一所高中礼堂内发生自杀式爆炸袭击，造成至少 2 人死亡、20 人受伤，爆炸发生时这所学校正同外国机构合办文化活动。

（96）2014 年 12 月 16 日阿富汗塔利班谴责巴基斯坦恐怖袭击白沙瓦军人子弟学校事件。2014 年 12 月 16 日晚，阿富汗塔利班组织发表声明，谴责早些时候在巴基斯坦西北部城市白沙瓦发生的军人子弟学校遇袭事件，称针对无辜儿童的杀戮与宗教教义相违背。2014 年 12 月 16 日上午，一伙装扮成军人的武装人员袭击了巴基斯坦白沙瓦陆军公立学校，将校内大量师生劫为人质。军方随后发起解救行动，宣布击毙全部武装人员。袭击造成141人死亡，其中包括132名学生和9名教职工，年龄最小的只有12岁，另有100多名学生和数名教职工受伤。巴基斯坦塔利班事后发表声明，宣称制造了这起巴基斯坦历史上伤亡最惨重的恐怖袭击。而阿富汗塔利班在当晚的声明中说，这一组织“向来谴责”针对儿童和无辜平民的杀戮，这种做法违反教义。阿富汗塔利班“对这一事件以及遇害儿童的家属致以哀悼”，呼吁包括巴基斯坦塔利班在内的组织遵守基本教义。

（97）2015年2月2日、3日阿富汗南部系列恐怖袭击案。2015年2月2日、3日，阿富汗南部乌鲁兹甘省和赫尔曼德省分别发生袭警事件，造成6名警察死亡、8人受伤。2日，塔利班武装分子袭击了该省警方检查站，造成4名警察遇难，3人受伤。3日，该省发生一起自杀式汽车炸弹袭击，造成2名警察身亡、5人受伤，塔利班声称对此次袭击负责。美国主导的北约驻阿富汗国际援助部队2014年年底结束了在阿富汗的作战任务，此后塔利班加紧了对阿富汗安全部队和外国士兵的袭击。目前约有1.2万名外国士兵驻留在阿富汗，执行代号为“坚定支持”的非战斗任务，主要为阿富汗安全部队提供培训、咨询和协助。

（98）2015年2月23日南部查布尔省客车遭恐怖劫持袭击案。2015年2月23日下午，阿富汗南部查布尔省，一辆搭乘30名平民的客车遭武装分子劫持。当时，一伙不明身份的持枪武装分子，在查布尔省拦截了开往阿首都喀布尔的客车，车上有30名乘客遭到劫持，被劫持的30人均为男性什叶派穆斯林，其他妇女及儿童乘客未受影响。阿富汗国内近日连续发生武装分子袭击事件，当月18日阿富汗东部卢格尔省的警察总部大楼遭塔利班自杀式炸弹攻击，造成至少20名警察死亡，18人受伤。19日，阿富汗南部坎大哈省斯平布尔达克地区遭武装分子袭击，造成多名平民在内的10余人伤亡。据联合国阿富汗援助团最新发布的一份平民伤亡报告显示，2014年，有1万余名阿富汗平民因各类冲突伤亡，较2013年上升22%。北约驻阿富汗国际安全援助部队于2014年年底结束了在阿战斗任务，阿富汗安全部队从2015年1月1日起接管本国防务。然而，阿富汗各地近期袭击频发使国内安全局势面临严峻挑战。

（99）2015年4月9日北部城市马扎里沙里夫市中心法院遭恐怖袭击案。

2015 年 4 月 9 日临近中午，阿富汗北部城市马扎里沙里夫市中心的一座法庭遭到塔利班武装人员的袭击，造成包括警察局长在内的至少 10 人死亡、66 人受伤。当时，4 名穿着军装的武装分子攻进上诉法院的大门，在法庭内开枪并投掷手榴弹，造成 10 人死亡，66 人受伤，当地安全部队与袭击者的交火一直持续到晚间。马扎里沙里夫是巴尔赫省的首府，自从国际安全部队逐渐撤离阿富汗后，当地安全局势一度严峻。2015 年 4 月 2 日，阿富汗东部发生一起自杀式炸弹袭击，造成至少 16 人死亡 55 人受伤。不过此前，发生在马扎里沙里夫的袭击事件并不常见，该市也一直以多元文化交融著称。

（100）2015 年 4 月 18 日楠格哈尔省首府贾拉拉巴德市系列自杀式恐怖袭击案。2015 年 4 月 18 日上午，阿富汗东部楠格哈尔省首府贾拉拉巴德市的市中心发生 4 起爆炸案，3 起发生在市内，1 起在市郊，共造成 35 人死亡、120 余人受伤。极端组织“伊斯兰国”声明实施了这次袭击，这是在阿富汗发生的首例与 IS 有牵连的事件。楠格哈尔省首府贾拉拉巴德市的市中心，该地段有多个政府机构大楼、银行和集市。当时，新喀布尔银行支行门口排起长队，一些当地政府公务员在等候领取薪水，一名骑摩托车的男子挤进密集的人群，引爆塞满爆炸物的背心。除了新喀布尔银行，其他 3 处引爆点均未传出有人员伤亡的消息。袭击者名为阿布·穆罕默德·克拉萨尼，2015 年 1 月 IS 组织宣称要向阿富汗扩张势力，该组织习惯将包括阿富汗、巴基斯坦在内的区域统称为“呼罗珊”，而“维拉雅”是“省份”的意思。所谓“IS 维拉雅·呼罗珊”是 IS 的海外分支，还是当地改旗易帜的激进组织。

（101）2015 年 5 月 3 日、4 日恐怖袭击案。2015 年 5 月 3 日晚间，阿富汗东北边境地区巴达赫尚省，塔利班发动了一场袭击，至少造成 16 名士兵死亡、10 多名平民受伤。当时，在偏远的巴达赫尚省发动恐怖袭击，诸多士兵此后下落不明，塔利班分子夺取了武器、几辆坦克和车辆。2015 年 5 月 4 日早晨，阿富汗首都喀布尔，发生一起自杀爆炸，至少造成 2 名平民死亡、另有 20 多人受伤。塔利班声称对两起袭击负责。阿富汗内政部对爆炸表示谴责，称爆炸显示了“恐怖分子对无辜的、毫无防卫能力的平民的极端残暴”。袭击发生的一天前，阿富汗和平谈判代表和塔利班代表，会同中立的阿富汗和平活动人士和部落长老，在卡塔尔结束了非正式的“讨论”。这是他们为结束阿富汗长久以来的战争所做的最新努力。

（102）2015 年 5 月 26 日深夜至 27 日凌晨首都喀布尔市中心恐怖袭击案。

2015年5月26日深夜至27日凌晨，阿富汗首都喀布尔市中心发生激烈枪战，4名武装分子对该地区一家外国人居住的客栈发动攻击，后被军警击毙，没有造成平民和军警伤亡，塔利班宣称制造了这一袭击事件。袭击发生在喀布尔的瓦济尔阿克巴汗区，该区位于喀布尔市中心，是外国使馆和机构聚居地，袭击发生时至少有150名外国人在此客栈居住。发生枪战的客栈安保措施较为严密，武装分子最初试图冲入大门，但未能成功。保安人员与武装分子在客栈门外展开激战，随后赶来的军警将武装分子包围。激战6个小时后，4名武装分子被全部击毙，警方在现场缴获了一些尚未使用的火箭筒、机枪和弹药。与以往不同，这次袭击并未造成袭击者以外的人员死亡，因此一些人称这是塔利班一次罕见的“失手”。阿富汗首都喀布尔较全国其他地区原本安全局势较好，但近来袭击事件频发：5月13日，喀布尔一家酒店遭到塔利班武装分子袭击，造成9人死亡、6人受伤。5月16日，喀布尔大学内发生一起爆炸事件，造成2人受伤。5月17日，喀布尔机场附近发生一起自杀式爆炸袭击，造成至少3人死亡、18人受伤。5月19日，喀布尔发生一起自杀式爆炸袭击，造成包括袭击者在内的5人死亡、24人受伤。

（103）2015年6月20日阿富汗南部赫尔曼德省恐怖炸弹袭击案。2015年6月20日下午6时左右，阿富汗南部赫尔曼德省发生一起路边炸弹袭击事件，造成至少14名平民死亡。当时，该省一辆小型公共汽车触发路边的简易爆炸装置，发生爆炸，造成车内至少14名乘客死亡、5人受伤，伤亡人员包括妇女和儿童。据联合国驻阿富汗援助团统计，2015年前4个月，在战乱和冲突中死亡的阿富汗平民超过1000人，受伤平民超过1900人。

（104）2015年6月22日议会大楼遭恐怖袭击案。2015年6月22日上午10时20分左右，阿富汗首都喀布尔议会大楼遭塔利班袭击，造成5名平民丧生、31人受伤、7名武装分子死亡。当时，国会大厦内正在对国防部长候选人进行投票，有7名武装分子参与了袭击，其中1人在议会大楼附近引爆一辆汽车，1名自杀式袭击者被当场炸死，另外6人在进入议会大楼附近一建筑后被安保人员打死。警方随后与其余5名袭击者展开枪战，中午12时30分左右，5名袭击者被全部击毙。这是进入斋月后喀布尔市内发生的首次袭击事件。当天下午，阿富汗总统加尼发表声明，“最强烈谴责”此次袭击。他说，在斋月期间对无辜民众发动袭击完全是敌视宗教的行为。联合国驻阿援助团发表声明说，针对阿富汗国会发动攻击，是对阿富汗民主的公然和蓄意侵犯。

目前阿富汗已进入斋月。阿富汗塔利班武装上周拒绝了斋月停火的提议，并称将加大攻击力度。

（105）2015 年 7 月 7 日首都喀布尔外国部队遭自杀式恐怖汽车炸弹袭击案。2015 年 7 月 7 日凌晨 1 时左右，阿富汗首都喀布尔中心，发生一起汽车炸弹袭击事件，一辆装有炸弹的卡车在喀布尔市中心被引爆，造成人员伤亡和周边建筑损坏。当时，一辆装有炸弹的汽车冲进了喀布尔的一个外国士兵车队，随后驾驶员引爆炸弹，此次攻击行动发生在喀布尔东区夏希德区。这是喀布尔在一周内第二起锁定外国部队的攻击行动。

（106）2015 年 7 月 29 日阿富汗北部城市恐怖自杀式汽车炸弹袭击案。2015 年 7 月 29 日，阿富汗北部昆都士省一个城镇医院附近，发生自杀式汽车炸弹袭击，造成 2 名平民身亡，另有 11 人不同程度受伤。当时，一辆警车驶过自杀式袭击车辆旁，这辆汽车突然发生爆炸，但爆炸未波及警车，反而炸死和炸伤了周边平民。警方怀疑袭击是当地塔利班武装所为，因为塔利班经常使用路边炸弹发动袭击，造成阿富汗安全部队及平民的伤亡。

（107）2015 年 8 月初系列恐怖袭击案。2015 年 8 月 1 日，塔利班新任最高领导人阿赫塔尔·穆罕默德·曼苏尔发表声明，呼吁该组织保持团结继续“圣战”。2015 年 8 月 7 日，首都喀布尔遭遇 3 起袭击，导致至少 51 人死亡、约 400 人受伤。死者中包括 27 名警察学校学员和 1 名美国人，美国人是在喀布尔北约联军基地被打死的，另有近 20 名不同国籍的人受伤。塔利班发言人宣称一系列袭击是他们所为。第一起袭击发生在 7 日凌晨，针对阿富汗军营，卡车炸弹开到军营附近爆炸，连环爆炸摧毁了附近的居民区和工厂，造成 15 人死亡、240 人受伤，伤者中妇女、儿童分别为 47 人和 33 人。第二起袭击发生在 7 日晚 22 时 15 分，针对喀布尔北约联军基地，该基地的美军和北约联军官兵主要负责训练阿富汗军队。最初是自杀式袭击，随后武装分子使用轻武器冲入基地射击，有 8 名阿富汗平民承包商和 4 名武装分子死亡。第三起袭击发生在当晚 7 时左右，针对警察学院，由假扮学员的攻击者穿着自杀背心混进去，当时学员们正列队进入训练设施，因此伤亡惨重，共有 27 人死亡、26 人受伤。

2015 年 8 月 8 日晚，阿富汗北部昆都士省发生一起汽车炸弹袭击，造成 22 人死亡，反政府武装塔利班宣称制造了此次袭击事件。联合国安理会 9 日发表媒体声明，强烈谴责阿富汗近期发生一系列恐怖袭击事件、导致数百人伤亡，强调必须打击恐怖主义。声明说，安理会向袭击受害者家人及阿富汗政府表示慰问，愿伤者早日康复，强调必须将制造袭击者绳之以法。安理会强调，必须打击一切形式的恐怖主义，敦促各国在反恐时应遵守国际法。安理会重申，任何恐怖主义行动都不能逆转阿富汗人主导的在阿富汗实现和平、民主和稳定的道路，这一道路得到阿富汗人民、政府及国际社会的支持。

“这是最近几年喀布尔最血腥的一天，7 日的暴力袭击结束了阿富汗首都一段相对平静的时期”，美国《华尔街日报》9 日报道说。美国国务院 2015 年 8 月 8 日表示强烈谴责，再次呼吁塔利班和其他阿富汗武装分子及其支持者停止在阿富汗国内制造暴力。美国总统国家安全事务助理赖斯向阿富汗总统加尼表达了“美国人民最深切的慰问”。联合国特别代表称之为“极端、无法挽回和毫无任何道理的行为”。

自从 2014 年年底美军和北约军队的任务从战斗转变成支援和培训以来，塔利班加快了在阿富汗各地的袭击。2015 年 1 月至 6 月，阿平民伤亡达 4921 人，2014 年同期为 4894 人。针对频繁袭击，阿富汗军方也做出回应，近两天对东部楠格哈尔省、东北部巴达赫尚省和南部赫尔曼德省等多个区域发动了空袭和地面打击，打死 115 名武装分子，其中包括 3 名武装分子头目，另有至少 41 人受伤。阿富汗军方希望借助清剿行动，对塔利班等武装组织形成震慑，维护本国安全局势。

（108）2015 年 8 月 10 日首都喀布尔国际机场遭恐怖自杀式爆炸袭击案。2015 年 8 月 10 日，阿富汗首都喀布尔国际机场遭自杀式爆炸袭击，造成 21 人伤亡。阿富汗总统加尼指责巴基斯坦未能有效控制塔利班，呼吁巴方制止塔利班发动袭击，希望巴基斯坦在对待本国和阿富汗的恐怖主义问题上一视同仁。阿富汗一支由安全和情报官员组成的代表团计划于 13 日访问巴基斯坦，协商反恐问题。巴基斯坦回应称，巴方一直致力于维护与阿富汗等邻国的关系，巴基斯坦才是恐怖主义的最大受害者。对于阿富汗近期的遭遇，巴基斯坦也感到心痛，并将继续坚定进行反恐战争，希望与阿富汗建立合作关系，不会让巴基斯坦的土地被恐怖分子利用，巴方正努力消除恐怖主义的威胁。

巴基斯坦和阿富汗因为边界和安全等问题，长期以来关系不睦。加尼自 2014 年 9 月就任阿富汗总统后，一直在试图改善两国关系，并希望借助巴基斯坦对塔利班的影响力，使其加入到和谈进程中来。7 月初，阿富汗政府官员和阿富汗塔利班代表在巴基斯坦进行了第一轮和谈。双方原本定于 7 月 31 日举行第二轮和谈，却因阿富汗塔利班前最高首领奥马尔的死讯被迫延期，而新上任的首领曼苏尔对和谈持消极态度，塔利班此后连续发动袭击，致使阿富汗国内安全局势不断恶化。

（109）2015 年 8 月 22 日首都喀布尔市恐怖汽车炸弹袭击案。2015 年 8 月 22 日下午，阿富汗首都喀布尔市中心发生汽车炸弹袭击事件，造成 12 人死亡、67 人受伤，死者中包括 3 名为北约工作的外籍公民。这起袭击发生在市中心一家私人诊所附近，爆炸造成附近建筑物和车辆不同程度损毁，遇袭目标为一队外国车辆，死伤者中包括外籍人员。

（110）2015 年 8 月 23 日楠格哈尔省葬礼遭恐怖袭击案。2015 年 8 月 23 日，阿富汗楠格哈尔省发生恐怖袭击，造成 30 人死亡和约 50 人受伤。当时，自杀式恐怖分子在杜尔巴巴县举行有部落元老和包括县长的地方当局代表参加的葬礼仪式上引爆了自己，不排除县长是袭击目标的可能性。

（111）2015 年 8 月底 9 月初女学生遭恐怖袭击案。2015 年 8 月底 9 月，阿富汗 320 多名年轻女学生在赫拉特市遭到毒气袭击，使阿富汗女孩基础教育重新陷入困境。在阿富汗西部赫拉特市，从 8 月 31 日到 9 月 1 日，超过 320 名女学生因神秘毒气被送往医院，4 次袭击的受害女生年龄在 9 岁至 18 岁之间。7 月，赫拉特省 3 名女学生在上学途中被泼酸性液体，一名袭击者称这是对女孩上学的惩罚。在阿富汗，年轻女孩接受教育很少受到鼓励。尽管塔利班政权已在 2001 年倒台，女孩受教育的权利依旧远远得不到保障。

（112）2015 年 9 月 16 日首都喀布尔以西帕格曼地区恐怖自杀式爆炸袭击案。2015 年 9 月 16 日，阿富汗首都喀布尔以西的帕格曼地区发生一起自杀式爆炸袭击，造成 4 人死亡、41 人受伤。当时，一名自杀式袭击者驾驶一辆装有爆炸物的汽车，冲撞帕格曼的一个警察中心外墙，随即引爆了炸药，造成大量人员伤亡，死者中包括一名刑侦部门的官员，伤者包括多名平民。

（113）2015 年 9 月 27 日阿富汗东部帕克提卡省球场遭恐怖自杀式袭击案。2015 年 9 月 27 日夜晚，阿富汗东部帕克提卡省发生一起自杀式袭击事件，造成至少 10 人死亡、35 人受伤。当时，一群年轻人正在一个露天球场进行排球比赛，一名恐怖分子进入球场并引爆身上的炸弹。联合国驻阿富汗援助团 8 月初发布的报告显示，2015 年上半年共有 4921 名阿富汗平民在武装冲突中伤亡。

（114）2015年12月7日、8日坎大哈系列恐怖袭击案。2015年12月7日夜间，塔利班武装分子袭击了坎大哈一处警察局，双方进行了较长时间的交火。三名警察和两名武装分子死亡。在24小时内坎大哈遭遇第二轮袭击，2015年12月8日夜间，一伙塔利班武装人员袭击了南部坎大哈市机场及附近的军警生活区。坎大哈机场分军用和民用两部分，包含一座北约与阿富汗共用的军事基地。这次袭击和阿富汗军警随后的围攻总共持续大约27小时。10日最后一名袭击坎大哈机场的塔利班武装人员被击毙，这场“马拉松”式的袭击事件导致至少50人丧生、37人受伤，死者包括10名士兵、2名警察、38名平民，伤员包括14名平民、17名阿富汗士兵和4名警察，其中有妇女和儿童。

当时，11名武装人员对机场生活区内的一处集市和一所学校发动攻击。他们留着胡须、手持卡拉什尼科夫突击步枪、穿着统一军装，其中一些武装人员是自杀式袭击者，在人群中引爆身上的爆炸装置，袭击致死54人，武装人员在集市上开枪，打死打伤商贩和顾客。阿富汗军警随即回击，双方激烈交火。武装人员将阿富汗军警家属扣为人质，作“人体盾牌”，延缓了阿富汗军队的行动。尽管这起袭击持续久、伤亡重，但还不是阿富汗近年来发生的最严重的袭击事件。反政府武装人员似乎没能突入机场内的军事基地，这与2012年巴斯申营地防线被突破不同。

（115）2015年12月11日首都喀布尔市中心使馆区遭恐怖爆炸袭击案。2015年12月11日傍晚17时40分许，阿富汗首都喀布尔市中心使馆区突然响起巨大的爆炸声，随后伴有持续枪声，造成至少2人死亡、7人受伤，西班牙驻阿富汗大使馆一名警卫在袭击中丧生。阿富汗塔利班宣称制造了此次袭击事件。这次袭击是有预谋、有组织的自杀式袭击，共有5名恐怖分子参与袭击，除自杀式袭击者外，另有至少1人死亡、7人受伤。联合国安理会声明，强烈谴责发生在阿富汗首都喀布尔使馆区的爆炸袭击，强调要打击一切形式的恐怖主义。安理会对塔利班、“基地”组织、“伊斯兰国”等相关组织和非法武装团体对阿富汗造成的威胁表示严重关切，强调必须将此类恐怖主义行径的实施者、组织者、资助者和支持者绳之以法。

（116）2015年12月21日巴格拉姆空军基地遭恐怖自杀式炸弹袭击案。2015年12月21日下午1点半，阿富汗巴格拉姆空军基地，北约部队遭到塔利班武装自杀炸弹袭击，造成6名美军士兵死亡、数人受伤。巴格拉姆空军基地位于阿富汗首都喀布尔以北大约40公里处，是美军在阿富汗最大的军事设施。当时，一列正在空军基地外巡逻的车队，遭遇自杀炸弹攻击：一名骑摩托车的自杀炸弹手发动了袭击。这是2015年阿富汗地区针对外国驻军的最致命的袭击。这起自杀攻击发生数小时后，阿富汗首都喀布尔也遭到3枚火箭弹攻击。第一枚火箭弹落在邻近美国大使馆的马苏德广场附近，第二枚落在希尔布尔区，第三枚稍微远离市中心。

（117）2016年1月13日贾拉拉巴德市巴基斯坦领事馆遭恐怖爆炸袭击案。2016年1月13日，阿富汗贾拉拉巴德市的巴基斯坦领事馆附近发生袭击事件，造成7名警察死亡、多人受伤，“伊斯兰国”组织宣称对此次袭击负责。

（118）2016年1月17日东部楠格哈尔省首府贾拉拉巴德市恐怖自杀式炸弹袭击案。2016年1月17日上午10时20分许，阿富汗东部楠格哈尔省首府贾拉拉巴德市，该省一名议员住所发生自杀式炸弹袭击，造成至少14人死亡、13人受伤。此次袭击针对辛瓦里的住宅，辛瓦里是当地议会一名有名望的成员。当时一场被称为“支尔格”的部落会议正在举行，一名自杀的袭击者进入了住所内，然后引爆了身上的炸弹。阿富汗总统加尼谴责了袭击事件并对遇害者家属表示哀悼，要求有关政府官员充分利用现有资源全力抢救伤者。

（119）2016年1月20日首都喀布尔俄罗斯驻阿富汗大使馆附近自杀式汽车炸弹爆炸袭击案。2016年1月20日晚，在阿富汗首都喀布尔，俄罗斯驻阿富汗大使馆附近，遭到自杀式汽车炸弹爆炸袭击，造成7人死亡、包括妇女和小孩在内超过25人受伤。当时，正值晚高峰时段，一辆满载炸药的自杀式汽车，撞向一辆小型面包车。面包车受雇于阿富汗一家私人电视台，里面坐满了电视台的记者和工作人员。2016年新年以来，已经发生至少6起自杀式爆炸袭击。上周日，意大利驻阿富汗大使馆，也发生了一起爆炸袭击，造成两名警卫受伤。此次爆炸针对的是阿富汗Tolo新闻，这是阿富汗第一家24小时新闻频道。自从2015年这个电视台开始报道塔利班的强奸、杀人等暴行后，塔利班就公开威胁要报复。

（120）2016年2月1日首都喀布尔恐怖爆炸袭击案。2016年2月1日，阿富汗首都喀布尔发生自杀式爆炸袭击，造成20人死亡、29人受伤。当时，一名自杀式袭击者试图闯入阿富汗边境警察总部所在的建筑，受到警卫阻拦后引爆了身上的炸弹。塔利班组织已宣称制造了此次袭击。

（121）2016年2月22日东部帕尔万省恐怖自杀式袭击案。2016年2月22日，阿富汗东部帕尔万省发生一起自杀式爆炸袭击，造成至少14人死亡、17人受伤，死亡的14人中包括6名警察和8名平民。袭击地点临近一家诊所，袭击目标是当地的一名警方官员，阿富汗塔利班武装宣称制造了此次袭击。近来，阿富汗境内袭击事件频发，其中多数由塔利班武装发动。

（122）2016年2月27日首都喀布尔市区国防部遭恐怖自杀式汽车爆炸袭击案。2016年2月27日下午3时20分，阿富汗首都喀布尔市区发生自杀式汽车炸弹袭击，造成12死亡、8人受伤。这是一起专门针对阿富汗国防部工作人员的自杀式袭击，阿富汗塔利班武装宣布制造了此次袭击。当时，正值下班时间，一名自杀式袭击者在阿富汗国防部办公区入口处引爆了车上的炸弹，遇难者中包括2名士兵，大多数死伤者是平民。

（123）2016年2月27日东部库纳尔省首府阿萨达巴德恐怖爆炸袭击案。2016年2月27日，阿富汗东部库纳尔省首府阿萨达巴德发生炸弹袭击，造成至少13人死亡、40余人受伤，爆炸发生在省长的住所附近。阿富汗局势在最近几个月有所恶化，此前占领着该国大部分农村地区的塔利班组织展开了对大城市的进攻，激进组织“伊斯兰国”在阿富汗的影响力也在增加。2015年袭击事件导致阿富汗民众伤亡人数创下2009年以来的新高：据联合国2016年2月早些时候发布的报告，在2015年，各类袭击事件导致阿富汗至少1.1万人遇难或受伤，其中遇难者人数为3545人。

（124）2016年4月11日贾拉拉巴德市恐怖自杀式摩托车爆炸袭击案。2016年4月11日下午3时30分许，阿富汗贾拉拉巴德市发生一起自杀式袭击，造成至少12人死亡、38人受伤，受伤者中至少有10名当地平民。当时，袭击者在一辆军方小巴附近引爆了满载炸药的摩托车，塔利班宣称制造了这起袭击事件。楠格哈尔省向来是阿富汗境内袭击事件频发地区，2016年早些时候塔利班武装曾在此袭击过印度驻当地领事馆。除塔利班武装在当地活动频繁外，极端组织“伊斯兰国”也在向当地渗透。

（125）2016年4月19日首都喀布尔市中心恐怖汽车爆炸袭击案。2016年4月19日，阿富汗首都喀布尔市中心发生爆炸，至少161人在自杀爆炸中受伤。当时正值早高峰期间，这是一次恐怖袭击。爆炸袭击目标明显是针对阿富汗主要安全机构的办公楼，美国驻阿富汗大使馆、北约在阿富汗的总部也在附近。阿富汗的许多安保机构都在这个区域附近。包括国家安全局，国防部和总统府也在距离爆炸点100米以内，阿富汗的塔利班武装分子称对喀布尔中心的汽车爆炸负责。

（126）2016年5月25日首都喀布尔法院员工汽车遭恐怖自杀式炸弹袭击案。2016年5月25日，阿富汗首都喀布尔西部发生一起自杀式炸弹袭击，这起袭击的目标是一辆载有法院员工的汽车，袭击造成10人死亡、4人受伤。当时，袭击发生在早高峰时段，一名自杀式炸弹袭击者徒步走向汽车，并引爆身上的炸弹背心。就在袭击发生之际，阿富汗塔利班公布了该组织最高领导人曼苏尔的死讯，塔利班同时宣布推选哈巴图拉为新任最高领导人。喀布尔上一次发生严重袭击事件是在4月19日，当时发生的爆炸袭击造成64人死亡，数百人受伤。

（127）2016年6月1日阿富汗东部法院遭恐怖袭击案。2016年6月1日10时30分左右，阿富汗东部加兹尼省的一座法院，遭到塔利班袭击，造成9人死亡、13人受伤。当时，共有4名袭击者参与，其中一人引爆身上的爆炸装置炸开法院正门，另外3人冲入法院、向人群扫射，并与随后赶来的军警发生交火，后均被击毙。除袭击者外，另有1名警察和4名平民在袭击中身亡，13名伤者中包括这家法院的院长。

（128）2016年6月20日北部巴达赫尚省及首都喀布尔数起平民遭恐怖袭击案。2016年6月20日，阿富汗北部巴达赫尚省及首都喀布尔发生数起针对平民的恐怖袭击。在巴达赫尚省基西姆行政区一个集市内，一个简易爆炸装置被引爆，当场造成至少10名平民死亡，其中包括5名儿童，以及36人受伤，其中大多是儿童。随后，阿富汗首都喀布尔先后发生了针对尼泊尔和印度承包商以及一名省议员的两起袭击，造成包括13名尼泊尔公民在内的至少27人死亡、近50人受伤。塔利班组织宣称制造了在喀布尔的两起袭击，自2016年4月底塔利班宣布发动新一轮“春季攻势”以来，阿富汗安全局势堪忧。连日来，阿富汗多地发生袭击和绑架事件，造成多人伤亡。安理会向遇难者家属、阿富汗人民和政府，以及尼泊尔和印度人民及政府致以深切的同情和慰问，祝愿伤者尽快康复。声明说，安理会成员重申对塔利班、“基地”组织、“伊斯兰国”附属组织以及非法武装团体等给当地人口、阿富汗国防和安全部队、驻阿富汗国际安全援助部队等造成的威胁表示严重关切，包括针对外交设施和人员的袭击，强调必须将恐怖主义行径的实施者、组织者、资助者和支持者绳之以法，并敦促所有国家按照国际法和安理会相关决议规定的义务，与阿富汗政府在此方面积极合作。

（129）2016 年 6 月 30 日首都喀布尔西部警察车队遭自杀式恐怖炸弹袭击案。2015 年 6 月 30 日上午，阿富汗首都喀布尔西部发生针对警察车队的炸弹袭击，搭载警察学员的车辆遭遇两次爆炸，造成至少 27 人死亡、40 人受伤。当时，5 辆警方的巴士车正满载着数百名警察人员从临近的瓦尔达克省警察训练基地返回喀布尔，他们刚刚参加完在城市西郊举行的毕业典礼。2 名塔利班人员先后通过引爆炸弹来制造连环爆炸，现场死伤情况较为严重，警方的大巴车已经完全被毁。爆炸的地区是阿富汗首都喀布尔最西部的巴格赫曼区，这个区紧邻瓦尔达克省，这 5 辆车刚刚进入喀布尔境内就遭遇了袭击。警察从瓦尔达克省训练基地回来乘坐的是比较老旧的、统一刷上绿色油漆的铁皮巴士，识别这个目标非常容易。这些巴士都不同程度地受到损害，其中有一辆车被炸的面目全非。原因是第一个自杀式爆炸袭击者携带大量弹药先冲进车队自爆，造成了一定损伤，导致车辆外部被炸，然后抛锚。之后，另一个自杀式袭击者紧接着迅速冲进其中一辆车里，在满车警察中间引爆了自己，塔利班宣称对此次事件负责。

（130）2016 年 7 月 3 日首都喀布尔游行民众遭自杀式恐怖爆炸袭击案。2016 年 7 月 3 日，阿富汗首都喀布尔，极端组织“伊斯兰国”针对游行民众发动自杀式爆炸袭击，造成至少 80 人死亡，另有 231 人受伤，这是“伊斯兰国”迄今为止在阿富汗制造的最大规模的恐怖袭击。2016 年上半年在阿富汗发生的恐怖袭击和军事行动共造成 5166 名平民死伤，这是自 2009 年开始进行统计以来，阿富汗的平民伤亡数字达到的最高水平，阿富汗安全局势近期持续恶化。

（131）2016 年 7 月 23 日首都喀布尔遭自杀式恐怖爆炸袭击案。2016 年 7 月 23 日下午，阿富汗首都喀布尔发生一起自杀式爆炸袭击，造成约 80 人死亡、231 人受伤。这是自 2001 年来，阿富汗死伤人数最多的炸弹袭击事件。“伊斯兰国”随后宣称制造了这起袭击，这是该极端组织首次在喀布尔发动恐怖袭击。当时，数千名阿富汗什叶派哈扎拉族民众正在喀布尔举行大规模游行，抗议阿富汗政府改变一条主要输电线的铺设路线。2 名自杀式炸弹袭击者参与袭击，3 名安全人员在爆炸中丧生，另有 3 名警官受伤。安全人员在爆炸发生后立刻朝天鸣枪示警，驱散人群，并发现第二名袭击者向救助伤员的人群冲去，第二名袭击者引爆炸弹前被警方击毙。总统加尼当天宣布 24 日为全国哀悼日，下令组建一个委员会调查此事，并表示袭击事件明显企图分裂逊尼派和什叶派。哈扎拉族属于伊斯兰教什叶派，占阿富汗总人口的 15%，大部分阿富汗人为逊尼派。2015 年以来，“伊斯兰国”开始在阿富汗东部与巴基斯坦接壤的楠格哈尔省活动。在那里，这一组织的人员与阿富汗地方武装争夺地盘，还试图招募更多成员，尤其是从塔利班武装中“挖墙脚”。

（132）2016 年 8 月 1 日首都喀布尔宾馆遭恐怖卡车炸弹袭击案。2016 年 8 月 1 日，阿富汗首都喀布尔的宾馆受卡车炸弹袭击，期间有 4 名枪手开枪射击。这次爆炸是由卡车炸弹所引起，事发地点附近为提供外国军事、物流服务的建筑群。

（133）2016 年 8 月 15 日首都喀布尔美国驻阿富汗使馆遭恐怖爆炸袭击案。2016 年 8 月 15 日上午，阿富汗首都喀布尔，美国驻阿富汗的使馆遭调恐怖爆炸袭击，造成至少 3 人受伤。美国驻阿富汗使馆附近频遭爆炸袭击，在 2016 年 4 月的一次袭击中，至少造成 24 死 160 伤。塔利班武装宣布对此事负责。

（134）2016 年 8 月 24 日首都喀布尔阿富汗美国大学遭恐怖袭击案。2016 年 8 月 24 日晚 7 时许，阿富汗首都喀布尔，美国大学遭到袭击，共造成包括 3 名袭击者在内的 15 人死亡、44 人受伤，其中 7 名学生、3 名警察和 2 名学校保安在袭击中丧生，35 名学生和 9 名警察受伤。当时，3 名武装分子对阿富汗美国大学发起袭击，一名袭击者先在校园入口处引爆了汽车炸弹，另外 2 名袭击者趁乱闯入校园。他们投掷手榴弹、开枪射击，持续了近 9 个小时，直至 25 日凌晨 3 时 30 分左右警方将两名袭击者击毙。事发时一度有超过 150 名学生被困教学楼内，随后被阿富汗特警成功解救。外界普遍怀疑此次恐怖袭击是阿富汗塔利班组织所为。阿富汗美国大学成立于 2006 年，位于喀布尔西部，是一所私立大学，男女同校。这所大学由美国前第一夫人劳拉 · 布什于 2005 年出访喀布尔时倡导成立，维持学校运作的绝大部分资金来自于美国国际开发署，目前有超过 1700 名学生就读。该校与美国多所大学，比如斯坦福大学、乔治城大学等，保持合作关系。此前，阿富汗美国大学已遭遇多起袭击事件。8 月初，这所学校的两名教授，一名美国人和一名澳大利亚人，在校园外遭枪手绑架。2014 年，喀布尔市内一家颇受外国人欢迎的餐馆遭到自杀式爆炸袭击，阿富汗美国大学的两名雇员在袭击中丧生。

（135）2016 年 9 月 5 日、6 日喀布尔国防部大楼遭恐怖自杀式炸弹袭击案。2016 年 9 月 5 日白天，阿富汗首都喀布尔国防部大楼附近，塔利班组织发动了两起自杀式炸弹袭击，造成包括阿富汗高级安全官员在内的至少 41 死亡、110 受伤。5 日下午，阿富汗国防部附近发生两起爆炸，由于正值下班高峰时段，伤亡情况严重，41 人死亡、110 受伤伤。这两起袭击的遇难者中包括一些高层官员，其中还有一位年轻的上校级军官阿赫曼德。在得知阿赫曼德的死讯后，他的母亲心脏病发去世。此前，这位可怜的母亲已经失去了另外两个儿子。5 日深夜，位于喀布尔沙雷瑙商业区的一家国际援助机构再遭武装人员的汽车炸弹袭击，导致 1 死 6 伤。1 名武装人员在汽车炸弹袭击中当场死亡，其余 3 名袭击者在随后同安全部队交火时被击毙，阿富汗安全人员共救出 42 名平民，其中包括 10 位外国人。

继 9 月 5 日发生三起爆炸之后，6 日清晨 6 时许，阿富汗首都喀布尔沙雷瑙商业区发生爆炸，当地的武装人员一度控制阿富汗内政部附近的一栋建筑，并且高喊恐怖主义的旗号，随后与阿富汗安全部队交火，爆炸和交火导致 1 人死亡、6 人受伤。塔利班宣布制造了上述系列爆炸事件。阿富汗总统加尼对上述袭击予以谴责，并表示阿富汗的敌人再次表明他们反对阿富汗的进步，他们已经失去了在战场上同安全部队交战的能力，因此转而袭击公路、城市、清真寺、学校等公共场所。

（136）2016 年 9 月 5 日首都喀布尔慈善机构遭恐怖袭击案。2016 年 9 月 5 日晚，阿富汗首都喀布尔，一家慈善机构遭到恐怖袭击。历时 10 多个小时的攻击事件落幕，3 名歹徒均被安全部队击毙，42 人获救，包括 10 名外籍人士，至少一人在攻击中丧生、6 人受伤。当时，名叫 Pamlarena 的慈善团体办公室遭到袭击，Pamlarena 在普什图语中代表照顾（CARE）。

（137）2016 年 10 月 1 日联合国阿富汗援助团（联阿援助团）谴责两起恐怖爆炸袭击案。2016 年 10 月 1 日，阿富汗首都喀布尔，联合国阿富汗援助团（联阿援助团）谴责近日发生在阿富汗的两起爆炸袭击事件。2016 年 9 月 29 日，一辆私家汽车在巴德吉斯省触发了一个简易爆炸装置，造成 10 人死亡。2016 年 10 月 1 日，一辆拖拉机在赫尔曼德省遭遇同样的袭击，造成 9 人死亡。两起爆炸袭击中的遇难者全部是当地平民。联合国阿富汗援助团是 2002 年 3 月根据联合国安理会第 1401 号决议成立的政治援助团，旨在加强对阿富汗重建工作的援助。近日发生在赫尔曼德省和巴德吉斯省的两起爆炸都是由于交通工具在行驶过程中触发了道路上埋藏的简易爆炸装置而引起的，两起爆炸共造成包括妇女和儿童在内的19人死亡。两起袭击事件“令人无法忍受”，是针对阿富汗平民的“战争犯罪”，声明呼吁反政府武装立即停止使用此类“违法和毫无目标的”杀伤性武器。

（138）2016年10月10日南部赫尔曼德省首府拉什卡尔加警察检查站遭恐怖汽车炸弹袭击案。2016年10月10日中午11时30分左右，阿富汗南部赫尔曼德省首府拉什卡尔加一处警察检查站发生自杀式汽车炸弹袭击，造成至少20人死亡、20多人受伤。阿富汗塔利班10日早些时候宣布，将会对拉什卡尔加进行大规模攻击，拉什卡尔加的数个警察检查站当日遭到袭击。近几个月来，塔利班在赫尔曼德省频繁制造事端，并多次试图攻占拉什卡尔加。

（139）2016年10月12日北部巴尔赫省自杀式恐怖炸弹袭击案。2016年10月12日下午，阿富汗北部巴尔赫省发生自杀式炸弹袭击，造成14人死亡，另有28人受伤。当时，巴尔赫省巴尔赫地区数百人在举行活动纪念阿舒拉节，一名袭击者在人群中引爆了绑在自己身上的炸弹，这是近两日阿富汗境内发生的第二起袭击事件。11日晚间，首都喀布尔一处宗教活动场所遭遇武装分子袭击，共造成16人死亡，另有54人受伤。

（140）2016年10月25日西部古尔省平民遭恐怖袭击案。2016年10月25日晚，阿富汗西部古尔省，至少36名平民被武装分子枪杀。当时，阿富汗安全部队在古尔省首府菲罗兹山郊区击退武装分子进攻，击毙、打伤多名武装分子，武装分子随后展开报复，绑架并杀害了这些平民。当地官员认为这是效忠于极端组织“伊斯兰国”的武装分子所为。联合国最新数据显示，2016年1月1日至9月30日，共有2562名阿富汗平民在阿国内各类冲突中丧生，另有5835人受伤。

（141）2016年11月6日塔利班头目制作爆炸装置时被炸身亡案。2016年11月6日晚，阿富汗北部昆都士省，反政府武装塔利班组织一名头目在制作爆炸装置时被炸身亡。被炸死的塔利班头目叫焦本，他和三名同伙在其位于该省北部阿尔奇地区的住所内制作简易爆炸装置时，可能是由于操作失误引起爆炸，造成四人当场死亡。焦本此前曾策划和参与了多起在昆都士省发动的袭击案件。近两日，已经有多达5名塔利班在昆都士省的地方头目和25名武装分子在与阿富汗安全部队的交火中被击毙。昆都士省战略位置突出，是塔利班武装活跃地区之一，为了防止安全形势恶化，阿富汗安全力量近期加强了在当地的清剿力度。

（142）2016年11月12日北约巴格拉姆空军基地遭恐怖爆炸袭击案。2016年11月12日清晨，北约组织位于阿富汗东部帕尔万省的巴格拉姆空军基地遭遇爆炸袭击，至少4人身亡、14人受伤，阿富汗塔利班宣称制造了这次袭击。巴格拉姆空军基地是美军在阿富汗最大基地，袭击由一名自杀式袭击者发起，他在基地内邻近一处餐厅的地方引爆炸弹。巴格拉姆空军基地位于首都喀布尔以北50公里处，2001年以来成为美军在阿富汗的主要军事基地。美国现在阿富汗部署有大约1万名士兵，为阿富汗安全部队提供训练和支持协助。塔利班近来加强了对西方国家的攻击。

（143）2016年11月12日德国驻阿富汗马扎里沙里夫领事馆遭恐怖汽车炸弹袭击案。2016年11月10日深夜约11时10分，德国驻阿富汗马扎里沙里夫领事馆遭塔利班武装人员自杀式汽车炸弹袭击，造成6人死亡、128人受伤，伤者包括至少10名儿童。领事馆严重损毁，馆内所有德国职员无恙，塔利班承认为此事件负责。当时，袭击者驾驶装有炸药的汽车，撞向领事馆外墙，随即发生猛烈爆炸，领事馆附近房屋和店铺的窗户被震碎，不少当时在家中的平民均受伤，当中大部分为妇孺。塔利班宣称此举是报复北约上周对昆都士省一处村庄的空袭。

（144）2016年11月16日首都喀布尔两起恐怖爆炸袭击案。2016年11月16日，阿富汗首都喀布尔发生爆炸，导致至少4人死亡、11人受伤。当时，安全部队人员的汽车发生了爆炸，导致4名人员死亡。爆炸装置被放置在国家安全局车辆内，由自杀式恐怖分子引爆了爆炸装置，爆炸装置是自制磁铁式爆炸装置。2016年11月16日，喀布尔的一座什叶派清真寺内就发生自杀式爆炸袭击案。2016年11月21日，阿富汗首都喀布尔，一座什叶派清真寺内发生自杀式爆炸，造成至少33人死亡、70多人受伤。极端组织“伊斯兰国”的一名自杀式袭击者在清真寺的朝拜者中引爆炸弹。这座清真寺位于阿富汗首都喀布尔西部，寺内正在举行一场宗教仪式。

（145）2016年11月21日首都喀布尔市区西部什叶派清真寺遭恐怖自杀式炸弹袭击案。2016年11月21日中午12时30分左右，阿富汗首都喀布尔市区西部一座什叶派清真寺遭遇自杀式炸弹袭击，导致至少27人死亡、64人受伤。死伤者全部为平民，且包括妇女和儿童，极端组织“伊斯兰国”宣称对袭击负责。当时，在巴奇尔·乌拉姆清真寺内，约有300名什叶派穆斯林正在进行阿巴因节祈祷活动，一名袭击者在该清真寺内引爆了自己身上的炸弹，爆炸给这座二层的清真寺内部留下一个巨大的弹坑。阿巴因节是什叶派穆斯林一年一度的大型节日，在阿舒拉节之后 40 天，为悼念先知穆罕默德之孙伊玛目·侯赛因之死。除每周五及重大节日外，喀布尔的各清真寺基本不设安保力量。21 日的袭击发生后，一些民众对政府提出了批评。市民埃瓦兹说："这里根本没有政府。我们必须撕碎投给这届政府的选票。为什么他们要攻击我们祈祷的地方，这里的所有人都是老百姓。"阿富汗政府对此次"野蛮的"袭击予以强烈谴责，在神圣的场所，针对无辜平民，包括儿童发动袭击，这是战争罪，是反伊斯兰的行为。

什叶派穆斯林占阿富汗人口的 15%，主要信徒是哈扎拉族，在阿富汗，逊尼派和什叶派相处和谐。但最近几个月，阿富汗什叶派数度遭到攻击。7 月 23 日，极端组织"伊斯兰国"在喀布尔针对哈扎拉族游行民众发动自杀式爆炸袭击，造成至少 80 人死亡，另有 231 人受伤。这是"伊斯兰国"迄今为止在阿富汗制造的最大规模的恐怖袭击。10 月 11 日，数百人在喀布尔一宗教场所举行纪念阿舒拉节活动时，遭到武装分子袭击，造成至少 14 人死亡、40 多人受伤。"伊斯兰国"频繁袭击什叶派穆斯林主要释放出两个信号：第一，以往仅在阿富汗东部楠格哈尔省活动的"伊斯兰国"势力有可能已渗透到阿富汗各中心城市。第二，逊尼派极端组织"伊斯兰国"通过袭击什叶派，试图在阿富汗挑起教派冲突。

(146) 2017 年 1 月 10 日首都喀布尔和坎大哈省恐怖袭击案。2017 年 1 月 10 日，阿富汗首都喀布尔以及坎大哈省发生恐怖袭击，造成 49 人死亡、近 90 人受伤。10 日下午，喀布尔达鲁拉曼宫路的议会大厦附近发生连环爆炸，一名塔利班的自杀式袭击者在议会行政院的外面引爆了身上穿着的炸弹背心，造成至少 28 人死亡、64 人受伤，其中包括阿拉伯联合酋长国驻阿富汗大使。此后不久，塔利班还引爆了一辆停在靠近议会主要道路上装满炸药的车辆，殃及一辆平民大轿车、国会工作人员、旁观者、保安人员和那些前来处理此前发生的自杀式袭击的人。两起爆炸发生在尖峰时间，一起为自杀式炸弹，另一起为汽车炸弹。当时首都议会内职员正走出大楼，因此部分职员死伤，其他都是平民。

10 日晚，在坎大哈省，该省省长在其官邸款待一些外交官和政要时发生了 2 起爆炸，有 13 名平民丧生。阿联酋有五名外交官在袭击事件中不幸身亡，伤者中包括坎大哈省省长、阿联酋驻阿富汗大使以及一名阿联酋使馆工作人员。塔利班承认对袭击事件负责，声称他们的袭击对象是国家安全总局。塔利班还承认，对第二起爆炸实施了定时，在人员赶到处理第一起爆炸事件时引爆装满炸药的车辆，以造成更大规模的伤亡。联合国谴责这些卑劣的袭击，并强调任何针对平民以及外交人员的袭击都是违反国际法和人权的行为，呼吁尽快将袭击实施者绳之以法。

（147）2017 年 1 月 15 日东部楠格哈尔省恐怖路边炸弹袭击案。2017 年 1 月 15 日早晨，阿富汗东部楠格哈尔省发生一起路边炸弹袭击事件，造成 7 名平民死亡、2 人受伤。当时，楠格哈尔省帕齐拉甘地区一辆汽车遭路边炸弹袭击。在楠格哈尔省活动的有塔利班、极端组织“伊斯兰国”等。入冬以来阿富汗境内恐怖袭击事件不减，安全局势不容乐观，武装冲突仍然是造成平民伤亡最主要的原因，其次是自杀式袭击与简易爆炸装置。

（148）2017 年 1 月 17 日驻阿美军的无人机遭恐怖袭击案。2017 年 1 月 17 日下午，阿富汗东部楠格哈尔省，一架隶属于驻阿美军的无人机坠毁，这架无人机在袭击反政府武装据点时坠毁。该无人机坠毁的具体地点位于塔利班控制地区，阿富汗塔利班武装方面称是他们击落了该无人机。近年来，楠格哈尔省一直是塔利班等武装分子活跃地区，阿富汗安全部队与武装分子多次在该省发生交火。

（149）2017 年 2 月 7 日喀布尔最高法院遭恐怖自杀式爆炸袭击案。2017 年 2 月 7 日下午，阿富汗喀布尔最高法院遭极端组织“伊斯兰国”发动的自杀式恐怖袭击，造成 21 人死亡、41 人受伤，死者中包括 9 名女性。近年来，“伊斯兰国”不断向阿富汗渗透，并策划了多起恐怖事件，造成大量人员伤亡。2016 年 7 月 23 日，该组织曾在喀布尔发动一起自杀式爆炸袭击，造成 300 多人伤亡。虽然阿富汗安全力量近年来加大了打击力度，该组织在当地依然活跃。

（150）2017 年 2 月 3 日西部法拉省警察遭恐怖袭击案。2017 年 2 月 3 日凌晨约 2 点 30 分，阿富汗西部法拉省，8 名警察遭来自警方内部的同事杀害。当时，事发地位于该省普什图科特行政区的一处哨所，凶手来自警方内部，遇害者全部来自当地同一个家族。凶手与塔利班组织有关联，并在杀害自己同僚后随即逃走，很可能已投奔塔利班。凶手是名叫拉尔·穆罕默德的男子，此人先趁机对同僚下药，随后又于凌晨朝昏睡中的众人扣动扳机，并在杀死所有人之后拿走武器弹药，逃离现场。阿富汗近年来“内鬼”事件频发，混入军警队伍的武装分子或塔利班支持者常常向同僚下毒或者开枪。北约 2014 年年底宣布结束在阿富汗作战行动后，阿富汗军警在与塔利班武装的斗争中折损人数不断上升。

(151) 2017 年 2 月 25 日阿富汗北部朱兹詹省警察遭恐怖袭击案。2017 年 2 月 25 日上午，阿富汗北部朱兹詹省警察遭塔利班武装人员袭击，造成至少 10 人死亡、7 人受伤。当时，袭击发生地点位于该省西南部的达赞地区，警察遭袭后与武装人员展开交火。袭击者可能是极端组织“伊斯兰国”在当地的武装力量，朱兹詹省位于阿富汗北部边境，塔利班、“伊斯兰国”等武装组织近年来不断向该省渗透，在当地制造多起恐怖袭击。虽然阿富汗安全力量 2017 年已经加强在当地的清剿力度，但该省安全形势仍不容乐观。

(152) 2017 年 3 月 1 日首都喀布尔市区连环恐怖爆炸袭击案。2017 年 3 月 1 日，阿富汗首都喀布尔市区连续遭遇两起爆炸袭击，造成包括妇女、儿童在内的至少 16 人死亡，塔利班组织宣称制造了这两起袭击事件。第一起爆炸发生于中午 12 时 40 分左右，爆炸地点位于喀布尔西部第 6 警区附近，武装分子首先使用汽车炸弹在第 6 警区的警察局大楼门口发动自杀式袭击。爆炸发生后，4 名武装分子试图乘乱攻入警察局大楼，在与警方的交火中被击毙。第二起爆炸发生在下午 1 点左右，地点在喀布尔东部第 12 警区附近，此次遭袭的目标是国家安全局的一座大楼，袭击者在引爆炸药后当场身亡。联合国安理会声明，强烈谴责当天发生在阿富汗首都喀布尔的连环爆炸袭击事件，呼吁各国全力打击恐怖主义。

(153) 2017 年 3 月 9 日首都喀布尔军方医院遭恐怖袭击案。2017 年 3 月 9 日，阿富汗首都喀布尔，一家军方医院遭假扮医生的武装人员袭击，致使至少 30 人死亡、50 多人受伤，其中多数为病人、医生和护士，极端组织“伊斯兰国”宣称对袭击事件负责。受袭的萨达尔·穆罕默德·达乌德·汗医院是一家部队医院，位于喀布尔瓦济尔阿克巴汗区一处交通繁忙的十字路口附近，距美国驻阿富汗大使馆不远，拥有 400 个床位。当时，袭击首先发生在医院外围，一名自杀式袭击者引爆了身上的炸弹，炸开医院后面的围墙，随后 3 名手持自动武器和手榴弹的袭击者冲入医院建筑群，袭击者身穿医务人员服装，一度控制医院建筑高层。阿富汗安全部队随后封锁了医院周边区域，特种部队成员乘直升机飞抵医院主楼楼顶，与袭击者展开激战。交火过程中，楼内传出第二次爆炸声，战斗持续数小时，一些病人为躲避攻击而躲在大楼外沿的窗台上。阿富汗总统阿什拉夫·加尼谴责袭击“践踏人类价值”，“攻击医院就是攻击整个阿富汗。”近年来，“伊斯兰国”不断向阿富汗渗透，并策划了多起恐怖事件，造成大量人员伤亡。2016 年 7 月 23 日，该组织曾在喀布尔发动一起自杀式爆炸袭击，造成 300 多人伤亡。上月，位于喀布尔的阿富汗最高法院附近发生自杀式爆炸袭击，造成 21 人死亡、41 人受伤，“伊斯兰国”随后“认领”了这场袭击。

2017 年 12 月 31 日阿富汗东部楠格哈尔省首府贾拉拉巴德市恐怖自杀式爆炸袭击案。2017 年 12 月 31 日下午 1 时 30 分左右，阿富汗东部楠格哈尔省首府贾拉拉巴德市发生一起自杀式爆炸袭击事件，造成 12 人死亡、16 人受伤。当时，在贾拉拉巴德举行的该省一个行政区原区长的葬礼上，一名袭击者在人群中引爆了自己身上的炸弹。官方分析人士认为，从袭击手法上看，此次袭击极有可能是极端组织“伊斯兰国”成员所为。12 月以来，该组织仅在首都喀布尔就制造了数起袭击事件。28 日，该组织成员袭击了喀布尔一家私人文化媒体机构所在大楼，造成 125 人死伤。目前，阿境内有超过 1 万名“伊斯兰国”武装分子，其中一些人来自伊拉克和叙利亚。

2. 伊拉克的恐怖犯罪

（1）2010 年 1 月 4 日北部城市基尔库克两起恐怖路边炸弹袭击案。2010 年 1 月 4 日，伊拉克北部城市基尔库克发生两起路边炸弹袭击，造成 3 人死亡、6 人受伤。第一起爆炸针对的目标是一支警察车队，爆炸发生在当地时间 9 点 30 分左右，造成基尔库克市警长的两名保镖身亡。几分钟后的第二起爆炸造成一名警察死亡。

（2）2010 年 1 月 25 日首都巴格达 3 起自杀式恐怖汽车炸弹袭击案。2010 年 1 月 25 日，伊拉克首都巴格达发生 3 起自杀式汽车炸弹袭击，造成至少 36 人死亡、71 人受伤。当时，三起爆炸都发生在市中心几家酒店附近，第一起发生在下午 3 时 40 分左右，位于喜来登饭店和相邻的巴勒斯坦饭店附近。第二起发生在巴比伦饭店附近，第三起也发生在市中心。住在巴勒斯坦饭店的一名中国华为技术有限公司员工说，没有公司员工在爆炸中受伤，但靠近爆炸地点的多个员工房间的窗户玻璃被震碎。美国时任国务卿希拉里·克林顿当天说，发生在伊拉克的多起爆炸袭击是为了破坏定于 3 月 7 日举行的伊拉克全国议会选举。

（3）2010 年 2 月 1 日首都巴格达恐怖自杀式爆炸袭击案。2010 年 2 月 1 日，伊拉克首都巴格达发生自杀式爆炸袭击事件，造成 41 人死亡、106 人受伤。当时，一群什叶派穆斯林在徒步前往巴格达西南 110 公里处的卡尔巴拉朝圣途中，一名袭击者在人群中引爆自己身上的炸药背心，造成重大伤亡。遇难者中有不少妇女和儿童。卡尔巴拉 5 日将举行盛大的宗教纪念活动，这是纪念伊斯兰教先知穆罕默德的外孙侯赛因遇难的系列活动之一。整个系列活动持续 40 天，5 日为最后一天。伊拉克将于 3 月 7 日开始举行全国大选，政府正在大力加强安保，但针对什叶派民众的暴力袭击仍频繁发生。分析人士说，这些袭击显然是为了制造教派冲突，以打击伊拉克政府的威信。

（4）2010 年 2 月 5 日什叶派圣城卡尔巴拉针对什叶派穆斯林多起恐怖爆炸袭击案。2010 年 2 月 5 日，伊拉克什叶派圣城卡尔巴拉接连发生多起针对什叶派穆斯林的爆炸袭击事件，造成至少 43 人死亡、105 人受伤。当时，两辆装满炸药的分别停放在卡尔巴拉城东一座桥的两头的汽车被引爆，正值有数百万什叶派朝圣者聚集在卡尔巴拉举行宗教活动，爆炸导致至少 27 人死亡、75 人受伤。随后，卡尔巴拉中部地区又遭到三轮火箭弹袭击，导致 16 人死亡、30 人受伤。此外，首都巴格达东部也发生一起炸弹袭击事件，导致 1 人死亡、15 人受伤。当天，在卡尔巴拉举行的宗教活动，是纪念历史上伊斯兰教先知穆罕默德的外孙侯赛因遇难的系列活动之一，系列活动为期 40 天，5 日是最后一天。这些袭击是为了制造教派冲突，以打击伊拉克政府的威信。

（5）2010 年 3 月 3 日迪亚拉省首府巴古拜三起恐怖炸弹袭击案。2010 年 3 月 3 日上午，伊拉克迪亚拉省首府巴古拜发生三起炸弹袭击事件，至少造成 30 人死亡、45 人受伤。第一起属于汽车炸弹袭击，发生在位于巴古拜市中心。第二起属于汽车炸弹袭击，发生在位于巴古拜市西部的两个警察所前。第三起属于自杀式炸弹袭击，发生在巴古拜市公立医院入口处。这是当月伊拉克议会选举前发生的最为严重的恐怖袭击事件，迪亚拉省是伊斯兰逊尼派别组织和伊拉克“基地”组织从事反对美国军队和政府安全部队活动较为频繁的省份。

（6）2010 年 3 月 6 日什叶派圣城纳杰夫恐怖汽车炸弹袭击案。2010 年 3 月 6 日，伊拉克什叶派圣城纳杰夫遭到汽车炸弹袭击，导致至少 3 人死亡、54 人受伤。当时，爆炸发生在纳杰夫阿里清真寺附近，满载朝圣者的旅游巴士遇袭，3 名死者中包括 1 名伊拉克人和 2 名伊朗人。纳杰夫阿里清真寺每年都吸引着数百万来自伊拉克和伊朗的什叶派信徒朝圣，7 日伊拉克将举行议会选举，这是自萨达姆政权被推翻以来伊拉克举行的第二次此类选举，大选前发生的一系列爆炸事件已造成 80 多人死伤。

（7）2010 年 3 月 7 日巴格达投票恐怖爆炸袭击案。2010 年 3 月 7 日，伊拉克国民议会选举在爆炸声中拉开帷幕，短短几个小时，已有 20 余人在多起旨在破坏选举的爆炸袭击中丧生，另有数十人受伤。但爆炸袭击似乎并未阻挡伊拉克选民的脚步，许多选民依然镇定地前往投票站，为选择祖国的前途投下自己的一票。当天，巴格达全城戒严。虽然 7 日上午爆炸袭击从未间断，但伊拉克民众的投票热情并未受到太大影响。“基地”组织两天前散布威胁，声称在 7 日 6 时至 18 时在伊拉克全国实施“宵禁”，如有人“违反禁令”参与投票，将遭杀身之祸。

（8）2010 年 3 月 26 日伊拉克东部迪亚拉省两起恐怖炸弹袭击案。2010 年 3 月 26 日傍晚，伊拉克东部迪亚拉省发生两起炸弹袭击事件，造成至少 53 人死亡。当时，在迪亚拉省哈里斯镇，两个爆炸装置在一家餐馆附近被接连引爆，爆炸除造成众多人员伤亡外，还导致周边不少建筑物受损。迪亚拉省是“基地”组织活动频繁的地区，伊拉克军警经常在该地区与武装分子和恐怖分子交火。这次袭击距离伊拉克有关部门宣布国民议会选举结果仅不到 1 小时。

（9）2010 年 3 月 28 日西部安巴尔省加伊姆市连环恐怖炸弹爆炸袭击案。2010 年 3 月 28 日，伊拉克西部安巴尔省加伊姆市发生连环炸弹爆炸事件，造成 5 人死亡、28 人受伤。上午 7 时左右，事先放置在加伊姆市一个居民区内的多枚炸弹被引爆，造成人员伤亡和房屋损毁。

（10）2010 年 4 月 4 日巴格达市连续 3 起自杀式恐怖汽车炸弹爆炸袭击案。2010 年 4 月 4 日上午，伊拉克首都巴格达市中心连续发生 3 起自杀式汽车炸弹爆炸袭击，造成至少 50 人死亡、224 多人受伤。当时，巴格达“绿区”先是遭到一系列迫击炮弹袭击，中国驻伊拉克使馆多个房间遭到波及。另外两次严重爆炸发生在位于曼苏尔区拉马丹第 14 大街的新华社巴格达分社雇员办公室附近，分社办公室烟尘四起、玻璃破碎。随后，激烈的枪声在巴格达持续 10 多分钟。三起自杀式汽车炸弹袭击针对埃及和伊朗使馆，德国大使官邸被炸毁。11 时 15 分，第一起爆炸发生，在巴格达西部的曼苏尔区的德国大使官邸外，一名自杀式袭击者引爆了一辆装满炸药的汽车，将官邸炸毁。

另外两起发生在中国驻伊拉克使馆、德国使馆和埃及使馆等外国使馆聚集的区域。此外，巴格达警察在巴格达东部拦截了第四名人弹驾驶的汽车，在他引爆炸弹前将其击伤。这名嫌犯名叫艾哈迈德·贾西姆，年仅 17 岁，他驾驶的小巴士内装有一吨爆炸物，排弹专家用了数小时时间才将爆炸物雷管拆除。

（11）2010 年 4 月 23 日首都巴格达数起针对什叶派穆斯林的恐怖爆炸袭击案。2010 年 4 月 23 日，伊拉克首都巴格达发生数起针对什叶派穆斯林的汽车炸弹和路边炸弹袭击，造成至少 56 人死亡、112 人受伤，这是伊拉克最近发生的最严重的一起爆炸袭击事件。当天上午开始，在穆斯林教徒祈祷时间，巴格达多个什叶派清真寺及居住区和穆斯林常去的市场附近遭到汽车炸弹和路边炸弹袭击，共发生 23 起爆炸。其中，最为严重的一起袭击发生在巴格达北部萨德尔城内，两辆载满爆炸物的汽车在什叶派宗教人士萨德尔的办公室附近被同时引爆，造成至少 21 人死亡、45 人受伤。两起发生在巴格达东部和北部什叶派清真寺附近，汽车炸弹爆炸袭击共造成 11 人死亡、28 人受伤。此外，在另两起爆炸袭击中，分别有 3 人和 6 人受伤。近几个月来，在美军支持下，伊拉克情报部门和安全部队一直在采取行动打击基地组织。基地组织伊拉克分支的重要领导人马斯里和巴格达迪近日被伊拉克安全部队击毙，该组织受到前所未有的打击，23 日发生的系列袭击事件与基地组织两位领导人被击毙有关。

（12）2010 年 5 月 10 日十起恐怖袭击案。2011 年 5 月 10 日，伊拉克遭遇数十起恐怖袭击事件，造成 102 人死亡、350 多人受伤，这是伊拉克 2010 年以来遭遇的最严重袭击。最严重的爆炸发生于巴比伦省首府希拉市，当地一家纺织厂当天下午遭遇两起自杀式炸弹爆炸，已造成 50 人死亡、百余人受伤。首次爆炸时，工人们正准备下班，从而造成严重伤亡。而第二次爆炸发生时，救援人员正在现场帮助受伤者，造成了更多的伤亡。当天，首都巴格达多个军方和警方检查站，在一个半小时内遭遇了多起枪击及炸弹袭击，造成 15 人死亡，其中包括多名警察。当天下午晚些时候，南部巴士拉市发生了 3 起炸弹爆炸袭击，目标是当地的主要市场，爆炸造成 20 人死亡。当天发生的一系列爆炸袭击基本都和“基地”组织有关，伊拉克安全部队与美军上月对伊拉克境内“基地”组织展开清剿并宣称取得进展，但美军发言人 10 日承认“基地”组织仍然有能力发动大规模袭击。

（13）2010 年 5 月 21 日迪亚拉省恐怖汽车炸弹爆炸袭击案。2010 年 5 月

21 日晚上，伊拉克迪亚拉省发生汽车炸弹爆炸袭击，造成 35 人死亡、69 人受伤。当时，爆炸发生在迪亚拉省的卡利斯市内两家咖啡馆附近，一个自杀式袭击者驾驶装载炸药的汽车来到事发地点后引爆了汽车。爆炸造成重大人员伤亡，两家咖啡馆完全被毁，附近很多店铺也遭波及。迪亚拉省属于“基地”组织伊拉克分支和反美武装比较活跃的地区，安全形势较为恶劣，暴力袭击事件时有发生。

（14）2010 年 6 月 24 日、25 日公共汽车站和什叶派教徒聚集区恐怖爆炸袭击案。2010 年 6 月 24 日，伊拉克首都巴格达东部的什叶派聚居区萨德尔城发生炸弹爆炸事件，造成至少 72 人死亡、150 人受伤。2010 年 6 月 25 日，伊拉克巴格达一个公共汽车站发生爆炸事件，造成 2 人死亡、26 人受伤。当时，爆炸发生在一个什叶派教徒聚集区，炸弹被放在了汽车站入口处。这些爆炸发生在驻伊美军准备撤离之前。

（15）2010 年 6 月 29 日多起恐怖炸弹袭击案。2010 年 6 月 29 日，伊拉克发生多起炸弹袭击，造成 4 人死亡、8 人受伤。当天早上，巴格达市内发生两起炸弹袭击，在巴格达北部的卡迪米亚区，一名伊军准将被藏匿在他汽车上的炸弹炸死。另一起炸弹袭击发生在首都西北部，一枚藏匿在一辆民用汽车上的炸弹被引爆，造成 1 人死亡、2 人受伤。当天，北部萨拉赫丁省发生一起针对伊拉克军警巡逻队的汽车炸弹袭击，造成 1 名伊拉克陆军中校和 1 名平民死亡，另有 3 名警察和 3 名平民受伤，威力强大的爆炸还造成事发点周围车辆、店铺和建筑物不同程度受损。

（16）2010 年 7 月 7 日巴格达针对什叶派穆斯林朝圣者的系列恐怖爆炸袭击案。2010 年 7 月 7 日，伊拉克首都巴格达发生一系列针对什叶派穆斯林朝圣者的爆炸袭击，造成至少 54 人死亡、359 人受伤。这一天成为 2010 年以来伊拉克因暴力袭击死伤人数最多的一天。当天，最血腥的一起攻击由一个自杀式袭击者制造，在巴格达北部阿德米亚区聚集的朝圣人群中，一个自杀式袭击者引爆了穿在身上的炸药背心，当场造成 28 人死亡、68 人受伤。此前连续发生的 3 起路边炸弹袭击中，共有 20 名朝圣者受伤。当天，巴格达及周边地区发生多起针对军警的炸弹袭击，导致至少 8 人死亡、16 人受伤。内政部官员阿卜杜·拉赫曼少校在巴格达南部驾车行驶时，一枚粘贴在他车上的磁性炸弹被引爆，拉赫曼当场身亡。另外，3 名伊军士兵在巴格达西部一起路边炸弹爆炸中受伤。在巴格达西郊阿布格莱布地区，不明武装分子对多个军警住所发动炸弹袭击，共炸毁7所房屋，造成6人死亡、7人受伤，死者中包括1名警察和1名7岁女童。一名自杀式袭击者驾驶着装有炸药的汽车冲向当地一个由伊军驻守的检查站，造成1名士兵死亡、6名士兵受伤。

（17）2010年7月8日巴格达东南部马什特区针对什叶派朝圣者人群恐怖爆炸袭击案。2010年7月8日上午，伊拉克首都巴格达东南部马什特区，一枚路边炸弹在什叶派朝圣者人群旁被引爆，导致3人死亡、31人受伤。另一起汽车炸弹爆炸，造成10名朝圣者受伤，这些朝圣者当时刚参加完宗教活动，正在徒步回家的路上。然而，爆炸袭击并未能阻止什叶派民众，他们挥舞旗帜、继续向北部的卡迪米亚清真寺前进。连日来，大约100万名来自巴格达和其他周边省份的什叶派朝圣者陆续赶往卡迪米亚清真寺，参加一年一度纪念著名什叶派宗教领袖伊玛目卡迪姆殉教的宗教仪式。

（18）2010年7月18日针对逊尼派武装人员恐怖自杀式炸弹爆炸袭击案。2010年7月18日早晨，伊拉克首都巴格达市郊发生一起针对逊尼派武装人员的自杀式炸弹爆炸袭击事件，造成至少43人死亡、50多人受伤。当时，一群隶属于“觉醒委员会”的逊尼派武装人员在巴格达西南郊的基地附近排队领取工资时，一名自杀式袭击者在等候人群中引爆了身上的炸弹背心，造成人员伤亡，伤者中包括两名伊拉克军队士兵。当天，西部安巴尔省发生一起针对逊尼派武装力量的自杀式炸弹袭击，造成至少4名“觉醒委员会”领导人死亡、7人受伤。伊拉克“觉醒委员会”是以逊尼派为主的民兵武装组织，2006年至2007年间曾协助驻伊拉克美军和伊拉克安全部队打击“基地”组织，大大限制了“基地”组织在伊拉克的生存空间，因而屡屡成为后者的袭击目标。

（19）2010年7月26日伊拉克什叶派圣城卡尔巴拉针对什叶派穆斯林的连环恐怖汽车炸弹袭击。2010年7月26日晚上，伊拉克什叶派圣城卡尔巴拉附近发生针对什叶派穆斯林的连环汽车炸弹袭击事件，造成至少20人死亡、50余人受伤。当时，这些受害者正在前往卡尔巴拉的路上，准备前去参加定于28日举行的什叶派历史宗教领袖伊玛目马赫迪诞辰日庆典，爆炸瞬间发生，造成众多人员伤亡。卡尔巴拉位于伊拉克首都巴格达西南约110公里处，是什叶派穆斯林的宗教圣地，每年有许多穆斯林从世界各地前往朝拜。武装分子和恐怖分子经常针对什叶派朝圣者发动袭击，以激化教派冲突。2010年7月上旬，数百万什叶派穆斯林在巴格达卡迪米亚清真寺参加宗教活动时，不断发生针对他们的爆炸和枪击事件，一天内导致超过 450 人伤亡。

（20）2010 年 8 月 7 日巴士拉恐怖连环爆炸袭击案。2010 年 8 月 7 日晚上，伊拉克第二大城市巴士拉发生爆炸袭击事件，造成至少 36 人死亡、110 人受伤。当时，一辆载有炸药的汽车在当地商业区一个有名的露天市场被引爆，随后附近一个大功率发电机及其油箱也发生爆炸，造成重大伤亡。近日伊拉克全国各类袭击不断，7 月份因暴力袭击死亡人数达到两年以来的新高。伊拉克议会选举近 5 个月后，新政府组建僵局尚未有明显突破迹象。

（21）2010 年 8 月 17 日巴格达针对伊军征兵站的自杀式恐怖爆炸袭击案。2010 年 8 月 17 日上午，伊拉克首都巴格达发生一起针对伊军征兵站的自杀式爆炸袭击，造成至少 48 人死亡、129 人受伤。当时，在巴格达市中心巴布阿尔穆阿泽区的一个伊军征兵站，约 250 名准备应征加入伊拉克安全部队的应征者聚集在征兵站前一开阔空地排队等候，一名自杀式袭击者混入队列，随后引爆了身上的炸药背心。

（22）2010 年 8 月 25 日多个城市针对伊拉克安全部队军警的恐怖连环汽车炸弹袭击案。2010 年 8 月 25 日上午，伊拉克全国多个城市接连发生针对伊拉克安全部队军警的连环汽车炸弹袭击事件，造成至少 64 人死亡、272 人受伤。25 日早 8 时左右，在巴格达，一辆载有炸药的汽车在卡希拉区域一个警察局门前停车场被引爆，导致 15 人死亡、58 人受伤。与此同时，巴格达北部卡迪米亚区阿丹广场和南部一个检查站分别遭汽车炸弹袭击及枪击，共导致 5 人死亡、13 人受伤。当天最严重的袭击发生在瓦希特省首府库特。上午 10 时左右，汽车炸弹袭击将库特市警察部队总部大楼完全摧毁，很多士兵和警察被埋在里面，造成至少 23 人死亡、86 人受伤。当天，在西部安巴尔省发生的 4 起汽车炸弹爆炸和枪击事件中，共有 9 人死亡和 20 人受伤。在南部重镇巴士拉，一辆载有炸药的汽车在人群聚集的广场被引爆，袭击目标是附近一个警察局，造成至少 1 死 10 伤。与此同时，什叶派宗教圣地卡尔巴拉也发生针对伊拉克军警的汽车炸弹袭击，造成 1 人死亡和 29 人受伤。在东部省份迪亚拉，两起针对政府和军警的汽车炸弹连环爆炸和多次路边炸弹袭击造成至少 6 人死亡和 35 人受伤。在北部石油重镇基尔库克和摩苏尔分别发生的汽车炸弹袭击中，共造成 4 死 21 伤。伊拉克议会选举 5 个多月后，新政府组建仍处于僵局，随着驻伊美军战斗部队从伊拉克逐步完成撤离，“基地”等武装组织活动越发活跃。

（23）2010 年 9 月 19 日巴格达两起恐怖汽车炸弹爆炸袭击案。2010 年 9 月 19 日上午 10 时 15 分，伊拉克首都巴格达连续发生两起汽车炸弹爆炸袭击事件，造成至少 31 人死亡、110 人受伤。当时，一起爆炸发生在巴格达西部曼苏尔区一个手机运营公司大楼附近，另一起发生在巴格达北部卡迪米亚区的阿丹广场。一名袭击者驾驶着载有炸弹的汽车冲向手机运营公司大楼，“大楼的前半部分已经被炸塌，现场好几辆车被炸得面目全非”。根据以往经验，这类爆炸袭击通常是“基地”组织所为。

（24）2010 年 10 月 31 日首都巴格达市赛达特·纳贾特教堂恐怖劫持人质案。2010 年 10 月 31 日，伊拉克首都巴格达市，赛达特·纳贾特教堂发生劫持人质事件，造成 37 人死亡、56 人受伤，这起袭击明显带有“基地”组织的惯用作案特点，袭击者已被击毙，数名疑犯也已经落网。当天傍晚，巴格达市中心卡拉达区的一间证券交易所遭到身上有自杀炸弹装置的一批枪手袭击，枪手打死 2 名证券交易所警卫后，伊拉克军警迅速赶赴现场并包围交易所。随后，被迫躲进附近一座教堂的枪手，劫持了包括教堂牧师在内的 100 多名人质，与军警展开对峙。经过激烈交火，伊拉克安全部队最终控制了现场局面，被劫持人质获释，其中 10 名人质死亡。

（25）2010 年 11 月 2 日首都巴格达多个区域恐怖爆炸袭击案。2010 年 11 月 2 日，伊拉克首都巴格达多个区域发生恐怖爆炸袭击，造成至少 57 人死亡、248 人受伤，此次遭受袭击的大多数是什叶派聚居区。当时，发生的是“汽车炸弹、路边炸弹和迫击炮组合袭击”，其中至少有 12 次威力巨大的汽车炸弹袭击，巴格达有 10 个区域遭到重创。此次遭受袭击的大多数是什叶派聚居区，袭击目标主要是咖啡馆、餐厅和人来人往的市场。这一轮爆炸袭击发生在造成 133 人死伤的巴格达教堂人质惨案仅 2 天后，“基地”组织已声称人质劫持事件为其所为。新政府组建仍处于僵局，“基地”等极端武装组织利用这一政治真空，接连制造血腥袭击，在民众中制造更大恐慌。

（26）2010 年 11 月 8 日什叶派圣城纳杰夫恐怖汽车炸弹爆炸袭击案。2010 年 11 月 8 日，伊拉克什叶派圣城纳杰夫发生汽车炸弹爆炸事件，造成至少 3 人死亡、10 人受伤。8 日早些时候，伊拉克卡尔巴拉省什叶派圣城卡尔巴拉也发生汽车炸弹袭击事件，造成 5 人死亡、28 人受伤。鉴于伊拉克大选结束 8 个月以来，一直未能组建有效的新政府，伊拉克各政治派对之间的紧张气氛愈演愈烈。

（27）2011 年 2 月 9 日东北部基尔库克安全部队总部系列恐怖自杀式爆炸袭击案。2011 年 2 月 9 日上午 10 点左右，伊拉克东北部基尔库克的一个安全部队总部遭到自杀式爆炸袭击，几分钟后该建筑物附近又发生两起爆炸，造成 7 人死亡、80 人受伤。死者中有两名警察，伤者中有 5 名警察和 8 名官员，此次爆炸结束了该城市持续了 6 个月的平静局面。当时，自杀式袭击者驾驶着敞篷小货车撞向安全部队总部的一面防爆墙，随后该建筑物起火。第二起爆炸事件发生在离这个安全部队总部有几条街区的地方，附近还有一个加油站。第三起爆炸发生在安全部队总部同一条街上，爆炸发生时，拉响警报的警车正赶往事发地安全部队总部。基尔库克位于伊拉克首都巴格达以北 290 公里处，有官员担心该城市可能成为伊拉克另一个暴力冲突频发地区。

（28）2011 年 2 月 12 日北部重镇萨迈拉恐怖自杀炸弹袭击案。2011 年 2 月 12 日，伊拉克北部重镇萨迈拉发生自杀炸弹袭击，造成至少 28 名什叶派朝圣者死亡、74 人受伤，当地官员认为袭击是“基地”组织武装人员所为。当时，在萨迈拉城外一个停车场，一名男子靠近一辆满载什叶派朝圣者的公共汽车，遭到 1 名士兵拦截后，引爆随身携带的炸弹。这是 3 天内第二起针对朝圣者的袭击。

（29）2011 年 2 月 15 日两起恐怖爆炸袭击案。2011 年 2 月 15 日，伊拉克首都巴格达发生 2 起炸弹爆炸袭击事件，造成 5 人死亡，包括 1 名妇女与 1 名警察，另有 6 人受伤。当时，首都巴格达扎发瑞尼亚哈市场发生 2 次炸弹爆炸事件。巴格达北部迪亚拉省首府巴古拜市也发生一起爆炸事件，1 名警察在家门口被炸身亡。

（30）2011 年 3 月 4 日首都巴格达北部地区恐怖炸弹爆炸袭击案。2011 年 3 月 4 日，伊拉克首都巴格达北部地区发生炸弹爆炸，事发地点靠近一个投票站，造成至少 5 人丧生、10 人受伤。当天，伊拉克已经开始首轮议会选举投票，正式的选举投票将于 3 月 7 日举行。由于部分选民可能在当天无法前往票站投票，政府 4 日让军队、警察、医护人员、留院病人及囚犯先行投票。这是伊拉克在推翻萨达姆政权后举行的第二次选举，也关系到美国如期撤军。伊拉克安保升级，在西部的安巴尔省官员 4 日上午已经宣布禁止车辆通行。伊拉克在全国各地部署了数十万警察和士兵，防止发生袭击事件破坏选举，巴格达机场已预定在选举日关闭。

（31）2011 年 3 月 6 日伊拉克南部城市巴士拉公共汽车路边恐怖炸弹爆炸

袭击案。2011 年 3 月 6 日上午 10 点，伊拉克南部城市巴士拉一辆公共汽车遭到路边炸弹爆炸袭击，造成车上 6 人死亡、12 人受伤。这次爆炸袭击目标原本是一个途经此地的美军车队，但没想到误炸了这辆公共汽车，伤亡者中包括妇女与儿童。

（32）2011 年 3 月 14 日伊拉克中部迪亚拉省军事基地恐怖自杀性炸弹爆炸袭击案。2011 年 3 月 14 日，伊拉克中部迪亚拉省发生自杀性炸弹爆炸，造成至少 9 人死亡，14 人受伤。当时，爆炸发生在当地的一个军事基地。

（33）2011 年 4 月 30 日伊拉克北部摩苏尔军方安检站恐怖爆炸袭击案。2011 年 4 月 30 日，伊拉克北部摩苏尔一个军方安检站遭到自杀式爆炸袭击，造成包括士兵与平民在内的 8 人死亡、19 人受伤，伤员中包括 2 名士兵。事件是在摩苏尔东部一个人员密集的市场发生的，自杀式爆炸袭击者在市场入口的安检站引爆了身上携带的炸弹。袭击发生在这家市场最繁忙的时刻，伊拉克士兵在那里对准备进入市场的人进行搜身检查。

（34）2011 年 5 月 5 日警方自杀式恐怖爆炸袭击案。爆炸事件造成 16 人死亡，50 人受伤。2011 年 5 月 5 日早上 7 点左右，伊拉克首都巴格达南部的希拉市发生一起针对警方的自杀式汽车爆炸袭击事件，造成 21 名警察丧生、75 人受伤。当时，自杀式袭击者驾驶一辆装满炸药的汽车，冲入位于市中心的该市警察总局，在入口处将车辆引爆。

（35）2011 年 5 月 19 日北部基尔库克两起恐怖炸弹袭击案。2011 年 5 月 19 日，伊拉克北部基尔库克发生两起炸弹袭击事件，两起爆炸发生的时间分别为当地时间 19 日 9 时 20 分和 10 时 30 分，造成至少 25 人死亡、70 人受伤。先是一枚汽车炸弹在基尔库克市中心一个公共汽车车站旁边爆炸，当许多警察和救援人员从警察总部出发准备前往第一起爆炸现场时，另一枚汽车炸弹在警察总部门前被引爆。两次汽车炸弹袭击均不是自杀式，武装人员在他人汽车底部安装了“磁性粘弹”。基尔库克为伊拉克北部石油重镇，位于首都巴格达以北 290 公里。

（36）2011 年 6 月 12 日首都巴格达与北部地区恐怖爆炸袭击案。2011 年 6 月 12 日，伊拉克首都巴格达与北部地区接连发生爆炸袭击事件，共造成 7 人死亡、19 人受伤。在巴格达南部古哈迪社区，一些年轻人踢足球时，发生路边炸弹爆炸，造成 3 人死亡、14 人受伤。在位于巴格达东北方 60 公里的巴古拜，不明身份的武装分子向一个警方安检站开枪，造成 3 名警察死亡、4 人受伤。位于巴格达北部230公里的齐亚拉，发生一起路边炸弹爆炸事件，造成1名警察死亡、1人受伤。

（37）2011年7月16日首都巴格达东部发生两起恐怖汽车炸弹爆炸袭击案。2011年7月16日傍晚5时10分左右，伊拉克首都巴格达东部发生两起恐怖汽车炸弹爆炸事件，造成5人丧生、32人受伤。当天，巴格达东部乌尔区一个市场内的一辆汽车突然爆炸，几乎同时乌尔区一个广场附近也发生了汽车炸弹爆炸，两起事件共造成至少37名平民伤亡。

（38）2011年8月15日恐怖炸弹袭击案。2011年8月15日，伊拉克多座城市发生十多起炸弹袭击事件，造成230多人伤亡，其中在伊拉克中部城市库特的情况最为严重。伊拉克三座城市遭遇新一波严重的炸弹袭击，已造成56人死亡，其中34人是在伊拉克中部城市库特遭两次炸弹袭击的遇难者。而在伊拉克另一个省份迪亚拉，爆炸造成10人死亡，其它城市也发生了导致多人死亡的炸弹袭击。这些爆炸事件还导致近180人受伤。

在15日早些时候，迪亚拉省多处地点共传出7次爆炸声，共有10人死亡，超过50人受伤。上午8时左右，市中心一处人群密集的集市发生了爆炸，两次爆炸差不多同时发生，分别为一次汽车炸弹和一次路边炸弹爆炸。差不多在同一时间，一名自杀式袭击者在伊拉克中南部伊斯兰教什叶派胜地纳贾夫的一处警方大楼外引爆了炸弹，造成4人死亡，32人受伤，死者中包括2名警察和2名平民。而在伊拉克北部城市基尔库克，一处教堂传出4声爆炸，幸而无人受伤。

15日上午，一队警察巡逻队遭遇汽车炸弹袭击，4名警员丧生。而在该起事件发生半小时后，同一城市1处被绑在摩托车上的炸弹爆炸，致1人死亡。此外，伊拉克中部城市卡尔巴拉当天也发生一起针对一处警局的汽车炸弹袭击的爆炸声，3名警察死亡，14人受伤。在另一城市巴拉德，一辆油罐车附近发生炸弹爆炸，16人受伤。

（39）2011年9月25日什叶派宗教圣城卡尔巴拉3起恐怖爆炸袭击案。2011年9月25日，伊拉克什叶派宗教圣城卡尔巴拉接连发生3起爆炸，导致至少5人死亡、20多人受伤。当天上午，卡尔巴拉市政府负责办理护照和身份证件的一处办公地点外接连发生两起汽车炸弹爆炸，前来救援的安全部队随后遭遇路边炸弹袭击。卡尔巴拉位于巴格达以南110公里处，是什叶派穆斯林的宗教圣地，安全形势相对较好，但不时遭到“基地”组织等逊尼派极端分子袭击。

（40）2011 年 10 月 10 日首都巴格达两起恐怖路边炸弹爆炸袭击案。2011 年 10 月 10 日晚上，伊拉克首都巴格达西部当晚接连发生两起路边炸弹爆炸事件，一共导致 13 人死亡、22 人受伤，爆炸造成周边建筑部分毁损。当时，巴格达西部沃沙什地区，一处居民区入口遭遇路边炸弹爆炸。几分钟后，第二枚路边炸弹在赶到现场的安全部队人群中被引爆，死伤者中包括 9 名伊拉克军警。伊拉克安全局势较几年前有所好转，但爆炸袭击事件依然频发，尤其是针对伊拉克安全部队和政府官员的袭击层出不穷。

（41）2011 年 10 月 12 日首都巴格达针对安全部队系列恐怖袭击案。2011 年 10 月 12 日，伊拉克首都巴格达发生一连串针对安全部队的袭击事件，造成至少 10 人死亡。在巴格达西部，一名自杀式袭击者在一处警局附近引爆了身上的爆炸装置，在巴格达北部伊斯兰教什叶派教徒聚居的社区，发生了一起针对警察局的炸弹袭击，两起袭击共造成 9 人丧生。在巴格达西部，发生针对警方巡逻队的一起汽车炸弹袭击，造成 1 名平民死亡。当时，不法分子使用“粘性炸弹”袭击一辆汽车，造成 7 人受伤，包括 1 名警官和 2 名警员。当地，另一起路边炸弹爆炸事件则导致 3 名警员受伤。根据官方数据统计，2011 年 9 月伊拉克共有 185 人在袭击事件中丧生。

（42）2011 年 10 月 27 日首都巴格达两起恐怖爆炸袭击案。2011 年 10 月 27 日晚上，伊拉克首都巴格达发生两起爆炸，至少导致 12 人死亡、45 人受伤，死亡者中包括 2 名警察和 2 名军人。爆炸地点位于巴格达城区东北的沙卜区，当第一起爆炸发生后救援人员正在抢救伤员时，第二起爆炸发生，造成更大伤亡，这种袭击方式是恐怖分子近期在伊拉克惯用的战术。巴格达近期几乎每天发生不止一起恐怖袭击事件，美国时任总统奥巴马 10 月 21 日发表声明，重申驻伊美军将于 2011 年年底前全部撤离。伊拉克总理马利基先前回应说，美军全部撤离不会对伊拉克安全形势造成大影响，伊拉克安全部队有能力自主承担安全职责。

（43）2011 年 10 月 28 日首都巴格达路边恐怖炸弹袭击案。2011 年 10 月 28 日清晨，伊拉克首都巴格达，两枚路边炸弹相继爆炸，造成 36 人死亡、78 人受伤。当时，巴格达厄尔地区发生两起爆炸，一枚路边炸弹爆炸，当安全部队和民众聚集到爆炸现场时，第二枚炸弹爆炸。遇难者中有 8 名安全部队成员，包括一名陆军中校，另有 4 名女子和至少 8 名儿童丧生。

（44）2011 年 11 月 3 日东部迪亚拉省连环恐怖爆炸袭击案。2011 年 11 月 3 日 9 时左右，伊拉克东部迪亚拉省发生爆炸袭击事件，造成至少 10 人死亡、25 人受伤。当时，一名自杀式袭击者在首府巴古拜附近一处军营入口处引爆炸弹背心，造成人员死伤。当安全部队赶到现场实施救援时，停在军营附近一家汽车修理厂门前的轿车突然爆炸，导致更多伤亡，爆炸还造成现场 6 辆民用车辆和 3 辆警车焚毁。伤亡人员主要是与政府合作的武装组织“觉醒委员会”成员和伊拉克安全部队官兵，“觉醒委员会”协助安全部队对抗“基地”等恐怖组织。袭击发生时，大批该委员会成员正在军营领取津贴。迪亚拉省与伊朗接壤，自美国 2003 年入侵伊拉克起，该省一直是“基地”和其他恐怖组织较为活跃的地区。

（45）2011 年 11 月 6 日首都巴格达寿贾集市四起连环恐怖爆炸袭击案。2011 年 11 月 6 日中午时分，伊拉克首都巴格达寿贾集市发生四起连环爆炸，导致至少 1 人死亡、29 人受伤。6 日正值伊斯兰教重要传统节日宰牲节，该集市内聚集了大批采购货物的市民。这处集市位于伊拉克首都的中心城区，有 700 余年的历史。当时，购物的人群正忙着准备穆斯林的宰牲节。

（46）2011 年 11 月 24 日巴士拉连环恐怖爆炸袭击案。2011 年 11 月 24 日，伊拉克南部港口城市巴士拉连续发生 3 起爆炸，造成 19 人死亡、67 人受伤。当时，3 起爆炸均发生在当地较为繁华的哈拉米耶市场，第一枚路边炸弹爆炸后，当附近平民和军警赶赴现场抢救伤员时，另一枚路边炸弹和一枚安装在摩托车上的炸弹连续爆炸，造成更多伤亡。这些伤亡者中，负责该市场警卫工作的警察和军队人员占多数。近期，恐怖分子在伊拉克更多将袭击目标对准军警人员。巴士拉先前相对较为平静，但近期暴力活动呈现升级趋势。

（47）2011 年 12 月 22 日多地多起恐怖爆炸袭击案。2011 年 12 月 22 日，伊拉克首都巴格达发生一系列炸弹袭击事件，首都的 11 个地区发生了至少 14 起爆炸事件，导致 72 人死亡、196 人受伤。大多数的袭击发生在什叶派居住的地区，在逊尼派聚集的 Adhamiyah 区也有一个简易爆炸装置爆炸导致的袭击。最严重的袭击并且唯一证实的自杀式炸弹发生于 Karrada 区，当时一名恐怖分子驾驶一辆救护车冲进政府的反腐败机构，造成 25 人死亡和 62 人受伤。当地的警察安保人员让他通行的原因是因为那个司机表示他是到要到附近的一所医院去的。这些袭击发生于政府高层出现教派矛盾后，12 月 19 日总理努里·马利基（什叶派人士）以“策划炸弹袭击杀害政府官员”的罪名要授权逮捕副总统塔里克·哈希米（Tariq Al-Hashimi，逊尼派人士）。此外，在伊拉克其他城市也有袭击发生，在巴古拜一名枪手杀害了一家五口和一名卫兵，死者都是逊尼派觉醒委员会成员。摩苏尔发生的几起枪击事件导致2死4伤。在巴比伦省的Mussayab和首都西南60公里远的Jurf Al Sakhar有5人因袭击而受伤。在基尔库克也发现了一具尸体。巴格达当晚又发生了爆炸，晚间10点左右有至少4起爆炸事件。虽然美军已刚刚全部撤离伊拉克，但是美国官员表示他们关注着“基地组织的复苏”迹象。

（48）2012年1月5日多起恐怖爆炸袭击案。2012年1月5日，伊拉克首都巴格达什叶派聚居区和南部城市纳西里耶附近发生多起爆炸袭击，造成至少60多人死亡、138人受伤。当天，伊拉克首都巴格达发生多起爆炸袭击事件，已造成至少24人死亡、66人受伤。当时，巴格达城东的什叶派聚居区萨德尔城区发生两起袭击，第一起发生在人流密集的十字路口，事先安装在摩托车上的炸弹发生爆炸，导致人员死伤，伤亡者中多数为建筑工人。半小时后，萨德尔城区一家医院附近连续发生两起路边炸弹爆炸，这一系列爆炸袭击共导致9人死亡，另外35人受伤。同一天，巴格达城北的什叶派聚居区卡迪米亚区发生两起汽车炸弹袭击事件，导致15名平民丧生、31人受伤。伊拉克近期政局出现动荡，什叶派和逊尼派阵营间的矛盾加剧，引起国际社会对该国安全形势的关注。

（49）2012年1月9日巴格达两起恐怖汽车炸弹袭击案。2012年1月9日，伊拉克首都巴格达发生两起汽车炸弹袭击事件，造成至少12人死亡、51人受伤。第一起汽车爆炸袭击，发生在巴格达东北城区，死亡人为7人、19人受伤。第二起汽车炸弹袭击，发生在巴格达西南城区一处什叶派清真寺附近，造成5人死亡、32人受伤，清真寺也在爆炸中遭到严重损坏。

（50）2012年1月14日南部城市巴士拉什叶派穆斯林朝觐者恐怖自杀式炸弹袭击案。2012年1月14日，伊拉克南部城市巴士拉，发生针对什叶派穆斯林朝觐者的自杀式炸弹袭击，造成至少50人死亡、90人受伤。当时，爆炸发生在巴士拉南部祖拜尔镇一座清真寺附近，一名自杀式袭击者在朝觐人群中引爆炸弹，造成惨重的人员伤亡。伊拉克近期政局出现动荡，教派冲突上升，暴力事件增多，尤其是针对什叶派穆斯林的爆炸袭击明显增加。

（51）2012年1月24日首都巴格达萨达尔市什叶派聚集区两起恐怖自杀式汽车炸弹袭击案。2012年1月24日清晨，伊拉克首都巴格达萨达尔市什叶派聚集区发生两起自杀式汽车炸弹袭击，已致 11 人死亡、47 人受伤。当时清晨 6 点 45 分，第一枚汽车炸弹在一群工人中爆炸，致 8 人死亡、21 人受伤。约半个小时后，一家面包房外发生了第二起汽车爆炸，致 3 人死亡，26 人受伤。自 2011 年年底美军从伊拉克撤出后，伊国内政治危机升级，直接威胁到联合政府的稳定性。同时，宗教暴力引发的恐慌再次笼罩伊拉克民众。2011 年 12 月 19 日，伊拉克国家最高司法机构最高法律委员会以涉嫌恐怖活动为由，向属于逊尼派阵营的副总统哈希米发出逮捕令。伊拉克什叶派政府 8 日要求库尔德自治区交出遭到通缉的哈希米，指责其牵涉恐怖活动。哈希米阵营随即发起“反击”，对国会和内阁会议进行抵制，致政府运行几乎全面“停摆”。一些逊尼派教徒频繁袭击什叶派聚集区和伊拉克保安部队，就是为了“摧毁”民众对什叶派政府的信心，证明他们根本没有能力保护自己的人民。自 2012 年初，伊拉克国内接连不断的爆炸袭击已致 170 人丧生，其中大部分是参加宗教典礼的什叶派朝圣者。

（52）2012 年 1 月 26 日中部巴比伦省穆警官住宅恐怖炸弹袭击案。2012 年 1 月 26 日，伊拉克中部巴比伦省穆萨伊卜市，警官艾哈迈德・祖瓦伊恩的住宅发生一起炸弹袭击事件，导致 10 人死亡。当时，在警官艾哈迈德・祖瓦伊恩的住宅，袭击者引爆多枚炸弹，导致祖瓦伊恩及其 9 名家庭成员当场死亡。穆萨伊卜市位于伊拉克首都巴格达以南约 60 公里处，是恐怖组织和伊拉克反政府武装较为活跃的地区，暴力活动多发。

（53）2012 年 1 月 27 日首都巴格达什叶派穆斯林葬礼自杀式恐怖汽车炸弹袭击案。2012 年 1 月 27 日上午 11 点左右，伊拉克首都巴格达，在一名什叶派穆斯林葬礼上，一名自杀式袭击者引爆满载爆炸物的车辆，致使至少 31 人死亡、60 人受伤。当时，一名自杀式袭击者在泽法拉尼亚地区的小市集旁，于什叶派葬礼队伍行经之路附近引爆汽车炸弹。袭击目标是当地警察局，自杀式爆炸者没能抵达警察局实施袭击，于是在靠近商铺和市场的地方引爆。葬礼是为房地产经纪人穆罕默德马利基一家举行的，马利基和妻子、儿子 26 日在巴格拉耶尔穆克地区遭枪杀。

（54）2012 年 2 月 19 日首都巴格达警察学校恐怖自杀式汽车炸弹爆炸袭击案。2012 年 2 月 19 日，伊拉克首都巴格达一所警察学校遭遇自杀式汽车炸弹爆炸袭击，造成至少 19 人丧生、26 人受伤，死伤人员均为警官和警校学员。同一天，伊拉克其他地区发生多起枪击和炸弹袭击事件。当时，一名自杀式袭击者当天下午驾驶装载爆炸物的汽车，等候在巴格达城东巴勒斯坦街一所警校外。学员走出警校安保区域后，袭击者驾驶车辆靠近这些学员并引爆。19 日当天，巴格达以北大约 60 公里的巴古拜地区，发生枪击和炸弹袭击事件，致死 7 人，包括 4 名为警察提供情报的人员、一名警察和两名反“基地”组织民兵。这是 2012 年 1 月底以来伤亡最严重的一起袭击事件。伊拉克恐怖袭击最近呈现回升趋势，目标多针对军警，仅巴格达城区便发生多起。1 月，伊拉克暴力事件致死 151 人。

(55) 2012 年 2 月 23 日多地多起恐怖爆炸袭击案。2012 年 2 月 23 日，伊拉克首都巴格达及萨拉赫丁省、迪亚拉省、基尔库克省等地接连发生 10 多起恐怖袭击事件，造成至少 60 人死亡、200 多人受伤。23 日上午早上 6 时到 8 时，首都巴格达发生多起炸弹袭击事件，造成至少 22 人死亡、数十人受伤。当时，正值早班高峰时段，巴格达市中心地区发生两起汽车炸弹爆炸事件。一起爆炸发生在临近卡赫拉马纳广场的地方，另一起发生在一个十字路口附近的检查站。此后，巴格达西南部又接连发生多起爆炸，数枚路边炸弹被引爆，造成多人伤亡。当天上午，巴格达以北的萨拉赫丁、迪亚拉两地几乎在同一时间也发生暴力袭击事件。巡逻警察遭到不明身份武装分子袭击，至少 6 名警察在袭击中身亡。近期，伊拉克恐怖袭击频发，其目标多针对军警，仅巴格达城区就发生多起袭击事件。

(56) 2012 年 2 月 29 日多起恐怖爆炸袭击案。2012 年 2 月 29 日早晨 7 时 30 分左右，伊拉克首都巴格达市区发生一起汽车炸弹爆炸事件，造成至少 3 人死亡、11 人受伤。当时，巴格达城东什叶派聚居区一处路段发生汽车炸弹爆炸事件，造成人员伤亡，并波及附近商铺和几辆民用车辆。当天，在伊拉克中部萨拉赫丁省图兹胡尔马图市一座村庄，一支军警巡逻队遭遇汽车炸弹袭击，2 名士兵和一名警察身亡，2 辆军车被毁。萨拉赫丁省属于逊尼派势力范围，安全形势糟糕。

(57) 2012 年 3 月 5 日多起恐怖袭击案。2012 年 3 月 5 日，伊拉克西部安巴尔省哈迪撒市两座检查站和两处警察办公室接连遭遇袭击，造成至少 27 名警察死亡、3 名警察受伤，另有 3 名武装人员在交火中被警方击毙。当天破晓前，在夜色掩护下，伙身份不明的武装人员乔装成警察，接连袭击了哈迪撒市的两座检查站和两处警察办公室，造成至少 27 名警察死亡、3 名警察受伤，另有 3 名武装人员被警方击毙。安巴尔省是伊拉克面积最大的省份，曾是“基地”组织主要活动地区，逊尼派武装人员在此也很活跃，时常发动大规模袭击。

（58）2012 年 3 月 20 日恐怖炸弹袭击案件。2012 年 3 月 20 日，这是美军攻打伊拉克的九周年。在这一天，伊拉克境内发生多起恐怖袭击，这些发生在境内的多起爆炸袭击造成了至少 43 人死亡，198 人受伤。这一天，首都巴格达、南部城市希拉、什叶派宗教圣城卡尔巴拉、北部石油重镇基尔库克等地发生 10 余起爆炸袭击。而这一系列明显经过策划的爆炸袭击大多针对警察和政府机构。

（59）2012 年 4 月 19 日首都巴格达及市郊系列恐怖爆炸袭击案。2012 年 4 月 19 日，伊拉克首都巴格达及市郊发生一系列爆炸袭击事件，造成至少 9 人死亡、24 人受伤。巴格达市内当天早晨发生至少两起汽车炸弹袭击和两起路边炸弹袭击，其中一起针对伊拉克卫生部车队。此外，巴格达北部塔季和塔尔米耶地区发生两起路边炸弹爆炸和一起自杀式汽车炸弹袭击。

（60）2012 年 6 月 13 日多个城镇多起恐怖炸弹袭击和枪击案。2012 年 6 月 13 日，伊拉克巴格达以及中东部等省份的多个城镇发生多起炸弹袭击和枪击事件，造成至少 78 人死亡、300 多人受伤。仅首都巴格达就发生 10 次爆炸，多数爆炸发生在什叶派朝圣者的聚会场所。南部城市希拉，在一家警察经常光顾的饭店门前，两枚炸弹爆炸，炸死 22 人。城市基尔库尔，发生 3 起爆炸，其中一起爆炸是为了袭击库尔德斯坦自治区领导人巴扎尼。自 2011 年底美军撤出伊拉克后，该国安全形势一度好转，但近期暴力活动又呈现上升趋势。6 月初巴格达发生的一起自杀式汽车炸弹袭击，造成至少 26 人死亡，近 200 人受伤。秘书长伊拉克问题特别代表、联合国伊拉克援助团负责人科伯勒在当天发表的一份书面声明中向伊拉克当局发出紧急呼吁，要求其从根源上解决给伊拉克人民带来诸多苦难和痛苦的暴力和恐怖主义。

（61）2012 年 7 月 22 日多起恐怖袭击案。2012 年 7 月 22 日，伊拉克遭遇多起恐怖袭击事件，已造成 100 多人死伤。其中死亡人员近 30 人，仅发生在首都巴格达的一起袭击就导致至少 15 人死亡、60 多人受伤。当天，伊拉克东部省份迪亚拉发生两起袭击军警事件，导致 5 人死亡、3 人受伤。逊尼派穆斯林占人口多数的迪亚拉省是伊拉克反政府武装人员较为活跃的地区。在第一起袭击事件中，迪亚拉省首府巴古拜以北大约 60 公里处的一个检查哨卡附近发生路边炸弹爆炸，导致包括 1 名军官在内的 3 名军人丧生、2 名军人受伤。第二起袭击事件发生在巴古拜以北大约70公里处的一个警察哨卡，不明身份武装人员开枪袭击哨卡，导致2名警察死亡、1人受伤。当天，伊拉克南部城市纳杰夫发生一起较为严重的袭击事件，一起汽车炸弹袭击造成至少5人死亡、14人受伤。袭击发生在纳杰夫市中心一家生意兴隆的餐馆附近，剧烈爆炸导致餐馆和附近一些住宅及商店房屋损坏。伊拉克什叶派圣城纳杰夫距首都巴格达约160公里，2003年伊拉克战争后，该地曾是抵抗组织力量较为强大的地区。同一天，伊拉克北部城市摩苏尔市区一处警察局遭遇汽车炸弹袭击，导致1名警察身亡，另有10人受伤，伤者中有多名警察。22日晚上，伊拉克首都巴格达发生一起3枚炸弹连续爆炸的袭击事件，导致的死亡人数于报道时已增至15人，另外60多人受伤。当时，爆炸发生地点位于市区一处人流较为密集的市场，爆炸同时造成市场附近多处房屋和多辆汽车损毁。“基地”组织伊拉克分支22日通过互联网发表声明，声称近期将在伊拉克发动新攻势。

（62）2012年7月23日全国多个地方恐怖袭击案。2012年7月23日，伊拉克全国多个地方发生炸弹爆炸或武装人员袭击事件，袭击目标多为伊拉克军队、警察、政府机构或市区人群密集处。截至23日午前，袭击已造成伊拉克全国近50人死亡，100多人受伤。当天上午，一伙武装分子袭击巴格达北部90公里处的一座军事基地，打死7名伊拉克士兵，打伤至少2人。首都巴格达市以及位于巴格达以北的基尔库克市、尔马图、底比斯镇等多地，发生恐怖袭击，共计约发生至少9次袭击。“基地”组织伊拉克分支当天在互联网上发表声明，宣称近期将在伊拉克发动新攻势。

（63）2012年7月31日首都巴格达市多起恐怖袭击案。2012年7月31日，伊拉克首都巴格达市中心，反犯罪局办公楼，遭到数名恐怖分子的袭击。在与安全部队发生交火时，一名自杀式袭击者被击毙。当时，3名自杀式袭击者身着绑缚爆炸物的背心进入反犯罪局办公楼，其中1人被安全部队击毙。当天，在巴格达，安全部队挫败一起恐怖分子劫狱事件。巴格达市中心，发生了两起汽车炸弹爆炸事件，已造成至少12人死亡、27人受伤。其中，一起袭击发生在埃尔维亚区一所警察局附近，另一起袭击发生在较为繁华的商业区凯拉代区。

（64）2012年8月16日诸多城市系列恐怖袭击案。2012年8月16日早晨，伊拉克首都巴格达中部、北部和西部其他城市发生系列恐怖袭击，造成至少 8 人死亡、50 人受伤。伊拉克 5 座城市发生近 10 起武装分子袭击事件，其中最血腥的发生在巴格达以西 60 公里处的费卢杰镇，武装分子打死了 4 名警察。在前一天伊拉克发生的恐怖袭击中已有至少 10 人丧生。伊拉克局势日趋紧张有历史原因，伊拉克逊尼派和什叶派严重对立。根据 1997 年的人口普查结果，伊拉克什叶派穆斯林占 66%，逊尼派占 34%。在萨达姆 · 侯赛因统治期间，逊尼派在政府中占有主导地位。然而，在 2003 年美国军事入侵伊拉克后，萨达姆 · 侯赛因被推翻，什叶派将逊尼派挤出重要的政府职位，其中最有影响力的是总理一职。

（65）2012 年 9 月 4 日恐怖路边炸弹袭击案。2012 年 9 月 4 日下午，伊拉克首都巴格达东北部的一城市附近发生路边炸弹爆炸，造成 4 名士兵死亡。当时，多名士兵乘坐车辆前往图兹奥马托市的营地时，遭遇路边炸弹袭击，爆炸造成 4 人死亡。该市位于巴格达以北 210 公里，伊拉克暴力袭击事件近年来呈下降趋势，但是极端武装分子仍频繁对伊拉克安全部队发动袭击，企图削弱什叶派政府。

（66）2012 年 9 月 9 日连环恐怖爆炸袭击案。2012 年 9 月 9 日，伊拉克遭遇新一轮恐怖袭击潮，全国十几个地点发生大大小小近 20 起爆炸枪击事件，一共造成至少 52 人死亡、184 人受伤，遇袭者多为安全部队和什叶派穆斯林。第一起袭击发生在 9 日早晨 7 时 30 分左右，爆炸地在北部石油重镇基尔库克，一名自杀式袭击者在北方石油公司总部门前引爆驾驶的汽车，造成至少 8 人死亡、30 人受伤，死伤者大多为前来应征油田警察的当地民众。第二起袭击发生在中午时分，基尔库克发生爆炸，市中心一处人流密集的市场遭遇汽车炸弹袭击。第三起袭击在几分钟后，当安全部队和当地民众赶到现场时，一枚路边炸弹又在同一地点被引爆，这起连环爆炸造成至少 7 人死亡、50 人受伤。基尔库克位于首都巴格达以北 250 公里处，一直是恐怖袭击的高发区。此外，当天晚上，巴格达以西 25 公里处的阿布格里卜地区发生一起袭军事件，一伙不明身份的枪手袭击了一个检查站，打死正在执勤的 3 名士兵。安全部队与这伙枪手一度交火，打死其中两人，擒住一人。伊拉克当天早些时候遭遇新一轮恐怖袭击狂潮，

2012 年 9 月 9 日晚上，首都巴格达发生 4 起汽车炸弹爆炸袭击，一共造成至少 16 人死亡、77 人受伤。第一起爆炸发生在巴格达城西沃沙什居民区的入口处，第二起爆炸发生在西北部舒拉区一家餐馆附近，第三起发生在北部

胡里亚区一处宠物市场，第四起发生在东部奈赫赖万区一处市场。这四处地点均是什叶派居民区，共造成至少 16 人死亡、77 人受伤。2012 年 9 月 9 日，济加尔省首府纳西里耶市中心一条主干道接连发生两起路边炸弹爆炸，造成至少 4 人死亡、6 人受伤，爆炸地点紧邻法国驻伊领事馆。济加尔省和米桑省位于伊拉克南部，属于什叶派占主导的省份，安全形势一直较好。同一天，米桑省首府阿马拉一座清真寺附近接连发生两起汽车炸弹爆炸，造成至少 18 人死亡、70 人受伤。恐怖分子的作案手段依然是等安全部队和救援人员到达爆炸现场后，发动二次爆炸袭击。当天，巴格达、摩苏尔、萨迈拉、巴士拉等袭击频发的地区也发生十余起零星爆炸和枪击事件。这些袭击明显经过策划，目标直指什叶派穆斯林、安全部队和政府部门，手段带有明显的“基地”特征，很可能是“基地”组织或其他逊尼派极端组织所为。与此同时，据伊拉克国家电视台 9 日报道，伊拉克中央刑事法庭当天以恐怖主义罪名宣判副总统哈希米死刑。

（67）2012 年 9 月 27 日伊拉克北部城市提克里特恐怖袭击越狱案。2012 年 9 月 27 日晚上，伊拉克提克里特发生大规模越狱事件，造成至少 15 人死亡、45 人受伤，包括多名“基地”组织成员在内的超过 200 名在押人员逃离。当天，配发晚饭时，数十名囚犯抢夺狱警的武器，打死至少 5 名狱警，随后打开狱门，放出其他囚犯。一些囚犯还闯入监狱长办公室，打伤狱长及其秘书。安全部队闻讯赶到后包围了监狱，并与尚未逃脱的囚犯对峙，一度展开激烈交火。首都巴格达和萨迈拉还派出增援部队和直升机，数小时后才夺回监狱的控制权。这座监狱羁押着大约 900 名囚犯，其中包括数十名“基地”组织成员。超过 200 名囚犯逃脱，安全部队在稍后的搜捕行动中抓获了其中的 33 人。这次越狱事件可能是由“基地”组织策划实施的，“基地”组织伊拉克分支，2012 年 7 月曾经扬言发动代号为“破壁”的新一轮攻势，主要目标是“夺回失地和劫狱解救同伙”。提克里特位于巴格达以北 170 公里处，是伊拉克前领导人萨达姆的老家，是逊尼派武装组织的主要据点，这里曾经多次发生越狱事件。

（68）2012 年 9 月 30 日多个城市恐怖爆炸袭击案。2012 年 9 月 30 日上午，伊拉克多个城市发生爆炸袭击事件，30 日全天在伊拉克全境的各类暴力袭击事件总共造成上百人伤亡，在全国范围发生十多起暴力活动，共导致 34 人死亡、80 多人受伤，其中仅首都巴格达及其周边地区就有 25 人死亡。30

日，仅汽车炸弹袭击事件就多达 12 起，巴格达以北约 20 公里处的塔季地区成为爆炸集中地，该地区不同地点发生 4 起汽车炸弹袭击事件，共造成 8 人死亡、25 人受伤。首都巴格达市中心的凯拉代区发生一起较为严重的袭击事件，一枚汽车炸弹在警察巡逻车队附近爆炸，导致两名警察死亡、5 人受伤，伤者中 3 人为平民。凯拉代区是巴格达市区人流较为密集的商业区，中国驻伊使馆和一些中方企业办事机构位于该区。除凯拉代袭击事件之外，巴格达还发生汽车炸弹爆炸、路边炸弹袭击和枪击事件各一起，这 3 起袭击事件共造成 15 人死亡、29 人受伤。东部省份瓦西特首府库特，一个警察检查站遭汽车炸弹袭击，导致 5 名警察身亡、6 名警察受伤。30 日，发生袭击事件的地区还包括北部尼尼微省和东部迪亚拉省。当天多起袭击事件呈现精心策划迹象，带有较为明显的“基地”组织行动特征。

（69）2012 年 10 月 20 日首都巴格达两起恐怖炸弹袭击案。2012 年 10 月 20 日，伊拉克首都巴格达发生两起炸弹袭击，共造成至少 11 人死亡、50 人受伤。两起爆炸的地点都位于巴格达北部卡迪米亚区一处人流密集的市场内。当天早些时候，巴格达市内还发生一起针对政府工作人员的枪击事件，两名伊司法部职员被不明身份的枪手打死。虽然伊拉克战争已结束多年，但伊拉克国内安全形势依然没有根本改善，教派和民族矛盾尖锐，政治和解进程缓慢，爆炸袭击时有发生。

（70）2012 年 10 月 27 日、28 日多地恐怖暴力袭击案。2012 年 10 月 27 日，伊拉克全境多地发生暴力袭击，造成至少 31 人死亡、超过 100 人受伤。2012 年 10 月 27 日早晨，伊拉克萨德尔市发生两起汽车炸弹袭击事件，两辆停着的汽车发生爆炸，导致至少 25 人死亡、40 余人受伤。当时，在巴格达以北 20 公里处的塔季地区，一辆搭载伊朗朝觐者的巴士发生爆炸，造成 5 人死亡、12 人受伤，死伤者均为伊朗人。事发时巴士正前往巴格达市内一处宗教圣地，爆炸是由贴在车上的磁性炸弹所致。巴格达东北部城区，发生一起路边炸弹袭击事件，爆炸地点位于一处人流密集的市场内，造成至少 5 人死亡、13 人受伤。27 日早些时候，伊拉克多地曾发生一系列爆炸袭击，袭击目标多为什叶派穆斯林和安全部队人员，共有 20 余人死亡，另有数十人受伤。27 日晚，巴格达西南部发生爆炸，一辆巡逻车在执勤途中接连遭遇两起路边炸弹袭击，1 名伊拉克安全部队人员丧生、6 人受伤，其中包括 2 名伊拉克安全部队人员。这些袭击发生在宰牲节假日期间，虽然伊拉克安全局势较几年前有所改善，但每逢宗教节日和重要假日，几乎都会迎来暴力袭击的高潮。2012年10月28日，伊拉克首都巴格达市内和周边地区发生多起爆炸，造成至少12人死亡。

（71）2012年11月14日巴格达恐怖炸弹袭击案。2012年11月14日，伊拉克首都巴格达和伊拉克北部地区发生一连串炸弹袭击事件，造成15人死亡、数十人受伤。14日清晨，在首都巴格达及其他3座城市，共发生了5起汽车炸弹爆炸和1起路边炸弹爆炸，其中最严重的一起爆炸发生在北部城市基尔库克，该起袭击事件造成9人死亡、39人受伤。尽管近年来伊拉克暴力袭击事件较往年已有显著下降，但是逊尼派武装分子仍时常发动针对什叶派政府、机构和支持者的袭击事件。

（72）2012年12月17日全国10多起汽车恐怖炸弹爆炸袭击案。2012年12月17日，伊拉克全国多地共发生10多起汽车炸弹爆炸袭击事件，共导致43人死亡、150多人受伤，伤者中包括10多名伊朗人。当天，死伤最惨重的一起袭击发生在首都巴格达东北部城区，一家卖车店车库里的汽车被引爆，造成11人死亡、45人受伤。另一起伤亡较惨重的袭击发生在北部城市摩苏尔郊外一处什叶派穆斯林聚居的村庄，一辆停靠在民宅附近的汽车发生爆炸，炸死7人、炸伤14人，死伤者大部分是妇女和儿童。摩苏尔是伊拉克安全形势最差的地方，“基地”组织等极端组织在此十分活跃，时常发动大规模恐怖袭击。当天早晨，距离北部石油重镇基尔库克不远的图兹胡尔马图市，一处居民区遭遇汽车炸弹连环爆炸，5人死亡、25人受伤。基尔库克位于巴格达以北250公里处，属于巴格达中央政府和北部库尔德自治区政府存在管辖争议的地区。首都巴格达以北60公里的杜杰勒地区，一辆搭载伊朗朝觐者的巴士遭遇汽车炸弹袭击，导致2名伊拉克人死亡、14名伊朗人受伤。当天，巴格达市中心最繁华的商业区卡拉代也发生一起汽车炸弹袭击事件，导致1死4伤。东部迪亚拉省和西部安巴尔省，发生多起暴力袭击事件，造成人员伤亡。

（73）2013年1月3日首都巴格达恐怖汽车炸弹袭击案。2013年1月3日晚上，伊拉克首都巴格达以南大约60公里处发生一起汽车炸弹袭击事件，导致至少20人死亡、40人受伤。爆炸发生地点位于该省穆赛伊卜市中心的道路旁，一些什叶派穆斯林朝觐者从“圣城”卡尔巴拉返回途中等待分赴各地时遭遇袭击，死伤者中包括不少妇女和儿童。伊拉克逊尼与什叶两派穆斯林之间教派冲突有加剧迹象，逊尼派穆斯林近期发起多次示威活动，抗议什叶派为主导的政府对逊尼派族群的压制。

（74）2013 年 1 月 10 日首都巴格达和北部一省份系列恐怖爆炸和枪击案。2013 年 1 月 10 日上午，伊拉克首都巴格达和北部一省份发生一系列爆炸和枪击事件，造成 9 人死亡、17 人受伤。上午 8 点，首都巴格达一什叶派社区附近发生汽车炸弹爆炸，造成至少 3 人死亡、11 人受伤。迪亚拉省发生一系列爆炸和枪击事件，致 6 人死亡、6 人受伤，受害者包括 1 名军官和 2 名警卫。伊拉克近日来爆发的反政府示威游行导致国内局势十分紧张。近期的暴力事件正是在一系列危机事件发生之际爆发。

（75）2013 年 1 月 16 日各地连环恐怖袭击案。2013 年 1 月 16 日，伊拉克各地发生连环袭击事件，造成至少 31 人死亡、200 多人受伤。16 日凌晨，在伊拉克北部基尔库克市区库尔德斯坦民主党党部外，发生自杀式汽车炸弹爆炸，造成严重损失，一条繁忙商业街上的多辆汽车与店铺被炸毁，17 人在爆炸中身亡。附近发生的另外一起汽车炸弹爆炸造成 2 人死亡，这两次爆炸袭击共造成至少 190 人受伤。当天，库尔德安全部队在小镇图兹哈瑞玛托的总部遭到汽车炸弹爆炸，造成 5 人死亡、36 人受伤。首都巴格达，3 名坐在巡逻车内的警察被枪杀，路边炸弹爆炸造成高速公路上 2 名警察死亡，枪手在一个检查站开枪打死一名军官。巴格达以北 240 公里的哈维佳，1 名警察因所乘坐汽车遭路边炸弹爆炸袭击而死亡，另有 4 人受伤。16 日成为自 2012 年 11 月 29 日以来，伊拉克暴力事件导致死伤最惨重的一天。当天，在伊拉克南部发生的针对什叶派朝圣者的连环袭击事件，造成至少 43 人死亡。

（76）2013 年 1 月 22 日伊拉克南部巴比伦省马哈茂迪耶镇恐怖自杀式汽车炸弹袭击案。2013 年 1 月 22 日，伊拉克南部巴比伦省的马哈茂迪耶镇，发生一起自杀式汽车炸弹袭击事件，至少造成 6 人死亡、14 人受伤。当时，一名袭击者驾车冲入马哈茂迪耶镇的伊拉克陆军哨卡后引爆车上爆炸物，死者包括袭击者本人、4 名平民和 1 名军人，伤者中有 3 名军人。马哈茂迪耶镇位于暴力活动频发的“死亡三角洲”地带，“基地”组织和伊拉克逊尼派反政府武装在该地区活动较为频繁。

（77）2013 年 1 月 23 日北部城市图兹胡尔马图清真寺葬礼恐怖自杀式爆炸袭击案。2013 年 1 月 23 日，伊拉克北部城市图兹胡尔马图，一座清真寺正在举行葬礼，遭自杀式爆炸袭击，至少 36 人死亡、75 人受伤。当时，人们正在为萨拉赫丁省议会一名什叶派议员的亲戚举行葬礼，一名身绑爆炸物的袭击者闯入该清真寺引爆爆炸物，导致包括其本人在内的大量人员伤亡。伤者包括图兹胡尔马图所在的萨拉赫丁省副省长艾哈迈德·阿卜杜勒·瓦希德。

（78）2013 年 2 月 3 日北部城市基尔库克警局总部恐怖爆炸袭击案。2013 年 2 月 3 日，伊拉克北部重镇基尔库克市警局总部遭到一伙不明身份的武装人员的袭击，造成至少 30 人死亡、100 多人受伤。当时，袭击者试图用爆破手段突入警局办公区并占领警局，首先在警局入口处实施自杀式汽车炸弹袭击，另有一名自杀式袭击者身绑炸药在警局大门处引爆，多名枪手借助爆炸掩护企图冲入办公区。一名袭击者身着警服、驾驶警车靠近伊拉克北部城市基尔库克的警察总部，在安检人员示意其停车接受检查时，袭击者引爆了车上的炸弹。随后，另有几名袭击者试图步行进入警察总部大楼，并向安全人员投掷手榴弹，在枪战中，有 3 名武装分子被当场击毙。基尔库克位于伊拉克首都巴格达以北 250 公里处，属于伊拉克中央政府和北部库尔德自治区政府存在管辖争议地区。该地区多民族混居，阿拉伯人、库尔德人和土库曼人一直就土地和石油利益分配争执不下，民族与教派冲突严重，恐怖袭击和小规模武装冲突频发。

（79）2013 年 2 月 4 日首都巴格达恐怖自杀式炸弹袭击案。2013 年 2 月 4 日，伊拉克首都巴格达附近发生一起自杀式炸弹袭击事件，造成至少 24 人死亡、49 人受伤。爆炸发生在位于巴格达以北约 20 公里处的塔季镇一处军事基地附近，民间武装组织“觉醒委员会”的一些成员当时正排队领取薪水。一名袭击者在人群中引爆绑在自己身上的爆炸物，导致他本人、21 名“觉醒委员会”成员和 2 名伊拉克陆军军人当场死亡。受伤者中有 42 名该武装组织成员和 7 名军人，这是本月发生的第七起袭击。

（80）2013 年 2 月 8 日多起恐怖汽车炸弹袭击案。2013 年 2 月 8 日，伊拉克发生至少 5 起汽车炸弹袭击，导致至少 36 人死亡，另有近百人受伤，遇袭地点均为什叶派穆斯林聚居区。袭击最先发生在首都巴格达北部的什叶派城区卡迪米耶，当地一处宠物市场遭遇连环汽车炸弹袭击，导致至少 17 人死亡、45 人受伤。数小时后，在巴格达以南 100 公里处的什叶派城市希拉，接连发生两起汽车炸弹袭击，共导致至少 14 人死亡，另有 36 人受伤。其中一起爆炸发生在当地一处菜市场，死伤者中包括多名妇女和儿童。当天，什叶派宗教圣城卡尔巴拉市郊，发生一起汽车炸弹爆炸事件，造成 5 人死亡、16 人受伤。出于对什叶派主导政府的不满，逊尼派武装组织近期密集发动恐怖袭击事件，官方为避免激化教派矛盾，多将此类袭击归咎于“基地”组织。

（81）2013 年 2 月 9 日首都巴格达国际机场附近伊朗难民营恐怖火箭弹袭击案。2013 年 2 月 9 日上午，伊拉克首都巴格达国际机场附近，一个伊朗难民营遭多达 20 枚火箭弹袭击，导致至少 5 人死亡、40 人受伤。袭击发生在一个代号“自由”的难民营，该营地容纳约 3000 名伊朗难民。爆炸伴随火光与尖啸，是火箭弹袭击。火箭弹是从巴格达以西约 20 公里的阿加尔戈夫地区一处农场发出，火箭弹用量如此之大，表明为袭击所进行的策划和后勤准备期较长。“自由”营地原为美军基地，2011 年年底美军撤离后，改建为临时性伊朗难民营，容纳自东部迪亚拉省阿什拉夫难民营迁移而来的伊朗难民。自 20 世纪 80 年代起，一些伊朗人因政治因素避难伊拉克，先后得到萨达姆政权和驻伊美军的保护。现在，伊拉克政府为什叶派主导，与伊朗政府关系较为友好，这使伊拉克境内伊朗难民的处境变得艰难。

（82）2013 年 2 月 16 日多起恐怖暴力袭击案。2013 年 2 月 16 日，伊拉克境内发生多起袭击事件，导致多人死亡，其中一名死者是伊拉克军方高级情报官员。当时，伊拉克军方高级情报官员阿里及其两名守卫遭自杀式炸弹袭击身亡。爆炸发生在伊拉克北部城市摩苏尔，自杀式袭击者在阿里家中引爆了身上的炸药。当天，伊拉克首都巴格达的一名法官艾哈迈德·巴亚提遭安放在汽车上的炸弹袭击身亡。此外，一名伊拉克士兵也因路边炸弹爆炸身亡，另有两人受伤。自 2013 年以来，伊拉克已发生多起由逊尼派穆斯林制造的自杀式炸弹袭击事件，宗派暴力呈现上升趋势。

（83）2013 年 2 月 17 日首都巴格达至少 6 起恐怖汽车炸弹袭击案。2013 年 2 月 17 日，伊拉克首都巴格达发生至少 6 起汽车炸弹袭击事件，导致至少 26 人死亡、124 人受伤。这一系列袭击目标位于巴格达市萨德尔城、卡马利亚、阿明和侯赛尼亚等什叶派聚居区，是人流密集的市场和停车场。伊拉克首都巴格达的什叶派社区发生一系列炸弹袭击事件，该地区在一段时间内接连发生 6 起汽车炸弹袭击和 3 起路边炸弹袭击。袭击场所包括餐馆、商店和路边市场等，已造成至少 28 人死亡、124 人受伤。

（84）2013 年 2 月 20 日北部萨拉赫丁省输油管道恐怖版炸袭击案。2013 年 2 月 20 日，伊拉克北部萨拉赫丁省，一段输油管道遭到武装人员袭击，发生爆炸，但未造成人员伤亡。这段输油管道连接伊拉克最大的炼油厂拜伊吉炼油厂，通往北部的尼尼微省，日运油量达 700 万升。恐怖分子在事发地点周边埋设地雷，试图阻止技术人员前往抢修。爆炸没有造成人员伤亡，这是近 5 天来这段管道遭遇的第二起袭击。2 月 16 日，武装人员曾在相同地点制造爆炸，破坏输油设施。伊拉克的输油管道经常遭遇反政府武装人员袭击。

（85）2013 年 2 月 22 日、23 日恐怖袭击案。2013 年 2 月 22 日，7 名反基地组织的民兵在伊拉克遭枪手袭击身亡。2013 年 2 月 23 日，伊拉克迪亚拉省省长在恐怖袭击中受伤，恐怖分子在其家门口引爆了汽车炸弹。

（86）2013 年 3 月 3 日什叶派宗教圣城卡尔巴拉自杀式恐怖爆炸袭击案。2013 年 3 月 3 日，伊拉克什叶派宗教圣城卡尔巴拉发生一起自杀式爆炸袭击事件，导致至少 10 人受伤。当时，在伊玛目侯赛因清真寺附近一处工程工地，一名工作的工人将自己引爆。从袭击的特点来看，这起爆炸很可能出自“基地”组织之手。近期伊拉克教派冲突加剧，主导政府和安全部队的什叶派人士频频受到逊尼派武装组织的袭击。

（87）2013 年 3 月 14 日首都巴格达系列恐怖汽车炸弹袭击和自杀性袭击案。2013 年 3 月 14 日，在伊拉克首都巴格达，“基地”组织发动了一系列汽车炸弹袭击和自杀性袭击，造成 21 人死亡、50 多人受伤。当时，在大约 5 分钟内，政府外交部、文化部以及通信部一个附属机构附近接连遭受汽车炸弹袭击。乔装成警察的武装分子强行闯进司法部大楼的入口，一名身穿炸弹背心的袭击者引爆炸弹，其他武装分子与安全部队展开激烈交火。“基地”组织这一系列袭击的主要目标是司法部大楼，并称此举是为逊尼派族群复仇。随后，大批伊拉克特警前往支援，枪战持续大约 1 小时，最后伊拉克安全部队控制了局势。当天，南部城市巴士拉发生两起汽车炸弹袭击，造成至少 10 人死亡、15 人受伤。

（88）2013 年 3 月 19 日全国 20 起汽车炸弹袭击案。2013 年 3 月 19 日，伊拉克全国共发生近 20 起汽车炸弹袭击事件，其中有 14 起发生在首都巴格达，爆炸共造成约 60 人死亡、超过 200 人受伤。最严重的一起爆炸发生在巴格达西北部的舒拉区，停靠在一个蔬菜店附近的汽车发生爆炸，导致 10 人死亡、20 人受伤。巴格达绿区附近的安检站遭遇一起汽车炸弹袭击，已经造成 5 人死亡、15 人受伤，绝大多数的死伤者都是伊拉克军警。西部省份安巴尔、中南部省份巴比伦等地发生了汽车炸弹袭击事件。此次爆炸袭击规模大、间隔短，很明显是有人精心策划的。有分析称，20 日当天是伊拉克战争爆发十周年纪念，此轮恐怖袭击的目标又大多为什叶派居民聚集区，因此很有可能是逊尼派极端分子导演了这一系列恐怖事件。在爆炸发生后，伊拉克安全部队封锁了巴格达的大部分街道，并且宣布逮捕了26名恐怖分子。

（89）2013年4月5日6起恐怖暴力袭击案。2013年4月5日，伊拉克发生6起暴力袭击事件，共造成7人死亡、34人受伤。当天，伊拉克发生6起暴力袭击事件：巴格达以南50公里处的迈哈维勒镇，一个蔬果市场发生汽车炸弹爆炸，造成3人死亡、7人受伤。巴格达以西25公里的阿布格莱布地区，一辆伊拉克军车在行驶时遭路边炸弹袭击，2名士兵死亡、2人受伤。巴格达东北部65公里处的巴古拜，发生一起炸弹袭击，造成1人死亡、19人受伤。巴格达以北250公里处的基尔库克，发生路边炸弹袭击，造成3名库尔德安全部队士兵和1名平民受伤。巴格达东北部70公里处的巴拉德·鲁兹镇，发生一起路边炸弹袭击，造成2人受伤。在距该镇不远的一座村庄，一名农民在家附近遭到不明枪手射杀。由于伊拉克将于2013年4月20日举行省议会选举，近来针对候选人的暴力袭击和暗杀事件也不断增多。

（90）2013年4月15日、17日多起恐怖袭击案。2013年4月15日，伊拉克发生一系列以汽车炸弹爆炸为主的袭击案件。当时，早上人潮高峰时，其中在20个省份中出现40多起攻击案例，攻击地包括什叶派和逊尼派地区。伊拉克首都巴格达，有2辆汽车炸弹在巴格达国际机场入口的检查站引爆，造成3人死亡、16人受伤。在卡玛利亚区，一起爆炸造成4人死亡、13人受伤，哈比比亚和卡瑞达的两起爆炸分别造成4人、24人受伤，在舒塔安置的汽车炸弹造成2人死亡、9人受伤，巴拉迪亚特路边炸弹引爆造成5名警察受伤。

在族群分裂的基尔库克地区，发生6起汽车炸弹爆炸案例，炸弹分别安排在城市中心以阿拉伯人、库尔德人或者是土库曼斯坦人为主的街区，造成9人死亡以及79人受伤，武装分子还开枪击伤1名当地医生。在巴格达以北170公里的城市图兹胡尔马图，发生至少3起汽车炸弹爆炸案例并且造成6人死亡、67人受伤。在摩苏尔，一名身份不明的枪手枪杀一对夫妇与附近民众，在与武装分子交火时则有1名士兵丧生，另外还有3名警察与2名平民因为路边炸弹的引爆而受伤。提克里特的当地办公室因为爆炸造成4人死亡和3人受伤，之后一个检查站也因为爆炸而造成13名警察受伤。道尔当地的爆炸造成13人受伤，之后一名政治家位于萨拉赫丁省的住处在遭到袭击后造成7人受伤。在巴格达以北50公里的城镇塔尔米耶，则发生枪手杀害1名警察的案例。另外在布利兹的黏性炸弹也造成 1 名军官死亡。阿尔-卡里斯的路边炸弹造成 1 名孩童死亡与 8 人受伤，米格达迪耶的汽车炸弹则造成 7 人受伤。巴古拜的爆炸案件造成包括 2 名警察在内的 5 人死亡，塔尔阿布塔的爆炸则造成 1 名警察与 2 名平民受伤。萨巴当地身份不明的枪手杀害 1 名军官，并且造成 2 名士兵受伤。在费卢杰的一处检查站因为汽车炸弹爆炸造成 2 名警察死亡与 6 人受伤。之后的黏性炸弹与不明枪手袭击亦分别造成 2 名平民以及 1 名平民死亡，城镇南部的爆炸则没有造成人员伤亡。另外，针对拉马迪当地的逊尼派神职人员的爆炸事件，造成 2 名保镖死亡与 1 名保镖受伤。巴比伦省希拉附近的两起汽车炸弹爆炸案，造成至少 19 位平民受伤，南部城市纳西里耶的市场附近安置的汽车炸弹则造成 2 人死亡以及 14 人受伤。2013 年 4 月 17 日，伊拉克多起炸弹袭击，造成 20 多人死伤。

（91）2013 年 4 月 24 日多起暴力袭击案。2013 年 4 月 24 日，伊拉克发生多起暴力袭击事件，造成至少 31 人死亡、数十人受伤。24 日晚，首都巴格达东部一个手机市场，发生汽车炸弹袭击，造成至少 7 人死亡、19 人受伤。距巴格达以北约 170 公里的苏莱曼贝克镇，数十名武装分子 23 日晚占领了该城镇。24 日早晨开始，伊拉克安全部队在直升机掩护下与武装分子交火，双方至少 15 人死亡、多人受伤。巴格达以北约 40 公里的塔尔米耶镇，一辆装有爆炸物的汽车在一个警方巡逻站附近爆炸，造成两名警察和一名平民死亡、8 人受伤。伊拉克北部尼尼微省省会摩苏尔西部地区，3 名枪手在袭击一个警方检查站时被击毙。伊拉克东部迪亚拉省省会巴古拜附近的一个村庄，枪手袭击当地一个检查站，导致 3 名亲政府的逊尼派组织“觉醒委员会”成员丧生、3 人受伤。24 日一系列暴力袭击有相当一部分是对 23 日安全部队与示威者发生冲突导致 200 多人死伤事件的报复行为。4 月 23 日，伊拉克安全部队和逊尼派示威者在巴格达以北 220 公里的哈维杰发生冲突，造成至少 50 人死亡、150 多人受伤。

（92）2013 年 4 月 26 日首都巴格达地区 4 座清真寺恐怖炸弹袭击案。2013 年 4 月 26 日，伊拉克首都地区 4 座清真寺遭炸弹袭击，造成 4 人死亡、50 人受伤。当天，巴格达南部一所清真寺遭炸弹爆炸，造成 4 人死亡、36 人受伤。另有 3 起爆炸发生在巴格达北部的 3 所清真寺，至少造成 14 人受伤。近来，伊拉克各地暴力事件频发，已有超过 190 人在各类冲突中丧生。此轮冲突多为教派之间的冲突，以及伊拉克警方和安全部队为了维稳对武装分子展开的行动。

（93）2013 年 4 月 27 日伊拉克安全部队恐怖袭击案。2013 年 4 月 27 日，伊拉克安全部队遭到袭击，造成 10 人死亡。伊拉克首都巴格达西部的一所军方情报机构，遭到枪手袭击，造成 5 名士兵死亡。伊拉克北部反基地民兵组织“萨赫瓦”遭袭，致 5 名民兵身亡。4 天之内已有 200 多人在各类冲突中丧生，其中绝大多数属于逊尼派，他们在与警方的冲突中死亡。

（94）2013 年 4 月 29 日南部市场 3 起恐怖汽车炸弹袭击案。2013 年 4 月 29 日，伊拉克南部发生 3 起汽车炸弹袭击，至少造成 8 人死亡、50 人受伤。巴格达东南约 300 公里的米桑省首府阿马拉，一个市场发生两起汽车炸弹袭击，至少造成 6 人死亡、30 人受伤。巴格达东南约 160 公里的卡迪西亚省首府迪瓦尼耶，一个市场发生一起汽车炸弹袭击，至少造成 2 人死亡、20 人受伤。

（95）2013 年 5 月 1 日伊拉克发生多起暴力袭击案。2013 年 5 月 1 日，伊拉克发生多起暴力袭击，共造成至少 13 人死亡、45 人受伤。当天，西部安巴尔省费卢杰附近一城镇，3 名亲政府的逊尼派组织“觉醒委员会”成员遭炸弹袭击而丧生，另有至少 13 人受伤。该镇还发生警察遭身份不明枪手袭击事件，导致警方人员一死一伤。1 名平民在费卢杰南部遭枪击身亡，另有 2 人受伤。安巴尔省首府拉马迪北部，一个警察巡逻队遭自杀式汽车炸弹袭击，至少 3 名警察身亡，8 人受伤。伊拉克中部的萨拉赫丁省的拜伊吉、东部的迪亚拉省，以及首都巴格达东北部、北部重镇基尔库克等地，发生了多起袭击事件，总共造成包括两名警察在内的 5 人死亡、21 人受伤。经过数周的全面宗教冲突，1 日又再添几起袭击事件，至少 22 人死亡。

（96）2013 年 5 月 11 日北部萨拉赫丁省恐怖自杀式汽车炸弹袭击案。2013 年 5 月 11 日，伊拉克北部萨拉赫丁省，发生自杀式汽车炸弹袭击，造成至少 3 人死亡、近百人受伤，伤者中有不少是儿童。这起自杀式汽车炸弹袭击发生在巴格达以北 280 公里的舍尔加特，该镇距离尼尼微省不远，一辆装满炸药的油罐车在尼尼微省军方行动指挥部情报部门负责人伊斯玛仪·朱布里的住所附近引爆，造成至少 3 人死亡。其中两人是朱布里的儿子，而朱布里当时不在住所内幸运地逃过一劫。由于爆炸威力巨大，周围数间民房和一所小学也遭到破坏，受伤者中有不少是当时正在学校内的学生。

（97）2013 年 5 月 12 日多个地方恐怖暴力袭击案。2013 年 5 月 12 日，伊拉克全国多个地方发生暴力袭击，造成至少 12 人死亡。在伊拉克北部尼尼微省首府摩苏尔南部的哈马姆·艾利勒附近，被袭击的死者戴着手铐和眼罩，身上有多处枪伤。在首都巴格达以北约 40 公里的马沙赫达镇，一名枪手用手枪向人群开火，造成至少 3 人死亡。两名枪手闯入巴格达市中心卡拉达商业区的一栋房屋，杀害了 4 名妇女。近期，伊拉克恐怖活动和暴力袭击时有发生，加上什叶派和逊尼派之间的冲突呈加剧之势，安全形势不容乐观。

（98）2013 年 5 月 14 日首都巴格达多家售酒商店恐怖枪击案。2013 年 5 月 14 日，伊拉克首都巴格达多家售酒商店遭到身份不明枪手袭击，至少有 12 人被打死。这些身份不明的枪手乘坐 4 辆越野车来到巴格达东部的扎约纳区，使用带有消音器的枪支对 5 家售酒商店实施袭击，在打死至少 12 人后逃离现场。伊拉克的人口以穆斯林为主，根据伊斯兰教规定，穆斯林禁止饮酒，不过在巴格达等地也有一些合法的售酒商店，主要由非穆斯林的少数族群经营。这些售酒商店有时会遭到宗教极端分子袭击。

（99）2013 年 5 月 15 日首都巴格达什叶派穆斯林居民区 9 起恐怖汽车炸弹袭击案。2013 年 5 月 15 日傍晚，伊拉克首都巴格达一些以什叶派穆斯林为主的居民区发生 9 起汽车炸弹袭击事件，造成至少 23 人死亡、110 人受伤。当天，巴格达东北部的萨德尔城，发生 3 起汽车炸弹袭击事件，造成至少 7 人身亡、33 人受伤。萨德尔城是巴格达市内主要的什叶派穆斯林聚居区之一，此前曾多次遭到袭击。当晚，巴格达北部、南部、西南部以及东南部，多个什叶派聚居区均遭到汽车炸弹袭击，共造成至少 16 人身亡、77 人受伤。

（100）2013 年 5 月 16 日多起恐怖袭击案。2013 年 5 月 16 日，约有 30 人死于恐怖袭击，另有 100 余人受伤。当天早高峰时间，一辆装有饵雷的汽车在巴格达东北部萨德尔城的一个市场附近被引爆，造成至少 6 人死亡、31 人受伤。当天，巴格达发生了 3 起汽车炸弹和暴力袭击事件，造成 3 人死亡、4 人受伤。什叶派穆斯林居住区发生汽车炸弹爆炸，造成至少 12 人死亡，多人受伤。

2013 年 5 月 16 日，伊拉克基尔库克一座什叶派清真寺发生自杀式爆炸袭击，造成至少 12 人死亡、25 人受伤。爆炸发生时，这座清真寺正在为前一天在汽车炸弹中丧生的一名遇难者举行葬礼。16 日，伊拉克首都巴格达及伊拉克北部地区发生一系列暴力袭击事件，造成至少 23 人丧生、67 人受伤。

（101）2013 年 5 月 17 日系列恐怖暴力袭击案。2013 年 5 月 17 日，伊拉克发生一系列暴力袭击事件，造成至少73人死亡、148人受伤。当天，首都巴格达西部和南部分别发生3起路边炸弹袭击，造成至少22人死亡、57人受伤。其中一起炸弹袭击发生在逊尼派聚居的阿美利亚区一个购物中心附近，造成至少19人死亡。巴格达以西50公里的费卢杰，一家咖啡馆遭到炸弹袭击，造成至少2人死亡、10人受伤。巴格达以南30公里的迈达因，一名当地官员的葬礼遭到路边炸弹袭击，造成至少8人死亡、25人受伤。当天中午，东部迪亚拉省首府巴古拜市，一个逊尼派清真寺附近发生两起路边炸弹袭击，造成至少41人死亡、56人受伤。当时，人们在星期五聚礼结束后正要离开这座清真寺。第一起爆炸发生后，人们正在抢救伤者时又发生了第二起爆炸。

（102）2013年5月18日西部安巴尔8名警察恐怖绑架案。2013年5月18日，伊拉克西部安巴尔，8名警察遭绑架。此外，至少有8人死于不同地方发生的暴力袭击。在安巴尔省首府拉马迪附近的高速路上，警方一支巡逻队遭身份不明的枪手伏击，至少有8名警察遭绑架。当天，拉马迪附近还爆发了政府安全部队人员和当地部落间的冲突，造成至少两人死亡。安全部队人员当时正在该地区搜捕两名部落长老，后者涉嫌参与前不久发生的5名士兵被谋杀事件，部落长老的支持者损毁了一辆军车，迫使安全部队撤出该地区。几名枪手闯入一名反恐官员位于首都巴格达南郊的家中，打死了该名官员、其妻子以及他的两个孩子，枪手在逃走过程中还打死一名警察。此外，在伊拉克东部迪亚拉省哈里斯市，一名亲政府的逊尼派组织“觉醒委员会”成员遇袭丧生。

（103）2013年5月19日多起警察恐怖袭击案。2013年5月19日晚间，伊拉克西部安巴尔省，10名警察遭到武装分子袭击身亡。19日晚，在西部安巴尔省，伊拉克安全部队发起一起解救行动失败，造成12名遭绑架的警察死亡、4人受伤。当晚，巴格达以西260公里处的拉沃镇警察局，遭到数名身份不明的武装分子袭击，武装分子使用了多种武器，造成至少10名警察身亡。

（104）2013年5月20日多个城市系列恐怖汽车炸弹袭击案。2013年5月20日，伊拉克首都巴格达和南部最大城市巴士拉等城市发生一系列汽车炸弹袭击，造成至少54人死亡、近200人受伤。当天，首都巴格达和南部最大城市巴士拉，发生一系列汽车炸弹袭击，造成至少13人死亡、72人受伤。伊拉克南部最大的港口城市巴士拉，当天早上几乎同时发生两起汽车炸弹袭击，造成至少9人死亡、30人受伤。首都巴格达，当天上午发生了5起汽车炸弹袭击，造成至少 4 人死亡、42 人受伤。伊拉克 2013 年 4 月死于恐怖袭击和暴力冲突的人数达到 712 人，另有 1633 人受伤，是自 2008 年 6 月以来死亡人数最多的一个月。20 日一天之内，伊拉克首都巴格达和南部大城市巴士拉的什叶派穆斯林社区发生多起汽车炸弹爆炸，至少有 76 人死亡，逾百人受伤。这场自美国军队 2011 年 12 月撤出伊拉克以来爆发的最血腥的教派暴力冲突仍在继续。

（105）2013 年 5 月 20 日伊朗朝觐者恐怖袭击案。2013 年 5 月 20 日，在伊拉克，发生多起暴力袭击事件，共造成至少 70 人亡，8 名伊朗朝觐者遇袭身亡。当天，在伊拉克一辆载有伊朗朝觐者的大客车遭遇汽车炸弹袭击，至少 8 名伊朗朝觐者被炸身亡、另有 19 人受伤。20 日中午，一辆运送伊朗朝觐者的大客车在巴格达以北 80 公里的拜莱德附近遭遇汽车炸弹。这些伊朗朝觐者结束对萨迈拉什叶派圣地的朝拜，正返回巴格达。自 2003 年 4 月萨达姆政权被推翻之后，每年都有大量伊朗人前往伊拉克的卡尔巴拉、纳杰夫和萨迈拉等什叶派圣城进行朝觐，针对伊朗朝觐者的暗杀和绑架等暴力事件时有发生。伊拉克 20 日连续发生多起汽车炸弹爆炸与枪击等暴力事件，造成至少 70 人遇难。袭击事件发生最多的城市是首都巴格达，当天共发生 10 起汽车爆炸，造成至少 46 人死亡、150 多人受伤。

（106）2013 年 5 月 21 日多起恐怖爆炸袭击案。2013 年 5 月 21 日，伊拉克首都巴格达以北 250 公里的基尔库克市的一个活羊市场，发生 3 起爆炸袭击，造成 1 人死亡、25 人受伤。当天上午，伊拉克中部和北部地区，发生多起暴力袭击，造成至少 7 人死亡、75 人受伤。当天上午，一武装团伙袭击了首都巴格达以北 30 公里塔尔米耶镇的一个军营，造成 3 名伊拉克士兵身亡，另有 7 名士兵受伤。当天早些时候，在巴格达以北 170 公里的图兹胡尔马图市发生两起汽车爆炸袭击，共造成至少 3 人死亡、43 人受伤。

（107）2013 年 5 月 22 日首都巴格达妓院恐怖袭击案。2013 年 5 月 22 日，伊拉克首都巴格达一家妓院，遭到一伙身份不明的枪手的袭击，射杀至少 7 名妇女与 5 名男子。事件发生在巴格达东部拥有多家妓院的 Zayouna 地区，伊斯兰教义禁止卖淫与饮酒等行为，伊斯兰教是伊拉克的主要宗教。2013 年 5 月，在该地区也曾发生类似对妓院的袭击，当时也是造成 12 人死亡。在伊斯兰国家，卖淫可以被登记为一夜婚姻，这个“婚姻”授予性爱权利和“结婚礼物”，也就是可以合法买春。这种“临时婚姻”是被什叶派允许的，但被逊尼派禁止。至22日，5月以来伊拉克暴力事件造成的死亡人数已经上升到399人。

（108）2013年5月26日两起恐怖袭击案。2013年5月26日，伊拉克发生两起袭击，造成10人死亡。其中一起袭击了巴格达北部载有包括两名伊朗游客在内的公共汽车。汽车炸弹在公共汽车附近爆炸，该车原计划驶向萨迈拉城，遇袭时正停靠在巴格达北部某镇，车内有2名伊朗游客，爆炸造成5人死亡，19人受伤。另一起袭击了伊拉克西部安巴尔省的军事车队，伊拉克军事车队在巴格达西部的安巴尔省赫多区的道路中央上遭到炸弹袭击，造成5名士兵死亡，此前伊拉克军方一直在该省进行大规模军事行动，清剿“基地组织”。

（109）2013年5月27日巴格达10起恐怖汽车炸弹袭击案。2013年5月27日，伊拉克首都巴格达至少发生了10起汽车炸弹袭击事件，造成至少34人死亡、155人受伤。当天，首都巴格达发生两起汽车炸弹袭击事件，造成至少2人死亡、16人受伤。当天下午，巴格达市中心繁华地段的萨阿敦大街，发生一起汽车炸弹袭击事件，造成至少1人死亡、7人受伤。大约30分钟后，巴格达市中心的索尔加商业区也发生一起汽车炸弹袭击，造成至少5人死亡、31人受伤。巴格达南部新巴格达区的萨迈拉伊清真寺附近，发生一起汽车炸弹袭击事件，造成至少1人死亡、9人受伤。当天，巴格达东北部的萨德尔城发生两起汽车炸弹袭击事件，造成至少5人死亡、27人受伤。萨德尔城是巴格达市内主要的什叶派穆斯林聚居区之一，此前曾多次遭到袭击。巴格达南部的乌姆马利夫、拜伊耶、新巴格达和格斯尔代拉以及北部的卡德米耶和东北部的胡里耶等地均遭到汽车炸弹袭击，共造成至少18人死亡、83人受伤。据美国“伊拉克死亡人数统计”网站的数据，截至27日，5月份已有759名平民死于恐怖袭击和暴力冲突。

（110）2013年5月28日首都巴格达恐怖连环爆炸袭击案。2013年5月28日，伊拉克巴格达发生连环爆炸，造成70人死亡。这些爆炸事件发生在巴格达市的多个地方，包括市中心的索尔加商业区、南部的乌姆马利夫与拜伊耶以及北部的卡德米耶等地。首都巴格达东北部的萨德尔城，发生一起汽车炸弹袭击，造成至少7人死亡、34人受伤。萨德尔城是巴格达市内主要的什叶派穆斯林聚居区之一，此前曾多次遭到袭击。在巴格达以北约400公里的摩苏尔，伊拉克安全部队和武装分子发生冲突，造成3名安全部队人员和4

名武装分子死亡。巴格达以北约 40 公里的塔尔米耶，一名自杀式袭击者在一个警方检查站附近引爆一辆装有炸药的油罐车，造成 1 名警察和 1 名平民死亡、8 人受伤。巴格达以北约 150 公里的道尔，一个由亲政府的逊尼派组织“觉醒委员会”成员把守的检查站遭到武装分子袭击，造成该组织 2 名成员死亡、2 人受伤。

（111）2013 年 5 月 29 日伊拉克多起恐怖暴力袭击案。2013 年 5 月 29 日傍晚，伊拉克发生多起暴力袭击事件，造成至少 26 人死亡、80 人受伤。首都巴格达发生两起汽车炸弹袭击：其中一起发生在巴格达西南部吉哈德区的一场婚礼上，造成至少 16 人死亡，46 人受伤。另一起汽车炸弹袭击发生在城市西部加泽利亚区的一个市场里，造成至少 4 人死亡、16 人受伤。东部省份迪亚拉首府巴古拜的一个足球场，发生两起炸弹袭击，造成至少 3 人死亡、13 人受伤。当大早些时候，伊拉克安全部队人员和武装分子在西部安巴尔省、伊拉克和叙利亚边境附近发生交火，3 名警察身亡，这些武装分子随后逃入叙利亚境内。当天下午，在萨拉赫丁省首府提克里特附近，萨拉赫丁省省长朱布里的车队，遭到两起汽车炸弹袭击，他的 5 名保镖受伤，他本人逃过一劫。当天上午，朱布里的车队已经遭到过一次路边炸弹袭击，当时无人伤亡。截至 28 日，5 月已有 789 名平民死于恐怖袭击和暴力冲突。

（112）2013 年 5 月 30 日首都巴格达 4 起恐怖爆炸袭击案。2013 年 5 月 30 日早晨，伊拉克首都巴格达发生 4 起爆炸袭击事件，造成至少 6 人死亡、28 人受伤。第一起是汽车炸弹袭击，发生在巴格达东北部的布诺格区，造成至少 4 人死亡、12 人受伤。第二起是汽车炸弹袭击，发生在巴格达市中心卡拉达区，造成至少 2 人死亡、7 人受伤。第三起是路边炸弹袭击，发生在巴格达南部的赛义迪耶区。第四起是路边炸弹袭击，发生在东部的巴拉迪耶区，共造成 9 人受伤。

（113）2013 年 6 月 6 日多起恐怖暴力袭击案。2013 年 6 月 6 日，伊拉克发生多起暴力袭击事件，造成至少 10 人死亡、53 人受伤。当天，首都巴格达发生了 4 起炸弹袭击，造成至少 5 人死亡、30 人受伤。一起汽车炸弹袭击，发生在南部的一个工业区，造成 2 人死亡、14 人受伤。一起路边炸弹袭击，发生在巴格达西南部发生，造成至少 6 人受伤。当天，伊拉克北部城市摩苏尔发生两起枪击事件，数名身份不明的枪手闯进一民宅，打死了两名妇女。在另一起袭击中，有枪手向乘坐着 4 名士兵的车辆开火，造成 1 名士兵身亡，其他 3 人受伤。近期，伊拉克恐怖活动和暴力袭击频繁发生，加上什叶派和逊尼派之间的冲突呈加剧之势，安全形势不容乐观，频发的恐怖袭击和暴力冲突让这个国家有陷入内战的危险。

（114）2013 年 6 月 7 日多起恐怖汽车炸弹爆炸袭击案。2013 年 6 月 7 日，伊拉克发生多起汽车炸弹爆炸事件，造成至少 15 人死亡并有多人受伤。其中一起汽车炸弹爆炸事件发生在拉玛迪的一个检查站附近，造成至少 5 名警察死亡、8 人受伤。一辆运送伊朗朝觐者的大客车在位于巴格达东北约 100 公里的米格达迪耶附近遭遇汽车炸弹袭击，造成至少 10 名伊朗朝觐者死亡、30 人受伤。当天，伊拉克首都巴格达北部一小镇发生汽车炸弹爆炸，造成 6 名伊朗朝圣者死亡。伊朗朝圣者所乘坐的巴士车在离开伊朗边境，前往伊拉克境内的什叶派圣城纳贾夫途中，遭遇汽车炸弹爆炸袭击，爆炸还造成 23 名伊朗朝圣者受伤。伊拉克 2013 年 5 月份有 1000 多人死于教派冲突，这使得 2013 年 5 月成为 2008 年以来，伊拉克遭遇的最为“血腥”的月份。从 2013 年 4 月至 6 月，暴力事件所造成的伊拉克遇难人数已经升至将近 2000 人。

（115）2013 年 6 月 8 日首都巴格达恐怖汽车炸弹爆炸袭击案。2013 年 6 月 8 日，伊拉克首都巴格达发生汽车炸弹爆炸事件，导致 4 人死亡、20 人受伤，伤者中包括 4 名儿童。当时，爆炸发生在伊拉克首都巴格达东南部一个什叶派穆斯林聚集区，爆炸地点位于一个诊所附近。联合国 6 月 1 日发布公告说，伊拉克 2013 年 5 月份死于恐怖袭击和暴力冲突的人数达到 1045 人，创近 5 年来单月新高。

（116）2013 年 6 月 9 日首都巴格达北部地区发生汽车炸弹爆炸袭击案。2013 年 6 月 9 日早上，伊拉克首都巴格达北部地区发生汽车炸弹爆炸，导致 7 人死亡、18 人受伤。当时，爆炸发生在巴格达北部一个什叶派穆斯林聚居区，袭击者驾驶一辆装载炸药的车辆冲向一所军事检查站，由于袭击地点位于密集居民区，爆炸造成 7 人死亡、18 人受伤，死者和伤者中有部分平民。

（117）2013 年 6 月 10 日系列恐怖暴力袭击案。2013 年 6 月 10 日，伊拉克发生一系列暴力袭击，造成至少 60 人死亡、191 人受伤。当天，伊拉克北部城市图兹胡尔马图、基尔库克和提克里特，分别发生多起汽车炸弹和暴力袭击，造成至少 11 人死亡、38 人受伤。当天，巴格达的萨达尔城以及巴格达周边的迈达因、塔吉等城镇发生多起炸弹袭击，造成至少 11 人死亡、34 人受伤。当天早高峰时段，伊拉克东部迪亚拉省贾迪达舒特镇的一个蔬菜批发市场接连遭到3起汽车炸弹袭击，造成至少13人死亡、39人受伤。当天晚上，首都巴格达以北400公里的尼尼微省首府摩苏尔发生5起汽车炸弹袭击，造成至少25人死亡、80人受伤。

（118）2013年6月15日首都巴格达国际机场附近伊朗难民营恐怖迫击炮袭击案。2013年6月15日中午，伊拉克首都巴格达国际机场附近一伊朗难民营当天遭到迫击炮袭击，导致至少2人死亡、10人受伤。当天，至少有6枚迫击炮弹落在这个难民营里以及附近的一个村庄，造成营地里至少2名伊朗人死亡、6人受伤，另外还有4名伊拉克村民受伤。这是2013年以来该伊朗难民营第二次遭到袭击。2月9日，难民营曾遭到20枚火箭弹袭击，导致至少5人死亡、40人受伤。该难民营营地原为美军基地，2011年年底美军撤离后，改建为临时性伊朗难民营，容纳自东部迪亚拉省阿什拉夫难民营迁移而来的约3000名伊朗难民。

（119）2013年6月16日南部以什叶派为主的社区多起恐怖汽车炸弹爆炸与枪击案。2013年6月16日，伊拉克南部以什叶派为主的社区发生多起汽车炸弹爆炸与枪击事件，造成33人遇难。大部分汽车炸弹爆炸发生在什叶派为主的社区，造成20人死亡。爆炸发生在伊拉克南部与中部的6个城镇。枪击事件发生在北部城市摩苏尔附近，持枪歹徒袭击了守卫一条石油运输管线的警察，打死4人、打伤5人。伊拉克近期暴力袭击事件频发，教派冲突加剧，“基地”组织等一些极端武装团体的活动日益增多，安全形势很不乐观。英国广播公司报道称，根据联合国伊拉克援助团6月初发表的公告，伊拉克2013年5月份有1045人在恐怖袭击和暴力冲突中丧生，另有2397人受伤，频发的恐怖袭击和暴力冲突使伊拉克有陷入内战之虞。

（120）2013年6月17伊拉克多地发生暴力袭击案。2013年6月17日，伊拉克多地发生暴力袭击，造成70人死亡。同一天，拉克库特发生汽车炸弹袭击，致11人死亡、27人受伤。17日，巴格达附近发生多起爆炸事件，造成10余人遇难、50余人受伤。

（121）2013年6月18日首都巴格达北部什叶派清真寺两次恐怖自杀式爆炸袭击案。2013年6月18日，伊拉克首都巴格达北部一个什叶派清真寺遭到两次自杀式爆炸袭击，已造成至少31人遇难、57人受伤。爆炸发生在巴格达卡西拉社区，在中午的祈祷仪式刚刚结束不久，许多民众尚聚集在清真寺内，两名自杀式袭击者走入祈祷人群并引爆了随身携带的炸弹。其中，一人在距清真寺100米附近的一座检查站引爆第一枚炸弹。几分钟后，另一人在清真寺内引爆了另一枚炸弹。

（122）2013年6月22日多起恐怖爆炸袭击案。2013年6月22日，伊拉克北部的摩苏尔、图兹胡尔马图以及提克里特等地发生多起暴力袭击事件，造成至少9人死亡、5人受伤。22日晚上，首都巴格达北部一什叶派清真寺遭自杀式炸弹袭击，造成至少15人死亡、30人受伤。当时，这起袭击发生在巴格达以北约20公里塔吉镇的一座什叶派清真寺里。爆炸发生后，伊拉克安全部队立即封锁了现场。随着救援工作的进行，伤亡人数可能会进一步上升。

（123）2013年6月24日首都巴格达针对平民的系列恐怖袭击案。2013年6月24日晚，伊拉克首都巴格达发生一系列针对平民的恐怖袭击，9起汽车炸弹爆炸共造成28人死亡、125人受伤。将袭击目标从政府部门转向安保力量比较薄弱的平民聚集区已成为近期伊拉克恐怖活动的主要特征之一。2013年5月，伊拉克死于恐怖袭击和暴力冲突的人数达到1045人，是近5年来单月新高，其中近800人是平民。由于战后恐怖袭击不断，伊拉克各政府部门已被高高的防爆墙保卫起来，安保措施极其严密，恐怖分子难以对这些地方发动有效袭击。为了尽可能多地制造伤亡，引起伊拉克民众恐慌，进一步加剧教派分裂，恐怖分子逐渐把袭击目标转向容易得手的“软目标”——平民生活区域。与此同时，恐怖分子发动袭击的时间点也有了变化，从以前的早高峰转向不定时，晚上也时有恐怖袭击发生。24日发生的9起爆炸就是针对晚上外出购物的平民。以前炸弹袭击一般发生在白天，晚上出去基本没有安全方面的问题。而现在，似乎再也没有人敢说哪个时间段是安全的，任何时候都有可能发生炸弹袭击。伊拉克恐怖分子发动袭击一般会选在安全部队防卫松懈的时刻：24日发生在巴格达的系列袭击中，恐怖分子就是选择了大批安全部队被调离去卡尔巴拉防恐、巴格达安保相对薄弱的时候。在这些恐怖袭击和暴力袭击中，恐怖分子沿用了他们以往惯用的伎俩，如尽可能地对人口密集的地方发动袭击等。恐怖分子发动袭击的目的只有一个，那就是让更多无辜的生命消失，让伊拉克人继续生活在血雨腥风中，并企图借此挑起伊拉克民族和教派冲突，让人们继续生活在暴力袭击的阴影中。

（124）2013年6月28日多地发生数起爆炸袭击案。2013年6月28日，伊拉克多地发生数起爆炸事件，造成至少36人死亡。28日黎明时分，首都巴格达北部逊尼派居住的塔吉市发生爆炸，两辆汽车在政府办公地点外爆炸，造成周围房屋被毁。数小时后，一辆巡逻警车在巴格达南部什叶派聚集的社区遭遇路边炸弹。当天上午，巴格达西部的什叶派聚集区的一个市场发生汽车炸弹袭击。这三起爆炸均造成人员伤亡。

（125）2013 年 6 月 30 日伊拉克发生多起恐怖暴力袭击案。2013 年 6 月 30 日，伊拉克发生多起暴力袭击事件，造成至少 14 人死亡、26 人受伤。30 日，巴格达以北大约 400 公里的摩苏尔发生 3 起暴力袭击事件，造成至少 3 人死亡、1 人受伤。巴格达以南约 100 公里的希拉市的一辆汽车遭到简易炸弹袭击，造成一人死亡、一人受伤。当天晚上，首都巴格达东部纳赫拉万区的一个足球场发生一起炸弹袭击，造成至少 10 人死亡、24 人受伤，其中大部分是正在球场内踢球的青少年。恐怖分子提前将炸弹布置在球场附近，等到前来踢球的年轻人多起来之后才引爆，因而造成了较大的伤亡。近期，伊拉克恐怖活动和暴力袭击频繁发生，加上什叶派和逊尼派之间的冲突呈加剧之势，整个国家的安全形势很不乐观。

（126）2013 年 7 月 1 日针对 8 名前反基地组织人员恐怖袭击案。2013 年 7 月 1 日，伊拉克首都巴格达以北的地区，8 名前反基地组织人员被一伙身着军服的枪手劫持，随后被杀死。这起事件是当时一系列针对逊尼派阿拉伯部落民兵袭击事件中的一件，这段时间伊拉克的政治陷入僵局，抗议活动持续不断。这起事件发生在巴格达以北的城镇，枪手在黎明前夕对这 8 名受害者的家庭发起突袭，8 人的尸体被找到，他们的头部和胸部都布满了弹孔。此 8 人以前全属于萨赫瓦组织，萨赫瓦组织是一个逊尼派阿拉伯民兵组织，2006 年年底在美国的支持下，开始打击“基地”组织的运动。此前一周，就有共计 9 名萨赫瓦前成员被杀，另有 18 人在袭击中受伤。

（127）2013 年 7 月 2 日多个地区连环恐怖汽车炸弹袭击案。2013 年 7 月 2 日，伊拉克全国，包括首都巴格达在内的多个地区，发生连环汽车炸弹袭击事件，袭击次数超过 10 次，造成 61 人死亡，其中 54 人为平民，7 人为伊拉克安全部队士兵。袭击目标主要是什叶派穆斯林、政府公务员和安全部队士兵。一天内发生如此密集的恶性爆炸袭击事件，不仅引起伊拉克民众极大恐慌，也在阿拉伯世界产生强烈震动。

（128）2013 年 7 月 10 日多座城市连续恐怖袭击案。2013 年 7 月 10 日，伊拉克多座城市连续发生多次恐怖袭击事件，造成 60 多人死亡、近 300 人受伤。至此，伊拉克 2013 年斋月期间发生的各类袭击造成 671 人遇害，由此成为2007年以来安全形势最恶劣的一个斋月。伊拉克境内2013年7月发生的各类袭击造成1000多人死亡，成为2008年以来单月遇袭死亡人数最多的一个月。伊拉克逊尼派人士一直指责什叶派主导的政府将逊尼派边缘化，并于2012年底举行大规模示威活动，逊尼派不满情绪的增加是2013年暴力活动频繁的主要原因。2013年4月23日，逊尼派人士的一场反政府示威引发冲突，数十人丧生。而在此次连环袭击中，袭击地点多数位于什叶派聚居区。逊尼派与什叶派人士之间的教派对立严重，伊拉克正面临一场“公开战争”。

（129）2013年7月11日系列恐怖袭击案。2013年7月11日，伊拉克发生一系列恐怖袭击，造成61人死亡、137人受伤。武装激进分子袭击了位于巴格达约200公里道路上的石油设施警卫，11人被打死。离伊拉克首都东北80公里的迪亚拉省米格达迪耶市，11人因自杀式恐怖分子在举行葬礼时引爆了汽车炸弹而死亡。在巴格东部，一辆装满炸药的汽车爆炸，造成4人丧生。在离巴格达西北140公里的提克里特市，连续发生了3起爆炸，袭击目标是巡逻执法人员，3名警察遇难。在北方城市摩苏尔，强力部门通行检查站附近也发生了3起恐怖事件，自杀式恐怖分子驾驶装有炸弹的汽车爆炸，导致4名强力部门人员遇害。武装分子袭击逊尼派居住的西部安巴尔省，7名警察被打死。在基尔库克市60公里处的通行检查站附近，武装激进分子打死了3名亲政府的“觉醒运动”武装组织逊尼派民兵战士。

（130）2013年7月12日北部城市基尔库克咖啡厅恐怖自杀式爆炸袭击案。2013年7月12日晚间，伊拉克北部城市基尔库克一家咖啡厅内，一名自杀式爆炸手引爆身上的炸弹，炸死38人、炸伤26人。当时，咖啡厅的顾客正在斋月每天禁食结束后享用食品和喝茶，一名体格粗壮的男子走进来并大喊“真主是伟大的”，然后引爆炸弹。12日发生的暴力事件已导致约60人丧生，什叶派和占人口少数的逊尼派之间的暴力冲突显然没有缓解的迹象。

（131）2013年7月14日多起恐怖暴力袭击案。2013年7月14日，伊拉克发生多起暴力袭击事件，造成至少40人死亡、137人受伤，其中较为严重的5起恐怖袭击发生在伊拉克南部什叶派聚居地区。首都巴格达以南约60公里的巴比伦省一座清真寺，发生一起自杀式爆炸袭击，造成至少12人死亡、25人受伤。巴格达以南550公里的巴士拉，遭遇汽车炸弹和摩托车炸弹袭击，造成至少7人死亡、10人受伤。巴格达以南约100公里的什叶派圣城卡尔巴拉，发生一起汽车炸弹袭击，造成至少5人死亡、19人受伤。巴格达以南

180 公里的库特，遭遇汽车炸弹袭击，造成 4 人死亡、30 人受伤。巴格达以南 370 公里纳西里耶，发生炸弹袭击，造成至少 3 人死亡、35 人受伤。当天早些时候，巴格达南部朵拉区的一座逊尼派清真寺附近，发生一起路边炸弹袭击，造成至少两人死亡、10 人受伤。北部逊尼派聚居的摩苏尔、提克里特等地，发生多起暴力袭击，造成至少 7 人死亡、8 人受伤。这是恐怖分子在斋月期间连续发动的第 4 天暴力袭击。4 天之内暴力袭击已造成 160 多人死亡、370 多人受伤。2013 年以来，伊拉克恐怖活动和暴力袭击频繁发生，加上什叶派和逊尼派之间的冲突呈加剧之势，安全形势不容乐观。

（132）2013 年 7 月 19 日迪亚拉省瓦吉希亚镇清真寺恐怖爆炸袭击案。2013 年 7 月 19 日中午，伊拉克东部地区迪亚拉省瓦吉希亚镇，一座清真寺发生爆炸袭击事件，造成至少 12 人丧生、约 60 人受伤，其中 25 人伤势严重。当时，迪亚拉省瓦吉希亚镇一座逊尼派清真寺内正在举行礼拜活动，伊拉克 7 月 10 日进入斋月以来连续发生暴力袭击。2013 年以来，伊拉克恐怖活动和暴力袭击频繁发生，加上什叶派和逊尼派之间的冲突呈加剧之势，安全形势不容乐观。

（133）2013 年 7 月 21 日首都巴格达恐怖袭击劫狱案。2013 年 7 月 21 日晚上，伊拉克首都巴格达以西和以北的两处监狱同时遭袭。武装人员动用包括迫击炮、人弹和汽车炸弹在内的各种袭击手段，与伊拉克安全部队交火达 10 小时，包括“基地”组织成员在内的 500 多名囚犯趁机越狱。当天晚 21 时 30 分左右，武装人员用迫击炮对巴格达以北的塔季监狱以及巴格达以西的阿布格里卜监狱同时进行炮击。不久，自杀式袭击者驾驶载满炸药的汽车至监狱门口引爆，炸出逃生通道。部分武装人员用迫击炮和火箭弹袭击守卫人员，其余武装人员在附近主要道路占据有利地形，阻击前来增援的安全部队。数名武装人员进入监狱，帮助囚犯逃离。双方交火持续大约 10 小时，直至 22 日清晨，安全部队才在武装直升机支援下控制局势。不过，数以百计的囚犯已经逃出因驻伊拉克美军虐囚而臭名昭著的阿布格里卜监狱，安全部队和袭击者分别有至少 25 人和 40 人死亡。“越狱囚犯超过 500 人，多数是被定罪的‘基地’组织高级成员，已经获判死刑。”袭击者悍然劫狱，一定程度上反映出安全形势急剧恶化。

（134）2013 年 7 月 22 日首都巴格达恐怖袭击劫狱案。2013 年 7 月 22 日夜间，伊拉克首都巴格达附近的两座监狱遭到武装分子突袭，并引发激烈冲突，持续大约 10 个小时。至少 20 名安全部队人员在冲突中死亡，另有 40 人受伤，至少 500 名囚犯趁机越狱。在两座监狱爆发的骚乱中，21 名囚犯死亡，25 人受伤。22 日，伊拉克北部发生两起针对军人的爆炸袭击事件，造成 13 人死亡，其中多数为士兵。在摩苏尔市，一个军方巡逻队遭到汽车炸弹爆炸袭击，造成 12 人死亡、16 人受伤。摩苏尔市附近发生一起路边炸弹爆炸，造成 1 名士兵丧生，2 人受伤。

（135）2013 年 7 月 24 日多起恐怖袭击案。2013 年 7 月 24 日夜晚，伊拉克首都巴格达以北 160 公里的苏雷曼-佩克镇，伊拉克伊斯兰逊尼派极端分子制造系列恐怖袭击，枪杀了 14 名油罐车的司机，造成 30 人死亡。当时，袭击者用假设的哨岗拦截了车队，在查看每个司机的身份证后，将他们从车内拖出，朝胸和头部开枪，所有被打死的都是什叶派人。此外，伊斯兰武装分子在袭击从巴格达驶往摩苏尔的一辆载有士兵的小巴时，4 名军人被打死。逊尼派武装分子袭击了在摩苏尔以南舒拉一处警察哨岗，9 名内务部工作人员被打死。伊拉克安全领域的局面趋于显著地恶化。24 日，武装人员袭击了伊拉克北部城市摩苏尔的警察局总部，造成 9 名警察死亡。24 日晚上，武装分子用迫击炮等武器袭击了城镇苏莱曼贝科，并造成一位平民受伤。该地曾在 4 月份被武装分子短暂占领过。

（136）2013 年 7 月 25 日系列恐怖爆炸袭击案。2013 年 7 月 25 日，伊拉克发生一系列爆炸袭击事件，造成至少 28 人死亡，另有多人受伤。当天，首都巴格达的一个婚礼现场发生爆炸袭击，共造成 4 人死亡、多人受伤。巴格达东北部城市米格达迪耶一个市场发生汽车炸弹袭击事件，造成 14 人死亡。巴格达的东南部城镇马登、伊拉克北部城市摩苏尔等地发生一系列炸弹袭击事件，造成多人伤亡。在首都巴格达北部距离苏莱曼贝科以南 10 公里附近的一条公路上，一群武装分子枪杀了 14 名卡车司机，并夺走他们的卡车。

（137）2013 年 7 月 28 日北部城市图兹胡尔马图安全检查站恐怖自杀式汽车炸弹袭击案。2013 年 7 月 28 日早晨，伊拉克北部城市图兹胡尔马图一安全检查站遭到自杀式汽车炸弹袭击，8 名库尔德安全人员在爆炸中死亡、4 人受伤。当时，袭击者驾驶载有炸药的汽车冲进图兹胡尔马图市中心的一个安全检查站后引爆炸药，看守检查站的 8 名库尔德安全人员被炸身亡，袭击者也在爆炸中死亡。图兹胡尔马图市距首都巴格达约 170 公里，处在伊拉克中央政府和北部库尔德自治区政府存在管辖争议的区域。该地区多民族混居，民族、教派冲突严重，恐怖袭击和小规模武装冲突时有发生。

（138）2013 年 7 月 29 日首都巴格达 12 起恐怖汽车炸弹爆炸袭击案。2014 年 7 月 29 日上午，伊拉克首都巴格达发生 12 起连环汽车炸弹爆炸，造成至少 44 人死亡、至少 129 人受伤。当天，巴格达 6 个地区共发生 8 起汽车炸弹爆炸，造成至少 29 人死亡、至少 129 人受伤。在短短 1 小时内，巴格达以什叶派信徒居住为主的社区市场和停车场发生了 8 起汽车炸弹爆炸事件。最致命的一起发生在巴格达东部萨德尔城的什叶派信徒社区，发生了两次单独的汽车炸弹爆炸，导致 9 人死亡、33 人受伤。首都巴格达东南部的一个汽车站发生两起汽车炸弹袭击，造成至少 10 人死亡。巴格达以南 30 公里的马姆迪耶遭遇汽车炸弹袭击，造成至少 4 人死亡。其余的多起汽车爆炸袭击发生在巴格达的哈里亚、卡德米亚等地。这一系列袭击为自 2013 年 4 月以来伊拉克暴力事件的持续增长添了沉重的一笔，在这些暴力冲突中，已有超过 3000 人死亡。

（139）2013 年 8 月 7 日多起恐怖暴力袭击案。2013 年 8 月 7 日，伊拉克发生多起暴力袭击事件，至少造成 22 人死亡、61 人受伤。这些暴力袭击针对的目标大多是伊拉克安全部队成员。7 日上午，在巴格达东北 65 公里的巴古拜，武装分子发动袭击，造成 2 名平民死亡。7 日晚上，巴格达以北 170 公里的提克里特，一些身份不明的武装分子闯入一名警官家中并开枪将其打死。随后，武装分子引爆附近一辆装满炸药的汽车，爆炸造成 8 人死亡、55 人受伤。此外，在提克里特，伊拉克警方处理另外一辆装有炸药的汽车时发生意外，1 名拆弹专家被炸死、1 名警察受伤。在巴格达以北 400 公里的摩苏尔，两支警方巡逻队在该市西部和南部地区分别遭到汽车炸弹袭击，造成 4 名警察和 3 名路人死亡、4 名警察受伤。在巴格达以北 90 公里的杜卢伊耶，一支警方巡逻队同样遭到汽车炸弹袭击，造成 3 名警察死亡、1 名警察受伤。

（140）2013 年 8 月 10 日 12 起恐怖袭击案。2013 年 8 月 10 日，伊拉克多座城市，1 天之内连续发生多次恐怖袭击事件：至少发生 12 起炸弹袭击，致 60 多人死亡、近 300 人受伤。当天，伊拉克全境发生至少 12 起针对集市、街道或公园等公共场所的汽车炸弹袭击，不少袭击间隔不到一个小时，一定程度反映出可能有人同步策划事件。死伤最惨重的袭击发生在首都巴格达以北大约 200 公里的图兹胡尔马图镇，袭击者开着载满爆炸物的车实施自杀式爆炸，造成 8 人死亡、数十人受伤。在巴格达东南部，迪亚拉桥附近一个市场发生汽车炸弹袭击，7 人死亡、20 人受伤。这一地区的什叶派聚集区发生 3 起汽车炸弹袭击，共致死 9 人、致伤 28 人。

在巴格达北部的哈济米耶，汽车炸弹袭击造成 5 人死亡、14 人受伤；巴格达东北部的沙卜在同类袭击中有 6 人死亡、15 人受伤；南部杜拉地区的袭击则造成 5 人死亡、15 人受伤。在巴格达的什叶派聚集区阿布·达希尔，袭击共造成 4 人死亡、15 人受伤。早些时候，巴格达南部一处公园发生爆炸。随后，巴格达东南大约 320 公里的纳西里耶发生汽车爆炸案。连环恐怖袭击正值伊拉克开斋节假期，民众原本举行庆祝活动，尤其是伊拉克人每天结束斋戒后聚集的小餐馆、祷告的清真寺，成为这轮袭击的主要目标。政治分析师认为，伊拉克逊尼派人士一直指责什叶派主导的政府将逊尼派边缘化，并于 2012 年底举行大规模示威活动。逊尼派的不满情绪增加，是 2013 年暴力活动频繁的主要原因。

（141）2013 年 8 月 12 日三起恐怖爆炸袭击案。2013 年 8 月 12 日，伊拉克三起恐怖爆炸袭击案，一起发生在首都巴格达以北 80 公里处巴拉德市，另两起发生在巴格达东北部 80 千米的米格拉迪耶镇。当时，在巴拉德市，恐怖爆炸是一名自杀式恐怖分子在一咖啡厅楼内制造的，导致 24 人遇难、18 人受伤。巴格达东北部 80 千米的米格拉迪耶镇也发生两起爆炸，炸弹埋伏在操场和学校附近，造成 6 人死亡、数十人受伤，其中不乏儿童。恐怖袭击现已瞄准学校、咖啡馆和操场等地，掀起伊拉克近 5 年里最严重的恐袭浪潮。从这几起爆炸案可看出伊斯兰武装分子改变了战术，袭击目标现已不仅限于武装检查站和集市，而扩大到咖啡馆等休闲娱乐场所。“基地”组织武装分子宣称对近几周的爆炸袭击负责。

（142）2013 年 8 月 15 日多地恐怖炸弹袭击案。2013 年 8 月 15 日，伊拉克多地发生爆炸袭击。由于当天仍是开斋节假期，很多民众在外活动，而且袭击大部分以市场、餐厅和咖啡馆为目标，因此，伤亡人数较多，200 多人伤亡。当天早晨，伊拉克首都巴格达三个不同区域遭到汽车炸弹袭击，共有 5 辆汽车爆炸。其中一辆在公交车站附近，两个爆炸发生地为什叶派聚集区，另一个爆炸发生地聚集着什叶派和逊尼派人员，造成至少 9 人死亡、30 多人受伤。联合国伊拉克援助团日前发布的最新统计报告称，2013 年 7 月伊拉克境内各类暴力活动共导致 1057 人死亡、2326 人受伤，为 5 年多以来伤亡人数最多的月份。

（143）2013年8月20日伊拉克多起恐怖炸弹袭击案。2013年8月20日，伊拉克发生多起炸弹袭击，造成至少12人死亡、94人受伤。首都巴格达以南大约60公里处的一个村庄，发生两起汽车炸弹袭击，造成至少4人死亡、7人受伤。巴格达以南约300公里的米桑省首府阿马拉，发生两起汽车炸弹袭击，造成至少1人死亡、45人受伤。东部迪亚拉省首府巴古拜，一家咖啡馆遭到路边炸弹袭击，造成至少3人死亡、12人受伤。巴古拜以北约70公里的地方，发生了一起针对警察巡逻站的炸弹袭击，造成2名警察受伤。巴格达以南370公里的济加尔省首府纳西里耶，发生两起汽车炸弹袭击，造成至少23人受伤。巴格达以北250公里的基尔库克南郊，发生一起路边炸弹袭击，造成4名武装分子死亡，另有5人受伤。2013年7月伊拉克境内各类暴力活动共导致1057人死亡、2326人受伤，为五年多来伤亡人数最多的月份。

（144）2013年8月22日多起恐怖暴力袭击案。2013年8月22日，伊拉克发生多起暴力袭击，造成至少25人死亡、47人受伤。当天，巴格达以西约100公里的安巴尔省首府拉马迪，发生一起自杀式炸弹袭击，一辆装有炸药的油罐车袭击了一个军方检查站，造成至少10名士兵和4名平民死亡、10人受伤。巴格达以北约60公里的杜杰尔镇，一个婚礼现场遭遇路边炸弹袭击，造成至少6人死亡、21人受伤。巴格达以北400公里的摩苏尔西部，一伙武装分子用机关枪袭击一个军方检查站，造成2名士兵死亡。摩苏尔东部另一检查站也遭到一起路边炸弹袭击，造成2名士兵死亡、4名平民受伤。摩苏尔以西约70公里的泰勒阿费尔镇以及巴格达以北约250公里的基尔库克也发生多起暴力袭击事件，共造成1人死亡、12人受伤。

（145）2013年8月23日多起恐怖袭击案。2013年8月23日，伊拉克发生多起恐怖袭击事件，造成至少39人死亡、72人受伤。当天早些时候，巴格达及周边地区还发生多起爆炸和枪击事件，共导致8人死亡、18人受伤。当天，摩苏尔发生两起爆炸袭击，共造成1人死亡、6人受伤。当晚，一名自杀式袭击者进入首都巴格达北部卡希拉区一个游人众多的公园内，引爆身上的炸药，爆炸导致至少28人死亡、36人受伤。当晚，一名自杀式袭击者驾驶一辆装有炸药的卡车冲向北部城市摩苏尔警察总部的大门并引爆炸药，爆炸导致至少2人死亡、12人受伤。

（146）2013年8月28日系列恐怖暴力袭击案。2013年8月28日，伊拉克发生一系列爆炸和枪击等恐怖袭击事件，共造成至少57人死亡、207人受伤，袭击主要发生在首都巴格达什叶派穆斯林聚居的地区。巴格达北部阿德哈米耶区，一家咖啡馆遭到汽车炸弹袭击，造成2人死亡、11人受伤。当天上午，在交通高峰时段，巴格达多个地方发生至少12起爆炸袭击事件，造成至少38人死亡、170人受伤。巴格达东南部的亚希尔迪亚拉区，一个市场遭汽车炸弹袭击，导致至少7人死亡、21人受伤；南郊的马哈穆迪耶区，在一家餐馆内，一名自杀式袭击者引爆身上的炸药，导致至少5人死亡、15人受伤；西北部的胡里耶区，一名自杀式袭击者驾驶一辆装有炸药的汽车冲向一个警方检查站，导致至少3人死亡、8人受伤。在巴格达的沙阿巴区、贾米拉区、新巴格达区、舒拉区和萨德尔城等其他9个城区，发生汽车炸弹和爆炸袭击，造成至少23人死亡、126人受伤。巴格达周边的拉提菲耶、迈达因和塔尔米耶等城镇以及北部尼尼微省首府摩苏尔发生爆炸和枪击等恐怖袭击事件，造成14人死亡、8人受伤。当天晚上，巴格达西部亚尔穆克地区，一座清真寺附近发生路边炸弹袭击，导致至少3人死亡、18人受伤。

（147）2013年8月29日多起恐怖暴力袭击案。2013年8月29日，伊拉克发生多起枪击、炸弹袭击等恐怖袭击事件，造成至少30人死亡、43人受伤。当天早些时候，巴格达以北约400公里的摩苏尔及其郊区发生4起枪击、路边炸弹及自杀式炸弹袭击，共造成7人死亡、8人受伤。当天，首都巴格达以北约120公里萨马拉的一个人流密集的市场发生一起汽车炸弹袭击，造成至少17人死亡、26人受伤，其中两名遇难者是儿童。巴格达以西25公里的阿布·格莱布地区发生两起炸弹袭击，其中一起路边炸弹针对的是一辆载满乘客的小巴，共造成6人死亡、9人受伤。

（148）2013年9月3日系列恐怖袭击案。2013年9月3日，伊拉克发生多起恐怖袭击事件，造成至少56人死亡、170人受伤。当天早些时候，巴格达及其近郊、伊拉克东部迪亚拉省也发生枪击、汽车炸弹等多起恐怖袭击事件，造成9人死亡、7人受伤。当天的恐怖暴力袭击主要发生在首都巴格达：傍晚时分，巴格达多个城区发生至少11起汽车炸弹袭击和一起路边炸弹袭击，造成至少47人死亡、163人受伤。这些遭袭的城区大多是什叶派穆斯林聚居的地方。为了应对频发的汽车炸弹袭击，巴格达从9月7日开始实施机动车单双号限行管理措施。

（149）2013年9月8日、9日系列恐怖袭击案。2013年9月8日，伊拉克北部城市拜伊吉和东部迪亚拉省首府巴古拜遭遇爆炸袭击，中部城市巴拉德和费卢杰发生两起袭击事件。2013 年 9 月 9 日，伊拉克十几座城市发生超过 30 起爆炸和枪击事件，其中多为汽车炸弹袭击，造成至少 85 人死亡、370 多人受伤。10 日，“基地”组织伊拉克分支通过互联网发表声明称，对 9 日伊拉克发生的数十起爆炸和枪击事件负责。11 日，安理会在声明中重申，一切形式和表现的恐怖主义都是对国际和平与安全的最严重威胁之一，不论其动机为何、在何时发生及何人所为，都是不可开脱的犯罪行为。9 月 10 日，“基地”组织伊拉克分支声明，此次袭击的目的是为报复“萨法维王朝对逊尼派囚犯的严刑酷法和赶尽杀绝”。萨法维王朝是 16 世纪在伊朗建立的伊斯兰教什叶派王朝，当时统治了伊拉克的大部分领土。

（150）2013 年 9 月 10 日北部和东部多起恐怖暴力袭击案。2013 年 9 月 10 日，伊拉克北部和东部发生多起暴力袭击事件，造成至少 16 人死亡、32 人受伤。当时，伊拉克东部迪亚拉省，发生 3 起炸弹袭击，造成至少 12 人死亡、27 人受伤：迪亚拉省首府巴古拜郊区，一家咖啡馆遭到一起汽车炸弹袭击，造成至少 5 人死亡、13 人受伤；巴古拜东郊，遭遇一起路边炸弹袭击，造成 3 人死亡、5 人受伤；巴古拜东北部约 30 公里一个村庄，一个市场遭遇一起路边炸弹袭击，至少 4 人死亡、9 人受伤。距离巴格达以北 400 公里的尼尼微省首府摩苏尔及其近郊，发生了多起枪击和炸弹袭击事件，共造成 4 人死亡、5 人受伤。

（151）2013 年 9 月 11 日卡斯拉地区什叶派清真寺恐怖自杀式炸弹袭击案。2013 年 9 月 11 日傍晚 6 时 40 分左右，伊拉克首都巴格达北部卡斯拉地区，一座什叶派清真寺遭自杀式炸弹袭击，造成至少 30 人死亡、55 人受伤。爆炸发生时有许多穆斯林正在清真寺内准备祷告，因此造成严重的人员伤亡。当天早些时候，伊拉克北部尼尼微省，东部迪亚拉省以及南部重镇巴士拉等地也分别发生多起枪击、暗杀以及路边炸弹等暴力袭击，共造成至少 15 人死亡、8 人受伤。

（152）2013 年 9 月 12 日两起恐怖自杀式炸弹袭击案。2013 年 9 月 12 日，伊拉克发生两起自杀式炸弹袭击，共导致超过 30 人在爆炸中死亡。在一处清真寺内，一名自杀式炸弹袭击者将身上的炸弹引爆，当场炸死 30 多人、48 人受伤。在停车场，一名自杀式炸弹袭击者引爆炸弹，导致 1 名士兵死亡和 16 人受伤。

（153）2013 年 9 月 13 日两座逊尼派清真寺恐怖爆炸袭击案。2013 年 9

月 13 日，伊拉克东部迪亚拉省，两座逊尼派清真寺分别遭到炸弹袭击，共造成至少 31 人死亡、47 人受伤。当天中午，东部迪亚拉省首府巴古拜西南部 15 公里的奥图曼尼耶镇，一座逊尼派清真寺遭到汽车炸弹袭击。当时，大批穆斯林结束周五聚礼正要离开该清真寺，爆炸造成至少 30 人死亡、42 人受伤。巴古拜东北部 110 公里的卡拉塔巴镇，一座逊尼派清真寺附近发生一起路边炸弹袭击，造成 1 人死亡、5 人受伤。巴古拜位于首都巴格达东北部约 65 公里处，巴古拜及其所在的迪亚拉省是伊拉克暴力袭击频发区。首都巴格达北部，一座清真寺 13 日遭到 2 次爆炸袭击，造成 30 人死亡、24 人受伤。爆炸发生在距离巴格达 60 公里巴古拜的萨拉姆，当时逊尼派与什叶派正举行联合祈祷仪式，信徒参加完中午的祈祷仪式正准备离开时，发生了爆炸。

（154）2013 年 9 月 14 日北部城市摩苏尔葬礼恐怖自杀式炸弹袭击案。2013 年 9 月 14 日下午，伊拉克北部城市摩苏尔，举行的一个葬礼遭遇自杀式炸弹袭击，造成 27 人死亡、36 人受伤。这起袭击发生在距离尼尼微省首府摩苏尔东北部 10 公里处的拜阿什卡镇。当时，有许多属于什叶派的沙巴克族人正在参加一场葬礼，一名袭击者在葬礼上引爆了捆绑在身上的炸弹，造成至少 27 人死亡、36 人受伤。伊拉克沙巴克族人大多生活在尼尼微省和库尔德自治区，摩苏尔位于首都巴格达以北约 400 公里处，摩苏尔及其所在的尼尼微省是伊拉克暴力袭击多发地区。此外，当天伊拉克首都巴格达、西部城市拉马迪等地发生多起暴力袭击，共造成 6 人死亡、9 人受伤。

（155）2013 年 9 月 15 日多起恐怖袭击案。2013 年 9 月 15 日，伊拉克多个地方发生多起暴力袭击事件，造成至少 44 人死亡、133 人受伤。当天，袭击主要发生在什叶派穆斯林聚居的南部地区以及首都巴格达。位于首都巴格达以南约 100 公里的希拉市，发生 3 起汽车炸弹袭击，造成 18 人死亡、35 人受伤。位于巴格达西南约 100 公里的什叶派圣城卡尔巴拉附近的一个工业区，发生路边炸弹袭击，造成 3 人死亡、18 人受伤。巴格达发生多起爆炸和枪击等暴力袭击事件，巴格达以北的舍尔加特、基尔库克、巴古拜等地也发生多起暴力袭击，造成 7 人死亡、19 人受伤。伊拉克北部城市基尔库克，发生两起汽车炸弹袭击，造成 2 人死亡、16 人受伤。伊拉克南部最大港口城市巴士拉遭到一起汽车炸弹袭击，造成 3 人死亡、11 人受伤。伊拉克南部的哈弗里耶、纳西里耶、库特和斯维拉等地也发生多起爆炸袭击，造成 2 人死亡、25 人受伤。2013 年以来，伊拉克恐怖活动和暴力袭击频繁发生，整个国家的安全形势非常严峻。

（156）2013年9月17日首都巴格达9起恐怖汽车炸弹袭击案。2013年9月17日傍晚，伊拉克首都巴格达接连发生9起汽车炸弹袭击，造成至少30人死亡、110人受伤。当天的袭击大多发生在什叶派穆斯林聚居区，其中侯赛尼耶区遭到一起汽车炸弹袭击，造成至少8人死亡、20人受伤；萨德尔城发生的2起汽车炸弹袭击造成6人死亡、18人受伤；扎法兰尼耶区的汽车炸弹袭击造成6人死亡、11人受伤；巴格达市中心商业区萨阿顿大街的汽车炸弹袭击造成4人死亡、16人受伤；巴格达阿美尔、萨埃德阿、巴塔维因区共发生4起汽车炸弹袭击，造成6人死亡、45人受伤。这是巴格达当月第二次发生连环汽车炸弹袭击。此外，巴格达以西50公里的费卢杰、以北40公里的塔米耶以及东北100公里的米格达迪耶等地，发生多起枪击和炸弹袭击，共造成13人死亡、25人受伤。截至2013年8月底，伊拉克境内平民死亡和受伤人数已分别近5000人和1.2万人。

（157）2013年9月21日多地恐怖爆炸袭击案。2013年9月21日，伊拉克巴格达东部的萨德尔城遭汽车炸弹袭击，造成至少79人死亡、145人受伤。一场葬礼当天傍晚在巴格达东部的萨德尔城举行，一名自杀式袭击者驾驶一辆装有炸药的汽车冲向正在参加葬礼的人群并引爆炸药，附近的一辆汽车随后也发生爆炸，两起爆炸造成至少71人死亡、130人受伤。萨德尔城是巴格达市内主要的什叶派穆斯林聚居区之一，此前曾多次遭到袭击。此外，位于巴格达北部乌尔区的一个市场当天也遭到汽车炸弹袭击，造成至少8人死亡、15人受伤。乌尔区也属于什叶派穆斯林聚居的地区。当天早些时候，位于巴格达以北约200公里的拜伊吉遭到袭击，4名身穿炸弹背心的自杀式袭击者在当地特警总部门口引爆炸弹，造成7名伊拉克警察死亡。

（158）2013年9月22日巴格达南部葬礼恐怖爆炸袭击案。2013年9月22日，巴格达南部的朵拉区，一个葬礼现场发生爆炸事故，造成16人死亡、35人受伤。当时，在一场葬礼上，一名身穿炸弹背心的自杀式袭击者引爆炸弹。早在21日，一名自杀式袭击者驾驶一辆装有炸药的汽车冲向正在萨德尔城参加葬礼的人群并引爆炸药，附近的一辆汽车随后也发生爆炸，两起爆炸造成78人死亡、202人受伤。

（159）2013年9月23日首都巴格达3起恐怖炸弹袭击案。2013年9月23日，伊拉克首都巴格达发生3起炸弹袭击事件，已造成至少23人死亡、53

人受伤。23 日晚，巴格达北部地区阿德哈米耶区，一个葬礼现场遭到汽车炸弹袭击，造成 15 人死亡、35 人受伤。数小时后，苏莱克区的一个公园，遭到土制炸弹袭击，造成 3 人死亡、8 人受伤。巴格达东部萨德尔城，一家露天咖啡馆，遭到土制炸弹袭击，造成 2 人死亡、10 人受伤。

（160）2013 年 9 月 30 日巴格达城区 13 起恐怖炸弹袭击案。2013 年 9 月 30 日，伊拉克首都巴格达多达 10 个城区遭到 13 起炸弹袭击，至少造成 84 人死亡、255 人受伤。30 日上午，巴格达近郊 12 辆汽车发生爆炸，爆炸地点的居民多为什叶派教徒。30 日 13 点，伊拉克首都巴格达不同区域，发生 5 起汽车炸弹袭击事件，至少造成 33 人丧生、100 多人受伤。30 日 19 点，死伤最惨重的爆炸发生在巴格达东部的萨达尔市行政区，一辆停放在菜市场的汽车发生爆炸，造成 7 人死亡、16 人受伤。此后，又发生 10 辆停放汽车爆炸事件，发生在 7 个什叶派穆斯林社区与 2 个逊尼派穆斯林社区。这 10 起爆炸发生在露天市场或停车场，造成 44 人死亡、139 人受伤。

（161）2013 年 10 月 5 日多起恐怖暴力袭击案。2013 年 10 月 5 日，伊拉克发生多起暴力袭击事件，造成至少 78 人死亡、166 人受伤，伤亡最惨重的一起恐怖袭击发生在首都巴格达。5 日晚上，一名自杀式袭击者在巴格达北部的一座桥附近引爆了捆绑在身上的炸药，造成至少 51 人死亡、107 人受伤。5 日中午时分，在北部城市摩苏尔，伊拉克东方电视台的两名记者采访时遇袭身亡。当时，在摩苏尔市中心的萨吉哈纳区，他们采访一些民众，几名武装分子突然出现，用装有消声器的枪支将他们打死。据伊拉克记者联合会此前公布的数据，自 2003 年至 2012 年年底，伊拉克至少有 373 名媒体工作人员在战争和暴力冲突中丧生。

当天，在距巴格达以北约 80 公里的巴拉德镇，一个人流密集的市场遭一起汽车炸弹袭击，造成至少 11 人死亡、35 人受伤。在巴格达以南约 25 公里的尤塞菲耶镇，一个由亲政府的逊尼派民兵组织“觉醒委员会”负责的检查站遭炸弹袭击，造成 3 名民兵死亡、4 人受伤。同一天，在巴格达以北 220 公里的哈维杰附近，“觉醒委员会”的一名领导人遭袭受伤，他的 3 名保镖身亡。巴格达以西约 50 公里的费卢杰发生至少 3 起枪击及爆炸袭击，共造成至少 5 人死亡、7 人受伤。巴格达及其周围也零星发生了 3 起暗杀和爆炸袭击，共造成 3 人死亡、12 人受伤。联合国伊拉克援助团 1 日发表公报说，伊拉克 9 月死于恐怖袭击和暴力冲突的人数为 979 人，另有 2133 人受伤。2013 年以来，伊拉克恐怖活动和暴力袭击事件频繁发生，整个国家的安全形势非常严峻。

（162）2013 年 10 月 6 日多地多起恐怖袭击案。2013 年 10 月 6 日上午，尼尼微省首府摩苏尔以西约 70 公里的泰勒阿费尔镇附近一个什叶派穆斯林聚居的村庄遭遇两起汽车炸弹袭击。其中一起发生在一所小学附近，爆炸使学校部分建筑物受损严重。另一起袭击针对的是一个警察局，共造成至少 15 人死亡、122 人受伤，其中伤亡者大部分是儿童。伊拉克多地当天发生多起暴力袭击事件，共造成至少 35 人死亡、163 人受伤。当天下午，在首都巴格达北部的塞利克区，一名自杀式袭击者混入什叶派朝圣者人群中，引爆捆绑在身上的炸药，导致 12 人死亡、25 人受伤。当天晚上，位于巴格达东部新巴格达区的一座清真寺附近发生两起汽车炸弹袭击，共造成 7 人死亡、13 人受伤。在伊拉克北部城市基尔库克的阿斯卡里区，一个伊拉克库尔德族安全部队的巡逻队遭到汽车炸弹袭击，1 名士兵死亡，另有 3 人受伤。10 月 6 日，伊拉克一个警察局以及一所学校发生爆炸，造成 10 人死亡。

（163）2013 年 10 月 7 日多地多起恐怖炸弹袭击案。2013 年 10 月 7 日，伊拉克首都巴格达遭遇一系列炸弹袭击，造成至少 30 人死亡、106 人受伤。当天傍晚时分，巴格达多个城区接连发生至少 9 起炸弹袭击。其中位于巴格达北部的侯赛尼耶区几乎同时遭遇一起汽车炸弹和一起路边炸弹袭击，造成至少 8 人死亡、30 人受伤；东南部的扎法兰尼耶区发生一起汽车炸弹袭击，至少 5 人死亡、16 人受伤；南部杜拉区也发生一起汽车炸弹袭击，至少 5 人死亡、14 人受伤；发生在西南部阿拉姆区的汽车炸弹袭击造成 3 人死亡、11 人受伤。赛迪亚区、奥贝迪区以及巴格达市中心等地也分别发生汽车炸弹和路边炸弹袭击，共造成 9 人死亡、35 人受伤。除巴格达外，伊拉克其他地方如尼尼微省、安巴尔省以及迪亚拉省等地当天也分别发生多起暴力袭击，造成至少 14 名安全部队人员死亡，另有 17 人受伤。

（164）2013 年 10 月 15 日北部城市基尔库克逊尼派清真寺恐怖爆炸袭击案。2013 年 10 月 15 日，伊拉克北部城市基尔库克，一所逊尼派清真寺发生爆炸，造成 12 人死亡、24 人受伤。爆炸发生在伊拉克北部城市基尔库克的一所清真寺，当时，信徒为迎接宰牲节到来，刚刚在清真寺祈祷结束。

（165）2013 年 10 月 17 日伊拉克首都巴格达系列恐怖汽车炸弹袭击案。2013 年 10 月 17 日傍晚，伊拉克首都巴格达接连发生汽车炸弹袭击，造成至少40人死亡、116人受伤。当天同一时间，巴格达市中心阿尔瓦亚区一家餐厅外发生两起汽车炸弹袭击，造成至少11人死亡、21人受伤；位于巴格达东北部的侯赛尼耶区发生一起汽车炸弹袭击，造成至少10人死亡、20人受伤；发生在东部玛梅勒区的汽车炸弹袭击造成至少6人死亡、15人受伤。此外，巴格达东部新巴格达、南部杜拉、北部库勒阿特、西北部的舒拉区以及西南部的拜亚区也分别遭到汽车炸弹袭击，共造成13人死亡、60人受伤。受袭城区除了杜拉区外，其他基本上是什叶派穆斯林聚居区。2013年初以来，伊拉克恐怖活动和暴力袭击事件频繁发生，整个国家的安全形势非常严峻。据统计，2013年1月至9月，伊拉克境内平民死亡和受伤人数分别为近6000人和1.4万人。

（166）2013年10月27日多地多起恐怖爆炸袭击案。2013年10月27日，伊拉克首都巴格达和北部城市摩苏尔发生的多起爆炸袭击，共造成46人死亡、149人受伤。当天上午，巴格达的沙卜、马什塔勒、胡里耶、阿布德什尔、纳赫拉万以及萨比·阿尔布尔等6个城区遭到一系列炸弹袭击，袭击地点大多是人流密集的市场，造成32人死亡人、94人受伤。巴格达以北约400公里的摩苏尔，在一家银行外，一名自杀式袭击者引爆了自己驾驶的装有炸药的汽车，造成14人死亡、55人受伤。其中很多人是前往银行领取工资的伊拉克士兵。

（167）2013年11月7日军事基地恐怖自杀式爆炸袭击案。2013年11月7日22时30分左右，伊拉克中部，一个军事基地遭自杀式爆炸袭击，造成至少15人死亡、45人受伤。当时，位于首都巴格达以北约30公里的塔米耶镇，2名袭击者驾驶2辆装有炸药的汽车先后冲向当地一个军事基地并引爆炸药，伤亡者绝大部分是伊拉克士兵。当天早些时候，包括巴格达在内的伊拉克多个地方发生多起暴力袭击，造成至少12人死亡、23人受伤。2013年以来，伊拉克恐怖活动和暴力袭击事件频繁发生，整个国家的安全形势非常严峻。据统计，2013年1月至10月，伊拉克境内平民死亡和受伤人数分别为近7000人和1.6万人。

（168）2013年11月14日系列恐怖袭击案。2013年11月14日，伊拉克发生一系列致命袭击，造成至少41人死亡。14日为阿舒拉节庆祝仪式的最后一天，阿舒拉节是什叶派重要的宗教节日，经常成为某些极端的逊尼派的袭击目标。14日上午，位于巴格达北部的什叶派聚居区萨阿迪雅，在一支队伍游行时一名身穿警方人员制服的自杀式袭击者发起袭击，造成32人死亡、80人受伤。就在上述袭击发生的数小时前，巴格达南部一座市镇哈弗瑞雅，几乎同时发生两起袭击，造成9人死亡。阿舒拉节庆祝仪式吸引了成千上万来自伊拉克不同地区以及其他国家和地区的什叶派信徒，在仪式进行的10天当中，发生了数起针对这些朝圣者的致命袭击。因为一些与"基地"组织有关的团体发起的袭击，伊拉克的阿舒拉节庆祝仪式经常沉浸在悲伤的气氛中。

（169）2013年11月20日多起恐怖枪击和爆炸袭击案。2013年11月20日，伊拉克发生多起暴力事件，包括枪击案和爆炸案，共计造成至少60人死亡，另有数十人受伤。大多伤亡事件发生在伊拉克首都巴格达地区，当地共发生了8起汽车炸弹爆炸事故、2起路边炸弹爆炸事故，且大多集中在什叶派人士聚集地。仅巴格达地区就有至少54人在暴力事件中死亡，事故地点包括市场、咖啡店、公交车站、清真寺等。联合国公布的消息显示，伊拉克近期经常发生什叶派人士和逊尼派人士的宗教冲突，政治动乱局面难以控制。

（170）2013年11月21日多起恐怖暴力袭击案。2013年11月21日，伊拉克发生多起恐怖暴力袭击事件，造成至少40人死亡、75人受伤。当天上午，伊拉克迪亚拉省萨迪亚镇，在一处人流密集的市场内，一辆装着约100公斤炸药的小型巴士被引爆，造成至少25人死亡、45人受伤。这是当天最严重的一起袭击事件。迪亚拉省包括首府巴古拜等地，发生枪击和炸弹袭击事件，共造成3人死亡、5人受伤。当天，首都巴格达，西部的阿美利亚区、南部的拜亚区和北部的卡斯拉区，发生路边炸弹、汽车炸弹、枪击等袭击事件，造成9人死亡、19人受伤。巴格达以北约20公里的塔吉镇，在一个检查站内，一名自杀式袭击者引爆了捆绑在身上的炸药，造成3名士兵死亡、6人受伤。

（171）2013年11月22日多起恐怖暴力袭击案。2013年11月22日，伊拉克发生多起恐怖暴力袭击，造成至少19人死亡、42人受伤。最严重的暴力袭击发生在首都巴格达，共造成至少9人死亡、30人受伤。巴格达南部杜拉区，一家商店附近接连发生两起路边炸弹袭击，造成至少5人死亡、17人受伤；西南部赛义迪亚区和西部阿布·格里卜地区，两座逊尼派清真寺附近分别遭到路边炸弹袭击，共造成两人死亡、13人受伤；在不同的城区，一名医生和一名警察分别遭到暗杀。在巴格达以北约400公里的摩苏尔市及附近发生3起路边炸弹和简易炸弹袭击，共造成至少4人死亡、3人受伤。在巴格达东南部约20公里的迈达发生一起路边炸弹袭击，造成至少3人死亡、6人受伤。在巴格达以北约30公里的塔尔米耶镇，“觉醒委员会”民兵组织成员遭到路边炸弹的伏击，造成3名成员死亡，另有3人受伤。“觉醒委员会”是一个亲政府的逊尼派民兵组织，经常遭到“基地”组织的袭击。

（172）2013年11月23日多起恐怖袭击案。2013年11月23日，伊拉克发生多起爆炸和枪击等恐怖袭击事件，造成至少23人死亡、95人受伤。当天黄昏，巴格达以北大约170公里的图兹胡尔马图，一座什叶派清真寺附近接连发生自杀式汽车炸弹袭击和路边炸弹袭击，造成至少12人死亡、72人受伤。图兹胡尔马图位于萨拉赫丁省东北部，属于阿拉伯人、库尔德人和土库曼人多民族混居地区。当地民族与教派抵触较为严重，恐怖袭击和小规模武装抵触时有发生。当天晚上，巴格达西北大约420公里的泰勒阿费尔，一座警方检查站遭到汽车炸弹袭击，造成1名警察和2名平民死亡，另有2名警察和18名平民受伤。当天，伊拉克首都巴格达、东部迪亚拉省首府巴古拜和北部尼尼微省首府摩苏尔发生多起枪击事件，共造成8人死亡、3人受伤。伊拉克恐怖袭击和暴力活动频发，近年来，国家安全形势严峻。据统计，2013年1月至10月，伊拉克平民死亡和受伤人数分别为近7000人和1.6万人。

（173）2013年11月25日多起恐怖袭击案。2013年11月25日晚上，伊拉克首都巴格达市中心萨德里耶区，一个人流密集的市场遭路边炸弹袭击，造成至少18人死亡、36人受伤。这是当天在伊拉克境内发生的最严重的一起恐怖暴力袭击，该市场此前曾多次遭受爆炸袭击，在2007年的爆炸袭击中，至少有130人死亡、300多人受伤。巴格达东北部，一座警察局外发生一起汽车炸弹袭击，造成3人死亡、15人受伤。巴格达其他3个城区阿梅勒、杜拉和侯赛尼耶，分别发生了一起暗杀和两起简易炸弹袭击，共造成3人死亡、3人受伤。伊拉克北部尼尼微省首府摩苏尔，尼尼微省省长阿斯勒·努杰菲在一起针对他的路边炸弹袭击中逃过一劫，只有他的一名保镖受伤。阿斯勒·努杰菲是伊拉克议长乌萨马·努杰菲的兄弟，这是2013年来针对他的第五次暗杀未遂事件。当天，同样在摩苏尔，伊拉克总理马利基领导的达瓦党的一名高层官员遭身份不明枪手暗杀。

（174）2013年11月27日多地多起恐怖爆炸袭击案。2013年11月27日傍晚，伊拉克首都巴格达西部，发生一起自杀式炸弹袭击，造成至少10人死亡、30人受伤。当天傍晚时分，在巴格达西郊阿布·格莱卜地区举行的一场葬礼遭遇自杀式炸弹袭击，一名袭击者在参加葬礼的人群中引爆了捆绑在身上的炸药，造成重大人员伤亡。当天早些时候，伊拉克首都巴格达、西部安巴尔省、东部迪亚拉省以及北部尼尼微省也发生多起包括暗杀、自杀式袭击和路边炸弹袭击在内的恐怖袭击事件，共造成37人死亡，另有41人受伤。

（175）2013年11月28日多起恐怖暴力袭击案。2013年11月28日，伊拉克发生多起恐怖暴力袭击，导致23死亡、43人受伤。当天，伤亡最严重的恐怖暴力袭击发生在伊拉克北部的萨拉赫丁省。一伙武装分子在该省耶斯里卜镇郊区设置了一个假检查站，他们伪装成安全部队人员检查过往车辆，并开枪打死了两辆车上的6人。萨拉赫丁省首府提克里特分别发生两起针对警方的自杀式炸弹和汽车炸弹袭击，共造成3人死亡、9人受伤。该省的图兹胡尔马图市和舍尔加特市也分别发生炸弹袭击，造成4人死亡、两人受伤。萨拉赫丁省是伊拉克逊尼派穆斯林聚集区，也是“基地”组织活跃的地区，恐怖暴力袭击频发。

当天，首都巴格达及其周围近郊也发生多起路边炸弹袭击，造成4人死亡、18人受伤。在巴格达以南约160公里的纳杰夫，一个人流密集的市场发生一起汽车炸弹袭击，造成4人死亡、5人受伤。在巴格达以北约400公里的摩苏尔发生一起针对少数族裔的枪击事件，造成2人死亡、2人受伤。伊拉克南部的巴比伦省和瓦西特省也发生数起汽车炸弹袭击，共造成7人受伤。

（176）2013年12月1日东部迪亚拉省恐怖路边汽车炸弹袭击案。2013年12月1日，伊拉克东部迪亚拉省发生一起路边汽车炸弹袭击事件，导致在附近参加葬礼活动的民众11人死亡、45人受伤。当时，一位当地逊尼派部落长老正在为其子举行葬礼，该长老之子前一天晚上死于汽车炸弹袭击，而该长老曾与美军合作打击过“基地”组织。

（177）2013年12月3日多起恐怖袭击案。2013年12月3日，伊拉克发生多起恐怖暴力袭击事件，造成至少31人死亡、76人受伤。当天，最严重的恐怖暴力袭击发生在北部萨拉赫丁省，共有20人死亡、39人受伤。当时，正值上午时分，萨拉赫丁省首府提克里特，一座警察行政部门大楼先后遭到汽车炸弹袭击和自杀式袭击，共造成至少11人死亡、25人受伤，其中大部分是警方人员。另外，提克里特以南的塔尔米耶镇政府大楼也遭到两起路边炸弹袭击，造成至少9人死亡、11人受伤；提克里特以南马奇什法镇的一所警察局则遭到卡车炸弹袭击，造成3人受伤。而在首都巴格达，有3个城区发生了汽车炸弹和路边炸弹袭击，共造成至少9人死亡、25人受伤。东部迪亚拉省的拜莱德鲁兹市也发生一起简易炸弹和汽车炸弹袭击，造成2人死亡、12人受伤。

（178）2013年12月7日多起恐怖暴力袭击案。2013年12月7日，伊拉克发生多起恐怖暴力袭击事件，造成至少18人死亡、34人受伤。当天早些时候，在巴格达以北约400公里的摩苏尔的一个蔬菜市场，发生一起路边炸弹袭击，造成至少3人死亡、10人受伤。西部安巴尔省首府拉马迪、费卢杰以及东部迪亚拉省首府巴古拜附近，发生多起枪击、暗杀警方人员和简易炸弹袭击，共造成4人死亡、5人受伤。7日晚上，巴格达市中心的瓦兹里亚区，一伙身份不明的武装分子向数家售酒商店开枪扫射，造成至少9人死亡、6人受伤。伊拉克是穆斯林为主的国家，根据伊斯兰教规定，穆斯林禁止饮酒。不过在巴格达等地也有一些合法的售酒商店，主要由非穆斯林的少数族群经营，这些售酒商店有时会遭到宗教极端分子袭击。巴格达南部杜拉区及巴格达以北约40公里的马什赫达镇，分别遭到路边炸弹袭击，造成2人死亡、13人受伤。

（179）2013年12月8日首都巴格达多起恐怖爆炸袭击案。2013年12月8日，伊拉克首都巴格达发生16起炸弹袭击事件，共造成47人死亡、185人受伤。炸弹袭击从8日上午开始，主要针对巴格达的什叶派穆斯林聚居区。当天上午，市中心的卡拉达商业区、东部加迪尔区、北部的萨德尔城和侯赛尼耶区、南部的阿米勒以及西南部的拜亚区和拉德瓦尼亚区接连发生9起炸弹袭击，共造成至少29人死亡、104人受伤。上午遭遇一系列炸弹袭击后，巴格达的安保措施有所加强。但在下午和傍晚时分，另一轮汽车炸弹和路边炸弹再次袭击了巴格达的多个城区。东部的贾梅拉、塔勒贝阿以及西南部的阿拉姆等多个城区先后发生了7起炸弹袭击，共造成至少18人死亡、81人受伤。当天的袭击目标大多是室外露天市场和人流密集的公共场所，因此造成了严重的人员伤亡。2013年1月至11月，伊拉克共有7157名平民和952名安全部队人员在恐怖暴力袭击中丧生。

（180）2013年12月10日多起恐怖暴力袭击案。2013年12月10日，伊拉克发生多起恐怖暴力袭击事件，造成21人死亡、29人受伤。当天，东部迪亚拉省首府巴古拜南部郊区，一个路边炸弹在参加葬礼的人群中被引爆，造成至少10人死亡、20人受伤，这是当天最严重的恐怖袭击。巴古拜东北约

90 公里的一个镇子，一伙身份不明的武装分子开枪打死了 7 名牧羊人。伊拉克首都巴格达以及北部尼尼微省，发生多起路边炸弹袭击，共造成至少 4 人死亡、9 人受伤。伊拉克首都巴格达东北部城市巴古拜，在一座什叶派神殿中，一名自杀式炸弹袭击者引爆炸弹，造成 11 人死亡、19 人受伤。2013 年 1 月至 11 月，共有 7157 名平民和 952 名安全部队人员在恐怖暴力袭击中丧生。

（181）2013 年 12 月 13 日多起恐怖暴力袭击案。2013 年 12 月 13 日，伊拉克发生了多起恐怖暴力袭击，造成至少 29 人死亡、41 人受伤。东部迪亚拉省，一伙身份不明的武装分子袭击了一个天然气管道输送站，造成 15 名伊朗人和 3 名伊拉克人死亡，另有 7 人受伤。伊拉克西部安巴尔省首府拉马迪，发生了一起针对伊拉克安全部队的汽车炸弹袭击，造成至少 5 名安全部队人员死亡、9 名安全部队人员受伤。巴格达东南部约 30 公里的迈达因镇，一个人流密集的市场发生一起汽车炸弹袭击，造成至少 4 人死亡、13 人受伤。首都巴格达东郊，一个鱼市遭到汽车炸弹袭击，造成 2 人死亡、12 人受伤。

（182）2013 年 12 月 15 日多起恐怖暴力袭击案。2013 年 12 月 15 日，伊拉克发生多起恐怖暴力袭击，造成至少 16 人死亡、36 人受伤。当天，首都巴格达的萨德尔城、侯赛尼耶区等多个城区接连发生至少 4 起汽车炸弹袭击，造成至少 8 人死亡、35 人受伤。巴格达东北部的萨迪亚市，一伙身份不明的武装分子引爆了装在一栋房屋里的炸弹，造成住在里面的一家五口全部遇难。巴格达以北的摩苏尔，一名伊拉克女主持人遭枪杀身亡。东部迪亚拉省首府巴古拜等地发生一些恐怖暴力袭击事件，造成 2 人死亡、1 人受伤。

（183）2013 年 12 月 16 日多起恐怖暴力袭击案。2013 年 12 月 16 日，伊拉克发生了多起恐怖暴力袭击，造成至少 67 人死亡、138 人受伤。最严重的恐怖暴力袭击发生在首都巴格达。当天上午，巴格达的纳赫德哈区、萨德里耶区、拜亚区、新巴格达区和位于市中心的卡拉达商业区、巴格达省政府大楼附近，以及南郊的马哈茂迪耶镇等多地发生一系列爆炸袭击，共造成至少 14 人死亡、65 人受伤。晚上，巴格达南部的拉希德地区，几乎同时发生两起汽车炸弹袭击，袭击对象是正要前往伊拉克南部卡尔巴拉朝圣的什叶派穆斯林。由于聚集的朝圣者众多，造成至少 25 人死亡、52 人受伤。伊拉克北部尼尼微省，一伙身份不明的武装分子在位于巴格达以北约 400 公里的泰勒阿费尔附近伏击了一辆运送什叶派穆斯林前往卡尔巴拉朝圣的大巴，并开枪打死了 9 名朝圣者。

当天中午，伊拉克北部萨拉赫丁省首府提克里特市市政厅大楼入口处，发生一起汽车炸弹袭击，随后一伙武装分子向安保人员猛烈开火，闯入大楼劫持了一批工作人员。经过数小时激战，伊拉克安全部队下午夺回了市政厅大楼并击毙1名武装分子，但有2名武装分子在反抗过程中引爆身上的爆炸装置，造成1名市议会议员和2名警察死亡，另有5名市政厅工作人员受伤。当天，另一伙武装人员以几乎同样的手法袭击了萨拉赫丁省拜伊吉市警察局，造成3名警察身亡、5名警察受伤，伊拉克安全部队很快夺回警察局并击毙6名武装分子。萨拉赫丁省是伊拉克时任总统萨达姆·侯赛因的故乡，为逊尼派穆斯林聚集地区，“基地”组织在这一地区活动猖獗，频繁实施恐怖活动和暴力袭击。伊拉克西部安巴尔省的费卢杰和哈迪塞等地，发生了数起暗杀、自杀式炸弹以及针对安全部队人员的暴力袭击事件，共造成至少4人死亡、11人受伤。

（184）2013年12月19日多起恐怖暴力袭击案。2013年12月19日，伊拉克发生多起恐怖暴力袭击事件，其中包括一系列针对什叶派穆斯林的自杀式炸弹袭击，共造成至少46人死亡、100人受伤。当天中午时分，巴格达南部朵拉区的一条公路上，大批什叶派穆斯林正步行前往卡尔巴拉参加宗教纪念活动，一名身穿炸弹背心的自杀式袭击者在人群中引爆炸弹，造成至少17人死亡、35人受伤。巴格达以南20公里的尤苏菲耶镇，一名自杀式袭击者在前往卡尔巴拉的什叶派穆斯林人群中引爆炸弹，造成8人死亡、32人受伤。巴格达以南25公里的拉提菲耶镇，也发生针对什叶派穆斯林朝圣者的自杀式炸弹袭击，造成10人死亡、20人受伤。卡尔巴拉位于巴格达西南约110公里处，城内有先知穆罕默德外孙侯赛因的陵墓，每年都有许多穆斯林前来朝拜。近日，大批什叶派穆斯林前往卡尔巴拉，准备参加12月24日的“四十日”宗教纪念活动。巴格达西郊的阿布·格莱布区，武装分子闯入亲政府民兵组织“觉醒委员会”的一名高级成员的住所中，开枪将其打死，他的妻子和3个儿子也遭到杀害。位于巴格达西南郊的拉德赫万尼耶区当天发生一起路边炸弹袭击，造成2人死亡、7人受伤。伊拉克北部的尼尼微省和萨拉赫丁省，发生多起爆炸和枪击等暴力袭击，共造成至少4人死亡、6人受伤。2013年年初以来，伊拉克恐怖活动和暴力袭击事件频繁发生，安全形势严峻。根据联合国伊拉克援助团本月1日发表的公报，2013年1月至11月，伊拉克共有7157名平民和952名安全部队人员在恐怖暴力袭击中丧生。

（185）2013 年 12 月 20 日多起恐怖暴力袭击案。2013 年 12 月 20 日，伊拉克发生多起恐怖暴力袭击，造成至少 15 人死亡、21 人受伤。2013 年 12 月 20 日上午，北部萨拉赫丁省图兹胡尔马图市，一个家禽市场接连发生两起炸弹袭击，造成 9 人死亡、11 人受伤，这是当天最严重的恐怖暴力袭击。图兹胡尔马图位于萨拉赫丁省东北部，属于阿拉伯人、库尔德人和土库曼人多民族混居地区，当地民族与教派冲突较为严重，恐怖袭击和小规模武装冲突时有发生。

2013 年 12 月 20 日，萨拉赫丁省西北部的舍尔加特市，也发生两起暴力袭击事件，造成 1 名警察死亡、4 名“觉醒委员会”成员受伤。“觉醒委员会”是一个亲政府的逊尼派民兵组织，经常成为“基地”等武装组织的袭击目标。2013 年 12 月 20 日，北部城市基尔库克郊区，一伙伪装成警察的武装分子闯入一个村庄的两所房屋，开枪打死 5 人、打伤 3 人。2013 年 12 月 20 日晚，北部库尔德自治区的苏莱曼尼亚市，发生一起汽车炸弹袭击，造成 3 名警察受伤。库尔德自治区包括埃尔比勒、苏莱曼尼亚和杜胡克三省，与伊拉克恐怖袭击频发的其他地方相比，库尔德自治区保持了相对的和平与稳定，暴力袭击在以往少有发生。2013 年以来，伊拉克恐怖活动和暴力袭击事件频繁发生，整个国家的安全形势非常严峻。2013 年 1 月至 11 月，伊拉克共有 7157 名平民和 952 名安全部队人员在恐怖暴力袭击中丧生。

（186）2013 年 12 月 25 日首都巴格达系列恐怖炸弹袭击案。2013 年 12 月 25 日，伊拉克发生多起袭击事件，其中包括在首都巴格达一个基督徒聚居区的系列爆炸，共造成至少 42 人死亡、84 人受伤。2013 年 12 月 25 日上午，停靠在巴格达南部杜拉区一座教堂附近的一辆汽车突然发生爆炸，发生爆炸的地区是巴格达基督徒聚居区之一，事发时当地民众正在参加圣诞节活动，造成至少 27 人死亡、56 人受伤。2013 年 12 月 25 日，位于同一地区的一个市场接连发生三起炸弹袭击，造成至少 11 人死亡、14 人受伤，附近许多商铺和摊位也遭到损坏。当天，伊拉克北部的基尔库克省和萨拉赫丁省也发生多起爆炸和枪击等暴力袭击事件，造成至少 4 人死亡、14 人受伤。

自 2003 年伊拉克战争以来，“基地”等极端组织针对伊拉克基督徒的恐怖袭击事件时有发生，导致大批基督徒选择逃往伊拉克北部相对安全的地区，或者定居海外。2013 年以来，伊拉克恐怖活动和暴力袭击事件频繁发生，安全形势严峻，根据联合国伊拉克援助团发表的公报，2013 年 1 月至 11 月，伊拉克共有7157名平民和952名安全部队人员在恐怖暴力袭击中丧生。

（187）2013年12月29日数起恐怖暴力袭击案。2013年12月29日，伊拉克发生数起恐怖暴力袭击，造成至少10人死亡、22人受伤。当天，首都巴格达以北约400公里的摩苏尔，发生一起针对军队检查站的自杀式汽车炸弹袭击，造成一名营长在内的7名官兵死亡、11人受伤。巴格达以西约25公里的阿布格里卜地区，一伙身份不明的武装分子向“觉醒委员会”成员开枪，造成2名成员死亡、5人受伤。巴格达西南部的吉哈德区，发生一起路边炸弹袭击，造成至少1人死亡、6人受伤。

（188）2014年1月2日巴古拜城恐怖自杀式袭击案。2014年1月2日，伊拉克巴古拜城附近，发生自杀式恐怖袭击事件，造成至少10人死亡、20人受伤。巴古拜城位于巴格达东北方向大约60公里，当时自杀式袭击者引爆了车内的爆炸装置。

（189）2014年1月4日“伊拉克和大叙利亚伊斯兰国”恐怖袭击案。ISIS全称“伊拉克和大叙利亚伊斯兰国”，前身是2006年在伊拉克成立的“伊拉克伊斯兰国”，是一个自称建国的活跃在伊拉克和叙利亚的极端恐怖组织，从属于本·拉登建立的基地组织的伊拉克分部。虽然ISIS从属于基地组织，但与基地谨慎的作风完全相反的是，无论是在什么地方，ISIS制造的爆炸案经常会伤及大量平民，其中还包括逊尼派人士，并且在其掌控的地区，ISIS禁止平民吸烟、骚扰不戴面纱的妇女、实施最严厉的惩罚行为——砍头。ISIS曾于伊拉克制造多起越狱事件，且规模越来越大，并将组织越狱视为组织的首要任务。

2014年1月4日，经过数天激烈战斗后，ISIS攻占下伊拉克的安巴尔省重镇费卢杰，与此同时安巴尔省首府拉马迪也发生激战，仅1月3日一天，费卢杰和拉马迪两地的死亡人数便超过100人。这是多年来安巴尔省遭受的最严重的暴力袭击事件，也是自2003年美国入侵伊拉克以来武装分子第一次对重要城市如此公开的控制。ISIS组织在代尔祖尔草率处死了三名阿拉维派教徒。此外，ISIS甚至还开枪射杀那些抗议该组织残暴行为的叙利亚平民。

（190）2014年1月5日首都巴格达多起恐怖爆炸袭击案。2014年1月5日，伊拉克首都巴格达发生多起爆炸袭击，造成至少11人死亡、45人受伤。伊拉克首都巴格达东北部沙卜区的一个市场接连发生两起汽车炸弹袭击，造成至少7人死亡、23人受伤。位于巴格达东部贾米拉区的另外一个市场也遭到汽车炸弹袭击，造成至少1人死亡、10人受伤。位于巴格达市中心的2个商业区分别遭到路边炸弹袭击，共造成至少3人死亡、12人受伤。

（191）2014年1月7日北部城市基尔库克警察局恐怖自杀式爆炸袭击案。2014年1月7日上午，伊拉克北部城市基尔库克，一所警察局遭到自杀式爆炸袭击，造成包括2名警察在内的3人死亡、57人受伤。当时，位于巴格达以北大约250公里处的基尔库克，一名自杀式袭击者驾驶一辆装有炸药的卡车冲向一个居民区内的一个警察局，爆炸造成大量人员伤亡，其中包括很多居住在附近的妇女和儿童，该警察局和一些周边房屋等建筑物遭到严重破坏。基尔库克属于伊拉克中央政府和库尔德自治区政府存在管辖争议的地区，这一地区石油资源丰富，属多民族混居区，主要生活着阿拉伯人、库尔德人和土库曼人，多年来各民族就土地划分和石油利益分配争执不下，而且“基地”组织等也在此活动频繁。自2012年年初以来，伊拉克恐怖活动和暴力袭击事件频繁发生，安全形势严峻。

（192）2014年1月9日首都巴格达军队征兵站恐怖自杀式爆炸袭击案。2014年1月9日，伊拉克首都巴格达，一个军队征兵站遭到自杀式爆炸袭击，造成22人死亡、25人受伤。当时，很多伊拉克年轻人前往位于巴格达市中心附近的穆萨纳机场征兵站申请参军，准备到西部安巴尔省打击“基地”组织武装分子，一名自杀式袭击者混进人群并引爆身上的炸药，爆炸造成大量人员伤亡。穆萨纳机场是巴格达一个已经停止使用的老机场，目前是伊拉克一个军事基地的所在地，位于这个军事基地外围的征兵站此前曾多次遭到袭击。

（193）2014年1月12日首都巴格达两起恐怖汽车炸弹爆炸袭击案。2014年1月12日，伊拉克首都巴格达发生两起汽车炸弹爆炸事件，造成至少14人死亡。12日最致命的袭击造成至少9人死亡，这次袭击发生在Allaoui街区某汽车站，袭击对象是刚刚入伍的新兵，当新兵们到达事发地时，炸弹就爆炸了。

（194）2014年1月15日多起恐怖暴力袭击案。2014年1月15日，伊拉克首都巴格达和东部迪亚拉省发生多起暴力袭击事件，造成至少30人死亡、94人受伤。伊拉克首都巴格达北部侯赛尼耶区，一个市场遭到汽车炸弹袭击，造成至少5人死亡、12人受伤；东北部沙卜区也遭到汽车炸弹袭击，造成3人死亡、13人受伤；在巴格达以北约60公里的杜贾尔镇，一起汽车炸弹袭击导致4人死亡、3人受伤；巴格达其他地区还发生至少6起爆炸或枪击等暴力袭击事件，共造成至少 8 人死亡、44 人受伤。伊拉克东部迪亚拉省首府巴古拜附近一村庄，一个葬礼现场接连发生 3 次爆炸，造成至少 14 人死亡、25 人受伤；该省米格达迪耶市附近，7 名卡车司机被身份不明的袭击者开枪打死，卡车被烧毁。同一天，伊拉克北部尼尼微省首府摩苏尔附近的一座桥梁被炸，正在桥上经过的 6 名士兵丧生、10 名士兵受伤。

（195）2014 年 1 月 18 日首都巴格达多起恐怖炸弹爆炸袭击案。2014 年 1 月 18 日晚上，伊拉克首都巴格达发生至少 7 起炸弹袭击，造成至少 22 人死亡、65 人受伤。当晚，巴格达西部曼苏尔区，一家大型购物中心附近发生一起汽车炸弹袭击，造成至少 6 人死亡、12 人受伤。同一天晚上，巴格达北部托普奇区，一家少年犯监狱附近发生汽车炸弹袭击，造成至少 4 人死亡、13 人受伤。巴格达西部的阿迪尔区，遭到两枚迫击炮弹袭击，造成至少 3 人死亡、9 人受伤。巴格达其他地区，发生至少 4 起汽车炸弹或路边炸弹袭击事件，共造成至少 9 人死亡、31 人受伤。

（196）2014 年 1 月 20 日首都巴格达 6 起恐怖爆炸袭击案。2014 年 1 月 20 日，伊拉克首都巴格达发生 6 起爆炸袭击，造成至少 14 人死亡、55 人受伤。当天，巴格达南部的杜拉区发生两起汽车炸弹袭击，造成至少 6 人死亡、15 人受伤；在东南部的新巴格达区，一个汽车炸弹在一群工人附近被引爆，造成 4 人死亡、15 人受伤；北部郊区拉什迪亚的一个人流密集的市场发生了一起路边炸弹袭击，造成 3 人死亡、8 人受伤。此外，巴格达北部的胡里亚和南部的拜亚区各发生一起汽车炸弹袭击，造成一人死亡、17 人受伤。

（197）2014 年 1 月 25 日多起恐怖暴力袭击案。2014 年 1 月 25 日，伊拉克发生多起恐怖暴力袭击，造成至少 19 人死亡、36 人受伤，最严重的袭击事件发生在东部迪亚拉省首府巴古拜附近。当天早些时候，至少有 14 人死于伊拉克西部安巴尔省的交火中，另有 29 人受伤。伊拉克安全部队和“基地”组织武装分子当天继续在安巴尔省拉马迪附近交火，并击毙了 20 名“基地”组织武装分子。在东部迪亚拉省首府巴古拜，一伙身份不明的武装分子向一个什叶派村庄发射数枚迫击炮袭击，造成一户人家的七口人身亡，其中包括妇女和儿童。在巴格达以北大约 170 公里的图兹胡尔马图发生两起汽车炸弹，造成至少 4 人死亡、8 人受伤。萨拉赫丁省首府提克里特、首都巴格达以及北部城市摩苏尔也发生了多起爆炸袭击事件，共造成 8 人死亡、28 人受伤。

（198）2014 年 1 月 26 日多起恐怖袭击案。2014 年 1 月 26 日，伊拉克发生多起恐怖袭击事件，共造成至少 12 人死亡、14 人受伤。当天下午，基尔库克不同地区几乎同时发生 3 起汽车炸弹袭击，至少造成 4 人死亡、14 人受伤，这是当天最严重的恐怖袭击。伊拉克东部迪亚拉省首府巴古拜附近，该省瓦吉赫亚市市议员的车队遭到武装分子袭击，造成 3 名市议员身亡。在巴格达，一伙身份不明的武装分子闯入萨达姆前政权一军官的家中，开枪打死这名军官及其妻子。巴格达还发生了其他两起暗杀和简易炸弹袭击，造成 3 人死亡。自 2013 年年初以来，伊拉克恐怖活动和暴力袭击事件频繁发生，安全形势严峻。根据联合国伊拉克援助团发表的公报，2013 年伊拉克发生的各种恐怖袭击和暴力冲突共导致 8868 人死亡，其中 7818 人是平民，另有超过 1.8 万人受伤，为近年来最多。联合国伊拉克援助团发表公报说，2014 年 1 月，伊拉克境内恐怖袭击和暴力冲突导致 733 人丧生、1229 人受伤，首都巴格达所在的巴格达省是伤亡人数最多的省份。

（199）2014 年 1 月 30 日首都巴格达多起恐怖暴力袭击案。2014 年 1 月 30 日，伊拉克首都巴格达当天发生多起恐怖暴力袭击事件，造成至少 11 人死亡、30 人受伤。当天，巴格达市东部交通部的一栋办公楼遭到 6 名武装分子袭击，这些武装分子与伊拉克安全部队发生冲突并闯入办公楼内劫持人质，伊拉克安全部队最终把 6 名武装分子全部打死，冲突还造成另外至少 2 人死亡、7 人受伤。同一天，巴格达北部阿德哈米耶区发生一起汽车炸弹袭击，造成至少 2 人死亡、9 人受伤。巴格达东北部沙卜区的一个市场附近，一个军方巡逻队遭到汽车炸弹袭击，造成 1 名士兵死亡，另有 3 名士兵和 6 名平民受伤。巴格达东部塔勒比阿区发生一起路边炸弹袭击，造成 5 名平民受伤。

（200）2014 年 2 月 3 日首都巴格达系列恐怖暴力袭击案。2014 年 2 月 3 日，伊拉克首都巴格达发生一系列恐怖暴力袭击，导致至少 20 人死亡、68 人受伤。当天，巴格达发生了 8 起爆炸袭击。巴格达南部阿布·德舍尔区几乎同时发生两起汽车炸弹袭击，造成至少 4 人死亡、16 人受伤；一名自杀式袭击者开着装满炸药的汽车闯入巴格达郊区马哈穆迪耶的一个市场并引爆，造成至少 4 人死亡、15 人受伤；另一起发生在马哈穆迪耶的汽车炸弹袭击造成 1 人死亡、11 人受伤。另外，巴格达东部巴拉迪亚特区和巴勒斯坦大街、北部胡里亚区和萨德尔城分别发生汽车炸弹和路边炸弹袭击，共造成至少 7 人死亡、24 人受伤。此外，巴格达东南部一废弃建筑内发现 4 具尸体，这些遇难者戴着手铐，身上和头部有枪伤。在巴格达北部阿德米耶区，有武装分子向人群中投掷了一枚手榴弹，造成2人受伤。

（201）2014年2月5日多起恐怖暴力袭击案。2014年2月5日，伊拉克发生多起恐怖暴力袭击，造成至少48人死亡、119人受伤。当天上午，伊拉克外交部附近接连发生两起自杀式爆炸袭击。一名自杀式袭击者驾驶摩托车试图闯入外交部，在外交部外面的检查站遭阻拦后引爆身上的炸弹，造成11名外交部工作人员和安全部队人员死亡、10人受伤，另一起爆炸发生在距外交部不远处的一家餐馆内，两起爆炸袭击共造成至少20人死亡、28人受伤。当天，巴格达市长办公室附近发生汽车炸弹袭击，造成至少5人死亡、9人受伤；巴格达海法大街北部遭到一枚火箭弹袭击，造成6人受伤。当天傍晚时分，巴格达东南部接连发生3起汽车炸弹袭击，共造成至少10人死亡、32人受伤。当天晚上，巴格达南部杜拉区的一家餐馆和一家咖啡馆附近分别发生炸弹袭击，共造成至少2人死亡、16人受伤。伊拉克西部安巴尔省和北部尼尼微省、萨拉赫丁省当天也发生数起恐怖暴力袭击，造成至少11人死亡、28人受伤。

（202）2014年2月6日十余起汽车炸弹爆炸袭击案。2014年2月6日，伊拉克全境共发生十余起汽车炸弹爆炸袭击，共造成9人丧生、77人受伤。6日中午，伊拉克首都巴格达接连发生8起汽车炸弹袭击，造成2人丧生、44人受伤。第一起爆炸，地点位于贾米拉地区的一处市场，爆炸造成1人丧生、7人受伤。紧接着，卡拉达地区的一个洗车场连续发生两起爆炸。随后，巴格达市内东北部、西北部以及南部多地均发生爆炸，都造成了人员伤亡。当天，迪亚拉省省会城市巴古拜也发生了爆炸，该省情报官员阿卜杜勒·穆罕默德在爆炸中严重受伤，袭击者将炸弹安设在穆罕默德的车身上，并在其行驶时引爆了炸弹。萨拉赫丁省、曼苏尔省等地也发生了爆炸袭击。伊拉克安全形势近期持续恶化，各种形式的暴力袭击造成大量人员伤亡。

（203）2014年2月7日多地恐怖汽车炸弹袭击和暗杀案。2014年2月7日，伊拉克首都巴格达、图兹胡尔马图等地发生多起汽车炸弹袭击和暗杀事件，造成包括一名国民议会议员候选人在内的至少8人死亡、32人受伤。这名候选人叫哈姆扎·沙马里，是什叶派政治人物萨德尔领导的“自由者联盟”的候选人之一，在巴格达西部的盖扎利耶区被身份不明的武装分子枪击身亡。巴格达以及巴格达以北170公里处的图兹胡尔马图等地发生了多起汽车炸弹袭击事件，造成至少7人死亡、32人受伤。伊拉克新一届国民议会选举将于

4月30日举行，2003年伊拉克战争以来，伊拉克的选举候选人一再成为恐怖暴力袭击的目标，在2013年4月举行的省级议会选举中，有近20名候选人遇袭身亡。自2013年年初以来，伊拉克恐怖活动和暴力袭击事件频繁发生，安全形势严峻。

(204) 2014年2月9日多起恐怖暴力袭击案。2014年2月9日，伊拉克发生多起恐怖暴力袭击，造成至少15人死亡、19人受伤。当天清晨，巴格达以北约170公里的图兹胡尔马图附近，一伙身份不明的武装分子闯入一个检查站，开枪打死了6名警察。当天上午，伊拉克东部迪亚拉省首府巴古拜，接连发生3起路边炸弹袭击，共造成至少3人死亡、5人受伤，遇难者中包括一名儿童；巴古拜郊区也发生了其他两起袭击事件，造成3人死亡、1人受伤。首都巴格达东北部的萨德尔城以及近郊马哈穆迪耶镇，分别发生了一起汽车炸弹袭击，造成至少3人死亡、13人受伤。

(205) 2014年2月10日首都巴格达恐怖炸弹爆炸案。2014年2月10日，伊拉克首都巴格达，伊拉克逊尼派反政府武装分子在自制炸弹过程中引发爆炸，造成22人死亡，其中一人是一起自杀式袭击的候选人。爆炸发生在伊拉克首都巴格达北部的村庄，伊拉克逊尼派反政府武装分子在自制炸弹过程中意外引爆了自制的炸弹，造成训练营内21人死亡。当时，武装叛乱分子正在学习如何制作汽车炸弹，爆炸输送带突然失灵导致其中一个炸弹爆炸，伊拉克安全部队迅速赶到现场逮捕了12名在爆炸中受伤、10名企图逃跑的武装分子。10日，伊拉克议会议长奥萨马躲过一场刺杀。“基地”组织大范围制造的炸弹给伊拉克带来了极严重的危害，造成大量人员伤亡。

(206) 2014年2月17日多起恐怖爆炸袭击案。2014年2月17日，伊拉克发生多起爆炸袭击事件，造成至少16人死亡、43人受伤。当天，距巴格达东北80公里的米格达迪耶市，伊拉克军队一个巡逻队遭到路边炸弹袭击，造成至少3名士兵死亡，另有3人受伤。距巴格达以西100公里的拉马迪市，伊拉克警方一个检查站遭到自杀式汽车炸弹袭击，造成至少2名警察死亡，另有8人受伤。当天晚上，伊拉克首都巴格达东部乌尔区，一个市场遭到汽车炸弹袭击，造成至少8人死亡、20人受伤；巴格达市中心的卡拉达区，发生汽车炸弹袭击，造成至少2人死亡、7人受伤；巴格达西北部博尔区，一个市场遭到路边炸弹袭击，造成至少1人死亡、5人受伤。

(207) 2014年2月20日多起恐怖暴力袭击案。2014年2月20日，伊拉克发生多起恐怖暴力袭击，造成至少27人死亡、45人受伤。当天，最严重的一起袭击发生在首都巴格达以南约60公里的穆赛伊卜镇，该镇一个人流密集的市场遭到3枚迫击炮弹袭击，造成至少17人死亡、35人受伤，市场内多家商店受损严重。袭击事件发生后，该镇宣布进入紧急状态。在位于巴格达东北约120公里的萨迪亚市，伊拉克军队与一伙身份不明的武装分子展开激烈交火，造成至少2名士兵死亡、6名士兵受伤，另有5名武装人员被击毙。在巴格达以北约90公里的尼拜伊地区，民兵组织“觉醒委员会”的一个车队遭路边炸弹袭击，造成3人死亡、4人受伤。

（208）2014年2月23日多起恐怖袭击案。2014年2月23日，伊拉克发生多起爆炸和枪击等恐怖袭击事件，造成至少23人死亡、95人受伤。当天，伊拉克首都巴格达、东部迪亚拉省首府巴古拜和北部尼尼微省首府摩苏尔发生多起枪击事件，共造成8人死亡、3人受伤。当天傍晚，巴格达以北大约170公里的图兹胡尔马图，一座什叶派清真寺附近接连发生自杀式汽车炸弹袭击和路边炸弹袭击，造成至少12人死亡、72人受伤。当天晚上，巴格达西北大约420公里的泰勒阿费尔，一座警方检查站遭到汽车炸弹袭击，造成1名警察和2名平民死亡，另有2名警察和18名平民受伤。

（209）2014年2月26日多起恐怖暴力袭击案。2014年2月26日，伊拉克发生多起恐怖暴力袭击，造成至少21人死亡、26人受伤。当天，首都巴格达以北约400公里的摩苏尔，发生针对安全部队人员的一起汽车炸弹袭击和3起路边炸弹袭击，造成至少6人死亡、8人受伤。东部迪亚拉省首府巴古拜东部郊区，一辆载有乘客的巴士遭路边炸弹袭击，造成至少4人死亡、5人受伤。北部萨拉赫丁省，一伙武装分子袭击了塔勒·达哈卜地区的一个警察局，造成3名警察死亡、2名警察受伤。巴格达、西部安巴尔省等多地，发生数起暗杀和路边炸弹袭击，共造成8人死亡、11人受伤。

（210）2014年2月27日多起恐怖暴力袭击案。2014年2月27日，伊拉克发生多起恐怖暴力袭击事件，造成至少47人死亡、72人受伤，此外还有15名武装人员在西部安巴尔省被安全部队击毙。当天，首都巴格达东部萨德尔城，一个摩托车交易市场遭到爆炸袭击，造成至少32人死亡、56人受伤。萨德尔城的穆萨法尔广场，一辆小型公共汽车遭到简易炸弹袭击，造成至少5人死亡、2人受伤。萨德尔城是巴格达市内主要的什叶派穆斯林聚居区之一，此前曾多次遭到袭击。在巴格达东北部的沙卜区，一辆公共汽车遭到路边炸弹袭击，造成1名乘客死亡，另有3人受伤。在巴格达以北约30公里的塔尔米耶镇，两支军方巡逻队分别遭到汽车炸弹和路边炸弹袭击，共造成2名士兵死亡、6名士兵受伤。同一天，伊拉克东部的迪亚拉省、中北部的萨拉赫丁省和西部的安巴尔省还发生多起爆炸和枪击等暴力袭击，共造成至少7人死亡、5人受伤。此外，伊拉克安全部队和一些涉嫌与“基地”组织有关联的武装人员当天在安巴尔省首府拉马迪及附近地区发生交火，共有15名武装人员被击毙。

（211）2014年2月恐怖袭击案。2014年2月，伊拉克境内恐怖袭击和暴力冲突严重，由于西部安巴尔省动乱仍在持续，死伤者身份难以确定，因此该省伤亡情况未被列入统计。2014年2月，除安巴尔省，发生在伊拉克境内的恐怖袭击和暴力冲突导致564名平民和139名安全部队成员死亡，另有1179名平民和202名安全部队成员受伤。首都巴格达所在的巴格达省伤亡情况最为严重，共有239名平民死亡、551名平民受伤，其他伤亡情况较为严重的还有萨拉赫丁省、尼尼微省、巴比伦省和迪亚拉省。根据从安巴尔省议会获得的未经联合国伊拉克援助团独立核实的数据，2014年2月，安巴尔省的暴力事件共导致298名平民死亡、1198名平民受伤，其中首府拉马迪有189人死亡、550人受伤；重要城市费卢杰有109人死亡、648人受伤。

（212）2014年3月4日北部城市萨迈拉市议会大楼外恐怖汽车炸弹袭击案。2014年3月4日上午，伊拉克北部城市萨迈拉市议会大楼外发生汽车炸弹袭击，随后数名身份不明武装人员闯入大楼，劫持一些工作人员作为人质，并与伊拉克安全部队激烈交火，整个事件造成至少5人死亡、48人受伤。当时，萨迈拉市议会办公大楼的入口处发生汽车炸弹爆炸，随后数名身穿防弹背心的武装人员向保卫人员猛烈开火，并闯入大楼，将楼内的一些工作人员劫为人质。事件发生后，在市议会办公大楼处，伊拉克安全部队集结并与武装人员交火。经过数小时的对峙，安全部队冲进该大楼，并和里面的4名武装人员展开激烈交火，最后武装人员引爆了身上的炸弹背心，造成人员伤亡，死者和伤者大部分是市议会工作人员。4日下午，安全部队夺回了被武装人员占领的北部城市萨迈拉议会办公大楼。萨迈拉是伊拉克北部萨拉赫丁省的重要城市，该省是伊拉克前总统萨达姆的家乡，属于“基地”组织活跃地区。

（213）2014年3月5日多起恐怖暴力袭击案。伊拉克中部和北部地区发生多起暴力袭击事件，共造成至少17人死亡、43人受伤。北部石油重镇基尔库克，发生两起针对警方的汽车炸弹袭击事件，导致5人死亡、17人受伤，伤亡者大部分是当地警察。中部迪亚拉省首府巴古拜附近的拜尼萨德镇，遭受汽车炸弹袭击，爆炸发生在一个足球场附近，导致3人死亡、20人受伤。亲政府的伊拉克逊尼派组织“觉醒委员会”有2名地区领导人遭遇袭击。在首都巴格达西郊的阿布格莱布区，“觉醒委员会”领导人哈洛什被2名乘坐摩托车经过的枪手打死。在伊拉克北部的斯尼亚镇，数名枪手闯进当地一名“觉醒委员会”领导人的家中，将他打成重伤并打死他的父母。中部和北部的巴格达省、萨拉赫丁省和尼尼微省，发生多起暴力袭击事件，造成至少6人死亡、多人受伤。

2014年3月5日，伊拉克首都巴格达，发生9起针对什叶派聚集区的爆炸，造成至少12人丧生、超过60人受伤。当天，爆炸发生在巴格达6个不同的区域，其中7起为汽车炸弹，另外2起为路边炸弹。这些爆炸中最为严重的一起是发生在巴格达中部卡拉达区的一起汽车炸弹爆炸，该爆炸造成至少3人死亡、10人受伤。巴格达频繁发生暴力袭击事件，几乎每天都会发生爆炸和枪击事件，伊斯兰逊尼派激进分子常以什叶派人员为袭击目标。

（214）2014年3月6日多起恐怖暴力袭击案。2014年3月6日，伊拉克发生多起恐怖暴力袭击，共造成至少24人死亡、108人受伤。当天早些时候，巴格达省周围的塔尔米耶、马什塔以及伊斯坎德里耶3个城镇，分别发生了汽车炸弹和路边炸弹袭击，造成至少3人死亡、25人受伤。东部迪亚拉省首府巴古拜，一家咖啡馆遭遇一起炸弹袭击，造成至少4人死亡、8人受伤。巴格达以南约100公里的希拉市，发生了两起汽车炸弹袭击，造成两人死亡、12人受伤。北部的萨拉赫丁省和西部的安巴尔省，发生多起恐怖暴力袭击，共造成5人死亡、17人受伤。

当天晚上，最严重的袭击发生在首都巴格达，伊拉克首都巴格达接连发生4起炸弹袭击，造成至少10人死亡、46人受伤。当时，巴格达东部萨德尔城的一家咖啡馆附近发生一起路边炸弹爆炸，造成至少4人死亡、12人受伤；巴格达东部纳赫达区的一个停车场发生一起汽车炸弹袭击，造成至少2人死亡、13人受伤；巴格达南部阿米勒区一个人流密集的市场发生一起汽车炸弹袭击，造成至少2人死亡、10人受伤。这三个城区都是什叶派穆斯林聚居区。当晚，在美英等国使馆及伊拉克主要政府机构所在地的巴格达市中心“绿区”附近，一家餐厅附近发生一起汽车炸弹袭击，造成至少2人死亡、11人受伤。

（215）2014 年 3 月 8 日多起恐怖暴力袭击案。2014 年 3 月 8 日，伊拉克发生多起恐怖暴力袭击，造成至少 29 人死亡、43 人受伤。在东部迪亚拉省首府巴古拜附近，一个正在执行打击“基地”武装人员任务的军方车队遭遇两起路边炸弹袭击，造成至少 3 名军官死亡、6 人受伤。在北部萨拉赫丁省萨迈拉，武装人员袭击了一个警方检查站，造成 1 名警察死亡、3 人受伤；在武装人员和警方的激烈交火中，有 2 名儿童被流弹击中身亡。在巴格达以北 280 公里的舍尔加特，民兵组织“觉醒委员会”一名成员的车辆遭路边炸弹袭击，该成员受重伤，爆炸还造成附近两名儿童不幸身亡。当天同样在舍尔加特，国民议会议员候选人穆罕默德·侯赛因·哈米德乘坐的汽车遭一伙不明身份的武装人员袭击，哈米德不幸身亡，另有 2 名警察受伤。哈米德是在 2014 年新一届国民议会选举前第二名遭袭身亡的候选人。伊拉克将于 2014 年 4 月 30 日举行新一届国民议会选举。此外，首都巴格达北部的一个人流密集的市场 8 日晚遭遇一起汽车炸弹袭击，造成至少 2 人死亡、9 人受伤。

当天，最严重的暴力袭击发生在西部安巴尔省，该省首府拉马迪和重要城市费卢杰发生 4 起针对安全部队的袭击，造成至少 18 名安全部队人员身亡、22 人受伤。安巴尔省与叙利亚接壤，其边境大多是荒漠地带，“基地”组织活动频繁，针对安全部队的袭击时有发生。从 2014 年 1 月初开始，安巴尔的安全局势开始恶化，尤其是费卢杰到目前为止仍在“基地”组织和反政府部族武装的占领下。

（216）2014 年 3 月 9 日首都巴格达检查站恐怖自杀式炸弹袭击案。2014 年 3 月 9 日，伊拉克首都巴格达以南一处检查站点附近发生自杀式炸弹袭击，造成 34 人死亡、167 人受伤，遇难者中有妇女和儿童在内的 13 名阿富汗平民。当时，正值当地交通高峰期，数十辆车正排在一处检查站点附近，等待通过检查，袭击者驾驶一辆装载有爆炸物的车辆，冲入检查站点，引发爆炸，除造成人员遇难外，还有数十辆车遭损毁。采用装置有爆炸物的汽车发动这类自杀式袭击，是塔利班武装组织针对政府建筑等，在公共区域常使用的手段。

（217）2014 年 3 月 20 日西部安巴尔省拉马迪市一座大楼恐怖爆炸袭击案。2014 年 3 月 20 日，伊拉克西部安巴尔省拉马迪市一座大楼发生爆炸，造成至少 14 名警察突击队员死亡。自 2014 年 1 月起，该市就开始进行大规模的反恐行动，打击“基地组织”及其他组织的极端分子。当时，20 名警察突击队员进入一座废弃大楼内搜查，该大楼事先埋好的炸弹发生爆炸，造成至少14名警察突击队员死亡。当天中午，安巴尔省拉瓦市接连发生3起自杀式炸弹袭击；其中一名自杀式袭击者在市政府大楼内引爆了捆绑在身上的炸药，造成至少5人死亡、10人受伤。另外两名自杀式袭击者则对市政府大楼附近的两个检查站发动袭击，共造成7人死亡、17人受伤。拉瓦市位于首都巴格达以西约280公里处，距离叙利亚和伊拉克两国边境不远。拉瓦市及其所在的安巴尔省一直以来都是“基地”组织活跃的地区，针对政府以及安全部队的恐怖袭击时有发生。

(218) 2014年3月22日多起恐怖暴力袭击案。2014年3月22日，伊拉克发生了多起暴力袭击和武装冲突事件，造成至少24人死亡、53人受伤。当天，伊拉克北部萨拉赫丁省首府提克里特，首先发生了一起路边炸弹袭击，而当安全部队和救援人员到达现场时，又发生了“二次爆炸袭击”，汽车炸弹在人群中被引爆，这两次爆炸共造成至少5人死亡、22人受伤。在东部迪亚拉省，一名自杀式袭击者开着装满炸药的汽车冲进一检查站并引爆，造成1名士兵和2名警察身亡，另有17人受伤。当天上午，在首都巴格达，“自由伊拉克”电台的负责人兼记者穆罕默德·贝达维在位于巴格达市中心的总统府附近与库尔德安全部队士兵发生了争执，库尔德安全部队士兵开枪将其打死。伊拉克总统塔拉巴尼同时也是库尔德斯坦爱国联盟主席，其总统府的安保一直由库尔德安全部队负责。事件发生后，伊拉克安全部队将总统府包围起来，总理马利基也于当天下午到达现场呼吁严惩凶手。据伊拉克国家通讯社报道，总统府已经向巴格达行动指挥部交出了这名涉嫌杀害贝达维的士兵。根据伊拉克记者联合会的数据，从2003年至2013年，已有超过390名记者在伊拉克遭袭身亡。此外，首都巴格达及附近、萨拉赫丁省以及迪亚拉省也发生了多起暴力袭击和武装冲突，造成至少3人死亡、14人受伤，伊拉克安全部队也击毙了12名疑与“基地”组织有关的武装人员。

(219) 2014年3月25日多起恐怖暴力袭击案。2014年3月25日，伊拉克发生多起暴力袭击和武装冲突事件，造成至少37人死亡、60人受伤。在穆萨那桥以北不远处的塔吉镇，一伙武装人员袭击了军方车队，造成4名士兵死亡、15人受伤。在东部迪亚拉省首府巴古拜附近，3名国会议员在针对他们车队的路边炸弹袭击中逃过一劫，但是爆炸造成3名安保人员死亡，另有7人受伤。在距离巴古拜不远的布赫里兹镇，身份不明的武装人员开枪打死4

名平民，另有2名武装人员被警方击毙。在安巴尔省重要城市费卢杰，伊拉克安全部队继续对城内的“基地”组织武装人员进行炮轰，造成至少6人死亡、10人受伤。北部尼尼微省首府摩苏尔附近以及萨拉赫丁省等地也发生数起暴力袭击事件，造成至少10人死亡、2人受伤，警方也击毙了2名反政府武装人员。最严重的暴力袭击发生在首都巴格达。当天下午，一名自杀式袭击者开着装满炸药的油罐车在首都巴格达北部穆萨那桥附近引爆，造成至少6人死亡、26人受伤，爆炸还造成桥身损毁。

（220）2014年3月27日多起恐怖暴力袭击案。2014年3月27日，伊拉克发生多起暴力袭击和武装冲突，造成至少18人死亡、45人受伤。当天，巴格达以北约400公里的尼尼微省首府摩苏尔发生3起针对安全部队的路边炸弹袭击，造成1名士兵死亡、6名士兵受伤；尼尼微省政府官员、国民议会议员候选人瓦西克·迈姆杜赫，在摩苏尔驾车行驶时，遭枪手袭击身亡。当天，伊拉克中北部萨拉赫丁省首府提克里特，一名警察的汽车被安装上俗称“粘贴炸弹”的磁吸式简易爆炸装置，爆炸造成该警察身亡、其妻子受伤。当晚，首都巴格达北部阿宰米耶区的一个市场发生汽车炸弹袭击，造成至少5人死亡、21人受伤；巴格达西部的阿米里亚区接连发生两起炸弹袭击，造成至少4人死亡、9人受伤；巴格达西南部的赛义迪耶区发生路边炸弹袭击，造成1人死亡、8人受伤。此外，伊拉克安全部队当天在东部迪亚拉省首府巴古拜附近的一个村庄展开军事行动，打死5名武装分子。

（221）2014年3月29日多起恐怖暴力袭击案。2014年3月29日，伊拉克发生多起恐怖暴力袭击和武装冲突事件，造成至少17人死亡、23人受伤。伊拉克西部安巴尔省首府拉马迪及近郊，有两伙身份不明的武装人员分别袭击了一处安全部队营地和一个军方车队，造成至少7名安全部队成员死亡、2人受伤。安巴尔省重要城市费卢杰及周边城镇卡马，安全部队与武装人员展开交火，击毙7名武装人员，另有6名平民在交火中受伤。此外，在首都巴格达以及东部迪亚拉省等地也发生多起暗杀和路边炸弹袭击，造成至少3人死亡、15人受伤。

（222）2014年3月30日多起恐怖暴力袭击案。2014年3月30日，伊拉克发生多起恐怖暴力袭击，造成至少23人死亡、25人受伤，死伤者中大部分是士兵。当天凌晨，一伙反政府武装人员在巴格达以西约50公里的费卢杰附近袭击一军方营地，造成9名士兵死亡、14人受伤。在巴格达以北约400公里的摩苏尔南部，另一伙武装人员也袭击了一军方营地，造成7名士兵死亡。在西部安巴尔省首府拉马迪市区，一名自杀式袭击者在横跨幼发拉底河的一座桥上引爆了车上的炸弹，造成至少7名平民死亡、11人受伤，爆炸还造成大桥损毁严重，暂时无法使用。

（223）2014年4月5日多起恐怖暴力袭击案。2014年4月5日，伊拉克发生多起暴力袭击和武装冲突，造成至少41人死亡、35人受伤，死伤者多是安全部队人员和反政府武装人员。当天，伤亡最严重的几起事件均发生在伊拉克西部安巴尔省。在安巴尔省重要城市费卢杰附近的伽马镇，正当政府军在该镇进行搜查时，一栋房屋突然发生爆炸，造成至少15名士兵死亡。在安巴尔省首府拉马迪以及附近的哈迪亚镇，伊拉克安全部队与“伊拉克与黎凡特伊斯兰国”恐怖组织的武装人员激烈交火，安全部队最终打死17名武装人员，打伤18名武装人员，2名警察和2名支持政府的当地部落武装人员在交火中丧生。此外，一名平民当天在费卢杰遭炮击身亡，另有9人受伤。从2014年1月初至今，费卢杰一直处于“伊拉克与黎凡特伊斯兰国”和反政府部族武装的占领下，伊拉克安全部队在城外对费卢杰进行封锁。安巴尔省与叙利亚接壤，其边境大多是荒漠地带，“基地”等恐怖组织活动频繁。此外，包括首都巴格达、东部迪亚拉省等多地也发生了多起针对安全部队人员的暴力袭击，造成至少3人死亡、8人受伤。另外，警方还击毙了1名反政府武装组织的当地头目。

（224）2014年4月9日首都巴格达连环恐怖汽车炸弹爆炸袭击案。2014年4月9日上午，伊拉克首都巴格达发生6起连环汽车炸弹爆炸，爆炸发生地点是数个主要以什叶派穆斯林为主的社区，造成至少13人死亡、46人受伤。当天上午，汽车炸弹袭击了巴格达北部萨德尔城一个人流密集的十字路口，造成至少1人死亡、6人受伤；紧接着东部新巴格达区发生一起汽车炸弹袭击，造成至少2人死亡、25人受伤；东北部的沙阿卜区和北部的卡济米耶区也随之遭到两起汽车炸弹袭击，造成至少4人死亡、22人受伤；随后，巴格达市中心商业区的一处停车场内发生了两起汽车炸弹袭击，造成至少6人受伤。4月9日是美军攻进巴格达的纪念日，2003年4月9日美军攻进巴格达，拉倒了市中心菲尔多斯广场上时任伊拉克总统萨达姆的巨型雕像，标志着巴格达被美军占领。

（225）2014年4月17日多起恐怖暴力袭击案。2014年4月17日，伊拉克发生多起暴力袭击和武装冲突，造成至少 36 人死亡、53 人受伤。当天，伤亡情况最严重的是近几个月来局势动荡不安的西部省份安巴尔，在该省首府拉马迪，两名自杀式袭击者开着装满炸药的汽车冲进安巴尔行动指挥部总部的入口处并引爆，造成至少 8 名安全部队人员死亡、7 人受伤；反政府武装人员还分别针对拉马迪市中心和郊区的两个检查站发动袭击，造成至少 7 人死亡、8 人受伤；发生在安巴尔省重要城市费卢杰的炮轰事件，也造成至少 16 名平民死亡、19 人受伤。2014 年 1 月初以来，费卢杰和拉马迪部分区域被恐怖组织和反政府武装占领，伊拉克安全部队和当地部族武装则一直联手打击武装分子。安巴尔省与叙利亚接壤，其边境大多是荒漠地带，在这里"基地"等恐怖组织活动频繁。此外，首都巴格达北部萨比・阿尔布尔郊区的一处军营遭到迫击炮袭击，造成 2 名士兵死亡、10 人受伤；在同一城区，一个市场里发生一起路边炸弹袭击，造成至少 3 名平民死亡、9 人受伤。

当天，最严重的暴力袭击发生在北部尼尼微省，数十名反政府武装人员袭击了位于该省首府摩苏尔西部的一处军营，并与伊安全部队人员展开数小时的交火，造成至少 13 名伊安全部队人员死亡、5 人受伤。在摩苏尔及附近，反政府武装人员针对伊拉克安全部队发动了数起袭击，共造成 3 人死亡、两人受伤。当天下午，首都巴格达市中心的卡拉达商业区发生一起汽车炸弹袭击，造成至少 5 人死亡、19 人受伤。在巴格达以西约 25 公里的阿布格里卜地区，一辆小巴被装上简易炸弹装置，爆炸造成至少 5 人死亡、4 人受伤。在萨拉赫丁省距离巴格达约 200 公里的拜伊吉市附近，反政府武装人员对一段主输油管道实施爆炸袭击，爆炸引起大火和浓烟，同时也造成大批原油泄漏，流入附近的底格里斯河。

（226）2014 年 4 月 20 日多起恐怖炸弹爆炸袭击案。2014 年 4 月 20 日，伊拉克发生一连串袭击事件，均为炸弹袭击，共导致 9 人死亡、数十人受伤。当天，巴格达北部一所大学遭自杀式炸弹袭击，一名自杀式袭击者进入该大学后引爆了爆炸物，导致 3 人死亡、9 人受伤；另一名袭击者和一名持枪的武装分子被安全部队击毙。在巴格达以南的巴比伦省，一起汽车炸弹袭击造成 3 人死亡、4 人受伤。在其他省份发生的两起汽车炸弹袭击，造成 3 人死亡、26 人受伤。

（227）2014 年 4 月 21 日多座城市连环恐怖爆炸袭击案。2014 年 4 月 21 日，伊拉克首都巴格达周边多座城市发生连环爆炸袭击事件，造成至少 42 人死亡、87 人受伤。21 日晚，首都巴格达发生至少 4 起爆炸袭击。市中心卡拉达商业区的一家咖啡馆遭遇一起自杀式爆炸袭击，造成至少 3 人死亡、12 人受伤。当天早些时候，在首都巴格达东南部约 50 公里的苏瓦拉赫市，一名自杀式袭击者开着装满炸药的汽车冲进一个警方检查站并引爆炸药，爆炸造成 7 名警察和 3 名平民死亡，另有 17 人受伤。东部萨德尔城、北部沙阿卜区等地分别发生汽车炸弹和路边炸弹袭击，造成至少 6 人死亡、25 人受伤。距离苏瓦拉赫不远的迈达因镇也发生一起自杀式爆炸袭击，造成 2 名警察死亡、5 人受伤。在西部安巴尔省首府拉马迪和重要城市费卢杰，伊拉克安全部队与反政府武装的冲突仍在继续，造成包括平民在内的至少 11 人死亡、25 人受伤。伊拉克安全部队同时也击毙 9 名可能是“伊拉克和黎凡特伊斯兰国”恐怖组织的武装人员。伊东部迪亚拉省也发生两起暴力袭击，造成 1 人死亡、3 人受伤。

（228）2014 年 4 月 22 日两起恐怖爆炸袭击案。2014 年 4 月 22 日，伊拉克发生两起爆炸袭击事件，分别是首都巴格达及北部城市萨迈拉发生的爆炸袭击事件，导致至少 10 人死亡、35 人受伤。22 日下午，巴格达东部塔利比亚区一家餐馆附近发生汽车炸弹袭击事件，造成至少 2 人死亡、18 人受伤。当晚，巴格达以北约 120 公里的萨迈拉市南部一公交站附近，一名自杀式袭击者引爆了身上的炸药背心，至少炸死 8 人，另有 17 人受伤。

（229）2014 年 4 月 23 日多地多起恐怖爆炸袭击案。2014 年 4 月 23 日，伊拉克首都巴格达北部的巴拉德镇发生自杀式汽车炸弹袭击事件，造成 8 人死亡、16 人受伤。当时，遇袭目标为伊拉克什叶派的朝圣者，他们刚从一座什叶派清真寺做完礼拜回来。巴格达北部多数为逊尼派教徒，2013 年，该地区大部分领土被“伊斯兰国”（IS）极端组织占领。当晚，伊拉克北部尼尼微省一市场发生一起汽车炸弹袭击，爆炸发生在尼尼微省首府摩苏尔附近一个人流密集的市场，造成至少 12 人死亡、30 人受伤，遇难者中包括一名参加国民议会选举的库尔德族候选人，他是 2014 年新一届国民议会选举中第 4 名遭袭身亡的候选人。北部萨拉赫丁省的苏莱曼贝克镇，另一名议会选举候选人的房屋遭到炸弹袭击，所幸无人伤亡。伊拉克将于 4 月 30 日举行新一届国民议会选举，这是在 2011 年年底美军撤离后伊拉克举行的首次大选。伊拉克东部迪亚拉省首府巴古拜附近，一名该省省议会议员的车队遭到身份不明武装人员袭击，造成这名议员及其两名保镖身亡；萨拉赫丁省的提克里特和萨迈拉也发生了针对安全部队人员的袭击，造成3人死亡、6人受伤。在西部安巴尔省，伊安全部队和反政府武装的冲突仍在继续，安全部队击毙了15名可能是“伊拉克和黎凡特伊斯兰国”组织的武装人员，另有9名武装人员受伤。

（230）2014年4月24日多起恐怖暴力袭击案。2014年4月24日，伊拉克发生多起暴力袭击和武装冲突，造成至少25人死亡、35人受伤。当天上午，伊拉克首都巴格达以南约100公里的希拉市，一个警方安检站遭到自杀式汽车炸弹爆炸袭击，造成至少11人死亡、27人受伤，在11名遇难者中有7名平民和4名警察。当时，正值早高峰时间，爆炸发生地在进入希拉市一个入口的安检站，当时有大量上班族聚集，因而造成大量人员伤亡，爆炸还造成附近15辆汽车受损。西部安巴尔省首府拉马迪西部，一个正在进行准备工作的国民议会选举投票站遭到爆炸袭击，造成至少3名警察身亡；该省的鲁特拜市和南部沙漠地带也发生2起针对安全部队的爆炸袭击，造成至少4名警察身亡、5人受伤。伊拉克北部尼尼微省和萨拉赫丁省，发生暴力袭击事件，造成2人死亡、1人受伤。在该省重要城市费卢杰及附近，伊安全部队和反政府武装的冲突仍在继续，造成包括平民在内的至少6人死亡、9人受伤。

（231）2014年4月27日多起恐怖暴力袭击案。2014年4月27日，伊拉克发生多起暴力袭击和武装冲突，造成至少26人死亡、63人受伤。当天晚上，巴格达东部萨德尔区，一名袭击者驾驶装有炸药的汽车冲入一个人流密集的市场并引爆，造成至少10人死亡、36人受伤，这是当天最严重的暴力袭击。在西部安巴尔省首府拉马迪及附近，袭击者针对伊拉克安全部队发动了数起炸弹袭击，造成至少8人死亡、10人受伤。伊拉克安全部队和反政府武装在该省重要城市费卢杰的冲突当天仍在继续，造成3名平民死亡、12人受伤，击毙4名疑似“伊拉克和黎凡特伊斯兰国”极端组织的武装人员，另有4名武装人员受伤。在巴格达以北约400公里的摩苏尔，身份不明的枪手在一个国民议会选举投票站附近袭击伊拉克独立高等选举委员会工作人员，造成1人死亡、1人受伤。

（232）2014年4月29日多起恐怖暴力袭击案。2014年4月29日，伊拉克发生多起暴力袭击和武装冲突，造成至少35人死亡、68人受伤。当天上午，最严重的袭击发生在首都巴格达东北约120公里的萨迪亚市，该市一个人流密集的市场几乎同时发生两起路边炸弹袭击，造成至少18人死亡、42人受伤。首都巴格达南部的杜尔区，一名自杀式袭击者开着装有炸药的汽车冲进一个检查站，造成2名警察死亡、9人受伤；在巴格达东南约30公里的迈达因，民兵组织“觉醒委员会”成员遭身份不明的武装人员袭击，造成5人死亡、8人受伤。在西部的安巴尔省，一名自杀式袭击者开着装有炸药的汽车冲进哈迪塞市的一个投票站，造成2名士兵死亡、4名警察受伤。在巴格达西部约25公里的阿布格莱卜地区，伊拉克安全部队击毙6名可能是“伊拉克和黎凡特伊斯兰国”极端组织的武装人员。伊拉克安全部队和反政府武装在该省重要城市费卢杰的冲突仍在继续，造成2名平民死亡、5人受伤。

（233）2014年4月30日多起针对投票站的恐怖爆炸袭击和枪击案。2014年4月30日，在当天新一届国民议会选举投票开始后，伊拉克东部和北部发生多起针对投票站的爆炸袭击和枪击事件，造成至少10人死亡、22人受伤。当天，投票开始后，伊拉克东部的迪亚拉省以及北部萨拉赫丁省、基尔库克省和尼尼微省等地，发生多起针对投票站的爆炸袭击和枪击事件。本次选举也是2003年伊拉克战争后的第三次议会选举，伊拉克总理马利基和国民议会议长努杰菲等政要当天上午在巴格达市中心戒备森严的“绿区”内的一个投票站进行投票。马利基在投票后表示，尽管外国军队已离开伊拉克，但是当天的大选将取得比往届选举更大的成功，他呼吁伊拉克民众积极参加投票，支持他领导的以什叶派穆斯林为主的竞选党团“法治国家联盟”。

（234）2014年ISIS恐怖袭击案。2014年以来，该组织战斗力猛增，已连续占领了伊拉克数个重要城市，俘虏及枪杀了大批政府军士兵。1月4日，占领伊拉克安巴尔省省会拉马迪以及安巴尔省重镇费卢杰，费卢杰与巴格达之间小镇卡尔马也落于“基地”组织之手，费卢杰以西城市拉马迪部分地区落入“基地”组织控制。2月3日，“基地”组织发表声明，表示自己与伊拉克和黎凡特伊斯兰国毫无关系，称其不是“基地”组织的分支机构，对他们的行为表示不满，并要求他们停止活动。

6月8日，伊拉克总理马利基指责沙特阿拉伯和卡塔尔支持伊拉克反政府武装人员，称此举无异于向伊拉克“宣战”。6月10日，伊拉克和黎凡特伊斯兰国攻占伊拉克北部尼尼微省全境及其首府摩苏尔，在摩苏尔银行截获4.29亿美元巨款，并占据当地的土耳其领事馆，土耳其领事和职员等48人被挟持。武装分子亦向其他地区推进，已进入炼油业重镇拜伊吉，并进迫首都巴格达。6月14日，伊拉克和黎凡特伊斯兰国在北部萨拉赫丁省一次屠杀1700名政府军俘虏，并把处决现场照片发到网上，震惊世界。6月17日，该组织公布了一段拍摄时期不详的视频，画面显示极端主义分子枪杀伊拉克政府军士兵。6月18日，ISIS攻入伊拉克最大炼油厂拜伊吉炼油厂，并连日与政府军激战，以争夺炼油厂，有15 000名工人和100名外国专家已经离开该炼油厂。6月21日，ISIS于黎明前夺取了边境城镇卡伊姆，武装分子因此可以携带武器于伊拉克及叙利亚两国间自由出入。6月29日，宣布建立“伊斯兰国”，推选其首领巴格达迪担任首任哈里发，并调兵继续向巴格达进军。同时又向沙特发出威胁，准备控制并接管沙特重要口岸阿尔阿尔，甚至威胁攻击圣地麦加。

武装组织伊斯兰国“立国”后，公布了宣称领土的范围，打算在五年内占领西亚、非洲北部和中部（南至喀麦隆、肯尼亚等)、中亚地区，还包括欧洲的西班牙、葡萄牙、巴尔干半岛、克里米亚等地，以及巴基斯坦、印度和中国新疆、西藏。受此恐怖组织影响，美国、沙特、伊朗纷纷作出回应，由于伊拉克把边境部队都调往防守巴格达，沙特在伊拉克边境部署3万兵力，以应对其向沙特渗透。美国也向伊拉克调派无人侦察机和阿帕奇武装直升机，还准备向伊拉克空军提供4000枚“地狱火”导弹。伊朗提供的战机出现在伊拉克，以援助马利基政府。

7月，伊拉克和黎凡特伊斯兰国与伊拉克政府军，主要是什叶派，持续在伊拉克近郊展开拉锯战，在提克里特打起了巷战。7月10日，ISIS在巴格达北部安巴尔的战斗中打败伊拉克政府军第九装甲师，政府军至少损失了2辆M1A1坦克、6辆M113装甲车及其它车辆。2014年8月3日，ISIS在和伊拉克库尔德武装交战中取得胜利，占领了伊拉克最大的水坝、一处油田和3座城镇。当天，ISIS兵分三路攻打伊拉克摩苏尔市北部地区，经过激烈交火，数十名库尔德武装人员被杀，数百人逃跑，留下了大量武器弹药和车辆。8月8日，应伊拉克政府的请求，美国军队开始对伊拉克北部的伊斯兰国激进武装IS发动空袭行动，这成为自2011年底美军撤离伊拉克以来，美国首次直接参与在伊拉克的军事行动。8月19日，ISIS发布一段视频显示，一名操英国口音的武装人员把一名人质砍头杀害，以报复美军对其进行空袭。而美国官方则已经证实，组织公布的录像是真实的，被斩首的是美国记者福利。此外，该组织还将魔抓伸向了当地妇女与儿童，据不完全统计，约有1500人沦为组织成员的性奴隶。10月2日，“伊斯兰国”（IS）极端组织对伊拉克西部安巴尔省希特市发起猛攻，数百名“伊斯兰国”武装分子当天突袭了位于巴格达以西160公里的希特市，在与伊拉克安全部队及逊尼派民兵组成的联军激烈交火后，攻占了该市的绝大部分区域。10月10日，“伊斯兰国”的武装人员攻占驻守叙利亚北部城镇科巴尼的库尔德人指挥部，继续加紧围攻这座边境重镇。

ISIS的极端恐怖活动，还包括对伊拉克雅兹迪人的“种族屠杀”这一事件。2014年是ISIS得势之年，其对伊拉克雅兹迪人的行为也变本加厉。他们在伊拉克北部的辛贾尔地区大肆处决雅兹迪人，斩首、活埋、钉十字架无所不用其极。众多的雅兹迪族妇女被奸杀，超过300名妇女与女童被虏。数万雅兹迪教徒被围困在辛贾尔山，至少56名儿童脱水而死。ISIS的“种族灭绝”迫使大批雅兹迪人背井离乡，离开伊拉克沦为难民。

（235）2014年5月恐怖袭击案。据联合国伊拉克援助团公报，2013年5月，伊拉克境内，除安巴尔省，恐怖袭击和暴力冲突共导致799人死亡、1409人受伤，死伤者多数为平民。由于西部安巴尔省乱局仍在持续，死伤者身份难以确定，因此该省伤亡情况未被列入统计。但公报中提到，根据从安巴尔省卫生厅获得的未经联合国伊拉克援助团独立核实的数据，2014年5月，安巴尔省的暴力事件共导致195名平民死亡、499名平民受伤。

（236）2014年5月5日多起恐怖暴力袭击案。2014年5月5日，伊拉克发生多起暴力袭击和武装冲突，造成至少24人死亡、29人受伤。首都巴格达东部，一名政府工作人员被身份不明的武装人员用消声枪打死。北部萨拉赫丁省图兹胡尔马图市，一家餐厅附近发生一起汽车炸弹袭击，造成至少3人死亡、16人受伤；该省拜伊吉市，身份不明的武装人员袭击警察，造成2名警察身亡。西部安巴尔省首府拉马迪，伊拉克安全部队和反政府武装人员的冲突仍在继续，造成至少3名安全部队人员死亡、8人受伤。安巴尔省重要城市费卢杰城内，炮弹袭击造成至少15人死亡、5人受伤。

（237）2014年5月10日北部萨拉赫丁省安全部队人员恐怖自杀式爆炸袭击案。2014年5月10日，伊拉克北部萨拉赫丁省发生一起针对安全部队人员的自杀式爆炸袭击，造成至少7人死亡、20人受伤。当天中午，袭击发生在首都巴格达以北约60公里的杜杰勒镇，一支安全部队车队经过杜杰勒镇南部一检查站时，一名自杀式袭击者驾驶装有炸药的油罐车冲进检查站并引爆炸药，巨大的爆炸还使周围多辆汽车严重损毁。萨拉赫丁省是伊拉克前总统萨达姆的家乡，“基地”组织活动猖獗，该省频繁发生针对伊安全部队和政府部门的暴力袭击事件。

（238）2014 年 5 月 12 日多起恐怖暴力袭击案。2014 年 5 月 12 日，伊拉克发生多起暴力袭击和武装冲突，造成至少 49 人死亡，其中包括 29 名反政府武装人员，另有 69 人受伤。当天，首都巴格达北部以及周围城镇发生数起路边炸弹和暗杀袭击，造成至少 5 人死亡、17 人受伤。11 日晚，巴格达市中心，一伙身份不明的武装人员闯入卡拉达的一办公室，绑架了 5 名律师。伊拉克北部的拜伊吉、舍尔加特及摩苏尔等城市，发生多起针对安全部队的暴力袭击，造成至少 6 人死亡、10 人受伤。当天，炮火袭击造成费卢杰城内 6 人死亡、15 人受伤。

当天，在伊拉克西部安巴尔省，伊拉克安全部队在首府拉马迪和费卢杰城外与疑似“伊拉克和黎凡特伊斯兰国”极端组织武装人员发生激烈交火，击毙 29 名武装人员，打伤 20 人，有 3 名安全部队人员在交火中身亡，7 人受伤。从 2014 年 1 月初开始，费卢杰市区被“伊拉克和黎凡特伊斯兰国”极端组织以及反政府部族武装占领，持续数月的暴力冲突和军事行动造成费卢杰以及安巴尔省大批平民伤亡，数十万居民逃离家园。

（239）2014 年 5 月 13 日巴格达多起恐怖汽车炸弹袭击案。2014 年 5 月 13 日，巴格达接连发生 7 起汽车炸弹袭击，造成至少 9 人死亡、56 人受伤。当天上午，巴格达东北部的萨德尔城，首先发生两起汽车炸弹袭击，造成 3 人死亡、15 人受伤。随后，东部的贾米拉区、巴拉迪亚特区分别遭到汽车炸弹袭击，造成 4 人死亡、20 人受伤。东北部的乌尔区，发生一起汽车炸弹袭击，造成 2 人死亡、8 人受伤。第 6 起汽车炸弹袭击发生在巴格达市中心的卡拉达商业区，造成至少 12 人受伤。这些受袭城区大多是什叶派穆斯林聚居区。

（240）2014 年 5 月 15 日首都巴格达多起恐怖爆炸袭击案。2014 年 5 月 15 日上午，伊拉克首都巴格达发生数起爆炸袭击，造成至少 10 人死亡、46 人受伤。当时，一家法院及其附近的警察局遭到一起汽车炸弹以及两起自杀式炸弹袭击。巴格达市中心卡拉达区，一辆满载爆炸物的汽车爆炸，当地属于商业区且有一些政府办公室，爆炸造成 3 名平民和 2 名警察身亡，另有 12 人受伤。伊拉克安全部队在爆炸发生后迅速控制了局面，并击毙了数名企图闯入该法院的袭击者。

（241）2014 年 5 月 22 日多起恐怖暴力袭击案。2014 年 5 月 22 日，伊拉克发生多起暴力袭击和武装冲突，造成至少 43 人死亡、105 人受伤。当天，在巴格达东部的乌尔区，什叶派朝圣者人群遭遇一起汽车炸弹袭击，造成 10 人死亡、33 人受伤。在西部曼苏尔区的一个检查站附近，一名自杀式袭击者在什叶派朝圣者人群中引爆了捆绑在身上的炸弹，造成 7 人死亡、34 人受伤。在东部，另一起针对什叶派朝圣者的汽车炸弹袭击造成 4 人死亡、14 人受伤。最严重的暴力袭击发生在首都巴格达，傍晚时分，巴格达发生 3 起针对什叶派朝圣者的爆炸袭击，共造成 21 人死亡、81 人受伤。此外，伊拉克北部尼尼微省和萨拉赫丁省当天发生多起针对警方人员的暗杀和爆炸袭击，造成至少 6 人死亡、10 人受伤。

自 2013 年年初以来，伊拉克恐怖活动和暴力袭击事件频繁发生，安全形势严峻。近日来，成千上万的什叶派穆斯林前往位于巴格达北部的卡济米耶清真寺，参加一年一度的对什叶派宗教领袖伊玛目穆萨·卡齐姆的悼念活动。虽然伊拉克当局增设多个检查站，并对多个城区实施交通管制，但仍难挡暴力袭击。在西部安巴尔省首府拉马迪和重要城市费卢杰，伊拉克安全部队与“伊拉克和黎凡特伊斯兰国”极端组织的冲突当天仍在继续，造成包括平民在内的至少 13 人死亡、14 人受伤。在东部迪亚拉省，伊拉克安全部队击毙 3 名“伊拉克和黎凡特伊斯兰国”的武装人员。

（242）2014 年 5 月 24 日东部迪亚拉省伊朗公司车队恐怖炸弹袭击案。2014 年 5 月 24 日，在伊拉克东部迪亚拉省，一家伊朗公司的车队遭路边炸弹袭击，造成 4 名伊朗人身亡、8 人受伤。当时，这家伊朗公司正在修建一条连接伊朗和伊拉克的天然气管道，袭击发生在巴格达以东约 110 公里处，伤者中包括伊朗人和伊拉克人。伊拉克迪亚拉省与伊朗接壤，“基地”等恐怖组织在此地异常活跃。

（243）2014 年 5 月 27 日多起恐怖暴力袭击案。2014 年 5 月 27 日，伊拉克发生多起暴力袭击和武装冲突，造成至少 35 人死亡、70 人受伤。当天，巴格达东北部的萨德尔城和南部的杜拉区分别发生汽车炸弹和路边炸弹袭击，造成至少 2 人死亡、13 人受伤。最严重的暴力袭击发生在首都巴格达，一名自杀式袭击者在巴格达市中心一座什叶派清真寺里引爆了身上的炸弹，造成至少 19 人死亡、34 人受伤。当时，在巴格达市中心一座什叶派清真寺里，一名自杀式袭击者引爆了身上的炸弹背心，由于当时许多什叶派穆斯林正在该寺进行午祷，所以爆炸造成较严重的人员伤亡。在伊拉克北部萨拉赫丁省首府提克里特和图兹胡尔马图等地，也发生多起爆炸袭击，共造成2人死亡、3人受伤。

在巴格达以西约50公里的费卢杰，伊拉克安全部队和反政府武装的武装冲突仍在持续，炮火袭击造成至少12人死亡、20人受伤。从2014年初开始，伊拉克安全部队就失去了对费卢杰市区的控制，目前该城被“伊拉克和黎凡特伊斯兰国”极端组织以及反政府部族武装占领。持续数月的暴力冲突和军事行动造成费卢杰大批平民伤亡。

（244）2014年5月28日多起恐怖暴力袭击案。2014年5月28日，伊拉克发生多起暴力袭击和武装冲突，造成至少59人死亡、108人受伤。当天，巴格达周边的一些市镇，发生多起小规模爆炸袭击和武装冲突，共导致2人死亡、9人受伤。当天下午，巴格达北部的卡济米耶区，一名袭击者驾驶装有炸药的汽车冲进一个警方检查站，爆炸造成16人死亡、50人受伤。北部萨拉赫丁省的图兹胡尔马图，发生11起针对土库曼人的爆炸袭击，造成至少5人死亡、11人受伤。当天晚上，伊拉克北部尼尼微省首府摩苏尔，一个军方检查站遭自杀式爆炸袭击，造成包括12名士兵在内的至少19人死亡、11人受伤。当天晚上，首都巴格达东南部的阿明区、东部的萨德尔城和西南部的吉哈德区，接连发生汽车炸弹袭击，共造成7人死亡、27人受伤。

当天早些时候，伊拉克北部尼尼微省摩苏尔市，伊拉克安全部队摧毁了一个恐怖组织窝点，打死了3名武装分子。在伊拉克西部安巴尔省与叙利亚接壤的边境地区，伊拉克安全部队与可能属于恐怖组织“伊拉克和黎凡特伊斯兰国”的武装分子发生冲突，共有7名武装分子被打死，另有5人被捕。

（245）2014年5月30日多起恐怖暴力袭击案。2014年5月30日，伊拉克发生多起暴力袭击和武装冲突，造成至少13人死亡、17人受伤。首都巴格达西部的加塞里亚区，伊拉克石油部一名雇员被放置在他汽车上的炸弹炸死。巴格达以北30公里的塔尔米耶镇，一个菜市场发生爆炸，造成1名平民死亡、6人受伤。巴格达以西25公里的阿布格莱卜地区，发生一起针对军方的炸弹袭击，导致正在巡查中的士兵1死4伤。巴格达以北60公里的杜杰勒镇，发生的一起针对警方的炸弹袭击中，1名警察死亡、1名警察受伤。巴格达以北170公里的提克里特市，枪手藏匿在一辆汽车中，打死2名士兵和1名平民，另有1名士兵受伤。巴古拜市西北40公里的地区，不明身份枪手打死1名平民、打伤4人。距巴古拜市112公里的加拉塔帕地区，一个军方检查站遭到枪手袭击，造成检查站士兵1死1伤。当天，在伊西部安巴尔省重要城市费卢杰附近发生的武装冲突中，4名“伊拉克和黎凡特伊斯兰国”极端组织成员被击毙。

（246）2014年6月2日多起恐怖暴力袭击案。2014年6月2日，伊拉克发生多起暴力袭击和武装冲突，造成至少40人死亡、92人受伤。当天，伊拉克西部安巴尔省重要城市费卢杰，至少有22人在空袭和炮击中死亡，另有36人受伤。政府部队在费卢杰以北地区与反政府武装“伊拉克和黎凡特伊斯兰国”极端组织成员发生交火，3名警察在交火中丧生、6名警察受伤。在费卢杰以南，政府军在武装直升机掩护下与枪手展开激烈交火，7名武装人员死亡。伊拉克北部尼尼微省首府摩苏尔，负责省政府安保工作的指挥官艾哈迈德·纳比勒在其住所前被枪手袭击身亡。在摩苏尔南部，警方与企图袭击汽车检查站的枪手交火，击毙其中1人。在摩苏尔西部，一名警察突击部队成员遭枪手袭击身受重伤。在摩苏尔南部的舒尔拉镇，一户平民家庭被迫击炮击中，造成3名儿童受伤。在首都巴格达以北约40公里的塔尔米耶镇，一名自杀式袭击者在检查站引爆汽车上的爆炸物，炸死2名警察，另有5名警察受伤。巴格达以南160公里的纳杰夫市一个人流较多的市场遭汽车炸弹袭击，造成至少2人死亡、20人受伤。巴格达以南50公里的伊斯坎德里耶镇一个市场同样发生汽车爆炸，造成2人死亡、9人受伤。在巴格达以南375公里的济加尔省首府纳西里耶，汽车炸弹袭击造成12人受伤。

（247）2014年6月3日多起恐怖暴力袭击案。2014年6月3日，伊拉克发生多起暴力袭击和武装冲突，导致30人死亡、46人受伤。在费卢杰以东的加马镇，伊拉克安全部队在直升机掩护下与极端组织“伊拉克和黎凡特伊斯兰国”成员发生交火，打死6名武装分子。在该省首府拉马迪以东，一名自杀式袭击者驾车冲进一个设在大桥上的汽车检查站并引爆炸弹，炸死1名警察，另有3名警察被炸伤。在巴格达以北200公里的拜伊吉市，一辆途经该市主要街道的汽车遭枪手袭击，车上3名正在休假的士兵全部被打死，这3名士兵当时正从驻地前往位于伊拉克南部的家中。在巴格达以北400公里的尼尼微省首府摩苏尔，1名警察在其住所前被枪手袭击身亡。

最严重的伤亡发生在安巴尔省，该省重要城市费卢杰的一些街区遭到火炮和迫击炮袭击，共造成至少15人死亡、40人受伤；费卢杰市政办公室也遭到多枚迫击炮弹袭击，导致4人死亡、3人受伤。3日晚，伊拉克西部安巴尔省发生一起自杀式袭击，亲政府的反恐民兵组织“觉醒委员会”领导人之一阿布·里沙被炸身亡，3名安全部队官员和1名保镖也在同一袭击中丧生，另有7名安全部队成员受伤。

（248）2014年6月4日各地恐怖连环暴力袭击案。2014年6月4日，伊拉克境内发生多起暴力袭击，共导致17人死亡，另有包括20名中学生在内的53人受伤。当天，首都巴格达以北250公里的基尔库克省首府基尔库克市，接连发生两起汽车爆炸事件，共导致8人死亡、14人受伤，死者中包括2名妇女和2名儿童。萨拉赫丁省首府提克里特市，一所中学附近发生爆炸，2名正在前去检查该中学安保措施的警察被炸死，另有3名警察被炸伤。强烈的爆炸击碎了学校的窗户，导致约20名正在参加毕业考试的学生受伤。提克里特市以北90公里的苏莱曼贝克城区外，一队正在巡逻的警察遭遇路边汽车炸弹袭击，造成2死6伤。巴格达西部曼苏尔区，发生一起路边炸弹袭击，造成3人受伤。

（249）2014年6月5日多起恐怖暴力袭击案。2014年6月5日，伊拉克发生多起暴力袭击和武装冲突，共导致80人死亡、88人受伤。巴格达以北约200公里的拜伊吉市西部，一名自杀式袭击者驾车冲进一个汽车检查站并引爆炸弹，炸死1名警察、炸伤4名警察。拜伊吉市，一伙枪手袭击了几处军方检查站，打死2名士兵，打伤5人。西部安巴尔省重要城市费卢杰，从4日晚到5日早晨，该市的一些街区持续遭到飞机和炮火袭击，共造成8人死亡、9人受伤。另外，有3枚迫击炮弹击中塔尔米耶镇政府办公室，导致3人死亡、6人受伤。在塔尔米耶镇附近，一队正在巡逻的士兵遭遇路边炸弹袭击，造成1死3伤。巴格达东部一个批发市场，发生一起汽车爆炸，造成1名平民死亡、10人受伤，周围一些商店和建筑也不同程度受损。巴格达以南30公里的马赫穆迪亚市，1名平民在一起路边炸弹袭击中身亡，另有6人受伤。

当天，伊拉克北部萨拉赫丁省重要城市萨迈拉发生激烈武装冲突，数百名逊尼派反政府武装分子占领了萨迈拉部分街区，9名警察在交火中丧生，另有45人受伤。武装分子还袭击了伊拉克科技部长阿卜杜勒-卡里姆·萨马赖的住所并打死3名保镖，袭击发生时，萨马赖及其家人没有在家。伊拉克军队随后发起反击并夺回对该市的控制，击毙11名武装分子。尼尼微省首府摩苏尔以南，安全部队在武装直升机掩护下对疑似的“伊拉克与黎凡特伊斯兰国”极端组织据点发起攻击，击毙40名武装分子。

（250）2014 年 6 月 6 日北部尼尼微省沙巴克教徒两次恐怖自杀式爆炸袭击案。2014 年 6 月 6 日，伊拉克北部尼尼微省的沙巴克教徒遭两次自杀式爆炸袭击，安全部队与武装分子爆发冲突，共造成 36 人死亡。当时，对沙巴克教徒的自杀式爆炸袭击，造成 4 人死亡、45 人受伤。在摩苏尔西部，4 名警察、3 名士兵与 16 名武装分子在冲突中死亡，一枚迫击炮弹炸死 1 名平民。在摩苏尔东部，3 名士兵在与武装分子的冲突中丧生，安全部队击毙 5 名准备发动自杀式袭击的武装分子。

（251）2014 年 6 月 7 日恐怖连环炸弹袭击案。2014 年 6 月 7 日夜间，伊拉克遭受连环炸弹袭击，造成 52 人丧生、110 人受伤。7 日夜间 1 个多小时内，巴格达中部和北部多处什叶派信徒聚居的商业街道遭炸弹袭击，造成严重死伤，其中包括妇女和儿童。当天，最严重的一次爆炸发生在巴格达市巴亚区，造成 23 人死亡，其中多是正在玩桌球的年轻人。7 日早些时候，极端组织“伊拉克与黎凡特伊斯兰国”的一伙武装分子占领了伊拉克西部安巴尔省的一所大学，并将数十名学生劫为人质，该省安全部队当天救出被围困的数百名师生，至少有 9 名武装分子在交火中被打死。在安巴尔省首府拉马迪以西，一名自杀式袭击者驾驶满载炸药的汽车，冲上一座伊拉克军队守卫的桥梁并引爆炸弹，造成驻守士兵 2 死 5 伤。

（252）2014 年 6 月 7 日安巴尔大学恐怖袭击案。2014 年 6 月 7 日凌晨，身穿黑衣的伊拉克武装人员闯入安巴尔省一所大学，打死多名安保人员，扣押数百名师生人质。当时，武装人员杀死多名校园保安，控制校园，炸毁通往这所大学的一座桥梁并在学校周边布设炸药，阻止安全部队闯入救人。政府安全部队随后发起强攻，当天成功解救人质。

（253）2014 年 6 月 9 日 4 个省份多起暴力袭击案。2014 年 6 月 9 日，伊拉克 4 个省份多起暴力袭击，共导致 62 人死亡、172 人受伤。迪亚拉省首府巴古拜以东约 20 公里的卡纳安镇，一名自杀式袭击者驾驶汽车冲进一个检查站并引爆炸弹，导致该检查站士兵 3 死 4 伤，同时有 1 名平民被当场炸死，另有 4 名平民受伤。在巴古拜南部乡下，枪手袭击了一队正在巡逻的警察，1 名警察被打死，1 名枪手被击毙。在巴古拜东北方向 30 公里的一个村庄，一队巡逻士兵遭到同时爆炸的 3 枚炸弹袭击，其中 5 名士兵受伤。安巴尔省首府拉马迪南部，3 名警察和 2 名亲政府的民兵组织“觉醒委员会”成员进入一房屋时被事先布置好的炸弹炸死，另有 2 名警察和 3 名“觉醒委员会”成员被炸伤。费卢杰东部伽马镇的一些街区，遭到火箭弹和迫击炮袭击，造成10人丧生、2人受伤，死者中包括妇女和儿童。武装分子还炸毁了幼发拉底河上一座连接费卢杰和首府巴格达东北部的桥梁。北部尼尼微省，一名自杀式袭击者驾驶一辆满载爆炸物的油罐车，袭击了该省首府摩苏尔西部的一个军警联合武装总部，造成16人死亡、6人受伤。这辆油罐车原属伊拉克军方，在几天前的一次武装冲突中被极端组织“伊拉克和黎凡特伊斯兰国”武装分子缴获。

最严重的一起袭击发生萨拉赫丁省，该省首府提克里特向东90公里的图兹胡尔马图，发生两起针对库尔德斯坦爱国联盟（简称“库爱盟”）的自杀式爆炸袭击，共造成25人死亡、145人受伤。当天临近中午时，一名袭击者驾驶着装满爆炸物的卡车冲到位于图兹胡尔马图市中心的库爱盟办公大楼入口处并引爆炸弹；几分钟后，另一名自杀式袭击者在50米外一个人流集中的停车场引爆汽车炸弹，上百名死伤者多为库爱盟成员及安保人员，爆炸同时造成库爱盟办公大楼及周围建筑严重损毁。库尔德斯坦爱国联盟是伊库尔德自治区的两大执政党之一，成立于1975年，其主席是伊拉克总统塔拉巴尼。除了在库区拥有众多支持者外，库爱盟在迪亚拉、萨拉赫丁、基尔库克等省份的库尔德人聚居区也有相当大的影响力。

（254）2014年6月10日多起恐怖暴力袭击案。2014年6月10日，伊拉克接连发生了北部重镇摩苏尔被反政府武装占领、28名土耳其司机遭武装分子绑架，以及东部迪亚拉省一葬礼遭爆炸袭击导致惨重伤亡等事件。10日，伊拉克北部尼尼微省首府，伊拉克的第二大城市摩苏尔被反政府武装占领。10日，28名土耳其卡车司机在摩苏尔疑遭武装分子绑架，这些司机当时在同土耳其跨境为摩苏尔一座电场运送发电用油。

2014年6月10日上午，伊拉克东部迪亚拉省，一个葬礼遭爆炸袭击，导致31人死亡、28人受伤。当时，爆炸发生在伊拉克首都巴格达东北约65公里处的该省首府巴古拜附近的一所公墓，数百名送葬者正在为迪亚拉大学一个名为穆斯塔法·阿卜杜勒-拉扎克的逊尼派教师举行葬礼，这名教师9日晚在住所附近被武装分子枪杀。近日，在局势动荡的迪亚拉省，逊尼派和什叶派间的暴力袭击和教派冲突进一步升级，双方都指责对方在背后支持极端武装分子。

（255）2014年6月11日首都巴格达4起恐怖爆炸袭击案。2014年6月

11 日，伊拉克首都巴格达发生 4 起爆炸袭击，造成至少 22 人丧生、69 人受伤。当天下午晚些时候，一名自杀式袭击者混入巴格达东部萨德尔城的一个葬礼现场引爆炸弹背心，造成至少 2 人死亡、16 人受伤；几分钟后，该地区一个市场发生一起汽车炸弹袭击，至少 3 人被炸死，另有 8 人受伤。在巴格达北部，一名自杀式袭击者驾驶卡车冲进一个汽车检查站并引爆炸弹，炸死 2 人，炸伤 11 人。当天下午 6 时，位于市中心底格里斯河西岸地区发生一起汽车爆炸，造成至少 15 人死亡、34 人受伤，这是当天最严重的一起袭击事件。

（256）2014 年 6 月 12 日在伊拉克遭绑架的一名中资公司员工已于近日安全获释。2014 年 6 月 12 日，中石油在伊拉克南部的哈法亚油田项目组有 1 名中方工作人员被绑架。在伊拉克共有 1 万多名中资企业员工，他们所在区域基本上是安全的。针对伊拉克近期紧张局势，中国驻伊拉克使馆已要求伊方采取切实措施，保障中国公民和机构的人身安全与合法权益，并提醒和指导在伊中资企业加强安全防范。经各方共同努力，这名被绑架员工已于近日安全获释。

（257）2014 年 6 月 15 日首都巴格达市中心市场恐怖炸弹爆炸袭击案。2014 年 6 月 15 日中午，伊拉克首都巴格达市中心，一个市场发生一起炸弹爆炸事件，造成至少 9 人死亡、21 人受伤。当时，爆炸发生在巴格达市中心底格里斯河东岸一个人流集中的市场，爆炸除造成人员伤亡外，附近一些店铺、摊位和汽车也被炸毁。

（258）2014 年 6 月 17 日巴格达东部萨德尔城恐怖汽车炸弹袭击案。2014 年 6 月 17 日，伊拉克首都巴格达东部，萨德尔城发生汽车炸弹袭击，导致至少 13 人死亡、30 人受伤。

（259）2014 年 6 月 18 日萨拉赫丁省拜伊吉炼油厂恐怖袭击案。2014 年 6 月 18 日清晨，伊拉克萨拉赫丁省拜伊吉炼油厂遭极端武装人员围攻，武装人员占领多数厂区。拜伊吉炼油是伊拉克的最大炼油厂，位于萨拉赫丁省，已经遭围困多日。当时，极端武装发射迫击炮，从 3 个方向进攻，试图夺取炼油厂。政府军打死 50 至 60 名武装人员，击毁六七辆车，仍控制着炼油厂。

（260）2014 年 6 月 25 日多起恐怖暴力袭击案。2014 年 6 月 25 日，伊拉克发生多起暴力袭击，导致至少 27 人死亡、90 人受伤。首都巴格达以北 250 公里的基尔库克市，一名自杀式袭击者在一个军方检查站引爆炸弹，炸死 5 人、炸伤 17 人。基尔库克市以南 60 公里的伊斯哈吉地区，基尔库克省第一副省长伊斯梅尔·胡达伊尔·赫洛布的住所遭多枚炮弹袭击，导致7人死亡、25人受伤。在首都巴格达南部，一个人流集中的市场接连遭到炸弹和炮弹袭击，造成至少12人死亡、46人受伤。巴格达市区东部一家售酒的商店当天遭到枪手袭击，导致3人死亡，另有2人受伤。

（261）2014年6月26日首都巴格达恐怖爆炸袭击案。2014年6月26日，伊拉克首都巴格达发生一起爆炸袭击，造成至少19人死亡、41人受伤。当时，在巴格达北部什叶派聚居的卡济米耶区一个市场，1名自杀式袭击者引爆身上的炸弹。

（262）2014年7月4日萨拉赫丁省安全部队恐怖汽车炸弹爆炸袭击案。2014年7月4日，伊拉克萨拉赫丁省，一支安全部队遭到汽车炸弹爆炸袭击，造成15人死亡、25人受伤。当时，爆炸袭击发生在圣城萨马拉南部，1名袭击者在这支安全部队附近引爆满载炸药的汽车，造成15人死亡、25人受伤。

（263）2014年7月11日北部基尔库克地区两起恐怖自杀式爆炸袭击案。2014年7月11日，伊拉克北部基尔库克地区发生两起自杀式爆炸袭击，造成19人死亡、28人受伤。当天，基尔库克市南部一个检查站遭自杀式汽车炸弹袭击，导致包括6名库尔德武装部队士兵和12名平民在内共18人死亡，另有25人受伤。另一起自杀式汽车炸弹袭击发生在基尔库克市西南哈立德地区的一个检查站，爆炸造成库尔德武装部队成员1死3伤。

（264）2014年7月22日首都巴格达警方控制点恐怖自杀式汽车爆炸袭击案。2014年7月22日，伊拉克首都巴格达一处警方控制点遭遇一起自杀式汽车爆炸事件，造成至少23人死亡、40多人受伤。当时，司机在巴格达卡迪米亚区的入口处引爆了装满爆炸物的汽车，在这起爆炸中至少5名警察死亡、8名警察受伤。卡迪米亚区大部分居民为什叶派教徒，随着逊尼派与什叶派之间紧张局势加剧，该区经常成为袭击目标。

（265）2014年7月24日首都巴格达市连环恐怖爆炸袭击案。2014年7月24日，伊拉克首都巴格达市中心发生一起连环爆炸，造成8人死亡、34人受伤。当天晚上，在巴格达市中心卡拉达区一条商业街相继发生两起汽车炸弹袭击，共造成8人死亡、34人受伤。

（266）2014年8月6日首都巴格达5起恐怖炸弹袭击案。2014年8月6日晚上，伊拉克首都巴格达部分地区发生5起炸弹袭击事件，包括4起汽车炸弹袭击，造成至少32人死亡、108人受伤。当天晚上，巴格达东部的萨德尔城发生 2 起汽车炸弹袭击，东南部的阿尔尼埃里耶区发生 1 起汽车炸弹袭击，东部的乌尔区发生 1 起自杀式炸弹袭击，导致至少 32 人死亡、108 人受伤，萨德尔城、阿尔尼埃里耶区和乌尔区都是巴格达市内什叶派穆斯林聚居的区域。

（267）2014 年 8 月 23 日北部城市基尔库克 3 起恐怖爆炸袭击案。2014 年 8 月 23 日，伊拉克北部城市基尔库克发生 3 起爆炸袭击，导致至少 22 人死亡、132 人受伤。当天下午，基尔库克市北部和南部城区先后发生 3 起自杀式爆炸袭击，造成至少 22 人死亡、132 人受伤，其中包括数十名库尔德武装成员。据称，袭击者的目标为库尔德武装的指挥部，爆炸现场燃起大火，一些建筑被炸塌。

（268）2014 年 8 月 25 日首都巴格达东部什叶派教徒恐怖自杀式爆炸袭击案。2014 年 8 月 25 日，伊拉克首都巴格达东部什叶派教徒遭到自杀式爆炸袭击，造成 11 人死亡、32 人受伤。当时，爆炸发生在一个什叶派教徒进行宗教活动的地点。22 日，疑似什叶派民兵在巴格达东北部一座清真寺，开枪打死 70 名逊尼派教徒。目前，还不清楚这两起暴力袭击事件之间是否有关联。

（269）2014 年 8 月 26 日首都巴格达杰迪达地区十字路口恐怖汽车炸弹爆炸袭击案。2014 年 8 月 26 日，伊拉克首都巴格达一个繁华的十字路口发生汽车炸弹爆炸，造成 10 人死亡、33 人受伤。当时，正值早高峰时段，爆炸发生在巴格达东部的扎迪达地区。伊拉克武装分子经常将繁华区域作为袭击目标，包括咖啡馆、市场与清真寺等，以便造成最大程度的伤亡。

（270）2014 年 8 月 30 日首都巴格达恐怖爆炸袭击案。2014 年 8 月 30 日下午，伊拉克首都巴格达发生一起爆炸袭击事件，11 人在袭击中丧生、30 余人受伤。当时，一名袭击者驾驶汽车冲击军方设在巴格达南郊尤西菲亚镇的检查站，并引爆炸弹，造成数十人死伤。据联合国相关机构统计，仅在 2014 年上半年，就有至少 5576 人在伊拉克境内发生的恐怖袭击和教派冲突中丧生，另有超过 1.1 万人受伤。

（271）2014 年 9 月 1 日首都巴格达市区 2 起恐怖爆炸袭击案。2014 年 9 月 1 日晚上，伊拉克首都巴格达市区发生 2 起爆炸袭击，导致至少 13 人死亡、45 人受伤。当时，巴格达西南部巴耶区的两条街道相继发生汽车炸弹爆炸，至少 13 人在袭击中丧生、45 人受伤，爆炸还导致周边一些房屋和车辆被毁。

（272）2014 年 9 月 4 日首都巴格达和北部城市基尔库克 3 起恐怖爆炸袭

击案。2014 年 9 月 4 日晚上，伊拉克首都巴格达和北部城市基尔库克发生 3 起爆炸袭击，造成至少 15 人死亡、69 人受伤。4 日晚上 7 时 30 分左右，一名自杀式袭击者驾驶汽车冲进巴格达北部卡济米耶区一个警方检查站并引爆车上炸弹，造成至少 9 人死亡、35 人受伤。两小时后，位于巴格达市中心的萨阿敦大街发生汽车炸弹袭击，造成 6 人死亡、17 人受伤。当天晚上，北部基尔库克省首府基尔库克市，北部一家商店门前发生路边炸弹袭击，造成 17 名平民受伤，附近一些车辆和店铺遭到严重损毁。

（273）2014 年 9 月 8 日首都巴格达北部祖卢耶镇恐怖自杀式爆炸袭击案。2014 年 9 月 8 日，伊拉克首都巴格达北部祖卢耶镇发生自杀式爆炸袭击，造成至少 10 人丧生、30 余人受伤。

（274）2014 年 9 月 10 日首都巴格达市区多起恐怖炸弹袭击案。2014 年 9 月 10 日，伊拉克首都巴格达市区发生多起炸弹袭击，造成至少 23 人死亡、73 人受伤。当天下午，巴格达西南部什叶派聚居的新巴格达区先后发生 2 起爆炸袭击，造成 13 人死亡、46 人受伤；一起发生在一个警方检查站，一名自杀式袭击者驾驶汽车冲进检查站并引爆炸弹；另一起汽车炸弹袭击发生在该区一家饭店附近。当天晚上，巴格达市区东部的卡迪尔区相继发生 2 起汽车炸弹袭击，造成 10 人死亡、27 人受伤，爆炸还造成附近 10 辆汽车和两栋民宅被毁。

（275）2014 年 9 月 30 日多个什叶派聚居省份恐怖汽车炸弹袭击案。2014 年 9 月 30 日，伊拉克中部与南部多个什叶派聚居省份遭汽车炸弹袭击，造成 13 人死亡，另有数十人受伤。首都巴格达以南 110 公里的什叶派圣城卡尔巴拉，发生汽车炸弹袭击，造成 8 人死亡、10 人受伤。巴比伦省伊斯坎德里耶镇，一辆装有爆炸装置的汽车在一个停车场被引爆，造成 3 人死亡、9 人受伤，爆炸还造成停车场内 20 多辆汽车损毁。巴比伦省凯菲尔市，一起汽车炸弹袭击，造成 2 人死亡、8 人受伤。

（276）2014 年 10 月 7 日北部城市萨迈拉恐怖自杀式汽车炸弹袭击案。2014 年 10 月 7 日，伊拉克北部城市萨迈拉发生一起自杀式汽车炸弹袭击，造成 17 名伊拉克民兵死亡，另有 13 人受伤。当时，在距离萨迈拉市北部约 15 公里的阿巴西亚，一名自杀式袭击者驾驶一辆“悍马”军车冲向一群“萨德尔运动”下属武装组织“和平旅”的民兵，并随即引爆炸弹，造成人员伤亡，同时有两处被征用为军事观察点的民房在袭击中彻底被毁。萨迈拉是伊拉克境内逊尼派所聚居的城市，同时也是什叶派的圣地。2014 年 6 月初以来，伊拉克爆发严重武装冲突，为了保护什叶派宗教圣地，伊什叶派政党“萨德尔运动”招募平民志愿者组成武装组织“和平旅”在此处进行安全保卫。

（277）2014 年 10 月 11 日 3 起恐怖汽车炸弹爆炸袭击案。2014 年 10 月 11 日，伊拉克国内发生多起汽车炸弹袭击，造成至少 45 人死亡、110 人受伤。11 日晚间，巴格达和乡村郊区接连发生 2 起自杀式汽车炸弹袭击，致 41 人死亡、75 人受伤。巴格达西北部舒阿拉区遭自杀式汽车炸弹袭击，爆炸发生在人口稠密的居民区，造成 28 名当地居民死亡、40 人受伤，并造成附近房屋损毁倒塌。此后，巴格达北部卡迪米亚区也遭到自杀式汽车炸弹袭击，造成 13 人死亡、35 人受伤。自 2013 年年初以来，伊拉克恐怖活动和暴力袭击事件频发，安全形势严峻。

（278）2014 年 10 月 12 日多起恐怖爆炸袭击案。2014 年 10 月 12 日，伊拉克境内发生多起爆炸事件，造成 46 人死亡、157 人受伤。当天，巴格达北部约 120 公里的萨迈拉市发生一起汽车炸弹袭击，造成至少 14 人死亡、22 人受伤。2014 年 10 月 12 日中午，伊拉克东部迪亚拉省北部盖拉塔佩镇连环爆炸袭击，导致 32 人死亡、135 人受伤，死者包括 11 名库尔德武装人员和 2 名镇议会议员，伤者中包括多名从冲突地区逃来的妇女和儿童。当时，在盖拉塔佩镇警察局外，一名自杀式爆炸袭击者引爆身上的炸弹，随后附近两辆载有炸药的汽车也发生爆炸，造成重大伤亡，从冲突地区逃来的妇女和儿童正聚集在附近领取政府发放的救济金。迪亚拉省位于巴格达以东地区，2003 年伊拉克战争后，该省长期动荡。

（279）2014 年 10 月 13 日多起恐怖炸弹袭击案。2014 年 10 月 13 日，伊拉克境内发生多起爆炸事件，截至目前共导致至少 44 人死亡。13 日当天，伊拉克境内共有 11 枚炸弹先后爆炸，爆炸地点大多为什叶派居民聚集区，其中最严重的一起发生在首都巴格达南部 100 公里的希拉市，两辆载有炸弹的汽车在很短的时间内连续爆炸，导致 5 人死亡。袭击很可能是由逊尼派伊斯兰武装分子以及基地组织成员策划并实施的。

（280）2014 年 10 月 14 日多起暴力袭击案。2014 年 10 月 14 日，伊拉克发生多起暴力袭击和武装冲突，导致至少 68 人死亡。巴格达北部城市哈济米耶区遭自杀式汽车炸弹袭击，爆炸发生在什叶派稠密区，造成 19 人死亡、35 人受伤，死亡人员中包括至少 6 名警察。

（281）2014 年 10 月 16 日首都巴格达 3 起恐怖汽车炸弹爆炸袭击案。2014 年 10 月 16 日下午，伊拉克首都巴格达发生 3 起汽车炸弹爆炸，造成至少 8 人死亡、32 人受伤。当时，巴格达西北部胡里亚区发生 2 起连环汽车炸弹爆炸，造成 5 名伊拉克人死亡，另有 12 人不同程度受伤。巴格达东部塔尔比亚区发生 1 起汽车炸弹爆炸，造成 3 名伊拉克人死亡，另有约 20 人受伤。

（282）2014 年 10 月 17 日首都巴格达市区 3 起恐怖汽车炸弹爆炸袭击案。2014 年 10 月 17 日，伊拉克首都巴格达市区连续发生 3 起汽车炸弹爆炸，造成至少 26 人死亡、96 人受伤。巴格达东部巴拉迪亚特区，一辆载有大量爆炸物的汽车突然爆炸，造成 14 人死亡、50 人受伤，爆炸还导致附近的建筑物和汽车受损。在爆炸发生半小时后，一辆同样载有爆炸物的汽车在巴格达北部萨利赫区爆炸，造成 3 人死亡、19 人受伤。第三起爆炸发生在巴格达市中心的伊拉克国家剧场附近，造成 9 人死亡、27 人受伤。伊拉克首都巴格达连日来频繁发生汽车炸弹爆炸，这是“伊斯兰国”极端组织为动摇巴格达市民对伊拉克安全部队的信心所发动的恐怖袭击，以使他们怀疑伊拉克政府是否具备保卫首都的能力，以配合武装分子与伊拉克军队正面战场的作战。

（283）2014 年 10 月 19 日首都巴格达什叶派清真寺恐怖自杀式爆炸袭击案。2014 年 10 月 19 日晚上，伊拉克首都巴格达西部城区的一座什叶派清真寺遭到自杀式爆炸袭击，导致 22 人死亡、25 人受伤。当时，巴格达西部地区的一个什叶派清真寺内，一名自杀式袭击者引爆身上的炸弹，袭击者本人及 21 名正在清真寺内祷告的什叶派穆斯林被当场炸死，另有 25 人受伤，爆炸造成清真寺内建筑受损。

（284）2014 年 10 月 20 日首都巴格达什叶派清真寺恐怖自杀式爆炸袭击案。2014 年 10 月 20 日中午，首都巴格达一什叶派清真寺发生自杀式爆炸袭击事件，导致至少 11 人死亡、31 人受伤。当时，一名自杀式袭击者混入位于巴格达市中心的一座清真寺，并引爆身上的炸弹，袭击者及 10 名正在清真寺内祷告的什叶派民众被炸死，另有 31 人受伤。近日，在巴格达市区及周边针对什叶派民众的爆炸袭击事件再度增多。

（285）2014 年 10 月 21 日首都巴格达连环恐怖爆炸袭击案。2014 年 10 月 21 日，伊拉克首都巴格达发生一系列以餐厅为袭击目标的爆炸，造成至少 21 人死亡。当天中午，在巴格达东部什叶派聚居的地区，两辆停放在一家饭店停车场的汽车相继爆炸，共导致 7 人死亡、40 人受伤。巴格达什叶派的聚居区和宗教场所频繁发生爆炸袭击事件，导致数十人死亡。

（286）2014 年 10 月 22 日首都巴格达 2 起恐怖爆炸袭击案。2014 年 10 月 22 日晚上，伊拉克首都巴格达发生 2 起爆炸袭击事件，导致至少 14 人死亡、65 受伤，爆炸同时造成附近的车辆和建筑受损。当时，在巴格达市中心卡拉达区的伊拉克国家剧院附近，一辆装载有爆炸物的汽车发生爆炸，导致至少 5 人死亡、28 人受伤。另一起爆炸发生在东部什叶派聚居区的萨德尔城区，造成至少 9 人死亡、37 人受伤。近日，巴格达什叶派聚居区和清真寺频繁发生爆炸袭击事件，已导致近百人死亡。

（287）2014 年 10 月 27 日多起恐怖爆炸袭击案。2014 年 10 月 27 日，伊拉克朱尔夫塞赫尔镇郊外发生自杀式爆炸袭击事件，造成至少 27 名什叶派民兵死亡。10 月 27 日晚，首都巴格达市中心卡拉达区，一个人流密集的市场附近发生一起汽车炸弹袭击事件，导致至少 5 人死亡、32 人受伤。

（288）2014 年 11 月 2 日首都巴格达 2 起恐怖爆炸袭击案。2014 年 11 月 2 日，伊拉克首都巴格达发生 2 起爆炸袭击事件，导致至少 4 人死亡、19 人受伤，爆炸同时造成附近车辆和建筑受损。当天下午，在巴格达西南达尔维什大街的一个路口，一辆停靠在路边的汽车在庆祝阿舒拉节的人群经过时突然爆炸，导致至少 2 人死亡、10 人受伤。当天晚上，另一起爆炸发生在巴格达市中心萨阿敦大街的一个汽车检查站，造成至少 2 人死亡、9 人受伤。

（289）2014 年 11 月 8 日首都巴格达 5 起恐怖爆炸袭击案。2014 年 11 月 8 日，伊拉克首都巴格达接连发生 5 起爆炸袭击，造成至少 27 人死亡、96 人受伤。当时，在巴格达西南部的阿米勒区，两辆载有爆炸物的汽车分别爆炸，造成 10 人死亡、34 人受伤。在巴格达东南部扎法拉尼亚区的一处热闹集市，一辆载有爆炸物的汽车爆炸，造成至少 10 人死亡、27 人受伤，爆炸同时造成附近多处店铺受损。在巴格达南部阿明区的一家餐厅门口，另一起汽车炸弹发生爆炸，造成 6 人死亡、28 人受伤，这家餐厅也因爆炸严重受损。巴格达南部萨德尔城的一个集市，遭遇汽车炸弹袭击，一名巴格达市民死亡、7 人受伤，爆炸还损毁了停靠在附近的一些车辆。尽管伊拉克军队和警方一直努力提高对首都巴格达的安保力度，但近来爆炸事件仍然频繁发生。

（290）2014 年 11 月 11 日多起恐怖爆炸袭击案。2014 年 11 月 11 日，伊拉克发生数起武装冲突和爆炸袭击，造成至少 15 人死亡、16 人受伤。当天，在摩苏尔市以北 22 公里的地方，库尔德武装与“伊斯兰国”极端武装激烈交火，击毙 8 名武装分子，并摧毁“伊斯兰国”极端组织 3 辆军用吉普车。在摩苏尔西北 35 公里的地方，库尔德武装一名指挥官和 2 名士兵执行拆弹任务时，因不慎引爆炸弹而身亡。当天，一名自杀式袭击者驾驶装有爆炸物的汽车冲向巴格达以北 30 公里的一个伊拉克军方检查站，造成 4 名伊拉克士兵死亡、16 人受伤。

（291）2014 年 11 月 12 日数起恐怖爆炸袭击案。2014 年 11 月 12 日，伊拉克发生数起武装冲突和爆炸袭击，造成至少 23 人死亡、49 人受伤。当天，在距巴格达东北部 130 公里左右的一处水坝，在伊拉克空军掩护下伊拉克军队和当地部族武装与“伊斯兰国”武装分子展开激烈交火，击毙 8 名“伊斯兰国”武装分子。随后，武装分子驾驶装有爆炸物的军用吉普车冲向伊军队进行自杀式袭击，造成 2 名士兵死亡，另有 10 人受伤。当天，在巴格达附近，发生两起针对伊拉克警察和军队检查站的自杀式袭击，共造成 13 人死亡、39 人受伤。

（292）2014 年 11 月 14 日首都巴格达 2 起恐怖汽车炸弹爆炸案。2014 年 11 月 14 日傍晚，伊拉克首都巴格达发生 2 起汽车炸弹爆炸，造成 14 人死亡、56 人受伤。当时，在巴格达东北城区的马格里布大街上，一辆载有爆炸物的汽车爆炸，造成 9 人死亡、35 人受伤，另有多辆停靠在附近的汽车被毁。就在这起爆炸发生数小时后，在巴格达北部卡利亚区一座清真寺附近，一辆载有爆炸物的汽车爆炸，造成附近 5 名巴格达市民死亡、21 人受伤，爆炸造成清真寺及附近建筑受损。

（293）2014 年 11 月 17 日首都巴格达市 2 起恐怖爆炸袭击案。2014 年 11 月 17 日中午，伊拉克首都巴格达市发生 2 起爆炸袭击事件，导致至少 7 人死亡、36 人受伤。当时，巴格达市区东部马施塔勒街区繁华的商业街上，一辆停放在路边的汽车突然爆炸，造成至少 4 人死亡、24 人受伤。巴格达西部的阿米里亚区，发生一起汽车炸弹袭击事件，造成至少 3 人死亡、12 人受伤。

（294）2014 年 11 月 20 日首都巴格达南郊恐怖爆炸袭击案。2014 年 11 月 20 日中午，伊拉克首都巴格达南郊遭爆炸袭击，爆炸造成至少 5 人死亡、22 人受伤，爆炸还造成附近的建筑物和多辆汽车损毁。当时，爆炸发生在巴格达南郊 座什叶派清真寺附近，人批附近居民在参加聚礼日礼拜后走出清真寺时，一枚埋设在清真寺外的路边炸弹突然爆炸，随后一名自杀式袭击者冲入人群并引爆了身上的炸药，造成大量人员伤亡。

（295）2014年11月24日首都巴格达集市恐怖汽车炸弹爆炸袭击案。2014年11月24日，伊拉克首都巴格达的北部沙卜区域的一座集市内发生汽车炸弹爆炸，造成8人死亡、22人受伤。当天，巴格达东南部发生了一场汽车爆炸案，造成2人死亡。这两起汽车爆炸案是该国逊尼派穆斯林势力为攻击巴格达这座什叶派占主导的城市而做出的最新举动。

（296）2014年12月4日多座城市多起恐怖爆炸袭击案。2014年12月4日，伊拉克包括首都巴格达在内的多座城市遭爆炸袭击，造成至少37人死亡、92人受伤。2014年12月4日18时30分左右，伊拉克首都巴格达什叶派地区的街区闹市发生两起汽车炸弹袭击事件，导致至少15人死亡、47人受伤。当时，一起爆炸导致至少9人死亡、25人受伤，另一起爆炸导致6人死亡、22人受伤。伊拉克首都巴格达几乎每天都会发生类似事件，不久极端组织“伊斯兰国”宣布对大部分此类事件负责。当天傍晚，巴格达东部萨德尔城遭到2起汽车炸弹袭击，袭击者的目标包括一处热闹的集市和多家餐馆，2起爆炸共造成21人死亡、69人受伤，并造成多家店铺和餐馆受损。巴格达市中心，发生一起爆炸，一辆载有简易爆炸装置的汽车突然被引爆，造成1人死亡、3人受伤。另外，巴格达以北约250公里的基尔库克市遭自杀式爆炸袭击，一名携带爆炸物的自杀式袭击者在当地一家咖啡馆内引爆身上的炸弹，造成至少15人死亡、20人受伤。

（297）2014年12月6日多起恐怖爆炸袭击案。2014年12月6日，伊拉克有至少33人在爆炸袭击和武装冲突中丧生。当天，在巴格达以北约120公里的萨迈拉市西部，伊拉克安全部队和“伊斯兰国”武装分子发生激烈冲突，9名士兵在交火中丧生，17名武装分子被击毙。当天下午，首都巴格达东部巴勒斯坦大街一栋建筑发生剧烈爆炸，该建筑属于民兵组织的一座工厂，爆炸造成至少7名民兵死亡。

（298）2014年12月29日首都巴格达恐怖自杀式爆炸袭击案。2014年12月29日，伊拉克首都巴格达北部发生一起自杀式爆炸袭击，至少17人丧生、30余人受伤。当时，一些什叶派民众正在巴格达北部塔季地区一座帐篷内享用茶点，一名袭击者闯入帐篷并引爆身上爆炸物。近来发生在伊拉克境内的自杀式爆炸袭击多为包括极端组织“伊斯兰国”在内的逊尼派武装人员所为。

（299）2015年1月8日2起恐怖自杀式爆炸袭击案。2015年1月8日，伊拉克首都巴格达及周边发生2起自杀式爆炸袭击事件，导致至少7人死亡、

30 人受伤，爆炸同时造成附近多辆社会车辆损坏。当天，在巴格达西部阿德尔区一座清真寺，一名自杀式袭击者引爆穿了身上的炸弹背心，造成至少 2 人死亡、10 人受伤。在巴格达以南约 25 公里的尤苏菲耶镇，一名自杀式袭击者驾驶汽车冲进当地一个警方检查站并引爆车上的炸弹，导致 5 人死亡、20 人受伤，其中包括多名警察。

（300）2015 年 1 月 11 日巴格达市东部恐怖袭击案。2015 年 1 月 11 日，一伙极端组织“伊斯兰国”武装分子在巴格达市东部发动袭击，造成 7 人死亡。2015 年 1 月，发生在伊拉克境内的恐怖袭击和暴力冲突共导致 1375 人死亡，其中包括 790 多名平民，有 2240 多人受伤，其中包括 1469 名平民；此外，另有 585 名伊拉克安全部队成员遇袭身亡，770 多人受伤。伊拉克首都巴格达市所在的巴格达省的平民伤亡情况依然最为严重，2015 年 1 月份共有 256 人死亡、758 人受伤，其他伤亡情况较为严重的省份分别是迪亚拉省、萨拉赫丁省、尼尼微省和基尔库克省。

（301）2015 年 1 月 17 日首都巴格达恐怖爆炸袭击案。2015 年 1 月 17 日，伊拉克首都巴格达遭爆炸袭击致 3 人死亡、18 人受伤。当时，在巴格达东部萨德尔城一处热闹的集市，一辆载有炸药的摩托车爆炸，造成 3 名巴格达市民死亡、18 人受伤，爆炸使附近多家店铺受损。伊拉克政府当月发布的统计报告称，2014 年伊拉克境内超过 1. 5 万人在恐怖袭击和暴力冲突中丧生，这一数字为 7 年来最高，很大程度上同极端组织“伊斯兰国”肆虐有关。

（302）2015 年 1 月 22 日多起恐怖爆炸袭击案。2015 年 1 月 22 日，伊拉克至少有 33 人在武装冲突和爆炸袭击中丧生、另有 47 人受伤。当天，在首都巴格达以西 200 公里的哈迪萨市，安全部队和当地部族武装在“国际联盟”的空中支援下，与“伊斯兰国”武装分子发生激烈交火，共有 6 名安全部队士兵和 9 名部族武装人员在战斗中丧生，武装分子方面死伤严重。在巴格达以西约 50 公里的费卢杰市南部城区，5 名“伊斯兰国”武装分子在政府军的炮击中丧生、8 人受伤。

当天上午，在巴格达以北约 20 公里的塔季地区，发生一起针对伊拉克军事基地的连环爆炸袭击，共导致 7 人死亡、26 人受伤。当天，在巴格达以北约 120 公里的萨马拉市南部 村庄， 一支什叶派民兵在搜捕“伊斯兰国”武装分子的行动中遭诱杀式爆炸装置袭击，至少 6 名民兵丧生、13 人受伤。

（303）2015 年 2 月 7 日首都巴格 2 起恐怖自杀式爆炸袭击案。2015 年 2

月 7 日，伊拉克首都巴格达连续发生两起自杀式爆炸袭击，造成至少 11 人死亡、34 人受伤，遇袭的餐馆及多家商铺被爆炸波及而严重受损。当天早晨，一名自杀式袭击者闯入巴格达东南新城区的一家餐馆后引爆身上的爆炸物，造成餐馆内 6 名顾客死亡、21 人受伤。随后，另一名自杀式袭击者在巴格达市中心一处热闹的集市引爆炸药，造成至少 5 人死亡、13 人受伤。

（304）2015 年 2 月 9 日首都巴格达恐怖炸弹袭击案。2015 年 2 月 9 日早上，伊拉克首都巴格达发生 2 起恐怖爆炸袭击事件。第一起爆炸，在首都巴格达广场，一名自杀式炸弹袭击者引爆炸弹，炸弹爆炸时为早高峰上班时间，爆炸导致 15 人死亡、45 人受伤。第二起爆炸，炸弹爆炸袭击事件发生数小时后，巴格达另一个商业区发生炸弹爆炸，导致 4 名平民死亡、9 人受伤。据联合国机构统计，2014 年伊拉克境内各种恐怖活动和暴力袭击已导致 1 万余名平民丧生，另有逾 2.3 万名平民受伤，为近年来最多。2015 年 2 月份，伊拉克境内暴力冲突和恐怖袭击导致 703 人死亡，1300 多人受伤。

（305）2015 年 2 月 25 日首都巴格达恐怖自杀式爆炸袭击案。2015 年 2 月 25 日晚上，伊拉克首都巴格达发生自杀式爆炸袭击，导致 9 人死亡、31 受伤。当时，两名自杀式袭击者企图进入巴格达西北部的一座什叶派清真寺，被安检人员阻拦后引爆了身上的爆炸装置，两名袭击者当场被炸死，另有 7 人死亡、31 人受伤。爆炸发生时有大量民众在清真寺内做礼拜，如果这两名袭击者进入清真寺将造成更大的人员伤亡。

（306）2015 年 3 月 1 日多起恐怖袭击案。2015 年 3 月 1 日伊拉克发生多起恐怖袭击案。3 月 1 日凌晨，伊拉克首都巴格达以北约 170 公里的图兹胡尔马图附近，一伙武装分子闯入一个检查站，开枪打死了 6 名警察。1 日上午，伊拉克东部迪亚拉省首府巴古拜接连发生 3 起路边炸弹袭击，造成至少 3 人死亡、5 人受伤，遇难者中包括 1 名儿童。巴古拜郊区也发生了其他 2 起袭击事件，造成 3 人死亡、1 人受伤。首都巴格达东北部的萨德尔城以及近郊马哈穆迪耶镇也分别发生了一起汽车炸弹袭击，造成至少 3 人死亡、13 人受伤。

（307）2015 年 3 月 18 日伊拉克与科威特边境恐怖爆炸袭击案。2015 年 3 月 18 日上午，伊拉克与科威特边境附近发生一起爆炸袭击事件，导致至少 3 人死亡、7 人受伤。当时，在伊拉克科边境附近公路上的一个饮水点，一辆安装了爆炸装置的卡车突然被引爆，造成至少 3 人死亡、7 人受伤。伊拉克安全部队随后封锁现场并展开调查。类似的饮水点通常会停放大量往返于伊科两国的货运卡车，因而成为爆炸袭击的目标。

（308）2015年3月23日首都巴格达恐怖爆炸袭击案。2015年3月23日，伊拉克军队继续在西部安巴尔省与“伊斯兰国”武装分子激烈交火，同时首都巴格达发生一起爆炸袭击，共有16人在冲突和爆炸中死亡、28人受伤。当天，伊拉克安全部队在国际联盟的空中支援下，联合什叶派和逊尼派民兵对巴尔省重要城市费卢杰以北的“伊斯兰国”武装分子进行打击，夺取了费卢杰北面的一座桥梁，并继续向该市以西地区进发。在这场战斗中，一名“伊斯兰国”武装分子驾驶汽车冲向安全部队并引爆车上的炸弹，导致4名伊军士兵死亡、另有4人受伤。武装分子方面有6人被击毙，另有14人受伤。与此同时，国际联盟的军机对武装分子据守的费卢杰东部重镇加尔马镇进行了空中打击，该镇“伊斯兰国”极端武装4人被炸死。当天中午，巴格达东部哈比比亚区一座什叶派清真寺附近发生汽车炸弹袭击事件，导致至少2人死亡、10人受伤。

（309）2015年3月30日首都巴格达连环恐怖爆炸袭击案。2015年3月30日上午，伊拉克首都巴格达东北部城区发生连环爆炸袭击事件，导致至少3人死亡、15人受伤。当时，巴格达东北部什叶派穆斯林聚居的贾米拉区一军方检查站附近，两辆安装了炸弹的汽车相继爆炸，造成至少3人死亡、15人受伤，附近一些建筑和车辆也不同程度受损。

（310）2015年4月14日首都巴格达及附近地区多起恐怖爆炸袭击案。2015年4月14日上午，伊拉克首都巴格达及附近地区发生多起爆炸袭击事件，导致至少12人死亡、41人受伤。当时，巴格达西部城区一家医院附近发生汽车炸弹袭击事件，导致至少3人死亡、10人受伤，附近一些车辆不同程度受损。当天下午，巴格达东部马施塔勒区一个停车场遭遇汽车炸弹袭击，造成3人死亡、12人受伤。巴格达以南30公里的马哈茂迪耶镇和东南30公里的马达因镇分别发生汽车炸弹和路边炸弹袭击事件，共造成6人死亡、19人受伤。

（311）2015年4月22日多起恐怖爆炸袭击案。2015年4月22日，伊拉克首都巴格达及北部城市萨迈拉分别发生爆炸袭击事件，导致至少10人死亡、35人受伤。22日下午，巴格达东部塔利比亚区一家餐馆附近发生汽车炸弹袭击事件，造成至少2人死亡、18人受伤。当天晚上，巴格达以北约120公里的萨迈拉市南部一公交站附近，一名自杀式袭击者引爆了身上的炸药背心，至少炸死8人、另有17人受伤。

（312）2015年4月23日首都巴格达北部巴拉德镇恐怖自杀式汽车炸弹袭击案。2015年4月23日，伊拉克首都巴格达北部的巴拉德镇发生自杀式汽车炸弹袭击事件，造成8人死亡，16人受伤。当时，遇袭目标为伊拉克什叶派的朝圣者，他们刚从一座什叶派清真寺做完礼拜回来。巴格达北部多数为逊尼派教徒，2014年，该地区大部分领土被“伊斯兰国”（IS）极端组织占领。

（313）2015年4月26日首都巴格达及周边地区3起恐怖爆炸袭击案。2015年4月26日，伊拉克首都巴格达及周边地区发生3起爆炸袭击事件，导致至少7人死亡、32人受伤。当天上午，巴格达西南部阿米勒区一小型劳务市场附近发生汽车炸弹袭击事件，导致至少3名正在等待招工的建筑工人被炸死，另有10名工人被炸伤。当天中午，巴格达市中心一繁华商业区发生汽车炸弹袭击，造成至少3人死亡、13人受伤。当天上午，巴格达以南约30公里的马哈茂迪耶镇，一辆停靠在镇中心商业区的安装有炸弹的汽车突然爆炸，造成1人死亡、9人受伤。

（314）2015年4月27日首都巴格达3起恐怖爆炸袭击案。2015年4月27日，伊拉克首都巴格达发生3起爆炸袭击事件，共导致10人死亡、38人受伤。当天下午，巴格达南部巴耶区一繁华商业区发生汽车炸弹袭击事件，造成1名平民死亡、6人受伤。当天晚上，巴格达西部曼苏尔区一繁华大街发生一起汽车炸弹袭击事件，造成至少7人死亡、21人受伤，附近一些建筑和车辆也不同程度受损。这次爆炸发生后不久，巴格达西南部阿米勒区遭汽车炸弹袭击，至少2人在袭击中死亡、另有11人受伤。4月份，伊拉克境内（除安巴尔省）发生的暴力冲突和恐怖袭击导致至少812人死亡、1726人受伤。

（315）2015年5月2日军队多起恐怖爆炸袭击案。2015年5月2日，伊拉克政府军士兵与准军事部队在西部安巴尔省遭到汽车炸弹爆炸袭击，造成至少12人死亡，伊拉克首都发生的连环袭击造成至少14名平民丧生。当时，在通往极端组织“伊斯兰国”所控制重镇费卢杰公路上的Garma火车站，伊拉克政府军遭到袭击。2日晚，巴格达的一家餐馆、一个加油站附近发生2次汽车炸弹爆炸，造成14名平民死亡，30多人受伤。5月，伊拉克境内（不包括安巴尔省）发生的暴力冲突和恐怖袭击已经导致至少1031人死亡、1684人受伤的惨重结果。

（316）2015年6月1日西部安巴尔省军营恐怖自杀式爆炸袭击案。2015年6月1日凌晨3时许，伊拉克西部安巴尔省一军营遭“伊斯兰国”自杀式爆炸袭击，造成至少42名伊军士兵死亡、40人受伤，营区内士兵营房和弹药库等多处建筑损毁。当时，袭击发生在距伊首都巴格达以西约50公里的费卢杰市，一名“伊斯兰国”极端分子驾驶一辆装满烈性炸药的汽车冲入位于该市北郊的一座军营并引爆炸药。

（317）2015年8月13日首都巴格达市汽车炸弹爆炸袭击案。2015年8月13日清晨，伊拉克首都巴格达市中心，发生汽车炸弹袭击，造成76人丧生、约200余人受伤，极端组织“伊斯兰国”已宣布制造了此次袭击。当时，巴格达市中心的一处集市巴格萨德尔城，在一座蔬菜批发市场内，一辆载有爆炸物的卡车被引爆，造成严重伤亡。

（318）2015年8月15日、16日多地多起恐怖汽车炸弹袭击案。2015年8月15日晚间，伊拉克首都巴格达遭汽车炸弹袭击，袭击造成至少10人死亡、约70人受伤。当时，巴格达市中心的一处销售汽车的露天展示场地内，一辆载有爆炸物的汽车爆炸，造成附近的10名巴格达市民当场死亡、70多人受伤，爆炸还导致车市上多辆汽车损毁。这是巴格达三天内第二次遭受汽车炸弹袭击。2015年8月16日，伊拉克发生自杀式汽车爆炸袭击，造成至少11人死亡、近70人受伤，警方怀疑此次袭击由“伊斯兰国”恐怖组织所为。

（319）2015年10月5日、6日多地恐怖汽车炸弹袭击案。2015年10月5日，伊拉克东部迪亚拉省、南部巴士拉省和首都巴格达分别遭遇汽车炸弹袭击，造成至少51人死亡、92人受伤。当天，迪亚拉省首府巴古拜市北郊一座集市外的停车场遭遇汽车炸弹袭击，造成至少37人死亡、54人受伤，附近许多车辆和商铺遭不同程度损毁。巴士拉省南部城市巴士拉祖拜尔镇的一个集市，一辆载有大量爆炸物的汽车被引爆，造成至少11人死亡、30人受伤，附近一些建筑和车辆受损严重。首都巴格达哈塞尼亚区发生汽车炸弹爆炸，造成至少3人死亡、8人受伤。2015年10月6日，伊拉克巴士拉省Al Zubair遭汽车炸弹袭击，造成至少57人死亡。

（320）2015年11月8日首都巴格达恐怖自杀式爆炸袭击案。2015年11月8日中午，伊拉克首都巴格达遭到自杀式爆炸袭击，导致包括袭击者在内的5人当场死亡、16人受伤。当时，一名自杀式袭击者突然冲入巴格达东部萨德尔区的一处热闹集市，引爆了绑在身上的爆炸物，造成大量人员伤亡，爆炸还导致附近一些店铺和车辆受损。

（321）2015 年 11 月 13 日首都巴格达恐怖自杀式爆炸袭击案。2015 年 11 月 13 日，伊拉克首都巴格达发生一起自杀式爆炸袭击，造成至少 17 人死亡、32 人受伤。当时，爆炸发生在巴格达西南城区的一座什叶派清真寺内，正值上百人在为一名死者举行葬礼，一名全身绑满爆炸物的自杀式袭击者潜入该清真寺后引爆了身上的炸药，造成大量人员伤亡。

（322）2015 年 11 月 20 日首都巴格达南郊恐怖爆炸袭击案。2015 年 11 月 20 日中午，伊拉克首都巴格达南郊遭爆炸袭击，爆炸造成至少 5 人死亡、22 人受伤。当时，爆炸发生在巴格达南郊一座什叶派清真寺附近，大批附近居民在参加聚礼日礼拜后走出清真寺时，一枚埋设在清真寺外的路边炸弹突然爆炸，随后一名自杀式袭击者冲入人群并引爆了身上的炸药，造成大量人员伤亡，爆炸还造成附近的建筑物和多辆汽车损毁。

（323）2015 年 11 月 30 日首都巴格达安全检查站恐怖自杀式爆炸袭击案。2015 年 11 月 30 日，伊拉克首都巴格达一个安全检查站遭自杀式爆炸袭击，造成至少 5 人死亡、17 人受伤。当时，巴格达东北城区的一个安全检查站，大批什叶派穆斯林正步行通过检查站前往什叶派圣城卡尔巴拉参加宗教纪念活动，一名自杀式袭击者在人群中引爆身上的炸药，造成重大人员伤亡。

（324）2015 年 12 月 9 日首都巴格达恐怖自杀式爆炸袭击案。2015 年 12 月 9 日中午，伊拉克首都巴格达东部发生自杀式爆炸事件，造成至少 11 人死亡、20 人受伤。当时，一名自杀式袭击者突然闯入位于巴格达东部城区的一座什叶派清真寺，并引爆身上的炸药，造成大量人员伤亡。

（325）2015 年 12 月 23 日数城市系列恐怖袭击案。2015 年 12 月 23 日，在伊拉克的数个城市发生一系列恐怖袭击，造成至少 15 人死亡、53 人受伤。当天，伊拉克的数个城市发生恐怖袭击，以什叶派居民居多的哈里斯市，两辆装有炸药的汽车发生爆炸，造成 7 人死亡。巴格达市和其郊区，发生 5 次爆炸袭击，造成 8 人死亡。

（326）2016 年 1 月 3 日军事基地恐怖自杀式爆炸袭击案。2016 年 1 月 3 日凌晨，伊拉克北部萨拉赫丁省，一处军事基地恐怖自杀式爆炸袭击，造成至少 13 名警察死亡、15 人受伤。当时，3 名自杀式袭击者潜入了该省首府提克里特市北部的斯派克空军基地，在基地内的培训中心引爆了捆绑在身上的炸药，培训中心内有大批正在接受军事训练的伊拉克警察，这些警察原计划参与伊军收复被极端组织“伊斯兰国”占领的摩苏尔所在的尼尼微省的军事行动。

(327) 2016年1月11日首都巴格达市及东部迪亚拉省多起恐怖爆炸袭击案。2016年1月11日晚上，伊拉克首都巴格达市及东部迪亚拉省发生多起爆炸袭击，在伊拉克首都巴格达东部地区一处购物中心的袭击造成18人死亡、50余人受伤。当时，在巴格达市东部一座人流密集的商场门口，一伙武装分子引爆汽车炸弹，随后两名武装分子在商场内引爆了身上的炸药，其余武装分子随后向人群扫射并劫持了75名平民作为人质，并与伊拉克特种部队和警察交火。经过几个小时的交火，特种部队控制了商场，打死多名武装分子，所有人质已经获释。极端组织“伊斯兰国”宣称制造了这起袭击事件。

(328) 2016年1月31日系列恐怖袭击案。2016年1月31日，伊拉克发生的一系列恐怖袭击事件，导致至少38人死亡、数十人受伤。恐怖袭击事件发生于圣拉马丹斋月晚间开始进食之前，多起爆炸发生在伊拉克穆赛伊卜、巴士拉、卡尔巴拉、永吉、纳西里亚等城市什叶派居住区，一起爆炸发生在巴格达南部逊尼派居住区——多拉区。

(329) 2016年2月25日礼拜场所两起恐怖自杀式袭击案。2016年2月25日，伊拉克首都巴格达西北部，一处礼拜场所发生两起自杀式袭击，造成9人死亡、22人受伤，其中包括警方人员，恐怖组织“伊斯兰国”宣称对此次事件负责。当时，在一处宗教场所，两名携带腰带炸弹的自杀式袭击者发动袭击：第一名自杀式袭击者在信徒中间引爆炸弹，造成人员伤亡；第二名袭击者则瞄准了赶往现场进行救助的人员，造成警方成员丧生。这次袭击发生在伊拉克什叶派反美派别领导人萨德尔组织的一次游行示威前夕，萨德尔本人意欲亲自参与这一在巴格达举行的游行。

(330) 2016年3月6日中部城市希拉检查站恐怖油罐车爆炸袭击案。2016年3月6日下午，伊拉克中部巴比伦省省会希拉市，一处检查站遭自杀式爆炸袭击，47人死亡。遭自杀式爆炸袭击，安全部门官员说爆炸造成至少25人死亡、57人受伤。当时，爆炸发生在希拉城北入口处，当许多民众排队通过检查站时，一辆装载大量炸药的卡车在车队中发生爆炸，除造成大量人员伤亡外，还摧毁了检查站并炸毁附近许多车辆。安全部门官员怀疑极端组织“伊斯兰国”制造了这起恐怖袭击，2006年1月以来，该组织在伊拉克首都巴格达等多个城市发动了恐怖袭击。据联合国伊拉克援助团统计，仅2006

年2月份伊境内发生的暴力冲突和恐怖袭击就造成至少670人死亡、1290人受伤。

（331）2016年3月25日足球场恐怖袭击案。2016年3月25日夜间，伊拉克中部巴比伦省，一个足球场遭恐怖袭击，造成至少26人死亡、90人受伤。当时，巴比伦省伊斯坎迪亚镇的民众正在一足球场观看足球比赛，袭击者在人群中引爆身上的爆炸装置，爆炸造成至少26人死亡、90人受伤，该镇镇长和一名什叶派民兵组织领导人也在爆炸中丧生。极端组织“伊斯兰国”目前控制着伊拉克西部和北部大片土地，并在多个省份与伊政府军交战。自2015年12月以来，伊政府军夺取多个被“伊斯兰国”占据的城镇，该组织则发动恐怖袭击进行报复。

（332）2016年4月24日首都巴格达两起恐怖汽车炸弹袭击案。2016年4月24日，伊拉克首都巴格达发生两起汽车炸弹袭击，均以该国安全部队为目标，造成至少12人死亡、39人受伤。当时，第一起汽车炸弹袭击，以巴格达北部胡笙尼亚区安全检查哨为目标，由伊斯兰国（IS）主使，规模较大，造成9人死亡、28人受伤。第二起炸弹攻击，锁定为巴格达南郊阿拉伯吉波的一支军方车队，造成3人死亡、11人受伤。

（333）2016年5月1日南部城市萨马瓦恐怖汽车炸弹袭击案。2016年5月1日，伊拉克南部城市萨马瓦两次恐怖袭击，造成38人死亡、86人受伤。当时，萨马瓦市中心发生两起汽车炸弹爆炸事件，第一起爆炸发生在一座办公大楼附近，第二起是在一个公交车站附近。“伊斯兰国”（IS）宣称对恐怖袭击负责。伊拉克南部穆萨纳省省会萨马瓦曾被认为是安全之地，没有受到恐怖袭击困扰，萨马瓦人口大多数是什叶派教徒。

（334）2016年5月11日巴格达什叶派穆斯林聚集的集市恐怖汽车炸弹袭击案。2016年5月11日上午，伊拉克首都巴格达东部的萨德尔城附近一个什叶派穆斯林聚集的集市遭到满载炸药的汽车炸弹袭击，造成31人死亡、至少60人受伤，极端恐怖组织“伊斯兰国”（IS）宣布对该起袭击事件负责。袭击发生时正是该集市的人流高峰时期，萨德尔城是激进的什叶派牧师穆克塔达·萨德尔及其支持者的大本营，极端组织IS正占据了伊拉克北部与西部部分地区，并与政府军发生激烈交火，此前曾多次在首都巴格达制造针对什叶派平民的袭击事件。

（335）2016年5月17日巴格达多起恐怖炸弹袭击案。2016年5月17日，伊拉克首都巴格达遭到极端组织“伊斯兰国”的多次恐怖袭击，已造成超过100人死亡、200人受伤。5月17日，伊拉克首都巴格达，四枚炸弹爆炸，69人死亡。首都巴格达发生自杀式爆炸袭击，造成至少15人死亡、37人受伤。当时，武装分子先是在巴格达东北部一处集市引爆一枚路边炸弹，等安全部队和民众聚集过来时，另一名袭击者又在人群中引爆了身上的炸药，因此，这次袭击造成了大量人员伤亡。据联合国伊拉克援助团统计，2016年4月伊拉克境内发生的暴力冲突和恐怖袭击已造成至少741人死亡、1374人受伤。

（336）2016年5月30日首都巴格达恐怖自杀式汽车爆炸案。2016年5月30日，伊拉克首都巴格达发生自杀式汽车爆炸事件，袭击目标为当地军队检查站，至少有8人在爆炸中丧生、14人受伤，死者包括5位平民和3名士兵。

（337）2016年6月9日巴格达附近2起恐怖自杀袭击案。2016年6月9日上午9时左右，伊拉克首都巴格达附近两起自杀袭击，造成至少30人死亡、70多人受伤。第一起爆炸袭击，一辆载满炸药的汽车在巴格达东部的一个商业街上爆炸，导致至少15人遇难，50人受伤，超过15名平民死亡。第二起爆炸袭击，巴格达北部塔吉的一个军队检查站遭到自杀式汽车炸弹袭击，导致7名士兵死亡，20余人受伤。据联合国伊拉克援助团统计，6月伊拉克境内发生的暴力冲突和恐怖袭击造成至少662人死亡、1457人受伤。

（338）2016年6月27日、28日阿布格莱布恐怖自杀式袭击案。2016年6月27日晚至28日凌晨，伊拉克城市阿布格莱布发生自杀式袭击，造成至少12人死亡、30余人受伤。当时，自杀式袭击的目标为阿布格莱布的1座清真寺，这是自伊拉克军队收复安巴尔省城市费卢杰后，巴格达地区遭遇的第一次袭击。阿布格莱布位于巴格达以西25公里，自2014年1月起，“伊斯兰国”组织占领该城市，用以筹划对巴格达的袭击。

（339）2016年7月2日、3日巴格达市中心卡拉达区恐怖爆炸袭击案。2016年7月2日夜间，伊拉克首都巴格达发生恐怖爆炸袭击，导致250人死亡，这是巴格达2016年遭遇的最血腥的单次袭击，“伊斯兰国”恐怖分子宣布对事件负责。当时，巴格达市中心卡拉达区突然发生爆炸，街上有不少为开斋节购物的民众，炸弹藏在一辆冷藏车上，爆炸导致周边建筑起火燃烧。

2016年7月3日凌晨，一名自杀式袭击者驾车闯入巴格达市中心凯拉代区一条街道，随后引爆炸弹，造成至少11人死亡、22人受伤，附近多间商店、多辆汽车被毁。当时，正值斋月期间，当时街上人流较为密集，因而损失惨重，极端组织“伊斯兰国”宣称制造了这起袭击事件。3 日，另一起袭击事件发生在巴格达的一个市场，造成至少 1 人死亡、5 人受伤。

（340）2016 年 7 月 2 日首都巴格达市中心恐怖汽车炸弹袭击案。2016 年 7 月 2 日晚间，伊拉克首都巴格达市中心的卡拉达区，一辆汽车在购物区一家餐馆附近爆炸，导致至少 125 人死亡，死者中包括 25 名儿童和 20 名女性。当时，正值斋月即将结束、即将迎来开斋节之际，日落后购物区内的街道上挤满购物人群，发起袭击的汽车炸弹是一辆装满了炸药的冷冻货车，爆炸还导致街道燃起大火，数幢建筑物被严重损毁，大火至当地时间 3 日清晨仍然焚烧。

（341）2016 年 7 月 4 日首都巴格达市恐怖爆炸袭击案。2016 年 7 月 4 日，伊拉克首都巴格达市遭到 2 起爆炸袭击。第一起爆炸袭击，巴格达市中心卡拉达区的一处热闹市场遭到炸弹攻击，导致至少 125 人遇难、至少 147 人受伤，“伊斯兰国”宣布对此次袭击负责。第二起爆炸袭击，巴格达北部什叶派聚居地区发生的汽车炸弹袭击，导致 5 人死亡。这两次爆炸是 2016 年伊拉克伤亡最为惨重的袭击，距离伊拉克安全部队从“伊斯兰国”武装手中重新夺回费卢杰仅隔了一周时间，费卢杰城过去一直被“伊斯兰国”武装用作袭击巴格达的基地。

（342）2016 年 8 月 18 日萨拉赫丁省拜伊吉市恐怖炮击案。2016 年 8 月 18 日，在伊拉克，“伊斯兰国”恐怖分子发动恐怖袭击，导致至少 12 人死亡。伊拉克萨拉赫丁省拜伊吉市北部遭到“伊斯兰国”恐怖分子的迫击炮袭击，袭击共造成至少 12 人死亡，另有 35 人受伤。在被袭击地区，聚集了很多从“伊斯兰国”恐怖组织控制区逃出的家庭。

（343）2016 年 9 月 27 日首都巴格达 2 起恐怖自杀式炸弹袭击案。2016 年 9 月 27 日，伊拉克首都巴格达东部和南部分别发生自杀式炸弹袭击，共造成至少 12 人死亡、44 人受伤。当天上午，首都巴格达东部发生自杀式炸弹袭击；当天中午，首都巴格达南部发生自杀式炸弹袭击。

（344）2016 年 11 月 6 日北部萨拉赫丁省 3 起恐怖爆炸袭击案。2016 年 11 月 6 日上午，伊拉克北部萨拉赫丁省发生 3 起恐怖袭击，造成至少 39 人死亡、40 人受伤。第一起袭击，当天上午省会提克里特市发生爆炸袭击，一队维修桥梁工人被炸，造成 13 人死亡、30 人受伤。第二起袭击，位于提克里特市南部的萨迈拉市发生汽车炸弹袭击，造成10人死亡、10人受伤。第三起袭击，一伙武装分子袭击了萨拉赫丁省一位部族首领的住所，杀死包括该首领在内的16人。极端组织“伊斯兰国”武装分子可能实施了这几起恐怖袭击，伊拉克政府军正在与萨拉赫丁省毗邻的尼尼微省开展军事行动，以收复尼尼微省省会摩苏尔。“伊斯兰国”武装分子在正面战场失利后，在伊拉克多地实施恐怖袭击，造成大量人员伤亡。

（345）2016年11月14日多起恐怖自杀式袭击案。2016年11月14日，伊拉克法鲁贾临近城市发生双重自杀式袭击，导致15人死亡，IS曾宣称对该袭击负责。14日晚，费卢杰市区遭遇两起自杀式汽车炸弹袭击事件，造成至少9人身亡、26人受伤。

（346）2016年11月17日婚礼现场恐怖爆炸袭击案。2016年11月17日晚上，伊拉克城市法鲁贾，发生恐怖爆炸袭击事件，造成至少16人死亡、30多人受伤。当时，在距离该国首都巴格达40多公里的城市法鲁贾，人们正在参加结婚仪式，一名自杀式袭击者引爆了一辆汽车。此前极端组织“伊斯兰国”（IS）曾以同样的方式针对平民发动攻击。17日晚间，西部安巴尔省费卢杰市，一处婚礼现场遭自杀式爆炸袭击，造成至少40人身亡、60多人受伤。极端组织“伊斯兰国”宣称对袭击负责，袭击针对的是逊尼派穆斯林官员。当时，袭击事件发生在费卢杰市东部的小镇，一名自杀式袭击者在参加婚礼晚宴的人群中引爆了身上的炸药，造成大量人员伤亡。袭击发生后，该镇的镇长前往爆炸现场，遭到路边炸弹袭击，导致2名保镖受伤。

（347）2016年11月22日芬兰公民恐怖自杀式袭击案。2016年11月22日，一名芬兰公民在伊拉克实施了一起自杀式袭击并身亡。这名芬兰人前往伊拉克并加入极端组织“伊斯兰国”后，发动了这次袭击，这是首次有芬兰人参与伊拉克自杀式炸弹袭击。至此至少有80名激进分子离开芬兰加入“伊斯兰国”，这个数字仍在增加。

（348）2016年11月24日巴比伦省希拉市东部小镇加油站恐怖爆炸袭击案。2016年11月24日，伊拉克中部巴比伦省省会希拉市东部小镇，一个汽车加油站发生自杀式汽车炸弹袭击，遇难人数为25人、另有40人受伤，遇难者除伊拉克人外，还包括多名伊朗人。死伤者大多是刚从什叶派圣城卡尔巴拉朝圣回来的伊朗人，IS宣称对此次事件负责。当时，在希拉市东部小镇一加油站，一辆装有炸药的汽车在加油站等候区爆炸，加油站旁边有一家小餐馆，爆炸时餐馆中有伊朗朝觐者正在就餐，由于事发时附近停有多辆载有乘客的大巴车，因此造成大量人员伤亡。袭击发生所在地靠近位于首都巴格达以南 110 公里处的什叶派圣城卡尔巴拉，近期伊拉克国内及来自伊朗等国的大批什叶派穆斯林前往卡尔巴拉朝觐，IS 已针对朝觐人员实施了多次恐怖袭击。2016 年 10 月伊拉克境内发生的暴力冲突和恐怖袭击造成近 1800 人死亡、1400 人受伤，绝大部分死伤者为平民。阿巴因节是全球最大宗教节庆之一，估计每年会有多达 2000 万人到卡尔巴拉参与。伊拉克政府早前曾经估计，2016 年有 300 万伊朗人到卡尔巴拉，他们通常会在阿巴因节结束后多留数天。

（349）2017 年 1 月 2 日萨德尔城恐怖汽车炸弹袭击案。2017 年 1 月 2 日上午，伊拉克首都巴格达萨德尔城发生一起汽车炸弹袭击，造成至少 35 人死亡、61 人受伤，周围店铺和市场严重受损。当时，一辆装有炸药的汽车在巴格达东部萨德尔城爆炸。萨德尔城是什叶派民众聚居区，极端组织“伊斯兰国”武装分子曾多次袭击该区域内的平民和什叶派民兵。

（350）2017 年 1 月 5 日首都巴格达恐怖汽车炸弹袭击案。2017 年 1 月 5 日，伊拉克首都巴格达发生一起汽车炸弹袭击，造成至少 5 人死亡、21 人受伤。袭击发生在巴格达东部的什叶派聚居区，一辆停在市场外的汽车发生炸弹爆炸，造成人员伤亡。

（351）2017 年 1 月 8 日首都巴格达恐怖汽车炸弹爆炸袭击案。2017 年 1 月 8 日上午，伊拉克首都巴格达发生汽车炸弹爆炸事件，导致至少 13 人死亡、50 余人受伤，极端组织“伊斯兰国”宣布对袭击负责。当时，武装分子驾驶一辆装有炸药的汽车经过巴格达东部萨德尔城的一个检查站时遭士兵拦截，一名军人向什叶派聚居区市场边一辆有嫌疑的汽车开火，随后武装分子引爆炸药，造成至少 13 人死亡、50 人受伤。萨德尔城是什叶派聚居区，“伊斯兰国”武装分子近日多次在该区域实施恐怖袭击。

（352）2017 年 1 月 11 日多起恐怖爆炸袭击案。2017 年 1 月 11 日晚上，伊拉克首都巴格达市及东部迪亚拉省发生多起爆炸袭击，导致至少 30 人死亡、71 人受伤。11 日晚，在巴格达市东部一座人流密集的商场门口，一伙武装分子引爆汽车炸弹，随后两名武装分子在商场内引爆了身上的炸药，其余武装分子挟持部分平民作为人质，并与伊拉克特种部队和警察交火；经过几个小时的交火，特种部队控制了商场，打死多名武装分子，但至少 7 名平民在冲突中死亡、另有27人受伤，所有人质已经获释。极端组织“伊斯兰国”随后发表声明，宣称制造了这起袭击事件。在迪亚拉省，遭到袭击的咖啡馆外先后发生两起爆炸，爆炸袭击导致至少23人死亡、44人受伤，可能是“伊斯兰国”实施了爆炸袭击。

（353）2017年2月15日、16日首都巴格达恐怖汽车炸弹爆炸袭击案。2017年2月16日下午，伊拉克首都巴格达发生汽车炸弹爆炸袭击，造成至少45人死亡、56人受伤。当时，爆炸袭击地点位于巴格达市西南部的一处汽车销售市场，武装分子将装满炸药的汽车停放在人流密集处后离开，然后引爆炸弹，造成附近大量人员伤亡。近来，极端组织“伊斯兰国”武装分子多次在巴格达市实施恐怖袭击。该组织15日在巴格达东部萨德尔城实施自杀式汽车炸弹袭击，造成至少9人死亡、30人受伤。

（354）2017年3月8日婚礼现场恐怖爆炸袭击案。2017年3月8日，伊拉克，一场婚礼上发生自杀式炸弹袭击，已经导致30人遇难、26人受伤。当时，袭击发生在位于伊拉克提克里特市附近、巴格达以北170公里的哈贾季村，至少有4名袭击者参与了此次攻击，婚礼现场发生了2次爆炸，另外2次爆炸则针对随后到场的安全部队。

2017年3月8日晚上，伊拉克北部萨拉赫丁省，一个婚礼现场遭爆炸袭击，造成至少16人死亡、15人受伤。当时，提克里特市以北15公里的哈贾季地区，在一婚礼现场上，两名自杀式袭击者引爆身上的炸药，爆炸造成至少16人丧生、15人受伤。提克里特市位于首都巴格达以北约170公里处，2014年6月被极端组织“伊斯兰国”占领。2015年3月，伊政府军收复提克里特市。由于少量“伊斯兰国”武装分子仍在当地活动，提克里特市和整个萨拉赫丁省的安全形势依然严峻。

（355）2017年4月4日北部萨拉赫丁省首府提克里特市恐怖武装袭击案。2017年4月晚上，伊拉克北部萨拉赫丁省首府提克里特市遭武装分子袭击，目前已造成32人丧生、28人受伤。当时，大约7名身穿政府军服装的极端组织“伊斯兰国”武装分子，首先袭击了该市祖胡尔区南部，接着进入附近民居向建筑内平民扫射，死伤者多为平民。伊拉克安全部队随即在该地区展开搜索工作，打死2名恐怖分子，另有1名恐怖分子引爆了身上的炸弹。

（356）2017年5月20日自杀式爆炸袭击案。2017年5月20日，恐怖组织“伊斯兰国”在伊拉克制造自杀式爆炸袭击，造成35人死亡。

（357）2017 年 5 月 29 日和 30 日首都巴格达两起恐怖炸弹袭击案。2017 年 5 月 29 日夜和 30 日上午，伊拉克首都巴格达发生两起炸弹袭击，导致至少 14 人丧生、81 人受伤。

（358）2017 年 6 月 6 日西部安巴尔省市场遭恐怖自杀式爆炸袭击案。2017 年 6 月 6 日晚，伊拉克西部安巴尔省一处市场发生自杀式爆炸袭击，造成至少 7 人丧生、多人受伤。当时，一名袭击者在安巴尔省希特镇中心一处市场引爆了身上的爆炸物，由于事发时市场内人员众多，袭击造成重大人员伤亡。2017 年 5 月伊拉克全国有 345 名平民在恐怖袭击和暴力冲突中丧生。

（359）2017 年 6 月 9 日首都巴格达南部城市穆赛伊卜市场遭自杀式炸弹袭击案。2017 年 6 月 9 日上午 11 点 30 分，伊拉克首都巴格达南部城市穆赛伊卜的一个市场，一名自杀式炸弹袭击者引爆炸弹，造成至少 20 人死亡、至少 34 人受伤。伊拉克 5 月 27 日开始进入斋月，伊拉克政府军正在北部城市摩苏尔持续发起攻势，打击依然盘踞在摩苏尔西城的“伊斯兰国”武装分子。总理阿巴迪 29 日视察了交战前线，宣布摩苏尔战役已进入“最后阶段”，全市 95%的地区都已经解放。

（360）2017 年 9 月 2 日北部萨拉赫丁省萨迈拉市发电厂遭恐怖自杀式袭击案。2017 年 9 月 2 日，伊拉克北部萨拉赫丁省萨迈拉市的一座发电厂遭到自杀式袭击，造成包括袭击者在内的 15 人丧生、另有 9 人受伤。当时，7 名武装分子手持轻型武器袭击了这座发电厂。伊安全部队打死了所有袭击者，同时，两名安全部队人员和 6 名发电厂职工在袭击中丧生，安全部队完全控制了发电厂。萨迈拉位于伊拉克首都巴格达以北约 120 公里处，2014 年被极端组织“伊斯兰国”占领。2015 年，伊政府军收复了包括萨迈拉在内的萨拉赫丁省大部分地区。由于少量“伊斯兰国”武装分子仍在活动，萨拉赫丁省仍不时发生恐怖袭击事件。

（361）2017 年 9 月 14 日南部济加尔省的检查站和附近餐厅遭连环恐怖袭击案。2017 年 9 月 14 日，伊拉克南部济加尔省的检查站和附近的餐厅遭遇连环袭击，造成至少 50 人死亡、另有 87 人受伤。袭击事件发生在该省首府纳西里耶附近，武装人员先是对检查站和餐厅开火，随后 2 名自杀式袭击者引爆了炸弹，其中一人驾驶着装有爆炸物的汽车。

（362）2017 年 11 月 21 日伊拉克北部基尔库克蔬菜市场恐怖自杀式爆炸袭击案。2017 年 11 月 21 日，伊拉克北部基尔库克一个拥挤的蔬菜市场发生自杀式爆炸袭击，导致至少23人死亡、60人受伤，大部分死者是平民。在爆炸发生后，多辆救护车第一时间赶到现场并将伤者转移至附近的医院。目前，还没有个人或组织宣称对爆炸事件负责。

3. 沙特的恐怖犯罪

（1）2015年1月5日沙特与伊拉克交界地区恐怖自杀式爆炸袭击案。2015年1月5日，在沙特与伊拉克交界地区发生爆炸性袭击事件，造成2名沙特边防警卫死亡，3人受伤，这是一起射击与自杀性袭击事件。当时，武装分子袭击了一支沙特边境巡逻队，巡逻队进行还击并捕获一名武装分子，这名武装分子随后引爆了炸弹。

（2）2015年5月22日沙特ISIS恐怖袭击案。为了在中东地区挑起教派冲突，2015年5月22日，极端组织“伊斯兰国”（ISIS）在沙特阿拉伯东部一座什叶派清真寺制造了一起自杀式炸弹袭击，至少21人丧生。5月22日中午，沙特阿拉波东部的卡提夫省的一座什叶派清真寺正在进行集体礼拜，这时一名自杀式袭击者冲进人群并引爆了炸弹，顷刻间清真寺内血流成河、地板上遍布玻璃碎片和残肢。事件发生后，一个ISIS在沙特的新分支机构在推特上声称对此次袭击负责。长期监测ISIS的美国情报集团SITE称，这是ISIS第一次声称对在沙特境内发生的恐怖袭击事件负责，ISIS还披露自杀式袭击者的身份是阿布·阿马尔·纳吉迪。

（3）2015年5月22日东部什叶派清真寺遭恐怖自杀式炸弹袭击案。2015年5月22日中午，沙特阿拉伯东部一座什叶派清真寺遭自杀式炸弹袭击，至少21人丧生，极端组织“伊斯兰国”（ISIS）声称负责。联合国秘书长潘基文对此强烈谴责，称这是在挑起教派冲突。当时，沙特东部卡提夫省的一座什叶派清真寺正在进行集体礼拜，一名自杀式袭击者引爆了炸弹，袭击者将炸弹藏于衣物下于清真寺内引爆。

（4）2015年5月29日东北部城市达曼清真寺遭恐怖汽车炸弹袭击案。2015年5月29日，沙特阿拉伯东北部城市达曼的一座清真寺遭遇汽车炸弹袭击，造成4人死亡。当时，这起袭击由一名男性自杀式炸弹袭击者实施，这名男子曾试图进入清真寺，但被安保人员拦下，最终他驾车在停车场内引爆炸弹。

（5）2015年7月16日首都利雅得安全检查站遭恐怖自杀式汽车炸弹袭击案。2015年7月16日晚上，沙特阿拉伯首都利雅得市南部郊区哈伊尔路一处安检站附近发生自杀式汽车炸弹袭击，造成2名警察受伤。当时，正当沙特全国上下庆祝开斋节到来时，只有19岁的沙特青年阿卜杜拉·拉希德在杀害了在内政部任职的叔叔后，在靠近哈伊勒监狱的一个安全检查站制造了汽车炸弹袭击，他当场死亡，2名警察受伤。"伊斯兰国"在推特账户上发表声明称爆炸案是向关押在利雅得哈伊勒监狱的"圣战者"发出讯息，那就是让他们以及被关押在其他地方的"圣战者"知道，他们没有被忘记，解救他们的努力从没有停歇。沙特国内安全级别最高的监狱之一哈伊尔监狱就坐落在发生爆炸的安检站附近，该监狱周围有塔楼和持枪警卫守护，关押着1100多名恐怖分子。

（6）2015年8月6日西南部阿西尔地区警察部队的清真寺遭恐怖炸弹袭击案。2015年8月6日中午，沙特阿拉伯西南部阿西尔地区，隶属沙特一警察部队的清真寺遭炸弹袭击，共造成包括10名警察在内的13人死亡，另有9人受伤。爆炸发生在沙特西南部阿西尔地区一特种警察部队营地内的清真寺，当时警察们正在做礼拜，这是一起自杀式炸弹袭击。

（7）2016年1月29日东部伊哈赛地区什叶派清真寺遭恐怖自杀式炸弹袭击案。2016年1月29日中午，沙特东部伊哈赛地区一座什叶派清真寺遭自杀式炸弹袭击，造成2名平民遇难、7人受伤。当天中午礼拜时，沙特安全人员在东部伊哈赛地区的黎达清真寺外发现两名可疑人员，这两个人在走到清真寺入口附近时被安全人员拦下，其中一名可疑人员引爆身上的炸弹，另一名可疑人员则与安全人员交火，后受伤被擒，此人身上也被发现绑有爆炸装置。

（8）2016年4月3日首都利雅得市警车遭恐怖炸弹袭击案。2016年4月3日晚上，沙特阿拉伯首都利雅得一个警局附近的警车遭极端组织"伊斯兰国"炸弹攻击，造成附近一名外籍居民身亡。当时，两辆巡逻警车被炸毁，伊国组织（IS）随后通过推特宣称此爆炸案是他们所为，并称他们用了两个爆炸物，炸毁"三辆叛教者的警车"。伊斯兰国组织过去也宣称对沙特安全部队发动多次袭击。

（9）2016年7月4日三个城市恐怖自杀式炸弹袭击案。2016年7月4日，沙特阿拉伯一天内有三个城市遭遇自杀式炸弹袭击，造成至少4名保安人员被炸死，5人受伤。沙特三个遇袭地点分别是，位于圣城麦地那的先知清真寺，红海城市吉达的美国总领事馆附近，以及什叶派穆斯林人口众多的东部城市盖提夫一座清真寺附近。其中，麦地那爆炸案最致命，夺走4名保安人员的性命。当时，一名自杀式炸弹手在先知寺外的停车场引爆身上炸弹。保安人员在充作访客停车场的广场上发现一名可疑男子，他们上前查问，不料男子竟然引爆身上的炸药腰带，除了炸死自己，也导致4名保安人员殉职。东部城市卡提夫一座什叶派清真寺遭一名自杀炸弹手袭击，无人员伤亡。美国驻西部城市吉达的领事馆附近遭遇自杀式爆炸，袭击者在引爆炸弹装置后丧生，2名保安人员在试图制服此人期间受轻伤，除此以外没有其他人受伤。

沙特阿拉伯发生的这一系列爆炸均发生在伊斯兰斋月即将结束、和开斋节即将到来之际，事发具体时间是在傍晚斋戒终止的时间，目标有可能是针对安保部门。自2014年中期以来，伊斯兰国组织就在沙特发动一系列爆炸和枪击案，遇难者多数是什叶派穆斯林和安全人员。不过，一天内多处遭遇袭击，对沙特来说并不寻常。沙特是以美国为首的反伊斯兰国组织联盟的成员，伊斯兰国组织首领巴格达迪早前呼吁对沙特发动袭击。

（10）2016年8月23日针对什叶派清真寺恐怖自杀式炸弹袭击未遂案。2016年8月23日晚上，沙特阿拉伯警方粉碎了一起针对什叶派清真寺的自杀式炸弹袭击图谋。23日晚，在沙特东部什叶派聚居区卡提夫的一座清真寺外，警察发现一名形迹可疑的外籍男子，警察准备上前盘问时，这名男子突然开枪。警察开枪击伤这名男子并将他抓获，在他背包里发现4公斤炸药。这名男子在送医途中身亡，身份证显示他是巴基斯坦公民。近一段时间，沙特遭遇一系列恐怖袭击，其中大部分为“伊斯兰国”成员所为。

（11）2016年6月23日警方挫败一起针对圣城麦加的恐怖袭击阴谋案。2016年6月23日，沙特警方挫败一起针对圣城麦加的恐怖袭击阴谋，一名自杀式炸弹手炸毁一座三层楼建筑物，导致6名外国朝圣者和5名警察受伤。当时，三个恐怖团伙阴谋袭击麦加的大清真寺，目标是在斋月期间集中在那里的大批朝圣者和安全部队人员。23日黎明，沙特当局在麦加和红海城市吉达展开的突击行动中逮捕了5名恐怖嫌犯，包括1名妇女。当局随后根据所得情报，追踪到准备在大清真寺作案的自杀式炸弹者，把他围堵在一栋三层楼的建筑内。一名自杀式袭击者拒绝投降，藏身大清真寺附近的民居之中，并向安全部队开火，随后引爆了身上的炸弹，强大的爆炸力导致整栋建筑倒塌，造成6名外籍人士受伤，另有5名安全人士受轻伤。麦加是伊斯兰教第一圣地，此时正值斋月期间，每天有来自世界各地的数十万穆斯林在大清真寺参与宗教活动。

4. 伊朗的恐怖犯罪

（1）2010 年 4 月 10 日伊拉姆某监狱遭恐怖劫狱袭击案。2010 年 4 月 10 日，伊朗伊拉姆某监狱遭武装分子火箭弹袭击，导致 19 人受伤、3 囚犯趁机越狱。当时，多名武装分子使用火箭弹袭击伊拉姆一处监狱，致使包括 3 名监狱守卫在内的 19 人受伤，3 名在押人员趁机越狱，袭击者作案动机意在劫狱。其中，3 名使用火箭弹袭击监狱的武装分子已经被抓捕。

（2）2010 年 4 月 20 日在西部破获极端组织案。2010 年 4 月 20 日，伊朗在西部逮捕一个极端组织成员，他们曾密谋在伊朗发动“恐怖袭击”。这个组织经过情报部门确定和逮捕，他们接受了美国部队的武装和指导。伊朗官员经常指责美国和以色列资助“恐怖分子”，但是美国坚决驳斥这种指责。

（3）2010 年 7 月 15 日东南部城市扎黑丹清真寺遭两起恐怖自杀式炸弹袭击案。2010 年 7 月 15 日晚上，伊朗东南部城市扎黑丹，一个清真寺连续发生两起自杀式炸弹袭击，造成至少 29 人死亡、270 多人受伤。当时，2 名自杀式袭击者在锡斯坦-俾路支省首府扎黑丹市一座清真寺引爆了随身携带的炸弹，什叶派信徒正在庆祝先知穆罕默德孙子的生日，爆炸袭击的目的是在什叶派穆斯林和逊尼派穆斯林之间制造分裂，从而使伊朗整个国家陷入混乱。扎黑丹以及其所在的锡斯坦-俾路支斯坦省是伊朗少数派的逊尼派穆斯林聚居区，恐怖组织“真主旅”以伸张居于逊尼派穆斯林权利为口号，在这一地区制造了多起针对伊朗政府、军队和平民的恐怖事件。伊朗政府一直指责西方国家，特别是美国对“真主旅”提供支持，但美国政府一直予以否认。

（4）2010 年 9 月 22 日西阿塞拜疆省纪念两伊战争开战 30 周年阅兵仪式遭恐怖炸弹袭击案。2010 年 9 月 22 日上午 10 时 20 分左右，伊朗西阿塞拜疆省举行纪念两伊战争开战 30 周年阅兵仪式时遭炸弹袭击，造成 11 人身亡、57 人受伤，死者是 10 名女性和 1 名男孩。伊朗官员认为活跃在该国西北部地区的库尔德分裂分子实施了这次袭击。当时，观礼台附近炸弹爆炸，一枚炸弹被安置在距离阅兵式观礼台 50 米处一个无人注意的袋内，搁在观看阅兵式的人群中。这是一枚搁在人群中的定时炸弹，当部队经过观礼台贵宾席时，炸弹发生爆炸。西阿塞拜疆省副省长阿里·尼克巴克赫特在接受“旗帜”电视频道记者采访时，将这次袭击描述成一起“恐怖袭击事件”。死者中包括两名马哈巴德军方高级指挥官的妻子。反政府武装人员实施了这起残暴的袭击，目的是报复马哈巴德镇民众。西阿塞拜疆省位于伊朗西北部，毗邻伊拉克，是库尔德人聚居区。伊朗安全部门与库尔德反政府武装之间的冲突时有发生，在伊拉克设有基地的库尔德斯坦自由生活党是其中一支主要的反政府武装。

（5）2010 年 12 月 15 日东南部港口城市恰巴哈尔清真寺遭恐怖炸弹袭击案。2010 年 12 月 15 日上午 10 时 30 分，伊朗东南部港口城市恰巴哈尔一座清真寺附近发生一起炸弹袭击事件，造成至少 39 人死亡、50 多人受伤。当时，许多市民正聚在清真寺前举行宗教集会。恰巴哈尔是伊朗东南部锡斯坦-俾路支斯坦省的一个自由贸易港，是伊朗逊尼派激进组织“真主旅”的“老巢”，该组织主要在巴基斯坦、伊朗、阿富汗交界地区活动，近年来曾实施多起爆炸和绑架，已被伊朗和巴基斯坦政府确定为恐怖组织。

（6）2012 年 1 月 11 日首都德黑兰针对核专家的恐怖炸弹袭击案。2012 年 1 月 11 日上午，伊朗首都德黑兰发生一起炸弹袭击事件，与伊朗核计划有关的 1 名化学专家被炸身亡，另有 2 人受伤，死者为关联核项目的科学家穆斯塔法·艾哈迈迪-罗尚。当时，爆炸发生在德黑兰北部赛义德汉丹地区，有人乘摩托车将磁性炸弹吸附在艾哈迈迪-罗尚乘坐的“标致 405”轿车上，并逃离现场。汽车随即爆炸，车内，艾哈迈迪-罗尚丧生，另外 2 名伊朗人受伤。“大学教授”艾哈迈迪-罗尚现年 32 岁，毕业于一家石油工业高等学校，是纳坦兹铀浓缩设施部门副主管，分管商业事务。

（7）2011 年 7 月 23 日伊朗核物理学家大流士·礼萨伊遭恐怖暗杀案。2011 年 7 月 23 日，伊朗首都德黑兰，伊朗核物理学家大流士·礼萨伊在家门口遭暗杀身亡。大流士·礼萨伊是伊朗西北大阿尔达比勒大学核物理学教授，行凶者是一名摩托车手。伊朗指责美国中央情报局和以色列情报机构摩萨德为阻止伊朗的核进步，联手制造了这起爆炸袭击事件。

2010 年 11 月 29 日，伊朗贝赫什提大学物理学教授沙阿里亚里在上班途中被炸身亡，该校另一名物理学家阿巴西·达瓦尼在另一起爆炸中受伤。达瓦尼康复后于 2011 年出任伊朗原子能组织主席，成为伊朗“核总管”。当时，德黑兰发生两起爆炸袭击事件，贝赫什提大学物理学教授沙阿里亚里在上班途中被炸身亡，该校另一名物理学家阿巴西在另一起爆炸中受伤。

2010 年 1 月 12 日，伊朗德黑兰大学核物理学教授阿里-穆罕默迪遭到捆绑在一辆摩托车上的遥控炸弹袭击身亡。名为“伊朗皇家协会”的组织宣称对袭击事件负责，但伊朗政府指责美国和以色列情报人员才是幕后凶手，对此美国国务院发言人马克·托纳说：“任何认为美国参与（暗杀）的指控均荒谬可笑。”

2009 年 6 月，伊朗原子能组织成员、德黑兰一所大学研究员的伊朗核专家沙赫拉姆·阿米里在沙特失踪。伊朗方面坚持认为是美国特工绑架了阿米里并对美国予以强烈谴责，美国媒体 2010 年 3 月底报道称，阿米里已投靠美国，以帮助美国中央情报局评估伊朗核能力。此后，在伊朗坚持不懈的努力下，阿米里于 2010 年 7 月重返德黑兰。

2007 年 1 月 18 日，伊朗著名核物理学家阿尔德希尔·哈桑普尔死于毒气中毒。哈桑普尔一直是伊朗铀浓缩项目团队的关键人物，伊朗指责以色列情报机构制造了这起血案。

（8）2013 年 10 月 25 日东南部锡斯坦-俾路支斯坦省恐怖袭击案。2013 年 10 月 25 日晚上，伊朗东南部锡斯坦-俾路支斯坦省发生边防人员与武装分子交火事件，造成 17 名边防人员死亡、5 人受伤。当时，交火事件发生在锡斯坦-俾路支斯坦与巴基斯坦交界的萨拉万市附近山区，系当地一些为外国势力服务的恐怖分子所为，伊朗将坚决打击任何针对平民和安全部队的恐怖袭击。此次事件策划者很可能是活跃在该省的逊尼派激进组织“正义军”，该组织的目标是为伊朗占少数的逊尼派穆斯林争取权利。锡斯坦-俾路支斯坦省也是另一支逊尼派激进组织“真主旅”的老巢，该组织主要在伊朗、巴基斯坦、阿富汗交界地带活动，近年来实施多起爆炸和绑架，已被伊朗、巴基斯坦和美国政府确定为恐怖组织。26 日早晨伊朗在东南部锡斯坦-俾路支斯坦省首府扎黑丹监狱绞死 16 名“恐怖分子”，以回应 25 日晚发生在该省的袭击事件。

（9）2013 年 11 月 19 日伊朗驻黎巴嫩使馆遭 2 起恐怖爆炸袭击案。2013 年 11 月 19 日，伊朗驻黎巴嫩使馆附近发生 2 起恐怖爆炸，造成至少 23 人死亡、146 人受伤，伊朗使馆文化参赞因伤重死亡。伊朗迅速指责以色列与此恐怖事件有关，叙利亚和法国等国则强烈谴责这一恐怖袭击。当时，第一起爆炸是一名骑摩托车的自杀式袭击者在使馆大门前制造的；第二起爆炸是汽车炸弹爆炸，随后发生在距使馆数米外的地方，造成更大人员伤亡，使馆建筑和附近 6 栋楼房遭到严重损坏。

（10）2016 年 2 月 8 日、24 日破获 2 起恐怖阴谋案。2016 年 2 月 8 日，伊朗部队在周五大选前摧毁了 2 起恐怖阴谋，逮捕了一些人，并没收了一些武器。伊朗在东南和西北部开展了反恐行动，当时在东南边境发现并逮捕了一个恐怖组织。在这次反恐行动中，截获的武器包括两个临时做的爆炸设备，其中有爆炸材料和导火线、遥控器和一个内含磁铁的炸弹。在另外一个反恐行动中，情报部队发现并监控一个恐怖组织，该组织计划从西北部边境进入伊朗。这个由 4 人组成的组织于 2 月 24 日被摧毁，正好在大选前两天。这些恐怖分子有 6 个自杀式背心，9 个电子导火线，一些 RDX 炸药和 4 个英国制造的时控感应器。

（11）2017 年 6 月 7 日首都德黑兰 2 起恐怖袭击案。2017 年 6 月 7 日，伊朗首都德黑兰发生 2 起恐怖袭击事件，共造成除恐怖袭击者外的 13 人死亡、42 人受伤，伊朗议会大楼的 4 名袭击者已被全部击毙，议会枪战交火结束。当时，议会大楼袭击者身穿女装进入议会大楼，袭击者曾经过专业的恐怖袭击训练，其目的是损害伊朗国家安全。袭击者均为加入极端组织“伊斯兰国”的伊朗人。该通讯社援引一名伊朗最高国家安全委员会官员的话报道说，这些袭击者加入“伊斯兰国”，在叙利亚和伊拉克进行恐怖活动。随着近期“伊斯兰国”在上述地区受挫，他们返回伊朗继续进行恐怖活动。当天，伊朗还挫败了另一起恐怖袭击图谋，并要求德黑兰民众尽量少乘坐公共交通，包括地铁等。

5. 叙利亚的恐怖犯罪

（1）2011 年 7 月 22 日中西部城市霍姆斯军事学校遭 2 起恐怖爆炸袭击案。2011 年 7 月 22 日夜间，叙利亚中西部城市霍姆斯一所军事学校发生 2 起爆炸，目前人员伤亡情况不详。最近几天，支持和反对政府的两派在霍姆斯市发生冲突，已造成 50 多人死亡。

（2）2011 年 12 月 23 日首都大马士革市针对国家安全及情报大楼的 2 起恐怖自杀式汽车爆炸袭击案。2011 年 12 月 23 日上午 10 点左右，叙利亚首都大马士革发生两起针对国家安全及情报大楼的 2 起自杀式汽车爆炸恐怖事件，至少造成 40 名军人和平民丧生，另有 150 多人受伤。这 2 起“自杀式汽车爆炸恐怖事件”是“基地”组织所为，叙利亚安全部门已逮捕涉嫌参与制造爆炸事件的 2 名嫌疑人。当时，袭击者采用汽车炸弹的方式分别在位于首都大马士革市中心的叙利亚国家安全总局和另一个安全分支机构楼前引爆炸弹，2 起爆炸间隔不到半分钟。这是近年来在叙利亚首都发生的最为严重的单起袭击事件，当地居民陷入极大震惊和不安。

（3）2012 年 1 月 5 日、6 日首都大马士革市恐怖自杀式爆炸袭击案。2012 年 1 月 5 日，叙利亚首都大马士革发生“自杀式爆炸袭击”事件，造成包括平民与安全部队在内至少25人死亡、46人受伤，死伤者大部分为平民，也包括一些安全部队人员。2012年1月6日上午10点55分，叙利亚首都大马士革发生自杀式爆炸袭击事件，造成26人死亡、63人受伤，其中多数为平民。叙利亚内政部强调称将对“日益猖獗的恐怖分子”作出“铁拳般”的反应。当时，恐怖分子在迈丹地区一所学校附近的人口密集区引爆了随身携带的炸弹，袭击者用了10多公斤威力巨大的炸药。

（4）2012年1月27日数个城镇多起恐怖爆炸袭击案。2012年1月27日，叙利亚数个城镇发生爆炸袭击事件，造成多人死伤。当天，叙利亚北部城市伊德利卜外围的一个警方检查站遭到一名“恐怖分子”实施的自杀式汽车炸弹袭击，造成1人死亡、2名警察受伤。同一天，“恐怖武装组织”在叙利亚中部城市霍姆斯引爆一枚炸弹，造成1名儿童死亡、11名平民和警察受伤。此外，还有数个城市27日发生炸弹袭击事件，造成一些人员伤亡。

（5）2012年2月2日、3日多起恐怖爆炸袭击案。2012年2月2日，身份不明的武装分子向叙利亚伊德利卜市一家医院发射了迫击炮，所幸未造成人员伤亡。2012年2月3日，叙利亚北部城市伊德利卜发生炸弹袭击事件，造成4名平民丧生、2人受伤。当时，在伊德利卜省省会伊德利卜市卡夫尔·塔卡利姆区一个文化中心附近，身份不明的武装分子引爆炸弹，导致人员伤亡，死者包括3名儿童。当天，伊德利卜市及郊区发生了反政府游行。当天，3名叙利亚边警在中部霍姆斯省遭武装分子袭击身亡。

（6）2012年2月10日第二大城市阿勒颇两起恐怖爆炸袭击案。2012年2月10日，叙利亚第二大城市阿勒颇两起恐怖爆炸袭击，已经造成至少28人丧生、235人受伤，两起爆炸都对附近建筑物造成损毁，袭击目标分别是位于新阿勒颇区的安全部门大楼及阿尔库伯区的一处警营。起先，一辆伪造牌照的白色小型巴士冲过警方关卡，随后引爆炸弹，造成包括平民和警察在内的11人丧生，130人受伤。不久后，另一辆小型巴士冲向位于新阿勒颇区的军事安全分局大楼并发生爆炸，造成包括士兵、平民在内的17人死亡，105人受伤。遭袭地区是阿勒颇市的人口密集区，爆炸发生时，许多儿童正随父母在附近的一处街心公园野餐。

（7）2012年2月11日哈米什军医院院长伊萨·豪利准将遭恐怖暗杀袭击案。2012年2月11日上午，哈米什军医院院长伊萨·豪利准将被暗杀。当时，3名“武装恐怖分子”监视到豪利走出家门，随后开枪将其射杀。自

2011 年 3 月中旬叙利亚爆发大规模反政府示威游行以来，豪利是在大马士革被暗杀的第一名高级军官。

（8）2012 年 2 月 18 日、19 日政府官员遭恐怖袭击案。2012 年 2 月 18 日，一伙恐怖分子在阿勒颇市瑟斐尔区袭击了该市委员会成员。2012 年 2 月 19 日，叙利亚伊德利卜省一所学校附近，武装恐怖分子向检察长、法官乘坐的车开枪射击，检察长、法官及司机遇害。

（9）2012 年 3 月 17 日首都大马士革市多起恐怖爆炸袭击案。2012 年 3 月 17 日上午，叙利亚首都大马士革发生多起爆炸袭击事件，导致重大人员伤亡，至少 27 人死亡。当天，大马士革市区相继发生两起针对叙利亚安全机构的爆炸袭击事件，一起发生在叙利亚空军情报局分局，另一起发生在大马士革安全局刑事分局。在大马士革安全局刑事分局，分局建筑和 30 多辆汽车被炸毁。当天，大马士革附近的亚尔穆克难民营也发生一起爆炸袭击事件，造成至少 27 人死亡、97 人受伤。

（10）2012 年 4 月 27 日多地多起恐怖爆炸袭击案。2012 年 4 月 27 日，叙利亚首都大马士革老城迈丹区发生一起自杀式爆炸事件，造成至少 11 名平民和安全人员死亡、28 人受伤。爆炸发生在迈丹区一座清真寺附近的高架桥下，一名恐怖分子在一些穆斯林祷告后走出清真寺时引爆了炸弹，造成至少 11 名平民和安全人员死亡、28 人受伤。当天，叙利亚发生 3 起爆炸事件，造成多人死伤。27 日稍早前，大马士革一个工业区发生爆炸，但是不清楚是否造成人员伤亡。

（11）2012 年 4 月 30 日多地多起恐怖爆炸袭击案。2012 年 4 月 30 日，叙利亚北部城市伊德利卜发生两起爆炸事件，共造成 8 人死亡、数十人受伤，其中包括伊德利卜省空军情报分局局长阿里·尤瑟夫。当时，这两起爆炸分别针对伊德利卜省军事安全分局和空军情报分局，共造成 20 多人死亡，其中多数为上述两个机构的安全情报人员。当天凌晨位于首都大马士革市中心的叙利亚中央银行遭到肩扛式火箭弹袭击，银行建筑轻微受损。当天凌晨，一伙武装恐怖分子在大马士革鲁肯丁区袭击了警察巡逻队，造成 4 名警察受伤。

（12）2012 年 5 月 10 日首都大马士革市连环恐怖爆炸袭击案。2012 年 5 月 10 日上午 8 时左右，叙利亚首都大马士革连环爆炸袭击事件，造成至少 40 人死亡、超过 170 人受伤。当时，大马士革 al-Qazzaz 地区接连发生两起汽车炸弹爆炸，爆炸的目标是位于此地的两座军事情报机构大楼，爆炸导致一栋

10层高的军事情报机构大楼外墙倒塌，附近的另一处军事情报机构大楼也严重受损。这两起爆炸十分猛烈，爆炸现场的路面被炸出两个巨大的深坑，除超过200人伤亡外，另有数十辆汽车被毁。大马士革过去数月发生数次爆炸袭击事件，造成大量平民伤亡，袭击的目标多为政府部门和军事情报部门大楼。

（13）2012年5月11日第二大城市阿勒颇的执政党党部遭恐怖爆炸袭击案。2012年5月11日夜间，叙利亚第二大城市阿勒颇的执政党党部遭遇爆炸袭击并发生枪战，一名安全保卫人员丧生。同一天，叙利亚安全部队在阿勒颇截获一辆搭载1.2吨爆炸物的汽车，挫败自杀袭击阴谋。11日早些时候，叙利亚安全部队在阿勒颇挫败一起自杀式汽车炸弹袭击。当时，一名“恐怖分子”驾驶一辆偷来的面包车，遭到安全部队拦截。汽车撞上2名警察后，袭击者被击毙，没有能够引爆炸药。调查人员后来在面包车内发现装有“大量爆炸物”的5个大罐子。

（14）2012年5月25日中部霍姆斯省胡拉地区恐怖屠杀袭击案。2012年5月25日夜间，叙利亚中部霍姆斯省胡拉地区发生一起92人惨遭屠杀的严重流血事件，其中包括32名不满10岁的儿童。当时，屠杀者使用了大炮和坦克。叙利亚官方媒体称恐怖团伙是幕后黑手，反对派则把矛头指向政府。

（15）2012年6月27日首都大马士革市新闻电视台总部遭恐怖袭击案。2012年6月27日早上，叙利亚首都大马士革郊区，叙利亚新闻电视台总部遭袭，3名该电视台记者遇难。当时，一伙武装分子袭击了位于大马士革郊区的叙利亚新闻电视台总部，3名该电视台记者在袭击中身亡。联合国秘书长发言人指责说，叙利亚电视台遭袭事件“不可接受”。

（16）2012年7月18日首都大马士革市国家安全大楼遭恐怖爆炸袭击案。2012年7月18日上午11时40分许，叙利亚首都大马士革，国家安全大楼发生自杀式爆炸，叙利亚国防部长达乌德-拉吉哈和国防部副部长、总统阿萨德的姐夫阿塞夫-巴拉伊在爆炸中身亡，叙政府危机处理部门负责人、前国防部长哈桑·图尔克马尼将军也在遇袭后因伤重不治身亡。当时，叙利亚内阁成员和多名高级官员正在举行会议，制造爆炸袭击的是阿萨德总统手下高级军事助理的一名保镖，该保镖绑着一条炸弹带走入会议现场。名为“伊斯兰旅”的反政府组织和叙利亚反对派武装力量“叙利亚自由军”都宣称制造了这起爆炸袭击事件，并称这是对叙利亚总统巴沙尔核心集团的一次胜利。在联合国安理会将对叙利亚决议草案表决前数小时，叙利亚总统巴沙尔·阿萨德遭遇致命打击——他组建的应对反对派示威和反抗活动的国家安全团队几乎全军覆没。

（17）2012 年 8 月 28 日首都大马士革市郊区葬礼遭恐怖汽车炸弹爆炸袭击案。2012 年 8 月 28 日下午，叙利亚首都大马士革郊区当天发生一起汽车炸弹爆炸事件，造成 12 人死亡、48 人受伤。爆炸发生在大马士革郊区一座公墓陵园的门口，一些当地民众正在为此前一起爆炸中遇难的 2 人举行葬礼。当送葬人群进入陵园时，附近一辆汽车底部的炸弹被引爆，造成多人伤亡。

（18）2012 年 9 月 1 日多地多起恐怖爆炸袭击案。2012 年 9 月 1 日，大马士革一家军事医院门前发生汽车炸弹袭击，一名在该院工作的内科军医准将遇袭身亡。当天，叙利亚东部代尔祖尔省发生一起自杀式袭击事件，造成 1 人死亡、2 名孩子受伤。

（19）2012 年 9 月 2 日首都大马士革市恐怖爆炸袭击案。2012 年 9 月 2 日凌晨，叙利亚首都大马士革郊区斯贝纳地区，发生一起汽车炸弹袭击事件，造成至少 15 人死亡。2012 年 9 月 2 日下午，叙利亚首都大马士革市中心发生一起爆炸袭击事件，造成 4 人受伤。当时，两枚爆炸装置在大马士革市中心阿布·罗马纳区被引爆，多辆汽车损毁，周围建筑不同程度被损坏。爆炸发生在阿布·罗马纳区的马赫迪街，这里毗邻叙利亚国防部、阿拉伯社会复兴党总部等叙利亚重要部门，附近还有一个叙利亚政府军兵营。爆炸袭击目标是叙利亚军事机构旁边的一栋正在建设的楼房，爆炸发生时楼房内空无一人。此前，2 日凌晨，大马士革郊区斯贝纳地区发生一起汽车炸弹袭击事件，造成至少 15 人死亡。叙利亚首都大马士革近期安全状况持续恶化，多个地区接连发生爆炸袭击事件。

（20）2012 年 9 月 3 日首都大马士革市郊区扎尔马尼地区恐怖汽车爆炸袭击案。2012 年 9 月 3 日，叙利亚首都大马士革郊区扎尔马尼地区发生汽车爆炸袭击事件，造成 5 人死亡、23 人受伤。当时，事先安置在一辆出租车底部的爆炸装置被引爆，造成 5 人死亡、23 人受伤，爆炸还对周围建筑与民房造成巨大破坏，一些店铺与房屋的门窗被击碎，部分路面基础设施受损严重。自 2011 年 3 月叙利亚危机爆发以来，扎尔马尼地区相对宁静，但近期这里爆炸袭击事件频发。

（21）2012 年 9 月 9 日北部第二大城市阿勒颇恐怖汽车爆炸袭击案。2012

年9月9日晚上，叙利亚北部第二大城市阿勒颇，发生一起汽车爆炸袭击事件，造成27人死亡、64人受伤。当时，爆炸地点位于阿勒颇市马拉卜区的生活医院、中心医院和一所学校附近，这辆汽车载有1吨炸药，爆炸造成这两所医院和学校及周围建筑严重受损。当天，叙利亚政府军继续在阿勒颇市一些市区清剿武装恐怖团伙，并在迈萨伦区解救了被武装分子劫持的30名当地居民。

（22）2012年9月23日首都大马士革市中心过街天桥恐怖爆炸袭击案。2012年9月23日傍晚下午6时30分左右，叙利亚首都大马士革市中心发生一起爆炸袭击事件，造成1人死亡。当时，爆炸发生在大马士革市中心四季酒店附近的贝鲁特大道的一座过街天桥上，桥上部分设施受到严重损毁，2名涉嫌引爆炸弹的身份不明的嫌疑人被安全人员当场控制，“武装分子”在爆炸地点引爆了重达1公斤的炸药，一名路经此处的当地民众遇袭身亡。

（23）2012年9月26日首都大马士革市军队总参谋部大楼遭恐怖爆炸袭击案。2012年9月26日上午，叙利亚首都大马士革发生针对军队总参谋部大楼的爆炸，造成4人死亡、14人受伤，“叙利亚自由军”“认领”袭击。总参谋部大楼位于大马士革市中心倭马亚广场附近，第一起爆炸发生在上午将近7时，随后发生第二次爆炸，袭击者引爆一部汽车炸弹和一个安放在大楼“边缘”的爆炸物。

（24）2012年10月3日北部城市阿勒颇连环恐怖爆炸袭击案。2012年10月3日，叙利亚北部城市阿勒颇遭到连环爆炸袭击，爆炸已经造成至少35人死亡、70人受伤。当时，阿勒颇市中心发生3起恐怖爆炸袭击。在阿勒颇市萨阿德勒贾比里广场的一家酒店周围先后制造了两起自杀式汽车炸弹爆炸，造成35人死亡、多人受伤。两起爆炸发生后，“恐怖分子”使用迫击炮向爆炸现场开火。3名身穿叙利亚军服的“恐怖分子”试图从酒店北部进入广场，被叙利亚政府军士兵击毙。“恐怖分子”随后又在市内玛莎莉卡地区制造了第三起自杀式爆炸袭击，但未造成人员伤亡。自2011年3月叙利亚危机爆发以来，叙利亚局势持续动荡，爆炸袭击事件不断。

（25）2012年10月7日首都大马士革市警察局遭恐怖汽车炸弹袭击案。2012年10月7日，叙利亚首都大马士革市中心的警察局遭汽车炸弹袭击，造成1名警察死亡，总部建筑受到破坏。当时，炸弹在警察局的停车场内发生爆炸，爆炸过后发生了激烈交火。9月26日时，大马士革的叙利亚武装部队总参谋部大楼也曾发生爆炸袭击事件，造成4人死亡。

（26）2012年10月24日首都大马士革市发生多起恐怖爆炸袭击案。2012年10月24日，叙利亚首都大马士革发生多起爆炸袭击事件，多人遇袭死亡。当天，大马士革郊区塔德蒙地区遭汽车爆炸袭击，造成4人死亡、11人受伤。爆炸发生在塔德蒙地区一条繁华街道上，爆炸造成附近建筑与车辆严重损毁。大马士革塔德蒙地区一直是叙利亚政府军与反对派武装“叙利亚自由军”交战最为激烈的地区，叙政府军一度掌握这一地区的控制权。与塔德蒙临近的德法阿尔舒克地区当天也遭到汽车爆炸袭击，一个被事先安放在汽车底部的爆炸装置在德法阿尔舒克地区一叙利亚政府军检查站附近被引爆，至少有6人在爆炸中身亡、20人受伤。另外，叙利亚首都大马士革杜马地区24日发生人员遇害事件，至少造成25人死亡。进行政治磋商的前夕，“武装分子通过恐怖袭击”试图抹黑叙利亚政府，实现其“政治目的”。

（27）2012年10月31日首都大马士革市郊区穆斯林什叶派难民聚集区恐怖爆炸袭击案。2012年10月31日，叙利亚首都大马士革郊区一个穆斯林什叶派难民聚集区遭到爆炸袭击，造成6人死亡、13人受伤。当时，爆炸发生在大马士革郊区一座什叶派清真寺附近，死者多为妇女与儿童，爆炸发生地周边的居民住宅受到不同程度的损毁。另外一个事先安置在这一地区的爆炸装置在引爆前被安全人员拆除，避免了第二次爆炸的发生。

（28）2012年11月28日首都大马士革市扎尔马尼地区系列恐怖爆炸袭击案。2012年11月28日，叙利亚首都大马士革附近的扎尔马尼地区发生一连串爆炸袭击事件，导致54人死亡、超过120人受伤。扎尔马尼地区，驻扎有亲政府的民兵组织，并在此地区与反对派对抗。汽车爆炸是自杀式的，两辆汽车爆炸后引起其后的汽车随即爆炸。

（29）2012年12月3日霍姆斯市恐怖汽车炸弹爆炸袭击案。2012年12月3日，叙利亚霍姆斯市发生汽车炸弹爆炸事件，造成至少15人丧生、24人受伤，现场附近的民宅也严重受损。叙利亚反对派与政府军的冲突至今已持续一年半多，总共造成4万人死亡。叙利亚政府表示，他们遭到受外国支持的武装分子的抵抗。

（30）2012年12月12日首都大马士革市内政部大楼遭3起恐怖爆炸袭击案。2012年12月12日晚上，叙利亚首都大马士革发生针对叙利亚内政部大楼的3起爆炸事件，造成5名平民和内政部人员死亡、23人受伤，沙尔在爆炸中遭受严重烧伤。当时，一辆装载 200 公斤炸药的汽车和 2 个炸药包在内政部大楼前爆炸。沙尔当晚乘飞机抵达贝鲁特国际机场，随后被救护车送往美国大学医院急诊室进行手术治疗，黎巴嫩治安部队出于安全考虑加强了对医院出入口及周围地区的安全警戒。当天，叙利亚北部第二大城市阿勒颇尼尔大街遭到数枚炮弹的袭击，造成 9 人死亡。当天，叙利亚政府军与反对派武装发生冲突，造成至少 103 人死亡，大部分在大马士革农村省。

（31）2013 年 1 月 13 日首都大马士革市加油站遭恐怖爆炸袭击案。2013 年 1 月 13 日夜间，叙利亚首都大马士革，一辆装有炸弹的汽车在一家加油站爆炸，造成至少 9 人死亡、40 人受伤。当时，爆炸发生在大马士革拜尔宰区的一家加油站，附近居民正在排队购买取暖用的柴油，因此造成大量伤亡。入冬以来，叙利亚能源供给出现紧缺，加油站只能在部分时间提供柴油，长长的购油队伍成为易受攻击的目标。

（32）2013 年 1 月 15 日阿勒颇大学遭恐怖爆炸袭击案。2013 年 1 月 15 日，叙利亚阿勒颇大学共发生两起爆炸，爆炸致死 82 名学生，162 名学生受伤。当时，位于叙利亚北部主要城市阿勒颇的阿勒颇大学发生一起由“恐怖分子”制造的爆炸，这起严重爆炸发生在阿勒颇大学计算机学院，15 日是阿勒颇大学期末考试第一天，爆炸地点分别位于宿舍区和建筑系附近，“恐怖分子”对校园发动了两次火箭弹袭击。阿勒颇市靠近土耳其边境，是叙利亚人口最多的城市和商贸中心。2011 年 3 月叙利亚国内局势开始动荡后，阿勒颇成为政府军和反对派激烈争夺的战略要地。

（33）2013 年 1 月 16 日伊德利卜省恐怖汽车炸弹连环爆炸袭击案。2013 年 1 月 16 日，叙利亚伊德利卜省发生 3 起汽车炸弹连环爆炸，造成至少 24 人死亡。当时，两辆载有大量炸药的汽车相继在伊德利卜市的两个广场被引爆，造成大量人员伤亡，周边建筑物被毁，这次袭击是针对平民及叙安全部队的。第一次爆炸发生在 Al-Ziraa 广场，第二次发生在 Al-Mutlaq 广场，共造成 22 名平民死亡，30 人受伤。伊德利卜市目前仍在政府军的控制下，但是毗邻土耳其的西北部大部分地区已被反对派武装控制。

（34）2013 年 1 月 24 日圣纪节首都大马士革市郊区恐怖汽车炸弹袭击案。2013 年 1 月 24 日傍晚，叙利亚首都大马士革郊区发生汽车炸弹袭击事件，造成人员伤亡。当时，两辆汽车在大马士革城郊的撒萨区一处检查点附近被引爆，其中一辆汽车上载有两吨炸药，爆炸造成大量人员伤亡。24 日是伊斯兰教三大节日之一的圣纪节，爆炸发生时，叙利亚全国都在举行各种庆祝活动，叙利亚总统巴沙尔·阿萨德当天前往大马士革阿夫拉姆清真寺参加了祷告活动。

（35）2013 年 3 月 21 日大马士革市伊曼清真寺遭恐怖自杀式爆炸袭击案。2013 年 3 月 21 日晚上，叙利亚大马士革伊曼清真寺发生自杀式爆炸袭击，已造成 43 人死亡，其中包括一名叙利亚著名的伊斯兰宗教学者。爆炸发生时，清真寺内正在举行宗教活动，主持者是在伊斯兰世界广受尊重的宗教学者穆罕默德·萨义德·拉马丹·布提，时年 84 岁的布提是一名逊尼派穆斯林宗教学者、曾为大马士革大学伊斯兰法教授。布提明确反对恐怖主义和激进的反对派，他生前最后一次举行大型演讲时曾动员叙利亚宗教界支持政府军反对“武装人员”。爆炸发生后，叙利亚政府和宗教界都发表声明，称“反对派中的恐怖分子”制造了此次事件，这是叙利亚动荡两年来首次在大马士革市内清真寺发生的袭击事件，此前的爆炸袭击主要针对加油站、检查点等。

（36）2013 年 3 月 26 日首都大马士革市多起恐怖爆炸袭击案。2013 年 3 月 26 日，叙利亚首都大马士革发生爆炸袭击事件，造成至少 3 人死亡、多人受伤。当时，一辆载有炸药的汽车在大马士革北部卢肯·阿迪恩区伯尼埃大街发生爆炸，爆炸现场附近有一处政府军事机构。26 日早些时候，大马士革市区曾遭受多枚迫击炮弹的袭击，造成至少 7 人死亡，炮弹是由在大马士革郊区活动的反对派武装分子发射的。根据联合国上月初发表的数据，已经有超过 7 万人在叙利亚两年多的动荡中丧生，超过 100 万人成为难民流入周边国家。

（37）2013 年 4 月 8 日首都大马士革市商业区恐怖自杀式汽车炸弹袭击案。2013 年 4 月 8 日，叙利亚首都大马士革一处主要商业区发生一起自杀式汽车炸弹袭击事件，袭击造成至少 15 人死亡、53 人受伤，叙利亚总理称此举系报复政府军在大马士革周边地区取得的军事胜利。当时，爆炸地点位于大马士革七喷泉区的一所学校附近，财政部、中央银行等重要建筑就坐落在事发区域，现场多辆汽车起火，建筑物受损。几名接受采访的市民要求政府军采取坚决的军事措施，同时官方电视台称此次袭击史无前例，并表示“我们只有一个选择，要么胜利，要么死亡”。在已造成 7 万人死亡的叙利亚内战中，针对平民的汽车炸弹袭击已是常有之事，目前交战双方并未产生明显的胜者。

（38）2013 年 4 月 14 日北部城市阿勒颇安全机构遭恐怖自杀式汽车炸弹爆炸袭击案。2013 年 4 月 14 日，叙利亚北部城市阿勒颇一处安全机构遭到自杀式汽车炸弹爆炸袭击，袭击造成多人死亡，以及包括一名叙利亚国家电视台记者在内的多人受伤。

（39）2013 年 5 月 24 日北部伊德利卜省两起恐怖汽车炸弹袭击案。2013 年 5 月 24 日，叙利亚北部伊德利卜省发生两起汽车炸弹袭击，造成至少 12 人死亡、20 人受伤。当时，一名自杀式袭击者驾驶一辆装有炸弹的汽车闯入伊德利卜省谢赫辛丁镇的一个军事据点并引爆炸弹，造成至少 7 名政府军士兵死亡、10 人受伤，同时还造成周边建筑物严重损坏。当天，另一辆载有炸药的汽车在伊德利卜省吉赛尔舒古尔地区被引爆，造成至少 5 名平民死亡、10 人受伤。在当天的战斗中，政府军在伊德利卜省多个地区共打死 70 多名反对派武装人员。伊德利卜省靠近叙利亚与土耳其边境，是政府军和反对派武装组织的主要战场之一。

（40）2013 年 6 月 8 日中部霍姆斯市恐怖汽车炸弹袭击案。2013 年 6 月 8 日，叙利亚中部霍姆斯市发生一起汽车炸弹袭击事件，造成至少 7 人死亡、10 人受伤。当时，在霍姆斯市中心的阿达维亚居民区，恐怖分子引爆了一辆装有爆炸装置的汽车，导致多名民众伤亡。近几个月来，霍姆斯省一直是叙利亚政府军和反对派交战的主战场之一。

（41）2013 年 6 月 11 日首都大马士革市中心两起恐怖自杀式爆炸袭击案。2013 年 6 月 11 日上午，叙利亚首都大马士革市中心发生两起自杀式爆炸袭击，造成至少 14 人死亡、31 人受伤。当时，两名“恐怖分子”在大马士革旧商业区玛尔杰广场一警察局附近发动自杀式爆炸袭击。

（42）2013 年 6 月 23 日首都大马士革市 3 起恐怖爆炸袭击案。2013 年 6 月 23 日，叙利亚首都大马士革发生 3 起爆炸袭击事件，造成至少 10 人死亡、多人受伤。当时，两个警察局以及首都大马士革的一个中心区遭到武装分子的袭击，其中大马士革鲁垦丁区的警察局与西南部的一个安全机构遭到炸弹袭击，至少造成 8 人死亡。这两起事件中造成了 11 人死亡，其中 6 人是恐怖分子。此外，一名三岁孩子在另一起汽车炸弹中身亡。袭击者来自一个与基地组织有关联的武装组织。

（43）2013 年 6 月 27 日首都大马士革市恐怖自杀式爆炸袭击案。2013 年 6 月 27 日，叙利亚首都大马士革发生一起自杀式爆炸袭击事件，至少 4 人丧生、多人受伤。当时，爆炸袭击发生在大马士革老城东门区一座教堂附近。自 2011 年 3 月叙利亚危机全面爆发以来，叙政府军与反对派武装的军事冲突已经造成逾 9 万人丧生，大马士革、阿勒颇等主要城市成为冲突的“重灾区”。

（44）2013 年 8 月 22 日北部阿勒颇省省会阿勒颇市等地恐怖自杀式爆炸袭击案。2013 年 8 月 22 日，叙利亚北部阿勒颇省省会阿勒颇市发生自杀式爆炸袭击事件，包括一名记者在内的 10 人遇袭身亡。当时，一名恐怖分子当天在阿勒颇的卡布格里洛餐厅引爆身上的炸弹，造成该餐厅内包括新闻电视台记者哈桑·穆汉纳在内的 10 人死亡，另有至少 21 人受伤。22 日，叙利亚首都大马士革、大马士革农村省、叙利亚东部的代尔祖尔省等地发生迫击炮袭击事件，造成多人伤亡；其中，仅大马士革就发生至少 3 起迫击炮袭击事件，造成至少 2 人死亡、多人受伤，炮击对建筑物造成巨大破坏。

（45）2013 年 9 月 19 日中部霍姆斯省村镇恐怖炸弹袭击案。2013 年 9 月 19 日，叙利亚中部霍姆斯省一村镇发生炸弹袭击事件，一辆公交车被置于路边的炸弹装置炸毁，造成至少 19 人身亡、4 人受伤。发生爆炸的村镇是总统巴沙尔·阿萨德所属的阿拉维派聚居地，也有少数逊尼派穆斯林和基督教徒。自叙利亚 2011 年 3 月爆发内战以来，已有超过 10 万人丧生。国内冲突导致逾 200 万人前往邻国避难，另有 500 万叙利亚人流离失所。霍姆斯省作为基督教徒和阿拉维派的聚居地，是叙利亚内战以来教派冲突最严重的区域之一。

（46）2013 年 10 月 10 日首都大马士革市恐怖迫击炮袭击案。2013 年 10 月 10 日，叙利亚首都大马士革遭迫击炮袭击，造成至少 11 人死亡、23 人受伤，袭击还造成周边建筑和车辆受损。当时，位于大马士革东南部杰尔马纳镇的多个居民区遭到反对派武装分子从大马士革市郊发射的迫击炮弹袭击。杰尔马纳镇毗邻政府军与反对派在大马士革的交战前线，该地民众多为基督教徒和德鲁兹人，立场多倾向于叙利亚政府。2013 年 3 月下旬以来，在大马士革郊区活动的反对派武装和恐怖组织武装团伙持续向城区发射迫击炮弹，目标多为政府、军事和情报机构。近期反对派迫击炮袭击有增多趋势，几乎每天都会造成平民伤亡。自 7 月以来，杰尔马纳镇已多次遭到反对派迫击炮袭击和恐怖爆炸袭击，造成当地数十名民众死亡。仅 8 月 6 日发生的汽车炸弹爆炸袭击就造成 18 人死亡、56 人受伤。10 日早些时候，反对派武装向叙利亚北部阿勒颇省省会阿勒颇市发射火箭弹，造成 6 人死亡、16 人受伤。

（47）2013 年 10 月 13 日首都大马士革市叙利亚广播电视大楼遭恐怖自杀式汽车炸弹爆炸袭击案。2013 年 10 月 13 日夜晚，叙利亚首都大马士革市中心，叙利亚广播电视大楼遭自杀式汽车炸弹爆炸袭击，造成叙利亚新闻电视台播出一度中断。当时，在位于市中心伍麦叶广场旁的广播电视大楼附近，恐怖分子驾驶的两辆汽车爆炸，导致总部设在该大楼内的叙利亚新闻电视台播出短暂中断，此次爆炸所用炸药估计有 100 千克，但是除袭击者外没有造成其他人员伤亡，爆炸造成一段大楼外墙被炸毁，其巨大冲击波导致大楼门窗遭到不同程度的损毁，部分办公室受损严重，玻璃被完全炸碎，室内的办公桌被冲击波掀翻，尘土遍地。2012 年 8 月 6 日，广播电视大楼曾遭到恐怖分子爆炸袭击，爆炸发生在大楼三层，至少造成 3 名电视台工作人员受伤。2012 年 9 月 26 日，武装部队总参谋部大楼遭爆炸袭击，造成包括一名外国记者在内的 5 人死亡、15 人受伤。

（48）2013 年 10 月 15 日南部德拉省公交车遭恐怖爆炸袭击案。2013 年 10 月 15 日，叙利亚南部德拉省一辆公交车发生爆炸，造成至少 21 人死亡。当时，这辆公交车是在纳瓦地区发生爆炸的，造成至少 21 人死亡，包括 4 名儿童和 6 名妇女。事发现场位于反对派控制区域，但是临近一个政府军哨所。叙利亚冲突爆发两年半以来，已造成超过 10 万人丧生。

（49）2013 年 10 月 19 日大马士革市恐怖自杀式爆炸袭击案。2013 年 10 月 19 日早晨，叙利亚首都大马士革，郊区穆莱哈区和杰尔马纳镇交界处发生自杀式爆炸，随后政府军和反对派人员发生交火，造成至少 30 人死亡。当时，在大马士革郊区的一个检查站附近，一名自杀式袭击者引爆了一辆装有爆炸装置的汽车，造成了至少 15 人受伤，其中大部分伤势较重，爆炸还对周围建筑及设施造成了破坏。在爆炸发生后，政府军和反对派武装展开激烈交火，随后至少有 3 枚迫击炮弹落入交战区域，死者中有超过一半为反对派武装，其余死者为政府军士兵。

（50）2013 年 10 月 20 日中部哈马省恐怖汽车炸弹爆炸袭击案。2013 年 10 月 20 日，叙利亚中部哈马省发生汽车炸弹爆炸事件，造成至少 30 人死亡。当时，在哈马省省会哈马市东部入口处的政府军检查站旁，一名自杀式恐怖主义袭击者引爆了一辆装载有约 1.5 吨炸药的卡车，卡车爆炸时另一辆装满汽油罐的卡车正从旁经过，该卡车也随之被引爆。爆炸发生地车流密集，爆炸地点周围的二十多辆汽车、多个商铺和民居也遭到不同程度的损坏。

(51) 2013 年 10 月 26 日多处军事基地遭恐怖袭击案。2013 年 10 月 26 日，叙利亚首都大马士革郊区、代尔祖尔、德拉、伊德利卜、霍姆斯等地的多处政府军的军事基地，遭到武装分子袭击，导致 5 人死亡、32 人受伤。从早上 7 点开始，大马士革周边地区、代尔祖尔、霍姆斯以及伊德利卜等地的政府军先后遇袭。26 日上午，首都大马士革发生一起汽车炸弹袭击事件，造成至少 5 人死亡、32 人受伤，其中死者多为儿童。当时，一辆装有炸药的汽车当天上午冲入大马士革南部的一处广场，并在一处儿童游乐设施旁爆炸，这处游乐设施是为宰牲节的庆祝活动而临时搭建的，爆炸发生时多名儿童和家长在广场上逗留。此前，汽车炸弹袭击多针对安全部队士兵，针对平民的袭击相对较少。

(52) 2013 年 10 月 29 日首都大马士革市东南近郊杰尔马纳镇恐怖爆炸袭击案。2013 年 10 月 29 日，叙利亚首都大马士革东南近郊的杰尔马纳镇发生一起爆炸事件，导致至少 6 人死亡、50 多人受伤。当时，正值在宰牲节的最后一天，也就是 10 月 29 号，爆炸是由一辆停放在居民区内的汽车炸弹引发，由于爆炸威力巨大，附近的楼房和车辆均被毁坏。

(53) 2013 年 10 月 31 日首都大马士革市恐怖爆炸袭击案。2013 年 10 月 31 日，叙利亚首都大马士革再次遭到爆炸袭击，爆炸造成至少 6 人死亡、13 人受伤。这起爆炸袭击事件发生在叙利亚首都大马士革郊区一个什叶派穆斯林的难民聚集区，在一座什叶派清真寺附近，死者多为妇女与儿童，爆炸发生地周边的居民住宅受到不同程度的损毁。安全人员成功拆除了另一个事先安置好的爆炸装置，避免了第二次爆炸的发生。

(54) 2013 年 11 月 2 日首都大马士革市郊区恐怖炸弹爆炸袭击案。2013 年 11 月 2 日，叙利亚首都大马士革郊区发生 1 起炸弹爆炸事件，造成至少 10 人死亡。当时，一伙恐怖分子在大马士革郊区雅布鲁德镇为一辆汽车安装爆炸装置时，炸弹被引爆，造成至少 10 名平民死亡、多名平民受伤。除此之外，爆炸还导致这伙恐怖分子中有人死伤，爆炸地点附近的商铺和民居也遭到不同程度的损毁。

(55) 2013 年 11 月 11 日首都大马士革市学校和校车遭恐怖炮击袭击案。2013 年 11 月 11 日，叙利亚首都大马士革，一辆校车被迫击炮击中，导致 1 名校车司机和 5 名儿童死亡、27 人受伤。当时，坐落于大马士革市中心的一所以基督教徒为主的学校被炮弹击中，5 名儿童身亡、27 人受重伤。“恐怖分子”先是瞄准学校发射了一枚迫击炮弹，炸伤了 11 名学生；之后又瞄准了一辆开往巴布沙奇（另一个大马士革市中心的基督教区）的校车，造成了 5 名学生严重受伤。近几个月来，叙利亚首都大马士革的各个地区经常遭到迫击炮的轰炸。

（56）2013 年 11 月 14 日首都大马士革市清真寺遭恐怖炸弹和迫击炮袭击案。2013 年 11 月 14 日，叙利亚首都大马士革的一座著名清真寺遭到炸弹和迫击炮袭击，造成 3 人死亡、22 人受伤。

（57）2013 年 11 月 17 日首都大马士革市军事基地遭恐怖炸弹袭击案。2013 年 11 月 17 日晚间，叙利亚首都大马士革附近一处军事基地遭到炸弹袭击，造成至少 31 人死亡，其中包括 4 名高级军官。当时，袭击造成哈拉斯特镇军事基地的一栋大楼倒塌，31 名遇难官兵中包含 3 名将军和 1 名准将。叙利亚反政府武装组织“大马士革之盾”宣布对上述袭击事件负责。

（58）2013 年 11 月 26 日首都大马士革市郊区公交站遭恐怖自杀式爆炸袭击案。2013 年 11 月 26 日，叙利亚首都大马士革郊区，一个公交站遭自杀性爆炸袭击，导致至少 15 人死亡、30 人受伤。近期叙利亚局势动荡，当地居民生活在水深火热中，叙利亚爆炸袭击的发生引发当地恐慌，当局断定这起爆炸属于恐怖组织所为，扬言会让制造者付出代价。

（59）2013 年 11 月 29 日首都大马士革市老城恐怖迫击炮袭击案。2013 年 11 月 29 日，叙利亚首都大马士革老城遭叙利亚反对派迫击炮袭击，造成 4 人死亡、26 人受伤。当时，炮弹落在位于老城区的倭马亚清真寺前广场上，死伤者中有许多妇女和儿童，广场上的花坛等设施遭到破坏，但此次迫击炮袭击未损害倭马亚清真寺建筑本身。大马士革郊区的反对派武装人员近期频繁使用迫击炮袭击大马士革城区，基督教徒聚集的老城区成为重点袭击目标。叙利亚外交部此前致信联合国，指责恐怖分子针对叙利亚境内的基督教徒进行打击。大马士革老城是叙利亚 6 处被联合国教科文组织认定的世界文化遗产之一，由于经常遭受炮火袭击，2013 年 6 月被列为濒危文化遗产。

（60）2013 年 12 月 3 日叙利亚首都大马士革市恐怖自杀式爆炸袭击案。2013 年 12 月 3 日，叙利亚首都大马士革发生自杀式爆炸袭击事件，造成 4 人死亡、17 人受伤。当天，在大马士革朱巴区，一名自杀式袭击者引爆了他身上的炸药，爆炸地点位于当地一座军方办公楼附近，该办公楼用于为叙利亚战争死难者家属登记领取赔偿和补助，该办公楼外墙因爆炸而受损，院子里搭建的顶棚也被炸毁，周围的车辆也遭到不同程度的破坏。朱巴区是叙利亚安全部门重点守卫的大马士革城区之一，该区设有众多路障和检查站，安保措施十分严密。

（61）2014 年 2 月 6 日北部城市阿勒颇中央监狱遭自杀式炸弹爆炸劫狱袭击案。2014 年 2 月 6 日，叙利亚反对派武装袭击叙利亚北部城市阿勒颇，反对派首先利用自杀式炸弹炸毁该市中央监狱正门。在占领监狱后，反对派释放上百名在押人员，其中包括他们的支持者以及被捕的政府军人员，该监狱此前共关押 3000 余人。

（62）2014 年 3 月 6 日霍姆斯省省会城市霍姆斯市恐怖汽车爆炸袭击案。2014 年 3 月 6 日，叙利亚中部的霍姆斯省省会城市霍姆斯发生汽车炸弹爆炸袭击事件，造成 13 名平民死亡、约 30 人受伤。当天，爆炸袭击发生在霍姆斯阿尔曼居民区，该区人员流动密集，装有爆炸装置的汽车在爆炸后起火，浓烟弥漫，周围的车辆、居民楼和菜市场被爆炸波及，受到不同程度的破坏。当天早些时候，叙利亚中部另一省份哈马发生自杀式汽车炸弹爆炸袭击事件，造成 4 名平民死亡，另有约 22 人受伤。叙利亚危机已持续近 3 年，叙利亚政府军和反对派武装分子及隶属于“支持阵线”和其他极端组织的恐怖分子之间在全国多个省份持续激战，与此同时全国安全局势持续恶化，各地恐怖袭击事件不断，几乎每天都有平民伤亡。

（63）2014 年 4 月 9 日中部城市霍姆斯市连环恐怖爆炸袭击案。2014 年 4 月 9 日，叙利亚中部城市霍姆斯发生 2 起爆炸事件，导致至少 25 人死亡、107 人受伤，包括妇女和儿童。第一起爆炸是在一条繁忙道路的一个糖果店旁，第二起爆炸则在约半小时后在同一地区发生，爆炸对该地区的建筑、商店和财产等造成了严重损坏。

（64）2014 年 4 月 18 日霍姆斯市清真寺遭恐怖汽车炸弹袭击案。2014 年 4 月 18 日，叙利亚霍姆斯市一座清真寺前发生汽车炸弹袭击，造成 14 人死亡。这座清真寺位于霍姆斯市内政府控制的区域，爆炸发生在人们做完礼拜离开之际。霍姆斯市一直是叙利亚内战主要战场之一，叙利亚各方 2 月 6 日曾达成协议，决定暂时停火，为霍姆斯老城居民提供人道主义援助，并允许平民离开战区。但对霍姆斯老城的包围及战斗并未停止。

（65）2014 年 4 月 29 日中部城市霍姆斯市恐怖爆炸袭击案。2014 年 4 月 29 日中午，叙利亚中部城市霍姆斯发生汽车炸弹袭击事件，至少 36 人遇袭身亡、85 人受伤。爆炸发生在扎哈拉区，至少有两辆载有炸药的车辆被引爆，死者多为妇女和儿童。袭击或由与“基地”组织有关联的“支持阵线”实施。“支持阵线”是叙利亚境内主要反对派武装，该组织被指同多起严重爆炸袭击事件有关。扎哈拉区现由叙利亚政府军控制，该地区居民多为政府支持者。当天早些时候，叙利亚首都大马士革遭到多枚迫击炮弹袭击，至少 12 人在袭击中丧生、50 人受伤。

（66）2014 年 6 月 19 日、20 日、24 日恐怖爆炸袭击案。2014 年 6 月 19 日，霍姆斯市南部发生汽车炸弹袭击事件，造成至少 6 人死亡，电视台认为是反叛军制造了这次袭击。2014 年 6 月 20 日，叙利亚中部省份哈马的一个政府控制的村庄内发生了一起汽车炸弹袭击事件，造成至少 37 人死亡、约 50 人受伤。当时，叙利亚反对派武装组织“伊斯兰阵线”宣布对此事件负责，这枚炸弹安装有无线电控制器并将目标锁定在聚集在一起的阿萨德民兵。2014 年 6 月 24 日，叙利亚霍姆斯发生一起汽车炸弹袭击事件，造成 1 人死亡、23 人受伤。

（67）2014 年 10 月 1 日中部城市霍姆斯市学校遭爆炸袭击案。2014 年 10 月 1 日中午，叙利亚中部城市霍姆斯的两所学校遭爆炸袭击，导致 30 多人死亡、115 人受伤，大部分死伤者是儿童，此类袭击严重违反国际人道主义法。当时，一辆载有炸药的汽车在该区新伊克立马学校前被引爆，几分钟之后，一名自杀式爆炸袭击者在附近的马克祖米学校前引爆身上爆炸装置。据联合国统计，持续 3 年多的叙利亚冲突已导致 19 万多人死亡，邻国共有 300 多万名注册的叙利亚难民。在叙利亚境内，数百万人缺乏食品和药品，近 300 万名叙利亚儿童无法上学，叙利亚境内有 1100 万人急需救援。

（68）2014 年 10 月 29 日中部城市霍姆斯市恐怖自杀式汽车炸弹袭击案。2014 年 10 月 29 日，叙利亚中部城市霍姆斯发生自杀式汽车炸弹袭击事件，至少 38 人在爆炸中受伤，其中 3 人伤势严重。爆炸发生在扎哈拉区，附近建筑受损严重。扎哈拉区是阿拉维派穆斯林聚居区，居民多为政府支持者，该地区目前由叙利亚政府军控制。4 月 29 日在大马士革郊区发生的针对一技术学院的迫击炮弹袭击造成大量平民死伤，其中 14 名儿童在袭击中被杀害，另一起在大马士革发生的迫击炮袭击造成 3 名儿童死亡，而在霍姆斯的汽车炸弹袭击中死伤者中也有许多妇女和儿童。

（69）2015 年 1 月 21 日霍姆斯省省会霍姆斯市恐怖汽车炸弹袭击案。

2015 年 1 月 21 日，叙利亚中部霍姆斯省省会霍姆斯市中心发生一起汽车炸弹袭击事件，造成至少 5 人死亡、35 人受伤。当时，一辆载有爆炸物的汽车停在霍姆斯市中心伊克立马区后被远程引爆，死者均为平民，袭击现场周围建筑、车辆遭到严重损坏。

（70）2015 年 2 月 1 日首都大马士革市中心公共汽车遭恐怖爆炸袭击案。2015 年 2 月 1 日 13 时许，叙利亚首都大马士革市中心发生一起汽车爆炸事件，导致 8 名乘客死亡，至少 22 人受伤。当时，一辆 50 座的公共汽车在大马士革市中心哈米迪亚市场外发生爆炸，车头部位严重变形，顶部和车窗已被炸飞，地面满是血迹和汽车的残片，周围建筑受到不同程度损坏，乘客均为赴叙利亚参加宗教活动的黎巴嫩什叶派穆斯林。据联合国统计，持续近 4 年的叙利亚冲突已导致逾 19 万人死亡，数百万平民流离失所。

（71）2015 年 2 月 23 日首都大马士革市连环恐怖汽车爆炸袭击案。2015 年 2 月 23 日下午，叙利亚首都大马士革发生汽车爆炸袭击事件，造成至少 6 人死亡、数十人受伤。当时，在大马士革南部机场高速公路靠近赛达·宰纳卜镇入口处的检查站，2 名自杀式袭击者引爆炸药；随后，一辆载有炸药的汽车在附近被引爆；连环爆炸共造成 6 人死亡、数十人受伤。这是大马士革 2 月发生的第二起汽车爆炸袭击事件。

（72）2015 年 3 月 4 日北部阿勒颇市空军情报大楼遭恐怖爆炸袭击案。2015 年 3 月 4 日，叙利亚北部阿勒颇市，一伙恐怖分子制造了一起针对叙空军情报大楼的爆炸袭击事件，34 人死亡。当时，恐怖分子引爆了位于阿勒颇市西部扎哈拉区的叙空军情报大楼附近的地道，爆炸导致大楼外墙以及附近一所孤儿院遭损毁。叙利亚政府军随即对恐怖分子予以反击，双方发生激烈交火。叙利亚政府军打死、打伤大量恐怖分子，阻止了恐怖分子进一步向空军情报大楼渗透。持续近 4 年的叙利亚冲突已造成 20 多万人丧生。据联合国难民署报告，叙利亚难民人数在 2014 年 6 月突破 300 万，成为全球难民人数最多的国家。

（73）2015 年 5 月 4 日首都大马士革市鲁肯丁区 2 起连环恐怖自杀式爆炸袭击案。2015 年 5 月 4 日，叙利亚首都大马士革北部的鲁肯丁区发生 2 起连环自杀式爆炸，导致至少 1 死 6 伤，“基地”组织叙利亚分支“支持阵线”在网络上宣布制造了此次事件。第一起爆炸案，发生在鲁肯丁区东部一处安全检查点，武装分子在接受政府军士兵检查时实施了自杀式爆炸。随后，一名武装分子驾驶摩托车在政府军军需供给部附近引爆炸药，这是第二起爆炸。政府军最终控制了局势，并抓获了参与袭击的武装分子。

（74）2015 年 5 月 12 日中部城市霍姆斯市恐怖爆炸袭击案。2015 年 5 月 12 日，叙利亚中部城市霍姆斯遭爆炸袭击，两辆载有爆炸装置的摩托车在阿拉维派聚居区相继被引爆，导致 4 人死亡、28 人受伤，死伤者大多为妇女和儿童，爆炸还造成附近建筑损毁。霍姆斯市停火已有一年，这两起爆炸袭击是恐怖分子企图破坏霍姆斯市安全与稳定的“失败尝试”，针对平民的爆炸袭击显示了恐怖分子的卑鄙。霍姆斯市是叙利亚动荡的发源地之一。2014 年 5 月，叙政府与霍姆斯市内反对派达成停火协议，反对派武装人员逐步撤出霍姆斯老城，以使居民回迁并展开重建工作。但在 2014 年一年间，霍姆斯仍不时遭受迫击炮弹与自杀式爆炸袭击，安全形势依然严峻。

（75）2015 年 6 月 24 日首都大马士革市 3 起恐怖爆炸袭击案。2015 年 6 月 24 日，叙利亚首都大马士革发生 3 起爆炸袭击事件，造成至少 11 人死亡、多人受伤。当时，两个警察局以及首都大马士革的一个中心区遭到武装分子的袭击，其中大马士革鲁垦丁区的警察局与西南部的一个安全机构遭到炸弹袭击，至少造成 8 人死亡。这两起事件中造成了 11 人死亡，其中 6 人是恐怖分子，一名 3 岁的孩子在另一起汽车炸弹中身亡，袭击者来自一个与基地组织有关联的武装组织。

（76）2015 年 9 月 14 日东北部库尔德人聚居城市哈塞克两起恐怖汽车炸弹袭击案。2015 年 9 月 14 日，叙利亚东北部库尔德人聚居城市哈塞克发生两起汽车炸弹袭击事件，造成至少 20 人死亡和 70 人受伤。当时，一辆汽车首先在哈塞克卡什曼区被引爆，大约半个小时后，另一辆在马哈塔区的送水车也被引爆，死者中包括妇女和儿童。此次爆炸为“恐怖分子”所为。

（77）2015 年 12 月 11 日东北部哈塞克省首府哈塞克市小镇泰勒塔米尔 3 起恐怖自杀式汽车炸弹袭击案。2015 年 12 月 11 日，叙利亚东北部哈塞克省首府哈塞克市以西 40 公里的小镇泰勒塔米尔发生 3 起自杀式汽车炸弹袭击，造成 60 人死亡、90 人受伤。当时，袭击地点位于哈塞克省西部小镇泰勒塔米尔，引起爆炸的 3 辆汽车上装载有大量炸药，遇袭地包括一处人员拥挤的集市。由于许多伤员伤情严重，死亡人数有可能上升。

（78）2015 年 12 月 12 日中部城市霍姆斯市连环恐怖汽车炸弹袭击案。2015 年 12 月 12 日，叙利亚中部城市霍姆斯市中心发生的汽车炸弹袭击，造成16人死亡、54人受伤。当时，在霍姆斯扎哈拉区一所国立医院附近，一辆载有150公斤炸药的汽车被引爆；几分钟后，附近一家商店的煤气罐发生爆炸，导致数名前来救援的叙安全人员受伤。除了大量人员伤亡外，爆炸还造成附近房屋、车辆损毁严重，水电、通讯等基础设施也遭到破坏。霍姆斯市是叙利亚爆发冲突最早的地方之一，也是该国第三大城市和曾经的重要工业中心。发生袭击的扎哈拉区是叙总统巴沙尔·阿萨德所属阿拉维派穆斯林聚居区，居民多为政府支持者。

（79）2015年12月28日中部城市霍姆斯市两起恐怖汽车炸弹袭击案。2015年12月28日，叙利亚中部城市霍姆斯遭两起汽车炸弹袭击，已造成6人死亡、37人受伤。当时，恐怖袭击地点位于霍姆斯市扎哈拉区一处广场附近。

（80）2015年12月31日东北部哈塞克省卡米什利市2起恐怖爆炸袭击案。2015年12月31日夜间，叙利亚东北部哈塞克省卡米什利市发生2起爆炸袭击，造成16人死亡、35人受伤。当时，袭击者相继在卡米什利市中心的两家餐厅内引爆爆炸装置，餐厅受损严重。这是哈塞克省12月遭到的第二次爆炸袭击。11日，该省首府哈塞克市以西40公里的小镇泰勒塔米尔一天内发生3起自杀式汽车炸弹袭击，造成60人死亡。哈塞克省位于叙利亚东北部，与土耳其和伊拉克接壤，是叙利亚库尔德人主要聚居地。

（81）2016年1月26日中部城市霍姆斯扎哈拉区军队检查站遭连环恐怖炸弹袭击案。2016年1月26日，叙利亚中部城市霍姆斯扎哈拉区，一个军队检查站遭连环炸弹袭击，造成19人死亡、多人受伤，死者包括平民和检查站的叙利亚安全人员。爆炸还严重损毁了周围建筑和基础设施。当时，恐怖分子在省会城市霍姆斯扎哈拉区的一个军队检查站引爆了汽车炸弹，此后还有1名恐怖分子在同一地点引爆了身上的炸弹。

（82）2016年1月31日首都大马士革市南郊赛达·宰纳卜镇连环恐怖爆炸袭击案。2016年1月31日，叙利亚首都大马士革南郊，赛达·宰纳卜镇发生连环爆炸袭击事件，造成至少45人死亡、110人受伤。当时，恐怖分子先在一个公交车站旁引爆了汽车炸弹，随后在救援人员抵达时，另有两名自杀式袭击者引爆了绑在身上的炸弹，极端组织“伊斯兰国”已宣称制造了连环爆炸袭击事件。自叙利亚危机爆发以来，赛达·宰纳卜镇多次遭到爆炸袭击。

（83）2016年2月15日叙利亚北部两间医院和一所学校遭恐怖袭击案。

2016 年 2 月 15 日，叙利亚北部的两间医院和一所学校遭到袭击，造成至少 24 人死亡，另有 8 人失踪。当天，叙利亚阿勒颇省一间医院和一所学校遭到炸弹袭击，袭击造成 15 人丧生，另有约 40 人受伤，遇难者中包含妇女和儿童。这是一宗蓄意针对医疗设施的袭击，这间医院原有 30 个床位、两间手术室、一个门诊部及一间急诊室，共有 54 名员工。世界卫生组织数据显示，2015 年是叙利亚医疗设施遭袭击最严重的年份。仅去年 6 月至 8 月期间，就有约 70 起针对卫生设施的空袭。自 2011 年 3 月至 2015 年 11 月，叙利亚发生了针对至少 240 间医疗机构的 336 起袭击，导致 697 名医务工作者死亡。

（84）2016 年 2 月 21 日首都大马士革市和中部城市霍姆斯市连环恐怖爆炸袭击案。2016 年 2 月 21 日 16 时许，叙利亚首都大马士革南郊赛达·宰纳卜镇发生连环爆炸袭击，造成 83 人死亡、178 人受伤。当时，一辆载有大量爆炸物的汽车在小镇中被引爆，大约 5 分钟后，两名自杀式袭击者相继引爆绑在身上的炸药，造成大量前来救援的人员伤亡。2016 年 2 月 21 日上午，叙利亚中部城市霍姆斯市发生连环爆炸袭击，造成 32 人死亡、39 人受伤，极端组织“伊斯兰国”在社交网站上宣称制造了当天发生在霍姆斯市和大马士革南郊的爆炸袭击。当时，两辆载有爆炸物的汽车在霍姆斯市扎哈拉区被引爆，爆炸地点周围建筑损毁严重，多辆汽车被炸得面目全非。遭到袭击的扎哈拉区居民多为政府支持者，该地区曾多次遭遇爆炸袭击。

（85）2016 年 5 月 5 日多地多起恐怖爆炸袭击案。2016 年 5 月 5 日，叙利亚遭受一系列炸弹袭击，造成至少 18 人死亡、数十人受伤。其中，一起袭击系恐怖分子在一座桥上发起，另一起袭击则有人身穿自杀式炸弹背心所为。恐怖分子在阿鲁纳桥上引爆爆炸物，第一次是用装载爆炸物的汽车炸弹实施，造成了人员伤亡；趁有人赶来查看伤亡情况时，一名恐怖分子在围观人群中突然引爆自杀式炸弹背心，酿成更多伤亡。在叙利亚塔尔图斯、霍姆斯等三地，均有伤亡程度不同的袭击发生。2016 年 5 月 5 日，叙利亚中部霍姆斯省遭遇两起爆炸袭击，造成至少 9 人死亡。当时，载有炸药的一辆汽车和一辆摩托车在霍姆斯省东部富卡尼镇被分别引爆。塔尔图斯城外发生的袭击造成至少 11 人遇难、45 人受伤；在该国东北部另外一地，一起袭击造成 5 人遇难。

（86）2016 年 5 月 23 日西北部沿海地区多起恐怖爆炸袭击案。2016 年 5 月 23 日，叙利亚西北部沿海地区遭遇多起爆炸袭击，已造成至少 65 人死亡。

当天，港口城市塔尔图斯先后遭到 3 起爆炸袭击，一辆载有爆炸物的轻型货车在一个汽车站入口处被引爆，随后有 2 人在汽车站内引爆了绑在身上的炸弹；此外，塔尔图斯市西部一居民区也遭到自杀式爆炸袭击。发生在塔尔图斯市的这几起爆炸袭击已造成至少 20 人遇难，爆炸发生在上班早高峰期间。当天上午，沿海城市杰卜莱的国立医院、电力局和一个汽车站也分别遭到爆炸袭击，已造成至少 45 人死亡。极端组织"伊斯兰国"已宣布制造了在塔尔图斯和杰卜莱的爆炸袭击事件。叙利亚西北沿海地区是叙利亚总统巴沙尔·阿萨德所属的什叶派分支阿拉维派穆斯林聚居地，被视为叙利亚政府大后方，战略地位重要，长期以来安全局势相对较好。同时，俄罗斯的赫迈米姆空军基地和塔尔图斯海军基地也设在这一地区。

（87）2016 年 6 月 11 日首都大马士革市南郊赛达·宰纳卜镇连环恐怖爆炸袭击案。2016 年 6 月 11 日上午，叙利亚首都大马士革南郊赛达·宰纳卜镇遭连环爆炸袭击，造成 12 人死亡、55 人受伤，爆炸还造成附近民居、商铺和多辆汽车不同程度损毁。当时，爆炸发生在一个政府军检查站附近，一辆载有炸药的汽车被引爆；不久后，另一名自杀式袭击者在第一起爆炸地点几十米外引爆了身上的炸药。赛达·宰纳卜镇为什叶派聚居区，居民多为政府支持者。2016 年以来，极端组织"伊斯兰国"等曾在该镇制造过至少两起连环爆炸案，造成数百人死伤。

（88）2016 年 7 月 27 日东北部城市卡米什利市 2 起恐怖爆炸袭击案。2016 年 7 月 27 日，叙利亚东北部城市卡米什利发生 2 起爆炸袭击，造成至少 31 人死亡、100 多人受伤。第一起爆炸发生在库尔德人武装的一座营地附近，袭击者驾驶装有爆炸装置的卡车实施自杀式袭击；另一起爆炸发生在库尔德人武装的一处哨卡。第一起爆炸发生地附近有居民区，许多伤者伤势严重。极端组织"伊斯兰国"宣称实施了这两起爆炸袭击。

（89）2016 年 9 月 5 日多个城市多起恐怖爆炸袭击案。2016 年 9 月 5 日早晨，叙利亚塔尔图斯、霍姆斯以及大马士革等城市发生至少 5 起爆炸袭击，造成至少 40 人丧生、数十人受伤。这些爆炸由自杀式袭击者实施，或由汽车炸弹引发，遭袭地区覆盖叙利亚政府军控制区和叙利亚反对派控制区。首起袭击发生在叙利亚中部城市霍姆斯，一辆载有炸药的汽车试图进入一处居民区，被检查站军方人员发现后，袭击者引爆炸药，爆炸造成包括袭击者在内的 4 人死亡，另有 7 人受伤。发生于沿海城市塔尔图斯的袭击伤亡情况最为惨重，一枚汽车炸弹先是在该市入口检查站被引爆，随后在人群奔到爆炸现场进行救援之时，另外一名袭击者再次引爆身上的炸弹，这次袭击造成至少30名平民丧生、45人受伤。叙利亚首都大马士革郊区一条公路遭到爆炸袭击，造成1人身亡。东北部城市哈塞克发生的爆炸袭击致使8人丧生。极端组织“伊斯兰国”已宣称对哈塞克市的爆炸袭击负责。

（90）2016年10月3日东北部哈塞克省婚礼遭恐怖自杀式爆炸袭击案。2016年10月3日，叙利亚东北部哈塞克省，一个婚礼现场遭自杀式爆炸袭击，造成至少30人死亡、90人受伤。遭自杀式爆炸袭击的是一个库尔德人举办的婚礼现场，发生爆炸袭击的地点靠近哈塞克省首府哈塞克市至卡米什利市的高速公路，袭击者在举办婚礼的大厅引爆身上的爆炸装置。当天，叙利亚中部城市哈马遭连环自杀式爆炸袭击，造成除袭击者外3人死亡、11人受伤。

（91）2016年12月16日首都大马士革市警察局遭恐怖女童自杀式炸弹袭击案。2016年12月16日，叙利亚首都大马士革一警察局发生爆炸，这是一起自杀式炸弹袭击，袭击者是一名大约只有9岁的小女孩。当时，这名小女孩走进警察局，在询问卫生间怎么走之后，引爆了身上的炸弹。

（92）2017年1月12日首都大马士革市体育俱乐部遭恐怖自杀式爆炸袭击案。2017年1月12日晚上，叙利亚首都大马士革，一名自杀式袭击者在一家体育俱乐部附近引爆身上炸药，爆炸造成至少8人死亡、多人受伤。这是叙利亚进入2017年后发生的第5起爆炸袭击。叙利亚西北部沿海城市杰卜莱、北部边境城市阿扎兹、东北部城市卡米什利和大马士革郊区近日相继发生爆炸袭击，共造成上百人伤亡。

（93）2017年2月25日中部城市霍姆斯市两处安全机构遭连环恐怖自杀式爆炸袭击案。2017年2月25日，叙利亚中部城市霍姆斯两处安全机构遭连环自杀式爆炸袭击，导致至少30人死亡、数十人受伤。这次恐怖袭击是恐怖分子针对政府军在霍姆斯取得军事进展以及政府代表团在日内瓦取得“政治胜利”而采取的报复行为，遇害的人多为安全部门人员，包括两名安全机构负责人，伤者已被送往医院接受治疗。当时，6名袭击者在两处安全机构引爆炸弹。前身为“支持阵线”的极端组织“征服阵线”宣称实施了此次袭击。新一轮叙利亚问题日内瓦和谈25日进入第三天。此前一天，联合国秘书长叙利亚问题特使德米斯图拉分别与叙利亚政府和主要反对派代表团举行会谈，就如何更加有效推进本轮和谈提出书面建议。

(94) 2017 年 3 月 11 日首都大马士革市 2 起恐怖爆炸袭击案。2017 年 3 月 11 日，叙利亚首都大马士革发生 2 起恐怖袭击事件，两辆载有伊拉克什叶派民众的客车在大马士革遭到炸弹袭击，造成至少 40 人死亡、100 多人受伤。这两起爆炸袭击是为报复叙利亚政府军近期在多个地方打击极端组织取得胜利，同时表明叙利亚境内恐怖势力反对和解进程。当地时间 11 日上午 11 点和 11 点 15 分，在大马士革老城南部一处公墓附近的停车场发生两起爆炸事件，遇害者主要是来自伊拉克等国的什叶派教徒，在前往当地一个什叶圣寺朝觐时遭到袭击。

(95) 2017 年 3 月 15 日首都大马士革市 2 起恐怖爆炸袭击案。2017 年 3 月 15 日，叙利亚首都大马士革市中心，连续发生 2 起爆炸袭击事件。下午，一家法院遭到自杀式爆炸袭击，已造成至少 25 人身亡、数十人受伤。不久后，大马士革西部地区再次遭遇一起爆炸袭击，暂未有人员伤亡报告。当时，一名男子闯入法院，并在警察欲对其进行检查之时引爆身上的炸弹，造成严重伤亡，事发时正值法院的工作高峰期，法院大厦内聚集众多律师、法官及其他人员。袭击者在法院人群最密集的时候实施袭击，意在制造“最大规模”伤亡。这名袭击者当日身着军人制服，并手持猎枪和手榴弹走进法院大厦入口。警方觉得其形迹可疑，在对其进行盘问和检查时，这名袭击者随即强行闯入大厦内，并引爆身上的炸弹。在这起爆炸发生数小时后，大马士革西部地区再次发生一次爆炸袭击，第二次爆炸地点距离第一次的地点有两千米，第二次爆炸袭击的伤亡情况暂不详。15 日恰逢叙利亚危机爆发 6 周年，六年来约有 32 万人在战乱中丧生、1100 万人流离失所。

(96) 2017 年 3 月 23 日中部城市霍姆斯市军事检查站遭恐怖自杀式汽车炸弹爆炸袭击案。2017 年 3 月 23 日，叙利亚中部城市霍姆斯一座军事检查站遭自杀式汽车炸弹爆炸袭击，3 名士兵死亡。当时，叙利亚政府军士兵对一辆经过检查站的汽车进行安检时，驾驶员引爆了车上爆炸装置，造成 3 人死亡，多人受伤。2 月底以来，霍姆斯、大马士革等地暴力袭击频发，伤亡情况严重。第五轮叙利亚问题日内瓦和谈计划于 3 月 23 日在瑞士日内瓦举行。

(97) 2017 年 3 月 29 日中部城市霍姆斯市小型客车遭恐怖炸弹袭击案。2017 年 3 月 29 日，叙利亚中部城市霍姆斯，一辆小型客车遭炸弹袭击，造成至少 5 人死亡、6 人受伤。客车遭袭地点位于霍姆斯市扎哈拉区，扎哈拉区是叙总统巴沙尔·阿萨德所属阿拉维派穆斯林聚居区，居民多为政府支持者，当地已多次发生袭击事件。2017 年 2 月底以来，霍姆斯、大马士革等地暴力袭击频发，伤亡情况严重。3 月 23 日，霍姆斯一座军事检查站遭自杀式汽车炸弹袭击，造成 3 名士兵死亡。2 月 25 日，霍姆斯遭连环爆炸袭击，造成数十人死亡。

（98）2017 年 4 月 15 日多起恐怖爆炸袭击案。2017 年 4 月 15 日，叙利亚阿勒颇东部的萨拉赫丁区发生一起爆炸袭击事件。当时，爆炸发生在萨拉赫丁区一座清真寺附近，叙利亚政府军正在寺内为阵亡的士兵举行葬礼。爆炸发生时，正值叙利亚政府军和反政府武装互相撤离被困人员。根据双方达成的协议，伊德利卜省约 5000 名被反政府武装围困的人员向叙利亚政府军控制的阿勒颇撤离，同时大马士革西北郊约 2300 名被叙利亚政府军围困的人员向反政府武装控制的伊德利卜省撤离。2017 年 4 月 15 日，搭载数千名叙利亚政府军撤离人员的车队在反政府武装控制的拉希丁地区经停时遭自杀式爆炸袭击，袭击者驾驶一辆原本用来运输救援物资的厢式货车，目标是亲政府撤离人员，爆炸袭击造成至少 126 人死亡，其中有 68 名儿童，车队还被当地反政府武装围困 20 多个小时。当时，运送被困人员撤离政府军控制地区的车辆经停拉希丁，随后袭击者开着一辆物资车来到经停点，并向撤离人员分发薯片。袭击者故意用薯片引诱儿童靠近自己，之后才引爆炸弹。

（99）2017 年 4 月 19 日叙利亚第二大城市阿勒颇市恐怖爆炸袭击案。2017 年 4 月 19 日，叙利亚第二大城市阿勒颇遭爆炸袭击，造成至少 6 人死亡、32 人受伤。爆炸发生在萨拉赫丁区一座清真寺附近，当时叙利亚政府军正在寺内为阵亡的士兵举行葬礼。阿勒颇东部的萨拉赫丁区，2011 年叙利亚内战爆发后，长期被叙利亚反对派武装占据，直到 2016 年 12 月才被叙利亚政府军收复。

（100）2017 年 7 月 2 日首都大马士革市东部地区恐怖自杀式爆炸袭击案。2017 年 7 月 2 日早晨 6 点，叙利亚首都大马士革东部地区发生 3 起自杀式汽车炸弹袭击，造成至少 20 人死亡、30 人受伤。自杀式爆炸袭击，造成多人死伤。当天一早，早晨 6 时左右，叙利亚安全部队在大马士革可疑分子驾车进入广场后，截获 3 名袭击者，其中 2 人受到控制，另外一人在被包围后在居民区引爆炸弹。当时，共有 3 辆载有炸弹的汽车，其中 1 辆在大马士革塔利尔广场附近爆炸，自杀式爆炸袭击人士当场死亡，造成数人伤亡。另外 2 辆汽车被当地警方追逐，在大马士革西部地区分别爆炸。

6. 约旦的恐怖犯罪

（1）2012 年 10 月 21 日挫败针对该国购物中心和英美等西方国家外交使团驻地的恐怖袭击阴谋。2012 年 10 月 21 日，约旦情报部门宣布挫败一起针对该国购物中心和英美等西方国家外交使团驻地的恐怖袭击阴谋，共有 11 名嫌犯被捕，如若得逞，袭击将造成数千人死亡。上述 11 人恐怖主义团伙与“基地”组织有密切联系，自 2012 年 6 月开始策划一起代号为“11·9 第二”的恐怖袭击，企图在约旦首都安曼的主要商业中心、重要机构及外国使馆住宅区实施连环爆炸，造成该国有史以来“最严重的人员损失事件”。这个恐怖主义团伙已制订了详细的袭击计划，他们准备首先袭击安曼的两个购物中心和住有外国人的酒店，然后再用强力炸药和化学炸药袭击使馆区和其他重要机构。此外，他们还计划用火箭弹袭击英美等西方国家外交使团驻地及外交官的住处。

（2）2016 年 6 月 6 日首都安曼郊区巴卡难民营的情报部门办公室遭恐怖袭击案。2016 年 6 月 6 日，约旦首都安曼，郊区巴卡难民营的一个情报部门办公室遭到恐怖袭击，造成 5 人死亡，其中包括 3 名情报部门官员、1 名警卫和 1 名工作人员。巴卡难民营坐落在安曼西北 27 公里处，是 1967 年第三次中东战争爆发后建立的，占地面积为 1.4 平方公里。在此定居者分别是 1948 年和 1967 年在两次中东战争中逃离家园的巴勒斯坦人。巴卡难民营已成为约旦乃至中东地区最大的巴勒斯坦难民营。恐怖分子在斋月的头一天发动有针对性的袭击，企图制造无辜的流血事件，给社会安全造成不安定因素。

（3）2016 年 12 月 18 日南部城市卡拉克市系列恐怖袭击案。2016 年 12 月 18 日下午，约旦南部城市卡拉克发生系列恐怖袭击事件，造成 6 名警察、3 名约旦平民以及 1 名加拿大游客丧生，另有 27 人受伤。枪手在发动袭击后，躲进了约旦著名的旅游胜地卡拉克城堡，随后安全部队包围城堡并发起进攻，经过持续数小时的交火，4 名武装分子被击毙，城堡内被劫持的游客安全获救。约旦安全部门当天还在城堡附近的一处武装人员藏匿点发现了包括自杀式爆炸装置在内的大量武器。此次系列恐怖袭击始于一起火灾报警。当时警方接到来自卡拉克以北的卡特拉恩镇的报警，称有一处房屋起火。随后警方赶到事发现场，突然有人从屋内朝警察射击，造成 2 名警察在事件中受伤，袭击者驾车逃跑。在第二起案件中，枪手朝卡拉克的一名治安巡逻警察开枪，但未造成人员伤亡。恐怖分子还发动了第三次袭击，数名武装人员向卡拉克城堡内的警察局开枪，多名警察遇难。袭击者或许与极端组织“伊斯兰国”或其他恐怖组织有牵连。约旦紧邻叙利亚、伊拉克等局势动荡国家，但其国内政治、安全局势相对稳定，享有中东“安全绿洲”之称。但由于叙利亚危机迟迟不决，其外溢效应不断对约旦产生冲击。目前有大约 4000 名约旦人加入了该组织，自 2011 年以来已有 420 人阵亡。随着叙利亚和伊拉克反恐形势的好转，未来约旦面临恐怖分子回流的巨大风险。同时，约旦是美国在中东地区的重要盟国，是为数不多的参与美国领导的“国际联盟”打击极端组织的阿拉伯国家之一。对此，不少约旦民众颇有微词，认为参与这一行动不仅没有对打击极端组织产生效果，反而将约旦拖入了地区冲突之中，中东的“安全绿洲”正面临安全挑战。

（4）2017 年 2 月 23 日国家安全法庭以恐怖犯罪判处 9 名约旦人刑罚。2017 年 2 月 23 日，约旦国家安全法庭判处 9 名约旦人监禁 8 至 15 年不等，这 4 起案件中的约旦人被指控为伊斯兰极端恐怖组织计划实施恐怖活动。这些人员制造爆炸装置，计划袭击约旦境内的巴尔卡军用机场，或对高压电线或对外国使馆进行爆炸。也有的接受伊斯兰极端组织的资金和命令，图谋对军人大巴实施爆炸。还有 1 名 25 岁的约旦人因支持、隶属和在网上传播伊斯兰极端组织思想被判刑 8 年。

7. 黎巴嫩的恐怖犯罪

（1）2010 年 4 月 23 日东南部巴拉图镇联合国驻黎巴嫩南部临时部队东区司令部驻地大门外停车场恐怖爆炸袭击未遂案。2010 年 4 月 23 日，在黎巴嫩东南部巴拉图镇，联合国驻黎巴嫩南部临时部队东区司令部驻地大门外的停车场发现了爆炸物。当时，联黎部队在对位于黎巴嫩东南部巴拉图镇附近的东区司令部驻地大门外的一个停车场进行例行检查时发现一辆民用汽车下有爆炸物，这辆汽车不属于联黎部队的职员，汽车油箱下安放了 35 克 TNT 炸药，这辆汽车是一个在联黎部队东区司令部干活的清洁工的。联黎部队曾数次遭恐怖袭击，2007 年 6 月 24 日，西班牙营的车队在黎巴嫩南部希亚姆地区遭到汽车炸弹袭击，6 名维和人员身亡、3 人受伤；同年 7 月 16 日，坦桑尼亚营一辆汽车在黎巴嫩南部遭到路边炸弹袭击，但没有造成人员伤亡；同年 10 月中旬，黎巴嫩军方阻止了一个预谋对联黎部队进行恐怖袭击的团伙，并缴获了一些爆炸装置。2008 年 1 月 8 日，联黎部队所属爱尔兰部队的车队从贝鲁特驶向赛达途中遭到爆炸袭击，一辆军车被炸，车内 2 名爱尔兰士兵受伤。

（2）2011 年 5 月 27 日南部城市西顿意大利维和部队的一支车队遭恐怖炸弹袭击案。2011 年 5 月 27 日下午，在黎巴嫩南部城市西顿，意大利维和部队一支车队遭路边炸弹袭击，造成 6 名意大利士兵和 2 名平民受伤。意大利维和部队车队由 4 辆车组成，为“后勤车队”，在南部城市西顿附近一处公路遇袭，爆炸是由一枚放置在公路低矮水泥路障后的自制炸弹引发的，炸弹含大约 12 公斤爆炸物，两辆车受损，部分水泥路障被炸毁，地面炸出一个坑。联黎部队发言人辛格说，“这一卑劣行径明显旨在破坏安理会 1701 号决议和黎巴嫩南部稳定”。

（3）2011 年 8 月 13 日黎巴嫩最大监狱——鲁米厄中央监狱恐怖分子恐怖越狱案。2011 年 8 月 13 日，黎巴嫩最大监狱——鲁米厄中央监狱发生越狱，5 名犯人逃脱，其中至少 3 人是以“基地”组织为精神指导的伊斯兰法塔赫组织成员。当时，5 名囚犯从鲁米厄中央监狱 D 区逃脱，越狱犯人为 4 名黎巴嫩人和 1 名苏丹人。鲁米厄中央监狱位于首都贝鲁特东北部，是黎巴嫩最大且最老的监狱，设计容量为 1500 人，但眼下在押人员接近 4000 人。这座监狱近年来数次发生越狱，近几个月发生几起骚乱，起因包括囚犯要求改善待遇和特赦。

（4）2012 年 5 月 24 日伊拉克拉马迪市黎巴嫩朝圣者公共汽车遭恐怖路边炸弹袭击案。2012 年 5 月 24 日，在伊拉克拉马迪市，一辆满载黎巴嫩朝圣者的公共汽车遭遇路边炸弹袭击，爆炸造成至少 3 人死亡、7 人受伤。当时，公交车上共载有 45 名黎巴嫩什叶派朝圣者，他们当时正在从叙利亚赶往巴格达的路上，很可能是要去巴格达的圣殿朝圣。爆炸发生地段位于拉马迪市，该市是伊拉克逊尼派聚居区，还曾是“基地”组织的据点。此次袭击增加了人们对于宗派冲突重新抬头的担忧。伊拉克近期暴力活动略呈下降趋势，但爆炸、枪击等袭击事件仍时有发生，尤其是逊尼派武装分子经常针对伊拉克安保人员和什叶派人士发动袭击，企图加剧宗派矛盾。

（5）2012 年 10 月 19 日首都贝鲁特市恐怖汽车炸弹爆炸袭击案。2012 年 10 月 19 日傍晚，黎巴嫩首都贝鲁特发生一起汽车炸弹爆炸袭击事件，造成包括黎巴嫩情报部门高级官员维萨姆·哈桑在内的至少 8 人丧生、80 多人受伤。爆炸发生于交通高峰时段，地点位于贝鲁特一个基督徒聚居区的街道，距离基督教长枪党总部仅200米。爆炸发生后，叙利亚新闻部长奥姆兰·祖阿比谴责该事件是“一起可耻的恐怖袭击”，国际社会纷纷对这起政治暗杀事件予以谴责。这起袭击是自2005年2月14日黎巴嫩前总理拉菲克·哈里里遇刺身亡以来黎巴嫩遭遇的最致命袭击。哈桑生前为黎巴嫩国内安全部队情报局局长，准将军衔，曾领导调查前总理哈里里遇刺案件，暗示叙利亚政府和黎巴嫩真主党涉及暗杀。哈桑还帮助破获一起未遂爆炸案件，致使黎巴嫩前新闻部长、前议员米歇尔·萨马哈等高官2012年8月被捕并受到黎巴嫩军事法庭指控。

从表面看，这起爆炸案是针对黎巴嫩安全部队情报局长哈桑，他是黎巴嫩最重要的情报头目之一，又是反叙利亚高官，与反对叙利亚的逊尼派阵营关系密切。但从深层次分析，也是叙利亚危机加剧，周边关系恶化，恐怖活动增加的一种必然外溢。2012年8月，黎巴嫩军事法庭以策划恐怖活动罪起诉黎巴嫩前新闻部长萨马哈以及两名叙利亚官员。萨马哈被控参与从叙利亚向黎巴嫩运送炸药并组织针对叙利亚反对派人士的活动等罪名。除负责萨马哈案件的调查外，哈桑还曾负责哈里里遇害案的调查并提出证据指责叙利亚和黎巴嫩真主党与此案有牵连。爆炸发生后，黎巴嫩前总理萨阿德·哈里里说，哈桑遭暗杀的原因是他揭穿了叙利亚当局通过萨马哈向黎巴嫩运送炸药进行暗杀活动的阴谋。

（6）2013年7月9日首都贝鲁特市南郊以及黎巴嫩与叙利亚边界恐怖爆炸袭击案。2013年7月9日，黎巴嫩首都贝鲁特南郊以及黎巴嫩与叙利亚边界分别发生爆炸袭击事件，共造成至少58人受伤。当日上午，贝鲁特南郊伊斯兰合作销售中心附近的停车场发生爆炸，造成至少53人受伤，爆炸还导致一些汽车被毁和部分房屋受损。贝鲁特南郊是什叶派武装组织黎巴嫩真主党的大本营，由于真主党支持叙利亚政府军同反对派作战，叙利亚反对派及其支持者曾扬言要对真主党在巴黎嫩目标发动袭击。此次爆炸发生在当地居民准备迎接斋月之际，也是该地区近年来发生的最严重的袭击事件。同日，黎巴嫩与叙利亚边界附近的一所学校也发生爆炸，造成至少5名在学校操场玩耍的学生受伤。

（7）2013年8月15日首都贝鲁特市南郊恐怖汽车炸弹袭击案。2013年8月15日晚，黎巴嫩首都贝鲁特南郊发生汽车炸弹袭击事件，已造成21人死亡、336人受伤。当时，爆炸发生在贝鲁特南郊住宅和商店密集的罗维斯居民区，汽车里安放了约 80 公斤重的炸药，除造成大量人员伤亡外，爆炸还引发大火，造成一些汽车和房屋燃烧。据推测爆炸有两种可能，一是自杀式袭击者驾驶载有炸药的汽车实施袭击，二是有人遥控引爆汽车炸弹，汽车里安放了大约 80 公斤重的炸药。

（8）2013 年 8 月 23 日的黎波里两座清真寺遭恐怖爆炸袭击案。2013 年 8 月 23 日下午，黎巴嫩的黎波里两座清真寺发生爆炸袭击，造成 45 人死亡、500 多人受伤，其中 280 人在医院接受治疗。针对萨拉姆清真寺的爆炸可能是汽车炸弹袭击，而针对塔高瓦清真寺的爆炸可能是停在停车场的摩托车携带的炸药引爆所致。黎巴嫩看守政府总理米卡提当天发表声明谴责这两起爆炸事件制造者，他说他们企图挑起教派冲突并把这个城市及其民众拖入这场冲突中，但的黎波里民众不会允许这些人的阴谋得逞。黎巴嫩 24 日为爆炸事件的遇害者举行全国哀悼，黎巴嫩各界及国际社会纷纷对爆炸事件提出谴责。这是自从 1990 年黎巴嫩内战结束后其国内发生的最严重的袭击事件。由于爆炸发生在逊尼派的清真寺，有民众认为是叙利亚政府或其支持者什叶派的黎巴嫩真主党制造了爆炸。黎巴嫩总理米卡提认为的黎波里的爆炸事件和 8 月 15 日在贝鲁特造成 22 人死亡、300 多人受伤的汽车炸弹事件是同一伙人所为，但是他没有透露更多的细节。一个此前不为人知的逊尼派组织声称对 15 日的汽车炸弹负责，表示他们的目标是真主党，并且还会有进一步的行动。真主党也同样认为的黎波里的爆炸与 15 日的汽车炸弹有关联，目的是“使黎巴嫩陷入混乱和毁灭”。23 日，黎巴嫩北部城市的黎波里发生两起爆炸事件，造成大量人员伤亡和财产损失。

（9）2013 年 11 月 12 日首都贝鲁特市南郊 2 起恐怖自杀式爆炸袭击案。2013 年 11 月 12 日晚，黎巴嫩首都贝鲁特南郊发生 2 起自杀式爆炸袭击事件，两起袭击已造成至少 37 人死亡、180 多人受伤。当晚，2 名自杀式袭击者在贝鲁特南郊布拉杰·巴拉杰纳居民区相距 150 米的地方，前后相差 5 分钟时间引爆炸药，爆炸除造成大量人员伤亡外，还造成多辆汽车被毁和许多建筑受损。

（10）2013 年 11 月 19 日首都贝鲁特市南部伊朗使馆遭 2 起恐怖炸弹袭击案。2013 年 11 月 19 日上午 9 时 40 分许，黎巴嫩首都贝鲁特南部伊朗使馆附近发生 2 起炸弹袭击事件，造成 20 多人死亡、150 多人受伤，这是 2013 年以来贝鲁特发生的又一次造成众多人员伤亡的爆炸袭击事件。这两起爆炸均是自杀式袭击者所为，其中一人驾驶携带炸药的摩托车，另一人驾驶一辆装有炸药的四驱吉普车前往伊朗使馆；使馆警卫在阻拦汽车进入使馆时，另一人企图驾驶摩托车闯入使馆，使馆警卫立即向他们开火，随后这两人引爆炸药。伊朗驻黎巴嫩大使阿巴迪在爆炸发生后对媒体发表谈话时指出，毫无疑问，贝鲁特发生的两起爆炸事件是针对伊朗驻黎巴嫩使馆的，并指责以色列雇凶实施了这一恐怖袭击。他强调，恐怖活动不会动摇伊朗所坚持的立场。以色列政府当天否认参与袭击事件。伊朗驻黎巴嫩大使阿巴迪19日宣布，使馆文化参赞易卜拉欣·安萨里在当天发生在伊朗使馆附近的爆炸事件中丧生。

（11）2013年12月17日东部靠近叙利亚边界的巴勒贝克地区恐怖汽车炸弹袭击案。2013年12月17日凌晨，黎巴嫩东部靠近叙利亚边界的巴勒贝克地区发生汽车炸弹袭击事件。当时，在巴勒贝克地区的一条公路上发生汽车炸弹袭击事件，造成一些车辆被毁，估计汽车炸弹重量达50公斤，这起汽车炸弹袭击事件发生在巴勒贝克附近山区，造成一些人员伤亡，并导致在场的4辆汽车被炸毁，还留下一个一米深的大坑。这起汽车炸弹袭击可能针对黎巴嫩真主党在这个地区的一个监视站或车队。

（12）2013年12月27日首都贝鲁特市恐怖汽车炸弹爆炸袭击案。2013年12月27日上午，黎巴嫩首都贝鲁特市中心发生汽车炸弹爆炸事件，造成至少5人死亡、50多人受伤，遇难者包括黎巴嫩前总理萨阿德·哈里里的顾问穆罕默德·夏塔哈。当时，贝鲁特市中心一家银行附近发生汽车炸弹爆炸，袭击的目标是夏塔哈。爆炸发生时夏塔哈的车队正经过此地，夏塔哈及一名随行人员当场死亡。爆炸还造成多家商店和其他建筑物被毁或受损。

（13）2014年1月2日首都贝鲁特市南郊恐怖汽车炸弹袭击案。黎巴嫩首都贝鲁特南郊遭到汽车炸弹袭击，造成5人死亡、77人受伤。由于被确认死亡的5人的尸体都靠近一辆汽车，因此这起爆炸有可能是一起汽车炸弹爆炸事件，除了所公布的5名死者外，还发现了一具被烧焦的尸体，这具尸体是自杀式炸弹袭击者。发生爆炸的街道集中了很多商店、餐馆和居民楼，真主党下属的灯塔电视台的报道称，爆炸现场距真主党相关办公地点仅有数百米远。

（14）2014年1月16日东部靠近叙利亚边界的赫尔穆勒镇恐怖汽车炸弹袭击案。2014年1月16日上午，黎巴嫩东部靠近叙利亚边界的赫尔穆勒镇发生汽车炸弹袭击事件，造成5人死亡、50多人受伤。当天上午，一辆装有炸药的汽车在赫尔穆勒镇中心的政府机构和银行附近发生爆炸，爆炸除造成众多人员伤亡外，还导致附近多家政府机构、银行、商铺及居民建筑被毁或受损，此次事件可能是自杀式炸弹袭击。由于真主党支持叙政府军同反对派作战，叙利亚反对派及其在黎巴嫩的支持者多次威胁要对真主党在黎巴嫩的目标发动袭击。

（15）2014 年 1 月 21 日首都贝鲁特市南郊恐怖自杀式汽车炸弹袭击案。2014 年 1 月 21 日上午，黎巴嫩首都贝鲁特南郊发生自杀式汽车炸弹袭击事件，已造成至少 4 人死亡、27 人受伤。当时，一辆装有炸药的白色汽车在贝鲁特南郊一家餐馆附近发生爆炸，汽车碎片飞向半空中，很可能是自杀袭击者引爆了炸药，这是贝鲁特南郊 1 月第二次发生汽车炸弹袭击事件。受叙利亚危机外溢影响，黎巴嫩安全局势不断恶化，包括首都贝鲁特在内的多个地区频频发生爆炸、枪战、绑架等暴力事件。贝鲁特南郊是黎巴嫩真主党的大本营，该地区大多数居民支持真主党。

（16）2014 年 2 月 1 日东部靠近叙利亚边界的赫尔穆勒镇恐怖汽车炸弹袭击案。2014 年 2 月 1 日晚 6 时许，黎巴嫩东部靠近叙利亚边界的赫尔穆勒镇发生汽车炸弹袭击事件，造成至少 4 人死亡、20 多人受伤，隶属于“基地”组织的“支持阵线”宣称制造了该恐怖爆炸袭击案事件。当时，一名自杀式袭击者驾驶一辆装有炸药的汽车闯入赫尔穆勒镇一家加油站并引爆了炸药，这是该镇半个月内发生的第二次汽车炸弹袭击事件。

（17）2014 年 2 月 19 日首都贝鲁特市南郊恐怖连环爆炸袭击案。2014 年 2 月 19 日上午，黎巴嫩首都贝鲁特南郊发生连环爆炸袭击，至少造成 5 人死亡、80 多人受伤。当时，贝鲁特南郊发生两次自杀式炸弹袭击，一次发生在伊朗文化中心附近，另一次发生在黎巴嫩军队的一处军营附近，除造成人员伤亡外，爆炸还导致众多建筑和汽车被炸毁。这是 2014 年贝鲁特南郊第三次发生炸弹袭击事件，隶属于“基地”组织的“阿卜杜拉·阿扎姆旅”认领了这次连环爆炸袭击。

（18）2014 年 6 月 20 日东部贝卡谷地安全部队检查站遭恐怖自杀式汽车炸弹袭击案。2014 年 6 月 20 日中午，黎巴嫩安全部队设在东部贝卡谷地的一个检查站遭自杀式汽车炸弹袭击，造成 1 人死亡、30 多人受伤。当时，在东部贝卡谷地的安全部队检查站附近，一名身上绑有炸药的自杀式袭击者驾驶一辆装有炸药的汽车引爆炸药，自杀式袭击者使用的炸药重约 25 公斤，此次袭击的目标可能是黎巴嫩安全总局局长阿巴斯·易卜拉欣。易卜拉欣事后对媒体说，汽车炸弹爆炸时他的车队刚驶离爆炸现场不久，他没有受伤。

（19）2014 年 6 月 24 日首都贝鲁特市南郊恐怖自杀式汽车炸弹袭击案。2014 年 6 月 24 日零时，黎巴嫩首都贝鲁特南郊发生自杀式汽车炸弹袭击，除自杀式袭击者被当场炸死外，袭击还造成 15 人受伤。24 日零时许，一名自杀式袭击者驾驶一辆装有炸药的汽车驶入位于贝鲁特南郊的一个黎巴嫩军队检查站附近并引爆车上炸药，该汽车炸弹的袭击目标很可能是离爆炸现场几米之遥的军队检查站。除自杀式袭击者被当场炸死外，爆炸还造成正在附近一家咖啡馆看世界杯比赛的 15 名球迷受伤。这是 4 天内黎巴嫩第二次发生针对军警的自杀式汽车炸弹袭击事件。

（20）2014 年 12 月 2 日军方巡逻队在东部靠近叙利亚边界的拉斯巴莱拜克地区遭恐怖袭击案。2014 年 12 月 2 日傍晚，黎巴嫩军队一支巡逻队在东部靠近叙利亚边界的拉斯巴莱拜克地区遭到一伙武装分子伏击，6 名军人死亡、2 人受伤。黎巴嫩军方闻讯后立即向该地区派出增援部队，同武装分子展开激战。受叙利亚危机外溢影响，黎叙边境地区安全局势不断恶化，炸弹袭击、武装冲突不断发生。为防止“伊斯兰国”“支持阵线”等极端组织向黎巴嫩渗透，近期以来黎巴嫩军队加大了在黎叙边境沿线地区的安全戒备和清剿行动的力度并抓捕了这些组织的不少成员。作为报复，这些极端组织的武装分子频频向黎巴嫩军队发动袭击，造成多名军人伤亡，还绑架了 20 多名军人。极端组织一直要求黎巴嫩当局释放其成员，以换取释放被他们扣押的黎巴嫩军人。

（21）2015 年 1 月 10 日北部城市的黎波里市恐怖自杀式爆炸袭击案。2015 年 1 月 10 日晚 7 时 30 分左右，黎巴嫩北部城市的黎波里发生自杀式爆炸袭击事件，造成至少 9 人死亡、37 人受伤。当时，两名自杀式袭击者在的黎波里穆哈辛山地区的一家咖啡馆先后引爆身上的炸药。极端组织“支持阵线”通过社交网站宣称制造了这起袭击事件。受叙利亚危机外溢影响，黎巴嫩多个地区特别是北部城市的黎波里时常发生炸弹袭击、武装冲突等事件，造成大量人员伤亡和财产损失。

（22）2015 年 11 月 5 日东部靠近叙利亚边界的阿尔萨勒小镇恐怖自杀式炸弹爆炸袭击案。2015 年 11 月 5 日中午，黎巴嫩东部靠近叙利亚边界的阿尔萨勒小镇遭到疑似自杀式炸弹爆炸袭击，至少 5 人在爆炸中死亡、6 人受伤。

这起袭击的目标是正在该镇聚会的叙利亚卡拉蒙长老会成员和一些宗教人士，该长老会主席曼苏尔在爆炸中丧生。叙利亚卡拉蒙长老会曾在黎巴嫩方面和叙利亚极端组织“支持阵线”之间进行斡旋，以释放被该组织绑架的黎巴嫩军人。

（23）2015 年 11 月 12 日首都贝鲁特市南部两起恐怖自杀式连环爆炸袭击案。2015 年 11 月 12 日晚，黎巴嫩首都贝鲁特南部发生两起自杀式连环爆炸袭击，造成至少 43 人死亡、240 多人受伤，这是自黎巴嫩结束内战 25 年来贝鲁特发生的最血腥的恐怖袭击事件。黎巴嫩恐怖袭击原因是什么呢？据介绍，受叙利亚危机外溢影响，黎巴嫩安全局势不断恶化。IS 等极端组织的武装分子时常从叙利亚潜入黎巴嫩，向黎巴嫩军事和民用目标发动袭击，造成众多人员伤亡。叙利亚内战爆发后，真主党派遣武装人员前往叙利亚，帮助同属什叶派的叙利亚总统巴沙尔·阿萨德与以逊尼派为主的反对派武装及 IS 作战。IS 曾扬言要对真主党进行报复。

（24）2016 年 6 月 27 日东北部靠近叙利亚边境的加阿镇恐怖连环爆炸袭击案。2016 年 6 月 27 日晚 10 时 30 分左右，黎巴嫩东北部靠近叙利亚边境的加阿镇再次发生连环爆炸袭击，造成至少 13 人受伤。当时，一名自杀式袭击者在加阿镇一教堂外向人群投掷一枚手榴弹，随后引爆身上的爆炸装置；此后，另一名自杀式袭击者在同一地点实施自杀式爆炸袭击。除袭击者身亡外，两起爆炸袭击造成至少 13 人受伤。另有两名自杀式袭击者试图袭击黎巴嫩军方目标，除袭击者丧生外，没有造成其他人员伤亡。此外，27 日凌晨，加阿镇发生 4 起自杀式爆炸袭击，造成 5 人死亡、15 人受伤。近年来，受叙利亚危机外溢影响，黎叙边境地区紧张局势加剧，“伊斯兰国”等极端组织武装分子时常从叙利亚潜入黎巴嫩发动袭击，造成众多军人和平民伤亡。

8. *以色列的恐怖犯罪*

（1）2011 年 3 月 23 日耶路撒冷中央汽车站遭恐怖爆炸袭击案。2011 年 3 月 23 日下午 15 时 30 分，以色列耶路撒冷中央汽车站附近发生一起爆炸事件，造成 1 人死亡、30 人多受伤，这是耶路撒冷自 2007 年以来首起爆炸袭击事件。当时，一枚重约 1 公斤到 2 公斤的炸弹藏在公交站附近的一只手提箱中，爆炸时大量民众正在附近等车，停在爆炸地点附近的两辆公交车受损严重，公交车前半部分的玻璃完全破碎。

（2）2012 年 7 月 18 日保加利亚以色列旅游大巴遭恐怖爆炸袭击案。2012

年7月18日下午，一辆载有40名以色列游客的大巴在保加利亚东部港市布尔加斯机场遭炸弹袭击，造成至少7人死亡，另有30多人受伤。18日下午，一名打扮成普通游客的自杀性袭击者身穿深蓝色T-恤、花格子短裤和运动鞋，背着一个包，手里拎着一个袋子，等到以色列游客大巴出现后实施袭击。此次针对以色列目标发动的袭击并不是个体行为，而是“收到了指令”，发号施令的是黎巴嫩真主党，而真主党的最大资助者是伊朗政府，而此次袭击的动机就是报复伊朗核专家遇袭身亡。

（3）2012年11月21日最大海滨城市特拉维夫公共汽车遭恐怖炸弹袭击案。2012年11月21日，以色列最大海滨城市特拉维夫一辆公共汽车遭炸弹袭击，至少22人受伤，以方认定为“恐怖袭击”。当时，袭击者将一枚小型炸弹扔进公共汽车，随后公共汽车发生爆炸。

（4）2013年12月22日以色列中部公交车遭恐怖爆破筒爆炸袭击案。2013年12月22日，以色列中部一辆公交车发生爆炸，是由于巴勒斯坦武装分子安装了爆破筒，这是近一年以来最为严重的一次恐怖袭击活动。炸弹是在公交车上一个包里被发现的，司机命令乘客全体下车，就在防爆队专家完成检查后，爆炸就发生了，所幸该专家并未受伤。十年前，在以色列的公交车、餐厅以及其他公共场所经常发生巴勒斯坦自杀恐怖爆炸事件，近3000名巴勒斯坦人和1000名以色列人死于双方的冲突战争。然而，近年来双方紧张局势有所改善。以色列高级官员认为在巴勒斯坦领土区发生的一系列事件无关巴以冲突问题。然而约旦河西岸地区，近来却有巴以暴力死灰复燃的趋势。

（5）2014年10月7日靠近以色列的埃及一间酒店和两处旅游度假村连续3起恐怖汽车爆炸袭击案。2004年10月7日深夜，靠近以色列的埃及一间酒店和两处旅游度假村，连续发生3起汽车爆炸事件，造成至少35人死亡、100多人受伤。共有8名至10名的“基地”组织的恐怖分子参与了此次事件。当天下午，位于戈兰高地的以色列和黎巴嫩临时边境附近也发生了2起针对军方的爆炸袭击，其中一起爆炸造成2名以色列士兵受伤。当时2名受伤的士兵正在多夫山地区巡逻，一枚安装有远程引爆装置的炸弹在他们经过时爆炸。一个自称为“阿里·哈桑烈士组织”的真主党分支组织宣称制造了这一爆炸事件。

（6）2014年11月3日通过法律禁止政府释放因对以色列进行恐怖袭击而被关押的巴勒斯坦囚犯。2014年11月3日，以色列国会通过一项法律，禁止政府释放因对以色列进行恐怖袭击而被关押的巴勒斯坦囚犯。根据这项由极右翼政党提案并最终得到通过的法律，凡是“在极端严重的情况下犯有谋杀罪”的巴勒斯坦囚犯，都不能根据以色列政府未来任何政治、外交协议或者通过交换囚犯行动被释放，也不能被保释。这项法律虽然也针对刑事谋杀犯，但主要还是涉及恐怖袭击犯。这一新法对此前已被以色列政府释放的巴勒斯坦人和正在监狱里服刑的巴勒斯坦人不具法律追溯力。以色列政府 2011 年曾释放过 1000 多名巴勒斯坦囚犯，以换取被绑架的以色列士兵沙利特的获释。为促进以巴和谈，以色列政府 2013 年和 2014 年也曾分批释放过被关押的巴勒斯坦囚犯，作为向巴方释放善意的姿态。根据巴勒斯坦方面的数据，目前共有约 5200 名巴勒斯坦人被关押在以色列监狱。巴方一直要求释放被关押的巴勒斯坦人，以此作为与以方和谈的条件。2014 年 3 月，由于以色列拒绝释放 104 名巴勒斯坦囚犯中的最后一批，导致以巴和谈再次陷入僵局。

（7）2015 年 1 月 21 日第二大城市特拉维夫公交车遭恐怖袭击案。2015 年 1 月 21 日，以色列第二大城市特拉维夫发生了一起公交车袭击事件，一名巴勒斯坦青年持刀刺伤至少 10 人。21 日上午 7 点早高峰时段，一名在以色列非法滞留的 23 岁巴勒斯坦青年登上在特拉维夫市中心行驶的 40 路公交车，上车不久就持刀行凶，连刺司机数刀并刺伤多名乘客。凶手作案后正准备逃之夭夭时，刚好有数名执行押送任务的狱警开车跟在公交车后面，狱警看到车上发生流血事件后，立即停车缉凶，最终开枪击伤凶手腿部，动弹不得的凶手被赶来的警察捉拿归案。

（8）2015 年 10 月 10 日耶路撒冷老城大马士革门外针对以色列人的恐怖袭击案。2015 年 10 月 10 日，以色列耶路撒冷老城大马士革门外，发生两起巴勒斯坦人持刀袭击以色列人事件，导致 5 名以色列人受伤，2 名巴勒斯坦袭击者被打死。这两起袭击事件都发生在耶路撒冷。10 日上午，一名 16 岁巴勒斯坦少年持刀刺伤 2 名以色列人，袭击者被随后赶来的以色列警察开枪打死。当天下午，一名巴勒斯坦人持刀刺伤 3 名以警察，这名袭击者也被警察开枪打死。自 7 日以来，以巴地区每天都发生多起持刀袭击事件，4 天来共造成 20 多名以色列人受伤，5 名巴勒斯坦袭击者被打死，4 名巴勒斯坦人受伤。

（9）2015 年 12 月 14 日耶路撒冷公共汽车站遭恐怖驾车袭击案。2015 年 12 月 14 日下午，以色列耶路撒冷一个公共汽车站发生一起巴勒斯坦人驾车袭击事件，造成 14 名以色列人受伤，1 名巴勒斯坦袭击者被打死。当时，袭击事件发生在耶路撒冷中央汽车站附近一条繁忙的街道上，一名21岁的东耶路撒冷巴勒斯坦人驾车撞向路边公共汽车站正在等车的人群，造成14人受伤，这名袭击者随后被现场的以色列安全部队人员和持枪平民开枪打死。当天下午，另有3名驾车的以色列人在约旦河西岸被巴勒斯坦人投掷的石块砸伤。以巴地区近来袭击事件不断，主要集中在约旦河西岸希伯伦地区，但在耶路撒冷也时有发生。

（10）2016年4月18日耶路撒冷南部公共汽车遭恐怖爆炸袭击案。2016年4月18日下午，以色列耶路撒冷南部一辆公共汽车发生爆炸袭击，造成至少21人受伤。当时，一辆公共汽车在耶路撒冷南部希伯伦路附近爆炸，爆炸波及另一辆公共汽车和一辆汽车，3辆车同时燃起大火。爆炸是由放置在公共汽车上的小型爆炸装置引发的，这是一起恐怖袭击事件。哈马斯发表声明说爆炸袭击者苏鲁尔是该组织成员，并称此次袭击是由哈马斯策划和实施的。

（11）2017年2月8日最南端城市埃拉特遭恐怖火箭弹袭击案。2017年2月8日深夜，以色列最南端城市埃拉特遭到4枚火箭弹袭击，以方“铁穹”火箭弹拦截系统拦下其中3枚，另外1枚在无人空地爆炸。火箭弹来自埃及的西奈半岛，炮击触发了度假城市埃拉特及其郊区的空袭警报。火箭弹未造成任何人员伤亡，但在埃拉特引发恐慌，至少有4人因受到惊吓被送医治疗。埃拉特是位于以色列最南端的居民点，是红海沿岸度假城市。2014年，埃拉特曾遭到来自埃及西奈半岛一个伊斯兰极端组织的数枚火箭弹袭击。

9. 巴林的恐怖犯罪

（1）2011年11月12日破获一起预谋恐怖袭击案。2011年11月12日，5名巴林人涉嫌组织“恐怖团伙”并试图袭击一系列目标，包括巴林内政部和沙特阿拉伯使馆。其中，4名巴林人经沙特阿拉伯进入卡塔尔，被卡塔尔安全当局逮捕并移交给巴林方面。卡塔尔安全当局经审讯这些嫌疑人并查明，他们受人煽动、非法离开巴林，打算经卡塔尔和叙利亚进入伊朗，组建一个组织，针对巴林重要设施和人员发动恐怖袭击。依据4人口供，巴林当局逮捕第五名嫌疑人。这4人携带一些文件和一部电脑，里面有重要设施的详细资料，他们打算袭击巴林内政部、沙特驻巴林使馆、一条连接巴林和沙特的道路以及多名人员。他们还携带多种外国货币，包括美元和伊朗里亚尔，并预订了前往叙利亚的机票。

（2）2013年4月23日举办F1汽车大奖赛期间粉碎多起恐怖袭击阴谋。

2013 年 F1 巴林站比赛于 4 月 19 日至 21 日举行，2013 年 4 月 23 日，巴林警方在巴林举办 F1 汽车大奖赛期间粉碎多起恐怖袭击阴谋，确保了比赛顺利举行。在 F1 赛事开赛第二天，警方在赛场入口处抓获两名企图实施恐怖袭击的年轻女子，同时警方还在多地缴获 1000 多枚燃烧弹、许多自制枪支以及 137 条用于点火用的轮胎等。为确保比赛期间的安全，警方出动 8000 多名警察守护在赛场和周围地区。巴林什叶派反政府人士在 2013 年 F1 汽车大赛期间发起大规模抗议示威活动，一些反对派青年采取袭击警察、实施爆炸袭击以及焚烧轮胎等暴力方式，企图阻挠比赛举行。巴林于 2004 年开始举办 F1 赛事，只有 2011 年的比赛因为巴林爆发大规模反政府活动而被迫取消，2012 年 F1 又恢复了巴林站的比赛。

（3）2014 年 12 月 8 日西南部小城麦纳麦执勤警察遭恐怖袭击案。2014 年 12 月 8 日晚间，在巴林西南部小城麦纳麦，一名警察遭到“恐怖分子”袭击并丧生。当时，该名警察正在西南部小城麦纳麦执勤，这是个什叶派小镇。巴林安全部队而后在当地设立警戒，并加强检查通往该村庄的道路。巴林外交大臣哈立德·阿勒哈利法指责“恐怖分子”的袭击行为。

（4）2015 年 9 月 30 日查获了两个地下炸弹制造窝点。2015 年 9 月 30 日，巴林内政部宣布，警方日前查获了两个地下炸弹制造窝点，并逮捕了相关涉案人员。这两个炸弹制造窝点都藏匿在首都麦纳麦附近一个居民区的住宅内，建在地下室里。警方从这两个窝点中共查获 1.5 吨烈性炸药以及炸弹制造设备和手雷、枪支等。2015 年 7 月，巴林安全部门曾宣布破获一起从伊朗通过海路向巴林运送烈性炸药和枪支弹药的案件，5 名巴林人被逮捕。自 2011 年以来，占巴林人口多数的什叶派民众发起了推翻逊尼派王室的抗议浪潮。在沙特阿拉伯等海湾国家出兵后，巴林局势逐渐平静。但什叶派民众针对政府的抗议和暴力活动一直没有停止。巴林指责伊朗在背后支持了这些抗议活动，但伊朗对此予以否认。

10. 卡塔尔的恐怖犯罪

2013 年 5 月 5 日在索马里首都摩加迪沙卡塔尔官员车队遭恐怖自杀式爆炸袭击案。2013 年 5 月 5 日，在索马里首都摩加迪沙，索马里政府礼宾车队遭遇自杀式汽车爆炸袭击，至少 8 人死亡，多人受伤，遇袭车辆内载有多名卡塔尔官员。这辆防弹车为索马里内政部长的“坐骑”，后者当时不在车内，里面乘客是卡塔尔代表团成员，车辆遭损毁，车内人员“安全”。索马里政府没有说明遇袭卡塔尔官员的具体身份。索马里反政府武装“青年党”随后“认领”并威胁将发动更多袭击，对抗“西方国家的傀儡政府”。

11. 科威特的恐怖犯罪

（1）2015 年 3 月 18 日伊拉克和科威特边境恐怖爆炸袭击案。2015 年 3 月 18 日上午，伊拉克和科威特边境附近发生一起爆炸袭击事件，导致至少 3 人死亡、7 人受伤。当时，在伊科边境附近公路上的一个饮水点，一辆安装了爆炸装置的卡车突然被引爆。类似的饮水点通常会停放大量往返于伊科两国的货运卡车，因而成为爆炸袭击的目标。

（2）2015 年 6 月 26 日首都科威特城市伊玛目萨迪克清真寺遭恐怖爆炸袭击案。2015 年 6 月 26 日中午，科威特首都科威特城市中心，伊玛目萨迪克清真寺发生自杀式恐怖爆炸事件，造成 27 人死亡、227 人受伤，极端组织“伊斯兰国”（IS）通过推特账号宣布对此负责。自杀式爆炸袭击制造者为一名沙特阿拉伯籍青年，生于 1992 年，名叫法赫德·苏莱曼·阿卜杜勒·穆赫辛·阿勒卡巴阿，法赫德于 26 日凌晨通过机场海关入境，中午在伊玛目萨迪克清真寺引爆捆绑在自己身上的爆炸物。位于科威特城市中心萨瓦比尔区的伊玛目萨迪克清真寺，正值穆斯林每周五的聚礼日，大批穆斯林正在清真寺中做礼拜，在伊玛目萨迪克清真寺做礼拜的穆斯林有 2000 多人。科威特司法和伊斯兰事务大臣亚古巴·阿勒萨尼阿发表声明说，这是一起威胁国家安全的恐怖犯罪行为，其目的是破坏国家团结。他强调科威特政府将采取各种措施，保护清真寺和其他宗教场所。科威特内阁 26 日晚召开紧急会议，将 27 日定为全国悼念日，并全天停止所有娱乐活动。

12. 阿拉伯联合酋长国（阿联酋）的恐怖犯罪

（1）2010 年 7 月 1 日阿联酋法庭分别判处两名被控预谋策划恐怖活动的“东突”恐怖组织成员 10 年监禁。2010 年 7 月 1 日，阿联酋的一个法庭分别判处两名被控预谋策划恐怖活动的“东突”恐怖组织成员 10 年监禁。根据阿联酋联邦最高法院公布的判决，受审判的两人不仅被控是一个恐怖组织的成员，而且还被控阴谋袭击位于迪拜的一座名叫“龙城”的中国商业中心。这两名恐怖分子于 2009 年 7 月被捕，当时他们弄到了可用于制造炸弹的材料，这两名被告被认为是“东突”恐怖组织成员。这两名“东突”组织成员年龄分别为 31 岁和 35 岁。他们试图攻击树立于一座商业中心入口处的一个雕像，这两人计划使用的材料可以造成严重损失。根据阿联酋有关法律，涉及恐怖主义活动可被判处死刑，但这两人之所以能够逃过一死，是因为他们事发时，仍处于这一攻击计划的最初阶段。

（2）2010 年 7 月 28 日霍尔木兹海峡日本籍油轮遭恐怖袭击案。2010 年 7 月 28 日，在阿联酋霍尔木兹海峡，一艘日本籍油轮遭到恐怖袭击，发生爆炸并受损，造成 1 名船员受伤。当时，恐怖分子使用炸药袭击油轮，他们试图使用传统的方法，即遥控一艘装满炸药的船舶靠近日本油轮以发动攻击。事发后，一个名为“阿卜杜拉·阿扎姆旅”的伊斯兰圣战组织宣称对袭击事件负责。

（3）2012 年 12 月 26 日挫败一起恐怖袭击阴谋。2012 年 12 月 26 日，阿联酋国安全部队逮捕了一批恐怖嫌犯，他们曾图谋对阿联酋和沙特阿拉伯发动大规模恐怖袭击。在沙特安全部门的配合下，阿联酋当局逮捕了来自“异常组织”的恐怖分子，他们计划对这两个国家和其他一些兄弟国家实施恐怖袭击，这些被捕的嫌犯已经获得了发动恐怖袭击所需要的材料和设备。作为全球主要石油输出国的阿联酋，积极支持西方国家在中东地区针对基地组织和其他恐怖组织的打击行动，因此经常招致报复。此外，随着旅游和娱乐设施的不断完善，阿联酋首都迪拜已经成为中东地区的商业和旅游中心，并因此吸引了大量西方游客。所以，该地区逐渐成为伊斯兰狂热武装分子实施恐怖袭击的目标。虽然阿联酋仍是中东地区相对安全的国家，但该国政府也在积极采取行动阻止恐怖暴力事件的发生。自 2012 年年初至今，阿联酋已经逮捕了 60 多名涉嫌危害国家安全的激进分子，其中很多人来自一个名为“改革社”的伊斯兰秘密组织，该组织的目标是武力夺取政权，然后建立一个纯正的、实施伊斯兰教教法的伊斯兰国家。这些激进分子大都来自比较保守的沙迦和哈伊马角等北部酋长国，而“9·11 事件”中就曾有一名劫机者来自该地区。

（4）2016 年 5 月 9 日法院判处一名阿联酋“圣战”分子无期监禁。2016 年 5 月 9 日，阿联酋法院判处一名阿联酋“圣战”分子无期监禁，针对该国首都阿布达比举行的 F1 汽车拉力赛，该男子曾策划恐袭。该男子名叫哈希米，现年 34 岁；他的妻子名叫阿拉，现年 30 岁。2014 年 12 月 1 日，阿拉在阿布达比一家商业中心的洗手间里，用切菜刀杀死了 1 名美国女教师，因此于 2015 年 7 月 13 日被判处死刑并执行枪决。哈希米在上述谋杀案发生前的 10 天被捕，他承认曾谋划杀害阿联酋一名领导人、制造炸弹、宣传“伊斯兰国”组织（IS）和“基地”组织等“圣战”组织以及将一名IS头目的演讲发布在网络上，而且，他本人还曾向“基地”组织捐款，数额高达8万迪拉姆（约合人民币14.19万元）。阿布达比国家安全法庭对哈希米进行了裁决，他涉及7项主要指控，其中包括意图在阿布达比F1汽车拉力赛途经之处放置炸弹、策划针对美国位于阿联酋的军事基地以及针对联邦高层领导等的恐袭。

（5）2017年1月9日5名外交官在阿富汗南部城市坎大哈遭恐怖炸弹袭击案。2017年1月9日，阿联酋的5名外交官死于阿富汗南部城市坎大哈的一次炸弹袭击事件。当时，爆炸至少炸死11人，另有6人受伤，其中大部分是阿富汗政府高级官员，伤者包括省长阿齐兹和阿联酋驻喀布尔大使卡阿比。阿联酋大使前往坎大哈执行人道主义使命，旨在帮助阿富汗孤儿以及宣布奖学金计划，不料死于恐怖袭击。

13. 也门的恐怖犯罪

（1）2010年1月9日南部达利阿省安全部门大楼遭恐怖爆炸袭击案。2010年1月9日晚上8点半左右，“南部行动”组织的成员对也门南部的达利阿省安全部门大楼发动爆炸袭击。当时，两名属于“南部行动”组织的成员骑着摩托车向达利阿市的安全部门大楼投掷了手榴弹，所幸爆炸并未造成人员伤亡。达利阿市被认为是南部分裂分子的一所大本营。“南部行动”组织的成员破坏公共和私人设施，扰乱居民的正常生活，并企图将达利阿市引向暴力冲突。

（2）2010年4月1日南部达利阿省监狱遭恐怖炸弹爆炸袭击案。2010年4月1日，也门南部达利阿省一座监狱遭到炸弹爆炸袭击，造成数名警察和犯人受伤、30余名犯人越狱。当天早晨达利阿省省会达利阿城的一些南部分裂分子走上街头抗议示威，要求释放他们被关押在监狱中的同伴。当走近安全管理大楼附近的监狱时，示威者发生骚乱，试图闯入大楼，并向监狱入口处投掷炸弹，导致监狱大门几乎完全损毁，数名警察和囚犯受伤，30余名囚犯越狱逃跑。

（3）2010年4月8日南部达利阿省高级安全官员遭恐怖袭击案。2010年4月8日，在也门南部达利阿省，一名也门高级安全官员遭分裂势力袭击但幸免于难，阿卜杜·哈里克·穆罕默德上校是一名省级刑事调查部主任。当天，南部武装分裂分子向哈里克乘坐的汽车投掷了一枚炸弹，炸弹爆炸损坏了汽车，但哈里克本人没有受伤，这些分裂分子还向一辆警车投掷炸弹，造成2

名警察受伤。

（4）2010 年 4 月 26 日首都萨那英国驻也门大使馆车队遭恐怖自杀式爆炸袭击案。2010 年 4 月 26 日，在也门首都萨那，英国驻也门大使馆车队遭遇自杀式爆炸袭击，尽管事发时大使就在车内，但爆炸只致使袭击者 1 人死亡、2 名路人轻伤，英国驻也门大使馆随后关闭。当时，英国驻也门大使托洛特的车队在返回大使馆途中，遭遇自杀式爆炸袭击，距使馆仅 600 米。爆炸由自杀式袭击者实施，所幸引爆时机掌握错误，错过了大使的车辆，自己当场被炸死，一辆护送大使的警车在爆炸中部分受损。英国外交部在爆炸发生后发表声明说，英国驻也门大使馆眼下已经关闭，建议在也门的英国人“保持低调”并提高警惕。

（5）2010 年 6 月 19 日南部港市亚丁政治安全总部监狱遭恐怖劫狱袭击案。2010 年 6 月 19 日，也门 4 名武装人员用手榴弹和火箭推进式榴弹轰开某高警戒级别监狱入口，一路射击救走在押者。也门南部港市亚丁政治安全总部升旗时遭一伙武装人员袭击，包括 7 名安全部门人员在内至少 11 人死亡，经过一个多小时激烈交火，武装人员救走数名在押者。也门政府认定，“基地”组织策划了这起袭击。这处高警戒级别监狱经常关押“基地”组织嫌疑人和也门南部分裂势力的成员。袭击者救走关在监狱内的在押者并乘车离开，这是一起经周密策划的有组织行动。也门已发生数起“基地”组织成员越狱事件。2006 年 2 月，23 名“基地”组织武装人员从地道逃出监狱。10 名在押男子 2003 年从这处政治安全总部逃走，其中 1 人随后经证实与美国海军“科尔”号驱逐舰爆炸案有关。

（6）2011 年 7 月 24 日南部城市亚丁军营遭恐怖汽车炸弹爆炸袭击案。2011 年 7 月 24 日，也门南部城市亚丁，一个军营发生一起汽车炸弹爆炸事件，造成 7 人死亡、18 人受伤。当时，政府军部队正准备离开亚丁的军事机构前往阿比扬省，突然一辆汽车开到军营门前，随后发生剧烈爆炸，也门安全部队正在阿比扬省与疑似与“基地”组织有联系的武装分子展开激战。

（7）2011 年 8 月 20 日南部阿比扬省两起恐怖自杀式爆炸袭击案。2011 年 8 月 20 日晚间，也门南部阿比扬省发生两起自杀式爆炸袭击事件，至少有 11 人在袭击中丧生、20 人受伤。当天，在阿比扬省省会津吉巴尔东部，也门政府军和部落武装同与“基地”组织阿拉伯半岛分支关系密切的武装分子发生交火，武装分子发动的自杀式爆炸袭击造成包括一名部落武装首领在内的 3

人身亡。另外一起自杀式爆炸袭击发生在也门南部沙克拉镇附近，袭击者驾驶装有爆炸物的汽车冲击雅库布地区部落武装所在地并引爆车上爆炸物，造成8人死亡、20人受伤。

（8）2011年8月30日南部阿比扬省国防部长纳赛尔遭恐怖爆炸袭击案。2011年8月30日，在也门南部阿比扬省，也门国防部长纳赛尔视察军队时遭到爆炸袭击，造成他的3名保镖死亡、多人受伤，纳赛尔本人幸免于难。当时，纳赛尔的车队在经过阿比扬省省会津吉巴尔市附近的多弗斯地区时遭到袭击，他的3名随行保镖死亡，但爆炸并未波及纳赛尔乘坐的汽车，纳赛尔本人未受伤。纳赛尔此行是去视察在阿比扬省与“基地”组织作战的政府军，而爆炸原因可能是地雷或饵雷被引爆。

（9）2011年9月15日南部亚丁市的军事情报总部和警察局连遭3起恐怖爆炸袭击案。2011年9月15日凌晨，也门南部亚丁市的军事情报总部和一警察局连遭3起爆炸袭击，造成至少2人死亡、13人受伤。当时，亚丁的军事情报总部先遭到两次爆炸袭击，约十分钟后，又有人向当地警察局投掷了两枚手榴弹，至少有1名政府军士兵和1名路人死亡，另有13名士兵受伤，这一系列爆炸具有“基地”组织阿拉伯半岛分支的特征。

（10）2011年9月27日南部港口城市亚丁国防部长纳赛尔·艾哈迈德·阿里的车队遭恐怖自杀式爆炸袭击案。2011年9月27日，在也门南部港口城市亚丁，国防部长纳赛尔·艾哈迈德·阿里的车队遭到自杀式爆炸袭击，阿里本人幸免于难，但其10名随行人员受伤。当时，正在也门南部视察的国防部长阿里的车队正前往亚丁一家酒店，一名自杀式袭击者驾驶一辆汽车冲进车队引发爆炸，导致10名车队的随行人员受伤，袭击者在爆炸中身亡。

（11）2011年10月6日东北部主要原油产地马里卜省输油管道遭恐怖炸弹袭击案。2011年10月6日，也门东北部主要原油产地马里卜省的一条主要输油管道遭炸弹袭击，导致向也门埃萨港的原油输送中断。反对派阵营支持的部落武装发动了这次袭击，这条输油管道每天输送约12.5万桶原油，在过去10天内曾6次遭破坏。2011年1月下旬起，也门全国各省市陆续发生反政府示威游行，要求总统萨利赫下台。反政府部落武装和“基地”组织武装分子发动多起针对输油管道的破坏活动。目前，也门全国各大城市面临燃料危机，邻国沙特阿拉伯已向也门援助了300万桶原油。

（12）2011年10月31日南部阿比扬省3名政府军士兵遭恐怖绑架袭击

案。2011 年 10 月 31 日，在也门南部阿比扬省，3 名政府军士兵遭“基地”组织武装分子绑架。这 3 名士兵是在阿比扬省省会津吉巴尔市以东 35 公里的沿海城市沙克拉遭绑架的，他们当时乘坐一辆军车正前往南部亚丁省执行任务，被绑架的 3 名士兵已被转移至未知地区。

（13）2012 年 2 月 25 日东南部哈德拉毛省总统就职日遭恐怖自杀式汽车炸弹袭击案。2012 年 2 月 25 日下午，也门东南部哈德拉毛省发生自杀式汽车炸弹袭击，造成至少 20 人死亡、多人受伤。当时，武装分子在哈德拉毛省省会穆卡拉市的总统官邸外引爆了汽车炸弹，造成 20 名也门共和国卫队士兵当场死亡，另有多人受伤，这是由基地组织武装分子策划实施的袭击。“基地”组织阿拉伯半岛分支曾在也门总统选举前夜发表声明，称该组织一个月以来在南部地区制造了针对也门安全官员的多起暗杀事件，并公开宣布将抵制在 21 日举行的总统选举，同时呼吁其支持者用“暴力方式”抵制选举。也门最高选举委员会 24 日晚公布总统选举结果，现任副总统阿卜杜勒-拉布·曼苏尔·哈迪作为总统选举的唯一候选人当选为也门新总统，25 日哈迪在议会宣誓就职。

（14）2012 年 3 月 4 日南部阿比扬省省会津吉巴尔市政府军遭恐怖自杀式炸弹袭击案。2012 年 3 月 4 日，也门南部阿比扬省省会津吉巴尔市发生两起自杀式炸弹袭击，至少造成 8 名士兵死亡、数十人受伤。当时，爆炸发生在也门政府军位于津吉巴尔市郊的两处军事基地，袭击者在军事基地的检查站前引爆炸弹并当场死亡。爆炸发生后，政府军与“基地”组织武装分子发生激烈交火，造成近 200 名士兵死亡，73 名士兵被俘。当天，也门南部贝达省拉达镇也发生自杀式爆炸。经过阿比扬省阿瓦德部落、被俘士兵亲属及国际人权组织与“基地”组织多次谈判，“基地”组织阿拉伯半岛分支才于 4 月 28 日释放了这 73 名政府军士兵。

（15）2012 年 4 月 2 日马里卜省连接舍卜瓦省的一条石油输出管道遭恐怖爆炸袭击案。2012 年 4 月 2 日晚上，也门马里卜省连接舍卜瓦省的一条石油输出管道遭“基地”组织武装分子破坏，导致也门石油出口中断。马里卜省通往阿拉伯海的天然气输出管道曾数次遭到破坏。3 月 30 日晚，“基地”组织武装分子炸毁了位于也门东南部舍卜瓦省的一处天然气管道，该管道为马里卜省天然气输出管道的一部分。2011 年 10 月，美军空袭位于舍卜瓦省的“基地”组织据点，空袭发生几个小时后，一段连接拜勒哈夫港的天然气输出管道遭到“基地”组织武装人员破坏，也门政府花费近10天的时间才将该管道修好。

（16）2012年4月9日南部阿比扬省政府军基地遭恐怖袭击案。2012年4月9日上午，“基地”组织武装人员袭击了也门南部阿比扬省一处政府军基地，造成44人死亡，其中包括14名士兵，阵亡的14名士兵中包括1名军官。当时，“基地”组织阿拉伯半岛分支突袭了距离省会津吉巴尔市150公里处的第111装甲旅的兵营，双方发生激烈交火。2012年3月以来，“基地”组织武装人员在阿比扬省对政府军发动数次大规模攻击，已造成数百名政府军士兵死亡。

（17）2012年4月10日东部沙漠地区简易军事哨所遭恐怖袭击案。2012年4月10日，基地组织武装分子袭击了也门东部沙漠地区一处简易军事哨所，打死8名士兵，另有4名士兵在袭击中受伤，遭袭的哨所位于哈德拉马武特与马里布之间。

（18）2012年4月10日东南部舍卜瓦省石油输出管道遭恐怖爆炸袭击案。2012年4月10日晚，也门东南部舍卜瓦省一条石油输出管道被武装分子炸毁。当时，一队武装人员向这条石油管线发射了三枚火箭弹，袭击现场火光冲天。被炸的石油管道位于舍卜瓦省省会阿塔格西南40公里，是该省向亚丁湾石油输出港运送石油的主要管线。这是半个月内该管线遭到的第二次破坏，“基地”组织武装人员策划并实施了此次行动。4月2日，马里卜省连接舍卜瓦省的一条石油输出管道遭“基地”组织武装分子破坏，导致也门石油出口中断。近几个月以来，美军无人机加大了对“基地”组织的打击力度，造成大量人员伤亡。作为报复措施，“基地”组织多次破坏也门石油和天然气输出管道，造成巨大经济损失。

（19）2012年4月15日南部阿比扬省检查站遭恐怖汽车爆炸袭击案。2012年4月15日，也门南部阿比扬省一处检查站发生汽车爆炸袭击，致使至少4名支持政府军的当地部落武装人员死亡、2人受伤。当时，汽车炸弹在距阿比扬省省会津吉巴尔市约150公里的劳代尔镇的西入口被引爆，汽车炸弹的目标很可能是当地支持政府军的部落武装首领，所幸该首领并未在爆炸中受伤。这是政府军与“基地”组织武装分子交战近6天以来，“基地”组织实施的第一起汽车炸弹袭击。近一个月以来，“基地”组织武装分子频繁攻击也门南部省份的政府军。自9日开始，也门政府军对位于劳代尔镇的“基地”

组织武装分子展开大规模军事行动，目前已造成数百人伤亡。

（20）2012 年 4 月 21 日红十字会国际委员会一名法国籍官员遭恐怖绑架袭击案。2012 年 4 月 21 日晚上，红十字会国际委员会的一名法国籍官员在也门遭绑架。这名法国人在北部城市萨达工作，在前往西部港口城市荷台达途中遭绑架。这名法国人在距离荷台达大约 30 公里处遭遇武装人员，2 名同行的司机同样遭绑架，不久后获释。2012 年以来，多名外国人在也门遭绑架。3 月 16 日，瑞士外交部证实一名瑞士公民在荷台达被“基地”组织武装人员绑架；两天后，3 名菲律宾船员在也门东部阿拉伯海附近被马里卜省部族武装人员绑架；同月 28 日，沙特驻也门南部港口亚丁市领事馆的一名副领事在上班途中被“基地”组织武装人员绑架。

（21）2012 年 5 月 7 日南部阿比扬省政府军部队遭恐怖袭击案。2012 年 5 月 7 日，也门南部阿比扬省政府军部队，遭到也门“基地”组织武装分子袭击，造成至少 40 名政府军士兵死亡、多人受伤。基地组织武装分子袭击了阿比扬省省会津吉巴尔市郊的政府军部队，还夺取了政府军第 115 步兵旅三个营地以及大量战备物资，大量政府军士兵在战斗中被“基地”组织武装分子俘虏。这是 3 月来“基地”组织第二次发动针对政府军的大规模袭击行动。2011 年 1 月也门局势发生动荡以来，“基地”组织阿拉伯半岛分支趁乱夺取了南部阿比扬省和舍卜瓦省多处城镇，并与政府军激烈对抗，已造成数百人伤亡。5 月 5 日，也门总统哈迪发表就职以来的首次公开演讲，表示将继续打击“基地”组织武装分子，直至将所有恐怖分子赶出也门为止，同时承诺尽快解决军队内部矛盾，防止国家分裂。

（22）2012 年 5 月 21 日首都萨那阅兵仪式排练现场遭恐怖自杀式炸弹袭击案。2012 年 5 月 21 日上午，也门首都萨那阅兵仪式排练现场发生自杀式炸弹袭击事件，造成至少 100 人死亡、200 余人受伤。当时，爆炸发生在一支 900 人的阅兵队伍中，数名武装分子穿着安全部队士兵的制服混在队列中，当阅兵部队通过阿萨比广场时引爆炸弹，事发地点距离总统府官邸仅几米远。此次阅兵仪式排练是为即将在 22 日举行的也门南北统一 22 周年纪念日做准备，届时总统哈迪将出席该阅兵仪式。也门内政部官员说，内政部一周前曾获得萨那将发生自杀式汽车炸弹爆炸的情报。通往阅兵广场的数条道路已经封闭，但仍未能阻止袭击事件的发生。“基地”组织策划并实施，目的是报复政府军近日在南部地区对“基地”组织发动的大规模清剿。此次袭击是总统哈迪2012年2月上任以来也门境内发生的最为严重的自杀式爆炸袭击，哈迪上任时曾表示将全力打击也门境内的“基地”组织阿拉伯半岛分支。

（23）2012年5月25日北部焦夫省恐怖自杀式汽车炸弹袭击案。2012年5月25日，也门北部焦夫省发生自杀式汽车炸弹袭击，造成至少18名胡塞族反政府武装人员死亡，袭击事件由“基地”组织所为。当时，一名“基地”组织成员驾驶一辆载有炸弹的汽车，冲进焦夫省哈基姆区的一所学校并引爆炸弹。爆炸发生在哈基姆区一所中学门口，这所学校已被胡塞族反政府武装人员占用当作军事基地，当时胡塞族武装人员及其几名领导人正在学校里召开会议。“基地”组织策划并实施了这次自杀式汽车炸弹袭击，并称“袭击的目标是针对与伊朗有关的什叶派组织”。“基地”组织在焦夫省发动自杀式汽车炸弹袭击几个小时前，在北部萨达省也制造了另一起针对胡塞族反政府武装人员的自杀式袭击事件，但除袭击者本人死亡外并没有其他人员伤亡。胡塞族反政府武装长期盘踞在也门北部地区，萨达省为其主要势力范围，此前的6年中一直与也门政府军进行对抗。但该武装组织近期同意接受总统哈迪的邀请参加全国和解对话，这也是“基地”组织对其发动攻击的原因之一。

（24）2012年7月11日萨那警察学院外恐怖炸弹袭击案。2012年7月11日，在也门首都萨那一所警察学院外，一名“基地”组织武装人员引爆随身携带的炸弹，造成包括袭击者在内的至少21人死亡、数十人受伤，这是萨那近两个月来第二次发生恐怖袭击。当时，爆炸发生在该警察学院放学时间，袭击者在学院门口引爆炸弹，造成重大人员伤亡。5月21日，一名“基地”组织武装人员混入也门安全部队进行阅兵式排练的队伍并引爆身上炸弹，造成100多人死亡，200余人受伤。这两次爆炸发生的地点均位于萨那市中心，相距不过数百米，目标均为也门安全机构。自5月以来，也门政府军对位于南部地区的“基地”组织据点发动大规模军事行动，并于6月重新夺回了阿比扬省省会津吉巴尔市和贾尔镇等被“基地”组织控制的城镇。“基地”组织武装分子随后撤退到南部山区，并称将会采取包括自杀式袭击在内的所有方式与政府军继续对抗。

（25）2012年7月29日意大利驻也门外交官遭恐怖绑架案。2012年7月29日下午，在也门首都萨那，一名意大利驻也门外交官被武装人员绑架，而后下落不明。当时，一名意大利驻也门外交官在位于萨那西南的意大利驻也门使馆附近被不明身份武装分子绑架，被绑架者为该使馆负责安全事务的外交人员。2011年1月，也门国内爆发大规模示威活动，全国局势陷入动荡，国内安全形势恶化，外交人员遭袭击和绑架事件频发。其中，3月28日沙特阿拉伯驻也门南部港口亚丁市领馆一名副领事在上班途中被“基地”组织武装分子绑架，目前仍未被释放；5月13日保加利亚驻也门大使在首都萨那驾车时险遭武装人员绑架。8月2日，在首都萨那遭部落武装人员绑架的意大利外交官获释，其健康状况良好。这位意大利外交官7月29日在位于萨那西南的意大利驻也门使馆附近被马里卜省武装人员绑架，随后被带到马里卜省偏远地区。经过该省省长调解，这位意大利外交官被移交给也门官员，很快会返回萨那。绑架意大利外交官的武装人员来自东北部马里卜省的阿比达部落，该部落要求也门政府提供赔偿并归还他们在萨那拥有的土地，并且不再追究该部落人员犯有的谋杀和抢劫罪行。

（26）2012年8月4日南部阿比扬省贾尔镇葬礼遭恐怖炸弹爆炸袭击案。2012年8月4日夜间，在也门南部阿比扬省贾尔镇举行的一场葬礼上，一名“基地”组织成员引爆身上的炸弹，造成至少42人死亡、数十人受伤。自杀袭击发生当晚，一次无人驾驶飞机导弹的袭击炸死5名“基地”组织人员。当时，在阿比扬省贾尔镇为政府军部族后备军一名领导人的一名亲属举行葬礼，一名自杀袭击者在人群中引爆身上炸药。这次自杀袭击是“基地”报复部族人员，是也门5月以来发生的第三次恐怖袭击事件。贾尔镇离阿比扬省省会津吉巴尔市以北约30公里，是阿比扬省第二大城镇，自2011年5月以来一直处于“基地”组织控制之下，是该组织的大本营之一。2012年6月初也门政府军在美军无人机和美国军事专家的协助下，重新夺回包括津吉巴尔市和贾尔镇在内的多座城市。“基地”组织6月初宣布已撤退到南部山区，并称将会采取包括自杀式袭击在内的所有方式与政府军继续对抗。

（27）2012年10月10日东部城市马瑞贝一哨所3名士兵遭恐怖绑架袭击案。2012年10月10日，也门东部城市马瑞贝一哨所的3名士兵遭绑架失踪。10月11日，3具无头尸体被送还哨所。

（28）2012年10月11日在美国驻也门使馆工作的也门国防部高级官员遭恐怖袭击案。2012年10月11日，一名在美国驻也门使馆工作的也门国防部高级官员在萨那遭“基地”组织武装分子袭击身亡。被杀害的大使馆的官员是50多岁的阿克拉尼。当时，阿克拉尼是一名美国驻也门大使馆的安全官员，在上班路上被2名骑摩托车的蒙面男子开枪杀死，凶手疑为“基地”组织成员。该官员是也门人，在美国驻也门大使馆工作了20年。“基地”组织可能借此传达一个信息，“如果你同美国人合作，你就是攻击目标”。9月中旬，美国导演亵渎伊斯兰教先知穆罕默德的电影在全球引发抗议活动。在也门首都萨那，美国大使馆遭几百名民众围攻，冲突造成至少4人受伤。11日被暗杀的美国驻也门大使馆安全官阿克拉尼正在调查该冲突，阿克拉尼同时也是美国使馆和也门政府之间的协调员，他最近在申请美国国籍。

（29）2012年10月16日首都萨那伊拉克反恐顾问遭恐怖袭击案。2012年10月16日，一名伊拉克反恐顾问在也门首都萨那前往国防部途中遇袭身亡，这位伊拉克反恐顾问名叫哈希姆·穆罕默德，是伊拉克军事反恐顾问。初步调查显示该袭击可能为“基地”组织武装分子所为。2012年6月，在美军无人机和美国军事专家的协助下，也门政府重新夺回南部阿比扬省等主要省份，随后“基地”组织对也门政府展开多次报复行动，并在首都萨那制造多起恐怖袭击和暗杀多名高级官员。

（30）2012年10月22日南部港口城市亚丁市军营遭恐怖炸弹爆炸袭击案。2012年10月22日上午，也门南部港口城市亚丁市，一处军营发生爆炸，造成至少5名士兵死亡、2人受伤。当时，爆炸发生在亚丁市北郊的一处军营，一个远程控制的爆炸装置在该军营的一处建筑物内爆炸，这是安装在军营内部的一个临时爆炸装置。近几个月来，也门国内局势动荡，爆炸袭击事件频发。

（31）2012年11月16日南部阿比扬省恐怖自杀式爆炸袭击案。2012年11月16日，也门南部阿比扬省发生自杀式爆炸袭击，造成包括袭击者在内的至少6人死亡、3人受伤。当时，自杀式爆炸袭击发生在阿比扬省省会津吉巴尔市市政委员会总部外，袭击者企图进入市政委员会总部，但被部落武装人员拦截在正门处，袭击者随后引爆身上的炸弹，爆炸发生时反对“基地”组织的部落武装人员正在举行集会。军方人员称“有情报显示是‘基地’组织实施了此次袭击”。也门2011年国内局势动荡期间，“基地”组织也门分支在阿比扬省乘机作乱，控制首府津吉巴尔和其他几座城镇。也门政府军自2012年5月以来对盘踞在南部地区的“基地”组织武装分子发动了多轮军事行动，迫使该组织放弃已经占领的多座城镇并撤退至山区，但该组织武装分子多次袭击也门军队和情报部门人员以进行报复。

（32）2012年11月24日首都萨那什叶派民众举行庆祝活动时遭爆炸袭击

案。2012 年 11 月 24 日晚上，在也门首都萨那，什叶派民众举行庆祝活动时遭爆炸袭击，至少 3 人死亡、12 人受伤。爆炸发生在首都萨那北部，当时什叶派民众正在参加由胡塞族部落武装组织的庆祝活动。此次爆炸袭击是 2012 年首次发生在萨那的针对宗教活动的恐怖行为，爆炸发生后不久胡塞族部落武装发表声明称有 3 名部落人员在爆炸中丧生。在 2012 年以前的 6 年中，胡塞族部落武装一直与也门政府军进行对抗，但该武装组织 2012 年 5 月同意接受总统哈迪的邀请参加全国和解对话。2012 年以来，也门什叶派武装组织已遭多次袭击。

（33）2013 年 1 月 28 日南部贝达省军队检查站遭恐怖自杀式汽车炸弹袭击案。2013 年 1 月 28 日，也门南部贝达省，一军队检查站遭自杀式汽车炸弹袭击，造成 8 名士兵死亡、10 人受伤。这起爆炸袭击发生在南部贝达省拉达镇，“看起来像‘基地’组织的报复行动”。当天早些时候，也门政府军曾对贝达省的“基地”组织目标采取打击行动，旨在营救 2012 年 12 月遭绑架的 3 名人质。

（34）2013 年 6 月 19 日北部什叶派城市萨达市场遭恐怖自杀式爆炸袭击案。2013 年 6 月 19 日，也门北部什叶派城市萨达，一家市场发生自杀式爆炸袭击事件，造成 2 名平民死亡、11 人重伤。当时，自杀式袭击者在市场内引爆了一辆载有炸弹的摩托车。自杀式袭击者属于反政府武装成员，这个反政府武装组织隶属于什叶派伊斯兰教教派扎迪，自从 2004 年该组织以不满被边缘化为由发动反对中央政府的运动以来，已经控制了北部地区。早在 17 日，首都萨那警方称，他们拆除了一枚停放在宗教场所外汽车上的炸弹。

（35）2013 年 8 月 25 日首都萨那空军基地附近空军学员乘坐的大巴遭恐怖炸弹袭击案。2013 年 8 月 25 日上午，在也门首都萨那，一辆空军学员乘坐的大巴在空军基地附近被炸，造成至少 12 人死亡、多人受伤。当时，遇袭大巴车上共有 24 名空军学员，他们在前往空军基地的路上遭遇炸弹袭击，此次袭击是“基地”组织阿拉伯半岛分支所为。也门“基地”组织阿拉伯半岛分支发表声明称制造了这起袭击事件，声明称“这是针对也门总统哈迪和美国政府派遣无人机袭击‘基地’组织的一次报复行动，也是对哈迪宣称继续打击我们的回应”。

（36）2013 年 9 月 20 日南部舍卜沃省军事检查站和警察局遭恐怖自杀式汽车炸弹袭击案。2013 年 9 月 20 日，也门南部舍卜沃省的军事检查站和警察局，遭到“基地”组织武装的多起自杀式汽车炸弹袭击，造成至少40人死亡，另有数十人受伤，“基地”组织声称“这是对美军无人机空袭行动的报复”。当时，“基地”组织武装分子将一辆满载炸药的汽车在一处军事检查站引爆，造成至少30名政府军士兵死亡、20多人受伤。随后，自杀式袭击者驾驶2辆汽车冲进一处警察局总部，爆炸造成10名士兵死亡、多人受伤。

（37）2013年10月6日首都萨那德国驻也门外交人员遇恐怖袭击案。2013年10月6日，在也门首都萨那，一名德国驻也门外交人员遇袭身亡，“基地”组织宣布对袭击事件负责。当时，遇袭的德国籍外交人员负责使馆的安保工作，他从首都萨那一条商业街的超市购物出来后，遭遇3名武装分子开枪射击，袭击后武装分子迅速逃离现场。遇袭的德国外交人员是单独一人出行，发生枪击时他有所反抗，但很快就被子弹击中，倒地身亡。同一天，联合国儿童基金会驻也门办公室一名塞拉利昂籍工作人员在萨那遭不明身份武装分子绑架。该袭击案发生的近期，“基地”组织在也门活动频繁，多次袭击政府部门和绑架外国人质。

（38）2013年12月5日首都萨那市也门国防部遭恐怖自杀式汽车炸弹袭击案。2013年12月5日上午，也门首都萨那市中心，也门国防部遭自杀式汽车炸弹袭击，造成52人死亡、167人受伤，死者包括2名德国籍救援人员、2名越南籍医生、2名菲律宾籍护士和1名印度籍护士，最高安全委员会称“基地”组织策划并实施了此次恐怖袭击。当时，一辆载满炸药的汽车在国防部外爆炸，炸毁部分围墙及内部的军事医院建筑；另一辆载有炸药的汽车在强行闯入国防部时发生爆炸，导致多栋建筑受损，10余辆汽车起火燃烧。爆炸发生后，12名身着政府军士兵制服的武装分子冲进国防部办公区内，并与安全部队士兵交火，8名武装分子在交火中被打死，2名武装分子被逮捕。

（39）2014年2月13日中央监狱遭恐怖劫狱袭击案。2014年2月13日，也门首都萨那北部的中央监狱遇重袭，疑是“基地”组织劫狱，导致29人越狱，其中有19名“基地”成员。当时，3组武装人员首先发起汽车炸弹袭击，随后与狱警激烈交火，激烈交火致至少7名狱警死亡，当局怀疑监狱内外勾结完成袭击。3组武装人员和3辆汽车袭击监狱，一组武装人员引爆一个汽车炸弹；另外一组随后与第一组会合，对抗正门处狱警；第三组散布在监狱各处，同外面的安全部队人员对抗；还有一些武装人员从监狱周边房屋的屋顶向监狱开火。日落后不久，一辆载有爆炸物的汽车在监狱东门爆炸，监狱围墙被炸出一个洞，随后武装人员袭击正门处狱警，一些囚犯从洞口处逃出。越狱的囚犯可能牵涉2011年一起针对萨利赫的暗杀。2011年6月，萨利赫在总统官邸遇袭，面部受重伤。

2013年10月，萨那另一座监狱在押的近300名“基地”成员试图冲破安全防线越狱，被安全部队挫败，不少人受伤，无人死亡。“基地”阿拉伯半岛分支头目纳赛尔·武海希2013年8月表示，决意解救狱中的“基地”成员。武海希在2006年一次越狱中逃脱，次年被任命为“基地”阿拉伯半岛分支头目。2006年2月，武海希和另外22名在押“基地”成员从萨那一座监狱逃走。狱警事后发现，武海希等人从牢房挖掘了一条通往附近一所清真寺、全长44米的地道。

（40）2014年10月9日首都萨那“变革广场”恐怖自杀式爆炸袭击案。2014年10月9日上午，也门首都萨那发生自杀式爆炸袭击，造成47人死亡、57人受伤。当时，爆炸发生在萨那市中心“变革广场”，在什叶派胡塞武装组织人员正准备进行游行示威活动时，疑似“基地”组织成员的人在人群附近引爆了身上的炸药，造成大量人员伤亡。2011年，在阿拉伯世界大变革的背景下，也门国内爆发内战，反对时任总统萨利赫的反政府武装和政府军在首都萨那交战近一年，造成2000多人伤亡。“基地”组织阿拉伯半岛分支趁机占领了也门南部阿比扬省以及附近舍卜瓦、哈德拉毛省的多个城镇，并宣布以阿比扬省省会津吉巴尔市为首都建立“伊斯兰酋长国”。2012年，也门组成了以总统哈迪为首的新政府，随后在美国的军事支援下打击“基地”组织，但“基地”制造多起袭击展开报复。而什叶派胡塞武装组织长期盘踞在也门北部萨达省，2010年与也门政府签订停火协议，结束与政府军长达6年的武装冲突。2013年10月，胡塞武装组织在北部阿姆兰省和焦夫省攻击政府军及逊尼派部落，在击败政府军后继续向首都扩展其势力范围。

（41）2014年11月12日中部城镇里达针对胡塞反政府武装的恐怖爆炸袭击案。2014年11月12日，也门中部城镇里达发生一起针对胡塞反政府武装的爆炸袭击，致死数十人。当时，爆炸发生在中部城镇里达，目标是针对在一名当地部族首领住所聚集的胡塞武装人员。里达是逊尼派和什叶派混居区，胡塞武装与当地逊尼派武装时常激烈交火，这次爆炸是胡塞武装10月占领里达大部分地区以来最严重的一次。

（42）2014年12月16日南部贝达省针对胡塞武装组织办公室的恐怖汽车

炸弹袭击案。2014 年 12 月 16 日晚上，在也门南部贝达省，胡塞武装组织的一处办公室，遭到“基地”组织武装分子汽车炸弹袭击，爆炸波及附近一所学校，造成包括 20 名儿童在内的 40 人死亡。当时，贝达省拉达镇发生了两次爆炸，胡塞武装组织的一处办公室以及一所学校被炸毁，造成大量人员伤亡，此次爆炸是几个月来拉达镇发生的最严重的一起袭击事件。

（43）2014 年 12 月 18 日西部港口城市荷台达市恐怖自杀式汽车炸弹袭击案。2014 年 12 月 18 日上午，在也门西部港口城市荷台达市，“基地”组织武装分子实施自杀式汽车炸弹袭击，造成至少 18 名胡塞武装组织人员死亡。当时，什叶派胡塞武装组织人员在荷台达机场附近的训练机构集会，遭到自杀式汽车炸弹袭击，爆炸发生后“基地”组织阿拉伯半岛分支宣布制造了袭击事件。这是一周内“基地”组织制造的第二起针对胡塞武装组织的汽车炸弹袭击事件。

（44）2014 年 12 月 31 日南部伊卜省伊卜市恐怖自杀式爆炸袭击案。2014 年 12 月 31 日，在也门南部伊卜省伊卜市文化中心，一名“基地”组织武装分子实施自杀式爆炸袭击，造成 50 人死亡、70 人受伤。当时，什叶派胡塞武装组织在伊卜市举行节日仪式，一名“基地”组织武装分子在准备接受安检时引爆身上的炸药，爆炸发生时约有 40 名胡塞武装组织人员在安检门附近，造成大量人员伤亡，伊卜省省长叶海亚·穆罕默德·阿里亚尼也参加了此次活动，但幸免于难，这是 12 月发生的第三起针对胡塞武装组织的爆炸袭击事件。9 月中旬，来自也门西北部的胡塞武装组织大举进攻也门首都萨那，并占领主要政府机构。在联合国特使斡旋下，胡塞武装组织和也门政府后来签署停火协议，同意立即在萨那市停火，随后胡塞武装组织接管了萨那的防务，其武装人员逐渐进入也门南部各省，并与当地的逊尼派部落及“基地”组织发生武装冲突，造成大量人员伤亡。“基地”组织曾多次采取恐怖袭击方式对胡塞武装组织及其支持者进行报复。

（45）2015 年 1 月 4 日、5 日首都萨那市恐怖炸弹爆炸袭击案。2015 年 1 月 5 日，也门首都萨那，一座被胡塞武装组织用作基地的建筑遭到炸弹爆炸袭击，这座建筑及周围的房屋在爆炸中被损坏，1 人受伤。胡塞武装组织基地遭袭击前一天，萨那还发生了一起炸弹爆炸案，至少 4 人死亡、25 人受伤，死者中包括一名记者，“基地”组织阿拉伯半岛分支宣称对该起袭击案负责。

（46）2015 年 1 月 7 日首都萨那市警校遭恐怖爆炸袭击案。2015 年 1 月 7

日，也门首都萨那一所警校附近发生爆炸，造成至少 50 人死亡、数十人受伤。当时，一名自杀式袭击者引爆了一辆藏有炸弹的面包车，爆炸发生时警校前聚集了数十名考生。

（47）2015 年 3 月 20 日针对清真寺和政府机构的 4 起恐怖爆炸袭击案。2015 年 3 月 20 日，也门发生 4 起针对清真寺和政府机构的爆炸袭击，造成至少 100 多人死亡、数百人受伤，极端组织“伊斯兰国”宣布制造了袭击事件。2015 年 3 月 20 日中午时分，也门首都萨那两座清真寺遭自杀式爆炸袭击，造成 100 多人死亡，数百人受伤，极端组织“伊斯兰国”宣称制造袭击。遇袭的两座遇袭清真寺分别是位于萨那南部的巴德尔清真寺和北部的哈沙胡什清真寺，当天恰逢星期五，许多人正在清真寺内做礼拜，3 名至 4 名自杀式炸弹袭击者发动袭击。其中，一人进入巴德尔清真寺内制造爆炸，当人们恐慌逃离时，另一人在清真寺门口引爆炸弹。同时，一名自杀式袭击者在哈沙胡什清真寺制造爆炸。当天晚些时候，一个所谓“伊斯兰国”也门分支在微博客网站“推特”上发布声明，“认领”制造袭击，并威胁会对胡塞武装发动更多袭击。20 日中午，也门北部萨达省也发生两起爆炸袭击，一起针对政府机构，造成 15 人死亡；另一起发生在清真寺，致死 18 人。

（48）2015 年 6 月 18 日首都萨那市清真寺和什叶派青年运动叛军办公室遭恐怖爆炸袭击案。2015 年 6 月 18 日，也门首都萨那清真寺和什叶派青年运动叛军办公室，遭到极端组织“伊斯兰国”（IS）的多起爆炸袭击，这些爆炸案造成至少 31 人丧生。当时，4 枚汽车炸弹分别是针对 2 座清真寺、叛军政治局总部和一名叛军领袖的房子。安全消息人士和目击者稍早说，发生 5 起爆炸，包括 3 枚汽车炸弹。攻击的目标是 4 座清真寺和一栋叛军官员的房子。

（49）2015 年 6 月 30 日中央监狱囚犯恐怖越狱案。2015 年 6 月 30 日，寻求独立的也门南方武装分子与胡塞族叛军在西南部城市塔伊兹对战，而此时中央监狱的 1200 多名囚犯在震耳欲聋的炮火声中发现监狱守卫一个也不见了，大门居然敞开着，包括“基地”组织成员在内的一千多名囚犯集体越狱。当时，中央监狱附近发生激战，南部武装分子最终控制了该区域，不过是支持前总统萨利赫的胡塞叛军打开了监狱大门。这次越狱已是 2015 年 3 月沙特阿拉伯开始对胡塞叛军进行空袭以来，在也门发生的第三起大规模囚犯越狱，也是规模最大的一次。4 月，“基地”组织占领了也门南部港口城市穆卡拉，包括一名“基地”组织高级武装分子在内的 300 多名囚犯越狱；同时，胡塞叛军也被指故意释放了西南部达勒县的囚犯。各种越狱或许也正为“基地”等恐怖极端组织及时补充新鲜血液和有生力量，武海希本人就是从也门的监狱里逃出来后扛起恐怖主义大旗的。2001 年，武海希逃离阿富汗，后被伊朗方面抓获。伊朗两年后将他移交给也门。2006 年，包括武海希在内的 23 名“基地”组织成员在萨那越狱。2015 年 1 月，法国《沙尔利周刊》遭到武装人员袭击，武海希领导的“基地”组织阿拉伯半岛分支宣称发动了这一袭击事件。武海希之后，“继位”阿拉伯半岛分支的卡西姆·拉伊米，当年他和武海希关押在萨那的同一所监狱里。2006 年 2 月，拉伊米和包括武海希在内的一群囚犯大胆越狱，他们从牢房里通过一条 44 米长的地道逃到附近的一家清真寺。当时有报道说，越狱极大地鼓舞了“基地”组织武装人员，之后他们重新排定座次，为 3 年后的“合并”作准备。2009 年，“基地”组织在沙特和也门的分支合并为阿拉伯半岛“基地”组织，卡西姆·拉伊米被任命为新组织的军事指挥官。所以说，每一次越狱事件后，你都不清楚一个什么样的潘多拉魔盒被打开。

（50）2015 年 7 月 20 日首都萨那市恐怖汽车炸弹袭击案。2015 年 7 月 20 日晚间，也门首都萨那发生汽车炸弹袭击事件，造成至少 8 人死亡、多人受伤。当时，袭击者将一辆装有炸药的汽车停放在什叶派胡塞武装组织高层人员阿布杜拉·卡里姆·库拉尼的住宅附近，当库拉尼的车队经过时发生爆炸，库拉尼和他的 7 名保镖在爆炸中丧生、多人受伤，极端组织“伊斯兰国”在社交网站上发表声明宣布实施了此次袭击。这是 6 月以来在萨那发生的第五起针对什叶派胡塞武装组织的汽车炸弹袭击。

（51）2015 年 9 月 2 日首都萨那市北部清真寺遭 2 起自杀式炸弹袭击案。2015 年 9 月 2 日傍晚，也门首都萨那北部，一名自杀式袭击者在一座清真寺引爆炸弹，附近一辆载满炸药的车辆随即被引爆，导致 30 多人死亡、近百人受伤，极端组织“伊斯兰国”宣称制造了此次袭击。当时，一名绑了爆炸装置腰带的男子在萨那北部地区针对信徒引爆了炸弹，正当大家聚在一起帮助伤者时，另一名攻击者又搭乘一辆载有炸弹的汽车抵达并且引爆了炸弹。

（52）2015 年 9 月 24 日首都萨那市清真寺遭恐怖自杀式爆炸袭击案。2015 年 9 月 24 日，也门首都萨那，一座清真寺遭自杀式爆炸袭击，爆炸造成至少 29 人死亡、数十人受伤。当时，发生爆炸的清真寺位于萨那一所警察学校附近，该地区由也门反政府胡塞武装控制，2 名自杀性袭击者在清真寺引爆身上的炸弹，爆炸发生时清真寺内有伊斯兰教信徒正进行宰牲节祈祷。

（53）2015 年 10 月 6 日南部城市亚丁市恐怖自杀式爆炸袭击案。2015 年 10 月 6 日，极端组织“伊斯兰国”在也门南部城市亚丁实施自杀式爆炸袭击，造成至少 15 名多国联军士兵死亡。该组织派出 4 名武装人员驾驶装有炸药的汽车袭击也门总理和内阁部长居住的酒店以及一处阿拉伯联合酋长国军队使用的军事基地，造成大量人员伤亡。也门总理巴哈和内阁部长没有在爆炸中受伤，并已转移到一处安全的地方。自 2011 年政局动荡以来，也门国内安全局势持续恶化，同属逊尼派的“基地”组织阿拉伯半岛分支和极端组织“伊斯兰国”趁机扩大其在也门的势力范围，并在也门境内频频制造袭击事件。2014 年 9 月，什叶派胡塞武装占领首都萨那，并试图控制也门全境。总统哈迪等被迫逃往也门第二大城市亚丁，继而流亡沙特。2015 年 3 月 26 日，以沙特为首的多国联军对胡塞武装组织发动代号为“果断风暴”的空袭行动。9 月，哈迪、巴哈及内阁成员返回亚丁市。

（54）2016 年 1 月 5 日亚丁市针对也门政府高级官员的恐怖汽车炸弹爆炸袭击案。2016 年 1 月 5 日，也门城市亚丁发生汽车炸弹爆炸事件，目标针对也门政府高级官员，3 名也门政府高官在爆炸中幸存，1 名护卫死亡、8 名护卫受伤。

（55）2016 年 1 月 17 日南部亚丁省安全长官住宅遭恐怖汽车炸弹袭击案。2016 年 1 月 17 日，也门南部亚丁省安全长官的住宅遭到一辆载有爆炸装置的汽车袭击，8 人死亡。当时，安全长官色拉勒准将的住宅大门遭到一辆满载爆炸物的车辆袭击，8 人死亡，其中大多为安保人员，并且包括自杀式袭击者本人，这已经是色拉勒第二次从汽车恐怖袭击中幸免。

（56）2016 年 3 月 25 日亚丁市恐怖自杀式爆炸袭击案。2016 年 3 月 25 日晚间，也门亚丁发生自杀式爆炸袭击，造成至少 25 人死亡、15 人受伤。当时，袭击发生在沙特领导的多国联军驻亚丁总部所在街区，一名自杀式爆炸袭击者在一检查站附近的一辆救护车旁引爆炸弹，该检查站通向沙特和阿联酋两国驻亚丁的主要基地。另有 2 名袭击者在一军事基地的哨所附近发动爆炸袭击，该基地中有数百名沙特和阿联酋军队士兵。这次连环爆炸袭击造成至少 25 人死亡，其中大部分为平民，另有 15 人受伤。爆炸发生后，数十名袭击者试图继续对联军总部发动袭击，但被联军派出的战斗机和直升机击退。

（57）2016 年 4 月 12 日临时首都亚丁市警方检查站遭恐怖自杀式爆炸袭

击案。2016 年 4 月 12 日早上，也门临时首都亚丁一个警方检查站附近发生自杀式爆炸袭击，造成包括袭击者在内的 6 人死亡、10 人受伤。当时，一名身上绑有爆炸物的袭击者冲向警方检查站附近的环岛，造成 5 名新入伍的士兵当场死亡、另有 10 人受伤，袭击的目标显然是这些新兵，他们当时正在检查站附近等待前往军营的大巴车。也门安全部门怀疑袭击者与也门“基地”组织阿拉伯半岛分支有关，他们利用也门南部的政府缺位和安全真空，扩大地盘，发动袭击。

（58）2016 年 4 月 17 日临时首都亚丁市国际机场附近军方检查站遭恐怖自杀式爆炸袭击案。2016 年 4 月 17 日早上，也门临时首都亚丁国际机场附近的一座军方检查站遭自杀式爆炸袭击，造成 4 名军人死亡。当时，一名袭击者驾驶满载炸药的汽车冲向军方检查站，军方阻止了可疑车辆驶往亚丁国际机场，袭击者便驾车冲向了附近的检查站。在爆炸发生几个小时后，亚丁周边另一检查站附近也发现了一辆满载爆炸物的汽车。近几个月，亚丁省暴力事件不断，包括前省长、安全官员和法官在内的多位要员遇袭身亡。

（59）2016 年 5 月 6 日东北部马里卜省集市恐怖自杀式爆炸袭击案、也门中央监狱监狱长遭恐怖袭击案。2016 年 5 月 6 日下午，也门东北部马里卜省，一个集市发生自杀式爆炸袭击，造成至少 6 人死亡、数十人受伤，此次袭击是由一个自杀式爆炸装置实施的。当天，也门中央监狱监狱长及其保镖在亚丁被身份不明枪手杀害，蒙面枪手在街上冲向监狱长并杀害了他和他的保镖。

（60）2016 年 5 月 12 日东南部哈德拉毛省军事基地遭恐怖自杀式爆炸袭击案。2016 年 5 月 12 日，也门东南部哈德拉毛省，一处军事基地遭自杀式爆炸袭击，共造成 16 人死亡、多人受伤，伤者中大多数为拆弹部队的专家，死者中还包括阿联酋士兵。事发时，3 辆载有炸药的汽车冲向位于哈德拉毛省省会穆卡拉郊区的重要军事基地，这起自杀式爆炸袭击可能是由“基地”组织实施的，穆卡拉军事基地是阿联酋军队和也门近来征兵的重要场所。也门政府 4 月对南部“基地”组织发起反恐行动，收复了哈德拉毛省省会穆卡拉等地，随后“基地”组织对也门政府官员发动了多次袭击。

（61）2016 年 5 月 15 日南部哈德拉毛省针对警察的恐怖袭击案。2016 年 5 月 15 日，也门南部哈德拉毛省，警察局附近遭到自杀式爆炸袭击，造成至少 30 人死亡、70 人受伤。当时，一名身穿炸弹背心的袭击者冲向哈德拉毛省省会穆卡拉一个警察局的招募处，正值有许多应征者在等待登记。当天，还发生了一起针对哈德拉毛省警察部队指挥官的路边炸弹袭击，事件发生在该指挥官办公室不远处，该指挥官幸免，但数名保镖身亡。

（62）2016 年 5 月 23 日南部城市亚丁市接连两起恐怖自杀式爆炸袭击案。2016 年 5 月 23 日早上，也门南部城市亚丁接连发生两起自杀式爆炸袭击，造成至少 50 人死亡、20 多人受伤。当时，其中一起袭击的目标是当地装甲旅的新兵军营，袭击者佩戴绑有炸弹的腰带潜入军营，并在人群密集的地方引爆了炸弹，爆炸当场造成 25 人死亡、23 人受伤。与此同时，另一起炸弹袭击发生在亚丁市内巴德尔基地附近的一个新兵征召处，当时许多人正在准备入伍登记，自杀式炸弹客加入了排队等待参军的年轻人队伍中，随后引爆了身上的炸弹，爆炸造成 25 人死亡、多人受伤。也门政府 2016 年 4 月对南部地区"基地"组织发起反恐行动，收复了穆卡拉等地。随后，"基地"组织对也门政府官员和军警发动多次袭击。

（63）2016 年 6 月 27 日南部港口城市穆卡拉多起恐怖爆炸袭击案。2016 年 6 月 27 日日落时分，极端组织"伊斯兰国"在也门南部港口城市穆卡拉实施了多起爆炸袭击，穆卡拉 4 个区域共遭遇了 5 起袭击，造成至少 42 人身亡、37 人受伤。死者包括 40 名士兵、1 位女性以及 1 名儿童。当时，3 次炸弹袭击同时瞄准了穆卡拉的几个检查站。在第一次袭击中，1 名骑着摩托车的自杀式袭击者，在引爆炸弹前询问了士兵是否可以中断斋戒。在这个港口城市的另外 2 片区域，2 名自杀式袭击者徒步靠近士兵，随后引爆了系在腰带上的炸弹。随后不久，在也门一军营入口处，另 2 名自杀式袭击者发动了第四次袭击。根据报道，IS 已宣称对此次袭击负责并在一份声明指出，8 名自杀式袭击者杀害了 50 名也门安全部门的成员。

（64）2016 年 7 月 6 日南部城市亚丁机场军事基地遭两次恐怖炸弹袭击案。2016 年 7 月 6 日，也门南部城市亚丁机场附近一座军事基地遭遇两次炸弹袭击，造成至少 10 人身亡、另有数十人受伤。当天正值伊斯兰教开斋节，袭击者首先引爆了一辆停在军事基地入口附近汽车内的炸弹，接着袭击者趁机驾车闯入军事基地内并引爆了第二枚汽车炸弹。爆炸发生后，军队与 20 多名袭击者展开枪战，随后军方增援部队赶赴现场并将该军事基地封锁。政府军与胡塞武装之间的持续冲突造成也门国内的安全防卫"真空"，"基地"组织在此期间利用这种"真空"局势，控制也门南部和东部大片区域，"伊斯兰国"等其他极端组织也对也门安全部队实施数次造成大规模伤亡的武装袭击。

（65）2016年7月18日东南部城市穆卡拉军事检查站遭恐怖爆炸袭击案。2016年7月18日，也门东南部城市穆卡拉接连发生两起针对军事检查站的爆炸袭击，造成数名军人丧生、15人受伤。当时，一名袭击者驾车闯入穆卡拉市西部的一处军事检查站内，并引爆车上的炸弹，有至少5名军人在袭击中丧生。随后，位于该市市中心的另一处军事检查站内也遭到汽车炸弹袭击。

（66）2016年7月27日马里卜省针对政府军的恐怖爆炸袭击案。2016年7月27日，也门马里卜省发生一起针对政府军的爆炸袭击，造成至少4人死亡、20人受伤。当时，爆炸发生在首府马里卜市的一个集市，袭击目标是来集市购物的政府军士兵。马里卜市位于也门首都萨那以东173公里处，目前由政府军控制，该集市专门出售提神醒脑的“卡特”树叶。但马里卜省有许多区域仍在胡塞武装控制下，双方围绕该省的控制权发生过激烈的战斗。

（67）2016年8月2日南部拉赫季省军事基地遭恐怖汽车炸弹爆炸袭击案。2016年8月2日，也门南部拉赫季省，一个军事基地遭到爆炸袭击，造成6人死亡、10人受伤。当时，爆炸发生在也门南部的拉赫季省，自杀式袭击者使用两辆安装有爆炸装置的汽车实施了此次袭击。也门南部活动着基地组织和“伊斯兰国”恐怖组织，目前这两个组织均未宣称对此次袭击事件负责。

（68）2016年8月29日第二大城市亚丁新兵训练营遭恐怖自杀式爆炸袭击案。2016年8月29日清晨，也门第二大城市亚丁一处新兵训练营遭自杀式爆炸袭击，造成至少45人身亡、60多人受伤，这是近来也门最血腥的袭击。当时，袭击者驾车冲进亚丁城北一所用于训练新兵的学校，随后引爆车上的炸弹，对正在操场集合吃早餐的新兵发起致命袭击，剧烈的爆炸将学校周围的建筑炸裂。遇袭新兵隶属于支持也门现任总统哈迪的民兵武装“人民抵抗委员会”，近两个月来该组织一直在亚丁招募新兵，希望充实兵力，加大打击“基地”组织也门分支、“伊斯兰国”武装等极端组织的力度。联合国人权事务高级专员办公室发布的报告显示，2015年3月至今，也门已有3700多名平民丧生，6700多名平民受伤，另有300多万人逃离家园，至少760万人营养不良。

（69）2016年12月10日南部城市亚丁政府军基地遭恐怖自杀式爆炸袭击案。2016年12月10日下午4时左右，也门南部城市亚丁一处政府军基地遭自杀式爆炸袭击，造成至少50人死亡、70人受伤，事后“伊斯兰国”宣布对袭击负责。遇袭基地邻近亚丁国际机场，当时数百名士兵正在基地门口排队领取津贴，结果发动袭击的“人弹”混入队伍，引爆了绑在腰带上的炸弹。亚丁是也门南部重镇，现由得到国际社会承认的哈迪政府控制。2015 年 7 月，在沙特等多国联军的支援下，效忠哈迪的政府军和部落武装夺回亚丁省，与控制首都萨那的胡塞武装持续对峙。

（70）2016 年 12 月 18 日南部城市亚丁针对军人的恐怖自杀式炸弹袭击案。2016 年 12 月 18 日，也门南部城市亚丁遭到自杀式炸弹袭击，导致至少 30 名也门士兵死亡、众多人员受伤。当时，这些士兵聚集在亚丁东北部的一个基地里，等待领取薪水，一名自杀式炸弹袭击者在附近引爆了炸药。

（71）2017 年 2 月 24 日南部阿比扬省警察局遭恐怖自杀式爆炸袭击案。2017 年 2 月 24 日，也门南部阿比扬省一座警察局遭自杀式爆炸袭击，导致至少 10 人死亡、20 人受伤。当时，多名疑似“基地”组织武装人员袭击阿比扬省省会津吉巴尔警察总局，袭击者驾驶载有炸药的汽车冲闯警察总局，造成重大人员伤亡，警察总局周边民居也遭到波及。2009 年，“基地”组织沙特阿拉伯和也门的分支合并为“基地”组织阿拉伯半岛分支。2011 年，也门国内发生动乱导致政权更迭，局势持续动荡，“基地”组织阿拉伯半岛分支趁机扩大在也门的势力范围。阿比扬省即为“基地”组织活跃地区之一。

（72）2017 年 7 月 2 日中部马里卜省古代神庙外恐怖自杀式汽车炸弹袭击案。2017 年 7 月 2 日下午，也门中部马里卜省一座古代神庙外发生自杀式汽车炸弹袭击事件，导致 7 名西班牙游客和 2 名当地人员遇难，另有 8 人受伤。2017 年 7 月 4 日晚上，也门安全部队在首都萨那击毙一名埃及籍恐怖分子。被击毙的埃及籍恐怖分子叫拜斯尤尼·达维达尔，他参与策划组织了 7 月 2 日发生在马里卜省的恐怖袭击事件。达维达尔正藏匿在萨那北郊的一栋建筑物内，安全部队闻讯立即对该建筑物进行突袭以将其捉拿归案，达维达尔凭借建筑物负隅顽抗，向安全部队投掷炸弹，安全部队开枪将其当场击毙，1 名军官和 5 名士兵在行动中受伤。安全部队在搜查建筑物时查获了大量爆炸物和伪造证件。

14. 格鲁吉亚的恐怖犯罪

（1）2010 年 12 月 4 日逮捕 6 名涉嫌制造多起恐怖爆炸袭击的嫌疑人。2010 年 12 月 4 日，格鲁吉亚逮捕了 6 名涉嫌制造多起爆炸袭击的嫌疑人，6 名嫌疑人均为格鲁吉亚公民、4 男 2 女，执法人员在他们的寓所内查获了炸药和武器，幕后主使为一名俄罗斯军官，格鲁吉亚希望俄罗斯就案件调查与格方合作。被捕6人涉嫌2010年9月至11月期间制造6起爆炸袭击：在11月的一起袭击中，爆炸物在格鲁吉亚反对党工党总部大楼外爆炸，致使1名女子身亡；另5起爆炸未致人员死亡，其中一起爆炸发生于美国驻格鲁吉亚大使馆外。6名嫌疑人在阿布哈兹受俄罗斯军官叶夫根尼·鲍里索夫招募。俄罗斯方面则否认这些人为俄方搜集情报，指责格方导演这出“政治闹剧”意在败坏俄方声誉。

（2）2011年9月21日阿布哈兹共和国首府苏呼米汽车遭恐怖爆炸袭击案。2011年9月21日，格鲁吉亚阿布哈兹共和国首府苏呼米发生一起汽车爆炸事件，造成1人死亡、1人受伤。当时，一名来自俄西南部卡巴尔达—巴尔卡尔共和国的公民在驾驶汽车前往苏呼米市中心途中突遇车内爆炸物爆炸，他本人当场身亡，与其同在车内的妻子受伤。此次爆炸威力相当于200克TNT的量。

（3）2012年2月13日以色列驻格鲁吉亚首都第比利斯使馆汽车遭恐怖爆炸袭击未遂案。2012年2月13日，以色列驻格鲁吉亚首都第比利斯使馆的一辆汽车的车底发现炸弹，格鲁吉亚警方接警后拆除炸弹。被成功拆除爆炸装置的汽车并不属于以色列使馆，而是为以使馆驾车的格鲁吉亚籍司机个人的车辆，格鲁吉亚14日表态将追查以色列驻两国使馆遭炸弹威胁的“幕后策划人”。

（4）2012年2月22日3名格鲁吉亚军队服役人员在阿富汗遇恐怖爆炸袭击案。2012年2月22日，3名格鲁吉亚军队服役人员在阿富汗遇袭死亡。当时，3名士兵所乘坐的汽车在阿富汗南部赫尔曼德省遭遇塔利班武装分子爆炸袭击。

（5）2012年8月29日格俄边境地区恐怖袭击案。2012年8月29日，在格俄边境地区，格鲁吉亚内务部队与不明身份的武装分子交火，造成11名武装分子与3名格特种部队士兵死亡，格方还有5名士兵受伤。近日，20多名全副武装的武装分子从俄达吉斯坦进入格鲁吉亚境内，抓获当地近十名居民当人质，5人被释放，但仍有数人被扣押。为此，格内务部队和军方共出动200名军人，封锁峡谷和边境地区，还用直升机进行空中巡逻，展开行动解救人质。但俄强力部门表示，近日并没有发现有任何非法越境现象，格方经常发表这种挑衅性声明，从而造成俄格边境局势紧张。

(6) 2013年6月6日阿富汗南部针对北约国际安全援助部队一个基地的恐怖自杀式爆炸袭击案。2013年6月6日下午4点左右，阿富汗南部发生自杀式爆炸袭击，造成7名格鲁吉亚士兵死亡、9人受伤。袭击发生在赫尔曼德省一个军事基地外，一辆卡车发生爆炸。当时，一名“伊斯兰酋长国”的武装人员在北约国际安全援助部队一个基地内，引爆了一辆满载炸药的卡车。这次袭击事件使得在国际安全援助部队服役格鲁吉亚士兵的死亡人数上升到30人。格鲁吉亚政府宣布7日全国哀悼，应格鲁吉亚总理的要求，国防部长阿拉萨尼亚缩短了对布鲁塞尔的访问行程，前往阿富汗进行访问。阿拉萨尼亚与阿富汗国防部长默罕默迪举行了会谈，并探望了在袭击事件中受伤的士兵。

(7) 2016年8月20日成功挫败一起针对天然气管道的恐怖袭击图谋。2016年8月20日，格安全部门成功挫败一起针对天然气管道的恐怖袭击图谋，5名格鲁吉亚人因涉嫌组织和策划炸毁首都第比利斯附近的萨古拉莫村的一段天然气管道被逮捕，这段天然气管道是俄罗斯输往亚美尼亚天然气管道位于格鲁吉亚境内的一部分。这5人是在赞瓦利-沙提利公路附近运输炸药和爆炸装置时被警方逮捕的，他们将因涉嫌“以进行恐怖袭击为目的而非法持有武器”的罪名被起诉，另有一名警察和一名格鲁吉亚人分别被以“以权谋私”和“隐匿不报”罪名拘捕。格安全部门成功阻止一起恐怖袭击图谋，从而“避免了一场巨大灾难”。

15. 亚美尼亚的恐怖犯罪

(1) 2015年11月25日捣毁涉恐团伙。2015年11月25日，亚美尼亚警方在首都埃里温捣毁一个涉嫌组织恐怖活动的犯罪团伙，并缴获大量武器。据当地媒体报道，警方接到情报后，立即展开行动，在埃里温将涉嫌组织恐怖活动的10名犯罪嫌疑人当场抓获，并缴获大量武器，包括冲锋枪、手枪、手榴弹及爆炸装备等。犯罪嫌疑人有7名男性和3名女性，为首的名叫阿图尔·瓦尔丹扬，是亚美尼亚国籍，其他成员多来自国外。亚美尼亚相关专家表示，亚美尼亚地理位置毗邻中东，处在恐怖活动的“爆发点”，不可避免受到恐怖活动的威胁。

(2) 2016年4月25日首都埃里温公共汽车遭恐怖爆炸袭击案。2016年4月25日晚间，亚美尼亚首都埃里温发生公共汽车爆炸，导致3名游客死亡、6人受伤。当时，埃里温市街上的一辆公共客车发生爆炸，爆炸装置可能放在乘客座位下或者被一名乘客持有。由于公交车是柴油动力，天然气不可能是爆炸原因。

（3）2016 年 7 月 17 日首都埃里温埃列布尼区警察局遭恐怖袭击案。2016 年 7 月 17 日早上，亚美尼亚首都埃里温埃列布尼区的一处警察局被一群武装人员占领了，并有人质被劫持，被挟持人质中包括该警察局副局长。为了解救人质，亚美尼亚护法机关“不得不采取了必要措施”，已有 2 名人质在警方的特殊行动中获救，但有警员死伤，1 名警察牺牲、2 人受伤。

16. 阿塞拜疆的恐怖犯罪

2012 年 5 月 22 日挫败一起恐怖袭击阴谋。2012 年 5 月 22 日，承办欧洲电视歌唱大赛期间，阿塞拜疆挫败一起恐怖袭击阴谋，逮捕数十名嫌疑人。本月 22 日至 26 日第 57 届欧洲电视歌唱大赛在巴库举行，决赛阶段有 26 个国家的选手参加。这一团伙的主要图谋是歌唱大赛期间在首都巴库策划恐怖袭击，袭击目标包括举办大赛的音乐厅、阿塞拜疆总统伊尔哈姆·阿利耶夫、多处警察局、多家外国人入住的饭店以及多处宗教场所，他们弄到歌唱大赛门票，打算在巴库水晶厅发动恐怖袭击。安全部门人员在巴库、甘贾、苏姆加利特以及其他多个地方抓捕嫌疑人，同时查获大量武器和爆炸物。部分嫌疑人武力拒捕，2 人遭击毙，都是阿塞拜疆人。

17. 土耳其的恐怖犯罪

（1）2012 年 8 月 20 日东南部加济安泰普省警察中心遭恐怖爆炸袭击案。2012 年 8 月 20 日 19 点 45 分，土耳其东南部加济安泰普省，一个警察中心附近发生爆炸事件，造成至少 8 人死亡、61 人受伤。当时，一辆满载爆炸物的卡车停在这所警察中心附近，车上爆炸物突然被引爆，当即造成两辆大巴士和一辆小轿车着火。连日来土耳其安全部队在土耳其东部和东南部地区不断遭到袭击，土耳其军方已在多处采取军事行动，打击库尔德工人党武装。20 日上午，土耳其军队一辆装甲车在土东南部哈卡里省至凡省的公路上执行任务时，遭到库尔德工人党武装埋设的遥控地雷袭击，造成 2 名士兵死亡，1 名士兵受重伤。库尔德工人党成立于 1979 年，试图通过武力在土耳其东部、东南部与伊拉克、伊朗和叙利亚交界的库尔德人聚居区建立独立国家。该组织 1980 年被土耳其政府取缔，其武装人员现多集中在伊拉克北部地区，经常潜入土耳其境内实施袭击。

（2）2012 年 10 月 16 日东南部地区民兵哨所与军事设施遭恐怖袭击案。

2012年10月16日夜间，土耳其东南部地区，土耳其库尔德反政府武装分子袭击了一个民兵哨所与一个军事设施，造成3名士兵死亡，3名库尔德武装分子被打死。当时，反政府武装分子同时发动了这两次袭击，他们动用了重型武器与火箭发射器。政府军开炮还击，并出动了武装直升机。

（3）2012年11月4日东南部地区哈卡里省谢姆丁利市警方装甲车遭恐怖汽车炸弹爆炸袭击案。2012年11月4日晚，土耳其东南部地区哈卡里省谢姆丁利市，一辆警方装甲车发生汽车炸弹爆炸事件，造成1人死亡、18人受伤。爆炸发生在土耳其邻近伊拉克边境的哈卡里省谢姆丁利市，由于爆炸发生时附近有婚礼举行，造成多人死伤，死者是一名11岁男童，此次事件不排除是库尔德工人党的武装分子所为。

（4）2013年2月11日土耳其边境的吉韦格祖关卡恐怖汽车炸弹袭击案。2013年2月11日，土耳其南部哈塔伊省靠近叙利亚的吉韦格祖关卡发生一起汽车爆炸事件，造成14人死亡、25人受伤。发生爆炸事件的吉韦格祖关卡曾是土耳其和叙利亚之间重要的贸易口岸，也是叙利亚人进入土耳其的主要关口。叙利亚危机爆发之后，该口岸成了叙利亚难民进入土耳其和人道主义物质运往叙利亚的重要通道。土耳其警方逮捕了策划此次爆炸事件的5名嫌疑人，其中4人是叙利亚籍、1人是土耳其公民，他们中的两个人，就是炸弹被引爆之前从汽车里出来的，有1人是组织者，还有1人正在抓捕中。

（5）2013年5月11日边境雷伊汉勒市2起恐怖汽车炸弹爆炸袭击案。2013年5月11日，土耳其靠近叙利亚边境的雷伊汉勒市接连发生两起汽车炸弹爆炸袭击，导致51人死亡、140多人受伤，遇难者多为土耳其人。袭击发生于土耳其哈塔伊省雷伊汉勒，两辆汽车的爆炸位置邻近当地政府大楼和邮政局。当时，2个汽车炸弹被放置在雷伊汉勒市政厅和邮局的外面，13时45分左右，第一枚汽车炸弹发生爆炸；在15分钟后，第二个汽车炸弹爆炸，第二次爆炸袭击这可能是试图攻击那些想要帮助第一次爆炸中受伤者的人们。伊汉勒有人口大约6万，邻近叙利亚反对派控制的巴卜海瓦边检站。土耳其政府认为与叙利亚有关联的武装组织实施袭击，已有9名土耳其嫌疑人在首都安卡拉被捕。11日爆炸是叙利亚冲突爆发两年多来，土耳其发生的致死人数最多的袭击。土耳其外交部部长艾哈迈德·达武特奥卢说，袭击发生于叙利亚危机加重之时，是对土耳其的挑衅。爆炸引起雷伊汉勒居民恐慌，大批居民试图逃离。

（6）2015 年 1 月 1 日伊斯坦布尔市总理办公室遭恐怖袭击案。2015 年 1 月 1 日，在土耳其伊斯坦布尔市总理办公室附近，一名男子扔掷手榴弹并持枪开火，被警方制服。现场位于伊斯坦布尔的总理办公室附近，一名被怀疑是恐怖分子的人向总理办公室开枪和投掷手榴弹，手榴弹没有爆炸，事件中无人受伤。事发后，大批警员马上把疑犯制服在地，将他逮捕并封锁现场调查。炸弹处理小组也奉召到场，销毁爆炸装置。警方表示，疑犯涉嫌是恐怖组织成员，他之前曾经入狱。他计划向总理办公室外的警员施袭，他身上还有自动武器、两枚手榴弹和土制炸弹。

（7）2015 年 1 月 6 日伊斯坦布尔一处旅游区的警局遭恐怖自杀式炸弹袭击案。2015 年 1 月 6 日，土耳其伊斯坦布尔，一处旅游区的警局遭到一名男子的自杀式炸弹袭击，致 2 名警察一死一伤。该国警局遭遇数日来第二起自杀式袭击事件。当时，一名女性自杀式袭击者在伊斯坦布尔一处旅游区的警察局发起攻击，她出现在事发警局称自己丢了钱包，随后引爆了炸弹。警方还在该女性自杀式袭击者身上拆除了两枚爆炸装置，这名发起自杀式袭击的女性年约 20 岁，为“极左”团体成员。

（8）2015 年 1 月 10 日伊斯坦布尔东部郊区商场遭恐怖炸弹袭击未遂案。2015 年 1 月 10 日，土耳其伊斯坦布尔东部郊区，一家商场险遭简易炸弹袭击。这家商场发现一枚简易炸弹，警方随即赶到拆除，尚没有人员或组织宣称放置炸弹，警方还在邻近的一家商场拆除了可能装有爆炸性丁烷的装置。这是本月以来伊斯坦布尔遭遇的第三起恐怖袭击图谋。本月 1 日，一名男子在土耳其总理办公室附近扔掷手榴弹并持枪开火，被警方制服；6 日，一名男子发起自杀式炸弹袭击，致 2 名警察一死一伤。

（9）2015 年 7 月 20 日东南靠近叙利亚边境的叙吕奇镇文化中心遭恐怖爆炸袭击案。2015 年 7 月 20 日中午 11 时 45 分左右，土耳其东南部靠近叙利亚边境的叙吕奇镇，一个文化中心发生爆炸，造成 27 人死亡、近百人受伤。爆炸发生地点在镇文化中心的花园，当时 300 多人正在花园里聚餐喝茶开会，突然发生爆炸后，周围建筑物门窗的玻璃都被震碎。这起爆炸很可能是自杀式袭击，土耳其政府把这次爆炸定性为恐怖袭击，可能是“伊斯兰国”发动的自杀式袭击。叙吕奇镇距离土叙边界大约 10 公里，边界另一边即是“伊斯兰国”武装与库尔德族武装激烈争夺的重镇艾因阿拉伯。“叙利亚人权观察”组织报告，叙吕奇爆炸案发生后，艾因阿拉伯南部一个检查站遭炸弹袭击，2

名库尔德族武装人员丧生。

（10）2015 年 9 月 6 日东部哈卡里省达格勒贾地区军方汽车遭恐怖地雷袭击案。2015 年 9 月 6 日，土耳其军方两辆汽车在东部哈卡里省达格勒贾地区遭库尔德工人党武装地雷袭击，16 名士兵死亡、6 名士兵受伤。土军方随后出动战机轰炸伊拉克北部 13 个库尔德工人党武装据点，炸死 35 名武装人员。当时，袭击发生在土耳其与伊朗和伊拉克边境附近的达格勒贾地区，武装分子在地雷爆炸后向军方开枪。

（11）2015 年 9 月 8 日东部厄德尔省警方汽车遭恐怖炸弹袭击案。2015 年 9 月 8 日早晨，土耳其东部厄德尔省，警方一辆汽车遭遇炸弹袭击，11 名警员遇难、多人受伤。当时，搭载警员的汽车在前往土耳其与阿塞拜疆交界的边哨执行守备任务时遭遇埋设的炸弹袭击，土耳其警方认为这是反政府的库尔德工人党武装所为。

（12）2015 年 10 月 10 日首都安卡拉火车站附近的集会遭两起恐怖自杀式炸弹袭击案。2015 年 10 月 10 日上午 10 点过后不久，首都安卡拉火车站附近的一场集会中发生两起自杀式炸弹袭击，共造成 130 人死亡，这起袭击据信由极端恐怖组织“伊斯兰国”（IS）实施。当时，有数百人聚在一起举行计划中的“和平”游行，抗议土耳其安全部队与土耳其东南的库尔德武装分子之间发生的冲突。

（13）2015 年 12 月 1 日最大城市伊斯坦布尔地铁站附近恐怖爆炸袭击案。2015 年 12 月 1 日下午 5 时 30 分左右，土耳其最大城市伊斯坦布尔“百瑞巴沙”地铁附近发生爆炸，造成 1 人轻伤。当时，一枚可能是自制的集束炸弹在伊斯坦布尔市贝拉姆帕萨区“百瑞巴沙”地铁站附近的天桥屏障处爆炸，造成 1 人轻伤，爆炸造成一些过往车辆的车窗玻璃被震碎，一列在地面运行的地铁列车的车窗玻璃也被震碎，导致地铁一度停运。

（14）2015 年 12 月 23 日伊斯坦布尔萨比哈 · 格克琴机场遭恐怖爆炸袭击案。2015 年 12 月 23 日凌晨 2 点 5 分，土耳其伊斯坦布尔萨比哈 · 格克琴机场发生爆炸，造成附近一架飞机上的 2 名清洁人员受伤。爆炸发生时，事发区域没有乘客，一名清洁人员头部受伤，伤情严重，另一人手部受伤。

（15）2016 年 1 月 12 日最大城市伊斯坦布尔市中心苏丹艾哈迈德广场遭恐怖爆炸袭击案。2016 年 1 月 12 日上午 10 时，土耳其最大城市伊斯坦布尔市中心的苏丹艾哈迈德广场，发生恐怖爆炸袭击事件，造成 11 名德国游客遇难、至少 15 人受伤。当时，爆炸或由一名自杀式炸弹袭击者引爆，爆炸发生的广场毗邻伊斯坦布尔著名景点蓝色清真寺，这是游客聚集的主要区域之一。

（16）2016 年 1 月 13 日迪亚巴克尔省警察局遭恐怖汽车炸弹袭击案。2016 年 1 月 13 日，也就是伊斯坦布尔爆炸的次日，土耳其迪亚巴克尔省一个警察局遭到汽车炸弹袭击，造成至少 5 人死亡、39 人受伤，遇难者中包括 1 名女性和 1 个孩子。爆炸发生在该国东南部迪亚巴克尔省，一辆装有爆炸物的汽车在一家警察局附近发生爆炸，爆炸发生在警察局入口处，并造成邻近居民房屋受损，土耳其指责库尔德工人党发动了该袭击。

（17）2016 年 1 月 18 日边境地区学校遭恐怖迫击炮袭击案。2016 年 1 月 18 日，土耳其与叙利亚接壤的边境地区，一所学校遭到迫击炮袭击，造成至少 4 人受伤、至少 1 人遇难。这所学校位于土耳其一个靠近叙利亚边境的小城上，炮弹来自于叙利亚一侧。

（18）2016 年 2 月 17 日安卡拉市恐怖汽车炸弹爆炸袭击案。2016 年 2 月 17 日晚，安卡拉市中心红新月广场附近发生汽车炸弹爆炸袭击，导致 29 人死亡、61 人受伤。同库尔德工人党有关联的组织“库尔德自由之鹰”宣称实施袭击。18 日上午，一辆正在迪亚巴克尔省执行任务的军车在行驶途中，遭遇库尔德工人党武装人员的自制炸弹袭击，6 名土安全部队士兵死亡、1 人受伤。爆炸案嫌疑人名为萨利赫·纳杰尔，叙利亚人，在库尔德武装的协助下发动这次袭击，土耳其将对这些武装组织展开报复。库尔德武装否认制造爆炸事件，反指土耳其方面企图利用这一说法出兵叙利亚。安卡拉爆炸发生数小时后，土耳其空军越境对伊拉克北部的库尔德武装据点发动空袭，命中库尔德工人党 60 名至 70 名武装人员。

（19）2016 年 2 月 18 日东南部迪亚巴克尔省军车遭恐怖炸弹袭击案。2016 年 2 月 18 日上午，土耳其东南部迪亚巴克尔省，一辆军车遭到炸弹袭击，6 名土安全部队士兵死亡，另有 1 人受伤。当时，一辆正在迪亚巴克尔省执行任务的军车在行驶途中，遭遇库尔德工人党武装人员的自制炸弹袭击。迪亚巴克尔省是库尔德人聚居区，过去半年，这里曾多次发生暴力冲突。

（20）2016 年 3 月 13 日安卡拉市中心遭恐怖汽车炸弹袭击案。2016 年 3 月 13 日晚 18 时 35 分，土耳其首都安卡拉市中心，红新月广场附近的一处公交车站发生汽车炸弹爆炸事件，造成至少 34 人死亡、约 125 人受伤，这是不到一个月内土耳其遇到的第二次袭击。爆炸发生在安卡拉的主要大道上，靠近安卡拉的吉齐雷广场，爆炸的发生地附近是公园附近的公共汽车站，爆炸是由汽车炸弹引起的，发生爆炸的车站附近有不少行政机构，包括司法和内务部门的多栋建筑、一个警察局、一个法院，部分建筑物在爆炸中受损。一辆被认为是满载炸药的车引爆了接近的一辆公共汽车，然后几辆车都着火。爆炸地点叫作阿塔图尔克大道，其中阿塔图尔克字面意思是“土耳其国父”，特指土耳其共和国缔造者凯末尔。

（21）2016 年 3 月 18 日东南部马尔丁省警方装甲车遭恐怖炸弹袭击案。2016 年 3 月 18 日中午，在土耳其东南部马尔丁省，一辆土耳其警方装甲车遭炸弹袭击，1 名警察死亡、3 名警察受伤。当时，一辆警方装甲车在马尔丁省的努赛宾地区执行打击库尔德工人党的行动时遭遇埋设的炸弹袭击，车辆严重受损，警员 1 死 3 伤。

（22）2016 年 3 月 19 日最大城市伊斯坦布尔市中心步行街恐怖自杀式爆炸袭击案。2016 年 3 月 19 日，土耳其最大城市伊斯坦布尔市中心，一条步行街发生自杀式爆炸袭击，造成包括袭击者本人在内的 5 人死亡、36 人受伤，其中 4 名外国人在爆炸袭击中死亡，他们是 3 名以色列人和 1 名伊朗人，伤者包括来自爱尔兰、阿联酋、以色列、德国、伊朗和冰岛 6 个国家的游客。爆炸发生地“独立大街”是当地繁华的商业旅游区，外国游客也经常光顾。德国驻土耳其使领馆日前发布安全警报，同时关闭了在土耳其的使领馆和德国学校。最近数月土耳其境内恐怖袭击频发，首都安卡拉近半年来已遭遇 3 次爆炸袭击，最近一次发生在 3 月 13 日，导致 37 人丧生。2016 年 1 月，伊斯坦布尔旅游景区苏丹艾哈迈德广场发生自杀式袭击，造成 12 名德国游客遇难。

（23）2016 年 3 月 22 日多地安全部队遭恐怖袭击案。2016 年 3 月 22 日，土耳其安全部队在东南部遭库尔德工人党武装袭击，造成 3 名警察和 2 名士兵死亡，另有 19 人受伤。当时，土耳其安全部队在哈卡里省于克塞科瓦地区执行反恐任务时与库尔德工人党武装分子交火，造成 2 名警察和 1 名士兵死亡，另有 9 名安全部队人员受伤。当天上午，土耳其安全部队 2 辆装甲车分别在马尔丁省努赛宾地区和马泽达厄地区遭库尔德工人党武装埋设的路边炸弹袭击，造成 1 名警察和 1 名士兵死亡，另有 10 名安全部队人员受伤。

（24）2016 年 3 月 31 日迪亚巴克尔市警车遭恐怖爆炸袭击案。2016 年 3 月 31 日下午，迪亚巴克尔市一辆警车遭爆炸袭击事件，造成 7 名警察死亡，另有包括13名警察在内的27人受伤。当时，一辆警方的通勤巴士行驶至迪亚巴克尔市巴拉尔区的一个公交中心附近，遭库尔德工人党武装分子制造的爆炸袭击，停在路边的一辆装有爆炸物的小汽车在警车经过时被引爆，除警方通勤巴士外，附近的多辆汽车和建筑也不同程度受损。

（25）2016年4月11日东南部迪亚巴克尔省哈尼区宪兵所遭恐怖汽车炸弹袭击案。2016年4月11日晚上，土耳其东南部迪亚巴克尔省哈尼区的一个宪兵所遭库尔德工人党武装分子汽车炸弹袭击，多名士兵受伤。当时，一辆汽车在邻近宪兵所的位置爆炸，导致多名士兵受伤，周边建筑物受损。随后，库尔德工人党武装分子与土耳其宪兵发生武装冲突。

（26）2016年4月27日西北部城市布尔萨恐怖自杀式爆炸袭击案。2016年4月27日，土耳其西北部城市布尔萨发生自杀式爆炸袭击，造成十余人死伤。爆炸发生在布尔萨市中心的一座清真寺附近，清真寺内正在举行葬礼祈祷仪式，爆炸系一名女性自杀式袭击者所为，除自杀式袭击者在爆炸中丧生外，爆炸还造成17人受伤。2016年以来，土耳其已遭遇4起自杀式爆炸袭击，袭击尤其集中在土耳其首都安卡拉以及最大城市伊斯坦布尔，造成重大人员伤亡。“伊斯兰国”已宣称对其中的两起爆炸事件负责。与此同时，“伊斯兰国”组织在叙北部控制区域频繁发射火箭炮，对土边境地区予以袭击。有统计数据显示，自2016年1月18日以来，共有45枚火箭弹从叙境内“伊斯兰国”控制区发射至土耳其东南部基利斯省，造成18人丧生、60余人受伤。

（27）2016年5月10日东南部城市迪亚巴克尔市针对警车的恐怖炸弹袭击案。2016年5月10日下午，土耳其东南部城市迪亚巴克尔市中心发生一起针对警车的炸弹袭击，3人在爆炸中死亡、45人受伤，伤者中包括12名警察。当时，一辆中型警车行驶到该市一个茶园附近，遭遇汽车炸弹袭击。这是一个多月来该市发生的第二起袭警事件，由于事发地有不少平民，所以伤者众多，附近的建筑物和车辆也受到不同程度的损坏。大部分为库尔德人的土耳其东南部一直处于斗争之中，从2015年夏季以来，当地安全武装人员及反对派几乎每天都会发生冲突。同样位于土耳其东南部的凡城，5月10日发生人工炸弹袭击，2名警察因此丧生。此外，在临近的马尔丁省，5名士兵当天因为车队遭遇炸弹袭击而受伤。最近数月，土耳其境内恐怖袭击频发，首都安卡拉和最大城市伊斯坦布尔已经发生多起自杀式爆炸袭击，造成重大人员伤亡。

（28）2016年5月18日哈卡里省政府军车队遭恐怖爆炸袭击案。2016年5月18日，土耳其哈卡里省，谋求独立的库尔德人武装伏击了土耳其政府军的车队，导致4~6名士兵死亡，另有9名士兵重伤。当时，库尔德武装埋设了大约一吨重的炸药，估计是用类似化肥的简单原料自行生产的炸药，威力当然要比军用级炸药差一些，不过总量不少，被炸飞的是土耳其BMC公司生产的Kirpi防地雷装甲车。

（29）2016年6月7日伊斯坦布尔法蒂赫区针对警察的恐怖汽车炸弹爆炸袭击案。2016年6月7日上午，土耳其最大城市伊斯坦布尔，法蒂赫区发生一起针对警察的汽车炸弹爆炸袭击，造成包括7名警察在内的11人死亡、36人受伤，"库尔德自由之鹰"宣称实施了该袭击。当时，警方大巴汽车遭炸弹袭击，爆炸发生在伊斯坦布尔法蒂赫区，当防暴警察的大巴驶过时，一辆停放在附近的小汽车发生爆炸。土耳其安全形势近来恶化，伊斯坦布尔和首都安卡拉等城市频遭恐怖袭击。2016年1月，伊斯坦布尔著名旅游景区苏丹艾哈迈德广场发生自杀式袭击；3月，伊斯坦布尔繁华的独立大街发生自杀式炸弹袭击。

（30）2016年6月28日伊斯坦布尔阿塔图尔克国际机场遭恐怖爆炸袭击案。2016年6月28日晚，土耳其最大城市伊斯坦布尔的阿塔图尔克国际机场发生自杀式爆炸袭击，导致41人死亡，其中37人身份已确认，另有239人受伤，这是伊斯坦布尔2016年以来遭受的伤亡最惨重的袭击。有迹象表明"伊斯兰国"发动了袭击，共有4人参与了此次袭击，3名袭击者携带武器乘坐一辆出租车来到机场，开枪并引爆炸弹。一名袭击者试图持枪闯入机场，在安检处被警员发觉，随即开枪，然后被击中。混乱中，第二名袭击者开始射击，随后引爆炸弹。第三名袭击者跑出航站楼，在出租车等候处引爆炸弹。土耳其近年来遭受的重大袭击主要由"伊斯兰国"和库尔德武装发起。不过，库尔德武装的袭击特点是针对政府和军事目标，"伊斯兰国"更倾向于对平民目标下手，此次选择重要旅游中转站、欧洲最繁忙机场中列第三位的阿塔图尔克国际机场为目标，与"伊斯兰国"惯用伎俩吻合。

（31）2016年7月9日哈卡里省谢姆丁利区巡逻军人装甲车遭恐怖炸弹爆炸袭击案。2016年7月9日中午，在土耳其哈卡里省谢姆丁利区，一辆载有道路巡逻军人的装甲车遭到自制爆炸装置的爆炸袭击，造成4名军人牺牲、1

人受伤。当时，装甲巡逻车穿越谢姆丁利区的街道时，库尔德工人党成员引爆了自制的爆炸装置。

（32）2016 年 7 月 29 日东南部哈卡里省军事设施遭恐怖袭击案。2016 年 7 月 29 日，库尔德工人党武装分子袭击了土耳其东南部哈卡里省的一个军事设施，造成 8 名土耳其士兵死亡、25 名士兵受伤。土耳其军方 7 月 30 日通过空袭和地面行动在哈卡里省打死 35 名库尔德工人党武装分子。

（33）2016 年 8 月 1 日东部宾格尔省警方一辆通勤车遭恐怖爆炸袭击案。2016 年 8 月 1 日 17 时 45 分，土耳其东部宾格尔省，警方一辆通勤车遭库尔德工人党武装分子爆炸袭击，造成 6 名警察死亡、4 名警察受伤。当时，一辆土耳其警方通勤巴士在前往宾格尔省宾格尔市机场途中遭库尔德工人党武装分子设置的爆炸物袭击，造成车上 6 名警察死亡、4 名警察受伤，通勤巴士严重损毁。

（34）2016 年 8 月 11 日针对警察和士兵的数起恐怖袭击案。2016 年 8 月 11 日，土耳其发生了数起针对该国警察和士兵的袭击，造成至少 12 人死亡，多次袭击均由库尔德工人党武装分子发动。在克孜勒泰佩的袭击中，一辆警车被路边炸弹击中，造成 3 人死亡、至少 25 人受伤，其中包括至少 5 名年龄在 2~5 岁的儿童。就在这起袭击发生的同时，迪亚巴克尔市一处安检站发生了汽车炸弹袭击，造成至少 5 名平民丧生、12 人受伤。就在这两起爆炸发生前几小时，土耳其和伊拉克边境附近发生了另外一起袭击，造成 4 名士兵死亡、9 人受伤。这起事件的袭击目标是军方车辆，袭击者使用的是简易炸弹，还有火箭弹从伊拉克北部发射过来。

库尔德工人党和土耳其安全部队之间的冲突在去年的短暂停火之后“死灰复燃”，库尔德工人党方面经常制造针对警方和军队的炸弹袭击。据统计，自 2015 年夏天双方恢复敌对状态之后，已有超过 600 名土耳其安全人员、数千库尔德工人党武装人员以及数百名平民丧生。除了库尔德工人党不时制造袭击之外，土耳其还面临着来自极端组织“伊斯兰国”（IS）的威胁。

（35）2016 年 8 月 15 日东南部迪亚巴克尔市针对警察的恐怖爆炸袭击案。2016 年 8 月 15 日 13 时许，土耳其东南部迪亚巴克尔市发生针对警察的爆炸袭击，造成 8 人死亡、包括 8 名警察在内的 25 人受伤。当时，迪亚巴克尔市一个村庄的交警检查总站遭遇汽车炸弹袭击，交警检查总站大楼遭到损毁，这次袭击是由库尔德工人党武装分子发动的。2015 年 7 月以来，库尔德工人党武装频频制造针对土耳其军警的袭击事件。

(36) 2016 年 8 月 17 日、18 日多地针对警察的恐怖炸弹袭击案。2016 年 8 月 17 日 23 时许，土耳其东部凡城发生针对警察的汽车炸弹袭击事件，袭击造成 3 名平民死亡、包括 2 名警察在内的 40 人受伤。当时，库尔德工人党武装分子在土耳其东部凡城一警局附近引爆汽车炸弹，并向警局开枪射击，这个警局也是凡城的警察总部，袭击导致爆炸现场周边多栋建筑窗户玻璃损坏，汽车爆炸后的碎片散落数百米远。2016 年 8 月 18 日清晨，土耳其中东部省份埃拉泽省埃拉泽市，一个当地警察局发生爆炸袭击，造成数人受伤。库尔德武装分子近几个月来频繁在土耳其东南部地区发动炸弹袭击。

(37) 2016 年 8 月 20 日加济安泰普市婚礼庆祝遭恐怖爆炸袭击案。2016 年 8 月 20 日 23 时左右，土耳其东南部靠近叙利亚边境的加济安泰普市发生惨案，一个婚礼庆祝现场遭遇炸弹袭击，已有 51 人在袭击中死亡，另有 69 人受伤。这起袭击发生在加济安泰普市库尔德人聚居区沙欣贝伊，正在参加婚礼的人群上街庆祝时，遭遇炸弹袭击。这起爆炸袭击的实施者是一名青少年，证据显示是极端组织“伊斯兰国”所为，袭击手法应该是自杀式袭击。加济安泰普是土耳其东南部主要城市之一，人口 150 万，距离叙利亚边界只有 60 公里，是不少叙利亚难民的栖身之地。库尔德人民民主党声明说，举行婚礼的新郎是该党一名成员，参加婚礼的大多数是库尔德人，遇难者中包括妇女和儿童。

加济安泰普发生的这起袭击意在挑起当地土耳其人、库尔德人和阿拉伯人之间的民族矛盾。库尔德人是中东地区仅次于阿拉伯、土耳其和波斯民族的第四大民族，主要分布在土耳其、叙利亚、伊拉克和伊朗。叙利亚北部的库尔德民兵武装在打击“伊斯兰国”方面发挥重要作用，是美国在当地扶植的主要对象，被“伊斯兰国”视作死敌。

(38) 2016 年 9 月 12 日东南部凡省执政党正义与发展党省党部附近恐怖汽车炸弹袭击案。2016 年 9 月 12 日清晨，土耳其东南部凡省，土耳其执政党正义与发展党省党部附近，发生一起汽车炸弹袭击事件，造成 46 人受伤，周围建筑物也遭到严重破坏。警方初步调查认为袭击目标就是该党的省党部，怀疑此次袭击事件或是库尔德工人党武装所为。

2015 年 7 月，土耳其东南靠近叙利亚边境的叙吕奇镇爆炸案发生后，库尔德工人党武装频频制造针对土耳其军警的袭击事件，此后土军方多次出动战机轰炸库尔德工人党武装分子，双方冲突不断升级。

（39）2016年9月26日军队遭2起恐怖袭击案。2016年9月26日，土耳其发生两起库尔德工人党针对土耳其士兵的袭击事件，造成至少10名政府军士兵死亡、7名士兵受伤。袭击事件分别发生在土耳其东南部的舍尔纳克省和马尔丁省。当天早晨，在马尔丁省境内，一辆土耳其军方的通勤巴士遭库尔德工人党武装人员埋设的路边炸弹袭击，导致4名士兵死亡、6名士兵受伤。26日下午，舍尔纳克省一个军方检查站遭库尔德工人党武装人员袭击，造成6名土耳其士兵死亡、1名士兵受伤。土耳其军方已分别在上述两省发动打击库尔德工人党袭击者的军事行动。截至目前，已有至少600名士兵及安全人员在库尔德工人党制造的袭击中丧生；同时，已有7000余名库尔德工人党成员在土军方开展的打击行动中死亡。有分析人士称，在未遂政变发生后，土耳其当局对涉嫌参与政变的人士进行“肃清”，军队、宪兵、警察等系统被捕和停职的人员过万，一定程度上影响了军警的作战能力。从2012年开始推动与库尔德工人党的和平谈判，但随着土耳其执政的正义与发展党在选举中失利，和平进程陷入停滞。2015年7月下旬，库尔德工人党以土耳其政府不遵守承诺为由打破持续两年的停火，再次发动武装袭击。

（40）2016年10月9日东南部哈卡里省谢姆丁利区针对宪兵检查站的恐怖汽车炸弹袭击案。2016年10月9日早晨，土耳其东南部哈卡里省谢姆丁利区，发生针对宪兵检查站的汽车炸弹袭击事件，已导致17人死亡，其中包括9名士兵和8名平民死亡，另有27人受伤。当时，军方进行证件检查，袭击者引爆了炸弹。袭击发生后，哈卡里省省长办公室发布声明称，库尔德工人党制造了这起汽车炸弹袭击事件。土耳其武装部队总参谋部同日发布声明称，土耳其军方已在当地展开大规模军事行动，清剿库尔德工人党武装分子。

（41）2016年11月4日东南部迪亚巴克尔省恐怖汽车炸弹爆炸袭击案。2016年11月4日上午8时许，土耳其东南部迪亚巴克尔省发生一起汽车炸弹爆炸袭击事件，袭击已经导致8人死亡、100余人受伤。当时，库尔德工人党武装人员使用汽车炸弹对迪亚巴克尔省迪亚巴克尔市警察局反恐分局大楼发动袭击，随后又同警方交火，由于警察局反恐分局大楼所处地点人流密集，爆炸导致逾百人受伤。

（42）2016年12月10日最大城市伊斯坦布尔足球场外围区域2起恐怖爆炸袭击案。2016年12月10日晚10时30分左右，土耳其最大城市伊斯坦布尔，足球场外围区域遭遇2起爆炸袭击，造成至少38人死亡、155人受伤，大多数遇难者是警察。事发足球场是土耳其贝希克塔什足球队的主场，俗称“贝希克塔什足球场”。当时，贝希克塔什队在主场赢得比赛，比赛结束大约一个半小时后，球场外发生汽车炸弹袭击。大约45秒后，附近一座公园内发生第二起爆炸，这是自杀式炸弹袭击。事发时，球迷已经散去。袭击者使用的炸药共达三四百公斤，威力巨大，以至于横跨伊斯坦布尔的博斯普鲁斯海峡两岸都能听到爆炸声。警方已经抓获10名爆炸袭击嫌疑人。

第一起爆炸袭击目标是一辆驶离足球场的大巴车，车上坐着防暴警察，爆炸致使29人死亡，除2名平民，其余均为警察，166人受伤。土耳其内政部长索伊卢11日在新闻发布会上说，截至目前，共有38人死亡，其中包括30名警察，另有155人受伤，其中14人伤势严重。袭击分两次进行，先是一辆装满炸弹的汽车被引爆，主要袭击目标是执勤防暴警察；45秒钟后，一名自杀式袭击者在体育馆对面一座公园内引爆炸弹，当场有4名警察和1名平民丧生。土耳其境内近来频频遭受恐怖袭击，“伊斯兰国”武装分子和库尔德左翼极端分子分别宣称对其中的一些袭击负责。

（43）2016年12月17日中南部城市开塞利军车遭恐怖汽车炸弹袭击案。2016年12月17日上午8时45分，土耳其中南部城市开塞利遭遇汽车炸弹袭击，造成13名士兵死亡、56人受伤。土耳其政府称库尔德工人党应为此次恐怖袭击负责，并迅速逮捕了7名涉案者。遭袭巴士上运载着低阶士兵和士官，准备到一个市集购物，当巴士在埃尔吉耶斯大学附近一个交通灯前停下时，一辆车驶近巴士，接着就发生了爆炸，这是土耳其一周内发生的第二起爆炸袭击。土耳其副总理凯纳克称，开塞利市发生的袭击“很不幸”地与上周伊斯坦布尔的袭击事件类似，所使用的爆炸物质是相似的。土耳其总统埃尔多安17日在声明中说，土耳其境内发生的“恐怖行径”针对的是“土耳其的7900万人民，包括军人和警察”。他表示：“我们将动员全国人民，果断地与这些恐怖组织进行抗争。”

（44）2017年1月1日伊斯坦布尔夜总会遭恐怖袭击案。2017年1月1日凌晨，土耳其伊斯坦布尔市一家夜总会遭遇恐怖袭击，造成39人死亡、69人受伤，这是一起针对平民的“恐怖袭击”，极端组织“伊斯兰国”声明对该恐袭事件负责。当时，一名枪手闯入伊斯坦布尔市中心“雷纳”夜总会，向正在庆祝新年的数百人开枪扫射，然后趁乱逃离。警方抓获8名嫌疑人，他们是“伊斯兰国”极端组织武装分子，计划在新年期间发动恐怖袭击的。跨年期间，超过1.7万名伊斯坦布尔警察上街加强安保。2016年12月31日至2017年1月1日期间伊斯坦布尔某些城区限制卡车、货车和混凝土搅拌车驶入。

2016年土耳其恐怖袭击频发，据当地媒体统计，此前一年，土耳其至少有275人在“伊斯兰国”极端组织等发动的袭击中死亡，数千人受伤。极端组织“伊斯兰国”发表声明宣称对此事件负责，并称此次袭击是为了报复土耳其在叙利亚的军事行动。“此次宣告标志着该圣战组织的战术转变”，《金融时报》分析道，此前，“伊斯兰国”组织一直避免正式声称对土耳其西部城市的重大袭击事件负责。

（45）2017年1月5日第三大城市伊兹密尔恐怖汽车炸弹袭击案。2017年1月5日下午4时左右，土耳其第三大城市伊兹密尔发生汽车炸弹袭击，造成至少2人死亡、10人受伤。爆炸发生在伊兹密尔市区一家法院的门口，当时执勤警察注意到一辆汽车形迹可疑上前搜查时，恐怖分子引爆了车上的炸弹，随后又持枪与警察交火，企图闯进法院大楼，两名作案嫌犯被当场击毙，另一名嫌犯在逃。事后警方还找到一辆载有炸药的汽车，缴获手榴弹、自动武器乃至火箭弹发射器等武器，被土耳其政府视为恐怖组织的库尔德工人党及其附属组织可能是“幕后黑手”。

（46）2017年3月15日东南部高速公路扫雷部队巡逻车遭恐怖炸弹爆炸袭击案。2017年3月15日，土耳其东南部一条高速公路上发生一起炸弹爆炸事件，造成正在巡逻的2名土耳其士兵身亡。事件发生在土东南部连接马尔丁省与迪亚巴克尔省的高速公路上，当时一支扫雷部队正在巡逻，袭击者通过遥控装置引爆了炸弹，库尔德工人党制造了此次袭击事件。该组织活动范围主要在土耳其东南部地区。

（47）2017年4月11日东南部城市迪亚巴克尔市安全局大楼遭恐怖爆炸袭击案。2017年4月11日上午10时47分，土耳其东南部城市迪亚巴克尔市，安全局大楼发生爆炸事件，爆炸造成3人死亡，其中包括一名警察和两名平民，另有12人受伤，被定性为恐怖袭击。袭击者从外部挖掘地道到达安全局大楼地下并在其中放置爆炸装置，位于迪亚巴克尔市的安全局大楼附近发生爆炸，爆炸导致安全局大楼屋顶部分坍塌，周围建筑和车辆也有不同程度的损毁。警方拘捕5名嫌疑人。

（48）2017 年 12 月 29 日土耳其首都新年前夕加强反恐安全防范措施。早在 2017 年 1 月 1 日凌晨，“伊斯兰国”一名武装人员持枪闯入伊斯坦布尔市中心“雷纳”夜总会，向正在庆祝新年的人群扫射，造成 39 人死亡、69 人受伤。连日来，土耳其警方在全国主要城市实施大规模反恐行动。29 日，警方分别在安卡拉和土最大城市伊斯坦布尔抓捕了 29 名和 46 名与极端组织“伊斯兰国”有关联的嫌疑人。被捕的嫌疑人大部分为外国人，其中一些人策划在新年夜对两大城市实施恐怖袭击。28 日，伊斯坦布尔宣布强化安全防范措施，以防止新年恐怖袭击再次发生。

2017 年 12 月 29 日，土耳其官员 29 日宣布，首都安卡拉将在新年前夕加强安全防范措施，以防止恐怖袭击事件发生。安卡拉省省长埃尔詹·托帕贾当天发表声明说，安卡拉将在新年前夕出动 9700 余名安全人员执勤，通往安卡拉市区的主要道路上将设置检查点。此外，安卡拉市中心广场的新年夜庆祝活动也将在高级别安保下举行。广场和周边街道将实行交通管制，禁止车辆入内。

18. 塞浦路斯的恐怖犯罪

（1）2011 年 7 月 11 日南部海军基地遭恐怖爆炸袭击案。2011 年 7 月 11 日清晨 5 时 50 分，塞浦路斯南部一个海军基地发生爆炸，超过 10 人死亡、30 多人受伤，死者包括 4 名希腊族塞浦路斯国民警卫队人员、5 名消防员和 2 名海员丧生。军方官员说，先前塞浦路斯依据联合国决议没收的一些武器弹药存放在爆炸区域内。当时，塞浦路斯埃万耶洛斯·弗洛拉基斯海军基地发生爆炸，爆炸威力巨大，致使周边医院、餐厅建筑和汽车遭受不同程度损坏，这次爆炸可能是导致全国大部分地区当天早晨停电的原因。

（2）2012 年 10 月 21 日赛场遭恐怖袭击案。2012 年 10 月 21 日下午，在一场塞浦路斯联赛的赛场上发生了一起极端恐怖袭击，一位客场球迷向场内投掷了一枚自制炸弹，目标是一位主场球员。尽管炸弹并没有准确击中目标，不过这位主场球员还是因此而受伤，与此同时，赛场上的很多球员都收到了不同程度的惊吓。这场比赛的对阵双方是阿诺索西斯俱乐部与奥摩尼亚俱乐部，当时一位奥摩尼亚的球迷在看到球队落后而且还没有任何反弹的迹象时，开始变得狂躁。在看到一位主队球队受伤倒地在场内接受治疗的时候，这位极端的球迷直接向那个区域投掷了一枚自制的炸弹，赛场内瞬间被炸得一片狼藉，担架侧倒在场地上，那名受伤的球员更是伤上加伤。当值主裁判对此事作出了迅速的反应，他立即终止了这场比赛，赛场工作人员也立马将那名受伤的球员送至当地的一家医院进行治疗。塞浦路斯足协也表示，在这次事件中收到惊吓的球员将被安排接受心理辅导。赛后，当地警方逮捕了投掷炸弹的凶手，警方表示以后会在此类比赛中加强安检力度，增派警卫执勤，以防止此类的事情再一次发生。

（3）2016 年 9 月 27 日足球裁判的汽车遭恐怖炸弹袭击案。2016 年 9 月 27 日凌晨，塞浦路斯，一名足球裁判的汽车遭到炸弹袭击，该名裁判受到惊吓，但所幸没有受伤，这已经不是塞浦路斯第一次发生类似案件。炸弹被安装在汽车的引擎盖上，爆炸造成引擎损毁。由于爆炸发生在凌晨时分，这名叫作尼科拉乌的裁判正在家中，因此没有受伤。针对足球裁判的爆炸、枪击事件在塞浦路斯并不罕见。去年同期，一名裁判的母亲家门前发生炸弹爆炸事件，塞浦路斯足球裁判协会随后举行了为期一周的罢工，抗议这种针对足球裁判的暴力行为。

（4）2016 年 11 月 16 日南部城市利马索尔塞浦路斯足协主席经营的一家保险公司遭恐怖炸弹袭击案。2016 年 11 月 16 日夜间，在塞浦路斯南部城市利马索尔，塞浦路斯足协主席经营的一家保险公司遭炸弹袭击，爆炸严重损毁了公司大厅，但没有造成人员伤亡。警方怀疑爆炸很可能与欧足联责成塞足协对涉嫌操纵比赛球队进行处罚有关。欧足联交给了塞足协约 30 份“红色文件”，列出了通过数据分析得出的存在假球嫌疑的比赛场次。欧足联表示，“红色文件”中的结论已经经过大量调查，不需要任何机构和个人的额外调查，并要求塞足协马上对涉事球队和球员进行严厉处罚，轻者进行罚款，重者可能被塞足协和欧足联除名。塞足协召开会议决定接受欧足联要求，对涉事球队和球员进行处罚，但同时塞足协也向欧足联提出从轻处罚的建议。塞司法部长已经向议会表示，他正在着手准备一项打击假球的草案，并将于明年年初提交给议会。根据草案，相应处罚措施将包括最高 7 年徒刑以及高达 30 万欧元罚款。塞浦路斯在欧足联假球黑名单上名列前茅，近年来曾发生多次针对裁判员房屋、汽车等炸弹袭击事件。